潍坊年鉴

2018

WEIFANG YEARBOOK

潍坊市人民政府 主办
潍坊市地方史志办公室 编

方志出版社
Publishing House of Local Records

图书在版编目（CIP）数据

潍坊年鉴．2018 / 潍坊市地方史志办公室编．-- 北京 ：方志出版社，2018.7
ISBN 978-7-5144-3135-3

Ⅰ．①潍… Ⅱ．①潍… Ⅲ．①潍坊－2018－年鉴
Ⅳ．①Z525.23

中国版本图书馆CIP数据核字(2018)第160754号

潍坊年鉴（2018）

编　　者：潍坊市地方史志办公室
责任编辑：徐　宏
出 版 人：冀祥德
出 版 者：方志出版社
地址　北京市朝阳区潘家园东里9号（国家方志馆4层）
邮编　100021
网址　http://www.fzph.org
发　　行：方志出版社图书经销中心
电话（010）67110500
经　　销：各地新华书店
印　　刷：山东麦德森文化传媒有限公司
开　　本：889×1194　1/16
印　　张：25.75
字　　数：970千字
版　　次：2018年7月第1版　2018年7月第1次印刷
印　　数：0001～3000册
ISBN 978-7-5144-3135-3　定价：218.00元

潍坊市地方史志编纂委员会暨《潍坊年鉴》编纂委员会

名誉主任 刘曙光

主　　任 田庆盈

副 主 任 初宝杰　林红玉　刘建国　张新强
李　平　田民利　李士来　油朝康
宋均圻

委　　员 宋立军　贾宝文　康悦彬　侯福贵
高文庆　肖培灵　马中平　徐友礼
张宝胜　张增顺　王金祥　陈汝孝
白卫明　孙俐君　宫　智　王　丙
齐延升　魏永阳

《潍坊年鉴》2018卷编审人员

主　　审 李　平

副 主 审 宋均圻

主　　编 魏永阳

副 主 编 吕俊峰　姚国平　刘金贵　葛诗忠
李长山

责任编辑 王　伟　刘　敏　林荣军　李　光

编辑说明

一、《潍坊年鉴》是在中共潍坊市委领导下，由潍坊市人民政府主办，潍坊市地方史志办公室编纂的地方性、综合性、资料性文献。该书旨在全面、系统、翔实、客观地记述潍坊市政治、经济、文化、社会等各方面的新成就、新特点、新情况，为各行各业提供咨询服务，为各级领导科学决策提供可靠依据，同时也为国内外朋友全面了解潍坊提供方便。

二、《潍坊年鉴》的编纂坚持以马克思列宁主义、毛泽东思想、邓小平理论、“三个代表”重要思想、科学发展观、习近平新时代中国特色社会主义思想为指导，坚持辩证唯物主义和历史唯物主义的立场、观点和方法，紧紧围绕市委、市政府的中心工作，全面客观地反映各县（市、区）、各部门、各行业取得的重大成就。力求做到观点正确、框架科学、资料翔实、特色鲜明、记述准确、编写规范。

三、《潍坊年鉴》2018卷系创刊以来的第24卷，主要内容的记述时限原则上为2017年1月1日至12月31日。为反映事物全貌，给读者以完整印象，部分资料适当上溯或下延。

四、本卷《潍坊年鉴》采取分类编辑法。全书设31个类目，即特载、专记、大事记、全市概况、中国共产党潍坊市委员会、潍坊市人民代表大会、潍坊市人民政府、中国人民政治协商会议潍坊市委员会、中共潍坊市纪律检查委员会、民主党派•社会团体、军事、法治、经济监督管理、农业、工业、服务业、交通•邮政•通信、建设•环保、商贸•旅游•会展、民营经济和中小型企业、财政•税务、教育、科技、文化、卫生•计划生育•体育、社会•民生保障、县（市、区）概况、开发区概况、人物、附录、索引。记述形式分类目、分目、条目3个层次，条目为主要信息载体和基本撰写形式，年鉴多数内容在条目中记载。

五、全书的资料大部分由潍坊市各县（市、区）和市直各部门提供，主要统计数据以市统计局公布的统计资料为准，有些使用了有关业务部门、单位的数据。为使年鉴资料准确无误、真实可靠，各供稿单位所供稿件均经该单位领导审核。各撰稿人在相应条目后署名，以示负责。

六、本卷《潍坊年鉴》的编辑出版，是在各级各部门领导关怀和支持下，经过广大年鉴工作者通力合作、辛勤劳动所取得的成果。谨向关心和支持年鉴编辑工作的单位和个人表示衷心的感谢。

七、《潍坊年鉴》内容涉及各行各业，面广量大，加之我们水平有限，错误与疏漏在所难免，敬请广大读者给予指正，以使《潍坊年鉴》的编纂水平不断提高。

2018年7月

潍坊市地图

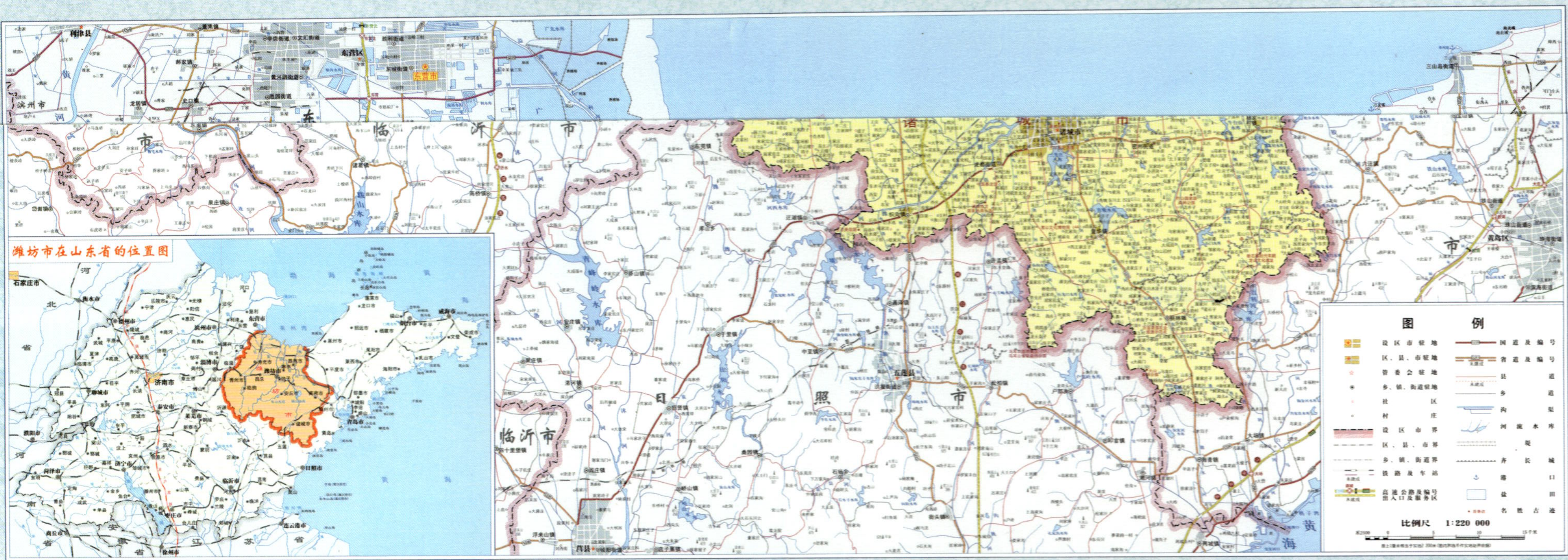

ISBN 978-7-80754-844-7 2015年6月第1版 2015年6月第1次印刷 印数：0001-1000 定价：20.00元
鲁SG(2014)108号

潍坊市国土资源局组编 山东省地图出版社编制·出版·印刷·发行
地址:济南市二环东路6090号
电话:0531—88930993 邮编:250014

潍坊城区图

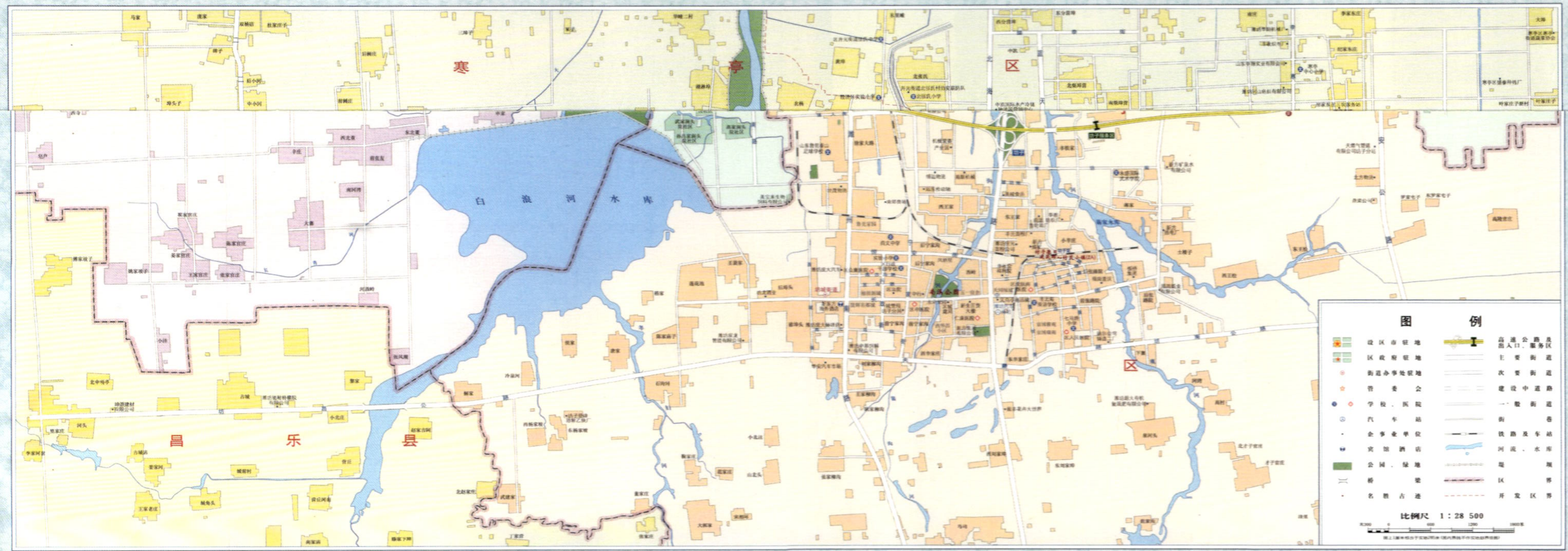

ISBN 978-7-80754-841-6　2015年6月第1版　2015年6月第1次印刷　印数:0001-1000　定价:20.00元
鲁SG(2014)102号

潍坊市国土资源局组编　山东省地图出版社编制·出版·印刷·发行
地址:济南市二环东路6090号
电话:0531—88930993　邮编:250014

潍坊市第十七届人民代表大会第一次会议

中共市委书记刘曙光宣布潍坊市第十七届人民代表大会第一次会议开幕

中共潍坊市委副书记、代市长李宽端在潍坊市第十七届人民代表大会第一次会议上作政府工作报告

2017年2月24日至28日，潍坊市第十七届人民代表大会第一次会议召开

（本栏供稿：郭凤孝）

市政协主席苏立科在市政协十三届一次会议上讲话

中国人民政治协商会议第十三届潍坊委员会第一次会议

2017年2月23日至26日，中国人民政治协商会议第十三届潍坊市委员会第一次会议召开

（本栏供稿：陈　堃）

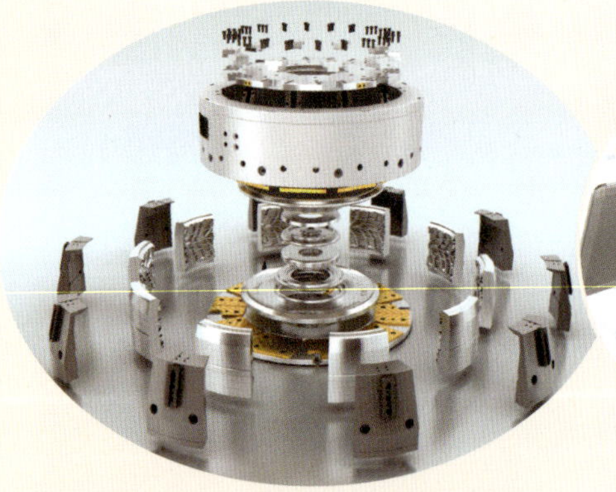

豪迈科技首创新型缝隙式排气结构及流道式排气系统的轮胎模具填补国际空白

盛瑞传动混合动力8档自动变速器达到国内领先水平

潍柴动力股份有限公司wp12重型商用车柴油机智能自动化装配线

寿光蔬菜高科技示范园

（供稿：李　鹏）

（本栏照片除标注外由市委宣传部、市发展和改革委员会供稿）

第三十四届潍坊国际风筝会万人风筝放飞表演

（供稿：王　鹏）

2017年4月15日，第三十四届潍坊国际风筝会在潍坊开幕

（供稿：王　鹏）

2017年4月14日—18日，“第七届中国画节”“第十届中国（潍坊）文化艺术展示交易会”在潍坊鲁台会展中心举办

潍坊市博物馆馆藏古字画陈列

潍坊市博物馆潍坊简史陈列

（本栏照片除标注外由市委宣传部、市发展和改革委员会供稿）

12月5日，潍坊市举办新旧动能转换科技创新合作院士潍坊行活动（供稿：秦　伟）

2017年，潍坊机场新开通国内通航城市5个，国际航线1条，图为停机坪（供稿：市民航局）

国家级科技企业孵化器（供稿：潍坊经济开发区）

潍坊综合保税区通关车辆（供稿：潍坊综合保税区）

潍坊医学院（供稿：潍坊医学院）

“四个城市”建设·品质城市

2017年，潍坊禹王国家湿地公园和安丘拥翠湖国家湿地公园通过验收，图为潍坊禹王国家湿地公园

“小手拉大手 共筑文明城”文明劝导志愿服务活动

城市书吧

鹤祥安养中心—综合楼

天然氧吧—青州仰天山

（本栏照片由市委宣传部、市发展和改革委员会供稿）

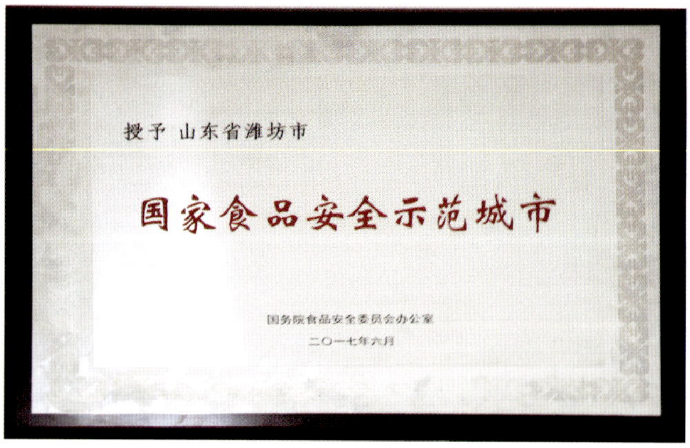

2017年6月，潍坊市被国务院食品安全委员会办公室授予“国家食品安全示范城市”

（供稿：市食品药品监督管理局）

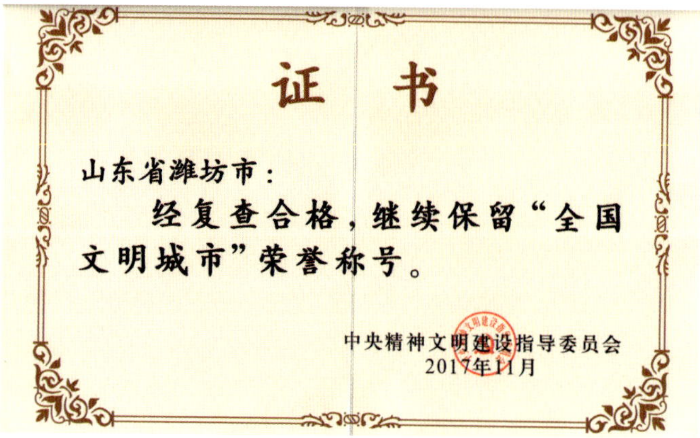

2017年，潍坊市顺利通过全国文明城市复查

（供稿：市委宣传部）

2017年，潍坊市第二次顺利通过国家卫生城市复审

（供稿：市卫生和计划生育委员会）

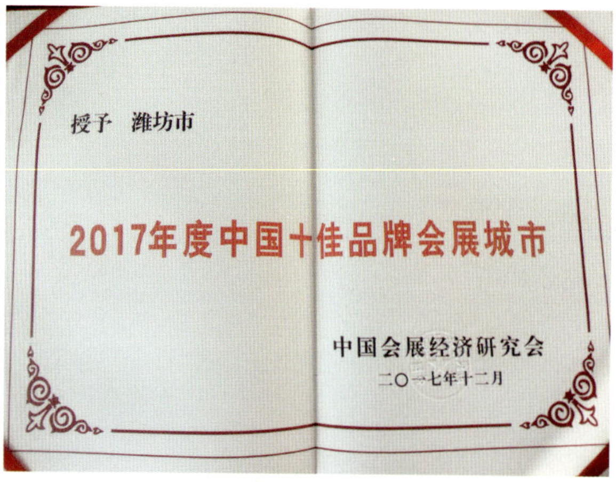

2017年12月，潍坊市被中国会展经济研究会授予“2017年度中国十佳品牌会展城市”

（供稿：王　鹏）

奎文区

◎总面积 57.6 平方公里　◎地区生产总值 266.29 亿元
◎常住总人口 45.6 万人　◎公共财政预算收入 25.5 亿元

（供稿：孙 涛）

潍城区

◎总面积 269.5 平方公里　◎地区生产总值 283.96 亿元
◎常住总人口 42.9 万人　◎公共财政预算收入 20.45 亿元

（供稿：曲福刚）

坊子区

◎总面积 412 平方公里
◎户籍总人口 32.3331 万人
◎地区生产总值 165.73 亿元
◎公共财政预算收入 14.28 亿元

（供稿：张洪茂）

寒亭区

◎总面积 623 平方公里
◎常住总人口 41.48 万人
◎地区生产总值 233.36 亿元
◎公共财政预算收入 28.51 亿元

（供稿：孙朋波）

青州市

◎总面积 1569 平方公里　◎地区生产总值 658.44 亿元
◎户籍总人口 94.7 万人　◎公共财政预算收入 46.5 亿元

（供稿：刘洪昌）

诸城市

◎总面积 2151.4 平方公里　◎地区生产总值 824.69 亿元
◎常住总人口 110.9 万人　◎公共财政预算收入 71.2 亿元

（供稿：孙铭杰）

寿光市

◎总面积 1990 平方公里　◎地区生产总值 866.7 亿元以上
◎户籍总人口 109.6 万人　◎公共财政预算收入 133.8 亿元

（供稿：李　鹏）

安丘市

◎总面积 1783 平方公里　◎地区生产总值 336.21 亿元
◎常住总人口 94.76 万人　◎公共财政预算收入 22.5 亿元

（供稿：林卫成）

高密市

◎总面积 1526.63 平方公里　◎地区生产总值 643.22 亿元
◎户籍总人口 89.42 万人　◎公共财政预算收入 49.14 亿元

（供稿：李晓宁）

昌邑市

◎总面积 1627.5 平方公里　◎地区生产总值 442.9 亿元
◎常住总人口 58 万人　◎公共财政预算收入 30.8 亿元

（供稿：于希群）

临朐县

◎总面积 1831 平方公里　◎地区生产总值 280 亿元
◎常住总人口 85.7 万人　◎公共财政预算收入 16.3 亿元

（供稿：刘冠伟）

昌乐县

◎总面积 1101 平方公里　◎地区生产总值 307.95 亿元
◎户籍总人口 63.52 万人　◎公共财政预算收入 24 亿元

（供稿：刘培利）

潍坊高新技术产业开发区

◎总面积 110 平方公里　◎地区生产总值 451.2 亿元
◎户籍总人口 17.1 万人　◎公共财政预算收入 49.63 亿元

（供稿：李国强）

潍坊滨海经济技术开发区

◎总面积 678 平方公里　◎地区生产总值 321.76 亿元
◎常住总人口 10.7 万人　◎公共财政预算收入 34.94 亿元

（供稿：刘其鹏　毛金鹏）

潍坊综合保税区

◎总面积 30 平方公里　◎地区生产总值 27.9 亿元

◎常住总人口 1.2 万人　◎公共财政预算收入 1.73 亿元

（供稿：孙建达）

潍坊峡山生态经济开发区

◎总面积 491 平方公里　◎地区生产总值 28.57 亿元

◎常住总人口 20.8 万人　◎公共财政预算收入 1.9 亿元

（供稿：于宗涛）

目 录

特 载

专 记

大事记

全市概况

中国共产党潍坊市委员会

潍坊市人民代表大会

潍坊市人民政府

中国人民政治协商会议潍坊市委员会

中共潍坊市纪律检查委员会

民主党派　社会团体

军 事

法 治

经济监督管理

工 业

服务业

交通·邮政·通信

建设·环保

商贸•旅游•会展

民营经济和中小型企业

财政•税务

教　育

科　技

文　化

卫生•计划生育•体育

社会•民生保障

县（市、区）概况

开发区概况

人　物

附　录

索 引

CONTENTS

Special Collection

Special Records

Chronicle of Events

General Situation of the City

Weifang Municipa Committee of the Communist Party of China

Weifang Municipal People's Congress

Weifang Municipal People's Government

Weifang Municipal Committee of the Chinese People's Political Consultative Conference

Weifang Municipal Commission for Discipline Inspection of the Communist Party of China

Democratic Parties, Social Organization

Military

Rule by Law

Economic Supervision and Administration

Agriculture

Industry

Service

Transportation, Post and Communication

Construction and Environmental Protection

Trade, Tourism and Exhibition

Social and Livelihood Security

The County Urban District

Developing Zones

Figure

Appendix

Indexes

特　载

Tezai

在全市经济工作会议上的讲话

刘曙光

（2017年2月4日）

这次全市经济工作会议，主要是深入贯彻落实中央和省经济工作会议精神，总结2016年经济工作，分析当前经济形势，安排部署2017年经济工作。下面，根据市委常委会研究的意见，我讲四个方面的问题。

一、正确看待我市当前经济形势，既肯定成绩、坚定信心，又保持清醒头脑，切实增强工作的紧迫感、压力感、使命感

2016年，面对复杂的国内外经济形势和下行压力，全市上下认真贯彻落实中央和省委决策部署，主动适应引领经济发展新常态，按照新发展理念要求，统筹做好稳增长、促改革、调结构、惠民生、防风险各项工作，实现了“十三五”良好开局。

*一是经济平稳较快增长。*全市完成地区生产总值5522.7亿元，增长8%；一般公共预算收入跃上500亿元台阶，达到521.5亿元，增长9.1%；固定资产投资增长13.2%；社会消费品零售总额增长10.4%；进出口总额增长6.3%。固定资产投资、社会消费品零售总额、规模以上工业利润等7项指标保持两位数增长。

*二是结构调整步伐加快。*深入推进供给侧结构性改革，“三去一降一补”取得了明显成效。三次产业比例由8.8：48.2：43优化为8.6：46.4：45，服务业占比提高2个百分点，增加值首次超过工业。新兴产业占比达到14.7%，提高0.8个百分点。在工业用电量相对稳定的情况下，规模以上工业利税、利润分别增长11.8%和11.3%。

*三是发展动能加快接续转换。*科技进步对经济增长的贡献率进一步提升，达到57%，高于全省1.9个百分点；全社会研发投入占比提高到2.6%，居全省第3位；全市发明专利授权量、国际专利申请量分别达到1259件和148件；各类市场主体发展到72.7万户，其中企业16.9万户。高新区获批建设山东半岛国家自主创新示范区，盛瑞8AT研发项目获国家科技进步一等奖。相继出台《科教创新园区认定管理办法》《工业研究院组建方案》《加快招院引校工作意见》等配套政策。一批支撑未来发展的重点园区、重点项目、综合创新平台加快建设。

*四是改革开放深入推进。*资源要素、农业农村、财税金融、社会领域改革取得重大进展，政府“放管服”改革走在全省前列，法治政府建设、城市信用状况评估分列全国第9位和第5位。新增国家、省试点24项。东亚畜牧交易所正式上线启动，进口澳大利亚活体肉牛指定口岸顺利建设，“一带一路”潍坊国际多式联运大通道正式开通运行，中日韩产业博览会、全国首届农商互联大会等重点展会成功举办，鲁台会展中心成为省内首个通过国际展览业协会（UFI）认证的会展中心，我市被评为全国“十佳会展品牌城市”。全市招商引资签约项目总投资额居全省第2位。

五是区域发展更趋协调。“海城河”全域统筹发展战略深入实施。全市常住人口城镇化率达到58.15%，较上年提高2.35个百分点，增幅列全省第2位。诸城成功入选第三批国家新型城镇化综合试点，寿光、安丘成为省级中等城市试点，寿光羊口镇成为省级新生小城市试点。重大基础设施建设全面提速，济青高铁、潍莱高铁、疏港铁路加紧建设；潍坊港六个5万吨级泊位试运行，两个2万吨级和四个5万吨级泊位主体完工；潍日高速、济青高速改扩建、潍坊南绕城高速等3个高速公路项目顺利推进。成功争取京沪高铁二线过境潍坊，被确定为全国100

个区域性高铁枢纽城市和36个高铁物流枢纽城市之一，区域性综合交通枢纽城市地位基本确立。

六是民本民生持续改善。财政用于民生领域的支出达到510亿元，占财政总支出的比重达到80%，较上年提高1个百分点。城乡居民人均可支配收入分别增长8.2%和8.1%。城镇登记失业率控制在2.9%。5.5万人告别贫困、242个省定扶贫重点村成功摘帽。开工棚改项目4.03万户，改造老旧小区5.2万户。棚改货币化安置率达到90.2%，高于全省34.3个百分点，居全省第1位。改造农村厕所15.2万户。深化“三八六”环保行动“十大任务”取得阶段性成果。国家确定的农村薄弱学校改造任务提前两年基本完成。民生综合保险全面实施。

这些成绩的取得，是以习近平同志为核心的党中央和省委、省政府正确领导的结果，是全市上下开拓进取、团结奋斗的结果。2016年的良好开局，为整个“十三五”发展和做好今年经济工作打下了坚实基础。

肯定成绩的同时，也要清醒看到，全市经济发展还面临诸多不稳定、不确定因素，困难和挑战仍然较多，有些问题还比较突出。主要是：分化现象明显，个别县市区指标下滑，个别行业和部分企业运行困难；新产业新业态发展规模还不够大；“三个失衡”问题比较突出；区域性金融风险防控形势依然严峻；民生领域工作还存在不少短板；水资源短缺的矛盾没有从根本上解决；食品安全、安全生产等基层基础工作还不够牢固；部分单位工作指导转变不快，领导和推动经济工作的能力水平有待提升，等等。对这些问题，我们要高度重视、深入分析、精准施策，努力加以解决。

二、认真贯彻落实中央和省经济工作会议精神，准确把握今年经济工作的重大原则和目标任务

中央经济工作会议，是在深入学习贯彻党的十八届六中全会精神、迎接党的十九大胜利召开的关键时期召开的一次重要会议。会议深刻分析了当前国内外经济形势，明确提出了今年经济工作的总体要求、目标任务、宏观政策和重大举措。去年12月26日召开的全省经济工作会议，对今年全省经济工作进行了系统安排部署。要深入学习贯彻中央、省经济工作会议精神，切实把思想和行动统一到中央和省委、省政府的决策部署上来。

一要准确把握经济发展新常态这个大逻辑。党中央综合分析世界经济周期和我国发展阶段性特征，作出了经济发展进入新常态的重大判断，明确提出要把认识、把握、引领新常态作为做好经济工作的大逻辑，并形成了以新发展理念为指导、以供给侧结构性改革为主线的政策框架。这既是必须贯彻落实的基本要求，也是我们科学谋划和做好经济工作的重要依据。要顺势而为，加快形成与新常态、新发展理念、新政策框架相适应的“新”的工作体系，增强工作的适应性、吻合度，引领全市持续健康发展。

二要准确把握稳中求进工作总基调。稳中求进工作总基调是治国理政的重要原则，也是做好经济工作的方法论。党中央明确提出，要继续实施积极的财政政策和稳健的货币政策，这体现了中央对经济工作的系统思考和整体把握。“稳”是主基调，是大局，主要是要做到速度稳、就业稳、物价稳、社会稳。稳不是无所作为、不敢作为，而是要在把握好度的前提下奋发有为，着力在质量、结构、效益、后劲等关键领域积极进取。各级要准确把握，确保稳能稳得住，进能进得好，防止出现大的下滑。同时，要深入研究对接上级产业、民生等政策，深入开展“七争”活动，提升工作的针对性、政策的利用率。

三要准确把握深化供给侧结构性改革的重大部署。中央指出，我国经济运行面临的突出矛盾和问题的根源是重大结构性失衡，突出表现为“三大失衡”。解决这一问题，必须从供给侧结构性改革上下功夫、用气力。供给侧结构性改革最终目的是满足需求，主攻方向是提高供给质量，根本途径是深化改革。要把深化供给侧结构性改革作为经济社会发展主线扭住不放松，在全面上下功夫，在深化上求突破，在加快上争主动。

四要准确把握加快推进关键性改革的重要措施。中央经济工作会议聚焦深化国企国资、产权保护、财税金融、养老保险改革和有重点地推动对外开放，省里对此也作了具体部署，我们要不折不扣贯彻好。同时，按照“四个有利于”的要求，坚持问题导向，什么制约发展就改革什么，什么影响效能就突破什么。要注重及时学习借鉴国内外先进地区经验，宽领域推进关键性改革，以新的体制创新引领新发展、释放发展红利。

五要准确把握加强和改善党对经济工作领导的明确要求。要从贯彻落实十八届六中全会精神、坚持全面从严治党、增强“四个意识”、维护党中央权威的政治高度，加强和改善党对经济工作的领导，把落实党中央经济工作决策部署作为政治责任，抓住想干事、敢干事两个关键点，健全正向激励机制，建立容错纠错机制，引导各级干部干事创业、积极作为。

根据中央和省经济工作会议精神，今年全市经济工作总的要求是：全面贯彻党的十八大和十八届三中、四中、五中、六中全会以及中央、省经济工作会议精神，深入学习贯彻习近平总书记系列重要讲话精神，统筹推进“五位一体”总体布局，协调推进“四个全面”战略布局，坚持稳中求进工作总基调，牢固树立和贯彻落实新发展理念，适应把握引领经济发展新常态，坚持“走在前列、起好带头作用”的目标定位，以提高发展质量和效益为中心，以推进供给侧结构性改革为主线，扎实推进转型发展，适度扩大总需求，统筹做好稳增长、促改革、调结构、惠民生、防风险各

项工作，促进经济平稳健康发展和社会和谐稳定，以优异成绩迎接党的十九大胜利召开。

初步考虑，今年经济发展的预期目标是：地区生产总值增长8%左右，固定资产投资增长11%左右，社会消费品零售总额增长10.5%左右，进出口总额增长5%左右，规模以上工业增加值增长8%左右，一般公共预算收入增长8.5%左右，城镇和农村居民人均可支配收入分别增长8%左右和8.5%左右。全面完成省下达的各项约束性指标。这些指标是在综合考虑各种因素，从实际出发确定的。既体现了稳中求进的工作总基调和“走在前列、起好带头作用”的目标定位，又充分考虑了当前实际，兼顾了需要和可能，并与省里的目标和市“十三五”规划目标进行了衔接，既为供给侧结构性改革预留了空间，也利于引领发展、引导预期。需要指出的是，这些目标是预期性、导向性的，各级各部门要从实际出发，实事求是，科学合理确定各自的发展目标，反对搞假大空、搞数字游戏；同时，又要坚决防止随意性、无所作为，甚至认为指标越低越实、越低越好的错误观念。在保证质量、效益的前提下，积极作为，奋发有为。这一点，各级要予以足够重视。

三、明确重点，抓住关键，统筹做好今年经济工作

2017年是实施“十三五”规划的关键之年，也是供给侧结构性改革的深化之年，做好今年经济工作意义重大。近几年，市委、市政府作出了一系列决策部署，要紧密结合当前实际，认真抓好贯彻落实。这既是一个工作问题，也是一个作风问题，要坚定不移、抓实抓好。结合当前形势，要突出抓好以下工作：

（一）落实“三去一降一补”任务，深入推进供给侧结构性改革。去年，我市出台了关于深入推进供给侧结构性改革的实施意见，明确了24项任务和29条政策措施，取得了重要阶段性成效，要逐项深化，逐项抓好落实。

要分类施策去产能。省里下达我市的去产能任务是，2018年前，6个过剩产能行业产能利用率要保持在80%以上，压减煤炭产能72万吨。我市去产能总体任务基本完成，但决不能掉以轻心。一方面，要防止出现反弹；另一方面，要着眼腾笼换鸟，有针对性做好去“低效产能”的工作。中央把处置“僵尸企业”作为去产能的重要任务，经信部门要牵头进一步搞好调查摸底，因企制宜、一企一策，鼓励企业通过资产重组、债务重组、破产清算等方式盘活存量资产。

要突出重点去库存。我市商品房去化周期总体处于合理区间，但商业地产、地下停车位（库）去化周期相对较长。要根据“房子是用来住的，不是用来炒的”的定位，制定出台新形势下加快推动房地产业转型发展的意见，在保持总量基本平衡的同时，适应改善性住房需求变化，加快房地产供给结构调整，加大中高端住宅地产供给规模。同时，出台商业地产及地下车库去库存的相关措施。工业产品的合理“库存”是维持经济运转之必需，但要限定在经济库存量。要在提高产能利用率基础上，精准分析市场，鼓励发展个性化定制，创新市场营销方式，提升产销衔接水平，降低产成品库存。

要多措并举去杠杆。综合运用债转股、加大股权融资力度、推进资产证券化、盘活闲置资产等方式，着力降低企业杠杆率。要利用当前资本市场供给充裕的有利时机，加大企业金融资产置换力度，降低企业资产负债率。要大力加强直接融资，着力提升直接融资比例，确保走在全省前列。要建立考评体系，作为评价主管部门和各县市区金融工作的关键指标。中央规定市县政府年度付息支出不得超过当年支出的10%，否则将启动财政重整计划。各级各有关部门要切实规范政府举债行为，严格控制政府性债务过快增长。

要坚持不懈降成本。去年我们组织实施降低企业成本“711”专项行动，制定80条工作措施，为企业降低成本161亿元；接报企业反映的资产证照办理等历史遗留问题10129项，办结率76.3%。要继续加大力度，落实好已出台的政策措施。同时，要继续深化研究降成本新的措施。如“直购电”方面，今年省里将扩大到10千伏等级用户，经信部门要加强指导和衔接，确保全面落实。

要加大力度补短板。中央提出既补硬短板也补软短板，既补发展短板也补制度短板。市委出台的《深入推进供给侧结构性改革的实施意见》明确提出了我市补短板的重点。各级各部门要逐项研究相关措施，认真抓好落实。

深入推进供给侧结构性改革，根本在于创新。要认真落实市委十一届十一次全体会议审议通过的《关于深化科技体制改革加快创新发展的实施意见》，紧紧扭住建设创新型城市目标，加紧落实规划和具体工作计划，确保预定的目标落到实处。要坚持有所为、有所不为，突出地域特色优势，着力建设国内重要的农业创新发展中心、特色高端制造业创新发展中心、产业金融创新发展中心和国家自主创新示范区。要强化企业主导、人才主体，加大普惠性政策支持力度，引导创新资源向企业集聚，培育一批行业创新龙头企业和数量宏大的科技型中小企业。要强化创新平台支撑，落实各类孵化器、众创空间发展计划。突出抓好招院引校和科教创新园建设，年内引进高等教育机构10家以上，支持有条件的县市区建设科教园区。要加快体制机制创新，构建国内一流的大众创业万众创新的制度环境和社会环境。要认真落实《关于加快建设人才强市的若干意见》，全面落实人才政策，探索实施人才服务专员制度，加快形成人才体制竞争力。市里将有计划地组织重点企业赴海外招才引智，县市区要积极参与。

（二）适度扩大总需求，保持经济稳定增长。中央把适度扩大总需求列入了今年经济工作的总要求中，体现了中央供给侧与需求侧两端发力的一贯精神，要深刻领会、准确把握，在更高层次上统筹好投资、消费、出口“三驾马车”，确保经济稳定增长。

要充分发挥投资对稳增长、调结构、补短板的基础作用，着力在增加投量、优化投向、提高投速、提升投效上下功夫。年内突出抓好1890个投资过亿元重点项目，确保全年完成投资5600亿元以上，增速保持在11%左右，投资总量继续保持全省前三位。要适应供给侧结构性改革的新要求，全面优化投资结构，优先投向事关经济社会发展全局的重点产业、重大基础设施、重要公共创新平台、重大民生和环境治理等领域。要进一步加大对新技术新产业新模式投资力度，加快培育一批能够支撑潍坊未来发展的关键增长点，为实现更高层次更高质量新发展奠定坚实基础。

项目是投资的载体，也是发展的根本抓手。要始终扭住项目不放松，以项目看能力、看政绩、看后劲、看担当。要深入开展“项目建设年”活动，引导激励各级各部门凝心聚力抓项目、潜心研究抓好项目，在全市掀起大抓项目、抓大项目、抓好项目的热潮。要膨胀数量。没有数量一切都无从谈起。今年，全市项目呈现出数量增加、质量提升的良好势头。但与发展的要求相比，仍显不足，特别是个别县市区项目数量、质量出现了下滑，分化迹象明显，必须高度警觉。要拓宽领域增数量。统筹“八大领域”，用好“十个渠道”，市、县、乡、企业四级齐动员，持之以恒、坚持不懈，构建起抓项目的大格局。要放开搞活增数量。进一步完善促进民间投资的政策措施，优化民间投资政策环境，释放民间投资潜在活力。要优化机制增数量。近年来我市充分利用政府与社会资本合作（PPP）的机遇，成功运作了一批大项目、好项目。要进一步创新合作模式，在搞好资本合作的同时，用足用活政府特许经营、法定收益权、土地空间及平台公司等优势，采取BOT、BOO、BTO等多种模式，放大社会资本投资。要提升项目质量。以供给侧结构性改革为主导，优化项目结构，提升项目层次。要抓大。分级谋划、对接、建设一批投资数额大、对区域发展支撑带动作用大的大片区、大园区、大平台、大项目，努力提升相关领域的影响力、吸引力。要抓优。突出抓一批高端人才培养、创新园区、重大技改、战略平台、重大民生、重要基础设施建设等优质项目。要紧盯世界500强、国内100强和行业领军企业，定目标、拿方案、搞对接、抓落地，确保取得一批重要成果。同时，要大力引进一批处于种子期、孵化期的科技型、高成长型中小项目，加大培育力度，促进发展壮大。参与领导的层次很大程度上决定项目质量。各级领导干部特别是党政一把手，不仅要靠前指挥，还要挂帅出征，亲自抓对接、抓落地，坚定投资者信心，也为下级做出表率。要确保时效。对确定了的项目，要快签、快批、快拆、快建、快验收，确保早投产、早达效。要结合政府“放管服”改革，全面建立起各类项目全流程网上运行、监管、服务、评价机制，完善领导包靠、集中开工、问题会商、协调调度、现场观摩、情况通报等配套制度。要在考实、考准的前提下，把项目建设作为经济工作的主抓手，作为检验干部能力和作风的“试金石”，作为干部考核奖惩、评价使用的重要依据。

消费是稳增长的重要支撑。要准确把握政策导向和消费需求新变化，在扩大衣食住行等传统消费的基础上，重点瞄准中高端，围绕信息、健康、旅游、养老、绿色、文化、教育等新兴领域，着力培育新的消费热点，释放潜在消费活力。要实施实体零售主体转型工程，促进实体零售与互联网有机融合、提升发展。要立足潍坊区位优势和高铁优势，集中谋划一批区域性特色采购、消费中心。要继续大力实施电子商务跨越发展工程，一方面，深化与知名电商战略合作，打造一批本地特色电商平台，努力形成卖全国、卖全球的格局，确保全市电商交易额增长25%以上。同时，要突出研究好促进地产品上行的政策，打通上行渠道，搭建好保障属地权益的平台和政策措施。要抓住获批全省跨境电子商务综合试验区的机遇，全面加快线上“单一窗口”和线下“综合支撑”相结合的跨境电商综合平台建设，形成潍坊跨境电商发展新优势。同时，要注重扩大重要节会商品交易功能，搭建专业化、国际化高端营销平台。

当前全球贸易持续低迷，保护主义加剧，对持续扩大国际贸易带来了严峻挑战。要加大市场开拓力度，在巩固传统市场的同时，大力开拓“一带一路”国家、自贸协定签约国以及南美、非洲等新兴市场。要提升鲁辽陆海货滚甩挂运输大通道、“鲁新欧”青州号国际货运班列、“一带一路”潍坊国际多式联运大通道等运行质量，畅通与东北亚、西南欧的国际贸易通道。支持弘润石化原油超市等大型专业仓储物流项目建设，推动大宗商品的进出口贸易。落实和完善鼓励出口的政策措施，在全市推广安丘自贸协定出口实施示范区经验模式，力争年内全域整建制创建全国自贸协定出口实施示范市。要把服务贸易作为支撑外贸稳定增长的关键领域，实施专项计划，确保有新的突破。要强化外贸企业综合服务，集中引进1～2家实力强、影响力大的外贸综合服务企业，促进更多有资质、无业绩和中小微企业发展进出口业务。深化关检合作，加快国际贸易“单一窗口”和“一次申报、一次查验、一次放行”体系建设，提升出口货物的通关效率。要大力培育出口品牌，扎实实施国际知名品牌培育计划，积极参与鲁贸品牌展示中心建设，重点抓好全市十大出口优势产业集群、100家骨干企业自主出口品牌建设。要提升外贸平台建设水平。充分发挥综合保税区特殊优势，加快进口商品指定口岸建设，上半年建成运营进口肉类和冰鲜水产品指定口岸，年内获批进口水果指定口岸。支持东亚畜牧交易所发展，落实政策，支持招商，带动牛、羊等畜牧产品的进出口贸易。

企业是经济的主体，是转型的主力。要建立以企业为核心的政策体系、服务体系和保障机制。杭州市提出，在全市全面推行“店小二”式服务，为我们提供了有益借鉴。要进一步强化服务意识，落实好已有的问题直报、定期会商、重点企业一企一策、领导干部联系企业等制度，在此基础上，进一步完善服务企业的制度措施，提升服务企业水平。企业家是最宝贵的资源。要高度重视企业家队伍建设，出台支持企业家队伍建设的具体措施，继续开展高层次企业家培训活动，建立政企制度性沟通机制，大力培育“亲”“清”的政商关系。

（三）扎实推动产业转型，加快构建产业新体系。要扭住构建现代产业体系不放松，坚持一业一策，推动产业迈向中高端。

农业是我市的传统优势产业。要扎实推进农业供给侧结构性改革，着力打造全国重要的绿色农产品供给基地。实施高效特色农业提升行动和农业品牌引领工程，大力发展高端优质农产品，集中推出一批潍坊农业区域公用品牌和产品品牌。突出抓好潍县萝卜、寿光蔬菜、昌乐西瓜、青州蜜桃等特色优势农产品品质提升和品牌打造。实施农业龙头企业（合作社、大户）培育工程，借鉴蔬菜、畜牧等产业经验，分行业培育好骨干龙头企业和区域性农业社会化服务组织，探索培育一批示范休闲农庄。大力培育“新六产”。制定促进三产融合发展的政策措施，提升农业精深加工水平和比重，大力发展农业+互联网、+旅游、+品牌、+标准，推动农业“接二连三”，提高农业全产业链收益。年内新建改建多功能现代农业示范园区50处，打造乡村旅游示范村（项目）30个。高度重视粮食生产和食品安全。深入实施“藏粮于地、藏粮于技”战略，落实好国务院近日出台的《关于加强耕地保护和改进占补平衡的意见》，严守耕地红线。加强农产品质量安全监管，年内整建制创建为国家农产品质量安全市。

制造业是实体经济的主体，是我市的优势所在、潜力所在，也是供给侧结构性改革的关键领域。要认真落实《〈中国制造2025〉山东省行动纲要》，扎实推进“6+6”工业转型方案，推动制造业向高端化、智能化、服务化方向发展，打造工业强市。要扎实推进传统产业转型升级。制定完善重点产业投资指南和重点项目导向目录，在机械、化工、纺织等8个行业滚动实施亿元以上技改项目500项，确保全年技改投资增长9%以上。化工行业是转型的重点，我市有各类化工企业1631家，其中规模以上企业476家，危化品企业472家，分别占全省的17.2%、13.6%和13.8%。化工产业如何合理布局、优化升级，事关全局、事关长远、事关市民的切身利益。要深入调研、综合施治、长短结合，在“四评级一评价”基础上，下决心改造提升一批、停产整顿一批、淘汰出清一批，腾出容量和空间，用于发展大化工、特大型化工。要从讲大局的高度，合理布局化工园区，严控数量、提高质量、高端聚集，打造在全省乃至全国有影响的生态化工聚集区，实现全市化工产业集聚发展、绿色发展、高端发展。有关方面要本着对潍坊、对群众高度负责的态度，及早研究出台全市化工企业规范发展转型升级的意见和化工园区认定管理办法，建立起严格的化工产业监管制度。要大力推动新兴产业做大做强。继续抓好电子信息、生物医药、生物基新材料三个1000亿级和智能装备、新能源及电动汽车两个300亿级产业的培育工作，落实年度计划，明晰工作责任，确保实现预期目标。

服务业是现代产业新体系的重要组成部分。要落实9个重点服务业转型升级方案和年度工作计划，扎实做好各项工作，促进服务业特别是现代服务业加快发展，确保年内服务业占比再提高2个百分点以上。总部经济对于推动城市转型升级、稳定扩大财源意义重大。要加快已建、在建各类总部基地建设运营，同时，要打破神秘感，借鉴诸城市全域抓总部的经验，落实和完善政策措施，加快总部经济发展。发展现代物流业在我市具有得天独厚的条件，要认真落实全市物流业发展规划，着力打造区域性物流中心。突出抓好远成、快递两个物流园建设和临空、临港、电商、高铁、冷链、保税等6个专业物流园区、潍柴动力全球配件分销中心等16个特色物流园区建设，力争全市社会物流总额突破2万亿元。要扎实实施旅游业发展三年行动计划，在抓好硬件建设的同时，下气力完善旅游综合服务体系。支持青州、临朐、安丘创建全国、全省首批全域旅游示范区，力争年内实现旅游总收入700亿元以上。

构建产业新体系，要在体系上下功夫，完善产业链，强化创新链，形成有竞争力的产业生态。一要培强做大做优龙头企业。扎实实施企业培植“双百计划”，加大对100家龙头企业、100家高成长型企业和行业“隐形冠军”支持力度，力争到“十三五”末，培育5家全球行业领军企业、4家千亿级企业、8家500亿级企业、30家50亿级企业、省以上行业领军企业和“隐形冠军”企业100家，形成梯次结构，积蓄发展后劲。有关部门要牵头搞好论证，实行一企一策，落实工作责任和工作计划，支持潍柴、福田雷沃加快国际化步伐，全面落实扶持歌尔及VR产业、福田、盛瑞、金丝达等骨干企业发展措施。二要强化品牌引领。按照“无牌-有牌-名牌”梯次创建思路，分行业开展提品质、创品牌专项行动，一个行业一个行业、一个产品一个产品地制定品牌培育专项计划，优先支持大企业开展品牌创建和国际并购，加快膨胀国内外注册商标总量和知名品牌数量。三要强化平台支撑。按照一个产业至少一个平台的原则，继续打造行业平台，突出抓好国家、省工程技术研究中心，重点实验室、院士工作站、产业技术创新战略联盟等，加快工业研究院建设运营，有序建设好高端发动机、高端变速器、智能制造、海洋化工等行业研究院，以及现代农业研究院、分子育种中心等，加快华大基因研究院、北方创意港建设步伐，形成支撑行业创新发展的高效平台。今年，国家将开展“国家创新中心”创建活动，有条件的企业要积极主动做好争取工作。四要强化园区承载。出台实施产业聚集区建设三年行动计划，依托重点龙头企业，加快打造福田汽车、虚拟现实、8AT、生物基新材料、高端化工、新能源汽车、泊车、工业机器人等重点园区。全面提升确定的39个重点园区和26个市以上新型工业化产业示范基地层次和质量，每个县市区都要集中新规划建设1个特色聚集区，作为引领产业转型升级的平台和抓手。有关部门要统筹好，防止重复建设。要抓住国家产融发展示范市和省级新型工业化产业示范基地、北斗导航民用示范点等机遇，加快军民融合产业园、通用航空产业园论证规划和建设步伐。五要强化模式创新。健全支持新技术、新产业、新业态、新模式发展的政策措施，促进分享经济、网络经济、大数据产业等由小变大、由弱变强。产业跨界融合是大势所趋，要因势而谋、顺势而为，加快推进产业与互联网、金融、文化以及新型城镇化等深度融合、同步发展。

（四）扎实推进新型城镇化和城乡一体化，促进城乡区域协调发展。去年11月召开的全市城市工作会议，对城市工作进行了全面系统的安排部署，出台了《关于实施“十大专项行动”进一步加强和改进城市工作的实施意见》。各级各有关部门要按照职责分工，认真抓好落实。

新型城镇化要始终抓住人的城镇化这个根本，推动农村人口加速向城镇有序转移，已有城镇人口生活得更美好。要紧紧围绕“三个市民化”，加紧建立健全“1+N”政策体系，打通农业转移人口市民化政策通道，让他们出得来、住得下、过得好。德州市在这方面进行了积极探索，要认真学习借鉴。2016年9月份中央出台了城镇化“人地钱”挂钩政策，最近，中央又印发了《关于稳步推进农村集体产权制度改革的意见》，要及早研究贯彻落实的具体办法。同时，要重视研究出台我市吸纳高素质外来人口的政策措施，加速中高端人口聚集，优化人口结构，增强城市活力。年内要完成外来务工人员市民化9.4万人、就地转移人口市民化3.6万人、城中村城边村居民实现完全市民化12.3万人的目标。

“海城河”战略是区域统筹发展的重大举措。要突出海滨城市这个潍坊最宝贵的城市品牌，持续深入突破滨海。尽快编制海岸带规划，以科学规划为指导，促进加强海岸带保护与加快开发有机结合。要处理好统和分的关系，该统的要统起来，该分的要分到位，充分调动各方面积极性，加快开发进程，提升开发质量。要把港口建设摆到更加突出地位，在宽视野中找准定位，统筹港、区、运及腹地，抢抓甩挂运输、河海联运和鲁满欧国际运输大通道建设机遇，着力打造区域性特色大港。要坚持港区一体，以港兴区，以区促港，加快海洋大学科技园、临港经济区、滨海旅游区等重点园区建设，打造陆海统筹、产城融合发展示范区。要继续做好提升市区工作，强化中心引领。抢抓建设国家自主创新示范区机遇，支持高新区加快提升发展；支持保税区创新体制，着力打造全市开放发展龙头。认真落实城市总体规划和全市城市工作会议精神，全面实施好“十大专项行动”，突出抓好重点片区、重点园区（聚集区）开发建设，认真落实好242个重点提升项目，加快实现产业层次、功能品质、创新能力、发展活力“四个提升”。“两河”开发要在强化生态保护基础上，统筹设施配套、产业发展和小城镇建设，抓好重点项目建设，打造生态安全屏障。

片区改造开发是提升城市功能品质的有效途径，特色聚集区建设是顺应产业、科技、文化要素聚集发展大趋势，增强城市竞争力、吸引力的有效措施，也是拉动投资的关键措施。要从我市实际出发，本着既积极作为又量力而行的原则，扎实推进综合片区改造和特色聚集区建设，打造一批新型、特色功能区。我市已被确定为全国100个区域性高铁枢纽城市和36个高铁物流枢纽城市之一，济青高铁计划于2018年底通车。要借势规划建设好高铁新城，既要为高铁枢纽与高铁物流枢纽提供好配套，更要借机拉动城市空间拓展，提升城市品质。今年要加快高铁站配套工程建设，确保高铁通车前高铁站全面配套。与此同时，要同步规划、建设、配套好城市功能，打造特色聚集区。火车站南广场片区改造是重要的民生民心工程、交通畅通工程和城市提升工程，要抓住棚改政策这一难得机遇，下定决心，整合资源，及早启动。各方要统一思想、步调一致、通力协作，力争用三年左右的时间，完成主体改造，基本形成功能，着力打造城市南部新地标。中国食品谷是引领食品产业转型发展的综合平台，要抓好食品谷总部基地一期招商运营，加快总部基地二期、公益性农产品批发市场、东亚畜牧综合交易平台、食品小镇等重点项目建设。医疗健康城要加快提升规划设计，严格片区用地控制，加快招商建设步伐。同时，要加快推进金融小镇、梦幻小镇、坊茨小镇等特色聚集区建设。要推动各类开发区向特色园区转型，提升核心竞争力。各县市区可以根据各自实际，统筹规划建设一批特色小镇和特色功能聚集区。去年，我市超额完成了3.9万户的棚户区改造任务，相关做法得到了省委、省政府领导肯定，近期省住建厅将我市经验做法印发全省学习推广。今年我们的任务是改造棚户区86186套，比2016年增加1倍以上，任务十分繁重。各级各有关部门要把棚户区改造工作作为考验新一届领导班子战斗力的重要抓手，紧紧抓住国家政策“窗口期”，突出抓好房屋征迁、手续办理、融资贷款等重点工作，货币化安置率要继续保持较高水平。同时，要同步抓好老旧小区改造工作，年内要再启动改造老旧小区160个、504万平方米，可惠及群众近20万人。

重大基础设施是建设现代化新城市的重要基础和保障。要抢抓机遇、加快推进。港口开发建设要进一步提速，加快潍坊港2个航道、11个泊位及业务码头建设，协调推进疏港铁路、鲁辽陆海货滚甩挂大通道建设，尽快形成铁路、公路、水路有效联接的综合集疏运体系。加快推进高铁、铁路、高速以及市区快速路、外环路等建设。年内，潍日高速北段、宝通街东延项目建成通车；健康街快速路主体完成；潍日高速潍坊连接线、月河路快速路、两条市区外环路等全面开工建设；连接高铁北站的城市快速路启动建设；济青高速改扩建工程加快建设；新机场完成审批立项，同步启动工程设计、征地拆迁和招商引资。要加快黄水东调等重要水利工程建设。智慧城市建设今年要全面推进光纤网络入户，云计算中心形成800个机柜规模，大数据中心建成运营，实现市区无线Wi-Fi全覆盖。

城市工作三分建、七分管。要把城市管理纳入城镇化工作评价考核的重要内容，按照全市城市工作会议安排，扎实开展好城市管理综合整治行动，全面开展七项专项整治。要坚持党政领导、政府主抓、属地负责、依法推进，主管部门牵头，相关部门配合，形成强大的工作合力。要及早开展调查摸底，逐一制定方案，扎实有序开展。要建立社会评议、定期调度、专项评估机制，确保整治活动既扎实开展、又稳定有序。市“两会”后要召开专题动员大会，要提前做好筹备工作。

要把小城镇作为推进新型城镇化和城乡一体化的重要节点和关键措施，建立小城镇工作评价监测机制，落实和完善促进小城镇健康发展的体制机制和政策措施，进一步调动各镇街创新发展的积极性、创造性，培育镇域经济发展的新板块。要大力推动社区和产业园区“两区”同建，既完善服务功能，又发展壮大社区经济。要继续抓好“四全一特”社区建设，打造一批示范社区。要深入落实全省农村“七改”计划，年内改造农厕12.8万户，全面完成农村存量危房改造、校舍“改薄”等任务。推广好寿光羊口等农村改暖试点经验，扎实做好农村改煤工作。要扎实推进美丽乡村建设，确保今年全市50%的村庄达到美丽乡村建设标准。

全市城市工作会议提出，要健全城市工作评价、考核、通报制度。有关部门要加紧制定出台，及早组织实施。

（五）全面深化改革扩大开放，着力提升发展活力。加快推进关键性改革。去年以来，市委深改组召开11次会议，研究审议重要改革文件30个，确定重要改革事项246项。各级要持续抓好这些改革任务的落实，增强人民群众的获得感。要充分用好我市承担的44项中央和省级改革试点任务，在依法合规的前提下，真改真试、真破真立。尤其要注重谋划，争取几项经法律授权的国家级重点改革项目，释放更多改革红利。“放管服”改革，继续加大放权力度，探索事项取消、下放、转移新模式，确保国务院、省政府取消下放的审批事项全部承接落实到位。要大力推行“双随机一公开”，全面完善事后监管新体系。加快推进“互联网+”政务服务，建立集中收费窗口，探索推进投资建设领域多图联审、多评合一、联合验收，逐步实现联审联办。开展部门服务评议、评估，全面落实服务清单。明确社区服务标准，承接更多服务事项。农业农村改革，抓住创建农业综合改革试验区的难得机遇，在省里指导下，扎实搞好综合改革试验，力争有几个方面在全国率先突破。公共资源配置改革，全面落实《关于深化公共资源配置改革的意见》，认真学习外地经验，及时完善招投标及各类办法。要既注重公平、堵塞漏洞，又提高效率、讲究成本，防止以执行规定为由推卸责任。要加快诚信潍坊建设，争创国家社会信用体系建设示范城市。事业单位改革，重点清理规范“僵尸”事业单位，深化公立医院和高校人员控制总量备案管理，抓好公立医院、科研院所法人治理体系建设。教育、医疗、保险、健康等领域改革，都有新的政策和要求，要主动对接。今年我市还承担了国家公务员职务与职级并行制度试点工作，要认真组织，扎实推进。

开放是转型发展的必由之路。去年召开的全市开放发展大会，明确提出要强化“六个领域”、统筹“六个重点”、对接国家对外开放“三大布局”的总体思路和任务措施，要扭住不放，发挥好开放发展委员会统筹协调作用，抓好落实。商务部门要牵头抓总，发改、经信、科技、建设、农业、文化等部门要落实好年度计划和工作方案，确保目标明确，任务落实。

城市国际化是开放发展的总抓手。要继续实施好国际化四年计划，按照既定目标任务，加快推进产业、企业、城市、人才、理念、规则六个国际化。各牵头部门要切实牵好头，落实年度任务清单，压实工作责任，确保扎实推进。城市国际化的核心是打造国际化的营商环境。要大力复制推广国家自贸区改革试点经验，推动投资管理、贸易便利化等领域创新，全面落实准入前国民待遇加负面清单管理模式。要建成涉外部门联合服务“网上大厅”，加快规划建设一批高端国际社区、国际学校、国际医疗机构等配套服务设施，打造国际化仿真环境。

要有重点地“走出去”。深度对接国家开放战略，加快建立海外战略支点城市网络，提升海外捆绑营销中心建设水平，新发展一批海外研发中心、营销中心。要大力推广通过国际并购获取国际知名品牌、高端技术和市场的做法，大力支持企业开展国际并购，鼓励引导有条件的企业建设境外生产装配基地、资源开发基地、种植养殖基地，带动我市装备、技术、产能、服务走出去。

近日，国务院印发了〔2017〕5号文件，允许地方政府在法定权限范围内制定出台招商引资优惠政策。这是国务院两年来首次正式明确提出授权地方政府自行制定招商引资优惠政策。要审时度势，深入研究，尽快完善我市招商引资政策体系和工作机制，推动形成全市招商引资新的热潮。要把招商引资作为经济社会发展的重要抓手，认真组织，扎实推进，科学考核。要借鉴济南等市经验，建立强有力的工作体系和推进机制；要坚持一把手亲自抓，同时落实目标任务和重大项目责任制，各县市区、有条件的部门集中抓1～2个大项目、好项目，纳入评价考核，既避免全员招商，又广泛动员调动各方面力量。要逐项明确招商引资10条渠道具体牵头责任，分工负责抓好落实，定期通报有关情况。要建立健全以在建项目数、竣工项目数为主要依据的招商评价考核机制。

（六）以改革的精神，做好财税金融工作。财政是政府治理的物质基础。今年，制约财政稳定运行的因素较多。初步测算，今年全市因降税减费将减收14.4亿元，刚性支出要增加59.7亿元，但新增财力预计仅35亿元，预算平衡的压力很大。必须牢固树立过“紧日子”的思想，统筹做好“增收、节支、开源”三篇文章。“增收”就是有针对性地培植壮大财源。要稳固壮大老税源，引进开发新税源。抓住“营改增”后总部企业汇总纳税机遇，发动各级大力开展总部招商活动，有计划地引进一批结算中心、运营中心，纳入招商引资专项考核。市内各骨干企业要树立正确的义利观和发展观，“吃水不忘挖井人”，扎根潍坊、回报潍坊，最大限度地把税收留在潍坊；凡是潍坊可以提供有效保障的，要坚定不移地在潍坊发展。同时，政府要全力支持企业全球布局、壮大发展，制定完善办法，挖掘流动税源，有效引导咨询、设计等中介服务机构和建筑安装、交通运输等流动性较强的公司在潍坊纳税。今年，国家将制定中央和地方收入划分总体方案，出台健全地方税体系方案，财政部门要超前衔接、争取主动。同时，要在充分调查研究的基础上，提出市内财权、事权调整方案。“节支”就是在财政支出上精打细算，把钱花在刀刃上，大力压减一般性支出。省里提出，省直部门业务类项目统一压减10%，我市也要继续严格控制“三公”经费，市直部门公用经费继续压减5%；业务类项目统一压减10%，除中央、省以及市委、市政府确定的政策性支出和重点支出外，其余专项资金一律“零增长”。各县市区要按照这一要求，调整完善今年的支出计划。“开源”就是进一步提升财政整合各类资金能力。搞建设不能完全靠财政，更不能靠本级财政，市、省、中央各级财政盘子都以10倍以上级数递增。各主管部门都要包装好项目，全力对口争取专项资金，进盘子、进计划。要抢抓政策性贷款“窗口期”，继续包装一批棚户区、老旧小区改造、重大基础设施建设、“一带一路”、产业转型等重大项目、重大平台，全力争取国开行、农发行、进出口行各类政策性贷款，力争全年新增政策性贷款200亿元以上，有关部门要跟上相关数据统计。要实施好PPP融资提升重大专项行动，进一步完善市县乡三级PPP推进机制，确保三级有机构、有规范、有项目。年内市里集中运作好30个以上项目，吸引社会投资300亿元以上。

金融是经济发展的重要支撑，是当前供求严重失衡矛盾突出的关键领域，也是改革红利最大的领域。各级要善于抓住主要矛盾和矛盾的主要方面，制定专项改革方案，深化金融供给侧改革，努力破解金融业与实体经济失衡问题，着力扭转脱实向虚倾向。各金融机构要积极向上级行争取政策和资金，进一步加大对实体经济的支持力度；要精准对接企业融资需求，通过“行长对接厂长”，帮助企业量身制定融资计划，降低融资成本、解决融资困难；要推广循环贷款、年审制贷款以及分期还款等多样化还款方式，着力解决企业倒贷续贷难题。金融办、人民银行、银监局要研究制定具体措施，缓解脱实向虚问题。要将各银行支持实体经济信贷投放情况作为综合评价的重要考核指标，力争年内新增贷款增长7%左右、达到330亿元，降低企业财务成本30亿元以上。要加快完善资本市场体系，增强企业市场融资能力。要抓住企业规范化公司制改制这个基础，继续加大力度，确保年内规模企业改制任务完成率达到80%以上，储备上市挂牌后备企业300家，夯实对接资本市场的基础。要大力实施企业金融能力提升计划，鼓励支持企业特别是大企业通过自建、聘请专业顾问、外包等形式，将单一的财务管理机构升级为专业化全职能的金融中心，有条件的发展财务公司、金融租赁公司等专业法人机构，加快产融融合发展。要实施资本市场开拓计划，筛选有条件的企业，提供个性化的指导，帮助企业制定对接国内全板资本市场和境外主要资本市场的工作计划，力争三年内全市上市（挂牌）企业数量提升至省内前三位。要有效管控化解金融风险。中央和省都把防控金融风险放到今年经济工作的重要位置，我市这方面的压力也很大。各级各有关部门要切实增强同风险赛跑的意识，进一步强化对金融市场和实体经济的跟踪监测，加大风险管控力度，既严厉打击企业恶意逃废债行为，又严处金融机构恶意抽贷行为。目前，我市各类权益、大宗商品交易市场已发展到5家，数量居全省首位。要切实加强监管，促其健康发展。

地方性金融机构是支持当地实体经济发展的中坚力量。目前，我市持有银行牌照的法人机构有10家，数量位居全省前列，但总体实力与先进城市差距很大。银行牌照是稀缺资源，是各类资本争相申请和控制的焦点。要加快引进国内外大型金融机构和央企等战略投资者，增资扩股、扩大资产规模、增设分支机构，加快形成具有较强区域影响力的地方银行机构总部。要扎实推进东亚畜牧交易所、大数据交易中心、齐鲁农村产权交易中心、宝石交易中心等权益类交易平台建设，支持各类交易市场开展金融创新，为实体经济发展提供更加完善的服务。

（七）坚持以人民为中心的发展思想，努力保障和改善民生。年内民生支出占财政支出的比重保持在80%以上，可量化的保障标准要全部达到或超过省均水平。

脱贫攻坚是一项重大的政治任务，事关全面建成小康社会全局。要按照“再鼓干劲、深化精准、持续落实、注重实效”总体要求，进一步加大精准帮扶力度，确保剩余28个省定扶贫村全部摘帽，1.1万贫困人口脱贫，确保今年基本完成贫困人口脱贫任务。

要把稳定和扩大就业摆在更加突出的位置，统筹做好高校毕业生、就业困难人员和去产能转岗再就业职工等重点群体的就业工作，全面落实农民工职业技能提升、权益保障和公共服务3项三年行动计划，确保新增城镇就业10万人以上。

要进一步改善办学条件，均衡配置各类教育资源。今年全市新建改扩建中小学77所、普惠性幼儿园117所，重点规划建设好北辰中学和市特教中心。全面完成解决中小学“大班额”和“全面改薄”任务，年内城镇所有小学、中学班额分别控制在45人和50人以下。主动适应高校招生考试制度改革，加快普通高中创新发展。

要大力推进基层医疗机构标准化建设，年内基层机构设备配置标准化率达到100%，新型农村社区卫生室规范化建设完成总体目标的80%。

养老问题已成为社会关注的民生重点，也是社会事业发展的全新领域。要抓住全面放开养老服务市场的机遇，切实办好养老事业，大力发展养老产业，扎实推进医疗健康城建设。要启动城市社区日间照料中心建设三年行动，到2019年实现城乡社区全覆盖。各县市区已经规划的医养结合产业园区要全面完成，同时全市要统筹规划几个重点产业园区，加大招商力度。要打造高端养老基地，支持每个三甲医院规划建设1处医养结合综合体。

我市文化资源丰富、特色鲜明。要以建设经济文化强市为目标，大力实施文化提升工程，集中布局建设好文化聚集区，规划建设好市博物馆新馆、市美术馆及其他重要场馆，进一步提升公共文化服务供给水平，加大文化品牌打造力度，着力建设文化强市、文化名市。

良好生态环境是最重要的公共产品，也是最普惠的民生福祉。去年市委市政府出台了《深化“三八六”环保行动实施“十大工程”加快绿色发展的意见》，今年是实施“十大工程”的关键之年，各牵头部门要切实负起责任，坚持问题导向，制定翔实的年度工作计划，严格分解落实任务，确保按时间节点完成。当前，企业偷排已成为生态环境反弹的直接威胁。要结合全市城市管理综合整治，扎实开展好企业偷排行为专项整治行动，对重点偷排企业和部位，要派驻驻厂员，24小时轮流值守。对重点区域，全部落实实时监测措施。要实行网格化管理，监管责任落实到人。要开通企业偷排偷放第三方举报热线，对环保违法案件开展“一案多查”，形成对各类环境违法行为的高压态势。不论今年旱情如何，水资源短缺的大趋势不会改变。各级要继续扎实做好抗持续干旱的准备；要全面落实《潍坊市节约用水办法》，统筹做好建设提升水利工程、争取调水规模、开展全民节水等各项措施，最大限度保障全市用水安全。

现代社会也是风险社会。要进一步强化底线意识，努力实现安全发展。要深入落实好安全生产各项机制，全面加强基层基础工作，全面增强我市本质安全水平。要以创建国家食品安全城市为抓手，继续搞好食品药品安全监管。要持续推进社会治安防控体系建设，加大各类社会矛盾调处化解力度，提升平安潍坊建设水平。

四、切实加强和改进党对经济工作的领导

要把发展作为第一要务落到实处。正确处理好最大政绩与第一要务的关系，聚精会神抓党建、一心一意谋发展。党的各项工作都要突出发展这个党执政兴国的第一要务，把党建和发展一起谋划、一起部署、一起考核，真正做到两手抓、两不误、两促进。

要用好科学考核“指挥棒”。进一步完善科学发展综合考核及相关专项考核办法，既看总量，更看增量；既看数据，更看项目；既重显绩，也重潜绩。要严肃考核纪律，凡在项目考核观摩中弄虚作假的，要严肃查究。

要树立正确的选人用人导向。既看选票，更看实绩；既重日常，更重关键时刻、急难险时。要更加注重在一线检验干部，让有为者有位、吃苦者吃香。要健全正向激励机制，认真落实已经出台的《关于激励改革创新干事创业建立容错纠错尽职免责机制的实施意见（试行）》《整治为官不为实施办法（试行）》和《诬告陷害信访举报行为查处办法》，旗帜鲜明、大张旗鼓地为敢于担当的干部担当，保护各级干部干事创业积极性，营造更加浓厚的发展环境。

要强化作风保障。深化“两学一做”学习教育，扎实开展“作风建设年”活动。按照“走在前列、起好带头作用”的目标定位，强化基层基础工作导向，强化务实导向。要深化服务型党组织建设三年行动计划和服务型政府建设，全面提升各级党委政府服务发展的能力和水平。

同志们，今年的经济工作任务艰巨而繁重，做好今年工作意义深远而重大。让我们更加紧密地团结在以习近平同志为核心的党中央周围，坚定信心、奋发有为、扎实工作，全面完成预定的各项目标任务，为实现更高层次新发展、建设富裕文明新潍坊做出更大贡献！

（市委办公室）

政府工作报告

——2018年1月5日在潍坊市第十七届人民代表大会第二次会议上

李宽端

各位代表：

现在，我代表市人民政府向大会作政府工作报告，请予审议，并请市政协委员和其他列席人员提出意见。

一、2017年工作回顾

2017年是新一届市政府履职的第一年。一年来，市政府认真贯彻落实中央和省委、省政府决策部署，在市委坚强领导下，团结带领全市人民，开拓进取，扎实工作，较好地完成了市十七届人大一次会议确定的目标任务。

（一）经济平稳健康运行。预计地区生产总值增长8%左右，社会消费品零售总额增长10.5%左右，进出口总额增长12%左右，固定资产投资完成年度任务。一般公共预算收入539.1亿元，可比增长8.5%。城镇登记失业率控制在2.91%。居民消费价格上涨1.5%左右。省下达约束性指标全面完成。

（二）产业转型加快推进。三次产业结构进一步优化。新发展新型农业经营主体788家，新增“三品一标”认证产品42个。成功举办2017全国农商互联大会，获批创建国家农商互联标准化示范市，成为首批国家农业对外开放合作试验区。规模以上工业经济效益大幅提升。高新技术产业产值占比提高1.03个百分点。7家企业入选国家“两化”融合贯标试点。潍柴集团收入突破2000亿元，荣获中国商标金奖。新登记各类市场主体14.4万户，增长18.7%。规模以上文化企业达到272家。新增4A级物流企业4家、5A级旅游景区1家。全市电商交易额增长26%，快递业务量增长36%。预计旅游消费总额达到770亿元。被确定为国家医养结合示范省先行区。

（三）创新能力持续增强。科技进步对经济增长的贡献率达到58%，全社会研发经费投入占GDP比重达到2.61%。发明专利授权量、国际专利申请量分别居全省第3位和第2位。新增省级以上企业技术中心40家、省级工程实验室6家、院士工作站4家，新组建产业技术创新战略联盟6家。市工业研究院及十大产业创新中心挂牌成立。氢燃料电池项目被列为国家重大创新专项。北大现代农业研究院、北航歌尔机器人与智能制造创新技术研究院、潍坊激光雷达技术研究院等37家高校院所研发机构落户潍坊。雷沃重工被认定为农机行业首个国家级工业设计中心。获批建设中国（潍坊）知识产权保护中心。

（四）改革开放不断深化。“三去一降一补”扎实推进。持续实施降成本“711”专项行动，为企业减负140亿元。重点行业产能利用率稳定在80%以上。新增社会融资规模833亿元。完成规模以上企业规范化公司制改制920家，3家公司在主板上市，新增“新三板”和区域性股权交易市场挂牌企业8家和285家。新设专项投资基金5支，累计实现基金总投入273亿元。全市公共资源交易额达到860亿元。完成事业单位改革任务，39家公立医院、6家科研院所建立法人治理结构。9处国有林场改革顺利完成。承担的48项国家和省改革试点扎实推进。实际到账外资75亿元。进口肉类指定口岸通过国家验收。潍坊机场年客运量达到60万人次。潍坊港年货物吞吐量4200万吨、集装箱35万标箱，国内首条对流铁路冷链班列开通运行。与国外10个城市结为友好城市。风筝会、鲁台会、中日韩产业博览会影响力和承载力进一步增强。

（五）城乡区域统筹发展。全市常住人口城镇化率预计达到60.15%。208个市区重点项目扎实推进，站南广场片区、高铁新片区开发建设加快推进。潍坊综合保税区北区获批设立。4个县市入围全国县域经济百强，2个镇进入全省十强，9个小镇入选省级特色小镇。改造提升农村社区服务中心234个。棚户区改造项目开工8.97万套，完成农村无害化厕所改造20.9万户。重大基础设施加快建设。潍坊港4个5万吨级和2个2万吨级泊位投入运营。潍日高速北段、宝通街东延、潍昌路和央赣路新改建项目建成通车，潍日高速南段、济青高速改扩建工程快速施工。轨道交通启动前期工作。新改建农村公路1568公里。黄水东调一期、引黄入峡后续工程完成建设。农村电网改造升级全面竣工，榆横—潍坊、扎鲁特—青州特高压工程建成投运。

（六）生态环境明显改善。扎实推进生态环境综合整治，集中解决环境突出问题。建立网格化环境监管体系，深入实施“啄木鸟行动”。全市“蓝天白云、繁星闪烁”天数达到277天，PM2.5、PM10、二氧化硫、二氧化氮分别改善9.2%、8.9%、36.1%和5.3%。全面推行河长制，启动“清河行动”，市控以上重点河流COD、氨氮平均浓度分别改善6.1%和9.6%。禁养区畜禽养殖场全部搬迁。新能源公交车占比达到56.2%，成为国家公交都市创建城市。完成造林8.3万亩。节地、节水、节能工作扎实开展。

（七）民生质量稳步提高。民生支出比重保持在80%以上。城乡居民人均可支配收入预计分别增长8%和8.5%。全市剩余1.11万贫困人口、28个省定扶贫工作重点村基本脱贫。新增城镇就业11.2万人，“证卡合一”试点经验在全省推广。职工大病保险制度全面建立，在全省率先实现跨省异地就医直接结算。新改扩建中小学校221所、普惠性幼儿园190所，中小学“大班额”比例全省最低。袁强荣获第44届世界技能大赛金牌。新建全民健身设施1041处。潍水文化生态保护实验区通过国家评估验收。市博物馆创建为国家一级馆。顺利通过全国文明城市、全国卫生城市复审。新建标准化农村社区卫生室227处、城市社区日间照料中心328处、农村幸福院689处。创建为首批国家食品安全示范城市、全国基层中医药工作先进市。荣获巴塞罗那世界智慧城市博览会智慧城市提名奖。“一村（社区）一法律顾问、一警务助理”实现全覆盖。安全生产事故起数、死亡人数实现双下降。“破案会战”和“打霸治痞”专项行动成效显著。退役士兵安置和权益保障政策得到有效落实。外事侨务、民族宗教、妇女儿童、防灾减灾、慈善事业、双拥共建、人口计生、老龄、残疾人、审计、统计、海事、海渔、人防、地震、气象、史志、档案等工作取得新进展。

（八）政府自身建设进一步加强。“放管服”改革扎实推进。公布“零跑腿”和“只跑一次”改革事项329项，政务服务事项网办率达到75%，实现“三十一证合一、一照一码”。认真执行市人大及其常委会决议决定，自觉把民主政治协商纳入决策程序，共办理人大代表议案建议152件、政协委员提案359件。编制实施《潍坊市人民政府工作规则》。积极预防和化解行政争议。连续两年位居中国法治政府评估前十名。“12345”政务服务热线完成整合升级。市直部门公用经费压减5%。深入开展“作风建设年”活动。党风廉政建设和反腐败工作扎实推进。

各位代表，过去一年，市政府按照“一三四七”目标任务、战略重点和全面从严治党新要求，紧紧围绕“四个城市”建设，研究制定五年规划和三年行动计划，加快推进“1030100”核心项目建设；大力实施新旧动能转换重大工程，谋划和推进“四区四基地一通道”等500个重点项目，整体工作走在全省前列；始终坚持问题导向，研究实施加快市级重大项目建设、加强房地产用地管理、改进应急管理工作等一系列意见办法，不断提升政府施政水平；牢固树立以人民为中心的发展思想，集中解决群众关心的热点难点问题，大气环境质量、居民供水供热等一批民生问题得到有效改善；牢牢抓住招商引资、棚改旧改、征地拆迁、重大基础设施建设等工作不放松，创新机制抓落实，切实增强政府工作实效；全面提升统筹攻坚能力，扎实做好中央环保督察、国家安全生产大检查综合督查、国务院第四次大督查、国家海洋督察等迎查工作，认真抓好问题整改。这些举措，有效保证了全年目标任务完成，也为下步发展奠定了坚实基础。

各位代表，过去一年取得的成绩，是以习近平同志为核心的党中央和省委、省政府坚强领导的结果，是市委带领全市人民开拓进取、埋头苦干的结果，是市人大、市政协和社会各界鼎力支持、共同奋斗的结果。在此，谨代表市政府，向全市人民，向市人大代表、政协委员，向各界人士、驻潍人民解放军指战员、武警官兵和公安干警致以崇高敬意！向关心支持潍坊发展的老领导、老同志和海内外朋友表示衷心感谢！

我们也清醒地看到，全市经济社会发展中还存在不少矛盾和问题：发展不平衡不充分的问题在一些领域还比较突出；创新能力、科技人才不足；发展的质量和效益还不够高；大气、水、土壤等环境质量需持续改善；教育、医疗、养老等民生领域仍存在短板；安全生产、风险防控压力依然较大；部门之间协作配合需进一步加强；部分政府公务人员工作不用心、不专业、不扎实，等等。对这些问题，我们将落实针对性措施，认真加以解决。

二、今年工作的总体思路和目标任务

2018年是贯彻落实党的十九大精神的开局之年，是改革开放40周年，是决胜全面建成小康社会、实施“十三五”规划承上启下的关键一年，也是潍坊建市70周年。今年政府工作总的要求是：全面贯彻党的十九大和中央、全省经济工作会议精神，以习近平新时代中国特色社会主义思想为指导，坚持稳中求进工作总基调，坚持新发展理念，紧扣我国社会主要矛盾变化，按照高质量发展的要求，统筹推进“五位一体”总体布局和协调推进“四个全面”战略布局，牢牢把握走在前列的目标定位，以供给侧结构性改革为主线，加快实施新旧动能转换重大工程，统筹做好稳增长、促改革、调结构、惠民生、防风险各项工作，全面推进“四个城市”建设，坚决打好三大攻坚战，推动质量变革、效率变革、动力变革，实现经济平稳健康发展，民生福祉持续改善。

今年经济社会发展主要预期目标是：地区生产总值增长7%以上，一般公共预算收入增长6.5%，固定资产投资增长8%左右，社会消费品零售总额增长9.5%左右，进出口总额增长8%左右。城镇登记失业率控制在3.8%以内。居民消费价格涨幅3%左右。全面完成省下达的约束性指标。

实现上述目标，必须旗帜鲜明讲政治，把学习宣传贯彻党的十九大精神作为全年工作的灵魂和主线，牢固树立“四个意识”，坚定“四个自信”，坚决维护以习近平同志为核心的党中央权威和集中统一领导，自觉在政治立场、政治方向、政治原则、政治道路上同党中央保持高度一致。必须坚持“走在前列”的目标定位，跳出潍坊看潍坊，着眼长远谋发展，主动寻标对标，始终保持昂扬向上的精神状态，高标定位，奋勇争先。必须贯彻落实新发展理念，加快形成高质量发展的指标体系、政策体系、标准体系、统计体系、绩效评价、政绩考核，使创新成为第一动力、协调成为内生特点、绿色成为普遍形态、开放成为必由之路、共享成为根本目的。必须进一步深化供给侧结构性改革，加快实施新旧动能转换重大工程，以“四新”促“四化”，实现“四提”，全面推进“四个城市”建设，坚决打好三大攻坚战。必须坚持以人民为中心的发展思想，抓住人民最关心最直接最现实的利益问题，一件事情接着一件事情办，一年接着一年干，使群众获得感、幸福感、安全感更加充实、更有保障、更可持续。必须狠抓作风建设，持续开展“作风建设年”活动，上下一条心，全市一盘棋，强化部门协作配合，增强推动高质量发展的专业能力、服务水平，以“绣花”功夫谋划工作，以“钉钉子”精神抓好落实。

三、全面推进“四个城市”建设

把加快“四个城市”建设作为推动新旧动能转换、建设现代化强市的主体工程和关键抓手，强化目标导向，压实工作责任，深入实施五年规划和三年行动计划，努力取得更大成效。

（一）加快建设产业强市。以建设现代化经济体系为目标，以实体经济为着力点，统筹产业发展布局，瞄准高端化、智能化、绿色化、服务化方向，提升优势产业、扩张新兴产业、培强潜力产业，加快建设实体经济、科技创新、现代金融、人力资源协同发展的产业体系。

推进传统产业提质效。深度对接“中国制造2025”，聚焦装备制造、汽车制造、石化盐化、纺织服装、食品加工、造纸包装等传统优势产业，促进全产业链整体跃升。加快“四新”改造。支持企业引入新技术、新产业、新业态、新模式，推动“老树嫁新枝”“老树发新芽”。年内抓好1000项重点技改项目、171家“两化”融合贯标试点企业、10个智能制造示范项目，打造20家智能制造示范企业，建设国家级智能制造产业基地。加快制造业与互联网融合发展，推动大数据、云计算、物联网、人工智能在全产业链集成应用，推进网络化协同研发、社会化配套、个性化设计、定制化生产、柔性化制造、扁平化管理。年内推动6000家企业网上营销、3000家企业上云。推动集群发展。做大做强行业龙头企业，大力培育“专精特新”中小企业，加快形成行业龙头企业群和“隐形冠军”企业群。支持“两群”企业全球布局、配置资源，领办创办特色产业园区和专业配套园区，组建产业联盟，促进产业链垂直整合。加快发展发动机、变速器、轮胎模具、汽车电子、激光雷达、机器人、无人机等产业，强化跨产业协同，培强做大整车产业，做强智能装备产业，壮大大型高端农机产业。培育细分领域领军企业，推进行业联合、企业重组、技术提升、品牌打造，形成优势产业集群。强化品牌质量建设。深入开展质量提升行动，加强质量基础设施建设。适应群众对优质产品和服务的需求，引导企业打造集质量、标准、技术、信誉于一体，融科学与艺术、人文的高质量产品，塑造更多自主品牌。鼓励企业开展商标国际注册、国际认证，实现“一个标准、一张证书、全球通行”，加快培育一批国际知名品牌。新增马德里商标国际注册50件以上。更大力度推进化工产业安全生产转型升级。增强机遇意识，搞好顶层设计，强化综合整治，坚决打好化工产业安全生产转型升级攻坚战，推动化工产业集约集聚、安全清洁、绿色低碳、创新高效发展。出台化工产业及园区转型升级实施方案和化工非生产企业整治管理方案。明确产业布局、园区基础设施标准、行业准入门槛，推动增量化工企业提标准、进园区。坚持一企一策、一县（市、区）一方案，分类推进存量化工企业搬迁改造、兼并重组、转型升级。做大做强弘润石化、昌邑石化、鲁清石化等骨干企业，谋划一批标准型、终端型、高附加值项目，争取更多项目纳入鲁北环渤海高端石化基地，加快打造5000亿级产业集群。

促进新兴产业上规模。聚焦聚力电子信息、生物医药、新能源新材料、节能环保等新兴产业，强化龙头带动、园区承载、项目支撑、要素保障，加快壮大产业规模。电子信息产业，落实打造千亿级虚拟现实产业配套政策，用好虚拟现实产业引导基金，加快推进歌尔智慧城、滨海昆仑VR产业园等项目建设，着力打造国家级虚拟现实产业基地，年内电子信息产业主营业务收入突破700亿元。生物医药产业，加快推进新和成产业园、药明康德健康产业园等项目落地建设，培强做大高新区生物医药产业园，年内产业规模达到550亿元。新能源新材料产业，依托潍柴新能源动力产业基地、生物基新材料产业园，加快打造千亿级的新能源汽车和生物基材料产业集群。大力发展海洋经济，建设海洋科技产业聚集示范区。抢抓人工智能发展机遇，培育壮大人工智能新兴业态。促进军民融合型产业快速发展，抓好高新区军民融合新型工业化示范基地建设，大力发展军民融合特色园区，争创国家级军民融合发展示范区。

支持重点服务业快突破。推动生产性服务业向专业化和价值链高端延伸、生活性服务业向精细化和高品质转变。大力发展现代物流业。围绕高铁、公路、港口、机场规划布局物流园区，加快发展高铁物流、公路物流、港口物流、航空物流及保税物流和多式联运，将区位优势、资源优势、产业优势转化为物流业发展优势。坚持引大并小，积极引进普洛斯、传化物流等国内外领军企业，整合域内小散物流企业，加快培育本土龙头企业。大力发展现代金融。启动新一轮金融创新发展三年行动计划，积极培育引进区域性金融总部，做大做强地方法人银行业金融机构。大力发展普惠金融、绿色金融，鼓励银行机构设立专营部门或特色支行，持续改善中小企业融资环境。规范发展融资担保、股权融资、要素交易等新业态。加快发展地方金融组织，改造提升潍坊产权交易中心，打造潍坊“五板”资本市场。深化投融资改革，提高市场化融资水平。大力提升旅游业。高水平编制全域旅游发展规划，打造精品线路，培育壮大市场主体，实施一批重点项目，推进旅游上档升级，积极创建全域旅游示范区。继续开展“百万人游潍坊”活动，打造全国知名乡村旅游电商平台。大力发展总部经济。突出财源导向，细化政策措施，新引进企业事业单位总部（分支机构）110家以上。完善商贸服务设施。优化中心城区商业布局规划，改造提升6条特色商业街，推进中心城区64家商品交易市场综合治理和转型升级。加快发展电子商务，推动批发零售线上线下一体发展，年内电商交易额增长25%以上。积极发展以医养结合为重点的养老服务业。支持发展健康向上的休闲娱乐业。

放大现代农业新优势。大力推进农业科技创新、模式创新、产业创新、品牌创新，强力推进国家农业开放发展综合试验区建设，创出潍坊新经验，再造农业新优势。实施科技创新工程。发挥中美食品与农业创新中心等转化平台作用，加快北大现代农业研究院、分子育种中心等项目建设，提升种业发展综合实力。以省部共建全国蔬菜质量标准中心为契机，着力做好标准制定、农业技术集成推广工作，以蔬菜产业为突破口，打造全国重要的农业标准、集成技术输出中心。实施龙头企业振兴工程。鼓励引导龙头企业延伸产业链条，创新营销模式，领办创办农业产业化联合体，带动农业产业转型升级。实施农业品牌引领工程。扩大潍县萝卜、寿光蔬菜、青州花卉、潍坊大姜、潍坊肉鸡等地域品牌影响，叫响“潍坊农品”区域品牌。

（二）加快建设品质城市。扎实推进以人为核心的城镇化，全面加强城市规划建设管理，满足人民美好生活需要，让城市更加宜居宜业、更好承载发展。

坚持高起点规划。以高质量发展为导向，根据品质城市建设要求，实行“多规合一”，启动新一轮城市总体规划修编，完成中心城市空间布局规划。实施片区化、组团式城市开发，有序推进城市更新，加快构建城市中心、次中心、地区中心、社区中心，形成“梯次分布、组团发展、功能完善、生活便捷”的一体化空间布局。推进建筑容量、界面控制、建筑节能、建筑轮廓线等先进标准落地，塑造城市特色风貌。明确各层级基础设施和公共服务设施配建标准，打造教育、医疗、养老、商业等功能完备的“15分钟生活服务圈”。完善规划委员会审批决策机制，严格规划执法，确保各类规划落地执行。

实施高标准建设。以建设百年工程为导向，严格建筑质量监督管理，实施建筑工程项目竣工联合验收。把海绵城市建设要求落实到每个新建、改建项目，“一片天对一片地”立体消纳雨水。大力推进城区雨污分流改造和箱涵溢流整治，对中心城市所有河流进行以截污为重点的综合整治，治理85处积水点。推进城区大热源改造，抓好自来水提标扩容，加快推进供热“一张网”、供水一体化。开展城市地下管网普查，建设信息管理平台，新开工建设地下综合管廊8公里。树立“窄马路、密路网”理念，打通城市次支路网，改善城市“微循环”。分期分批对城市主要道路、重点区域老旧建筑外立面实施改造，开展城市“微整治”。利用空闲地块、街巷空间、公共建筑周边空间，规划建设一批口袋公园、便民公厕，改造城市“微空间”。实施城市环境提升工程，对济青高铁、胶济铁路、青银高速沿线进行集中整治、裸土复绿。实施高速出入口和城市主干道两侧绿化提升行动。依托城市周边林场规划建设郊野公园。开展品质小区建设行动。坚持“房子是用来住的、不是用来炒的”定位，加快建立多主体供应、多渠道保障、租购并举的住房制度，建立土地管控、市场监管、有序开发长效机制，促进房地产市场健康发展。

推进高效能管理。以网络化、精细化、智慧化、法治化为导向，深化城市管理体制改革，合理划分市、区两级管理职责，推进城市管理重心下移。探索推行“路长制”。实施城管网络巡查和第三方监督评测。开展户外广告专项整治，城市建成区违法建设实现“清零”。推进立体化、智慧化交通建设，强化公共停车管理，优先发展公共交通，完善城市慢行系统，优化共享单车运营，有序发展共享汽车，综合施策、系统治理交通拥堵问题。实施以“城市大脑”为核心的“智慧潍坊3.0”建设，争创国家级新型智慧城市示范城市。

（三）加快建设活力城市。进一步突出创新驱动、创业引领、改革攻坚、开放先导，全面激发城市活力，加快建设创新型城市、创业型示范城市。

提升创新创业水平。围绕产业链部署创新链，围绕创新链配置资源链，进一步发挥科技创新支撑引领作用。提升科技创新平台研发能力和技术攻关水平，新建30家市级以上科技创新平台，在市工业研究院新设立3家行业研究院。支持高新区加快建设山东半岛国家自主创新示范区。支持推动潍柴申报国家氢燃料电池技术创新中心，建设国家内燃机产品质量监督检验中心。支持北大现代农业研究院、北航歌尔机器人与智能制造创新技术研究院、潍坊激光雷达技术研究院建设。实施普惠性创新政策，推进高新技术企业“育苗造林”行动。健全完善技术交易平台，年内促进80项重大科技成果转化。扎实推进国家知识产权强市创建和知识产权保护中心建设。深入推进大众创业、万众创新，实施“185”创业行动。提升创业孵化平台公司化、市场化、专业化运营水平，市级以上创业孵化示范基地（园区）达到100处。发挥创业大学引领作用，开展创业培训2万人以上。创建一批创业型示范镇（街）、示范社区、示范平台。出台人才支撑新旧动能转换工作意见，实施领军型创新创业团队引进培育计划，加强鸢都学者、鸢都产业领军人才、有突出贡献中青年专家的选拔管理。激发和保护企业家精神，鼓励更多社会主体投身创新创业。大力弘扬劳模精神、工匠精神，建设知识型、技能型、创新型劳动者大军。

深化重点领域改革。深入落实“三去一降一补”重点任务。加快淘汰落后产能，出清“僵尸企业”；清理涉企收费，持续深化降成本“711”专项行动；加强政府债务管理，全面落实政府隐性债务风险排查防控。实施五年资本市场千亿融资计划，完成省定规模以上企业规范化公司制改制任务，推动150家企业在“新三板”和区域性股权交易市场挂牌，争取更多企业首发上市，实现债券融资300亿元。支持鼓励上市公司、股改企业增资扩股，提高再融资能力。实施小微企业“双升”战略，推动“个转企”登记。深化财税体制改革，科学划分市区两级事权与支出责任，建成财源建设大数据平台。加快农村集体产权制度改革。完善承包地“三权”分置制度，鼓励向新型农业经营主体流转土地，加快实现重点农业区域土地托管服务全覆盖。推进公共采购、用地供应等制度改革。加快国有企业混合所有制改革，推进经营性国有资产统一监管。深化开发区体制机制改革。强化统计执法监督，充实提升基层统计力量，做好第四次全国经济普查衔接准备工作。

推动形成全面开放新格局。全面落实“六六三”开放战略，深入实施“十项计划”，瞄准欧美、日韩、港台等重点国家和地区，精准对接世界500强企业和“专精特新”中小企业，增强招商实效。深入实施外贸转型升级专项行动，推动跨境电商、市场采购贸易、外贸综合服务等新业态、新模式落地，加快建设跨境电子商务综合试验区，积极创建自贸协定出口实施示范市。支持企业“走出去”开展国际并购、资产重组、合作研发，深度参与“一带一路”建设，培育本土跨国公司。推进鲁辽大通道、“潍青欧”“鲁新欧”国际多式联运通道健康发展。大力发展会展经济，进一步提升风筝会、鲁台会、中日韩产业博览会办会层次和综合效益。做好对口支援工作。

（四）加快建设文化名市。发挥潍坊历史悠久、底蕴深厚、人文资源丰富的优势，搞好挖掘保护、开发利用，内强实力、外树美名，叫响文化品牌。

大力发展优秀文化。深化公民思想道德建设和群众性精神文明创建，推进志愿服务制度化。加强文物保护利用和文化遗产保护传承，做好历史文化街区、优秀传统村落、历史建筑保护利用。打造非物质文化遗产项目聚集区，举办中国（潍坊）传统工艺创意设计大赛。完成全市地方志第二轮编纂工作。推进国家历史文化名城、联合国手工艺与民间艺术之都、中国书法名城等品牌创建。鼓励引导民间收藏。组织开展“写潍坊、拍潍坊、演潍坊、画潍坊、唱潍坊”系列活动。

完善提升文化设施。健全现代公共文化服务体系，启动市博物馆群、美术馆群建设。新改扩建10家县级综合档案馆。加快建设镇（街）公共图书馆、文化馆分馆。村（社区）综合性文化服务中心达标率和省定扶贫工作重点村文化大院建成率达到100%。广泛开展群众性文化活动，深入推进文化惠民工程。推进全民阅读，依托社区规划建设便民“城市书吧”。

做强做大文化产业。积极培育文化龙头企业，支持潍坊报业集团、广播影视集团向全媒体转型发展。吸引社会资本投资兴办文化企业，支持文化企业上市或挂牌交易，加快发展多层次文化产品和要素市场。探索建立文化金融服务中心。推进文化产业园区、特色文化小镇建设，打造一批文化产业聚集区和特色文化体验区。提升十笏园文化街区、大英烟厂旧址、坊茨小镇、青州古城、诸城恐龙、莫言家乡等项目文化内涵，打造一批高端文化旅游项目。办好第三届市民文化节和第二届潍坊文化惠民消费季。提升第八届中国画节、第十一届中国（潍坊）文化艺术展示交易会办会水平，进一步扩大“中国画都”品牌影响力。

四、着力抓好四项工作

坚持聚力攻坚，不搞平均用力，突出项目建设、招商引资、棚改旧改、重大基础设施建设，依靠高质量、有规模的投资，实现高质量、有效益的发展。

（一）强力推进项目建设。认真落实市级重大项目建设意见，全面深化“项目建设年”活动。加快推进“四区四基地一通道”等500个新旧动能转换项目、564个“四个城市”建设项目、330个市级重大项目。新设规模100亿元的新旧动能转换基金、100亿元的城市建设发展基金等母基金，引导金融与社会资本合作设立一批子基金，为项目建设提供融资支持。开展集中开工、专项督查、观摩点评等系列活动，建成运营重大项目智慧化管理平台。完善问题直报、分层解决、“3+N”会商解决机制，打通项目快速落地“绿色通道”。

（二）高效推进招商引资。明确招商方向、招商重点，创新招商方式、招商机制，围绕新旧动能转换招商引资、招才引智、招院引所。推进专业招商、产业招商。统筹招商力量，设立国际国内重点区域招商中心，组建专业化招商队伍，实行以业绩为核心的绩效考核。强化产业招商，在大区域整合产业资源，发挥企业招商主体作用和各类开发区招商主战场作用，围绕主导产业延伸产业链、优化供应链开展招商。积极创新招商模式。推行风险共担、利益共享的“招商合伙人”制度，探索大数据、流量招商和基金、资本招商，提升市场化、精准化、信息化招商水平。组织“千企千商”走访、“潍商回归”和重点区域集中招商活动。坚持人才集聚。把人才资源作为战略资源、第一资源，优化人才结构，做好“育用引”三篇文章。敢于争资源、争平台、争项目，依托国家“千人计划”、泰山系列和鸢都系列重点人才工程，引进培育省级以上重点工程人选40人以上，引进高校院所分支机构5家以上。改善营商环境。加快建立与国际通行营商环境体系相衔接的指标体系，健全完善促进非公经济、人才发展的政策体系，实行企业举证采纳制度，建立政企联谊机制，构建亲清新型政商关系，着力打造精简高效的政务生态、富有活力的创新创业生态、彰显魅力的自然生态、诚信法治的社会生态。

（三）有序推进棚改旧改。坚持“阳光征收、不与民争利、群众工作法”三项原则，完善棚改旧改、房屋征收政策，规范管理实施体制，年内棚改项目开工6.98万套。坚持整体拆迁、片区开发，统筹利用腾出的土地空间，科学安排产业、基础设施和商住用地。按照商品房的质量标准优先建设群众安置房，让群众真正享受到棚改“红利”。稳步推进老旧小区改造提升，完善配套设施，启动既有住宅加装电梯工作。

（四）全面推进重大基础设施建设。加快潍莱高铁及配套枢纽工程建设，推动京沪高铁二通道开展前期工作，济青高铁建成通车。完成潍日高速南段主体工程，济青高速改扩建主体工程完成90%以上。加快潍坊港5万吨级航道和码头建设。有序推进机场搬迁，争取开工建设新机场。轨道交通加快报批，力争年内开工建设。实施潍县路升级改造工程，开工建设东外环、南外环、南绕城高速。利用两年时间，打通北宫东街、文化路、东方路等21条城区道路，有序推进志远路、友爱路、向阳路等上跨下穿青银高速、胶济铁路通道建设。加快原油超市项目建设，形成1亿吨原油周转量。推进山东—河北特高压环网工程、临朐抽水蓄能电站、滨海大型LNG调峰储配站建设，加快充电站（桩）配套设施建设。积极推动峡山水库胶东调蓄水源地工程，加快黄水东调二期建设，抓好重点水源联通工程。加强信息、物流等基础设施网络建设。

五、坚决打好三大攻坚战

聚焦防范化解重大风险、精准脱贫、污染防治硬任务，精准发力、合力攻坚，为“四个城市”建设提供有力保障。

（一）防范化解重大风险。加强金融风险防控。加大银行业信用风险处置化解力度，确保银行业不良贷款率逐年降低。扎实做好不良担保圈、担保链“破圈解链”工作，严厉打击非法集资等涉众型经济犯罪和恶意逃废金融债务行为。强化金融风险应急处置，压紧压实属地责任，健全完善应急预案，力争在最早的环节、最低的层级，用最小的成本，解决最大的问题，达到最佳的综合效果，坚决守住不发生系统性、区域性金融风险底线。持续抓好安全生产。深入开展“安全生产责任落实年”活动。健全网格化监管体系，实行安全监管“实名制”。年内所有规模以上企业、高危行业企业完成标准化规范化达标创建，建成风险分级管控和隐患排查治理“两个体系”。以“一竿子插到底”的决心和韧劲，抓好隐患排查和专项整治。建设消防远程控制指挥中心、石油危化品应急救援中心暨真火真烟综合训练基地。将重点危化品企业及其重大危险源纳入在线监控范围。实现全市交通运行状态实时监控。着力维护社会稳定。创建国家防震减灾示范城市，筹建市救灾物资储备中心。全面加强应急管理工作。深化“平安潍坊”建设，夯实以“五张网”为核心的社会治安基层基础工作，加快市县镇村四级综治中心平台建设。强化社会治安综合治理，依法打击和惩治黄赌毒黑拐骗等违法犯罪活动，深化“打霸治痞”专项行动，打好三年禁毒人民战争，确保社会安全稳定。

（二）高质量完成脱贫任务。坚持精准扶贫、精准脱贫，聚焦贫困人口“两不愁、三保障”目标定位，进一步完善产业、行业、社会扶贫长效机制，确保年内实现“全部兜底脱贫”目标。注重扶贫与扶智、扶志相结合，加快推进扶贫开发工作由消除绝对贫困向缓解相对贫困转变，由消除农村贫困向统筹解决城乡贫困转变。实施贫困村整体提升工程，有序推进省定扶贫工作重点村建设美丽乡村。探索创新“互联网+”社会扶贫模式，完善社会扶贫供需对接机制。实施最严格的监督执纪，以“零容忍”态度严惩扶贫领域腐败。

（三）强化生态环境治理。坚持“绿水青山就是金山银山”，进一步加大生态环境整治力度，按要求做好中央环保督察反馈问题整改。打赢蓝天保卫战。全面落实《潍坊市大气污染防治条例》，持续开展生态环境综合治理，主要大气污染物PM2.5、PM10同比分别改善5%左右。推进能源结构调整，完成煤炭减量替代任务。持续抓好散煤清洁化治理，推广清洁型煤80万吨、节能环保炉具8万台。在城市建成区及城郊区域启动气代煤、电代煤工作。年内基本实现城市建成区和农村新型社区清洁采暖全覆盖。健全完善企业环保预警、倒计时整改机制，落实企业达标排放主体责任，全面清理“散乱污”企业。加快中心城区6家企业搬迁进度。海龙新材料、恒联浆纸11月底前全面关停、异地搬迁；柏立化学主体生产线、潍坊山水水泥、华龙硝铵年底前关停搬迁；亚星寒亭厂区年内启动搬迁。提升建筑施工、道路保洁、渣土运输、港口码头和铁路堆场等领域扬尘精细化治理水平，有效管控大型货车进入市区。推进出租车绿色改造。提升水污染防治水平。全面深化河长制，深入开展“河畅、水清、岸绿”专项行动，市控以上河流消除劣五类水体，国控、省控重点河流断面全面达标，主要污染物COD、氨氮平均浓度同比分别改善5%以上。有序推进市县镇三级污水处理设施改造提升。扎实开展潍河、弥河等9个河道综合整治工程。严格划定农村饮用水水源保护区，实施白浪河水库水源地保护工程。加强土壤污染管控和修复。建立土壤环境基础数据库。完善病死畜禽无害化处理体系。推广土壤熏蒸修复、精准施肥和绿色防控技术，严格标准化生产，实现化肥、农药使用量“零增长”，大力推广应用有机肥料。抓好耕地质量提升和减肥增效示范县创建，实施净土、洁田行动，大力发展循环农业，推广测土配方施肥1400万亩，新增水肥一体化推广面积15万亩。推进固废危废处置项目建设，固废危废无害化处置率达到100%。加大生态保护力度。加快建立生态补偿机制，探索建立自然资源资产产权制度，完成生态红线区边界详细勘定，定期发布生态红线保护信息。加快南部山区森林生态屏障建设，完成造林5万亩。强化北部沿海滩涂湿地和海域生态保护修复，加快推进滨海3条沿海生态防护林带建设。建成市县两级智慧环保平台，建立覆盖全市镇（街）和重点工业园区的空气质量自动监控设施。开展全民节水行动，推广“零增地”发展模式，加快建设节约型社会。

六、统筹区域协调发展

坚持城乡一体、陆海统筹、产城融合，树立区域发展一体化理念，在更大空间内配置资源、谋划发展、增强优势，既要繁荣城市，又要美丽宜居乡村，构建区域协调发展新格局。

（一）构建现代化城镇体系。在更高层次上深度谋划，有序推进青潍一体化；以“三带引领、两河开发”为统领，统筹推进全域一体化；以推进交通基础设施互联互通为重点，加快推进“七城”一体化；树立大市区理念，把市区作为一个整体规划建设管理。落实加强规划引领推动品质城市建设的实施意见，进一步理顺市区体制；出台市区规划建设管理财权事权划分办法，实现建设管理标准规范、协调统一。中心城区优先发展总部经济、楼宇经济、城市综合体、生产性服务业、高端服务业，有选择地发展先进制造业、科研科创孵化基地以及大健康、文化休闲等现代服务业。坚持产城融合，加快建设宜业宜居宜游的站南广场片区、高铁新片区。支持高新区发展光电产业、VR产业、动力产业、生命健康产业，打造区域国际化先行区。支持滨海区发展高端装备制造、海洋精细化工、高端石化、生物医药产业，打造产城一体的产业集聚区。强化综合保税区对外开放服务功能，搞好“一区两片”运营，打造开放发展服务高地。放大峡山区生态优势，打造独具特色的生态发展示范区。

（二）加快推进县域发展。按照市第十二次党代会对县市的发展定位，坚持“多予少取放活”原则，推进县域经济突出特色发展。加强顶层设计和资源统筹，支持县域发展壮大先进制造业为主体的实体经济，注重发展城市经济、生产性服务业、文化休闲旅游业和健康产业，注重高质量地招商引资，注重提升发展质量和档次。调整优化市以下财政体制，完善财政转移支付制度，加大市级产业发展引导基金对县域产业发展支持力度。完善县域科学发展考核机制，引领县域经济创新发展、持续发展、领先发展。鼓励支持镇域竞相发展，培育羊口新生小城市，发展景芝、夏庄、柳疃等重点示范镇，打造好1个国家级和9个省级特色小镇，培育一批市级特色小镇。

（三）实施乡村振兴战略。坚持农业农村优先发展，按照“产业兴旺、生态宜居、乡风文明、治理有效、生活富裕”总要求，加快编制实施乡村振兴战略规划。聚焦产业兴旺。实施质量兴农战略，推进农业由增产导向转向提质导向。加快农村一二三产业融合、农业内部产业融合，推动农业终端型、体验型、循环型、智慧型发展，培育发展农业“新六产”。做优做精农业体验、休闲采摘、特色民宿等业态，建设农业综合体、田园综合体，推动农区变景区、田园变公园、民房变客房、农事变体验、农品变礼品，打造市民旅游休闲地、农民创业就业地、社会资本投资地。年内集中培育50家重点农业龙头企业、50家农业产业化联合体。完善“龙头企业+合作社+家庭农场”等股权利益联结机制，培育60家农民合作社示范社、60家示范农场。增强抗旱防汛能力，实施“藏粮于地、藏粮于技”战略，严守耕地红线，确保粮食安全。聚焦生态宜居。开展农村人居环境三年整治行动，大力改善路水电气暖讯房等基础设施。开展河道、坑塘治理，提升绿化亮化美化水平，更高标准整治村容村貌。加快推进农村危房改造，有序推进改厨工作。坚持不懈推进“厕所革命”，全面完成41万户农村改厕三年任务。提高集中供水质量，确保饮水安全。推进“四好农村路”建设，新建改造农村公路1400公里。保护好乡村特色风貌和田园风光，建设20个美丽宜居乡村精品片区。完成农村社区服务中心建设提升三年任务。聚焦乡风文明。加强农村公共文化建设，传承发展农村优秀传统文化。开展移风易俗行动，倡导现代文明理念和生活方式，培育文明乡风、良好家风、淳朴民风。探索开展“乡贤回归”工程，重塑新时代乡贤文化。聚焦治理有效。创新农村社会治理，健全自治、法治、德治相结合的乡村治理体系。加强农村法治建设，着力整治农村黑恶霸痞犯罪、封建迷信、非法宗教等突出问题，推进平安村庄建设。完成村（社区）“两委”换届选举工作。聚焦生活富裕。重塑城乡关系，坚持以工补农、以城带乡，建立健全城乡融合发展体制机制和政策体系。鼓励工商资本、社会资本参与乡村振兴。完善社会化服务体系，推进农户与现代农业有机衔接。设立乡村振兴基金，把人才、资本、信息、技术等要素引到乡村。建立新型农民培训制度。大力发展农村集体资产合作社、土地合作社、农村劳动力合作社，拓宽农民增收渠道。我们将以更大的决心、更实的举措，推动农业全面升级、农村全面进步、农民全面发展，让农业成为有奔头的产业，让农民成为有吸引力的职业，让农村成为安居乐业的美丽家园，奋力谱写新时代乡村振兴的潍坊篇章！

七、提高民生保障和社会治理水平

既尽力而为，又量力而行，在幼有所育、学有所教、劳有所得、病有所医、老有所养、住有所居、弱有所扶上不断取得新进展。今年民生支出比重保持在80%以上，可量化项目保障标准全部达到或超过省均水平。

（一）优先发展教育事业。实施第三期学前教育行动计划，提高普惠性幼儿园占比。启动义务教育优质均衡县创建，高质量完成破解中小学“大班额”任务，开展中小学生课外负担综合治理，加快推进普通高中综合改革。优化职业院校办学结构，深化产教融合、校企合作。鼓励企业依法参与举办职业教育、高等教育。支持潍坊医学院创建潍坊医科大学，加快推进山东海洋技术大学筹建工作。落实好第二期特殊教育提升计划。启动建设北辰现代教育示范区。创建国家级现代教育综合改革试验区。

（二）实现更高质量更充分就业。注重解决结构性就业矛盾，推动全日制、集中式就业向灵活式、分散式就业拓展，鼓励通过新兴业态扩大就业。新增城镇就业10万人以上。落实企业工资指导线和工资集体协商制度，构建和谐劳动关系。

（三）完善社会保障体系。落实好被征地农民社会保障政策，完善机关事业单位养老保险制度改革配套措施，健全大病保险、异地就医、职工长期护理保险、门诊特殊慢性病等医保制度，继续推进民生综合保险。开展残疾人精准康复服务。完善综合社会救助体系，大力发展慈善事业，构建城乡一体的特困人员救助供养制度。

（四）推进健康潍坊建设。完成医疗机构设置规划和空间布局规划，完善分级诊疗服务体系。加快重点医疗机构集团化发展和医联体建设，提升乡镇卫生院医疗服务水平，新建农村标准化社区卫生室236处。推进家庭医生签约服务。启动市妇女儿童健康中心建设。实施“幸福呼吸”和“关爱新生命”公益项目。推进人口计生工作“三个转变”，科学应对“全面两孩”生育高峰。落实好公共场所母婴设施配置要求。实施“振兴中医”行动计划，全力打造中医药强市。启动实施重大传染病疫情分级分类处置。完善养老服务体系，建设国家医养结合示范省先行区。持续开展“食安潍坊”品牌引领行动，大力推进餐饮质量安全提升工程。加强药品质量安全监管，落实药品供应保障制度。积极推进国家农产品质量安全城市创建。广泛开展全民健身运动，新建300处全民健身设施。

（五）加强社会治理。落实“谁执法谁普法”责任制，推动全民尊法学法守法用法。加快推进公共法律服务体系建设，镇（街）公共法律服务中心（站）、村（社区）司法行政工作室实现全覆盖。进一步畅通信访渠道，切实维护群众合法权益。深入推进社会信用体系和企业产品与服务质量信誉体系建设，加大守信激励和失信联合惩戒力度。强化市级公共信用信息平台数据归集、共享应用和信用监管，争创国家社会信用体系建设示范城市。大力支持国防建设，加强国防动员和后备力量建设，做好新时期“双拥”工作。

八、努力建设人民满意的服务型政府

牢固树立以人民为中心的发展思想，把人民群众的小事当作自己的大事，从人民群众关心的事情做起，从让人民群众满意的事情做起，扎实推进高效政府、责任政府、法治政府、廉洁政府建设。

不断提升政府效能。深化“放管服”改革，全面推行“一窗式”集中审批，建立“六集中”服务机制，提高行政审批效率。加强部门协作配合、融合合作，汇聚抓落实强大合力。加快“互联网+政务服务”建设，深入推进“多证合一、一照一码”改革，扩大“证照分离”试点。完成政务信息系统整合共享工作，加快实现跨部门、跨地域、跨层级的信息数据互联共享。着力打造以“12345”热线为主渠道的综合性为民服务平台。

更加突出专业能力。提升公务员专业素养和专业能力，用专业思维、专业方法指导推动工作。完善以专业知识和专业能力为导向的考核评价机制，引导公务员用心钻研业务，提升专业水平。立足岗位需求，定期组织开展专业培训和更新知识培训。探索实行公务员聘任制，积极引进高端专业人才和紧缺急需人才，优化公务员队伍结构。

大力弘扬务实作风。深入落实中央八项规定实施细则精神，着力解决形式主义、官僚主义新表现及“四风”隐形变异问题。扎实开展“不忘初心、牢记使命”主题教育。持续开展“作风建设年”活动，形成作风建设长效机制。大力推行“一线工作法”，现场研究解决实际问题。加强和改进调查研究，摸实情、出实招、求实效。落实容错纠错机制，鼓励干部干事创业。坚持知行合一、言行一致抓落实，以行动为准则，引导快干实干带头干；以目标为导向，推动发现、解决、提交问题；以结果论成败，既要“哪壶不开提哪壶”，又要“提了哪壶开哪壶”。一步一个脚印，踏踏实实抓好落实。

扎实推进依法行政。深入落实法治政府建设实施纲要，把政府工作全面纳入法治轨道。自觉接受人大及其常委会的法律监督、政协民主监督、媒体舆论监督，强化审计监督。切实做好人大代表议案建议和政协委员提案办理工作。严格执行地方性法规和政府规章制定程序，继续加强重点领域立法。落实重大行政决策法定程序，强化合法性审查。全面深化政务公开。完善政府法律顾问制度，重视发挥智库作用，严格规范行政执法行为。发挥行政复议、行政应诉作用，妥善化解行政争议。

全面加强廉政建设。严格落实全面从严治党主体责任，认真履行“一岗双责”。坚持把纪律和规矩挺在前面，让公务人员知敬畏、存戒惧、守底线。强化对权力运行的制约和监督，让权力在阳光下运行。严格规范招投标活动和政府采购管理，规范公共资源配置交易，严管民生资金、民生项目。深入推进反腐败斗争，保证干部清正、政府清廉、政治清明。

各位代表，新时代要有新气象，新使命呼唤新作为。让我们更加紧密地团结在以习近平同志为核心的党中央周围，高举中国特色社会主义伟大旗帜，不忘初心、牢记使命，锐意进取、埋头苦干，努力推动高质量发展，为建设富裕文明充满活力的现代化强市而努力奋斗！

（市政府办公室）

专 记

Zhuanji

“四个城市”建设工作

2017年，全市上下按照市委、市政府决策部署，把加快建设“四个城市”作为贯彻落实十九大精神和省、市党代会精神，推动全市高质量发展的主体工程、核心抓手，完善推进机制，突出工作重点，聚焦项目建设，压实工作责任，“四个城市”建设取得重要阶段性成果。

一、加快建设产业强市，构建现代化经济体系

（一）产业竞争力不断增强。经测算，“1669”产业增加值4060亿元，占GDP比重达69%，同比提高2个百分点。先进制造业提质增效发展。诸城、寿光、高密、青州等4市入选2017年度全国工业百强县（市）。6大战略性新兴产业实现主营业务收入1830.7亿元、同比增长22.3%；6大传统优势产业实现主营业务收入8930亿元、同比增长8.8%。服务业支撑带动作用明显。服务业增加值占GDP比重达46%、占比较年初提高1个百分点，现代服务业增加值占比达59.4%、连续两年居全省首位。连续3年获评省服务业发展先进市。品牌农业龙头地位不断巩固。农业区域公用品牌、企业品牌和产品品牌“三大品牌”建设成效明显，注册地理标志商标7项，新增“三品一标”59项，全市“三品”基地发展到551万亩、“三品一标”产品认定数量达768个，28个产品获得农产品地理标志保护登记。全市家庭承包耕地流转面积373.2万亩，占家庭承包经营耕地面积的39.4%，土地适度规模经营比例达60.6%。产业项目推进顺利。对“10•30•100”支撑项目存在问题进行全面摸底，建立支撑项目问题库，逐个项目研究针对性推进措施。年初确定的1074个产业支撑项目完成投资1333.2亿元，完成全年投资计划的105.2%。

2017年7月30日，潍坊市召开“四个城市”建设动员大会　　（供稿：许　凯）

（二）市场主体发展壮大。市场主体数量持续增长、结构不断优化。全市市场主体总量达到83.9万户、同比增长15.3%。企业类市场主体占全部市场主体比重达23.4%，较年初提高了0.8个百分点。实施龙头企业培育计划，建立龙头企业梯次培育名录，规模以上工业、贸易、重点服务业企业达6359家，歌尔、富康制药等16家企业入选全省百年品牌培育工程，潍柴主营业务收入突破2000亿元，7家企业入围全省百强企业、居全省第4位。支持培育“隐形冠军”企业发展，认定市级“一企一技术”企业342家、“专精特新”企业373家，全市主导产品国内市场占有率前三位的企业达41家，4家企业入选国家“隐形冠军”示范培育企业名单（示范企业3家、培育企业1家）。持续推动“个转企、小升规、规改股、股上市”工作，完成规模以上企业改制854家、占全年改制任务量的107.4%。

（三）产业融合发展深入推进。产业＋金融方面，组建24亿元的产业发展母基金和30支专业子基金，撬动社会投资430亿元，先后支持255个重点企业、项目发展。与县市区及民营资本联合设立省内规模最大的再担保公司，累计为350家（次）企业提供担保、再担保支持130余亿元。全市设立风险缓释基金17支、累计提供过桥资金433.3亿元。制造业服务化方面，筛选确定了首批40家服务型制造示范企业，提炼了总集成总承包等八大新型商业模式，迈赫机器人项目列入国家级服务型制造示范。金融服务、现代物流、创意设计等生产性服务业快速增长，全市生产性服务业占比达55%。“互联网+”方面，加强对好品潍坊等30余家本土电商平台培育扶持，梦金园等6家企业入选省级“互联网+品牌”企业名单。全年电子商务交易额突破3000亿元、同比增长27%。全市80%以上规上企业实现“触网”发展，8家企业入选国家两化融合管理体系贯标试点示范，企业信息化发展指数达到63.37。农业“新六产”方面，新改建现代农业园示范区98处，潍水田园综合体被确定为全省唯一建设试点。军民融合方面，认定市级军民融合产业园区3个，新增“民参军”企业2家，建成运行军民融合产业发展公共服务平台。预计2017年，全市军民融合企业主营业务收入700亿元，其中军品产值75亿元。

二、加快建设文化名市，推动文化繁荣发展

（1）进行总体策划，市、县两级五年规划和三年行动计划全部完成，确立“10•30•100”共172个支撑项目。（2）文化资源挖掘整理成效显著，共整理挖掘全市特有文化资源480项，梳理编辑形成20万字的文化资料，确定了“九名”初选名单。（3）城市文化品牌打造不断提升，成功举办第七届中国画节、第十届文展会和陈介祺金石文化周活动，“金石之都”“中国民间文艺之乡”称号落户潍坊。全面启动国家历史文化名城、联合国手工艺与民间艺术之都、中国书法名城等新品牌的创建。（4）文化馆群建设取得积极进展，制定通过《关于潍坊市文化馆群建设规划选址及初步设计方案》。积极推进规划设计，提出博物馆和美术馆功能分区意见和展陈方案。制定《关于扶持入驻美术馆群民营美术馆的意见（讨论稿）》。（5）对外文化影响力不断扩大，利用多种方式全方位开展对外宣传。开展“写潍坊、拍潍坊、演潍坊、画潍坊、唱潍坊”等系列活动，全面推进《潍坊通史》《潍坊美术史》、长篇小说《画都》等编辑出版、宣传推介工作。完成画都之歌《水墨》MV的制作和宣传发行。（6）文化产业加快发展，编制完成《潍坊市文化领域供给侧结构性改革实施方案》。歌尔股份等三家企业，华安•创意文化旅游产业园等两个项目，中晨国际艺术小镇等两个园区入选第五批省重点文化企业、文化产业项目和文化园区名单。七是大力提升市民文明素质，顺利通过全国文明城市复评。

三、加快建设活力城市，加速发展动力变革

六大领域体制机制创新不断推进，发展动力和活力进一步增强。经济活力领域。深入推进供给侧结构性改革，重点行业产能利用率稳定在80%以上；企业负债率降为58.5%；为企业减负140亿元。深化“放管服”改革，调整权力事项163项，压减涉审收费事项42项；向社会公布实行市级第一批54项“零跑腿”事项、275项“只跑一次”事项。创新活力领域。引进北航歌尔智能制造研究院、北大现代农业研究院等高校院所研发机构37家。全市新增国家级和省级研发平台工程实验室47家。全市专利申请量达到17000余件，专利授权量9000余件，均居全省第三位。创业活力领域。在全市开展“185”创业行动，全面激发社会创业活力，新增各类创新平台总量居全省前列。在全省率先开展就业创业证与社会保障卡“证卡合一”试点，试点经验在全省推广。金融活力领域。金融服务实体经济质效提升，全市社会融资规模增长800亿元。资本市场融资步伐加快，全年融资金额达285亿，直接融资占比36%。新增家家富现代农业集团、惠发食品、大业股份3家上市企业，新三板挂牌企业7家、四板挂牌企业249家。完成规模企业规范化改制854家，完成全年改制任务的107.42%。市金控集团新设立3支基金，总数达30支，今年累计实现基金总投入36亿元，支持45个重点项目（园区）建设。开放活力领域。实施外贸转型升级工程，打造洲际硕远、智炎众益合等特色外贸综合服务平台。制定重大招商项目推进实施办法，成立市招商中心，组建40多支专业招商队伍，在滨海区、高新区试行招商公司企业化招商模式。全市新签约投资过亿元招商项目410个，预计全年到位资金780亿元，同比增长15%，累计引进世界500强或行业领军企业外资项目76个。获批创建全国唯一的“国家农商互联标准化示范市”。社会活力领域。深化教育综合改革，山东海事职业学院推进混合所有制改革的做法成为国内职校混合所有制改革的模板。深化医药卫生体制改革，潍坊市成为全省唯一公立医院薪酬制度改革国家试点城市，被确定为国家医养结合示范省先行区。深入推进国家养老服务业综合改革试点，建立市级示范点61个，县级示范点118个。社会信用体系建设加快推进，归集53个部门1.2亿余条信用信息数据，初步实现部门、单位间信用信息的互联共享。

四、加快建设品质城市，不断满足人民美好生活需要

（一）产品品质显著提升。新创“食安山东”品牌单位543家，新获“三品一标”认证产品42个，成功创建为首批国家食品安全示范城市。潍柴动力荣获中国商标金奖，潍柴动力等6家企业列入山东百年品牌培育做强大品牌计划，富康制药等11家企业列入山东百年品牌培植特色品牌计划。新增国家级、省级服务业标准化试点项目16个，总数达到50个；国家级服务业标准化示范项目达到2个，山东省服务名牌达到135个；国家级文化产业示范基地6家，省级文化产业示范基地

（园区）22家。全年新注册地理标志证明商标7件，总量达到88件，新认定中国驰名商标2件，中国驰名商标总量达到93件。

（二）城市建设品质显著提升。新片区开发有力推进。聘请高端机构编制高铁新片区规划设计11项、站南广场片区规划3项；站南广场核心区一期征迁工作全面完成。海绵城市和地下综合管廊建设有序实施。完成海绵城市建设项目48个、29平方公里，地下综合管廊已开工建设6条，共10.9公里，已完成投资2.4亿元。交通综合运输能力不断提升。潍日高速、济青高速、机场迁建等重点工程加快推进，潍坊港建成投用2个2万吨级、4个5万吨级泊位，新增1条内贸集装箱航线和2条国际集装箱班轮航线。智能公交系统的建设取得明显成效，全市主城区营运线路共1471台车辆安装了车载智能调度终端，手机APP“潍坊掌上公交”测试版已正式发布。棚户区和老旧小区改造有力推进。全市各类棚户区累计开工8.97万套，列全省第二位，惠及群众30余万人。全市实施老旧小区改造184个，惠及群众20余万人。

（三）生态环境品质显著提升。全市“蓝天白云、繁星闪烁”天数达到277天，主要大气污染物PM2.5、PM10分别同比改善9.2%、8.9%。在全省率先启动“清河行动”，开展雨污分流专项整治，省控以上重点河流全部消除劣五类水质，市控及以上重点河流化学需氧量、氨氮分别同比改善6.1%、9.6%，峡山水库、白浪河水库水质符合国控标准。实施清洁能源替代改造工程，推动散煤清洁化治理，已配送型煤90.3万吨，安装炉具10.8万台。完成河道治理、河流湿地、造林绿化等工程38项。新能源公交车占比达到56.2%，成为国家公交都市创建城市。完成造林8.3万亩。

（四）社会文明品质显著提升。顺利通过全国文明城市复审。全市有1户家庭被评为全国文明家庭，24户家庭被评为全省文明家庭。城市综合信用指数在全国259个地级市中位名列第7，被确定为全国社会信用体系建设示范城市。每年组织各类志愿服务项目300多个，近60万志愿者长期活跃在基层一线。有1040人入选潍坊好人榜，255人入选山东好人榜，75人入选中国好人榜。

（五）市民生活品质显著提升。全市完成新改扩建中小学校221所，全市大班额学校由197所减少到57所，破解率达71.07%，大班额班级由3824个减少到850个，破解率77.77%，中小学大班额比例全省最低。职工大病保险制度全面建立，在全省率先实现跨省异地就医直接结算，争创为全省唯一公立医院薪酬制度改革国家试点城市，被确定为国家医养结合示范省先行区。新建标准化农村社区卫生室227处、城市社区日间照料中心328处、农村幸福院689处。新建全民健身设施1041处。新增城镇就业11.2万人，城镇登记失业率控制在2.91%，“证卡合一”试点经验在全省推广。全市剩余1.11万贫困人口、28个省定扶贫工作重点村基本脱贫。创建为首批国家食品安全示范城市、全国基层中医药工作先进市。

名词注释：

1.“1669”产业：“1”指品牌农业；“6”指电子信息、节能环保、生物医药、智能装备、新能源汽车、海洋动力装备6个战略性新兴产业；“6”指机械装备、汽车制造、石化盐化、纺织服装、食品加工、造纸包装6个传统优势产业；“9”指总部经济、创意设计、现代物流、金融服务、健康养老、旅游业、信息消费、服务外包、社区服务9个现代服务业。

2.三品一标：无公害农产品、绿色食品、有机农产品和农产品地理标志统称“三品一标”。

3.“10•30•100”支撑项目：为更好发挥项目对“四个城市”建设的支撑带动作用，由产业强市、文化名市、活力城市、品质城市四个专项委员会办公室根据“四个城市”建设规划计划，分别梳理确定10个核心支撑、30个关键支撑、100个重要支撑项目。截至目前，共确定“10•30•100”支撑项目563个，其中，产业强市170个、文化名市165个、活力城市140个、品质城市169个；核心支撑项目57个、关键支撑项目108个、重要支撑项目479个。

4.“九名”：即名人、名胜、名牌、名品、名馆、名典、名事、名企、名论。

5.专精特新：战略专一化、研发精细化、产品特色化、业态新型化。

6.185创业行动：即紧紧围绕创建创业型示范城市这一目标，打响“潍坊创业、创业潍坊”这个品牌；深入实施人才聚集、主体培育、平台提升、资本融合、“双创”融合、联动共建、文化厚植、环境优化8项行动，健全完善组织动员、创业服务、政策支持、评价标准、督查考核5个保障体系，在全社会形成勇于创业、善于创业、成于创业的良好格局。

（刘　琨）

2017年全市开展“作风建设年”活动情况

一、基本情况

2017年，新一届市委深入贯彻中央和省委作风建设新要求，在全市部署开展以“主动作为、主动担当、依法作为”为主题的“作风建设年”活动，动员各级党组织和全体党员干部大力弘扬“四种精神”，强化“五个导向”，健全“七项机制”，认真查摆解决作风突出问题，以更加奋发有为的精神状态和更加扎实的工作，加快推动党的十九大和省市党代会精神落地生根，各级干部作风呈现积极变化，有力推动了全市改革发展稳定。

在2017年度全省经济社会发展综合考核中，潍坊市定性指标考核“好”的数量居全省第二位；群众满意度居全省第二位，比2016年提升一个位次。

（一）领导带头、全员参与。充分发挥领导干部这个“关键少数”的示范作用，坚持领导带头、以上率下，市委常委会带头制定活动实施方案，带头到先进地区对标学访，市党政领导班子成员带头到联系点或分管部门调研指导，引导各级比着学、照着做。4月18日，全市召开“作风建设年”活动动员视频会议，市、县、镇、村（社区）分别设立分会场，对开展“作风建设年”活动作出全面安排部署；市人大、市政府、市政协和常委单位第一时间对活动作出安排，各级各部门迅速跟进、全面动员，广大党员干部积极响应、踊跃参与，做到了上下联动、齐管共管、同频共振，推动了活动健康开展。

（二）聚焦问题、破解难题。把破解难题作为开展“作风建设年”活动的根本落脚点，紧紧围绕作风建设短板、安全稳定隐患、民生民意热点、工作落实难点，从基层和群众反映强烈的问题入手，从制约经济社会发展的障碍改起，从本部门本单位的突出问题整起，突出“五个一批”，即集中解决一批影响社会安全稳定的突出矛盾和问题，集中破解一批影响发展的瓶颈问题，集中解决一批群众反映强烈的突出问题，及时查处一批“为官不为”、庸政懒政的典型案例，及时发现、褒奖一批干事创业的先进集体和先进个人，以解决问题的实际成效，增强了群众的获得感安全感。活动中，潍城区广大党员干部主动作为、主动担当、依法作为、集中攻坚，站南广场改造取得重大阶段性成果。7月13日，市委、市政府在潍城区召开全市开展“作风建设年”活动现场推进会议。

（三）对标一流、比学赶超。坚持以寻标对标开局亮相，把寻标对标行动贯穿全程。年初，制定下发《关于公开承诺“担当作为、创争一流”任务目标的通知》，引导各级各部门单位整体对标与分项对标相结合，普遍建立公开承诺、全员对标、定期学访机制，广大党员干部瞄准“最高最好”，看齐全省一流、国内乃至国际最高标准，找准改革参照、工作样本，在扬长补短、比学赶超中打造“行业标杆”，思想境界、工作标准有了明显提升，掀起了比学赶超、干事创业的热潮。11月22日，全市召开“对标一流比学赶超”经验交流会。年底，组织县市区、市属开发区和市直部门（单位）主要负责人展示2017年度突出工作成果，并在市级媒体公开发布，组织有关市级领导、“两代表一委员”、企业主要负责人、各民主党派知名人士等进行评议评价。

（四）培育精神、舆论引导。精神是作风的引领，更是作风的升华。“作风建设年”活动中，我们坚持一手抓典型、一手抓宣传，大力弘扬“四种精神”，隆重表彰站南广场征迁、十九大安保维稳等工作中实绩突出的优秀党组织和党员干部，组织开展向企业家群体、市公安局刑科所等学习活动，引导各级提升精神境界，发挥了激励作用；注重发挥新媒体作用，在潍坊新闻网和潍坊传媒网设置“作风建设年”专题，“潍坊发布”官方微博微信首页开设“作风建设年”专栏，在新媒体阵地掀起了“作风建设年”活动的宣传热潮。2017年，总结选树担当作为、创新实干、作风过硬的先进典型48个；累计编发简报193期，通报11期，专报4期，在各类新闻媒体发表活动稿件1600余篇。

（五）精心谋划、严督实导。从严督导抓好落实，尤其对关键环节和重点工作严督实导，确保了活动实效。会同交通、市政、环卫、交警、财政等相关职能部门，开展“三站一场”及周边环境综合整治提升行动，推进“三站一场”市容环境、交通秩序和管理服务综合整治提升。制定《关于建立开展“作风建设年”活动经常性暗访巡查问题整改机制的意见》，建立常态化巡察制度，定期组织开展明察暗访。组织专家组对全市12个县市区、4个市属开发区的16家重点企业、48家镇（街）企业、16个人员密集场所、16家交通运输企业、48处道路交通现场、16个建筑施工现场、15家镇（街）卫生院（社区卫生服务中心）和16个农村社区的安全生产基层基础工作和16家重点企业、48家镇（街）企业、15家镇（街）卫生院、16个农村社区、16条主要河流、15条支流的环境保护基层基础工作进行了专项评估。

（六）完善制度、形成机制。着眼于推进作风建设常态化、长效化，坚持把制度建设贯穿始终，把中央要求、群众期盼、实际需要、新鲜经验结合起来，坚持标本兼治、破立并举，努力做到完成一个任务、健全一项制度、推动一方工作，及时把作风建设好的经验做法用制度机制固化下来，以刚性制度规定和严格制度执行，健全了作风建设和软环境建设制度体系。各级普遍建立了活动组织领导机制、工作推进机制和责任机制，完善了作风建设无缝责任链条，向制度建设要长效，推动活动持续深化。

二、主要成效

各级各部门认真贯彻落实市委、市政府决策部署，按照活动方案要求，精心组织、周密安排，取得了重要成果。

（一）各级进一步提升了工作标准境界。坚持把提升境界和标准作为基础任务，高点确立工作标杆，强化对标赶超措施，全面提升目标定位、工作标准，奋力推动各项工作进位提档。市县镇三级全部制定寻标对标提标达标工作计划，90%以上学习标杆都是全省全国先进或行业领先水平。135个部门单位公开承诺“担当作为、创争一流”工作目标。80%以上整体或单项指标与标杆单位差距有了缩小，绝大多数单位按期完成了年度对标赶超任务。青州市工业增加值、服务业增加值、对外贸易指标高出对标单位平度市；临朐县与赶超标杆费县相比，地区生产总值、一般公共预算收入的差距分别缩小12.2亿元、1.4亿元；寒亭区对标苏州工业园，规划建设嘉实科技孵化器产业园，实现了园区开发、招商和服务模式的创新突破。市国土局学习盐城市预支土地计划指标做法，保障了项目落地开工。市质监局借鉴青岛打造“青岛标准”的做法，新争取国家、省级标准化项目总数位居全省第一位。高新区以杭州和济南高新区为标杆，在147家国家高新区排名中跃升一个位次。干部队伍精神状态有效提振，创先争优意识显著增强，主动争资源、争项目、争牌子、争指标、争政策、争机构、争先行先试，涌现出一批先进集体。市财政局争取新增地方政府债券、市发改委争取省新旧动能转换事项、市国土局争取土地指标均居全省前列。市公路局争取国省道项目和资金量、市住建局争取省级绿色建筑示范项目数量和奖补资金均居全省第一位。综合保税区在几乎不可能的情况下，成功争取设立保税区北区。寿光市获批建设全国唯一的蔬菜质量标准中心。市食药监局以全国第一名成绩创建为国家食品安全示范城市。市知识产权局成功争取获批建设中国（潍坊）知识产权保护中心。市工商局、市质监局全方面帮助潍柴动力成功争创中国商标金奖•商标创新奖和中国质量奖。市科技局全力支持潍柴动力申报承担国家唯一燃料电池重大专项。市国资委以加强作风建设为抓手促进国资国企改革发展的经验做法在全省国资系统推广。市民航局连续争取开通多条国内国际航线。青州古城成功创建为国家AAAAA级旅游景区。市委组织部、市委党校和市直机关工委在全省率先实施了党员全员进党校。潍坊市在全省办党校、管党校、建党校考核中排名第一。市供电公司特高压项目建设、市人社局“证卡合一”、市政务服务中心向村级延伸政务服务等都走在了全省全国前列。

（二）有力推动了项目建设提速提效。各级始终把重点项目建设作为检验干部作风的战场和赛场，深入实施项目攻坚提质提效行动，有力推动了一批大项目、大园区、大平台落地建设。去年，全市投资过10亿元项目201个，完成投资增长27.2%。六大战略新兴产业实现规模以上企业主营业务收入1682.7亿元，同比增长21.8%；六大传统优势产业实现规模以上企业主营业务收入8502亿元，同比增长8.7%；高新技术产业产值占规模以上工业总产值的比重提高1.03个百分点，服务业增加值占比提高1.7个百分点、增幅居全省首位。潍柴集团主营业务收入突破2000亿元，晨鸣集团首次突破700亿元。市工业研究院、生物医药创新中心挂牌运营，北京大学现代农业研究院、北航歌尔机器人与智能制造研究院签约落地。围绕加快新旧动能转换，国家农业开放发展综合试验区、高端化工基地、虚拟现实产业基地等“四区四基地一通道”项目加快推进，潍日高速公路北段提前半年建成通车，宝通街东延工程正式通车，济青高铁潍坊段完成146公里正线铺轨。站南广场、高铁新片区分别完成投资38.6亿元、25.7亿元。围绕“四个城市”建设，谋划了562个重点项目，成为经济社会发展的核心支撑。新签约世界500强项目11个，新引进企业事业单位总部（分支机构）179家。11月份，组织对全市45个重点项目进行了观摩点评，这些项目品质档次高、建设速度快、发展前景好，体现了各级干部的发展境界，展现了广大党员干部拼搏实干、加快发展的精气神。

（三）集中破解了一批制约发展的突出矛盾和问题。各级各部门坚持以发展论英雄、凭实干比高低，积极引导广大干部在破解发展难题中比作风、比干劲、比担当，办成了一些多年想办而办不成的事。在破解最大难题土地征迁方面，全市完成征迁11.2万户、4180万平方米、腾空土地12.1万亩，同比增长41%、39%、46%，其中，一次性拆除千亩以上片区46个。潍城区在站南广场片区改造工程中，仅用25天完成108万平方米征迁任务，没有发生一起信访案件；高新区一举完成了河北张庄拆迁，解决了困扰12年的拆迁难题，有效破解了发展瓶颈，拓展了发展空间。昌乐县把封山禁采、拆除违建、棚户区改造作为作风建设的关键切入点，集中打好攻坚战，实现了零障碍、零强拆、零信访，干部振奋、群众满意、社会好评，省委书记刘家义作出批示给予充分肯定，省委组织部等部门专程前来调研。坊子区举全区之力整体搬迁村居17个、腾空土地6200亩，是建区以来前32年工作总量的3倍。在破解资金制约方面，全市社会融资规模增加900多亿元，是上年的两倍多；争取棚改贷款285亿元、奖补资金14.8亿元，都是上年的2倍多，支撑棚改开工量增加1倍多，惠及群众200万人。在破解人才瓶颈方面，去年入选泰山产业领军人才、泰山学者总量居全省第2位，对接高端人才3400多名，对接人数较2016年实现翻番。通过破解难题，各级干部普遍感到，只要有硬作风，就没有解决不了的事。

（四）促进了全面深化改革各项措施落实。各级坚持在全面深化改革中锤炼作风，以扎实的作风推进改革，直面改革中的矛盾和问题，勇于担责、敢于破难，积极担当改革重任，争当全面深化改革的践行者、推动者，为全面深化改革提供了根本保障。全市确定的八大领域240项改革任务，承担的国家和省改革试点48项，全面如期完成。现代农业综合改革、职业教育创新发展、公务员职务职级并行等试点工作扎实推进，“县管校聘”改革成为全省典型。7613个村完成土地承包经营权颁证，占有耕地村的95.8%，93.6%的村完成农村集体资产改制，82.9%的村组建了股份合作社或股份公司。一部门一改革一平台深入推进，一县市区一特色小镇一片区开发一创新平台深入推进，市直部门单位、开发区确定的76项自主改革创新事项，绝大多数已落地见效。市政府12345热线改革、市中级人民法院民商事案件繁简分流机制改革、市地税局风险管理导向税收征管新模式等已取得实效。滨海区对标济南高新区，在全市率先推进体制机制改革，实行大部门整合、全岗位竞聘、绩效考核、分配激励，有效调动了各方面积极性。各项重大改革举措的推进，为锤炼干部作风提供了平台，干部作风的转变也极大地促进了各项改革举措的落实，为全市经济社会发展增添了新动力。

（五）各级各部门服务效能有了新提高。各级各部门坚持简政放权、放管结合、优化服务，深入推进行政审批流程再造活动，探索推行“店小二”式服务模式，实行“最多跑一次”服务，对市级重大项目实施“先证后件”制度，着力打造项目快速审批绿色通道。严格落实首问负责制，探索实行一个窗口受理、一站式审批模式，提高了服务效率。积极推进“互联网+”政务服务模式，探索构建线上线下相结合的服务体系，加快推进部门、层级间数据信息互联互通、充分共享，让“数据多跑路、群众少跑腿”，服务质效显著提高。坊子区仅用95分钟就办完企业落户手续。昌乐县实施并联审批和有条件适度容缺审批，项目立项到开工时间大幅缩短。诸城市实施建设工程项目“模块化”审批，将项目审批时限压缩到32个工作日，平均节约时间成本275个工作日。寿光市简化审批流程，“跑一次腿”事项占到了所有审批事项的80%。2017年，调整市直部门权力事项163项，梳理公布“零跑腿”事项54项、“只跑一次”事项275项，行政审批整体提速30%以上。在全省率先打造软环境企业服务平台，进一步畅通了企业需求反映渠道，共办结企业反映问题142件次，办结率、满意率均达到100%。实行“31证合一、一照一码”，创业环境更加优化，全市新登记各类市场主体8万户，总量83.8万户，居全省第二位；注册资本金达到1.3万亿元，同比增长41.2%。

（六）基层基础工作得到进一步加强。突出基层和群众导向，坚持围着基层转、帮着基层干，低下头、沉下心、弯下腰，深入实施基层基础提升行动，全面提高基层基础工作水平。针对十九大安保维稳、村（社区）“两委”换届等阶段性重点工作，持续推进“万人下基层”化解信访积案、破案会战、“打霸治痞”等专项行动，全市信访积案化解率98.4%，超过年初目标13.4个百分点，奎文区、潍城区、滨海区、峡山区等8个县市区信访积案化解率达到100%；破案会战抓获霸痞分子930人；整顿转化软弱涣散基层党组织463个，1400个村实现村集体经济增收6300多万元，东斟灌村抓党建促村级集体经济发展经验被中组部推广。查处为官不为431起，处理764人，给予党政纪处分312人；查处群众身边腐败问题1103起，给予党政纪处分853人。6014个村（社区）党组织、6040个村（居）委会完成换届，分别占比99.5%和98.4%，换届风清气正、平稳有序。高密市、昌邑市深入开展下基层大调研活动，实现了党员干部走访群众和企业全覆盖。在全市土地征迁总量增长40%的情况下，群众信访总量同比下降14.1%，进京非访总量同比大幅下降50.5%。十九大期间，全市没有发生一起进京非访。创新实施安全生产和环境保护基层基础工作专项评估，帮助基层指出问题，督促整改，有力配合了中央、省环保督查和全省安全生产百日攻坚治理行动。全市安全生产事故和死亡人数同比分别下降39.5%、25.3%。

（七）干部队伍整体形象进一步改善。通过开展“作风建设年”活动，全市干部队伍作风有了明显转变，整体素质有了明显提升，广大党员干部创先争优、攻坚克难的精神不仅在市内引起强烈反响，而且在省内外也产生了积极影响。新华社《山东内参》、山东电视台《新闻联播》《大众日报》《中国组织人事报》等主流媒体都在重要时段、重要版面进行了重点报道，一些省直部门对全市加强干部作风建设的做法给予充分肯定，离退休老干部、老同志也给予积极评价，一些在外潍坊籍人员都为家乡的变化感到振奋，各方面都被全市干部队伍抢抓机遇、担当作为、加快发展的劲头感染。潍坊市干部队伍作风的变化，带来了发展环境的改善，也带动了城市知名度、美誉度的提升。去年下半年以来，先后有江苏省连云港市、河南省漯河市以及省内周边市前来考察学习潍坊市“作风建设年”的做法。

（市委组织部）

潍坊市“两学一做”学习教育常态化制度化情况

一、把学习贯彻党的十九大精神作为首要政治任务，迅速掀起学习热潮。市委、市“两学一做”学习教育协调小组先后召开会议、下发文件作出安排部署，确保覆盖到每个党支部、每名党员。一是学习资料发放全覆盖。为全市59万名党员征订发放党的十九大报告和党章单行本，为每个基层党组织和党务工作者发放《党的十九大报告学习辅导百问》《十九大党章修正案学习问答》，编印3册《党的十九大精神学习材料选编》发放到每个基层党组织。二是领导干部轮训全覆盖。制定党的十九大精神轮训方案，举办全市领导干部专题学习班，组织对所有县处级以上干部进行专题培训，目前已举办3期。同步发挥县市区委党校、基层党校的作用，实现党员干部学习培训全覆盖。三是党员学习研讨全覆盖。做到“四个一”，即各级党委（党组）理论学习中心组和党支部制定一个具体学习计划，围绕学习贯彻党的十九大精神开展一次研讨交流，党员领导干部带头普遍为基层党员讲一次专题党课，开展一次知识测试，推动广大党员干部深入学习贯彻党的十九大精神。四是宣讲宣传全覆盖。组织开展党的十九大精神“十、百、千”大宣讲活动，即组建十个以上宣讲团、培训九百名以上宣讲骨干、举办五千场次以上宣讲报告，市委书记刘曙光带头到基层宣讲；组织各级党组织设立学习专栏，在报纸、电视、电台、网络等开设专题专栏，深入宣传党的十九大精神，确保大会精神家喻户晓、深入人心。

二、力行“三个必须”，领导干部带头立标杆。坚持市委常委带头，各级党员领导干部自觉做到“三个必须”：必须按照支部安排参加学习教育，必须在支部党员大会上作交流发言，必须到所在支部和基层单位讲党课，带动每个支部、每名党员都学起来、做起来。市委常委带头严格执行双重组织生活制度，带头参加所在支部集中学习，带头到联系点讲党课。市委选派11个督导组对县市区、市直部门（单位）进行全覆盖督导，每月召开督导组长例会、下发督导重点事项，全市808个督导组一竿子插到基层支部督导调研，全过程纪实，全量化评价。坚持典型引领，在新闻媒体开设“两学一做”榜样、党委（党组）理论中心组典型报道专栏，集中刊播先进基层党组织和党员典型，营造学先进、争先进浓厚氛围。中央党建领导小组《党建要情》《山东信息》等刊发潍坊市做法。

三、严格支部生活日制度，推动党的组织生活规范化。在总结推行支部生活日做法的基础上，制定《支部生活日工作规范》，从时间安排、主要内容、保障措施三个方面作出规范，确保党的组织生活经常、认真、严肃。全市各党支部对全年支部生活日按月度作出安排，明确具体时间、活动内容和活动方式，报上级党组织审定备案并印发支部全体党员。依托每月固定一天的支部生活日，统筹安排“三会一课”、开展主题活动、自觉交纳党费等规定动作，实现党员与党支部“每月有约”。农村、城市社区、两新组织利用支部生活日每月至少1天，机关和国有企事业单位每月至少2天，组织党员开展集中学习。各党支部联系指导员全程指导党支部各项活动，通过可视基层管理服务系统对村（社区）支部生活日实时督查，确保各项要求落到实处。全市统一印发《支部生活日记录本》和《学习教育常态化制度化学习材料》到每个支部，做到活动有记录、督查有依据。

四、实施党员进党校培训，拓展党员经常性教育新途径。把党员日常支部学习与进党校集中培训相结合，制定《关于推进党员进党校培训常态化的意见》，从今年起，每名党员每年进党校培训不少于1次，每3年进县级以上党校至少培训1次，每次不少于2天，推动党校由培训党员领导干部延伸到培训全体党员。在培训内容上，采取“1+X”方式科学设置课程，“1”即把党性教育作为必修课，把学党章党规、学系列讲话作为培训的基本内容，及时跟进学习中央和省、市委重大决策部署特别是党的十九大精神；“X”即“菜单式”定制培训内容，根据农村、机关、企业、学校等行业领域党员特点，有针对性设计培训课程。在培训方式上，灵活运用形势报告、专题讲座、研讨交流、典型说法、现场教学等方式开展培训。在师资建设上，整合市、县部门（单位）有关领导干部及业务骨干、优秀基层党组织书记、各行业领域先模人物和党校教师等师资力量，建立由911名教师、962个授课专题组成的师资库，列出授课清单，实现优质师资全市共享。严格教学管理和培训成效评估，严明培训纪律，通过重温入党誓词、接受红色教育洗礼等，使培训过程成为强化组织纪律观念、践行“四个合格”的生动实践。2017年全市县级以上党校举办培训班540期，培训党员17.4万人，进一步增强了党员党性意识和荣誉感、责任感，激发了党员队伍生机活力。该做法被评为第四届全国基层党建创新最佳案例。

五、建设用好党性教育基地，增强学习教育感染力和实效性。读原著、学原文、悟原理基础上，改变以往读文件念报纸的单一方式，打造用好具有新时期党性教育特点的教育基地，有计划地组织党员干部到本地及周边党性教育基地开展现场教学，身临其境地感悟红色精神、接受党性教育，增强学习教育的感染力和实效性。立足潍坊党性教育资源优势，突出“不忘初心、牢记使命、一心为民、勇于担当”教育主题，规划建设潍坊市党性教育基地主题展馆，深入挖掘王尽美烈士纪念馆、潍县战役党性教育基地、寿光市三元朱村、潍柴动力科技展馆等现场教学点的历史传统和时代价值，形成“1个主题展馆+若干现场教学点”的党性教育基地布局。目前，全市共规划建设党性教育基地130个。

六、推行党员积分制管理，激发党员队伍生机活力。在全市农村全面推行党员积分制管理，并进一步拓展到城市社区、两新组织和机关等其他领域，增强了党员教育管理的针对性和有效性，推动全面从严治党要求落实到每个支部、每名党员。量化积分内容，从基础积分、民主评议积分和贡献加分三个方面，对党员参加组织生活、带头遵规守纪、联系服务群众、发挥模范作用等情况进行量化，让党员明白该做什么、不该做什么，把合格的标尺立起来。搭建积分平台，建立“一证一卡一牌一诺”管理制度，每名党员一本党员证、一本积分卡，钉挂“共产党员户”门牌，摆放党员先锋岗标牌，在全市全面实行党员在工作时间和参加党组织活动时佩戴党员徽章，开展承诺践诺，引导党员亮身份、亮形象、比奉献，全市共建立党员示范岗、责任区等2.3万个。强化结果运用，根据党员年度积分结果和一贯表现，对每名党员作出优秀、合格、基本合格和不合格等次评定，优秀的大张旗鼓表彰奖励，引导党员对标先进、见贤思齐，落后的跟上帮教转化，不合格党员严肃处置，真正戳到“筋骨”。该做法被《党员干部之友》刊发推介。

七、着力建设过硬支部，增强基层党组织的组织力。 制定《关于加强过硬支部建设的指导意见》，围绕领导班子、党员队伍、党内生活、基础保障、工作业绩“五个过硬”，明确建设目标，精准施策发力，每个领域培养选树一批过硬支部典型，辐射带动所有支部全面进步全面过硬。狠抓示范支部建设，制定《关于把市委常委所在支部建成示范支部的通知》，从加强政治学习、落实组织制度等7个方面作出示范，建立市委常委参加所在支部活动每月报送制度，带动各级领导班子成员所在支部以此为标杆建成示范支部。狠抓党支部书记能力提升，开展基层党支部书记集中轮训，制定轮训方案，建立工作台账，强化跟踪管理，确保每人每年至少参加一次集中轮训。狠抓基层党组织按期换届落实，召开会议专题部署，开展业务培训，在省远教中心指导下研究开发基层党组织按期换届提醒系统，建立健全提醒督促机制，做到提醒督促程序、权限、时间和责任“四落实”。开展“回头看”，建立动态管理台账，对排查出未按期换届的党组织，逐一制定整改措施、明确时限要求、落实责任人员，督促到期应换届基层党组织按期换届。

八、深入开展“作风建设年”活动，推动广大党员干部担当作为、干事创业。 在全市开展“作风建设年”活动，大力弘扬“四种精神”（担当进取、勇争一流，改革创新、敢为人先，开放包容、海纳百川，崇尚法治、规范理性），强化“五个导向”（标准导向、纪律导向、发展导向、基层和群众导向、落实导向），健全“七项机制”（组织领导机制、责任机制、一线工作推进机制、群众诉求反应处理机制、经常性巡察监督机制、考核评价机制、干部激励关爱机制），推动主动作为、主动担当、依法作为。开展寻标对标提标达标、正风肃纪整治、项目攻坚提质提效、基层基础提升、全面提升执行力“五个行动”，提升发展标杆、工作标准、精神境界，加快推进改革发展，集中解决群众反映强烈的突出问题，涌现出火车站南广场片区征迁改造干部群体、市公安局刑科所等一批先进典型，实现了干部精神状态、工作标准、项目建设进度、工作质效、群众满意度“五个明显提升”。

（市委组织部）

大事记

Dashiji

1月

4日 副省长赵润田到潍坊市检查黄水东调应急工程建设情况，并看望慰问工程一线施工人员。市领导刘曙光、王树华、刘建国分别陪同。

6日 山东晨鸣纸业集团有限公司和森达美海外（香港）有限公司在富华会议接待中心签署合作协议，合资运营潍坊港3个5万吨级多功能码头。

6日—8日 中国社会科学院经济研究所调研组到潍坊，就高新区在棚户区改造中探索实施的“自改委”（社区居民自主改造工作委员会的简称）模式进行调研。调研组由社科院经济研究所党委书记、副所长王立胜带队。

9日 在国家科学技术奖励大会上，由盛瑞传动公司主持完成的“前置前驱8挡自动变速器（8AT）研发及产业化”项目荣获国家科学技术进步一等奖，成为中华人民共和国成立以来第一个获此殊荣的汽车零部件项目，实现了潍坊市企业以第一项目完成人获得国家一等奖零的突破，同时也是2016年除高校、科研院所之外全国地方获得的唯一一个一等奖。

10日 市委书记杜昌文，市委副书记、市长刘曙光在市级机关综合办公大楼会见盛瑞传动公司获得国家科技进步一等奖的赴京领奖团队代表。

18日 由市委宣传部、市互联网信息办公室、潍坊广播影视集团主办，潍坊传媒网承办的潍坊市第三届网络春晚暨“感动潍坊2016”网络人物颁奖盛典在富华国际会议中心举行。市委常委、宣传部部长、高新区党工委书记初宝杰出席并为“感动潍坊2016”网络人物颁奖。

21日 全市领导干部会议召开，宣布省委关于潍坊市党政主要负责职务调整的决定。省委组织部常务副部长胡文容，杜昌文、刘曙光、李宽端出席会议并分别讲话。胡文容宣布省委决定：刘曙光任中共潍坊市委书记兼市委党校校长，免去杜昌文的中共潍坊市委书记、常委和市委党校校长职务。省委批准：李宽端任中共潍坊市委委员、常委、副书记。

23日 市纪委十一届十次全体会议召开，市委书记刘曙光发表讲话，市委常委、市纪委书记李在武代表市纪委常委会作题为《提高政治站位，忠诚履行职责，增强全面从严治党系统性创造性实效性》的工作报告。

同日 市十六届人大常委会第三十六次会议在市级机关综合办公大楼会议室举行。市人大常委会党组书记、第一副主任苏立科主持会议。会议分组审议了有关决定草案、有关同志辞职的请求和人事任免案。

25日 市委常委班子召开专题民主生活会，省委常委吕民松，省纪委正厅级纪律检查员吴树立等到会指导。市委书记刘曙光主持会议，代表市委常委班子进行对照检查并作总结讲话。

是月 住建部日前通报2016年中国人居环境奖评审结果，青州市荣获中国人居环境奖综合奖。

是月 国家林业局近日公布2016年批准设立的134处试点国家湿地公园名单，高密胶河湿地公园榜上有名。至此潍坊市共有国家湿地公园9处、省级湿地公园12处，各类湿地公园保护湿地面积达53891.94公顷。

2月

3日 中共潍坊市委在市级机关综合办公大楼召开党外人士民主协商会，围绕市第十二次党代会《报告》（征求意见稿）提出的今后五年潍坊市经济社会发展的目标任务和战略举措，听取市各民主党派、工商联、无党派人士的意见建议，通报市级领导班子换届有关人事安排情况。中共潍坊市委书记刘曙光，市委常委、统战部长张小梅出席会议。

同日 中国共产党潍坊市第十一届委员会第十二次全体会议举行，会议酝酿确定中共潍坊市第十二届委员会委员、候补委员、市纪委委员预备人选名单和潍坊市出席省第十一次党代会代表候选人预备人选名单，审议通过向市第十二次党代会提交的市委、市纪委工作报告（草案）。市委常委会主持，市委书记刘曙光讲话。

4日 全市经济工作会议召开，深入贯彻落实中央和省经济工作会议精神，回顾总结全市2016年经济工作，分析当前经济形势，安排部署2017年全市经济工作。市委书记刘曙光出席并讲话，市委副书记、代市长李宽端主持会议。

同日 市政协十二届二十七次常委会议在市级机关综合办公大楼召开。市政协主席崔建平，副主席刘伟分别主持会议。会议听取市政协十三届一次会议筹备工作情况的汇报和关于政协第十三届潍坊市委员会委员推荐提名人选名单的说明；审议通过关于召开市政协十三届一次会议的决定、政协第十三届潍坊市委员会委员推荐提名人选名单、十二届市政协常务委员会工作报告和提案工作报告并推举报告人、十二届市政协其他专门委员会工作报告和反映社情民意信息工作报告（书面）、《关于授权主席会议审议政协第十二届潍坊市委员会第二十七次常委会议未尽事宜的决定》。

15日—17日　中国共产党潍坊市第十二次代表大会举行。李宽端主持大会。刘曙光代表中国共产党潍坊市第十一届委员会向大会作题为《践行新理念，推动新发展，为决胜全面小康建设现代化强市而奋斗》的工作报告。中国共产党潍坊市纪律检查委员会向市第十二次党代会的工作报告，以书面形式提请大会审查。17日下午，大会完成各项议程在富华国际会议中心闭幕。刘曙光主持大会闭幕式。中国共产党潍坊市第十二次代表大会，选举出中共潍坊市第十二届委员会委员56名、候补委员11名；中共潍坊市第十二届纪律检查委员会委员39名；选举出出席省第十一次党代会代表61名。大会一致通过《中国共产党潍坊市第十二次代表大会关于十一届市委工作报告的决议》和《中国共产党潍坊市第十二次代表大会关于十一届市纪委工作报告的决议》。

16日　省水利厅厅长刘中会带领省水利厅调研组到潍坊市调研胶东调水、黄水东调工程。市委书记刘曙光，市委副书记、代市长李宽端会见刘中会一行。

18日　中国共产党潍坊市第十二届委员会第一次全体会议举行。刘曙光主持会议。刘曙光、李宽端、张小梅、初宝杰、邹庆忠、孙起生、李在武、林红玉、刘建国、王兆辉当选为中共潍坊市第十二届委员会常务委员会委员。刘曙光当选为中共潍坊市委书记，李宽端、张小梅当选为中共潍坊市委副书记。李在武为中共潍坊市纪律检查委员会书记，朱朝辉、王玉、李存杰为中共潍坊市纪律检查委员会副书记。

20日　市委副书记、代市长李宽端主持召开座谈会，召集企业界、科技界、教育界、文化界代表及部分人大代表、政协委员，征求对《政府工作报告》（征求意见稿）的意见建议。

23日—26日　中国人民政治协商会议第十三届潍坊市委员会第一次会议举行。崔建平代表政协第十二届潍坊市委员会常务委员会作工作报告。刘伟受政协第十二届潍坊市委员会常务委员会的委托，向大会作提案工作报告。李传恒主持大会。会议通过常委会工作报告的决议、提案工作报告的决议、提案审查情况的报告和会议政治决议。苏立科当选十三届市政协主席，孙忠礼、李传恒、王贤臣、李士来、刘树亮、赵崇发、刘秀平当选十三届市政协副主席，许华当选十三届市政协秘书长。新当选的市政协主席苏立科讲话。

24日—28日　潍坊市第十七届人民代表大会第一次会议举行。市委书记刘曙光主持并宣布大会开幕。刘曙光当选为潍坊市第十七届人民代表大会常务委员会主任，孙明亮、毛秀凤、顾建华、张新强、范福生当选为潍坊市第十七届人民代表大会常务委员会副主任，王秀禄当选为潍坊市第十七届人民代表大会常务委员会秘书长，丁汉邦等39人当选为潍坊市第十七届人民代表大会常务委员会委员；李宽端当选为潍坊市人民政府市长，邹庆忠、王树华、李平、吴磊、马清民、田民利当选为潍坊市人民政府副市长；姜树政当选为潍坊市中级人民法院院长；王桂春当选为潍坊市人民检察院检察长，须依法报经省人民检察院检察长提请省人大常委会批准任命。大会表决通过关于政府工作报告的决议、关于潍坊市2016年国民经济和社会发展计划执行情况与2017年计划的决议、关于潍坊市2016年预算执行情况和2017年预算的决议、关于潍坊市人民代表大会常务委员会工作报告的决议、关于潍坊市中级人民法院工作报告的决议、关于潍坊市人民检察院工作报告的决议。刘曙光在大会结束时作讲话。

26日　青海省副省长、省委政法委副书记、省公安厅厅长王正升一行，在山东省委政法委副书记张志华陪同下，到潍坊市考察政法部门信息化建设工作。

是月　经全国旅游资源规划开发质量评定委员会评定，青州古城景区晋升为国家AAAAA级旅游景区，成为潍坊市第二家AAAAA级国家旅游景区。

是月　世界品牌实验室颁发2016年“中国品牌年度大奖”，雷沃重工入选，并再度荣获农机行业“中国品牌年度大奖NO.1”称号。

是月　潍坊市3家企业入选山东省首批创新百强试点企业。分别是：潍柴动力股份有限公司、盛瑞传动股份有限公司和山东豪迈机械科技股份有限公司。

是月　省林业厅日前向全省“山东最美湿地”颁奖授牌，潍坊四湿地获评“山东最美湿地”。分别是：白浪河国家湿地公园、峡山湖国家湿地公园、寿光滨海国家湿地公园、青州弥河国家湿地公园。

3月

3日　全国首个食品农产品技术性贸易措施研究评议基地落户潍坊。副市长王树华出席活动。该基地由国家质检总局标法中心、山东检验检疫局、潍坊市人民政府三方共同建成建立。当天，三方共同签署了中国WTO/TBT-SPS国家通报咨询中心潍坊食品农产品技术性贸易措施研究评议基地协议，并进行了基地授牌。

7日　省委常委、济南市委书记王文涛到潍坊，就高新技术产业和现代农业发展进行参观考察。

10日　省政协副主席陈光率省政协调研组到潍坊市就“降低企业经营成本，大力振兴实体经济”进行专题调研。市政协主席苏立科主持座谈会并陪同调研。

14日　市委、市政府在市工人文化宫中心会堂召开包村联户和选派第一书记工作第三批总结暨第四批部署会议，市委副书记张小梅出席会议并讲话，市委常委、组织部部长林红玉主持会议。

15日—16日　省编办主任刘维寅带领调研组到潍坊市，就乡镇行政管理体制改革工作进行专题调研。市委常委、常务副市长邹庆忠陪同调研。

16日　在中央电视台2016年度“寻找最美医生”大型公益活动颁奖典礼上，诸城市龙都卫生院原党支部书记、院长王金鉴获评2016年度全国“最美医生”。

20日—23日　中共中央政治局委员、中央党的建设工作领导小组副组长、中央新疆工作协调小组副组长张春贤到山东就推进“两学一做”学习教育常态化制度化进行调研。在潍坊期间，张春贤在省委副书记龚正，市委书记、市人大常委会主任刘曙光的陪同下，先后到寿光市、寒亭区和高新区进行实地调研。

24日　山东省环境保护督察组进驻潍坊市开展环境保护督察动员汇报会召开。山东省环境保护督察组第一组组长周清利就做好督察工作作讲话，市委书记、市人大常委会主任刘曙光作了动员汇报，市委副书记、市长李宽端主持会议。

27日—28日　全国政协人口资源环境委员会副主任张基尧率全国政协调研组一行到潍坊，就“加强垃圾无害化处理”进行专题调研。

28日　十二届市委第一轮巡察工作动员部署会召开。市委常委、市纪委书记、市委巡察工作领导小组组长李在武出席会议并讲话，市委常委、组织部长、市委巡察工作领导小组副组长林红玉主持会议。市委第一轮巡察将派出5个巡察组，对潍坊综合保税区、潍坊峡山生态经济开发区、市地震局、市残联、市妇幼保健院党组织领导班子及成员，奎文区大虞街道、梨园街道党政主要负责人开展巡察。

30日—31日　全国政协副主席、民盟中央常务副主席陈晓光率调研组一行，在省人大常委会副主任、民盟山东省委主委温孚江的陪同下到潍坊市，就“以改革创新为引领，加快推进我国农业机械装备制造转型升级”主题进行考察调研。

30日　省交通运输厅党组书记、厅长王玉君一行到潍坊市，对济青高速公路改扩建和潍日高速项目进行调研督导。

31日　市委书记刘曙光在市级机关综合办公大楼主持召开专题会议，调度打造“四个城市”（产业强市、文化名市、活力城市、品质城市）专项规划和工作计划制定工作。

是月　中国科协办公厅近日下发《关于公布2016年度全国科普教育基地考核结果的通知》，潍坊市科技馆被评为2016年度优秀全国科普教育基地。

是月　交通运输部办公厅近日发布《关于做好无车承运试点运行监测工作的通知》，弘嘉孚国际物流有限公司入选全国首批无车承运试点企业名单，成为潍坊市唯一一家入选的企业。

4月

7日　5个市委巡察组集中进驻综合保税区、峡山生态经济开发区、市地震局、市妇幼保健院、奎文区大虞街道开展巡察。各巡察组进驻时，均召开了巡察工作动员会，被巡察单位党组织主要负责人主持会议并作表态讲话，市委巡察工作领导小组成员、市委巡察组组长就做好巡察工作提出要求。

10日—11日　吉林省政协主席黄燕明率考察团到潍坊，就“农业供给侧结构性改革工作”进行专题考察。省政协副主席许立全，市政协副主席刘树亮陪同考察。

13日　全省农村产业融合发展规划编制会暨现场观摩会在诸城市召开。国家发改委农经司副巡视员许正斌、省发改委副主任赵东出席并讲话，潍坊市委常委、常务副市长邹庆忠出席并致辞。

14日　第七届中国画节•第十届中国（潍坊）文化艺术展示交易会•2017中国青年实验艺术展在鲁台会展中心开幕。中国美协主席刘大为致辞并宣布展会开幕。市委副书记、市长李宽端，省委宣传部副部长刘致福，中国国家画院院长杨晓阳分别致辞。开幕式上，刘大为、杨晓阳、卢禹舜三位艺术家获聘为潍坊市文化名市建设高级顾问并举行聘书颁发仪式。

15日　第34届潍坊国际风筝会在滨海区欢乐海开幕。中国奥委会副主席、国际风联主席冯建中宣布开幕，省委常委、常务副省长李群致辞，市委书记、市人大常委会主任刘曙光主持。同日，第13届世界风筝锦标赛在滨海区新建的绿地放飞场开赛，国内53支和国外58支代表队参加了比赛。

同日　由市委宣传部、市文联主办，市画廊协会、美术家协会、书法家协会承办的首届中国画都画廊周暨第二届艺术百家邀请展在富华国际展览中心开展。

16日　第34届潍坊国际风筝会“潍坊在外知名人士”回乡创业对接会暨重点合作项目集中签约活动在富华国际会议中心举行。副市长王树华出席并致辞。会上，对潍坊市22个重点招商项目进行了推介；总投资135.04亿元的中科院激光雷达产业园、年产45万套8AT自动变速器关键零部件等23个项目进行了现场签约。

20日　以“绿色、科技、未来”为主题的第十八届中国（寿光）国际蔬菜科技博览会在寿光国际会展中心开幕。省委农村工作领导小组副组长王军民，中国农业节水和农村供水技术协会会长翟浩辉，中国农产品市场协会会长、国务院参事室特约研究员张玉香，市委书记、市人大常委会主任刘曙光等出席并共同启动开幕式水晶球。市委副书记、市长李宽端出席并致辞。市政协副主席刘树亮出席。本届菜博会设1个主展区和12个分展区，共展示国内外蔬菜品种2000多个，展会持续至5月30日。期间还举办一系列专业展会、高层学术论坛和文化活动。

25日　省统计局局长陈迪桂带领省统计局调研组一行到潍坊市召开座谈会，专题调研新旧动能转换工作。市委常委、常务副市长邹庆忠出席会议。

25日—27日　全省全面深化供销社综合改革专题研讨培训班在高密市举办。全国供销总社党组成员、理事会副主任邹天敬应邀授课；潍坊市委副书记张小梅致辞。

26日—27日　江西省委常委、赣州市委书记李炳军率考察团一行到潍坊市考察，市委副书记、市长李宽端，市委副书记张小梅，市委常委、秘书长刘建国分别陪同活动。

28日　潍坊市在市级机关综合办公大楼组织收听收看了全省新旧动能转换重大工程启动工作电视会议。市委副书记、市长李宽端，市委常委、常务副市长邹庆忠，副市长王树华在潍坊分会场参加会议。

同日　以“传承与创新，艺术与生活”为主题的中国•青州文化艺术节暨2017中国（青州）国际文化艺术品博览会在青州举行。中国美协主席刘大为讲话并宣布开幕，市委常委、宣传部部长初宝杰致辞。

是月　寿光市人民医院院长、党委副书记袁景亮，潍坊市中级人民法院民二庭庭长马海兰（女），山东美晨科技股份有限公司模具设备工孙秀平荣获全国五一劳动奖章；青州市地方税务局纳税服务中心、盛瑞传动股份有限公司工程技术研究院荣获全国工人先锋号。

是月　2016中国美丽乡村百佳范例揭晓仪式暨农村改革与发展座谈会日前在北京举行。青州市王府街道井塘古村获得2016中国美丽乡村百佳范例荣誉称号。

是月　潍坊市春雨社区义工公益服务中心团队荣获“山东青年五四奖章集体”称号。

5月

2日　市委常委会召开会议，专题研究精准扶贫、“四个城市”（产业强市、文化名市、活力城市、品质城市）规划计划、新旧动能转换及对为官不为、庸政懒政怠政行为开展常态化暗访等工作。市委书记刘曙光主持。

3日　市政府全体（扩大）会议暨廉政工作会议在市级机关综合办公大楼召开，市委副书记、市长李宽端出席会议并讲话，市委常委、常务副市长邹庆忠主持会议。

4日　市开展“作风建设年”活动领导小组成员会议在市工人文化宫召开。市委书记、市人大常委会主任、领导小组组长刘曙光出席并讲话，市委副书记、市长、领导小组副组长李宽端出席，市委副书记、领导小组副组长张小梅主持。

7日—8日　省委常委、省纪委书记陈辐宽带队到潍坊市，就学习贯彻中央纪委七次全会和省纪委八次全会精神，推进党风廉政建设和反腐败工作等进行调研。

9日—12日　市委书记、市人大常委会主任刘曙光率领市党政考察团赴佛山、东莞、杭州等地考察学习，重点学习三市在动能转换、产业转型升级、城市规划建设管理等方面的先进理念、经验和做法。

10日　最高人民法院党组书记、院长周强一行在省委常委、政法委书记、青岛市委书记张江汀，省高级人民法院党组书记、院长白泉民的陪同下到潍坊市，就提升司法质效、深化司法改革、加快法院信息化建设等工作进行考察调研。市委副书记、市长李宽端，市委常委、政法委书记、滨海区党工委书记孙起生，潍坊中院党组书记、院长姜树政等陪同调研。

11日　中粮集团党组书记、董事长赵双连一行到潍坊，就推动肉食生产加工上档升级、助力农业供给侧结构性改革等工作进行考察调研。市委副书记、市长李宽端陪同有关活动。

同日　由中国财政科学研究院、山东省财政厅、潍坊市人民政府联合主办的PPP创新与规范发展论坛暨潍坊市PPP项目推介会在北京举行。副市长田民利出席活动并致辞。会上，田民利代表潍坊市人民政府分别与中国财政科学研究院、中国政法大学2家院校，以及中国电力建设股份有限公司等7家企业签署了《战略合作框架协议》。

12日　全省蔬菜产业精准扶贫现场会在寿光市召开。会议现场观摩了寿光蔬菜产业发展情况，部署安排了蔬菜产业精准扶贫工作。潍坊市委副书记张小梅出席会议并致辞，省扶贫办、各地市扶贫办负责同志参加会议。

17日　在河北省廊坊市举行的2017中国报业融合创新大会颁奖大会上，潍坊报业集团的“今日潍坊”APP项目荣获2016年度中国报业新媒体项目创新奖30强奖项。

同日　市委书记、市人大常委会主任刘曙光主持召开专题会议，对“四个城市”（产业强市、文化名市、活力城市、品质城市）规划计划编制工作进行专题调度。

18日　市政府召开全市生态环境综合整治动员大会，传达学习市委书记、市人大常委会主任刘曙光关于生态环境综合整治工作的批示精神，动员全市上下迅速掀起城市生态环境综合整治大会战，全面提升潍坊生态环境质量。市委副书记、市长李宽端主持并讲话。

24日　市委书记、市人大常委会主任刘曙光主持专题会议，听取高铁新片区控制性详细规划编制情况汇报。

是月 寿光海域海洋减灾综合示范区作为全国首批四个“海洋减灾综合示范区”之一，通过国家海洋局专家组验收。

是月 省委、省政府近日通报表扬了2016年度山东省人才工作先进单位，潍坊市和寿光市、高新区、盛瑞传动股份有限公司入选，数量居全省第2位。

是月 山东省第四批传统村落名单近日公布，青州市邵庄镇刁庄村、青州市邵庄镇东峪村、安丘市郚山镇南官庄村、昌邑市卜庄镇夏店街村4个村落入选。

6月

1日—2日 全省推进企业工会与行政沟通协商机制建设观摩培训会议在诸城市召开。省总工会党组书记、常务副主席刘赞杰，全国总工会基层工作部副部长李忠运出席；潍坊市委副书记张小梅到会致辞。

2日—3日 由香港新昌集团董事局主席林卓延带队，奥特莱斯（中国）有限公司、中海航集团、北京市政投资公司、EESU Ariba等企业主要负责人到潍坊市考察洽谈。其间，市委书记、市人大常委会主任刘曙光会见各位企业家。

3日 省环境保护督察组第一组督察潍坊市情况反馈会议召开。省环境保护督察组第一组组长周清利传达省委、省政府主要领导同志的批示，通报督察意见；市委书记、市人大常委会主任刘曙光出席并讲话，市委副书记、市长李宽端主持会议。

7日 全市创建全国文明城市暨文明出行专项行动工作会议在市工人文化宫召开。市委常委、宣传部部长、高新区党工委书记初宝杰出席并讲话，市人大常委会副主任毛秀凤主持。

12日 中国共产党山东省第十一次代表大会潍坊市代表团召开全体会议，全体代表一致推选刘曙光为团长，李宽端、张小梅为副团长，并进行严肃会风会纪专题学习教育。

14日 龚正到省第十一次党代会潍坊代表团，和代表们一起讨论十届省委报告。他强调，要牢固树立“四个意识”，牢牢把握走在前列的目标定位，加快推进山东省由大到强战略性转变。副省长、省公安厅厅长孙立成，市委书记、市人大常委会主任刘曙光，市委副书记、市长李宽端，市政协主席苏立科，市委副书记张小梅等参加讨论。

16日 国家工商总局公布2017年“中国商标金奖”获奖名单，潍柴动力股份有限公司列“商标创新奖”获奖单位第一位。

21日 全省中小企业发展新经济经验交流会议在富华国际会议中心召开。工信部中小企业局副局长田川、省中小企业局局长王兆春出席。

23日 全国工会规范基层工会选举工作现场经验交流会议在潍坊市寿光召开。全国总工会书记处书记、党组成员张茂华讲话。省总工会党组书记、常务副主席刘赞杰致辞。市委书记、市人大常委会主任刘曙光会前会见与会领导嘉宾。市委副书记张小梅致辞。

同日 国家千人计划“农业现代化与全面小康”前沿论坛暨资本和科技对接会议在峡山开幕。论坛为期三天，中国工程院院士、中国农业科学院副院长万建民，美国科学院院士、北京大学现代农学院院长邓兴旺等国家千人计划专家应邀作主旨报告。副市长马清民出席开幕式并致辞。

同日 山东省科协创新驱动助力工程示范区安丘市启动仪式在安丘市举行。省科协副主席秦维强，潍坊市人大常委会副主任张新强出席并致辞。

25日 “中国食品谷号”铁路冷链班列首发仪式在潍坊西站举行，满载潍坊及周边地区优质生鲜农产品、深加工食品、畜禽产品的“中国食品谷号”铁路冷链班列将驶向云南昆明。

26日 省委常委、宣传部部长孙守刚到潍坊市青州调研农村精神文明建设工作。市委常委、宣传部部长、高新区党工委书记初宝杰陪同。

26日—28日 省高院院长白泉民到潍坊就学习贯彻省第十一次党代会精神和做好审判执行工作、推进司法责任制改革、加强党的建设等进行专题调研。市人大常委会副主任顾建华，市中级人民法院院长姜树政陪同调研。

27日 市委书记、市人大常委会主任刘曙光在富华大酒店会见了华为技术有限公司副总裁吴钦明一行，双方围绕华为公司在潍坊市设立华为（潍坊）物联网创新研发中心、物联潍坊基金、产业园区、智慧城市学院等事宜进行了深入交流。

28日 市委理论学习中心组围绕“牢牢把握意识形态工作的领导权主动权”主题，采取专题辅导、集中研讨、座谈交流相结合的方式进行集体学习研讨。刘曙光、李宽端、苏立科、张小梅等市级领导班子成员和市委理论学习中心组成员参加。中央党校马克思主义学院教授李俊伟作了辅导报告。

29日 由潍坊市人民政府主办的“潍坊市农产品区域公用品牌”发布会在北京梅地亚会议中心举行。中国农产品市场协会会长、国务院参事室特约研究员、农业部原党组成员张玉香为“潍坊农品”揭牌。副市长马清民介绍了潍坊农业品牌建设基本情况。全市有30家农业龙头企业、合作社展示了60多个品牌农产品。

同日 在北京中国国际展览中心举行的全国食品安全宣传周上，潍坊市被授予“国家食品安全示范城市”。

30日 全市科学技术奖励大会在市级机关综合办公大楼召开，主要是深入贯彻落实国家和省科学技术奖励大会精神，表彰奖励2016年度获得国家和省、市科学技术奖的项目和人员，安排部署全市科技创新工作。市委书记、市人大常委会主任刘曙光出席会议并分别为获得国家科技进步一等奖的“前置前驱8挡自动变速器研发及产业化”项目代表盛瑞传动股份有限公司董事长刘祥伍和获得2016年度潍坊市科学技术最高奖的歌尔声学股份有限公司总裁助理宋青林颁奖；市委副书记、市长李宽端出席会议并讲话。

是月 国家标准化管理委员会近日下发《关于下达第四批社会管理和公共服务综合标准化试点项目的通知》，潍坊市4个项目获批社会管理和公共服务综合标准化试点项目，分别是潍坊市教育惠民联动服务标准化试点、潍坊市社区矫正服务标准化试点、寿光市人民检察院基层监察业务规范化服务标准化试点和高密市殡葬服务标准化试点。

是月 昌乐火山国家地质公园近日通过国土资源部验收。

7月

2日 潍坊市自动变速器配套产业园二期暨山东环盛传动精密制造有限公司开工奠基。市委书记、市人大常委会主任刘曙光出席相关活动。

3日 潍坊市在市级机关综合办公大楼组织收听收看了省委省政府重点工作推进情况视频会议。市委书记、市人大常委会主任刘曙光，市委副书记、市长李宽端，市委副书记张小梅等在潍坊分会场收听收看。

4日 中科院激光雷达项目签约及揭牌仪式在潍城区举行。市委副书记、市长李宽端出席并为项目揭牌，中科院半导体所所长、中科院院士李树深，副市长邓江陵分别致辞，市委常委、组织部部长林红玉主持。

6日 全省公安机关基层基础建设三年攻坚战现场推进会在潍坊市召开。副省长、省公安厅厅长孙立成带领省厅班子成员、厅直有关单位负责人和全省各地市公安局长到潍坊观摩指导工作。

8日 市委书记、市人大常委会主任刘曙光专程到火车站南广场片区改造提升现场进行调研。

12日 农业部副部长陈晓华就农村承包地确权登记颁证及农村产权制度改革工作到潍坊调研。

同日 潍柴集团科技创新奖励大会在潍坊大剧院召开。省委副书记、省长龚正会前对潍柴集团商标品牌建设工作作出重要批示。市委副书记、市长李宽端出席并讲话，市委常委、宣传部部长、高新区党工委书记初宝杰出席；山东重工集团董事长、党委书记，潍柴集团董事长谭旭光作报告，并为科技创新特等奖项目负责人欧佩迪颁奖。

13日 市委、市政府在潍城区召开全市开展“作风建设年”活动现场推进会议，市委书记、市人大常委会主任刘曙光出席并讲话，市委副书记、市长李宽端主持。

14日 潍坊市在市级机关综合办公大楼举办辅导报告会，邀请中央纪委宣传部原常务副部长杨小平就“严守政治纪律政治规矩”作辅导报告。市委书记、市人大常委会主任刘曙光，市委副书记、市长李宽端，市委副书记张小梅出席报告会并在会前会见杨小平。

同日 全省机构编制管理研究会2017年年会暨第三届机构与行政论坛在高密市召开。中国行政管理学会原执行副会长兼秘书长高小平、省编办主任刘维寅、省机构编制管理研究会会长李显升出席会议，市委常委、常务副市长邹庆忠到会致辞。

18日—20日 市委书记、市人大常委会主任刘曙光，市委副书记、市长李宽端率潍坊市党政考察团赴济南市、青岛市重点围绕加快新旧动能转换进行考察学习。

20日 台湾新党主席郁慕明带领“中华儿女文史体验营”一行到潍坊参访。市政协副主席赵崇发陪同相关活动。

21日 北京航空航天大学、潍坊市政府与歌尔集团在富华国际会议中心举行签约仪式，共同在潍坊建设“北航歌尔机器人与智能制造研究院”。北京航空航天大学党委书记张军，市委书记、市人大常委会主任刘曙光出席签约仪式并分别致辞。

22日 潍坊市在市级机关综合办公大楼举办“加快新旧动能转换推进经济转型升级”专题讲座，邀请国务院发展研究中心资源与环境政策研究所副所长李佐军作辅导报告。

23日 北京跨区域产业协作中心常务副主任房晓带领45家单位和企业负责人，组团到潍坊对接京鲁跨区域协作新旧动能转换示范区工作。市委书记、市人大常委会主任刘曙光会见房晓一行，双方就加速推动跨区域产业协作进行了深入洽谈交流。

25日 十二届潍坊市委第二轮巡察工作动员部署会召开。会议传达市委书记刘曙光关于巡察工作的有关要求，宣布十二届市委第二轮巡察工作方案，市委常委、组织部部长、市委巡察工作领导小组副组长林红玉出席会议并讲话。

26日 省政协副主席赵润田一行，到潍坊就“制定提案公开办法”进行专题调研，市委书记、市人大常委会主任刘曙光，市委副书记、市长李宽端会见省调研组一行。

27日 国务院批复设立潍坊综合保税区北区新闻发布会在金茂大酒店举行。保税北区设立后，潍坊综合保税区分为南区、北区“一区两片”运营。南区管辖面积20平方公里，主要依托青岛港和青岛机场，服务潍坊及周边地市外向型经济发展。北区管辖面积10平方公里，主要依托潍坊港，服务潍坊北部沿海2700平方公里开发开放。

28日 中共潍坊市委十二届三次全体会议举行。全会由市委常委会主持，市委书记刘曙光讲话。全会认真贯彻落实省第十一次党代会精神，专题讨论研究“四个城市”建设工作，审议通过《关于加快“四个城市”建设加速实现富裕文明充满活力现代化强市目标的决议》。

29日 省委常委、常务副省长李群在济青高铁青州北站工程现场下达铺轨命令，铺轨机在中铁五局铺轨工作人员操控下，将首对500米长轨安全平稳地铺设到无砟轨道道床上，标志着全国首条以地方为主投资建设的济青高速铁路正式进入铺轨阶段。市领导刘曙光、李宽端、邹庆忠出席活动。

31日 潍坊市被农业部认定为全国首批10个农业对外开放合作试验区。

是月 全国爱卫会近日发布《全国爱卫会关于2016年国家卫生城市（区）和国家卫生县城（乡镇）复审结果的通报》，潍坊市顺利通过国家卫生城市第二次复审，被再次确认为国家卫生城市。

8月

1日 全市村（社区）“两委”换届选举工作领导小组召开会议，专题研究村（社区）“两委”换届选举试点工作。市委书记、市村（社区）“两委”换届选举工作领导小组组长刘曙光出席并讲话。

2日 潍坊市对接北京非首都功能疏解项目工作会议在潍坊金茂国际大酒店召开。副市长王树华出席并讲话。

6日 全市经济形势分析暨促进金融稳健发展工作会议召开，总结今年以来经济工作，辩证研判当前经济形势，部署下步经济工作和金融工作。市委书记、市人大常委会主任刘曙光出席并讲话，市委副书记、市长李宽端主持并讲话，市委副书记张小梅传达省委书记刘家义在省委常委会会议上关于上半年经济社会发展形势的讲话精神。

8日—10日 省政协副主席许立全率调研组一行到潍坊市，就军民融合发展工作进行专题调研。

9日 潍坊港中港区西作业区液化品库区工程一期项目开业及三期项目开工仪式举行。副市长王树华出席并致辞。潍坊港西作业区液化品库区工程是液体油品、化工品及液碱的储存中转罐区，主要为第三方贸易客户提供液体货种仓储装卸服务。

同日 由法制日报社和省司法厅联合开展的“走进齐鲁司法行政人”活动在潍坊正式启动。副市长、市公安局局长吴磊出席活动并致辞。

同日 韩国科学技术院峡山国际研究中心揭牌仪式暨中韩黄金时代产业集群项目说明会在峡山区创新创业服务中心举行。副市长马清民出席揭牌仪式并致辞。

15日 省委书记刘家义到潍坊市督导解决中央环保督察组转办信访问题，并进行实地调研。省委常委、秘书长胡文容，市委书记、市人大常委会主任刘曙光，市委副书记、市长李宽端等陪同督导调研。

16日 市委书记、市人大常委会主任刘曙光在富华大酒店会见聚量集团董事长邵平、药明康德公司常务副总裁刘晓钟一行。双方围绕打造生物医药产业基地和支持潍坊金融发展进行了深入交流。

17日 市委书记、市人大常委会主任刘曙光到市“四个城市”建设协调推进办公室现场办公。

17日—18日 市委副书记、市长李宽端带领考察团赴广东深圳、东莞等地考察学习，重点学习南方先进城市在科技创新、园区建设、创新创业与城市规划建设管理等方面的好做法、好经验。

18日 山东省政府与北京大学在济南山东大厦签署共建北京大学现代农业研究院合作协议。省委副书记、省长龚正，北京大学校长林建华出席签约仪式。

同日 市委常委、宣传部部长、高新区党工委书记初宝杰会见英国皮特斯度水压动力有限公司董事会主席、皮特斯度水压技术发明人道格拉斯•巴罗思（Douglas Barrows）一行。双方就水压传动凿岩机合作项目进行了探讨交流。

同日 由省科技厅、市人民政府主办的3.0T核磁共振分子成像超导磁体样机检测暨超导磁体技术协同创新研讨会在东方大酒店举行。中国科学院院士、中国科学院武汉分院原院长叶朝辉，省科技厅副厅长李储林等出席研讨会。

21日 经商务部研究院信用评级与认证中心认证、中国会展经济研究会诚信展览评审专家委员会评定，潍坊国际风筝会为中国诚信展会。

21日—23日 省委常委、组织部部长杨东奇围绕组织工作服务生态文明建设，到高密、诸城、安丘、临朐、青州等地调研，并在青州主持召开生态环境保护工作座谈会。

22日 大众报业集团与市委宣传部媒体融合战略合作签约仪式在潍坊举行。市委书记、市人大常委会主任刘曙光会见出席签约仪式的省委宣传部副部长王世农，大众报业集团党委书记、董事长、总编辑傅绍万一行，向客人介绍了全市经济社会发展情况。

23日 全市脱贫攻坚推进会议在临朐县召开。市委书记、市人大常委会主任刘曙光出席并讲话，市委副书记、市长李宽端主持会议，市委副书记张小梅传达全省脱贫攻坚推进会议精神。

23日—25日 省妇联主席、党组书记张惠率调研组到潍坊市调研妇女儿童工作情况。

24日 市委书记、市人大常委会主任刘曙光，市委副书记、市长李宽端在富华大酒店会见到潍坊市调研的省国土资源厅厅长李琥一行，双方就进一步做好国土资源工作进行了深入交流。

26日 山东省材料大会（2017）暨“院士专家潍坊行”活动在富华国际会议中心举行。

29日 全省化工产业安全生产转型升级专项行动领导小组办公室在寿光市召开现场会，副省长、领导小组副组长、办公室主任王书坚出席会议并讲话。

30日　全国基层社会治理示范培训班在东方大酒店开班。民政部副部长顾朝曦等出席开班式。市委书记、市人大常委会主任刘曙光在开班式上作了题为《坚持党建统领，创新治理服务，积极推进农村社区治理现代化》的经验交流。

9月

1日　第23届鲁台经贸洽谈会在鲁台会展中心开幕。中共中央台办、国务院台办主任张志军，省委副书记、省长龚正，台湾海峡两岸经贸文化交流协会会长江丙坤，市委书记、市人大常委会主任刘曙光出席开幕式暨新动能新机遇新发展高峰论坛并致辞。副省长任爱荣主持论坛。省政府秘书长王华，市委副书记、市长李宽端，市政协主席苏立科，市委副书记张小梅等参加活动。

2日　省委省政府重点工作推进情况视频会议在济南召开。省委书记刘家义主持会议并讲话，省委副书记、省长龚正，省政协主席刘伟，省委副书记、济南市委书记王文涛出席。市委书记、市人大常委会主任刘曙光出席潍坊分会场会议，作题为《担当作为真抓实干，以全面深化改革引领潍坊走在前列》的交流发言。

同日　第二届"陈介祺奖"万印楼篆刻艺术大展暨2017陈介祺金石文化周在十笏园文化街区开幕。全国政协常委、中国书协主席苏士澍，省委宣传部副部长刘致福，市委常委、统战部部长王兆辉，副市长马清民等出席开幕式。

5日　市委副书记、市长李宽端主持召开会议，专题听取全市化工产业安全生产转型升级、秋冬季大气污染防治、"散乱污"企业整治等情况汇报，研究调度下步工作。市领导邹庆忠、王树华、吴磊等出席会议。

5日—8日　市委副书记张小梅率团赴陕西省西安市、杨凌农业高新技术产业示范区和福建省厦门市、漳州市等地，考察学习自贸区建设、体制机制创新、现代农业开放发展等方面的好经验、好做法。

5日—14日　市委书记、市人大常委会主任刘曙光应邀率潍坊市党政及企业代表团对芬兰、俄罗斯、白俄罗斯进行友好访问和精准对接。期间，代表团随同省委副书记、省长龚正拜会白俄罗斯总理科比亚科夫。

8日　全国政协委员、中国船舶工业行业协会会长郭大成率调研组到潍坊市就军民融合企业发展情况开展调研。市政协副主席孙忠礼陪同调研。

同日　第十三届全国运动会在天津闭幕。潍坊市运动员在本届全运会上共取得9金（16人次），6银（13人次），8铜（15人次）的优异成绩。

同日　全市推进"多证合一"改革实施工作专题会议在阳光大厦召开。副市长王树华出席并讲话。与会领导为业户颁发了首批"三十一证合一"营业执照。

9日　滨海20万吨/天海水淡化工程举行奠基仪式。该项目是潍坊市第一例、山东省第三例规模化海水淡化应用项目。

11日　根据莫言同名长篇小说改编的民族歌剧《檀香刑》巡演第一站在潍坊市举行。国家艺术基金理事会理事长蔡武，市领导李宽端、初宝杰、李士来以及著名作家、诺贝尔文学奖获得者莫言在潍坊大剧院与现场观众一起观看了演出。

12日　全国政协委员、外事委员会副主任、国家艺术基金理事会理事长蔡武一行到潍坊调研文化工作。

同日　潍坊港中港区6个3万吨级新建泊位对外启用准备工作，通过省政府验收组正式验收。

12日—14日　省委改革办专职副主任郭训成率省委改革办调研组，到潍坊市就《关于加快推动国有企业改革的十条意见》贯彻落实情况进行专题调研。

14日　2017年绿色制造国际会议在金茂大酒店开幕。科技部高新司副司长杨咸武，工信部节能司副司长王燕出席，市委常委、宣传部部长、高新区党工委书记初宝杰致辞。

同日　潍坊学院党外高层次人才到民营企业挂职暨潍坊民营经济发展研究中心揭牌仪式举行。市委常委、统战部部长王兆辉出席并讲话。

15日　市委副书记、市长李宽端到潍河昌邑段实地察看清河治理情况，调度河长制工作进展情况。

16日　潍坊市迎接国务院安委会安全生产大检查综合督查汇报会召开。国务院安委会第26综合督查组副组长、国家煤矿安监局监察司司长刘云涛出席会议并讲话，市委副书记、市长李宽端汇报全市安全生产大检查工作情况，市委常委、常务副市长邹庆忠主持会议。

18日　市委副书记、市长李宽端就深化"放管服"改革工作、加快政府职能转变到市政务服务中心调研。

19日　省委常委、常务副省长，小清河省级河长李群到潍坊市调研小清河河长制工作落实情况，安排部署落实河长制有关工作。市委书记、市人大常委会主任刘曙光陪同调研，市委副书记、小清河市级河长张小梅汇报潍坊市落实河长制工作情况。

21日　市委全面深化改革领导小组召开第二十七次会议，学习贯彻近期召开的中央和省委全面深化改革领导小组会议精神，审议有关改革方案。市委书记、市委全面深化改革领导小组组长刘曙光主持会议。

同日　市委书记、市人大常委会主任刘曙光主持召开创建潍坊国家农业开放发展综合试验区专题会议，听取创建进展情况汇报，研究部署下步工作。市领导李宽端、张小梅、刘建国、王树华、马清民、田民利、李传恒出席会议。

同日　2017北方（昌邑）绿化苗木博览会、第二十二届中国园林花木信息交流会在昌邑市开幕。全国绿化委员会副主任、中国林学会理事长赵树从发来贺词；国家林业局总工程师封加平、省政协副主席赵润田、省林业厅厅长刘均刚，市政协主席苏立科、市委副书记张小梅、副市长马清民等出席开幕式。

22日　以“农商互联、融合创新”为主题的2017年全国农商互联大会在富华国际会议中心开幕。商务部部长助理李成钢，省政府副秘书长魏华祥和市领导刘曙光、李宽端、王树华及国家标准委、京东集团等部门单位的领导嘉宾出席大会。

23日　2017年中日韩产业博览会在鲁台会展中心开幕。中国国际贸易促进委员会副会长张伟致辞并宣布开幕；中日韩三国合作秘书处秘书长李钟宪，市委书记、市人大常委会主任刘曙光分别致辞；市委副书记、市长李宽端主持。本届博览会展出面积40000平方米，设置了智能制造、美丽产业、国际食品三个专业展览会，同时设置了中日韩经贸合作论坛暨工商领袖峰会、中日韩商协会圆桌会议、中日韩健康养老产业高峰论坛等配套活动以及产业合作对接活动、“一对一”企业对接洽谈会、重点项目签约仪式和中韩企业对话会等四项主要对接活动。

同日　副省长、潍河省级河长任爱荣到潍坊市调研潍河河长制工作，实地察看潍河诸城市段河道，详细了解河道系统治理、管理维护、水生态修复等情况，并召开潍河流域各市有关负责人座谈会，安排部署有关工作。副市长马清民出席座谈会。

同日　主题为“全球视野，启动未来”的2017世界食品农产品电子商务大会在富华国际会议中心开幕。副市长田民利，联合国工业发展组织国际发展专家托马斯•杰克逊，中国电商委执行主任兼秘书长苏军等分别致辞。

24日—10月3日　市委副书记、市长李宽端应邀率潍坊市政府代表团，对德国、瑞典、挪威进行友好访问和深入洽谈。访问期间，深度对接“德国工业4.0”和北欧创新要素，重点推动产业升级和科技创新交流合作，在项目合作、招商引资、宣传推介等方面取得重要成果。

27日—28日　全省非公有制经济组织和社会组织党建工作推进会在潍坊市召开。省委书记刘家义会前作出批示，省委常委、组织部长杨东奇出席会议并讲话；中组部组织二局巡视员、副局长张金豹等到会指导；市委书记、市人大常委会主任刘曙光出席并致辞。

28日　市委书记、市人大常委会主任刘曙光与到潍坊调研的济南海关党组书记、关长沈晓红一行，围绕创建潍坊国家农业开放发展综合试验区工作进行了座谈交流。

同日　市政府与山东省农村信用社联合社战略合作框架协议签约仪式在市级机关综合办公大楼举行。省农村信用社联合社党委书记、理事长王献玲，市委常委、常务副市长邹庆忠出席签约仪式并致辞。

29日　翰墨青州•2017中国书画年会在青州开幕。人民日报社副社长张建星，全国政协常委、中国文联原党组副书记、副主席覃志刚，中国文联党组成员、书记处书记陈建文，中国国家画院院长杨晓阳；市委书记、市人大常委会主任刘曙光，市委常委、宣传部部长、高新区党工委书记初宝杰，副市长马清民等出席开幕式。

同日　第17届中国（青州）花卉博览交易会暨第11届山东省花卉交易会在中国青州花卉苗木交易中心开幕，国家林业局造林绿化管理司副司长黄正秋宣布开幕。

是月　第十届“泰山文艺奖”评选近日揭晓，高密市泥塑传人聂希蔚荣获“泰山文艺奖”民间文艺类艺术突出贡献奖。

10月

8日　市委书记、市人大常委会主任刘曙光专题调研高铁新片区和站南广场片区开发建设工作。

10日　市委书记、市人大常委会主任刘曙光到潍坊经济开发区、中国食品谷就加快潍坊国家农业开放发展综合试验区创建工作进行调研。

11日　潍坊市人民政府与工商银行山东省分行全面战略合作暨推进新旧动能转换重大项目合作协议签约仪式在市级机关综合办公大楼举行。市委副书记、市长李宽端，工商银行山东省分行党委书记、行长付捷出席仪式并致辞。

13日　2017中国（昌乐）国际宝石博览会在昌乐中国宝石城开幕。商务部流通产业促进中心主任路政闽宣布博览会开幕；中国工程院院士、中国矿业大学教授、博士生导师武强等为山东昌乐火山国家地质公园揭牌。

14日　市委、市政府召开全市支持非公有制经济健康发展暨国有企业改革发展工作会议。市委书记、市人大常委会主任刘曙光出席并讲话，市委副书记、市长李宽端主持会议。

17日　全市领导干部会议召开，主要是传达学习中共十八届七中全会精神，坚定不移贯彻落实以习近平同志为核心的党中央各项决策部署，以实际行动迎接中共十九大胜利召开，加快在全市范围内掀起学习宣传贯彻十九大精神的热潮。市委副书记、市长李宽端主持会议并讲话。

同日　潍坊市人民政府与大公国际信用评级集团战略合作框架协议签约仪式在市级机关综合办公大楼举行。市委副书记、市长李宽端出席，大公国际信用评级集团董事长关建中，副市长田民利致辞。

18日　中国共产党第十九次全国代表大会在北京人民大会堂开幕。习近平代表第十八届中央委员会向大会作了题为《决胜全面建成小康社会　夺取新时代中国特色社会主义伟大胜利》的报告。市领导在市级机关综合办公大楼会议室集体收听收看大会，聆听习近平总书记作的重要报告。

21日　市委副书记张小梅调研潍坊国家农业开放发展综合试验区协调

推进办工作开展情况。

25日　2017年山东省及京津冀周边地区节能环保先进技术对接会在潍坊召开。工信部节能与综合利用司副司长杨铁生、省节能办主任刘绪聪、中国环保机械行业协会秘书长王亦宁出席，副市长邓江陵致辞。

28日—29日　市十七届人大常委会第五次会议在潍坊举行。会议分组审议评议了各项报告、条例草案、决定草案和人事任免事项。对优化经济发展软环境工作进行了专题询问。市委书记、市人大常委会主任刘曙光出席专题询问会并讲话，市委副书记、市长李宽端出席专题询问会并就进一步优化经济发展软环境作表态发言。市委常委、常务副市长邹庆忠分别作了关于优化经济发展软环境工作情况的报告和市十七届人大一次会议以来代表所提建议、批评和意见办理工作情况的报告。市人大常委会党组副书记、副主任孙明亮主持会议。

是月　潍坊市的寿光蔬菜集团、华以农业、豪迈科技3家企业入选山东省首批品牌国际科技合作基地。

是月　潍坊市“证卡合一”改革试点工作荣获山东人力资源社会保障信息化创新应用展一等奖。

11月

3日　中国共产党潍坊市第十二届委员会第四次全体会议举行。全会认真学习贯彻党的十九大和十九届一中全会精神，传达学习了27日中共中央政治局会议精神和习近平同志在中共中央政治局第一次集体学习时的重要讲话精神，学习讨论了党的十九大精神和省委十一届二次全会精神，审议通过了《中共潍坊市委关于深入学习宣传贯彻党的十九大精神的决议》。全会由市委常委会主持，市委书记刘曙光作了讲话。

7日　潍坊市学习贯彻中共十九大精神宣讲团成立暨宣讲工作动员会在市级机关综合办公大楼召开，对全市学习贯彻中共十九大精神宣讲工作进行安排部署。市委副书记、市长李宽端出席会议并讲话，市委常委、统战部长王兆辉主持会议。

9日　在潍坊港中港区的18号至21号泊位，新海欣号集装箱货船、潍营号甩挂运输船、宏伟6号散货船顺利抵港靠泊，齐声鸣笛，双箱岸桥和门机同时开始吊装作业，标志着山东高速潍坊港正式开港运营。省交通运输厅副厅长刘福臣、港航局副局长刘长旭，市委常委、政法委书记、滨海区党工委书记孙起生出席活动。

12日　在2017年首届全国青少年国防体育大会上，潍坊滨海国际学校代表队获得了大会勇士对抗野战项目（勇士敢斗奖）银奖。

13日　中共十九大精神专题学习班第一期在市委党校开班，中共十九大代表、市委书记、市人大常委会主任刘曙光作辅导报告。

17日　全国精神文明建设表彰大会在北京举行。中共中央总书记、国家主席、中央军委主席习近平在人民大会堂亲切会见全体与会代表。潍坊市经复查确认继续保留全国文明城市荣誉称号，寿光市以位列县级市第五名获评第五届全国文明城市，潍坊市委宣传部获得第四届全国未成年人思想道德建设工作先进单位称号。市委书记、市人大常委会主任刘曙光参加表彰大会。市委常委、宣传部部长、高新技术产业开发区党工委书记初宝杰作为第四届全国未成年人思想道德建设工作先进单位代表上台领奖。

21日　人力资源和社会保障部在北京召开第44届世界技能大赛参赛总结大会暨第3届中国青年技能营开营仪式，全面总结第44届世界技能大赛参赛工作，表扬第44届世界技能大赛获奖选手和为参赛工作做出贡献的单位及个人。山东工业技师学院选手、世界技能大赛工业控制项目冠军袁强参会接受表扬并作汇报发言。

22日　市委副书记、市长李宽端在富华大酒店会见了到潍坊考察访问的俄罗斯普罗特维诺市政府议长巴里索夫·列阿尼多维奇、卡拉托夫金·叶甫根尼耶维奇一行。

24日　市委副书记、市长李宽端主持召开座谈会，听取有关工作汇报，研究谋划2018年重点工作、重点项目，强调要深入学习宣传贯彻中共十九大精神，进一步加强调查研究，以习近平新时代中国特色社会主义思想为指引，认真谋划明年经济社会发展思路举措，努力把十九大精神转化为潍坊发展的生动实践和丰硕成果。

26日—28日　国家质检总局党组成员、国家标准委主任田世宏一行到潍坊调研标准化工作，并出席全国部分省市地方标准化工作座谈会。

28日—29日　全国食品安全示范城市和农产品质量安全县创建工作现场会在北京召开。中共中央政治局常委、国务院副总理、国务院食品安全委员会副主任汪洋出席会议并讲话。会上，市委书记、市人大常委会主任刘曙光作为第一批国家食品安全示范城市代表，作题为《珍惜荣誉不松劲　持续发力保安全》的交流发言。

28日　40集大型电视连续剧《烟雨潍水》开机仪式在新富佳悦大酒店举行。作为潍坊市建市70周年献礼片，《烟雨潍水》以潍坊地域特色文化和工业发展历程为背景，全方位展示潍坊历史人文、风土特产、民俗风貌。

29日　潍坊市在北京举行“新时代　新机遇　新征程　2017潍坊（北京）重点合作项目签约仪式”，与北京及周边地区知名企业和机构的400余名嘉宾沟通交流、深化合作、共谋发展。市委书记、市人大常委会主任刘曙光出席签约仪式并致辞，市委副书记、市长李宽端主持签约仪式。这次活动共集中签约重点项目87个，计划总投资1182亿元。

同日　全省卫星电视地面接收设施专项整治工作经验交流现场会在寿光市召开。省新闻出版广电局副局长谢宁出席，副市长马清民出席并致辞。

30日　国家海洋督察组（第二

组）下沉潍坊市开展督察并召开工作汇报会。国家海洋局北海分局局长、国家海洋督察组（第二组）常务副组长郭明克出席会议并讲话，国家海洋局北海分局副巡视员、督察组（第二组）副组长、下沉第3小组组长朱德洲主持会议。市委副书记、市长李宽端出席会议并致辞，副市长马清民汇报潍坊市海洋工作情况。

12月

3日　市保障国家海洋督察工作协调组到滨海区潍坊渔港疏港路项目，现场督导信访举报件处理。市委常委、政法委书记、市滨海开发区党工委书记孙起生参加督察并就信访举报件处理讲了意见，副市长、市保障国家海洋督察工作协调组副组长马清民带队督察。

5日　潍坊市召开村（社区）“两委”换届选举工作汇报专题会议，听取各县市区、市属开发区村和城市社区“两委”换届选举工作准备情况汇报，对下步工作进行安排部署。市委书记、全市村（社区）“两委”换届选举工作领导小组组长刘曙光出席会议并讲话。

同日　新旧动能转换科技创新合作院士潍坊行活动在东方大酒店举行。市委副书记、市长李宽端，中科院沈阳分院副院长马越红分别致辞；中科院院士周远、韩布兴，中国工程院院士尹伟伦、郑裕国等国内知名专家、学者参加会议；副市长李平主持。

6日　山东社科论坛——全省党校系统学习宣传贯彻党的十九大精神理论研讨会在市委党校召开。省委副书记、济南市委书记、省委党校校长王文涛会前作出批示，市委书记、市人大常委会主任、市委党校校长刘曙光作书面致辞；省委党校常务副校长徐闻，省社会科学界联合会党组副书记、副主席周忠高分别致辞。

8日　“豪迈杯”第二届潍坊市职工创新创业大赛总决赛在市工人文化宫举行。市委副书记张小梅，市政协副主席赵崇发出席；市人大常委会副主任、市总工会主席张新强致辞。最终，李健的基于物联网的精准农业管控平台项目获一等奖，王栋的智能轮椅等2个项目获二等奖，马金一的孔雀养殖及加工利用等3个项目获三等奖。

11日　农业部部长韩长赋率调研组一行在副省长于国安陪同下到潍坊市调研，实地查看了寿光蔬菜产业集团现代农业示范区、潍坊科技学院农业大数据平台。

12日　全省个体私营企业党建工作推进会议在富华国际会议中心召开。国家工商总局非公经济组织党建工作领导小组副组长、个体私营经济监管司副司长、非公党建办副主任韩旭，省工商局党组书记、局长李关宾出席会议。副市长王树华出席会议并致辞。

12日—13日　聚焦新旧动能转换——第十三届中国网络媒体山东行采访团在潍坊市采访，市委常委、宣传部部长、高新区党工委书记初宝杰出席有关活动。

13日　省公安厅在潍坊市召开全省公安机关刑事技术工作暨“打现行、除枪患、追逃犯、治乱点”严打整治行动动员部署会议。

13日—14日　省委常委、统战部部长邢善萍带队到潍坊专项督查支持非公有制经济健康发展情况，市委书记、市人大常委会主任刘曙光主持座谈会。

14日　北京集中招商签约活动总结暨上海招商活动调度会议在富华国际会议中心召开。副市长王树华出席并讲话。

同日　潍坊市第二届“市长杯”工业设计大赛颁奖仪式及专家点评在灵狮•潍坊国际创意港举行。副市长马清民、市政协副主席李传恒以及省经信委产业政策处负责同志出席颁奖仪式。本届工业设计大赛共征集了222件作品。

16日　世界技能大赛工业控制项目研讨会在富华国际会议中心召开。副市长田民利、省人社厅副厅长周春艳分别致辞，世赛中国研究中心主任张玉洲等出席。

18日—19日　受中国民间文艺家协会委托，中国民协专家组一行莅临潍坊市，就潍坊市申报“中国民间文艺之乡”的有关工作进行考察评审。市委常委、宣传部部长、高新区党工委书记初宝杰出席评审会并作情况介绍。

19日　副省长于国安一行到潍坊调研农村集体产权制度改革工作，市委书记、市人大常委会主任刘曙光陪同活动。

20日　市委副书记、市长李宽端在富华大酒店会见了省金融资产管理公司董事长金同水一行。双方就开展战略合作，在潍设立金融资产管理公司等相关事宜进行了深入交流。

21日　省政府安委会考核潍坊市2017年度安全生产工作汇报会议召开。考核组听取了潍坊市2017年度安全生产工作情况汇报，市委常委、常务副市长邹庆忠参加会议。

同日　奋进新时代，开启新征程——2017年潍坊（上海）重点合作项目签约仪式在上海市举行。副市长王树华出席并致辞。此次签约的重点合作项目涵盖高端装备及智能制造、新能源新材料、现代服务业、信息产业等领域，共计40项，总投资584亿元。

24日　市委在市级机关综合办公大楼召开全市工作务虚会，市委书记、市人大常委会主任刘曙光主持并做总结讲话。

28日　国家发展改革委办公厅、中国人民银行办公厅印发《关于印发首批社会信用体系建设示范城市名单的通知》，确定潍坊市等12个城市为社会信用体系建设示范城市。潍坊市成为国家首批社会信用体系建设示范城市。

28日—29日　全市经济工作会议召开，深入学习贯彻党的十九大精神和中央、全省经济工作暨金融工作会议精神，总结2017年经济工作，分析当前形势，安排部署2018年经济工作，动员全市上下加速“四个城市”建设，推动现代化强市建设迈出新步伐。市委书记、市人大常委会主任刘曙光出席并讲话，市委副书记、市长李宽端主持并讲话。

30日 市委书记、市人大常委会主任刘曙光在富华大酒店会见了北汽集团总经理、北汽福田董事长张夕勇一行，双方围绕新的一年不断拓宽合作领域、加快产业发展、打造互联网汽车基地进行了深入交流。市领导刘建国、田民利出席活动。

是月 在国家质监总局近日举办的2017“质量之光”年度质量盛典上，诸城市获评“中国质量魅力城市”，这是山东省唯一获此殊荣的县级市。

（刘树平）

全市概况

Quanshi gaikuang

自然环境

【地理环境】 潍坊市位于山东半岛中部，居半岛城市群中心位置，地跨北纬35°41′～37°26′，东经108°10′～120°01′。东与青岛、烟台两市连接，西邻淄博、东营两市，南连临沂、日照两市，北濒渤海莱州湾。

（董德才）

【土地资源】 全市土地总面积1.61万平方千米，其中农用地115.81万公顷（耕地79.54万公顷，基本农田69.46万公顷），占总面积71.74%；建设用地30.90万公顷，占总面积19.14%；未利用地14.73万公顷，占总面积9.12%。

【矿产资源】 全市共发现矿产80种（含亚矿种），探明储量46种。储量列全省第一位的矿产有天然卤水、蓝宝石、油页岩、重晶石、玻璃用石英岩、水泥用灰岩、膨润土、珍珠岩、沸石、陶瓷土、白云岩、硅藻土、云母等13种，其中天然卤水和蓝宝石储量居全国首位。

（杨金涛）

【气候】 2017年（2017年1月—12月，下同）潍坊市气温偏高，降水略偏多，光照偏多。总的气候特点是：冬季（2016.12—2017.2）气温偏高，降水偏多，光照偏少，整个冬季水热条件较为适宜；春季气温偏高，降水偏少，光照充足，气候略显干旱；夏季气温偏高，降水充足，光照略少，气候炎热，高温高湿；秋季气温偏高，降水偏少，光照略显不足。主要气象灾害为阶段性干旱和暴雨。总的来看，本年度降水资源较为充足，气象灾害影响较往年少。综合评价，全市2017年天气气候条件在农业上属于较好年景。

2017年全市年平均气温14.3℃，较常年偏高1.3℃，较上一年偏高0.2℃。全市年平均降水量613.2毫米，较常年偏多11.9毫米，偏多2%；较上一年偏少5.8毫米，偏少1%。全市年平均日照时数2418.1小时，较常年偏多6.2小时，较上一年偏少12.1小时。

总的气候特征：全年平均气温较常年偏高，降水略偏多，光照充足。

（李树军）

【河流】 潍坊市境内自西向东有小清河、弥河、白浪河、潍河、北胶莱河5条主要河流，均流入渤海，总控制面积10509平方千米，占潍坊市总面积的66.3%。

（魏　瑰）

【自然灾害】 2017年主要气象灾害为干旱、暴雨洪涝、大风等，灾害次数相对较少。

干旱　由于自2013年以来全市降水持续偏少，2014、2015年干旱严重，部分水库干涸，地下水位下降严重。今年以来，从年初到4月20日全市平均降水量73.0毫米，较常年（51.4毫米）偏多42%。但从4月下旬起到6月20日，全市降水偏少，特别是东部地区以及中东南部地区降水偏少较多。其中高密、昌邑、安丘降水量仅为37.1毫米、51.3毫米和65.9毫米，分别较常年偏少59%、44%和39%。而4月下旬到6月20日，这一阶段正是农作物需水高峰时期，农田旱情日趋严重。同时农作物又得不到及时有效的灌溉，干旱严重影响农作物的正常生长，从而导致大面积受灾。

据潍坊市民政局统计，全市受灾人口575524人，农作物受灾面积70360.7461公顷，其中，成灾面积49671.9861公顷，绝收面积24861.158公顷；因灾造成直接经济损失58399.2763万元。各县（市、区）损失如下：

高密市：全市受灾人口89163户，人口288258人，农作物受灾面积36345.8公顷，其中，成灾面积22580.5公顷，绝收面积11726.2公顷；因灾造成农业直接经济损失20740.73万元。

昌邑市：10个镇街区均不同程度遭受旱灾，受灾人口167287人，农作物受灾面积21803.5公顷，其中成灾面积18257公顷，绝收面积10108.9公顷，直接经济损失23011.7万元。

安丘市：受灾人口38706人，吃水困难人口1649人。总受灾面积3215公顷，其中：成灾面积2105.4公顷，绝收面积285.6公顷。直接经济损失 3266.17万元，

峡山区：受灾人口共计69273人，8639.0107公顷小麦受灾，其中6370.2907公顷小麦减产，13.8公顷土豆减产，2489.2313公顷小麦直接绝产，直接经济损失10929.79万元。

保税区：全区受灾人口12000人，农作物受灾面积357.41公顷，其中，成灾面积344.97公顷，绝收面积251.24公顷，因灾造成经济损失450.89万元。

冰雹、大风 受强对流天气影响，2017年5月10日下午，临朐县五井、寺头镇发生雷雨、冰雹天气，其中寺头镇小麦等农作物受灾。据民政部门统计，此次过程共造成受灾人口7047人，农作物受灾面积660公顷，成灾面积404公顷，直接经济损失652万元，其中农业损失652万元。

8月6日夜间寒亭区出现短时强降水，局部地区伴有大风、冰雹，固堤街道北王家埠村、高庄村、大湾口村、神堂子村、北庄子村、东官厅村6个村庄受灾，受灾1447户，4283人，农作物和经济作物受灾面积728顷，成灾面积698.7公顷，绝产面积8公顷，经济损失约675.5万元。

暴雨洪涝 7月6日14时开始，受冷空气和副热带高压边缘西南暖湿气流共同影响，全市出现暴雨、局部大暴雨天气过程。此次强降水时段为6日14时至7日8时，全市平均降水量103.9毫米，其中大盛镇最大，为171.4毫米，景芝最小，为42.6毫米，城区、新安、金冢子、大盛、凌河、吾山和柘山降水量都超过了100毫米。过程造成潍坊市兴安街道、新安街道、凌河镇、辉渠镇、吾山镇、石堆镇、柘山镇、金冢子镇、大盛镇、景芝镇、大汶河等11镇遭受洪涝灾害，玉米、花生、大姜等作物受灾严重。受灾人口达22338人；受灾面积达到1931.68公顷，经济损失达4329.096万元，房屋倒塌4户，严重损坏25户，一般损坏83户。冲毁大棚137个，树木1470棵，道路31790米。

8月2日傍晚至3日白天，受今年第10号台风“海棠”减弱的低压环流和冷空气的共同影响，全市出现一次大范围强降雨天气过程，全市平均降水量65.6毫米，各县市平均降水量：临朐34.4毫米、安丘117.1毫米、青州16.1毫米、高密40.9毫米、诸城75.3毫米、寿光25毫米、昌乐89.5毫米、昌邑99毫米、寒亭89.4毫米、市区109.7毫米。暴雨造成安丘市、寒亭区、昌乐县3县市区多处乡镇的玉米、大葱、大姜、花生、哈密瓜、苹果等作物受灾严重。灾害导致受灾人口达28206人；受灾面积达到1213.6公顷，成灾面积867.1公顷，绝收面积219.6公顷；倒塌房屋94间，严重损坏房屋101间，一般毁坏200余间，经济损失达6967.525万元。其中，安丘市紧急转移安置61人。

8月18日至20日，受高空槽和低涡切边线共同影响，全市出现大范围强降雨天气过程，并伴有强雷电，多个地区出现短时强降水。全市过程平均降水量35.3毫米，降水分布不均，其中市区最大，平均降水量为64.2毫米，临朐最小为9.6毫米，区域站超过50毫米的降水站点25个，超过100毫米的降水站点9个，过程最大点降水量出现在市区望留，为161.1毫米。强降雨致使安丘市、昌乐县、峡山区、高密市、诸城市等18个镇街受灾。大姜、甜瓜、哈密瓜、芋头、樱桃树、玉米、小米、黄烟等作物受灾，其中高密市21480棵樱桃树被淹，大部分樱桃树涝死；昌乐县、诸城市共死亡羊341只。同时不同程度造成部分房屋、道路、桥梁等损坏。另外诸城市8月20日9时许出现灾情，其中相州镇降雨较大出现内涝。19日—20日全市暴雨洪涝灾害受灾人口共84658人，紧急转移1172人，一般损坏房屋受损857间，严重损坏房屋152 间，倒塌房屋192间，农作物受灾面积10478.4467公顷，其中成灾面积 5776.0734公顷，绝收面积649.7293公顷，造成直接经济损失18446.22万元。

（李树军）

政区·人口·民族

【行政区划】 截至2017年12月底，潍坊市辖奎文、潍城、寒亭、坊子4个区，青州、诸城、寿光、安丘、高密、昌邑6个县级市，临朐、昌乐2个县，另有高新技术产业开发区、滨海经济技术开发区、峡山生态经济开发区、综合保税区4个市属开发区。全市共辖62个镇、56个街道办事处。

（杨　军）

【建置沿革】 潍坊历史悠久。早在6000多年前，弥河故道旁就有人群定居。自夏以来，历代王朝政权在此封国建邑，设州立府。夏商代，境内有斟灌、斟鄩、寒、平寿等封国。周初，武王封邦建国，封太公望于齐，都营丘（今昌乐境内）。至春秋时期，现市辖区曾分属齐、鲁、杞、莒等国。战国时期，现境大部属齐，诸城等地属鲁。秦代，东部属胶东郡，西部属临淄郡，东南部属琅琊郡。汉为青、徐二州刺史部所辖。两晋、十六国时为后赵、前燕、前秦、后燕依次占据。西晋太康三年（282年）的稳定时期，今市境属青、徐二州，北海、乐安二国，城阳、东莞二郡。南朝宋时属青、徐二州，北朝魏属青、胶、南青三州。隋时属北海、高密二郡。唐时属河南道，青、密二州。宋时属京东东路，青、潍、密三州。金时属山东东路，置益都府及潍、密二州。元朝时属中书省山东东西道宣慰司益都路益都总管府所辖，分属潍、胶、密三州。明时置青州、莱州二府，属山东承宣布政使司。清，今市境为山东省所辖，分属青州、莱州二府。

中华民国时期，国民政府行政建置初沿清制，民国2年（1913年）废府、州，实行省、道、县三级制。今市境内当时的潍县、昌邑、高密、益都、寿光、昌乐、临朐、安丘、诸城9县属胶东道（驻烟台）。民国14年（1925年）改划莱胶道、淄青道。今市境内当时的潍县、昌邑、高密、安丘、诸城、昌乐6县属莱胶道；寿光、益都、临朐3县为淄青道所辖。民国16年（1927年）裁道，以省领县，今市境各县（市、区）均直属山东省。

1948年4月27日，潍县解放。4月29日，潍坊特别市（省直辖）建立，市政府驻潍城，辖潍县城、东关、南关、北关、坊子、望留6个区。1949年6月，潍坊特别市改称潍坊市，仍为省辖市。1948年6月，昌潍专区建立，驻昌乐，辖昌乐、潍县、安丘、寿南、益临5县。1948年12月，省直辖之益都县划归昌潍专区。次年7月专区机关迁驻益都。

中华人民共和国成立以后，现潍坊市域地专级行政建置主要为昌潍专区、昌潍地区、潍坊地区、潍坊市，以下领县。1949年到1958年1月前，县下设区乡；1958年1月至3月，撤区并乡。1958年9月，成立人民公社，实行政社合一。1983年，在进行经济体制改革的同时，改革行政机构，实行市管县的新体制，县下撤公社设乡镇。

1950年5月25日，昌潍专区驻地由益都迁至潍坊，原胶东区西海专署所辖之昌邑、昌南、潍北3县，及渤海区清河专署所辖之寿光、益寿2县划归昌潍专区。昌潍专区时辖：潍坊市（县级），昌乐、潍县、潍北、昌邑、昌南、安丘、丘南、淮安（后改名潍安）、寿光、寿南、益临、益都、益寿、临朐14县。同年，潍坊市建制撤销，并入昌潍专区。1951年，又重置潍坊市。

1952年7月，撤销益临、益寿、潍安3县。1953年7月24日原淄博专区所辖之临淄县划归昌潍专区。同时撤销潍北、丘南、寿南3县。昌潍专区时辖：潍坊市（县级），昌乐、潍县、昌邑、昌南、安丘、寿光、益都、临朐、临淄9县，及羊角沟直属区。

1955年3月，博山县由淄博市划入昌潍专区。同年撤销羊角沟直属区并入寿光县，昌潍专区时辖：潍坊市（县级），昌邑、潍县、昌南、寿光、昌乐、益都、临朐、安丘、临淄、博山10县。

1956年，胶州专区撤销。其所辖之胶县、胶南、藏马、五莲、诸城、高密6县及莱阳专区的平度县一并划入昌潍专区。同年，藏马县撤销，昌南并入昌邑县。昌潍专区时辖：潍坊市（县级）和潍县、益都、昌邑、寿光、昌乐、临淄、临朐、安丘、诸城、高密、五莲、博山、胶南、平度、胶县15县。

1958年10月，潍县并入潍坊市（县级），博山划归淄博专区，临淄并入益都县，胶南、胶县划入青岛市。昌潍专区时辖：潍坊市（县级），益都、昌邑、高密、安丘、诸城、五莲、寿光、昌乐、临朐、平度10县。

1961年，胶南、胶县复归昌潍专区。临淄、潍县恢复原建制，仍属昌潍专区。

1967年3月13日，昌潍专区改为昌潍地区。辖潍坊市（县级）和益都、昌邑、高密、诸城、昌乐、临朐、寿光、安丘、潍县、五莲、平度、胶县、胶南、临淄14县。

1969年12月，临淄县划归淄博市。1977年增设黄岛区，属昌潍地区。1978年胶南、胶县及黄岛区划归青岛市。昌潍地区时辖：潍坊市（县级）和益都、昌乐、安丘、临朐、潍县、寿光、昌邑、高密、诸城、五莲、平度11县。

1981年7月，昌潍地区改名潍坊地区，所辖县（市）不变。

1983年10月，撤销潍坊地区建制，改建省辖（地专级）市，沿用原潍坊名称，实行市管县体制。同时，平度县划归青岛市，原潍坊市（县级）和潍县析置为潍城、寒亭、坊子3个区。潍坊市时辖：潍城、寒亭、坊子3区，益都、寿光、昌乐、临朐、昌邑、高密、安丘、诸城、五莲9县。

1986年3月1日，撤销益都县，设立青州市（县级），归潍坊市代管。1987年7月，撤销诸城县，设立诸城市（县级），归潍坊市代管。1992年底，五莲县划归日照市。1993年6月，寿光撤县设市；1994年1月，安丘撤县设市；1994年5月，高密撤县设市；1994年5月，由潍城、寒亭划出部分村，增设奎文区；1994年6月，昌邑撤县设市。1991年，潍坊高新技术产业开发区成立；1995年，潍坊滨海经济技术开发区成立；2008年，峡山生态经济发展区成立；2011年，潍坊综合保税区成立。至此，潍坊市辖奎文、潍城、寒亭、坊子4个区，青州、诸城、寿光、安丘、高密、昌邑6个县级市，临朐、昌乐2个县。另有高新、滨海、峡山、保税区4个经济区。此后，潍坊市行政区划基本稳定。

（史志办）

【人口】 截至2017年年底，全市共有户籍人口9080103人，比去年增加66918人，年平均人口为9046644人，年人口增长率为7.424‰，其中，人口自然增长73314人，自然增长率为8.10‰；人口机械增长为-9076人（其中迁入34395人，迁出43471人）。全市共有男性人口4579945人，女性人口4500158人，总人口男女性别比为101.77：100。全市总户数为2868091户，比2016年增加7643户，平均每户约3.16人。全市出生登记191801人，出生率为21.20‰，共死亡注销118487人，死亡率为13.10‰。全市共登记出生男性99344人，女性92457人，出生登记男女性别比为107.45：100；登记死亡男性65815人，女性52672人，死亡登记男女性别比为124.95：100。全市0～17岁共1748295人，占总人口的19.25%；18～34岁共1968912人，占总人口的21.68%；35～59岁共3403874人，占总人口的37.49%，60岁及以上的共1959022人，占总人口的21.57%。全市共有城镇人口4798511人，户籍人口城镇化率为52.85%。各县市区人口数量如下：

1. 市辖区人口：潍城区356928人，奎文区351724人，高新区171495人，经济区77390人，保税区12453人，寒亭区310322人，坊子区323331人，滨海区86827人，峡山区226465人。

2. 各县市人口：临朐县919028人，昌乐县635225人，青州市947061人，诸城市1114195人，寿光市1096040人，安丘市969836人，高密市894197人，昌邑市587586人。

（秦伟博）

【民族】 2017年，全市有汉族、回族、满族等民族51个。其中人数最多的少数民族是回族，有2.23万人，占全市少数民族人口的64.3%。

（程　南）

组织机构（2017）

市级领导班子

中国共产党潍坊市委员会

市委书记 杜昌文（1月止）
刘曙光（1月起）
副书记 李宽端（1月起）
张小梅（女，2月起，12月止）
常　委 刘曙光 李宽端
张小梅（女，12月止）
初宝杰
邹庆忠 孙起生
李在武（12月止）
孙明亮（2月止）
郝树东（2月止）
林红玉 刘建国（2月起）
张晓峰（12月起）
王兆辉（2月起）
秘书长 孙明亮（2月止）
刘建国（2月起）
副秘书长 赵崇发（3月止）
宋立军（3月起）
刘衍信 王发庆 鞠宝祥
赵传江 吕尧良（3月起）
张祖钊（6月止）
王秀泉（7月起）
张志霄（7月起）

潍坊市人民代表大会常务委员会

主　任 杜昌文（2月止）
刘曙光（2月起）
第一副主任 苏立科（2月止）
副主任 孙明亮（2月起）
毛秀凤（女）
顾建华（2月起）
张新强（2月起）
范福生（2月起）
刘明珂（2月止）
王卫东（2月止）
李世光（2月止）
秘书长 王秀禄
副秘书长 王增宝 毛洪涛 王福强
徐军伟（6月止） 刘棣俭

潍坊市人民政府

市　长 李宽端（2月起）
副市长 邹庆忠 王树华
李　平（2月起）
吴　磊（2月起）
马清民（2月起）
田民利（2月起）
邓江陵（挂职，4月起）
秘书长 宋均圻
副秘书长 于为凯 臧运宁（5月止）
张宝庆（5月止）
闫宗子（6月止）
胡晓坤（6月止） 鞠俊海
王　浩（5月起）
葛晓东（7月起）
逄新军（7月起）
徐凤徽（7月起）
张志海（7月起）

中国人民政治协商会议潍坊市委员会

主　席 崔建平（2月止）
苏立科（2月起）
副主席 刘　伟（2月止）
孙忠礼
李传恒
吴建民（2月止）
王继怀（2月止）
王贤臣（不驻会）
李士来
李　平（女，不驻会，2月止）
刘树亮（2月起）
赵崇发（2月起）
刘秀平（女，2月起）
在职原副主席 杨肖青
党组成员 李静波
秘书长 许　华
副秘书长 王　沂（6月止）
牛克智
李树明
王清海（6月止）

中共潍坊市纪律检查委员会

书　记 李在武（12月止）
常务副书记 朱朝辉
副书记 王　玉 李存杰
常　委 王培杰 贺　建（2月止）
董胜俊（2月止）
吉宗合 赵珊珊（正县级）
侯法强（2月起）
曹田友（2月起）
秘书长 贺　建（3月止）
侯法强（3月起）

市委工作机构

市委办公室
市委组织部
市委宣传部
市委统战部
市委政法委员会（综治办与其合署）
市机构编制委员会办公室
市委政策研究室（改革办）
市委台湾工作办公室
市委市直机关工作委员会
市委巡察工作领导小组办公室
市委农村工作领导小组办公室
市委市政府信访局
市委老干部局

市人大常委会办事机构

办公室
人事代表工作室
研究室
法制工作委员会
预算工作委员会

市人大各专门委员会

内务司法委员会
财政经济委员会
教育科学文化卫生委员会
城乡建设与环境资源保护委员会
农业与农村委员会
民族侨务外事委员会

法制委员会

市政府工作机构

市政府办公室
市发展和改革委员会
市经济和信息化委员会
市教育局
市公安局
市工商行政管理局
市质量技术监督局
市科学技术局
市监察局（与纪委机关合署）
市民政局
市司法局
市财政局
市人力资源和社会保障局（挂市外国专家局牌子）
市国土资源局（挂市测绘地理信息局牌子）
市规划局
市住房和城乡建设局
市城市管理行政执法局
市交通运输局
市水利局
市农业局
市海洋与渔业局
市商务局
市文化广电新闻出版局
市卫生和计划生育委员会（挂市中医药管理局牌子）
市审计局
市环境保护局
市外事与侨务办公室
市民族宗教事务局（与市委统战部合署）
市国有资产监督管理委员会
市体育局
市统计局
市林业局
市安全生产监督管理局
市食品药品监督管理局（挂市食品安全委员会办公室牌子）
市旅游发展委员会
市政府法制办公室（挂市人民政府行政执法监督局牌子）
市人民防空办公室
市金融工作办公室（挂市地方金融监督管理局牌子）

派出机构

潍坊高新技术产业开发区管理委员会
潍坊滨海经济技术开发区管理委员会
潍坊综合保税区管理委员会
潍坊峡山生态经济开发区管理委员会
潍坊市政务服务中心管理办公室
潍坊食品谷协调推进办公室
山东（潍坊）海洋科技大学管理办公室

市政协机关工作机构和办事机构

办公室
研究室
提案委员会
经济委员会
人口资源环境外事委员会
科教文卫体委员会
社会法制委员会
文史资料委员会
民族和宗教委员会
委员联络工作委员会

市纪委机关、监察局内部机构及派驻机构

办公室
组织部
宣传部
研究室（挂政策法规室牌子）
党风政风监督室（挂市政府纠正行业不正之风办公室牌子）
信访室（挂潍坊市国家行政机关工作人员违法违纪举报中心牌子）
案件监督管理室
第一纪检监察室
第二纪检监察室
第三纪检监察室
第四纪检监察室
第五纪检监察室
第六纪检监察室
案件审理室（挂案件申诉复查室牌子）
纪检监察干部监督室
派驻第一纪检组、监察室
派驻第二纪检组、监察室
派驻第三纪检组、监察室
派驻第四纪检组、监察室
派驻第五纪检组、监察室
派驻第六纪检组、监察室
派驻第七纪检组、监察室
派驻第八纪检组、监察室

市委、市政府直属事业单位

市委党校
潍坊报业集团
潍坊广播影视集团
市地震局
市知识产权局
市老龄工作委员会办公室
市政府口岸办公室
市住房公积金管理中心
市供销合作社联合社
市级机关事务管理局
潍坊滨海海洋经济新区建设推进办公室
市农业科学院
潍坊国际风筝会办公室
市文化艺术中心
市科学发展研究院

人民法院、人民检察院

市中级人民法院
市人民检察院
市城郊地区人民检察院

民主党派与工商联

中国国民党革命委员会潍坊市委员会

中国民主同盟潍坊市委员会
中国民主建国会潍坊市委员会
中国民主促进会潍坊市委员会
中国农工民主党潍坊市委员会
中国致公党潍坊市委员会
九三学社潍坊市委员会
潍坊市工商业联合会

人民团体

市总工会
共青团潍坊市委员会
市妇女联合会
市文学艺术界联合会
市科学技术协会
市归国华侨联合会
市社会科学界联合会
中国国际贸易促进委员会潍坊市委员会
市残疾人联合会
市法学会
市计划生育协会

驻潍坊部队

潍坊军分区
武警潍坊市支队

中央、省驻潍坊单位

市国税局
市地税局
潍坊海关
潍坊出入境检验检疫局
市邮政管理局
中国邮政集团公司潍坊市分公司
市气象局
市水文局
山东省胶东调水局潍坊分局
潍坊海事处
中国银行业监管管理委员会潍坊监管分局
市盐务局
中国联合网络通信有限公司潍坊市分公司
中国移动通信集团山东潍坊分公司
市烟草专卖局（山东潍坊烟草有限公司）
国网山东省电力公司潍坊供电公司

高等院校

潍坊医学院
潍坊学院
潍坊职业学院
潍坊技师学院
潍坊工程职业学院
山东信息职业技术学院
山东畜牧兽医职业学院
山东经贸职业学院
山东交通职业学院
山东工业技师学院
山东科技职业学院
潍坊护理职业学院

金融部门

中国人民银行潍坊市中心支行
中国工商银行股份有限公司潍坊分行
中国农业银行股份有限公司潍坊分行
中国银行股份有限公司潍坊分行
中国建设银行股份有限公司潍坊分行
中国邮政储蓄银行股份有限公司潍坊市分行
潍坊银行股份有限公司
招商银行股份有限公司潍坊分行
华夏银行股份有限公司潍坊分行
广发银行股份有限公司潍坊分行
中国人寿保险股份有限公司潍坊分公司
中国太平洋财产保险股份有限公司潍坊中心支公司

县市区

奎文区

中共奎文区委
奎文区人大常委会
奎文区人民政府
政协奎文区委员会
奎文区纪律检查委员会
奎文区人民武装部
奎文人民法院
奎文区人民检察院

潍城区

中共潍城区委
潍城区人大常委会
潍城区人民政府
政协潍城区委员会
潍城区纪律检查委员会
潍城区人民武装部
潍城区人民法院
潍城区人民检察院

坊子区

中共坊子区委
坊子区人大常委会
坊子区人民政府
政协坊子区委员会
坊子区纪律检查委员会
坊子区人民武装部
坊子区人民法院
坊子区人民检察院

寒亭区

中共寒亭区委
寒亭区人大常委会
寒亭区人民政府
政协寒亭区委员会
寒亭区纪律检查委员会
寒亭区人民武装部
寒亭区人民法院
寒亭区人民检察院

青州市

中共青州市委员会
青州市人大常委会
青州市人民政府
政协青州市委员会
青州市纪律检查委员会
青州市人民武装部
青州市人民法院
青州市人民检察院

诸城市

中共诸城市委
诸城市人大常委会
诸城市人民政府
政协诸城市委员会
诸城市纪律检查委员会
诸城市人民武装部
诸城市人民法院
诸城市人民检察院

寿光市

中共寿光市委
寿光市人大常委会
寿光市人民政府
政协寿光市委员会
寿光市纪律检查委员会
寿光市人民武装部
寿光市人民法院
寿光市人民检察院

安丘市

中共安丘市委员会
安丘市人大常委会
政协安丘市委员会
安丘市纪律检查委员会
安丘市人民武装部
安丘市人民法院
安丘市人民检察院

高密市

中共高密市委
高密市人大常委会
高密市人民政府
政协高密市委员会
高密市纪律检查委员会
高密市人民武装部
高密市人民法院
高密市人民检察院

昌邑市

中共昌邑市委
昌邑市人大常委会
昌邑市人民政府
政协昌邑市委员会
昌邑市纪律检查委员会
昌邑市人民武装部
昌邑市人民法院
昌邑市人民检察院

临朐县

中共临朐县委
临朐县人大常委会
临朐县人民政府
政协临朐县委员会
临朐县纪律检查委员会
临朐县人民武装部
临朐县人民法院
临朐县人民检察院

昌乐县

中共昌乐县委
昌乐县人大常委会
昌乐县人民政府
政协昌乐县委员会
昌乐县纪律检查委员会
昌乐县人民武装部
昌乐县人民法院
昌乐县人民检察院

2017年潍坊市国民经济和社会发展统计公报

2017年，全市各级在市委、市政府的坚强领导下，深入贯彻党的十九大精神，按照市第十二次党代会确定的“一三四七”的目标任务和战略重点，坚持稳中求进工作总基调，以供给侧结构性改革为主线，以“四个城市”建设为总抓手，以新旧动能转换重大工程实施为动力，统筹推进稳增长、促改革、调结构、惠民生、防风险等各项工作，全市经济社会呈现提质增效、稳中向好的基本态势。

一、综合

初步核算并经省统计局审核，全市地区生产总值（GDP）5858.6亿元，按可比价格计算，增长7%。一、二、三、四季度GDP累计分别增长7.7%、7.8%、6.9%、7%。其中，第一产业增加值493.3亿元，增长3.5%；第二产业增加值2671.3亿元，增长5.8%；第三产业增加值2694亿元，增长8.9%，三次产业占比为8.4∶45.6∶46。一、二、三产业对经济增长的贡献率分别为4.2%、40.9%和54.9%，分别拉动GDP增长0.29、2.86和3.85个百分点。按常住人口计算，人均GDP达到62592元（按年末汇率折算为9620美元），增长6.5%。

构建现代产业体系取得新突破。全市“1669”产业实现增加值4060亿元，占地区生产总值的69%。品牌农业方面，新增农业“三品一标”数量59个，销售过亿元农业龙头企业达222家。全市土地流转面积371.2万亩，占家庭承包耕地面积的39.2%。全市电子信息、生物医药等6大战略新兴产业实现规模以上企业主营业务收入1830.7亿元，增长22.3%，占工业主营业务收入比例达15%。机械装备、纺织服装等6大传统优势产业中规模以上企业主营业务收入、利润总额、利税总额分别增长8.8%、20.9%、16.6%。现代服务业增加值1634.7亿元，增长9.2%，占服务业增加值比重达60.7%。

市场主体稳步增长。全市各类市场主体户数83.8万户，增长15.3%，注册资本（金）13257.3亿元，增长41.1%。新登记各类市场主体14.4万户，增长18.7%。全市农民专业合作社26516户，增长7.2%。

非公有经济发展稳中有升。全市非公有经济户数82.7万户，增长15.5%；从业人员629.6万人，增长7.0%；注册资本（金）10509.7亿元，增长41.3%。经初步测算，全市非公有经济增加值3321.8亿元，增长7.7%，其中民营经济增加值3052.3亿元，增长8%。

二、农业

农林牧渔及其服务业完成增加值525.9亿元，按可比价计算增长4.1%。

粮食及经济作物生产总体平稳。据抽样调查，全市粮食播种面积1040.9万亩，减少0.7%，全年粮食总产量

444.4万吨，增长2.9%；棉花产量1.8万吨，减少14.4%；油料产量21.6万吨，增长1.5%；烤烟产量2.4万吨，减少15.7%；蔬菜产量1274.6万吨，增长1.5%；水果产量82.9万吨，增长2.7%。

林业生态建设取得新成效。全年完成新增造林3.9万亩，四旁植树1714万株，森林抚育4.6万亩，育苗面积达到30.1万亩，林木绿化率18.1%。

畜牧业生产增势趋缓。全市肉类总产量138.8万吨，增长4.7%；禽蛋产量21.4万吨，下降16.6%；奶类产量19.9万吨，减少12.8%；大牲畜年末存栏21.7万头，减少35.2%；生猪年末存栏418.2万头，下降3.1%；家禽年末存栏10582.8万只，下降6.8%；生猪出栏844.8万头，增长2.8%；家禽出栏49286万只，增长16.4%。

渔业生产有所减少。全市水产品总产量57.1万吨，减少6.3%。其中海水产品产量50.7万吨，减少1.3%；淡水产品产量6.5万吨，减少33%。

农业机械化水平提高。全市农业机械总动力达979万千瓦，增长2%。联合收获机达2.6万台，增长1.8%。全年共完成机耕面积933万亩，机播面积1430万亩，机收面积1325万亩，机耕水平、机播水平、机收水平分别达到99.1%、90.1%、83.5%，耕种收综合机械化水平达91.7%。

水利工程建设有序推进。全年调引长江水、黄河水2.2亿立方米，保障了城乡供水安全。青州、寿光等6个农田水利项目县完成投资1.5亿元，年新增节水能力1800万立方米。峡山水库、临朐大关水库、青州仁河水库灌区续建配套与节水改造项目完成投资2039万元。

三、工业

工业生产稳定。全市3843家规模以上工业企业增加值增长6%。按经济类型分，国有企业增加值增长13%，集体企业增加值下降15%，股份制企业增加值增长3.5%，外商及港澳台商投资企业增加值增长7%。按轻重工业分，重工业增加值增长7%，轻工业增加值增长3.6%。2017年，全市统计范围内的223种主要产品中，有118种主要产品生产量同比增加或持平。发动机、电声器件、锂离子电池等产品增幅在20%以上，其中，汽车用发动机、新能源汽车、生物基化学纤维等增速超过30%。

工业效益回升。全市规模以上工业企业实现主营业务收入12228亿元，增长9.2%；实现利润总额707.4亿元，增长20.2%；实现利税总额1086.5亿元，增长17.2%；全年产品销售率98.9%。前100名工业企业实现主营业务收入5089.5亿元，增长24%，占全市收入的41.6%；实现利润总额318.7亿元，增长54.3%；实现利税总额470.5亿元，增长43%。装备产业发展良好。通用设备制造业、专用设备制造业、计算机通信和其他电子设备制造业分别实现主营业务收入1204.3亿元、638.1亿元和341.5亿元，增长26.7%、8.4%和19.7%；分别实现利润总额113.3亿元、45.4亿元和38.1亿元，增长61%、47%和45.6%；分别实现利税总额159.5亿元、63亿元和41.2亿元，增长60.5%、31.4%和44%。

四、投资和建筑业

重大项目建设取得新突破。208个市区重点项目扎实推进，站南广场片区、高铁新片区开发建设加快推进，两大片区累计签订合同额82亿元。围绕制造业、现代服务业、现代农业、基础设施、社会民生等五大领域，实施225个市级重大项目，计划投资5710亿元，完成投资1470亿元，占年度计划的103%。大力推广PPP模式，建立全市基础设施和公用事业PPP项目库，谋划储备社会资本参与公用事业建设项目100个，总投资1175亿元，吸引社会资本956亿元，新签约项目39个，吸引社会资本301亿元。

房地产开发投资增长较快。房地产开发投资504.1亿元，增长13.7%，其中住宅投资402.4亿元，增长17.8%。商品房销售面积1302.1万平方米，增长30%，其中住宅销售面积1156.5万平方米，增长29.8%。商品房销售额625.5亿元，增长44.9%，其中住宅销售额555.9亿元，增长48.1%。全市开工各类保障房91065套，累计基本建成89259套。

建筑业运行良好。全市549家资质以上总承包和专业承包建筑业企业完成建筑业总产值899.1亿元，增长11.6%。其中，建筑工程完成产值756.7亿元，增长10.2%；安装工程完成产值119.5亿元，增长14.7%；其他产值22.9亿元，增长52.7%。全员劳动生产率为38.5万元/人，增长10.4%。签订合同额1261.6亿元，增长17.8%，其中本年新签订合同额863.7亿元，增长28.9%。

五、国内外贸易

国内消费品市场增势平稳。全市社会消费品零售总额2737.9亿元，增长8.9%。按城乡属性分，城镇零售额实现1776.5亿元，增长7.2%；乡村零售额实现961.4亿元，增长12.1%。按消费形态分，商品零售2463.5亿元，增长8.4%；餐饮收入274.4亿元，增长13%。全市社会货物物流总额20381.2亿元，增长9%。

外贸进出口总量增幅创新高。全年完成进出口总额1463.8亿元，增长17.1%。其中，出口952.9亿元，增长15.9%，其中机电产品出口226.6亿元，增长30.3%，占出口总额的24%。进口510.9亿元，增长19.4%，十大类大宗资源性商品进口270亿元，增长30.2%，占进口总额的52.9%。

利用外资量质提升。新批设立外商投资企业52家，同比增长15.6%；合同利用外资270亿元，增长196%；实际使用外资78.4亿元，增长10.7%。对外投资和经济合作势头良好。全年新增境外实际投资额2.6亿美元。派出各类劳务人员5265人次，完成对外承包工程营业额1.7亿美元。

六、交通运输、邮政电信和旅游业

交通基础设施建设稳步推进。全年完成交通建设投资152.5亿元，其中，公路建设完成投资98.3亿元，港口建设完成投资26.5亿元，铁路建设完成投资3.2亿元，城市公交、场站完成投资1.4亿元。全市公路通车里程

27382.1公里，公路密度169.5公里/百平方公里，二级及以上公路里程4583.9公里。全市营业性机动车辆104353辆，其中线路客车（含旅游、包车）2468辆，载货汽车97027辆，出租车4858辆。潍坊港国家一类对外开放口岸、山东省地区性重要港口，对台海运直航港口，现生产性泊位45个，其中万吨级以上泊位20个，港口总通过能力4156万吨。

交通运输生产稳步增长。全市道路运输完成客运量5968万人次，下降0.7%，旅客周转量45.7亿人公里，增长7.2%；完成公路货运量27156万吨，增长14.7%，货物周转量567.5亿吨公里，增长9.7%。水上运输完成货运量2422.5万吨，增长49.6%，货物周转量176.4亿吨公里，增长52.7%。潍坊港完成货物吞吐量4210万吨，增长13.6%。航空运输完成客运量59.8万人次，增长10.5%，货邮吞吐量2.7万吨，增长19.3%。青临铁路完成货运量352万吨，下降23.5%。

邮政电信业发展较快。邮政业务总量34.5亿元，增长36%。其中，快递业务1.4亿件，增长36%。全市电信企业实现电信业务总量84.8亿元，增长45.4%。年末电话用户总数1096.3万户，增长2.7%，普及率达117.3部/百人。其中，固定电话用户71.1万户，固定电话普及率22.8部/百人；移动电话用户1025.2万户（包括3G用户77.68万户，4G用户604.7万户），移动电话普及率109.6部/百人。互联网用户达到791.5万户（包括无线上网用户683万户），互联网普及率达到84.6%，使用4M及以上宽带产品用户210.6万户。

旅游业保持较快增长。全市接待游客6805.5万人次，增长11.3%，实现旅游消费总额775.9亿元，增长14.6%。A级旅游景区102家，其中AAAAA级景区2家，AAAA级景区24家。星级饭店44家，其中四星级饭店16家，五星级饭店3家。旅行社166家，其中出境组团社12家。

七、财政、金融和保险

财政预算任务圆满完成，民生保障坚实有力。全市一般公共预算收入539.1亿元，完成年度预算的100.5%，增长8.5%。其中，税收收入407.6亿元，增长9.2%，占一般公共预算收入的比重为75.6%。全市一般公共预算支出678.4亿元，完成年度预算的104.4%，增长6%。其中，民生支出完成543亿元，比上年增加33亿元，占一般公共预算支出的比重达到80%。

金融机构存贷款余额不断增长。2017年末金融机构本外币各项存款余额为7613.1亿元，比年初增加519亿元，增长7.3%，其中住户存款为4279.7亿元，比年初增加255.1亿元，增长6.3%。金融机构本外币各项贷款余额为5388.6亿元，比年初增加483.8亿元，增长9.9%。新增金融机构5家。金融机构实现利润总额40.1亿元。

企业融资能力增强。全年新增主板上市企业3家，新增“新三板”和区域性股权交易市场挂牌企业8家和307家。成立市级资产管理公司，与省金融资产管理公司合作组建金融资产优化基金，累计收购不良资产68亿元。再担保集团注册资本增至19.1亿元，累计提供政策性担保、再担保服务142亿元。建立起总资本规模69.7亿元的担保联盟体系，有效缓解企业融资难题。

保险业健康发展。驻潍保险机构71家，其中，财产险机构33家，人身险机构38家。全年保费收入220.8亿元，增长18.7%；赔给付60亿元，增长2.6%。其中财产险保费收入达到63亿元，增长7.6%，赔付33.8亿元，增长12.4%；人身险保费收入达到157.8亿元，增长23.8%，赔给付26.3亿元，下降7.7%。全市保险业承担社会风险3.7万亿元，增长38.9%。

八、教育、卫生、文化和体育

教育事业成效显著。全市中等职业学校34所，在校学生8.2万人；普通高中58所，在校学生16.9万人；初中281所，在校学生27.1万人；小学804所，在校学生58.8万人；幼儿园1778所，在园幼儿24.2万人。国家教育行政学院将潍坊市确定为全国唯一“市县教育局长培训”现场教学基地。北京大学现代农业研究院正式落户潍坊。破解中小学“大班额”成效显著，投资99.6亿元，新增优质学位19.4万个。潍坊市成为唯一连续五届获得全国教育改革创新最高奖的城市。

医改工作持续深化。全市61个医养结合项目有序推进。采取“五种方式”推动医养结合发展：养医合作，63家养老机构与周边医疗单位建立了合作关系；以医融养，15家医疗机构开展了养老服务；以养融医，44家养老机构内设了医疗机构；医养一体，在建医养结合项目35个；居家签约，271家基层医疗卫生机构、1251支签约服务团队，建档服务老年人16.4万人。全市各级各类医疗卫生机构7231家，各类卫生技术人员64517人，其中医生25438人、注册护士28246人。积极稳妥实施“全面两孩”政策。2017年全市出生157391人，增长68.9%，其中一孩38674人，下降23.3%；二孩113071人，增长20.6%。

文化事业繁荣发展。全市基层综合性文化服务中心建设达标率达到94%。完成农村公益电影放映7.4万多场，“一村一年一场戏”6000多场，对1983个农家书屋进行了图书更新，安丘市京剧团等3家单位被评为第七届全国服务为民、服务基层文化建设先进集体。《板桥县令》等4个项目入选国家艺术基金资助项目。新备案登记9家非国有博物馆，评选公布第五批市级非遗代表性项目44个，有16人入选第五批省级非遗代表性传承人。10个县（市区）镇14个项目入选第五批“山东省民间文化艺术之乡”。

体育事业再创佳绩。全市81名运动员入选第十三届全国运动会，获得9枚金牌、6枚银牌、9枚铜牌，参加决赛人数、实得金牌和奖牌数均创历史新高。1062名运动员参加2017年山东省锦标赛26个大项，取得117.5枚金牌、

53枚银牌、76枚铜牌。潍坊市体育局与国家队共建的中国女子沙滩手球队获得2018年青奥会参赛资格。

九、科学技术、质量监督及人才工作

科技创新能力显著增强。全市承担省级以上各类科技计划项目146项，获得无偿扶持资金2.2亿元，其中国家级项目5项，国家级资金1.2亿元，省级项目141项，省级资金9349万元。国家、省科技奖励成效明显，得利斯集团“两百种重要危害因子单克隆抗体制备及食品安全快速检测技术及应用”进入国家科技进步二等奖公示。

高新技术产业较快发展。全市实现高新技术产业产值4165.1亿元，同比增长12.6%，占规模以上工业的34.35%，比年初提高1.22个百分点。开发区转型升级步伐加快。高新区国际动力城、光电城、生命健康城和VR科技城加快建设；滨海区绿色工业园获批国家生态工业园区；综合保税区北区获批成立，被济南海关确定为改革试点区和先行区。潍坊（寿光）高新技术产业开发区获省政府批复，纳入省级高新区管理序列。

科技创新平台建设取得新成效。依托雷沃重工、高新区生物园组建了智能农机装备创新中心、生物医药创新中心。山东省雷沃智能农机装备技术创新中心（试点）成为全省首批5个技术创新中心之一。新组建市级工程技术研究中心39家，市级重点实验室48家，新备案省级院士工作站25家；新组建市级产业技术创新战略联盟12家，有15家科技企业孵化器和15家众创空间进入省备案公示名单，备案市级众创空间25家。

知识产权工作成绩显著。全市国内专利申请19086件，其中发明专利申请5593件；国内专利授权9914件，其中发明专利授权1278件。全市获国家知识产权局正式批复，成为国家知识产权强市创建市。

质量技术监督和商标注册工作成效显著。新增山东名牌产品38个，有效期内总量达到229个。国家地理标志保护产品12个。峡山区获批创建山东省优质生态农产品生产基地。4家单位、3名个人获评第七届潍坊市市长质量奖。行政认定驰名商标1件，总量达到93件。新注册地理标志商标8件，总量达到89件。国家级“守合同重信用”企业总量达到41家，省级450家，市级690家。

人才队伍建设全面加强。成功举办“双百博士潍坊行”系列活动，引进高层次人才3211人，引进高端外国专家530人次，组织实施引智项目335个。1人入选“国家百千万人才工程”，新增国务院特殊津贴专家4名、泰山产业领军人才3名、齐鲁友谊奖专家1名，有3名外国专家和1个专家团队入选省“外专双百计划”。新增齐鲁首席技师9名，培养高技能人才1.7万人，其中技师、高级技师1071人，组织职业技能鉴定8.3万多人。博士后科研工作站、海外人才工作站、国家级技能大师工作室、省级技师工作站分别达到38家、5家、4家和11家，潍坊技师学院被确定为世界技能大赛省级集训基地。

十、人民生活、就业和社会保障

城乡居民收入不断提高。据抽样调查，城镇居民人均可支配收入36286元，增长8%；城镇居民人均消费性支出22582元，增长7.7%。城镇居民人均住房建筑面积40.2平方米/人。农村居民人均可支配收入17434元，增长8.3%；农村居民人均消费支出11125元，增长10.9%。农村居民人均住房建筑面积41.6平方米/人。

物价水平小幅上涨。全市居民消费价格上涨1.4%。其中，医疗保健、居住类、衣着类、教育文化和娱乐、生活用品和服务分别上涨7.8%、2.5%、2.0%、0.8%、0.3%，食品烟酒类价格下降1%。工业生产者出厂价格增长6.7%，工业生产者购进价格增长12.7%。

社会保障体系运行平稳。全市养老、医疗、失业、工伤、生育保险参保人数分别达到666.3万人、826.1万人、97.3万人、131.6万人、87.7万人。全市户籍人员登记信息入库率达99.9%。企业和机关事业单位退休人员基本养老金同步提高，平均增幅6.1%。落实被征地农民社会保障补贴资金25.4亿元，惠及参保居民104.4万人次。全市29家医院接入国家异地结算系统，报销异地医疗费用4435万元。全市830万人实现实名参保，开通社保卡应用122项，累计发放社保卡776万张。

就业形势保持总体稳定。全市城镇新增就业11.2万人，新增参与创业活动10.8万人，大学生总体就业率达到94.7%，城镇登记失业率控制在2.91%。新增省级创业示范平台3家，全市创业平台总量达到172家，其中省级示范平台17家、市级68家。完善创业培训体系，组织职业技能培训8.7万人，创业培训2.1万人。在全省率先开展“证卡合一”试点，实现就业服务与社保经办“一卡通办”，通过社保卡为12.1万人提供就业服务，发放失业金、生育补助金、创业贷款贴息1.3亿多元。在全国创业就业服务展示交流活动中，潍坊市获得“突出贡献奖”，23个项目全部获得“优秀项目奖”。

城乡低保水平不断提高。全市城市低保平均标准达到每人每月522元，农村低保平均标准达到每人每年4220元。在全省领先实施了建档立卡贫困人员医疗救助和商业补充保险工作。养老服务产业健康发展。全市共建成养老机构191家，新增养老床位6600余张，其中护理型床位3400余张。启动城乡社区日间照料中心建设三年行动，建成城市社区日间照料中心328处、农村幸福院689处。推进公办养老机构改革，12处公办养老机构实现了公建民营。推动医养结合发展，全市建成医养结合综合体24处。累计培训养老管理服务人员5000余人次。

扶贫攻坚任务基本完成。全市剩余1.1万农村建档立卡贫困人口脱贫，28个省定扶贫工作重点村摘帽退出，脱贫攻坚任务基本完成。新上总投资1.4亿元的194个扶贫项目全部完工投产达效。市、县两级新调整选派第一书记600名，对28个未退出省定扶贫工作重点村、463个软弱涣散村和109个集体经济薄弱村进行帮扶，累计投入各类物资3.8亿元，落实帮扶项目567个，帮助村集体增加经营性收入1761万元。全市社会组织累计投入资金272.8万元，惠及贫困群众58757人次。开展就业创业扶贫，实现就地就近就业6585人。

十一、城市建设和环境保护

推进地下综合管廊建设。开工和平南路双仓综合管廊、禹王北街双仓综合管廊、潍坊市梨园街（东方路-潍县中路）二期缆线管廊工程、玉清东街综合管廊（高新区段）、高密市高铁北站北二路综合管廊5条，完成海绵城市建设项目48个。

新型城镇化步伐加快。全市常住人口城镇化率达到60%，提高1.8个百分点。按照“一厅一校十室”的标准，建设提升农村社区服务中心234个。寿光市、安丘市获评省级中等城市试点，昌邑市获评省级Ⅰ型小城市试点。羊口镇试点省级新生小城市，景芝镇、柳疃镇、夏庄镇获评省级重点示范镇。昌邑市山阳村被评为国家级美丽乡村示范村，青州市井塘村、昌邑市齐西村各获得国家级传统村落补助资金300万元。青州文化艺术小镇、安丘健康小镇等9个小镇先后入选省级特色小镇。

深入推进绿色建筑发展。全市共有2874个项目通过绿色建筑设计施工图审查。先后承办了山东省第六批、第十一批绿色建筑标识评审会，共27个建筑项目参加并通过绿色建筑星级设计标识及运行标识评审，其中有三星级项目2个。全市已有星级绿色标识评价项目104个，面积1114万平方米。其中，运行标识项目12个，面积150.3万平方米。5类32个获批省级建筑节能与绿色建筑试点示范，专项奖励资金3021万元。

环境保护取得明显成效。主要污染物化学需氧量、氨氮、二氧化硫、氮氧化物排放量相比2015年分别削减5.7%、6.6%、12.7%和12.2%。2017年，全市“蓝天白云、繁星闪烁”天数277天，同比改善24天。PM2.5、PM10、二氧化硫和氮氧化物分别改善9.2%、8.9%、36.1%和5.3%。市控及以上重点河流断面水质COD平均浓度29.6 毫克/升，氨氮浓度1.2毫克/升，比2016年分别改善了6.1%和9.6%。

十二、人口和安全生产

年末全市常住人口936.3万人，户籍人口908.01万人。全年出生人口157391人，增长7.7%，合法生育率97.5%，出生人口性别比105.8。

全市累计发生各类生产安全事故98起，下降39.5%，死亡65人，下降25.3%。

注：（1）公报所列地区生产总值（GDP）、增加值等价值指标按当年价格计算，增长速度按可比价格计算。

（2）公报所列数字为年快报数或初步统计数字，正式数字以《2018年潍坊统计年鉴》为准。

（潍坊市统计局 国家统计局潍坊调查队）

中国共产党潍坊市委员会

Zhongguogongchandang weifangshi weiyuanhui

重要会议

【全市经济工作会议】 2月4日，市委、市政府召开全市经济工作会议，主要任务是深入贯彻落实中央和全省经济工作会议精神，总结2016年经济工作，分析当前经济形势，安排部署2017年经济工作。会议要求，一要正确看待全市当前经济形势，既肯定成绩、坚定信心，又保持清醒头脑，切实增强工作的紧迫感、压力感、使命感。二要认真贯彻落实中央和全省经济工作会议精神，准确把握2017年经济工作的重大原则和目标任务。要准确把握经济发展新常态、稳中求进工作总基调、深化供给侧结构性改革的重大部署、加快推进关键性改革的重要措施，以及加强和改善党对经济工作领导的明确要求。三要明确重点，抓住关键，统筹做好今年经济工作。认真落实“三去一降一补”任务，深入推进供给侧结构性改革。适度扩大总需求，保持经济稳定增长。扎实推动产业转型，加快构建产业新体系。扎实推进新型城镇化和城乡一体化，促进城乡区域协调发展。全面深化改革扩大开放，着力提升发展活力。以改革的精神，做好财税金融工作。坚持以人民为中心的发展思想，努力保障和改善民生。四要切实加强和改进党对经济工作的领导。坚持把发展作为第一要务落到实处，用好科学考核“指挥棒”，树立正确的选人用人导向，以及强化作风保障。

【市第十二次党代会】 2月14日至18日，中国共产党潍坊市第十二次代表大会召开。大会的主要任务是听取和审查中共潍坊市第十一届委员会的工作报告，审查第十一届纪律检查委员会的工作报告，总结市第十一次党代会以来的工作和基本经验，研究确定今后五年全市工作的指导思想、奋斗目标、战略任务和重大举措，选举产生中共潍坊市第十二届委员会、纪律检查委员会和出席省第十一次党代会的代表。刘曙光代表中共潍坊市第十一届委员会作报告，指出，市第十一次党代会以来的五年是在全面建成小康社会进程中开拓进取的五年，圆满完成了市第十一次党代会确立的目标任务。大会明确了潍坊市决胜全面小康加快现代化建设的目标任务，强调今后五年要紧紧围绕“一个总目标”，确保“三个走在前列”，着力打造产业强市、文化名市、活力城市、品质城市“四个城市”，努力实现“七个新突破”。一要以供给侧结构性改革为动力，在构筑现代产业体系上实现新突破；二要加快构筑现代城镇体系，在区域城乡协调发展上实现新突破；三要深入实施创新驱动发展战略，在发展动能接续转换上实现新突破；四要着力推动先进文化繁荣发展，在增强文化软实力上实现新突破；五要全面深化改革扩大开放，在增强发展动力和活力上实现新突破；六要着力构筑民生保障体系，在增进民生福祉上实现新突破；七要加强民生法治建设，在提升社会治理水平上实现新突破。大会要求，必须坚定不移推进全面从严治党。要牢牢把握正确政治方向，着力打造高素质干部队伍，严格规范党内政治生活，夯实筑牢党的基层基础，持之以恒抓好作风建设，深入推进反腐倡廉。

【市委十二届一次全体会议】 2月18日，市委召开十二届一次全体会议，研究部署加强新一届市委自身建设工作。会议要求，一要强化“四个意识”，始终保持坚定正确的政治方向。要把思想政治建设放在首位，强化理论武装，加强党性修养锻炼，不断提高思想政治素养。二要强化学习实践，提高驾驭全局的能力和水平。要大兴学习之风，坚持学习、学习、再学习，坚持实践、实践、再实践。三要强化群众观念，全心全意为人民谋福祉。认真践行群众路线，牢固树立正确的政绩观，密切联系群众，大力发展民生事业。四要强化担当作为，当好改进作风的表率。以更严更实的标准加强作风建设，巩固和拓展党的群众路线教育实践活动、“三严三实”专题教育成果，推动“两学一做”学习教育常态化制度化。认真组织开展“作风建设年”活动，突出正风肃纪、基层基础、担当作为、服务效能四个着力点，引导激励广大党员干部主动作为、奋发有为。五要强化制度规矩，严格规范党内政治生活。认真贯彻落实党的十八届六中全会精神，严格执行《准则》和《条例》，着力增强党内政治生活的政治性、时代性、原则性、战斗性。六要强化履职尽责，推动管党治党走向严紧硬。把谋发展与抓党建有机统一起来，严格落实党风廉政建设责任制、基层党建工作责任制和意识形态工作责任制，认真履行“一岗双责”，增强全面从严治党的系统性、创造性、实效性。

【县市区委书记抓基层党建工作述职评议会议】 2月19日，市委召开2016年度县市区委书记抓基层党建工作述职评议会议，听取各县市区委书记、市属各开发区党工委书记和市委各直属党（工）委书记抓基层党建工作情况述职并进行评议，对各级党组织落实抓党建工作责任提出要求。会议要求，一要深化思想认识，切实增强抓好基层党建工作的责任感和使命感。深刻认识抓好基层党建工作是推进全面从严治党向基层延伸的迫切要求，是推进社会治理创新的关键举措，是推进转型发展决胜全面小康的重要保障。二要抓好重点任务落实，推动基层党建工作全面进步、全面过硬。着力学习宣传贯彻落实好市第十二次党代会精神，强化基层党组织的政治功能和服务功能，推进各领域基层党建重点工作，抓好基层党员干部队伍建设。三要带头履职尽责，推动基层党建各项任务落到实处。

【全市农村工作暨扶贫开发工作会议】 4月17日，市委、市政府召开全市农村工作暨扶贫开发工作会议，主要任务是落实中央、全省农村工作会议和全国、全省扶贫开发工作会议精神，研究部署当前和今后一个时期做好全市农业农村和扶贫开发工作的任务措施。会议要求，一要认清形势、提高认识，切实增强推动农村改革发展走在前列的责任感和使命感。二要深入推进农业供给侧结构性改革，推动农业提质增效。着力优化农业结构布局，提高生产经营规模化水平，提升农业社会化服务水平，培育农业农村发展新动能。三要打好精准脱贫攻坚战，构建农村扶贫长效机制。着力构建扶贫长效机制，搭建扶贫资源供需对接平台。 四要以新型城镇化为引领，推动区域城乡协调发展。深入推进美丽乡村标准化建设，搞好农村社区提升，着力培育宜居宜业特色小镇，推进区域和流域统筹开发。五要加强领导、转变作风，为全市农业农村发展提供坚强保障。要以优良作风抓落实，着力夯实基层基础，狠抓责任落实和考核激励。

【全市开展“作风建设年”活动动员大会】 4月18日，市委召开全市开展“作风建设年”活动动员大会，主要任务是深入贯彻党中央关于全面从严治党和作风建设的一系列决策部署，对在全市各级党组织和党员干部中开展作风建设年活动进行安排部署。会议要求，一要统一思想认识，切实增强开展好作风建设年活动的紧迫感、使命感。深刻认识开展作风建设年活动，是贯彻全面从严治党新要求、增强党的凝聚力战斗力的具体行动，是落实市十二次党代会精神的根本保障，是解决作风突出问题、提升作风建设水平的实践工程。二要以扎实的作风抓作风，确保作风建设年活动取得实实在在的成效。全面落实党中央“两学一做”学习教育常态化制度化要求，以“主动作为、主动担当、依法作为”为主题，大力弘扬“四种精神”，着力强化“五个导向”。三要注重建立作风建设长效机制，确保作风建设年活动持续深化。要健全组织领导机制、责任机制、一线工作推进机制、群众诉求反映处理机制、经常性巡察监督机制、考核评价机制和双向激励机制。

【市委十二届三次全体会议】 7月28日，市委召开十二届三次全体会议，主要任务是认真贯彻落实省第十一次党代会精神，围绕落实市第十二次党代会确定的“一三四七”目标任务和战略重点，专题讨论研究“四个城市”建设工作，审议通过“四个城市”建设五年规划和三年行动计划。会议要求，一要深化认识凝聚共识，切实把思想高度统一到市委决策部署上来。二要准确把握、科学组织，扎实高效地推进“四个城市”建设。要坚持快字当头，加速推进；坚持高点定位，高标准推进；干在实处，务求实效；坚持全民参与，广泛凝聚力量。

【全市“四个城市”建设动员大会】 7月30日，市委、市政府召开全市“四个城市”建设动员大会，主要任务是深入落实市第十二次党代会确定的目标任务和战略重点，安排部署全面推进“四个城市”建设的任务措施，动员全市上下以高度的政治自觉和扎实的工作作风，积极投身“四个城市”建设实践。会议要求，一要统一思想凝聚共识，在全市上下形成建设“四个城市”的高度政治自觉。要以强烈的使命感、时不我待的紧迫感和坚定的信心决心推进各项任务，确保实现既定目标。二要以全面落实“四个城市”建设专项规划为抓手，扎实高效推进“四个城市”建设。着力打造产业强市，做强做优产业体系、产业组织体系、产业创新体系、产业承载体系、产业更新体系；着力打造文化名市，把文化品牌策划好、培育好、打造好，把文化资源开发好、利用好，科学组织宣传推介，在提升知名度、美誉度上下功夫；着力打造活力城市，释放创新活力，释放创业活力，释放开放活力，靠改革释放活力；着力打造品质城市，既要大处着眼、又要细处入手，既注重硬件、更要注重软件，既要注重外在感观，更要注重广大市民的心理感受。三要加强领导，优化机制，汇聚“四个城市”建设强大合力。要强化领导，落实责任，突出重点，扎实推进，广泛参与，严肃纪律改进作风。

【全市环境保护突出问题综合整治视频会议】 8月6日，市委、市政府召开全市环境保护突出问题综合整治视频会议，主要任务是贯彻落实省委省政府重点工作推进情况视频会议、全省环境保护突出问题综合整治攻坚动员大会和全省中央环保督察保障工作会议精神，分析全市环境保护工作存在的突出问题，部署下步整治和迎查工作。会议要求，一要充分认识环保工作的极端重要性和现实紧迫性，切实增强思想自觉和行动自觉。二要抓住重点标本兼治，全力打好环境保护突出问题综合整治攻坚战。以实施“八大行动”为抓手，深度治理大气污染；以落实“水十条”为重点，统筹治理水环境污染；抓普查、管固废、治面源，着力治理土壤污染；坚持绿色发展，更加注重从根本上解决环保问题。三要明确责任、狠抓落实，形成推进环保问题综合整治的强大合力。做到责任落实到位，深化改革到位，执法监管到位，考核奖惩到位。

【全市经济形势分析暨促进金融稳健发展工作会议】 8月6日，市委、市政府召开全市经济形势分析暨促进金融稳健发展工作会议，主要是总结2017年以来全市经济运行情况，科学研判当前形势，安排部署下步经济和金融工作。会议要求，一要准确把握经济形势，进一步坚定发展信心。做到既要看速度，更要看结构、质量和效益，保持转型发展定力；既要看当前，更要看趋势，切实把握好经济发展态势；既要纵向看，更要横向比，切实增强紧迫感压力感责任感；既要分析市情，更要关注经济大势，增强前瞻性和预见性；既要看到困难挑战，更要看到优势和潜力，坚定发展信心。二要突出重点加大力度，确保完成全年目标任务。全力推动“四个城市”建设，抓紧推动新旧动能转换，加快重点项目建设，着力促进企业健康发展，保持房地产市场稳定健康发展，确保大局稳定。三要抓住关键聚焦发力，促进金融稳健发展。着力提高金融服务实体经济的能力和水平，严密防范化解金融风险，持续推动金融创新发展。四要以作风建设为总抓手，狠抓各项任务推进落实。压实抓落实的责任，提高抓落实的能力，转变抓落实的作风。

【全市脱贫攻坚推进会议】 8月23日，市委、市政府召开全市脱贫攻坚推进会议，主要任务是学习贯彻习近平总书记在深度贫困地区脱贫攻坚座谈会上的重要讲话和全省脱贫攻坚推进会精神，安排部署全市脱贫攻坚工作。会议要求，一要切实把思想统一到中央和省委部署要求上来，以高度的政治责任感坚决打赢脱贫攻坚战。二要聚焦精准突出重点，确保如期实现脱贫攻坚任务目标。做到在贫困识别与退出上进一步精准，在实施产业扶贫项目上进一步精准，在就业扶贫上进一步精准，在落实兜底保障政策上进一步精准，在用好行业、社会扶贫力量上进一步精准，在构建扶贫开发长效机制上进一步精准。三要加强组织领导，以过硬作风推进脱贫攻坚各项任务落实落地。

【全市支持非公有制经济健康发展暨国有企业改革发展工作会议】 10月14日，市委、市政府召开全市支持非公有制经济健康发展暨国有企业改革发展工作会议，主要任务是学习贯彻省委、省政府部署要求，研究推进全市非公有制经济发展和国企改革发展的办法措施。关于推动非公有制经济健康发展，会议要求，一要切实增强支持非公有制经济健康发展的自觉性、紧迫感。二要着力打造支持有力、落实到位的政策环境。三要着力打造公开透明、精简高效的政务环境。四要着力打造公正执法、公平正义的法治环境。五要着力打造公平竞争、规范有序的市场环境。六要着力打造优质安全、稳定和谐的金融环境。七要着力打造尊商重商、亲商爱商的社会环境。关于加快国有企业改革发展，会议要求，一要认清形势，切实增强加快国有企业改革发展的责任感使命感。二要抓住重点，着力在国企改革重要领域和关键环节取得突破。三要加强监管，确保国有资产保值增值。会议强调，要加强领导，健全机制，为推动非公有制经济发展和国有企业改革发展提供坚强保障。要明确目标，科学规划；完善机制，加强领导；坚持党建引领；着力构建“亲”“清”政商关系；强化考核奖惩。

【市委十二届四次全体会议】 11月3日，市委召开十二届四次全体会议，主要任务是深入学习贯彻中共十九大和十九届一中全会精神，传达学习省委十一届二次全体会议精神，审议通过《中共潍坊市委关于深入学习贯彻中共十九大精神的决议（草案）》，对全市深入学习宣传贯彻中共十九大精神作出全面安排部署。会议要求，一要深入学习领会习近平新时代中国特色社会主义思想，切实把思想和行动统一到中共十九大精神和省委全会精神上来。坚决维护习近平总书记核心地位、领袖权威，增强政治自觉。要用习近平新时代中国特色社会主义思想武装头脑，增强思想自觉。要迅速兴起学习宣传贯彻十九大精神的热潮，增强行动自觉。二要以全面贯彻中共十九大精神为动力，奋力开创现代化强市建设新局面。保持经济持续健康发展，确保全面完成年初确定的各项目标任务。坚决打好“五大攻坚战”，进一步加大补短板强基础工作力度。抢抓新旧动能转换新机遇，加快建立现代化经济体系。以“四个城市”建设为总抓手，扎实推进市第十二次党代会确定的目标任务和战略重点落实。三要认真落实党的十九大管党治党的新要求，推动全面从严治党向纵深发展。突出抓好政治建设、干部队伍建设、基层组织建设和作风建设。

【谋划2018年工作务虚会】 12月24日，市委召开谋划2018年工作务虚会，主要是学习贯彻党的十九大精神和中央经济工作会议精神，深入落实省、市党代会和省委十一届二次全会、市委十二届四次全会精神，按照“走在前列”的目标定位，充分运用前期专题调研成果，重点围绕“四个城市”建设、加快新旧动能转换、全面从严治党、深入推进“作风建设年”和“项目建设年”活动等方面，深入研究探讨、广泛交流切磋，深度谋划好2018年工作，为筹备好市委十二届五次全会、全市经济工作会议、市“两会”，推动2018年工作开局做好准备。会议指出，做好2018年工作要坚持“一个统领”、扭住“一个抓手”、突出“七大重点”、强化“五个支撑”。坚持“一个统领”，就是以学习贯彻落实党的十九大精神为统领，全面贯彻中央经济工作会议精神。扭住“一个抓手”，就是全面落实市第十二次党代会精神，着力打造“四个城市”。突出“七大重点”，就是提升现代化产业体系建设水平、构建现代化城镇体系、大力实施乡村振兴战略、深化改革扩大开放、完善创新创业体系、保障改善民生和打好“五大攻坚战”。强化“五个支撑”，就是项目建设、人才集聚、金融创新、营商环境、干部作风。

【市委十二届五次全体会议】 12月28日，市委召开十二届五次全体会议，主要任务是听取市委常委会工作报告及有关专项工作报告，就学习贯彻党的十九大精神和做好明年工作提出要求。一要把学习贯彻党的十九大精神持续引向深入，坚定正确的前进方向。二要扎实高效推进“四个城市”建设，加速建设富裕文明充满活力的现代化强市。要构建现代化产业新体系，着力打造产业强市；推动文化繁荣兴盛，着力打造文化名市；加快促进发展动力变革，着力打造活力城市；满足人民日益增长的美好生活需要，着力打造品质城市。三要认真落实管党治党责任，推动全面从严治党向纵深发展。要坚持和加强党的全面领导，把政治建设放在首位，持续抓好思想建设，着力打造高素质专业化干部队伍，大力加强基层组织建设，进一步提升作风建设水平，突出抓好纪律建设，深入推进反腐倡廉建设。

（朱雪峰　王富强　赵　朋）

政策研究

【搞好综合文字服务】 先后组织筹备全市领导干部会议、全市经济工作会议、市第十二次党代会、市委全会、全市开展“作风建设年”活动动员大会、“四个城市”建设动员大会、2018年工作务虚会等重要会议，起草市委主要领导同志讲话72篇；起草市委常委会2017年工作要点，撰写有关情况报告、领导致辞等31篇；在省级以上刊物发表文章5篇，其中《在十九大精神指引下加快现代化强市建设》在新华社《内参选编》上刊发。

【抓好重大决策调研】 对事关全局、领导关心关注的重大问题，坚持提前介入、超前研究、动态跟踪，先后组织开展新旧动能转换、脱贫攻坚、国有企业改革、基层党建等20多个课题的调研，形成调研报告7篇，3篇得到市委书记刘曙光批示肯定，为服务决策发挥了重要作用。《创新实施保障政策 确保贫困人口稳定脱贫》和《践行新理念 推动新发展 努力在决胜全面小康加快现代化进程中走在前列》2篇在《山东通讯》上刊发，《潍坊盛瑞以创新驱动引领新旧动能转换的调查与启示》在省委改革调研报告上刊发全省推广。同时，注重借力外脑，加强与民间智库合作，开展对重大问题的前瞻性、战略性、综合性研究，为市委及时高效地提供最急需、最有针对性、最管用的研究成果，目前“新时代新潍坊”系列战略研究已形成初步成果。

【扎实推进全面深化改革工作】 着力提升谋划、推进和服务改革工作能力，全面深化改革工作取得新突破。组织筹备10次市委全面深化改革领导小组会议，研究审议改革方案31个；建立改革工作台账，加强协调调度，240项年度改革任务顺利完成；建立“一部门一改革”制度，76项自主改革事项如期完成；组织开展督察30次，对与群众切身利益相关的7个改革方案落地见效情况进行督察暗访，督察报告受到市委主要领导的肯定。在9月2日省委省政府重点工作推进情况视频会议上，潍坊市作为全面深化改革工作先进典型作交流发言。

【协调推进“活力城市”建设】 成立活力城市建设专项委员会，组建经济活力、创新活力、创业活力、金融活力、开放活力、社会活力6个推进小组，出台活力城市建设“两规则一细则”（《活力城市建设专项委员会工作规则》《活力城市建设推进小组工作规则》《活力城市建设专项委员会办公室工作细则》）。组织编制《潍坊市活力城市建设五年规划和三年行动计划》，筛选确定125个“1030100”支撑项目（10个核心支撑、30个关键支撑、100个重点项目）。完善项目推进机制，建立“市级领导包靠、分管领导主抓、牵头部门推进、配合部门协调”责任体系，对活力城市建设计划规划提出的267项任务和125个支撑项目实行挂图作战，各项测评指标圆满完成年度目标任务。加强活力城市宣传推介，组织开展活力城市建设“1585”系列主题宣传活动（以活力城市建设系列评选活动、五大创新创业大赛、八个高峰论坛、五项主题活动为主体的系列主题活动），在主流媒体进行政策解读并定期通报情况，营造活力城市建设的良好氛围。

【做好党刊编发及对外宣传工作】充分发挥《潍坊通讯》党刊平台作用，积极拓展办刊模式，创新内容形式，在新媒体时代牢牢掌握党刊作为主流媒体舆论宣传的话语权。在服务领导决策、展示发展成效、反映政策动态及推动全市经济社会创新发展等方面成效显著，连续九年荣获“全国城市十佳党刊”荣誉称号。全年共编发12期、2.4万余册，与全国300多家城市党刊交流。对外宣传方面，向中央和省级刊物共推荐发稿17篇，12篇文稿获评全省党委政研系统优秀调研成果，2篇文章入选《山东省情报告》。

（孙家强）

组织工作

【概况】确定2017年为“组工干部素质提升年”，教育引导全市组工干部树立新思维、掌握新知识、锻造新本领、展现新作风，全面提升履职能力。坚持旗帜鲜明讲政治，带头推进“两学一做”学习教育常态化制度化，对中央和省、市委领导重要讲话、重要会议、重要文件精神，特别是习近平新时代中国特色社会主义思想和中共十九大精神，坚持在第一时间学习，结合实际抓好贯彻落实。带头开展“作风建设年”活动，在全省全国确立工作标杆19个，先后5次组织到浙江、江苏、福建等先进地区对标学习，9次到全市经济社会发展现场学习，组工干部素质能力有新提高。大力加强规范化建设，制定《部务会会议制度》《部长办公会会议制度》，修订完善部机关财务管理、固定资产管理、请销假、学习培训和保密工作等制度；制定实施县市区、市属开发区组织工作重点任务综合评价办法，对重点工作定期督查通报，以刚性督查推动工作落实。认真做好包村联户工作，争取资金230多万元，为帮扶的安丘市辉渠镇谋家河村打机井3眼，安装太阳能路灯84盏，规划建设加油站1座；指导抓好留山党性教育基地主题展馆建设，与中央党史研究室进行对接，形成初步设计方案和展陈大纲。扎实推进党的建设制度改革，承担的13项改革任务完成年度改革任务目标。建立全员抓调研信息工作机制，第一时间总结上报全市的好经验、好做法，先后在省级以上报刊和《人民日报》等主流媒体发稿223篇，5篇稿件得到刘家义、杨东奇等省委领导的批示肯定，调研信息和宣传工作两项考核成绩均居全省第一位，潍坊市委组织部被评为全省组工通讯信息工作先进集体、全省组织系统宣传工作先进集体和全市党委系统信息工作先进单位。

【深入推进“两学一做”学习教育常态化制度化】坚持把“两学一做”学习教育作为推进全面从严治党的基础性工程，创新完善四项措施，引导党员干部在真学实做上深化拓展。严格支部生活日制度。制定《加强过硬支部建设的意见》《支部生活日工作规范》，全市基层党支部每月固定一天作为支部生活日，集中组织党员落实“三会一课”、开展主题活动、现场缴纳党费，使组织生活真正严起来、实起来。推进党员全员进党校培训。每名党员每3年进县级以上党校至少培训1次，每次不少于2天，让每名党员都找到自己修身养性的“红色殿堂”。共举办培训班540期、培训党员17.2万人，该项工作被评为第四届全国基层党建创新最佳案例。组织党员到党性教育基地开展现场教学。依托全市党性教育基地，各级组织党员开展现场教学2770批次，培训党员干部11.2万人次。推行党员积分制管理。对党员参加组织生活、联系服务群众、遵规守纪等情况量化积分，并根据积分结果评出优秀、合格、基本合格和不合格党员，有效激发了党员愿意学、主动做的内生动力。目前，已覆盖90%的村、84.3%的城市社区和77.5%的“两新”组织党建示范点。

【全力抓好“作风建设年”活动】工作目标定位明显提升。组织各级各部门各单位深入实施寻标对标提标达标行动，在全国、全省范围内对标学访、比学赶超，各县市区、市属开发区和市直部门（单位）在整体或单项指标上，80%以上都与标杆单位缩小了差距，绝大多数单位按期完成了年度对标赶超任务。攻坚破难能力明显增强。围绕强化“五个导向”，重点设计“五大行动”，引导各级干部在改革发展一线勇挑重担、攻坚克难，在破解发展瓶颈、群众反映强烈、影响社会安全稳定的突出问题中比作风、比干劲、比担当。干部队伍的精神状态明显提振。引导各地聚焦作风建设，提出一系列鼓舞士气、催人奋进的口号，激励广大干部拼搏进取、奋勇争先，掀起比学赶超、干事创业的热潮。发展软环境明显改善。坚持把作风建设与软环境建设一体部署、同步推进，先后出台发展软环境建设工作运行机制、加强全市发展软环境建设的实施意见等制度文件，搭建电话、微信、网站“三位一体”软环境问题投诉举报平台，加大暗访调研和督查督办力度，帮助企业和群众解决问题142件，投诉办结率和群众满意率均为100%。遴选正反两方面典型案例编发工作通报29期，有关市领导批示12件次。

【科学精准选人用人】树立正确的选人用人导向。坚持好干部标准，更加注重在基层一线、急难险重任务和复杂环境中检验和发现干部，选拔重用想干事、敢担当、能破难、善干大事要事的干部，真正让有为者有位、吃苦者吃香。坚持从事业需要出发选人用人，充分比选择优，做到以事择人、人岗相适。市县领导班子换届，组织提名的人选全部全票或高票当选；调整县级干部329名，各方面反响良好。完善考察考核机制。健全完善科学发展综合考核体系，突出“四个城市”建设、新旧动能转换等重点任务，强化区域差异考核，增强考核的针对性和科学性。加强日常考核，实行县市区党政班子成员履行岗位职责情况“季报随访”，对主要负责人调整或存在问题的12个市直部门单位开展专项访谈调研，全面了解班子运行和干部表现情况。加强干部队伍战略性培养。实施“123”年轻干部递进培养计划，市直部门新提拔重用“70后”县级干部24名，县市区新选配30岁以下科级干部194名，年轻干部偏少的情况得到初步改善。同时，统筹用好其他年龄段干部，做好女干部、少数民族干部和党外干部培养选拔工作。

【从严育好管好干部】 精准实施干部教育培训。坚持把学习贯彻习近平新时代中国特色社会主义思想和党的十九大精神作为首要政治任务，在市委党校举办4期十九大精神专题学习班，培训市管干部和镇街党政正职1987名。以“使命•担当”为主题，高标准规划建设潍坊党性教育主题展馆，改造提升潍县战役纪念馆等15处现场教学点，进一步提高党性教育和理想信念教育质效。围绕提升干部履职能力，举办13个重点培训项目、17个提升履职能力培训班、4期“四个城市”建设专题培训班、8期专题辅导讲座和1期中青年干部培训班，组织领导干部上讲台授课43人次，培训各级各类干部3800多人次。全市共培训各级各类干部6.8万人次。持续从严管理监督干部。扎实开展领导干部个人事项报告随机抽查，对存在漏报问题的49名干部进行批评教育并责令作出书面检查，18名干部给予诫勉处理。严格执行县市区调整科级干部报告审核制度，先后审核1829人次，对39人作出不予调整建议。组织开展县市区干部选拔任用工作专项检查，对发现的问题公开通报、狠抓整改。全面规范清理全市领导干部出国（境）登记备案、证照收缴及审批管理，实现“零私人持有、零违规办理、零违规出国（境）”。扎实做好组工信访举报工作，省以上受理的信访举报按时办结率和一次办结率均达100%。构建鼓励干部担当作为的动力机制。积极稳妥推进公务员职务与职级并行制度试点工作，制定试点工作实施方案、职级设置方案及职级套改、晋升办法，完成公务员职级套改。认真落实容错纠错尽职免责机制、查处诬告陷害类信访举报等办法，旗帜鲜明地为担当者担当、为负责者负责。统筹搞好干部综合管理。在全省率先完成事业单位法人治理结构改革，39家公立医院和6家科研院所取消行政级别。积极开展领导干部测试测评服务，开发全国党支部书记自测试题、学习贯彻党的十九大精神知识自测试题，完成干部测试测评服务193批次。开展干部档案质效提升行动，对46304名科级以下干部出生时间、学历学位、干部身份等进行全面复核，确保基本信息真实准确；高标准建设智能档案库房，软硬件建设达到全国一流水平。扎实做好军转干部安置、挂职干部管理服务、选调生管理、人大代表和政协委员考察等工作，党内统计和干部统计综合评审得分均居全省第一位。用心用情做好老干部工作。采取多种形式，在全市离退休干部中掀起学习宣传贯彻党的十九大精神热潮。出台《关于进一步加强和改进离退休干部工作的实施意见》，全面落实老干部政治待遇和生活待遇。成立离退休干部党建研究中心，制定落实离退休干部党建工作经费和党组织书记工作补助办法，开展“支部工作法”展评活动，推广集体过“政治生日”制度，举办纪念市关工委成立25周年系列活动，专项督查成绩列全省第一位。组织召开全市离退休干部党工委书记述职评议会议，得到省委老干部局领导充分肯定。

【大力加强基层组织建设】 以深入实施基层服务型党组织建设“三年行动计划”为抓手，大力实施抓基层党建突破项目，有力推进了各项重点任务落实落地。基层党建工作责任更加严实。市委书记与县市区和市委直属党（工）委书记现场逐一签订目标责任书，在全省率先组织各级领导班子成员建立“一岗双责”清单，组织实施市县镇党委书记、市县直属党（工）委书记抓基层党建突破项目，完善县镇党委书记抓基层党建述职评议考核制度，有关做法在中央“砥砺奋进的五年”大型成就展中展出。“两新”组织党建成效显著。制定加强“两新”组织党建工作的15条意见，市县选派381名机关干部担任“两新”组织党组织第一书记，开展分类管理、晋位提升，对2201个联合党组织进行了调整优化，全市非公有制经济组织和社会组织党组织覆盖率分别达89.9%和88.7%。全省非公有制经济组织和社会组织党建工作推进会在潍坊市召开。农村党建全面加强。建立健全“抓镇带村”工作机制，持续推进党群服务体系建设，推动镇街50%以上工作人员沉到一线服务党员群众；强化村级治理，全面推行党务村务财务数字电视公开，集中整顿转化软弱涣散党组织506个，6631个村全部完成村级审计督查。指导安丘市圆满完成全省村“两委”换届试点任务，实现换届对象“零剩余”、程序操作“零失误”、歪风邪气“零容忍”、非法上访“零出现”的“四零”目标，得到刘家义、杨东奇等省委领导的批示肯定。高标准推进全市面上村（社区）“两委”换届选举工作，坚持把加强党的领导、选优配强班子、从严正风肃纪、依法依规操作贯穿始终，突出打击拉票贿选等换届违纪违法行为，呈现出风清气正、平稳有序的良好局面。大力发展壮大村级集体经济，出台《关于发展壮大村级集体经济带动农民增收致富的意见》。选派600名第一书记到省定扶贫工作重点村和软弱涣散村抓党建促脱贫，协调投入各类帮扶资金4.45亿元，组织实施帮扶项目567个。城市基层党建整体提升。制定城市区域化党建标准和工作指引，构建“市县区域化联席会议—街道大工委—社区大党委—网格党支部”四级联动的运行体系，实行区域化党建共驻共建“清单制”，积极推动街道社区与驻区单位共建互补、传统社区与新兴领域相互融合，全市建成园区、楼宇、市场、商圈等区域性党群服务中心103处。其他领域党建统筹推进。机关党建方面，组织开展专题调研督查，向所有市直部门单位党组织负责人逐一反馈问题，抓好整改提升。高校党建方面，举办“颂歌献给党，喜迎十九大”庆祝建党96周年系列活动。中小学校党建方面，在全省率先出台意见、率先召开会议，党建课程化、书记校长一人兼等做法得到上级认可。基层党组织运转保障更加有力。持续加大财政投入力度，全面落实村、城市社区党组织书记补贴报酬，村均运转经费近12万元，按每个城市社区每年20万元和每千户每年2.6万元的标准，落实党组织服务群众专项经费和社区工作经费。严格落实“两新”组织党组织工作经费税前列支制度，各级财政共支持1357万元，返还党费987.5万元。党员教育管理扎实有效。认真抓好党委换届后组织员队伍调整选配和培训工作，新调整专兼职组织员678名，举办新任组织员暨党费业务培训班，新发展党员7793名。在民政部门，对43272名军队退役党员全部纳入组织管理。成立潍坊市在京流动党员党委，开展“喜迎十九大”等系列活动。举办第九届全市党员教育电视片观摩交流活动，评选优秀作品19部。

【全力打造区域性人才新高地】 聚焦加快新旧动能转换，以人才强企为主线，以高精尖缺为重点，推进产业链、创新链、人才链互动，加快构筑区域人才高地。相关做法两次在全省组织部长会议上作典型发言，被省委、省政府表彰为全省人才工作先进单位。构建大抓人才格局。进一步优化人才工作差异化考核办法，协调编制部门将行业领域人才队伍建设列入16个市直部门“三定”方案，12个县市区都相应设立人才工作机构。全面深化科技人才副职选聘，共选聘科技人才副职188名，在全省率先实现县、镇全覆盖。广泛开展招才引智活动。市县党政班子成员海外引才42批次，其中县市区、市属开发区党政正职和组织部长34批次，对接高端人才1100余名，全市新增海外人才联络站点47个。市县两级组织企业到北京、上海、青岛等地，举办人才对接交流活动80余批次，对接高端人才3500多名；先后邀请110多批次3200余名专家到潍坊对接洽谈，达成合作意向1500余项。潍坊市招才引智相关做法入选全省基层人才工作创新案例，寿光市《实施桑梓人才计划聚才促发展》获评全国人才工作最佳创新案例。大力推进人才强企。实施企业家素质提升行动，举办两期现代企业经营管理研修班、青年企业家培训班和现代农业发展专题培训班，培训企业家111人。深入推进鸢都产业领军人才工程，遴选第二批鸢都产业领军人才63名。实施“一企一平台”工程，全市新增省级以上企业高端创新平台72家，其中国家企业技术中心1家、省级企业技术中心39家、省级工程实验室（工程研究中心）6家、院士工作站25家。优化人才发展环境。高标准建设高层次人才服务大厅、高层次人才发展促进会、“人才潍坊”网站，形成线上线下相融合的人才服务体系。在潍坊电视台《聚焦》栏目开设“书记谈人才”专栏，市县镇三级党政干部联系专家人才2900多名。全市有7名高层次人才入选国家“万人计划”，1人入选省“一事一议”顶尖人才；23名高层次人才新入选泰山系列人才工程，潍柴、得利斯、富康制药3家企业入选省引进高层次人才重点支持企业。山东工业技师学院学生袁强夺得第44届世界技能大赛工业控制项目金牌，实现了山东省金牌零的突破。

【大力推进信息化建设】 把信息化建设作为推进组织工作创新发展的重要支撑，专门成立信息化工作科，市县两级共投入1.1亿元，高标准建成4个信息化平台。研发干部宏观管理决策支持系统。设计人员管理、单位管理、信息查询、统计分析、监控预警、模拟调整、数据输出7个功能模块，收集全市1967名县级干部、4326名市直部门科级干部的简历、家庭成员、年度考核、个人有关事项报告等38类信息。建设可视基层管理服务系统。共建立各级视频站点7178个，覆盖市、县、镇、社区、村，设置视频会议、在线督查、在线服务、统计分析等功能，成为上下互联互通的“直通车”。各级通过可视系统召开视频会议780场，宣讲十九大精神134场，县镇党委书记上专题党课121次，农村党员不出村就能参会听课。利用系统对1121个村的村干部坐班和“三务”公开、226名第一书记驻村情况进行了在线督查。开发人才“五库”综合管理系统。高标准开发建设了高层次人才库、潍坊籍在外高层次人才库、企业人才需求信息库、人才联络站点库和人才政策库，录入2843名海内外院士、国家“千人计划”专家等高端人才信息，5801名潍坊籍在外高层次人才信息，74个海内外人才工作站信息，收集规模以上企业人才需求1369条，发布人才政策文件76个，人才供需信息共享，对接更加精准高效。搭建潍坊组工门户网站平台。对原来分散独立运行的6个组工网站整合优化，研发建设了全新的“潍坊组工门户网站”。设置宣传发布、干部工作、基层党建、人才工作、网上服务、在线学习等9个主栏目、39个子栏目，20余项在线业务集中到一个窗口办理。同步研发组工门户手机网站，打造“灯塔•潍坊”微信公众平台，总访问量达115万人次，有效扩大全市组织工作的影响力。同时，管好用好省委组织部“灯塔——党建在线”综合管理服务平台，在省委组织部通报的各项数据中，潍坊市均位居前列。

（谭海伟）

宣传思想文化工作

【概况】 积极推动意识形态工作责任制落实。完善联席会议制度，健全《潍坊市党委（党组）意识形态工作联席会议工作职责》，两次召开全市联席会议成员单位调度会议，及时处理苗头性、倾向性问题。对2016年度12个县市区、4个开发区党委落实意识形态工作责任制情况进行考核评价，推动各级党委（党组）担负起意识形态工作主体责任。建立意识形态工作网格化体系，把打造“政治关爱之家”作为重要抓手，加强和改进思想政治工作，已创建市级思想政治工作示范点和政治关爱之家各210个，中宣部派员专题到潍坊进行调研。集中力量维护迎接中共十九大意识形态领域安全稳定。加强监测预警，完善应急预案，加强快速反应和协同作战，确保在潍坊不发生有影响的意识形态事件，不发生涉政治类舆论漩涡，不发生敏感热点问题的媒体渲染炒作，确保意识形态安全和政治安全。抓好各类阵地管理。加强对各类媒体、研究机构、高校课堂、讲座论坛、出版物、报告会、研讨会等阵地的管理，严格申报审批制度，不给错误思想观点提供传播渠道。市文化广电新闻出版局对全市广播电视机构安全播出进行专项检查，完善应急预案和安全防范措施，加强重点部位、重大节日、重要时段、敏感时期安全播出管理，未发生任何安全播出事故。调研和舆情信息服务决策水平不断提升。围绕全市宣传思想文化工作重点，形成调研报告11篇，深入开展“小微课题”调研，推介基层经验、研究基层问题，推动宣传思想文化工作任务落实。其中，《临朐破解文化发展不平衡不充分矛盾的实践探索》被省委宣传部《决策参考》刊发推广。加大宣传信息编报力度，全年编写《潍坊宣传工作》32期，采编稿件120余篇。向市委、市政府报送《舆情专报》20期，加大舆情信息对上报送力度，省委宣传部采用信息672篇、中宣部采用信息74篇，完成中宣部、省委宣传部重大约稿46篇。

【切实加强理论武装】 精心组织中共十九大精神学习宣传。制定党的十九大精神宣传工作方案，召开全市宣传部长会议，深入开展学习习近平新时代中国特色社会主义思想交流研讨，把十九大精神学习推向深入。举行中央和省委宣讲团中共十九大精神报告会，组建市委宣讲团，分赴全市各地举办宣讲报告会46场，开展座谈交流互动32场，现场听众达1.86万余人。组织党的十九大精神集中宣讲，培训2596名宣讲骨干、举办5860余场宣讲报告，受众达102.2万人，推动中共十九大精神宣讲城乡基层全覆盖。推动党委中心组学习制度化规范化。制定《潍坊市党委（党组）中心组理论学习制度》，推进全市理论中心组学习制度化。2017年，市委理论中心组开展集体学习研讨30场次，举办市委理论学习中心组暨全市领导干部专题讲座12场次。健全学习书目推荐机制，为全市党政干部推荐理论学习书目82种。理论研究阐释取得新成果。加强新型社科智库建设，聘请中国社科院王立胜、杨槐等五位专家为潍坊市文化名市建设顾问和特约研究员，从全市聘请60名专家为特约研究员。完成“全球价值链背景下的潍坊市装备制造业转型升级研究”等5个重大应用研究课题，获市委主要领导批示。积极推进理论大众化普及。加强百家理论宣教基地和百家大讲堂建设。全市各级百姓宣讲比赛共举办225场次，市委讲师团荣获全省百姓宣讲“优秀组织工作奖”。“中国梦”百姓宣讲品牌获2017年度市直机关“优质服务项目”。潍坊市百姓宣讲员李国辉的宣讲事迹，被新华社作为典型案例采用。市委讲师团荣获2017年度山东省基层理论宣讲先进单位称号。充分发挥新媒体作用，打造“潍宣在线”公众号，2017年共发布135期。

【把握正确导向，营造主流舆论】 精心组织策划各类主题宣传。围绕市第十二次党代会、“作风建设年”新旧动能转换等开展主题宣传，在市直媒体开设专题专栏。加强与上级媒体的沟通对接，及时总结梳理全市改革发展的重要经验和创新做法。新华社、中央电视台播发一批有影响、有深度的重点报道和专题，中央和省委领导对有关稿件作重要批示；《大众日报》和山东广播电视台对潍坊市的重要工作经验进行重点和深入报道。11月份，邀请新华社组织中央媒体对“四个城市”专题采风，在境内外媒体刊发一批重点稿件。舆论管理引导积极稳妥。妥善做好突发公共事件和社会热点问题舆论引导，及时回应社会关切，舆论保持平稳有序。新闻宣传工作及突发事件处置先后得到省委宣传部的表扬和肯定，潍坊市的工作经验作为典型上报省委宣传部。新闻发布工作质效提升。全市全年共举办各类新闻发布活动218场。信息发布矩阵传播体系进一步健全，场均参与媒体21家，累计刊播原创稿件1400余篇。加强新闻发布工作队伍建设，举办全市党委政府新闻发言人培训班。建好用好新媒体发布平台，形成“两微一端”工作格局，微博“@潍坊发布”吸引粉丝144.1万人，2017年共发布博文6000余条，获评“2017年度山东最具影响力党政新闻发布微博”；“潍坊发布”微信公众号2017年累计刊发信息2124条，在清博指数大数据中心监测的政务微信影响力榜单中，“潍坊发布”长期位列全省党政新闻发布前3位；“今日头条”客户端阅读量近700万。对外宣传和文化交流取得新成果。围绕市委、市政府中心工作和重要决策、重点项目等，刊发重要稿件600余篇。围绕文展会、风筝会等全市重大活动，累计邀请主流外宣媒体记者12批次、100余人到潍坊采访，刊发稿件近200篇。先后与中央电视台、中央新闻纪录电影制片厂等机构合作拍摄《鸟瞰中国》《远方的家》《奥利弗游中国》等专题节目。举办“感知潍坊——百名外国留学生看潍坊”活动和“聚焦‘四个城市’，展示魅力潍坊——主流外宣媒体集中采访活动”，邀请中新社、《中国日报》等12家主流外宣媒体到潍坊采访，刊发深度报道40余篇，《山东画报》刊发18个整版重头报道。策划推出全省首家城市形象专业图片网站——魅力潍坊，协助举办“鲁巴结好30周年”系列庆祝活动。

【加强互联网管理和引导】 全力做好中共十九大网络安全服务保障工作。启动应急响应一级机制，全天24小时全员参与值守。对诸城、高密、昌乐等县市区党政机关网站和新闻网站进行网络安全检查。圆满完成全市中共十九大安保维稳值班，潍坊市互联网信息办公室得到市委、市政府嘉奖。加强改进网上正面宣传。做好党的十九大精神和习近平新时代中国特色社会主义思想的网上学习宣传，全年共邀请到潍坊采访网络记者280余人，设置专题30余个，形成宣传报道10万余篇。组织参加“中国网事•感动山东2017”网络人物评选，3名同志入围，数量全省第一。持续开展“净化网络舆论环境专项整治”等行动，共清理、删除、后台拦截有害违规信息1240余条，举报、删除有害信息760余条。指导18家单位做好系统安全防护和漏洞整改工作。发起“2017——忠诚卫士”行动，全省“忠诚卫士——2017金秋”行动总结会议在昌乐召开，潍坊市在会议上作典型发言。加强网上舆情监控和信息报送。严格落实全天候值班制度，共向市委、市政府提报《网上舆情专报》365期，编写《值班日志》文档365个共7393条信息，提报手机短信3230余条，为领导决策及舆情处置引导提供参考依据。

【着力培育和践行社会主义核心价值观】 精心组织迎接宣传贯彻党的十九大社会宣传。积极做好“砥砺奋进的五年”和“学习贯彻党的十九大精神”宣传挂图张贴展示工作，累计制作发放宣传挂图2.3万余套、宣传海报12万张，扩大影响力、增强认同感。持续推进社会主义核心价值观落细落小落实。制定出台《关于推动社会主义核心价值观深度融入法治建设的意见》，组织开展“图说我们的价值观”公益广告宣传、主题微电影创作征集展示、核心价值观组歌传唱等活动，推动社会主义核心价值观融入社会生产生活。全市已建成规模以上核心价值观主题公园（广场）20余处，建成主题街道（社区）116个，建成宣传展示美德善行宣传牌720余块。深化“四德工程”建设，引导人们向上向善。2017年底，全市已建立完善各类型善行义举四德榜9034个，推选展示基层善行义举四德榜“优榜”1019个。广泛开展“四德工程”示范创建活动，青州市、寿光市、诸城市、安丘市通过省复查测评，奎文区、昌邑市、高密市入选全省四德工程建设示范县（市、区）行列。持续开展“榜上有名”先模人物评选活动，推出市级“榜上有名”先模人物32名，徐林收、孙传德、温桂仙等3人当选省级“榜上有名”先模人物。大力开展典型宣传。推出一批重要典型，组织开展第六届全市道德模范评选活动，表彰市级道德模范34名，3人当选为全省道德模范。2017年，有241人进入潍坊好人榜、42人入选山东好人榜、4人当选山东好人之星，1人当选山东好人十大年度人物，11人入选中国好人榜，6人入选好人365封面人物。大力加强爱国主义教育。加强爱国主义教育基地建设，扶持潍县战役指挥部旧址、临朐县淌水崖水库纪念馆等2处市级爱国主义教育基地进行改陈布展。“厚道鲁商”倡树行动深入推进。扎实开展“厚道鲁商”品牌三级联创活动，发布“厚道鲁商”品牌形象榜，192家企业上榜。潍柴动力股份有限公司等8家公司被评为山东省“厚道鲁商”品牌形象榜上榜企业，潍坊市被授予优秀组织奖。在市级遴选中，歌尔集团等56家企业被评为潍坊市“厚道鲁商”品牌形象榜上榜企业。

【“文化名市”建设】 深入实施文化惠民工程。深入实施基层综合性文化服务中心提升三年行动计划，全市基层综合性文化服务中心建设达标率达到94%。创新实施重大文化惠民工程，完成农村公益电影放映7万多场，“一村一年一场戏”3000多场，对1589个农家书屋进行图书更新。推进文化精准扶贫，组织实施“结对帮扶”工程，28个省定贫困村全部建成文化大院和标准化农家书屋，广播电视实现“户户通”。稳步推进文化馆群建设，委托上海禾木公司制定《关于潍坊市馆群建设规划选址及初步设计方案》，确定文化馆群的选址方案；对《方案》中市级博物馆、名人馆（方志馆）、文学馆的排列布局进行论证，确定三个主场馆布局方式。制定《关于扶持入驻美术馆群民营美术馆的意见（讨论稿）》。持续推进文艺精品创作，制定印发《潍坊市繁荣发展社会主义文艺的实施意见》，组织开展散文集“风雅潍坊”创作征集、宣传出版活动。全面推进《潍坊通史》《潍坊美术史》《潍坊美术全集》、长篇小说《画都》《潍坊历史文化名人》丛书、《潍坊通史》的编辑（纂）出版、宣传推介工作。完成画都之歌《水墨》MV的制作和宣传发行。高密市推出的首档茂腔实景电影《红高粱》，被确定为2017年山东省中华优秀传统文化传承发展工程第二批重点项目。吕剧《板桥县令》等4个项目获得2017年度国家艺术基金资助，资助总额450万元。

深入实施文化产业培育工程。歌尔股份、京广传媒、齐鲁酒地三家企业，潍坊报业集团新媒体项目、华安•创意文化旅游产业园两个项目，潍坊文化创意产业园、中晨国际艺术小镇两个园区入选第五批山东省重点文化企业、文化产业项目和文化园区名单，入选总数位居全省前列。其中，中晨国际艺术小镇成为省级文化产业专项资金八大重点扶持项目之一。山东华艺雕塑艺术有限公司董事长傅绍相作为山东唯一一人，获得中国民间文艺最高奖——山花奖。成功举办2017中国画都潍坊文化创意设计大赛。举办潍坊首届文化惠民消费季，直接带动文化消费1500多万元。

深入实施文化传承发展工程。扎实开展潍水文化生态保护实验区建设，制定《潍水文化生态保护实验区管理办法》，评选公示第五批市级非遗代表性项目44个。举办第二届潍坊传统工艺设计大赛和博览周，“非遗职业教育与现代学徒创新模式”“‘三位一体’乡村文化传统激活与传承创新实践”2个项目荣获第三届山东省政府文化创新奖。整理挖掘全市特有的文化资源480项，梳理编辑形成20万字的文化名市建设“九名”系列资料；形成文化名市建设“九名”初步入选名单。完成东夷文化广场的选址方案及初步设计方案，规划布设名人雕塑，已形成招标任务书。

深入实施文化品牌打造工程。潍坊市成功创评中国民间文艺之乡。临朐县被评为第五批“山东省民间文化艺术之乡”。成功举办第34届潍坊国际风筝会、第七届中国画节、第十届文展会和陈介祺金石文化周活动，“金石之都”荣誉称号落户潍坊。第七届中国画节、第十届文展会参观人数46万人次，总交易额达6.5亿元。其中，中国画节版块交易额4.2亿元，实现社会效益和经济效益的双赢。对国家历史文化名城的申报材料进行系统梳理，编制《潍坊历史文化名城保护规划》。与联合国教科文组织进行对接，明确联合国手工艺与民间艺术之都的创建流程。

着力深化文化体制改革。出台《文化领域供给侧结构性改革实施方案》《进一步深化文化市场综合执法改革的实施意见》。积极推动县级广播电视台改革工作，昌乐等10个县市区出台《深化广播电视事业体制机制改革的实施方案》，推出昌乐和青州传媒事业体制机制改革典型。研究制定市属国有文化企业“双效”考核及企业负责人薪酬制度。持续深入开展国有文化企业“对标超越”活动，潍坊广播电视报社被确定为全省国有文化企业“对标超越”先进典型之一。市委深改组安排的21项年度重点改革任务全部完成。

（张正晟）

统战工作

【概况】 2017年，市委统战部积极履职尽责，坚持把教育引导统战成员认真学习中共十九大和省市党代会精神，把听党话、跟党走摆上突出位置。中共十九大召开前，在民主党派持续深入开展“不忘合作初心、继续携手前行”主题教育，组织座谈会、培训班、外地学习考察、参观红色革命教育基地等各类活动20多次；在非公有制经济人士中开展以“守法诚信、坚定信心”为主题的理想信念教育实践活动，进一步坚定非公有制经济人士的“听党话、跟党走”的信念；在统战社团开展践行社会主义核心价值观主题教育活动，引导统一战线成员增强“四个自信”，夯实共同的思想政治基础。举办各民主党派、工商联负责人学习研讨班，组织学员赴贵州三市学习考察。省市党代会和中共十九大召开后，通过召开情况通报会、座谈会、研讨会等形式，通报会议情况，传达学习会议精神，进一步凝聚思想共识。

【政党协商更加有力】 坚持完善市委与民主党派和无党派人士协商议事制度，协助市委制定年度协商计划，组织召开12次协商会、座谈会，分别就党代会报告、政府工作报告、党风廉政建设情况等征求各民主党派、工商联和无党派人士的意见建议。协助、支持各民主党派市委围绕全市“一三四七”目标任务和战略重点，开展调查研究，形成9项重点调研课题，全部得到市委主要领导批示。市委常委、统战部部长王兆辉带队，首次组织民主党派市委主委赴安丘市、峡山区等地开展联合调研，取得丰硕的调研成果。积极打造建言献策“直通车”平台，利用《潍坊建言献策》刊物，刊发民主党派成员的意见建议，建立建言献策意见办理反馈制度，有力调动党派成员参政议政、建言献策的积极性。2017年，编发《潍坊建言献策》12期，其中7期得到市政府领导的批示。各民主党派积极参与社会服务活动，开展义诊医疗、关爱帮扶、扶贫助学、助力帮扶村建设等形式的社会服务活动20多次，捐款捐物近30万元，争取上级资金585万元，为全市近400所义务教育阶段学校捐赠信息化教学用品。

【经济统战工作富有成效】 紧紧围绕“走在前列”目标要求，充分发挥统战优势，有效整合资源，服务全市转型发展。市工商联与相关职能部门联合，分别成立“潍坊市金企融合互通平台”和“工商联会员企业法律服务平台”，将各类金融业态与全市工商企业、重点项目进行投融资洽谈对接，扩大融资渠道，提高融资水平。同时为会员企业提供法律顾问服务和其他法律服务，维护企业合法权益。组织开展“在外潍商2017回乡行”以及“回乡创业座谈会”等活动，激发潍坊籍在外人才回乡创业热情。依托高校的人才智力优势，在潍坊学院成立“潍坊民营经济发展研究中心”，实现高校、民营企业和经济发展的“共赢”。认真贯彻落实全省支持非公有制经济健康发展工作会议精神和省委省政府《十条意见》，会同市经信委、工商局和中小企业办等部门，对全市民营经济发展情况开展调研，形成《全市民营经济发展情况调研报告》，为全市民营经济把脉支招，提出对策建议。筹备召开全市支持非公有制经济健康发展工作会议，牵头起草市委市政府《关于进一步优化营商环境支持非公有制经济健康发展的意见》，从8个方面，研究制定含金量高、可操作性强的支持非公有制经济发展的具体政策措施。

【党外代表人士队伍建设显著加强】 结合市县领导班子换届，组织开展全市党外代表人士队伍情况大调研活动，重点在各系统、各领域海推海选党外人士，建立健全统战六支队伍人才库，将各行业领军人才、受表彰的典型人物及时纳入人才库，使高层次代表人士数量大幅增加，结构逐步优化。目前全市各领域党外代表人士达4000多人，党外后备人才队伍达5200余人，一大批优秀党外代表人士脱颖而出、进入组织视野。加大党外代表人士培养力度，制定《2017年全市统一战线培训计划》，共举办统一战线各领域培训班13期，培训1100余人次。依托市委党校，开展常态化、经常性教育培训，每次主体班次都安排一定比例的党外代表人士参加。协调组织部门，有计划地推动党外代表人士到中心工作、基层一线、关键岗位开展多层次、多渠道的轮岗交流和挂职锻炼。安排6名党外高层次人才到民营企业挂职锻炼，安排100多名年轻党外干部到基层艰苦岗位挂职锻炼，丰富基层工作经历，提高处理复杂问题的能力。实施统战干部联系统一战线代表人士“十百千”计划，组织市县两级156名统战干部联系1683名统一战线代表人士，及时掌握思想动态，帮助解决实际问题。以市县两级换届为契机，坚持育用结合、以用为主，认真做好党外代表人士安排使用工作，共有17名党外干部提拔为县级以上领导职务，有14名县级以上党外干部交流任职。市、县两级人大、政府、政协领导班子严格按规定配备党外干部，符合任职条件的民主党派主委全部进入市级领导班子，市法院、检察院各配备党外副职1人，市政协、市政府各配备党外副秘书长1人，有2人担任市政府直属单位正职。各级人大、政协党外代表人士所占比例不断提高，市县两级人大代表中党外人士均达到总数的30%以上。

【民族宗教持续保持和谐稳定】 深入贯彻落实中央和省、市委民族工作会议和全国全省宗教工作会议精神，持续抓好《潍坊市落实省委省政府〈关于加强和改进新形势下民族工作的实施意见〉职责分工方案》贯彻落实，组织召开全市宗教工作会议，对民族宗教工作作出安排。扎实开展民族团结进步宣传和创建活动，联合教育局依托中小学校外综合实践基地启动民族团结进步教育基地建设，打造10个民族团结进步创建示范点。探索少数民族流动人口服务与管理体系建设，提升全市12个少数民族流动人口服务管理体系试点建设标准。坚持依法管理宗教事务，建立宗教活动场所季度安全检查制度，开展清真食品规范化管理自查，确保全市民族宗教领域和谐稳定。

【社会组织统战实现新突破】 制定出台《关于加强全市新的社会阶层人士统战工作的实施意见》和《全市新的社会阶层人士统战工作实践创新基地建设实施方案》，进一步明确新的社会阶层人士统战工作的任务目标，为抓好新的社会阶层人士统战工作提供制度遵循。在全省率先成立市级新的社会阶层人士联谊会，制定出台《关于加强全市社会组织统战工作的指导意见》《关于开展新媒体从业人员统战工作的实施意见》等指导性文件，将全市1100多名重点联系的新的社会阶层代表人士纳入全市统一战线信息管理系统，实行动态管理。全市有5个县市区成立新的社会阶层联谊组织，共建立市级10个、县级30个新的社会阶层统战工作示范点。潍坊市被确定为全省新的社会阶层人士统战工作实践创新基地；奎文区孙家社区新的社会阶层人士统战工作示范点建设被列为全省第一批新的社会阶层人士统战工作实践创新项目。

【统战系统自身建设】 强化机关党建。扎实开展“两学一做”学习教育，在部机关深入开展“作风建设年”活动，认真梳理落实统战工作重点任务，积极开展“担当作为、创争一流”寻标对标行动，市委常委、统战部部长王兆辉和其他部领导分头带队赴江浙和省内青岛等地寻标对标、学习考察，制定实施方案，确定激发统战工作活力、助推经济社会发展等10项任务目标，做到目标明确、责任到人。以党建为引领抓好包村帮扶工作，全年先后10余次到所帮扶村实地调研，共协调资金、物资计95万余元，帮助流转土地建起占地16亩的钢筋大棚，并美化文化广场、绿化村庄道路、捐助教辅器材、配备电脑桌椅、援助有机肥料、慰问建档立卡贫困户中的困难学生。在全市选派第一书记半年和年度工作调研考核中，市委统战部被均评为全市“第一书记工作好的单位”。强化学习培训。年初，制定统战干部教育培训计划，先后赴西安交大、厦门大学等高校举办统战干部培训班，邀请国内知名高校的专家教授和统战系统领导干部到潍坊为全市统战干部授课，持续提高统战干部队伍整体素质。2017年，共举办各类培训班5期，培训各级统战干部和统战人士400余人次。强化品牌建设。大力开展“一县一品”创建活动，全市共申报统战工作品牌15个，并配套制定工作目标和具体措施。召开“一县一品”调度推进会议，总结交流经验做法，推进工作开展，取得初步成效，全市统战工作品牌效应进一步显现，许多创新性做法被省委统战部宣传推介。强化宣传引导。充分利用网站、微信公众号、《潍坊统战信息》等宣传媒介，广泛宣传全市统战工作经验做法，进一步强化教育引导，广泛凝聚思想共识。全年共编发《潍坊统战信息》45期，微信公众号和网站刊发信息400多条。积极向上级统战部门推介潍坊市典型做法，中央统战部《中国统一战线》刊发潍坊市文章5篇（条），《每日汇报》刊发1篇，有1篇建议被中央统战部《零讯》刊发，实现潍坊市在《零讯》刊发稿件的突破；省委统战部《山东统战简报》采用潍坊市信息31篇。2017年，全市统战宣传调研信息工作成果丰硕，市委统战部获评全省统战信息工作先进单位一等奖、全省统战理论调研宣传“四新工程”先进单位，市委统战部报送的理论调研宣传成果分获全省统战优秀成果二等奖、三等奖、优秀奖和全省统战工作实践创新成果奖。此外，还被中共中央统战部中国统一战线杂志社评为2017年度《中国统一战线》宣传工作先进单位。

（张晓亮）

机构编制工作

【概况】 积极推行“一线工作法”。建立领导班子成员联系点制度，全年领导班子成员带头深入基层调研63人次，帮助解决实际困难20余个。实施“干部下挂”制度，选派3名科级干部到县市区编办挂职副主任。积极开展精准帮扶，为“第一书记”帮扶村安丘市郚山镇逍遥村，累计争取帮扶项目资金200余万元。实施干部队伍素质能力提升工程。加强干部队伍建设，联合西安交通大学、南开大学分两期对市县两级机构编制干部进行轮训，提高干部能力素质和战略思维水平。组织参加十九大知识考试、普法知识考试，开展第五届岗位练兵竞赛，营造比学赶超的良好氛围。加强信息宣传调研工作，连续三年获得全省第一名的好成绩。不断加强作风建设。扎实开展“作风建设年”活动，实施“寻标对标提标达标”行动，紧盯全国一流目标，省内对标青岛，省外对标杭州、佛山，制定寻标达标工作方案，建立工作台账，逐项制定达标措施，提升工作标准。2017年，市编办荣获“全省机构编制信息工作先进单位”“全省机构编制宣传工作先进单位”“市建设学习型党组织示范点”等多项称号。

【放管服改革持续推进】 大力简政放权，推进政府权力瘦身。先后分3批调整行政权力事项共计278项，规范行政权力管理。实施向开发区放权，采取直接下放、委托办理、发放2号公章等方式，将部分市级权限下放至开发区办理。推进“多证合一”改革，在全面实施“五证合一、一照一码”登记制度和个体工商户“两证整合”的基础上，将信息采集、记载公示等26项涉企证照事项整合到营业执照上，实现“31证合一”。坚持放管并重，提升监管效能。全面推行“双随机一公开”监管，市县两级均编制随机抽查事项清单，市级公布222项，县级公布3233项，全年累计开展抽查51382次，立案查处6285起。归集53个部门共1.3亿余条信用信息数据，搭建全市统一的公共信用信息平台，建立公共信用信息基础数据库，共实施联合惩戒3万余人次。在全省率先出台《网络预约出租汽车经营服务管理实施细则》，研究探索对“四新”经济包容审慎的监管方式。优化公共服务，方便群众办事。实施“一窗式”行政审批服务改革，推行“集中受理、集中评审、集中勘察、集中验收、集中收费、集中发证”的“六集中”审批运行机制，实现由“一事跑多窗”变为“一窗办多事”。开展“零跑腿”和“只跑一次”改革，编制市县两级“零跑腿”和“只跑一次”清单，第一批梳理公布4889项。在全省率先编制完成市、县、镇、村四级公共服务事项清单，其中市级服务事项697项、县级9639项、镇级16361项、村级89192项，全部纳入政务服务平台办理。梳理公布取消证明事项48项，编制村（社区）开具证明材料清单21项，向社会公布市县两级年检和培训目录。创新实施政务服务整链条优化模式，在新生儿整链条事项、餐饮业设立、企业职工退休、幼儿园设立、高层次人才引进5个领域完成试点，受到群众广泛好评和上级充分肯定。降低企业成本，助推企业轻装上阵。深化“711”降低企业成本专项行动，制定出台实施方案，

9月18日，市委副书记、市长李宽端专题调度部署深化“放管服”改革工作

（供稿：市编办）

涉及9个领域46条具体措施，健全完善降成本工作成效统计体系，全年累计为全市企业降低财务成本144.64亿元。

【重点领域和关键环节改革稳步推进】 深入推进综合行政执法体制改革。印发综合行政执法体制改革方案，组织召开专题部署会，建立联席会议制度，在全省率先完成市级交通领域内综合执法改革，稳步推开县级跨部门跨领域综合执法工作，基本完成综合执法体制调整和机构组建工作，综合执法队伍均压减到8支以内。潍坊市交通运输综合行政执法体制改革的做法，得到中编办、省编办以及外省编办的关注并刊发。积极推动乡镇行政管理体制改革。持续深化扩权强镇改革，积极推动“5+3”机构设置模式（5个党政工作机构+3个事业单位）实体运行。7月14日，山东省机构编制管理研究会2017年年会暨第三届机构与行政论坛在潍坊高密举办，主题为“科学划分县乡事权，深入推进乡镇行政管理体制改革”。会议邀请中国行政管理学会、江苏省江阴市编办有关领导作主题报告。省编办主任刘维寅等出席会议，省编办副主任李捷主持会议，潍坊市委常委、常务副市长邹庆忠出席并致辞。会议期间，与会人员到高密市人力资源服务产业园、综合行政执法局执法指挥中心、姜庄镇仁和社区党群服务中心、夏庄镇行政服务中心进行了实地考察。扎实推进其他领域改革。按职能做好群团、监察体制等改革，调整理顺盐业行政管理体制，配合做好审计、法检等职能上划工作。主动围绕中心服务大局，为全市“四个城市”建设、潍坊机场迁建、城市轨道交通建设、高铁新片区、站南广场等提供有力体制机制保障。另外，扎实做好政府部门“三定”规定修订工作。

【事业单位改革监管不断深化】 稳步推进事业单位分类改革。在全省率先制定印发2017年度事业单位改革重点任务分工，确定的13项重点工作任务全部按时间节点完成。全面完成101家公益三类事业单位企业化管理模式改革。全年完成94家生产经营类事业单位改革，实现事企分开。全面完成121家“僵尸”事业单位集中清理工作。在2017年全省事业单位改革领导小组扩大会议以及全省推进政府职能转变创新机构编制管理专题研讨班上，分别就潍坊市事业单位改革经验作专题介绍。创新拓展事业单位绩效考评。探索对市直列入考评的288家事业单位划分为招商合作、科教研发、执法监管等七大类，突出核心业务，实施分类考评，创新开展服务创新项目评审，提升事业单位公益服务水平。扎实推进事业单位法人治理结构建设。研究印发实施方案和外部理事（董事）、外部监事管理办法“一方案两办法”，纳入改革范围的39家公立医院、6家科研院所全部组建理事会、监事会，共选聘外部理事204名，选派外部监事63名，人员全部正式到位，并按新的体制机制运行。

3月15—16日，省编办主任刘维寅（左四）带队一行6人在潍坊市就乡镇行政管理体制改革工作进行专题调研，市委常委、常务副市长邹庆忠（左五）陪同调研

（供稿：市编办）

【机构编制管理得到加强】 推进机构编制信息化建设。制定印发《2017—2019年潍坊市机构编制系统信息化工作规划》，圆满完成机构编制人员经费共用信息管理平台建设试点工作，机构编制云平台实现基础性应用，建设并优化手机APP功能，完成机构编制“智慧”型门户网站建设工作，研发上线数字化会议办公系统，机构编制信息化建设走在全省乃至全国的前列。2017年，先后有云南、贵阳、青岛等18家省市编办到潍坊学习调研机构编制信息化工作。推进机构编制政策法规工作。认真做好日常用编进人计划和科级领导职数使用审核，组织开展2018年度用编进人计划编报工作，完成全市免费医学生、免费师范生需求计划拟定，统筹做好军转干部、退役士兵、优秀运动员等政策性安置工作。推进机构编制规范化建设。全面完成五年一轮的市县政府部门机构编制评估，并将评估范围拓展到党委部门、群团机关和政府直属事业单位。扎实开展机构编制系统人员下基层排查化解信访积案和矛盾纠纷活动，组织开展重点领域体制改革以及控编减编专项督查，机构编制管理刚性约束进一步增强。

名词解释

1.“**四新经济**”：是指新技术、新产业、新业态、新模式，是政府经济工作思路和方式的根本性转变，是转方式、调结构及化解产能过剩的重要抓手。

2.降低企业成本“711”专项行动：即降低“七大领域”成本、发挥“一个能动性”、抓好“一项专项治理”。具体来说，“7”是指降低企业制度性交易、税费负担、融资、用工、电力、物流、用地等7大领域成本，一个“1”是指注重发挥企业自身在降成本中的能动性，另一个“1”是指抓好企业资产相关证照办理遗留问题的专项治理。

（邢振建）

全面深化改革工作

【概况】 2017年，在以习近平同志为核心的党中央坚强领导下，全面贯彻党的十八大、十八届历次全会和党的十九大精神，坚持以习近平新时代中国特色社会主义思想为指导，坚决落实中央改革决策部署和省委改革工作安排，牢牢把握“走在全省全国前列”目标定位，围绕加快“四个城市”建设，扎实推进各领域改革任务，各项改革蹄疾步稳向纵深推进，全年共召开10次全面深化改革领导小组会议，审议通过30个重要改革方案，出台改革文件121个。9月2日，市委主要领导在全省重点工作推进视频会议上就全面深化改革作了典型发言。

【深化经济体制改革】 深入推进供给侧结构性改革，落实“五个一批”政策去产能，全市压减钢铁产能275万吨，重点行业产能利用率稳定在80%以上；出台保持房地产市场稳定健康发展的意见，商品房去化周期降至8.7个月，企业负债率降为58.5%；持续实施“711”降成本行动，为企业减负140亿元。深化“放管服”改革，出台深化放管服改革进一步加强服务型政府建设的实施意见，调整权力事项278项，工商登记实现“31证合一、一照一码”，推行“一窗式”行政审批服务、“模块化”审批、建设项目区域化评估评审、重点投资项目全程无偿代办制度等，行政审批效率明显提升。推进市县两级“零跑腿”和“只跑一次”改革，向社会公布实行市级第一批54项“零跑腿”事项、275项“只跑一次”事项。召开全市支持非公有制经济健康发展暨国有企业改革发展工作会议，出台加快推动全市国有企业改革发展实施意见。推进科技体制改革，加快创新载体建设，市工业研究院挂牌运营，山东省雷沃智能农机装备技术创新中心（试点）列为省新旧动能转换重点项目，潍柴集团氢燃料电池项目列为国家重大创新专项，引进北航歌尔智能制造研究院、北大现代农业研究院等高校院所研发机构37家。实施PPP融资提升重大专项行动，在全省率先实现市县两级PPP机构全覆盖。推进公共资源市场化配置改革，建立起竞争性用地、用水、用能和环境容量分配机制，资源要素配置效率显著提升，全市公共资源交易额达到860亿元。加快资本市场融资步伐，完成规模企业规范化改制920家，超额完成年度任务，新增惠发食品、家家富现代农业集团、大业股份3家上市企业、新三板挂牌企业8家、四板挂牌企业285家，债券融资达318.7亿元。印发实施关于完善招商体制机制的意见、潍坊招商发展激励政策，制定重大招商项目推进实施办法，成立市招商中心。推动开发区体制机制创新，在滨海开发区开展“大部制”、全员聘任和绩效考核改革。积极创建国家农业开放发展综合试验区，列入山东省新旧动能转换“10+2”重大工程。昌乐县农村集体资产股份权能改革试点顺利通过农业部验收，相关经验做法被中央电视台《新闻联播》《焦点访谈》等节目报道。新型农业经营主体不断壮大，全市农民合作社发展到24613家，家庭农场发展到6811家。发展多种形式适度规模经营，家庭承包耕地流转面积达395.9万亩，占比达41.8%。

【深化民主法制领域改革】 完善立法体制和立法程序，制定《潍坊市人大常委会年度立法评估办法》。印发开展市人大代表“联系群众、促进发展、走在前列”主题活动的实施意见。印发2017年法治政府建设重点工作计划，落实法治政府建设实施纲要。制定潍坊市重大行政决策程序操作规程，加强政府重大行政决策合法性审查。制定加强和改进人民政协民主监督工作的实施意见，研究、制定提案办理协商办法。出台潍坊市群团改革“1+4”改革方案，共青团、工会、妇联、科协改革全面推开。

【深化文化体制改革】 制定《潍坊市党委（党组）意识形态工作联席会议工作职责》和《开展创建思想政治工作示范点活动方案》，建立意识形态领域情况分析研判和管控处置机制。深入实施网络内容建设工程，建立市、县、镇三级应急响应机制。深化市县级传媒体制机制改革，昌乐改革经验入选中宣部经验选编。实施基层综合性文化服务中心提升工程，农村社区综合性文化服务中心达标率和省定贫困村文化大院建成率达94%。进一步明确市属国有文化企业双效统一考核及企业负责人薪酬制度改革范围和要求。推进文化企业、项目、园区“三大载体”建设，歌尔股份等7个项目入选第五批山东省重点文化企业、项目和园区。

【深化司法和社会治理体制改革】 全面深化司法责任制改革，扎实推进员额制改革，全市法院共组建审判团队397个，遴选员额检察官423名。在潍城法院开展全国法院家事审判改革试点工作，推动建立家事纠纷综合协调解决机制。出台《潍坊市深化律师制度改革的实施意见》。“一村（社区）

一法律顾问”“一村一警务助理”制度实现全覆盖。完善矛盾纠纷调处化解机制，开展“万人下基层”涉法涉诉信访积案化解活动。全面启动市县两级综合行政执法体制改革工作。推进市县镇村四级综治中心标准化建设，完成率达到70%。成功创建首批国家食品安全示范城市。获评国家首批社会信用体系建设示范城市。

【深化社会事业体制改革】 深化教育体制改革，出台深化学校内部去行政化改革的意见，在100所学校推进依法自主办学试点。深化中小学教师队伍县管校聘改革，建立起高级教师评审七项新机制和规范教职工聘任九项新举措，在教育部召开的教师工作座谈会上作典型发言。荣获第五届全国教育改革创新特别奖。推进德育课程一体化改革，出台《潍坊市指导推进家庭教育五年规划（2016—2020）》。省政府与北京大学签约在潍坊共建现代农业研究院。实施“185”创业行动计划，完善创业培训体系，创业大学分校建设实现县市区全覆盖。开展就业创业证与社会保障卡“证卡合一”试点，提供就业服务12万人次，试点经验在全省推广。编制实施《潍坊市医养结合示范区发展规划（2017—2020）》，潍坊市被确定为国家医养结合示范省先行区。获批全省唯一一个公立医院薪酬制度改革试点城市，市、县两级39家公立医院全部建立法人治理结构并按新机制运行。印发《潍坊市基层医疗卫生机构标准化建设三年规划方案（2017—2019年）》，新建成标准化农村社区卫生室420处。深入推进国家养老服务业综合改革试点，制定潍坊市养老机构等级管理及评定办法，对养老机构实行AAAAA级规范管理。

【深化生态文明体制改革】 出台加快推进生态文明建设实施方案。制定深入推进大气污染防治的实施意见及7个配套方案。深入实施绿色发展“十大工程”。出台潍坊市“十三五”水资源消耗总量和强度双控工作实施方案和潍坊市节约能源“十三五”规划。全面推行河长制，建立覆盖全市所有河流的市、县、镇、村四级河长制组织体系。出台潍坊市水权交易管理暂行办法，在临朐县开展水权交易制度试点，开展农业综合水价改革，全市实施面积达33万亩。出台潍坊市安全生产和环境保护网格化监管体系建设工作方案，构建起“责任到人、监管到位、执法规范、高效运转”的环境保护监管体系。

【深化党的建设制度改革】 深入推进“两学一做”学习教育常态化制度化，实施党员全员进党校培训、支部生活日、党员到党性教育基地现场教学、党员积分制管理4项措施。积极稳妥推进全国公务员职务与职级并行制度试点工作。印发《关于进一步加大年轻干部培养选拔力度优化干部队伍实施意见》，突出抓好优秀年轻干部、女干部、党外干部选配。建成118个镇街党群服务中心、895个农村社区党群服务中心、6631个村党群服务站。扩大“两新”组织党建有形有效覆盖，全省非公有制经济组织和社会组织党建工作推进会在潍坊市召开。实施人才强企“三年行动计划”，11个县市区成立人才发展服务中心，遴选首批鸢都产业领军人才（团队）50名。

【深化纪律检查体制改革】 印发《2017年全市党风廉政建设和反腐败工作实施意见》，科学运用“四种形态”，坚持挺纪在前。严格执行问责条例，全市共实施党内问责163起，给予党纪政纪处分67人。制定《关于加强市纪委派驻机构建设的实施意见》和《关于全面落实市纪委向市一级党和国家机关派驻纪检机构的方案》，完成市纪委对市一级党和国家机关派驻机构全覆盖。出台《关于建立市委巡察机构与有关部门协作配合机制的意见》《潍坊市市县联合巡察工作暂行办法》《潍坊市党员干部作风建设巡察监督工作实施意见》。严格落实监督执纪工作规则，制定《市纪委监督执纪工作流程图》和《执纪审查安全检查标准》。健全完善述责述廉制度，县市区党委、政府和市统计局等8个市直部门负责人向市纪委全会述责述廉。

专有名词解释

四个城市：为认真贯彻习近平总书记系列重要讲话和治国理政新理念新思想新战略，深入落实省第十一次党代会精神，市第十二次党代会上提出要全面推进“四个城市”建设，并在市委十二届三次全体会议上审议通过了潍坊市“四个城市”建设五年规划和三年行动计划。具体指产业强市、文化名市、活力城市、品质城市。

五个一批：《中共山东省委山东省人民政府关于深入推进供给侧结构性改革的实施意见》（鲁发〔2016〕12号）中关于分类施策化解过剩产能部分提出“五个一批”，具体为“主动退出一批、倒逼出清一批、优化整合一批、转移消化一批、改造提升一批”。

711降成本行动：为贯彻落实好中央、省、市经济工作会议精神，深化供给侧结构性改革，应对经济下行压力，减轻企业负担，支持实体经济发展，市委、市政府研究决定自2016年6月起，利用一年左右时间，在全市范围内开展“降低企业成本专项行动”。“7”是降低制度性交易成本、税费负担、融资成本、用工成本、电力成本、物流成本、用地成本等7大领域成本。“1”是企业发挥好自身在降成本中的能动作用。“1”是抓好对历史遗留与企业不动产相关的证照问题的专项治理。

放管服：2015年5月12日，李克强在全国推进简政放权放管结合职能转变工作电视电话会议上首次提出“当前和今后一个时期，深化行政体制改革、转变政府职能总的要求是：简政放权、放管结合、优化服务协同推进，即‘放、管、服’三管齐下”。2016年政府工作报告进一步提出“推动简政放权、放管结合、优化服务改革向纵深发展”。

31证合一、一照一码：2017年8月山东省出台《山东省人民政府办公厅关于贯彻国办发〔2017〕41号文件推进“多证合一”改革的实施意见》（鲁政办发〔2017〕61号），明确在全面实施企业、农民专业合作社工商营业执照、组织机构代码证、税务登记证、社会保险登记证、统计登记证“五证合一、一照一码”登记制度改革和个体工商户工商营业执照、税务登记证“两证整合”的基础上，将信息采集、记载公示、管理备查类的一般经营项目涉企证照事项，以及企业登记信息中政府部门管理需要的涉企证照事项（以下统称涉企证照事项）整合到营业执照上，实现“多证合一、一照一码”（第一批涉及11个部门的26项涉企证照事项整合到营业执照上，实现“31证合一”）。

“一窗式”行政审批服务：2017年12月全市出台《潍坊市“一窗受理”集中行政审批服务改革实施方案》（潍政办字〔2016〕号）。具体是指，围绕让群众、企业办事进一个门、找一个窗，最多跑一次就能办成一件事为目标，全面推行“一窗受理、抄告相关、分类审批、统一出件”审批服务模式。

“1+4”改革方案：为加强和改进新形势下群团工作，着力优化群团机关机构设置，2017年8月全市出台《潍坊市群团改革“1+4”改革方案》（潍办发〔2017〕23号）。具体指《潍坊市群团改革方案》1个总方案及《潍坊市总工会改革实施方案》《共青团潍坊市委改革实施方案》《潍坊市妇联改革实施方案》《潍坊市科协系统改革实施方案》4个改革方案。

十大工程：2016年2月全市出台《关于深化“三八六”环保行动实施“十大工程”加快绿色发展的意见》（潍发〔2016〕4号）。具体是指，产业提升绿色发展工程、清洁能源替代改造工程、工业点源深度治理工程、车辆污染综合管控工程、城建环卫精细管理工程、集中供热优化整合工程、城镇废水综合利用工程、河流湿地生态保护工程、农业面源污染防治工程、环境安全风险防控工程。

两新组织：是指新经济组织和新社会组织的简称。新经济组织，是指私营企业、外商投资企业、港澳台商投资企业、股份合作企业、民营科技企业、个体工商户、混合所有制经济组织等各类非国有集体独资的经济组织。新社会组织，是指社会团体和民办非企业单位的统称。

四种形态：中共中央政治局常委、中央纪委书记王岐山2015年9月24日至26日在福建调研并主持召开座谈会，听取党员和群众代表对修订廉政准则和党纪处分条例的意见建议。具体为：第一种：党内关系要正常化，批评和自我批评要经常开展，让咬耳扯袖、红脸出汗成为常态。第二种：党纪轻处分和组织处理要成为大多数。第三种：对严重违纪的重处分、作出重大职务调整应当是少数。第四种：严重违纪、涉嫌违法立案审查的只能是极极少数。

（李　婧）

对台工作

【第23届鲁台经贸洽谈会】 9月1日至4日在潍坊市成功举办。大会以“新动能新机遇新发展”为主题，分主题活动、专题洽谈、展示展览、对接考察四大板块，举办“新动能新机遇新发展”高峰论坛、海峡两岸博览会及两岸高端装备、产业园区、特色小镇、旅游产业、健康养老、现代农业、青年就业创业等十余项专题洽谈活动。国台办主任张志军、山东省省长龚正出席，台湾海峡两岸经贸文化交流协会会长江丙坤领衔台湾各大工商团体、5个县市、964名台商参会，70余名海外侨商，大陆20多个省市特别是“一带一路”沿线城市、山东省各市代表1000余人参加对接洽谈活动，清华大学、美国GE通用等1107家科研院所和企业参展参会。全市签订合作项目33个，总投资21.46亿美元。会后，厦门州信、台湾幸福小镇、台湾大登不动产、和睦家妇婴医院、盛德呼吸病医院、台湾大仁科技大学人才培养与科研基地等项目先后落户潍坊。海峡两岸博览会，展出面积5万平方米，参展企业772家，其中台湾企业207家，

第23届鲁台会“新动能新机遇新发展”高峰论坛现场　　（供稿：市台办）

近16万人次到场参观采购洽谈，现场交易额4.7亿元，达成意向交易额17.9亿元。国台办主任张志军称赞鲁台会“在大陆举办的各类涉台经贸活动中创造了一个记录”，台湾海峡两岸经贸文化交流协会会长江丙坤称赞鲁台会“历史最久，规模最大，第一个有品牌的两岸论坛”，山东省省长龚正倡议打造鲁台交流合作四个“新平台”。本届鲁台会在社会影响、经济效益等各方面都迈上了新的台阶，产生了新的拉动效应。会后，龚正批示“鲁台会成果丰硕”，给予充分肯定。

【基层交流扎实深入】 社区、村（里）交流更加深入。共接待来潍台胞39036人次，公务赴台68批286人次，其中来潍基层民众249人次，签订友好村（里）交流协议5项。获批4个省级两岸交流示范点，全省第一。“一市一品牌、一县一特色”品牌建设经验广泛推广。教育和青年交流继续领跑全省。台湾大仁科技大学“人才培养与科技研发基地”落户山东工程职业学院，与40余所台湾高校进行交流，367名台湾学生到潍坊参访，8所院校赴台交流，有力服务“活力城市”建设。

【潍台经贸深度融合】 全市在谈在建台资项目31个，总投资9.24亿美元；新批台资项目8个，到位资金3.02亿元；增资项目2个，增资额600万美元。产业合作更加深入。突出现代农业、智能装备、电子信息、文化创意、健康医养等重点产业合作，市台办引进招商引资项目6个、招院引所项目2个、招才引智项目5个。合作举措更加健全。组织农业、健康医养和现代旅游特色小镇“三个赴台培训交流工程”，创新开展“台资项目建设提升年”活动，先后举办了全国涉农台资企业研讨会、休闲观光农业交流会等活动，有力服务“产业强市”建设。

【潍台交流更加全面深入】 文化交流更加深入。深入推进潍坊文化入岛进社区、进校园、进企业，双向举办重点交流活动21项，其中入岛举办3项，数量均居全省第一。文化平台建设取得新突破。潍坊“台湾文化精品馆”、台湾“山东潍坊民间艺术文化馆”功能进一步提升，打造了潍坊手绘墙文化基地等新的文化交流平台。推动入岛建设“微型潍坊文化馆”，开辟潍坊文化入岛新阵地。文化和城市影响力进一步提升。邀请国台办培训中心主任王杰为全市领导干部作台海形势报告，TVBS电视台等7家台湾媒体到潍坊采访，刊播报道15篇，70余家新闻媒体到潍坊报道鲁台会，在各级主流媒体刊发报道741篇，中央电视台4次播报潍坊市信息，国台办官网、权威杂志《两岸关系》和《台湾工作通讯》刊登稿件30篇，创历史之最。潍坊市台办获全省涉台宣传报道工作一等奖。

【涉台软环境更加优良】 创新开展“服务大局、服务台胞、服务基层”主题活动，建立了班子成员分产业招商、部门联动、定向服务部门等制度机制，涉台软环境更加优良，有力服务“品质城市”建设。台协、台联作用充分发挥。扎实推进精准扶贫，筹集资金72.4万元，帮助成立合作社2个，硬化路面6千平米，建设25千瓦光伏发电、农产品加工车间等项目。筹集资金10.51万元成立“孝老敬老”基金，提升农村精神文明建设水平。

（张会军）

保密工作

【概况】 2017年，利用党校、行政学院培训班次，结合军转干部、公务员初任及任职等培训时机，累计培训各级领导干部、涉密人员和公务员1万多人次；市保密局应邀到县市区、市直有关部门辅导授课18场次，现场指导授课2500多人次。寿光市、坊子区、昌乐县分别通过微信工作群、微信公众号、昌乐传媒网等新媒体平台开展保密宣传教育，提升党员干部的关注度和参与度。9月，组织58名省管干部到青岛市保密教育警示基地观看窃密泄密案例警示教育展览、窃密泄密技术演示，提高领导干部的保密意识和保密防范能力。11月，选派46名保密干部赴湖南大学国家保密学院进行为期一周的保密干部专业培训。12月，市委保密办、市保密局与市委组织部合作开发全市保密常识网上测评考试系统，组织市直部门单位4116名科级以上干部网上考试，考试通过率93.59%，实现了市直部门单位保密知识培训网上全覆盖。全年征订《保密工作》1998份、《保密科学技术》491份，征订数量逐年提升并位居全省前列。

【保密管理】 2017年6月9日，出台《潍坊市加强和改进保密工作实施细则》，并对重点任务目标立项分解，建立督查台账。5月，在全市保密工作会上，市委保密委与各县市区（开发区）保密委签订《保密工作责任状》，明确任务目标及完成时限，年底对任务完成情况进行专项督查，确保各项任务目标落到实处。突出抓好党的十九大、省第十一次党代会、市第十二次党代会、党政机关重要部门和要害部位、重要涉密会议和活动以及各类考试的保密管理，全年共服务重要涉密会议活动以及各类考试30余场次，未出现任何失泄密问题。加强资质企业保密监管，严格按照销毁程序完成15万多份涉密文件、2000张光盘、500块硬盘销毁任务，有效防止废旧涉密载体的流失、泄密。

【保密技术】 投资120万元，建成重要涉密单位互联网接入口市级保密监测平台；投资10万元，为市级涉密会议室配备手机屏蔽柜，为市委领导办公场所配备了保密文件柜。年内，加大对网站、邮箱、移动智能终端、微信公众号、OA系统及网络存储空间的监管力度；认真落实涉密网络和涉密计算机保密管理规定，积极做好涉密网络测评审批工作，完成检察院系统涉密网络测评审批。充分利用已建成的违规外联监控平台、党政机关互联网门户网站监控平台，及时发现网络失泄密隐患，控制敏感信息在互联网的传播，避免失泄密事件发生。寿光市、昌乐县、安丘市、坊子区、滨海区通过计算机终端保密检查系统开展保密检查，提高保密检查的效率和非涉密计算机重要信息监控能力。指导县市区和市直部门配备计算机终端保密检查工具40套，确保保密自查自评和日常保密检查顺利开展。继续扩大保密技术防护专用系统装配范围，全市全年共安装系统435套，实现在用涉密计算机防护系统全覆盖。

【保密检查】 在中共十九大召开前夕，联合市网信办、市公安局、市国安局成立3个联合督查组，采取不定重点、不打招呼、不限范围突击检查的方式，对青州市、诸城市、寿光市3个县市以及信访、教育等15个部门单位、院校进行保密专项督查，共抽查办公计算机36台，提出整改建议80余条，有效杜绝了各类泄密事件的发生。2017年10—11月，组成3个督查组，对16个县市区（开发区）和上年度未督查到的47个市直部门单位进行保密自查自评督查。县市区（市属开发区）中，坊子区、寒亭区、安丘市、高密市、昌邑市、昌乐县等6个县（市、区）被评为优秀等次，占37.5%；其余10家被评为合格等次，占62.5%。市直部门单位中，市教育局、市信访局、市妇联、市社科联、市侨联、市住房公积金管理中心等10家单位被评为优秀等次，占21.2%；31家单位被评为合格等次，占66%；6家单位被评为不合格档次，占12.8%，实现了保密自查自评督查工作全覆盖。

（李洪河）

市直机关党的工作

【加强机关思想政治建设】 坚持把“两学一做”学习教育常态化制度化作为推进全面从严治党的战略性、基础性工程，印发《关于在市直机关推进“两学一做”学习教育常态化制度化实施意见》，从党费中列支36万余元为机关基层党组织配发各类学习书籍3万余册，组织举办市直机关学习贯彻党的十八届六中全会精神、市第十二次党代会精神等各类宣讲报告会25场，受教育党员干部5000余人次。组织举办市直机关喜迎党的十九“书画摄影展”，改进作风促发展、喜迎党的十九大“图片展”，营造市直机关喜迎十九大召开的浓厚氛围。党的十九大召开后，结合市直机关实际，印发《关于认真学习宣传贯彻党的十九大精神的安排意见》，市直机关各级机关党组织采取多种形式，组织党员干部认真学习贯彻党的十九大精神，牢固树立“四个意识”，确保中央和省市委精神在市直机关得到贯彻落实。

【规范创新基层党的建设】 全面加强党员队伍建设。本着见实效、易操作的原则，研究确立“1+1”培训新模式，即每期培训2天，1天课堂教学、1天红色教育现场教学。学员全程佩戴党徽、组织重温入党誓词、现场教学往返途中学唱红歌等，让培训学员始终置身党性锻炼的氛围中，触动党员升华境界、感悟责任。2017年，共举办培训班10期，培训党员4210名。扎实做好党务干部能力提升工作，先后在浙江大学、延安干部培训学院、潍坊创业大学举办3期培训班，培训市直各部门（单位）机关党组织书记、专兼职机关党务干部和新任支部书记400余人次。严格党员发展对象材料和程序审核，举办市直机关党员发展对象培训班，培训党员发展对象94名，发展新党员59名。全力推进基层组织建设。健全完善机关党组织换届台账制度和按期换届提醒督促机制，指导新建党组织2个、换届党组织18个，审批15个党组织书记、副书记的调整。推进党组织活动方式创新，评选表彰34个市直机关党建创新项目，评选表彰优秀微党课24堂。组织开展市直机关示范支部创评活动，评选示范党支部26个。三是深化开展党内政治生活监督检查。为全面掌握市直机关党建工作基本情况，利用一个半月时间，采取听取汇报、查阅资料、个别谈话、发放调查问卷等方式，对84个所属市直部门单位机关党组织重点是基层党支部落实机关党建工作进行全面调研督查，集中反馈各类问题191个，并建立问题整改台账，逐项抓好整改落实。

【着力打造服务型机关】 切实提升党建服务保障水平。在市直机关广泛开展“助力‘作风建设年’党员走在前机关作表率”创评活动，评选表彰“优秀服务标兵”51名、“共产党员先锋岗”48个、“优质服务项目”60个，较好地搭建起机关党建服务中心、建设队伍的活动平台。宣传营造干事创业的浓厚氛围。注重典型示范带动，深化市直机关“学树身边典型”活动，评选表彰各类身边典型95名，并制作党员风采展进行展出。涌现出全国五一劳动奖章获得者1名，全国职工互助保障工作先进个人1名，全省女职工建功立业标兵1名，一大批个人和集体荣获市级先进荣誉称号。

【持续抓好党风廉洁建设】 认真落实党风廉政建设责任制，制定下发《2017年市直机关纪检工作要点》，组织召开市直机关党风廉政建设工作会议，分别与市直机关各部门党组织签订党风廉政建设责任书，建立6项19条责任清单，明确任务目标。督促机关各级党组织建立健全监督考核和责任追究制度，严格落实“一岗双责”，压实“两个责任”，确保党风廉洁建设各项任务目标的落到实处。持续整治“四风”问题，不断强化党的政治纪律和政治规矩的学习教育，严明党的政治、组织、廉洁、群众、工作、生活等各项纪律，引导党员干部切实增强党的观念和政治意识、组织观念和规矩意识，严守党的政治纪律红线。深入开展廉政主题教育活动，统一组织所属27个市直部门359名正科级领导职务及以下党员干部参加德廉知识学习集中测试。严肃查处党内违纪案件，按组织程序研究处理违纪党员9人，其中开除党籍7人，留党察看1人，党内严重警告1人。

【大力加强文明和谐机关建设】 深化精神文明创建活动。严格各级文明单位的复查和推荐工作，新推荐省级文明单位15个、市级文明单位15个，复查合格省级文明单位69个、市级文明单位41个，有力地促进文明和谐机关建设。积极开展帮扶救助活动。制定出台《潍坊市直机关“关爱服务主题行动”实施方案》，开展文化普惠、健康关爱、爱心帮扶系列主题活动，推行“在职职工医疗互助保障计划”，全年帮扶资金及物资折款40余万元。探索实施一线职工疗休养制度，首批组织30名机关工作人员进行为期四天的疗休养活动。组织开展经常性的文化体育活动。着眼增强基层组织活力，组织开展2018年“健康潍坊”市直机关系列赛事，成功举办组织开展迎“五一”职工健康跑、市直机关气排球比赛、羽毛球比赛和乒乓球比赛，共有3000余名机关干部参加。组织开展市直机关瑜伽训练营培训，累计培训7000人次。强化基层工会会员服务，五一、国庆和元旦期间，开展基层工会会员免费观影的“惠员行动”和自选购书普惠化活动，提升基层工会会员的获得感。

（刘英杰）

信访工作

【概况】 2017年，全市信访工作在市委、市政府的正确领导和各级各部门的共同努力下，认真贯彻落实习近平总书记对信访工作的重要指示和第八次全国信访工作会议精神，紧扣做好中共十九大信访工作这条主线，狠抓信访突出问题解决和隐患风险防控治理，深入推进阳光信访、责任信访、法治信访，圆满完成年初制定的各项任务目标，群众对信访工作的满意度明显提升，全市信访秩序持续好转。市一级受理的3819人次来访、4807封群众来信和13407件网上信访全部得到妥善处理。进京非正常上访连续三年大幅下降，在2015年比2014年下降60.8%、2016年比2015年下降38.5%的基础上，2017年比2016年又下降50.5%。纳入省科学发展综合考核的信访事项办理质量工作，2015年、2016年、2017年连续三年获得“好”的评价等次。此外，2017年全国、全省“两会”、中共十九大等重点时期，潍坊市没有发生造成不良影响的信访问题，圆满实现市委的任务目标。2017年潍坊市信访局被省委、省政府评为全省信访工作先进集体和中共十九大安保维稳工作先进集体，被市委、市政府评为党的十九大安保维稳工作先进集体并记二等功。

【切实加强组织领导】 市委书记刘曙光召集县市区委书记和市直有关部门主要负责人会议，专题研究进京非访治理和越级进京去省上访处理工作，并明确划分界定信访工作主要领导责任、分管领导责任、主管责任、排查责任、信息上报责任、属地稳控责任、行业管理责任、北京值班责任、中间防线责任、依法处置责任、事要解决责任等11个方面的责任。刘曙光还多次召开市委常委会议听取信访情况汇报，经常就信访工作作批示、提要求。张小梅副书记、刘建国秘书长对信访工作全力靠上，多次召开会议进行安排部署，对重点信访案件亲自协调处理、包靠化解。另外，市领导坚持以身作则，带头落实公开接访、带案下访及包案制度。全市严格落实信访工作问责制度，全市先后有37名干部因信访问题处置不力受到责任追究。

【提升信访工作法治化水平】 对所有来信来访案件，坚持依法、按政策办理，严格落实诉访分离、依法分类处理信访问题、依法逐级走访等制度，引导群众依法维权。扎实开展规范信访基础业务专项整治活动，对信访事项受理、办理、督查、结案、反馈等各个工作环节中的不依法不依规的所有问题，进行全面排查梳理、归类分析，逐案逐事剖析原因，并限期整改，全市信访工作的规范化、标准化、法治化、制度化水平明显提高。更加注重运用法治思维和法治方式解决进京非正常上访问题，深入推进进京非正常上访违法行为依法处置，进一步健全完善联动处置机制，基本上刹住了进京非正常上访攀升的势头。

【强力化解信访积案】 在全市深入组织开展“万人下基层”化解信访积案活动，活动从5月下旬至9月底结束，历时4个月。市信访局作为化解信访积案的牵头负责部门，切实做好相关准备和组织协调工作。活动中，通过市级领导带头包案和派员实地督导、发函催办、调度问询、强化考核和通报问责等方式，保证化解信访积案的工作成效。活动结束时，市、县（市区）两级排查掌握的853件信访积案，化解839件，化解率为98.4%。其中，化解5年以上的58件，10年以上的26件，15年以上的6件。

【狠抓信访基础业务】 根据全市开展作风建设年活动的要求，全市各级信访部门登记、受理、交办时间以及责任部门受理、办理时间均在《信访条例》《山东省信访条例》等法律规定时限内提速15%，群众初信初访一次性结服率达到85%以上。对诉求简单明了的信访事项，特别是事实清楚、责任明确、争议不大、易于解决的，或涉及群众日常生产生活、时效性强、应即时处理的，遵循依法合规、简易务实、灵活高效的原则进行办理，尽可能地压缩办理时限，尽快满足群众期望和要求。深入推行信访听证工作，专门在安丘市召开全市信访工作现场会议，重点推广信访听证工作，促进问题及时就地化解。全年全市共组织信访听证902次，化解复杂疑难信访事项562件，其中信访积案116件。

【做好重点时期的信访工作】 在全国“两会”及省、市“两会”、省党代会特别是党的十九大期间，坚持稳定压倒一切，狠抓信访不稳定因素排查化解、信息预警、巡查督导、领导接访包案、重点人物稳控等工作措施的落实。信访工作人员都自觉加班加点，力量向接访一线和值班处理一线倾斜，实行24小时在岗在位，确保随时处理各类突出和异常情况。党的十九大期间，驻京值班工作组进驻北京开展工作，针对北京方面对有关重点区域和场所严格督查管控的实际，及时调整潍坊市驻京工作策略，积极做好外围查控的延伸工作，最大限度地减少安保维稳隐患，圆满完成驻京值班期间的工作任务。

（李荣涛）

党史工作

【概况】 《中共潍坊历史（第二卷）》形成初稿。先后查阅档案资料近20次，卷宗几百卷，现已形成40余万字的初稿。《改革开放实录》编纂取得阶段性成果。承担的省7个专题已经全部完成。《潍坊改革开放实录（潍坊卷）》编纂工作按省要求稳步推进。《中共潍坊年鉴（2016）》编纂完成，约160万字。“山东省“社会主义建设时期市（地）、县委书记口述历史”征编工作进展顺利。市一级口述史已经完成初次校对，共计15万余字，做到了地委书记无遗漏。全市县市区县市委书记口述资料已初步校对完毕，共计100余万字。省社科党史研究课题“新民主主义革命时期山东学生运动研究——以中国共产党的领导为主视角考察”完成初稿，形成初稿3万字。

【弘扬红色文化】 推动并积极参与市级党性教育基地主题展馆（潍坊党史馆）规划设计建设工作。通过考察学习，提出初步建设方案。多次在市内考察、选址，抽调专人参与主题展馆建设工作，为潍坊市党性教育基地主题展馆提供基础保障。完成《潍坊市党性教育基地主题展馆展陈大纲》的编写。制定下发资料征集和宣传方案，完成了全市资料征集工作的摸底和审核登记。加强革命遗址保护工作，编辑出版《潍坊市革命遗址》，命名王尽美纪念馆、陈少敏纪念馆、庄龙甲故居等30处为潍坊市党史教育基地。指导县市区加强革命遗址保护利用、维修，更换展陈内容，积极申报第三批山东省党史教育基地。王尽美故居、潍县战役党性教育基地、昌邑白塔抗战殉国烈士祠等9处革命遗址被命名为第三批山东省党史教育基地。在市委领导下积极协助筹办王尽美纪念活动。现已帮助撰写、审核《中国共产党创始人之一——王尽美》丛书，正在联系出版。帮助筹备纪念王尽美诞辰120周年座谈会和研讨会，邀请参会专家、学者及相关人员120余人，现在正在收集研讨会论文。积极开展《不忘初心牢记使命接力前行——王尽美精神传承和发扬》课题研究，积极协助申报山东省社科规划山东党史研究专项课题，现已立项。

【党史宣传教育】 开设党史墙，使机关党员干部随时接受党史教育，收到良好效果。利用建党、建军等重大时间节点开展党史宣传活动。为纪念建党96周年，在《潍坊人大》上连续发表《尚武将军——窦来庚》《“双目失明司令”——牟光仪》两篇纪念文章。庆祝建军90周年，在《潍坊晚报》发表《潍坊的抗日武装》，2万多字。配合潍坊电视台拍摄《红军名将——刘英》党史专题片，在《这里是潍坊》栏目播出。建设并正式开通中共潍坊历史网。积极开展地方党史宣讲“五进”活动。选拔业务骨干进行中共潍坊地方党史宣讲19次，促进全市党员干部的思想政治建设。完善潍坊市党史资料馆，2017年被市直机关工委表彰为党建工作优质服务项目。

（潘桂红）

党校工作

【概况】 2017年，市委党校坚持以习近平新时代中国特色社会主义思想为指导，以深入学习宣传贯彻党的十九大和省、市党代会精神为主线，以开展“作风建设年”活动为契机，坚持党校姓党，牢记初心使命，主动担当作为，全面深化改革，进一步推动全市党校事业科学化发展。全年共举办、承办培训班292期次，培训学员52270人次；在全省17地市党委办党校管党校建党校主体责任考核中潍坊市位列第一，连续两年获得“好”等次；连年获得全市科学发展综合考核“优秀”等次。

【党的建设】 坚持全面从严治党，认真落实党风廉政建设主体责任和监督责任，主动查摆廉政风险，时刻抓紧廉政建设。深入开展“作风建设年”活动，把杭州党校、临沂党校作为对标学习单位，从严抓好学访提标达标工作。完成支部换届，为每名党员配发党徽，佩党徽、亮身份；建设党员活动室，抓实“三会一课”“支部生活日”、民主评议党员、专题民主生活会和组织生活会等制度，严肃党内政治生活。加强和改进学员支部党的建设，探索形成党支部领导下充满活力的学员自我管理、自我教育、自我服务、自我监督新机制。

【教学工作】 举办4期全市领导干部中共十九大精神专题学习班，对全市1852名县级干部和镇街党政主要负责同志进行集中轮训。把马克思主义理论教育和党性教育作为首要任务，把习近平新时代中国特色社会主义思想和中共十九大精神作为重中之重，将省市党代会精神、“作风建设年”等作为重要内容；建设“党性教育主题教室”，深化案例教学模式，聚焦聚力主体班次教育。同时，承办市内外培训班208期、培训学员4.9万人次，从严抓好省委党校在职研究生教育。

【科研工作】 承办山东社科论坛——全省党校系统学习宣传贯彻党的十九大精神研讨会，省委党校常务副校长徐闻、山东省社会科学院党委书记唐洲雁等领导出席开幕式并发表重要讲话。一年来，被省、市级领导批示科研成果10篇次，其中省委书记刘家义、市委书记刘曙光批示3篇次。制定《科研业绩考核评价办法》《科研经费管理试行办法》，全年申报、立项课题107项，发表省级以上论文70篇，其中C刊5篇；荣获省、市级年度科研成果奖10项。聚焦市情，在《潍坊日报》刊发理论专版13期、53篇优秀理论文章，选派教师到市电视台解读市情25人次。

【行政管理】 制定公车管理使用规定、班车收费办法，调整规范办公用房，完善校园安保、卫生巡查机制，强化财政预算、政府采购和财务内控管理，严格公务接待。将校园周边3块小果园全部划归党校使用，实现Wi－Fi无线网络全覆盖，圆满完成老校区迁拆工作。全年共接待省委党校、四川行政学院、山东省社科院、山东省行政学院、泸州市委组织部等31批次440余名领导的考察指导。

【队伍建设】 选派教师到中央党校、中国人民大学、省委党校、省行政学院等外出学习127人（次），选派教师到中央党校、浦东干部学院、人民日报社、省委党校参加高层次学术研讨会26人（次），选派4人到市委组织部帮助工作，选派2人到村、非公企业担任“第一书记”。从严抓好全校县级以上干部个人重大事项报告，按程序晋级一级调研员2人、三级调研员3人、四级调研员1人、一级主任科员6人、二级主任科员3人、三级主任科员4人、四级主任科员4人。

【基层党校教育】会同市委组织部，制定《党员进党校培训常态化的意见》，构建党校教育全覆盖体制机制。2017年，全市各级党校培训基层党员53.9万人次，其中县级以上党校举办党员培训班540期，轮训17.2万人次。该项工作荣获“第四届全国基层党建创新最佳案例”(位列第三)，被省委书记刘家义，省委常委、组织部长杨东奇，省委常委、宣传部长王清宪，市委书记刘曙光等领导批示肯定，《中央党校工作通讯》《山东组工信息》等进行报道。常务副校长丁志伟应邀到京参加典型案例颁奖仪式并发言。

（孔　磊）

老干部工作

【概况】 截至2017年底，潍坊市共有离退休干部72341人，其中离休干部3115人，退休干部69226人。中组部老干部局副局长杨保平到潍坊调研。局机关通过省级文明单位复查。在省委老干部局对17地市集中督查中，潍坊市位列全省第一。全市科学发展综合考核获优秀等次。

【政治建设】 按照市第十二次党代会提出的“以对历史和党的事业高度负责的精神，用心用情做好离退休干部工作”的精神，制定《关于进一步加强新形势下老干部工作督促检查的实施意见》。编制、财政、人社等部门出台增加人员编制、强化资金保障等文件，全市共出台老干部工作政策性文件8个。

【组织建设】 成立全省首家离退休干部党建研究中心，中组部老干部局《情况交流》宣传推介。建立“政治生日”制度，省委组织部副部长兼省委老干部局局长厉彦林给予充分肯定并作批示。开展“支部工作法”展评活动。落实离退休干部党建工作经费和党组织书记工作补助。举办全市离退休干部党支部书记培训班、市直离退休干部党支部书记党的十九大精神辅导报告会。拍摄《组织力——在党旗下释放》专题片。全国43个市级以上老干部工作部门206人次到潍坊市学习考察。

【服务管理】 召开全市老干部情况通报会。组织副厅级以上老干部到寿光、青州、诸城、坊子等地参观考察。严格市直老干部医疗统筹困难单位审核，将44个单位158人纳入财政补贴范围。印发《关于进一步规范组织离退休干部开展活动的通知》。为市直79名离休干部及遗属发放帮扶金23万元。走访慰问省内外易地安置离休干部50名。对《老干部诉求台账》建管用情况开展专项督查。全面完成北海花园A区、B区老干部学习活动场所改造提升工作。

【文化养老】 市老年大学被评为“全国示范老年大学”“全国老年远程教育实验区”。新建市老年大学分校及教学点5处，在校生达2.12万人次。在

2017年11月2日，中组部老干部局副局长杨保平，省委组织部副部长兼省委老干部局局长厉彦林到潍坊调研离退休干部党建工作　　（供稿：王文杰）

第七届全省老干部艺术节文艺汇演中获金奖。开展市县镇村四级规范校创评，40所老年大学（学校）达标。建立全市老年教育工作者培训基地。省老年大学协会将教学工作委员会设在潍坊。成立全省首个市老干部志愿服务指导中心，打响“红领鸢都”志愿服务品牌。举办纪念潍坊市关工委成立25周年系列活动，成立老年大学关工委。组织开展“夸夸我家这五年”主题征文活动，获全省优秀组织奖。

【部门建设】 编制部门批复内设机构调整方案，增设教育活动科（挂市纪委离退休干部工委办公室牌子），增加行政编制3个。深入开展“作风建设年”活动，对标学习杭州、青岛市委老干部局。选派副县级退休干部王梅俊担任北海路街道楼宇创业商圈党委“第一书记”。帮助帮扶村协调项目6个，争取资金124万元。引进高层次人才2人。被评为全省老干部工作部门调研信息宣传工作先进单位。市老干部活动中心获评省级文明单位。

（王文杰）

潍坊市人民代表大会

Weifangshi renmin daibiao dahui

重要会议

【市十七届人大一次会议】 2017年2月24日—28日，在潍坊举行。本届市人民代表大会代表名额为570名，实有代表566名。会议听取审议了市政府代市长李宽端作的政府工作报告，市人大常委会党组书记、第一副主任苏立科作的潍坊市人民代表大会常务委员会工作报告，市中级人民法院院长姜树政作的潍坊市中级人民法院工作报告，市人民检察院代理检察长王桂春作的潍坊市人民检察院工作报告。会议书面印发了潍坊市2016年国民经济和社会发展计划执行情况与2017年计划草案的报告、潍坊市2016年预算执行情况和2017年预算草案的报告，一并提请代表审查。会议选举产生了新一届市级国家机关领导成员。刘曙光当选为潍坊市第十七届人民代表大会常务委员会主任，孙明亮、毛秀凤、顾建华、张新强、范福生当选为潍坊市第十七届人民代表大会常务委员会副主任，王秀禄当选为潍坊市第十七届人民代表大会常务委员会秘书长，丁汉邦等39人当选为潍坊市第十七届人民代表大会常务委员会委员；李宽端当选为潍坊市人民政府市长，邹庆忠、王树华、李平、吴磊、马清民、田民利当选为潍坊市人民政府副市长；姜树政当选为潍坊市中级人民法院院长；王桂春当选为潍坊市人民检察院检察长，须依法报经省人民检察院检察长提请省人大常委会批准任命。表决通过了潍坊市第十七届人民代表大会内务司法委员会、财政经济委员会、教育科学文化卫生委员会、城乡建设与环境资源保护委员会、农业与农村委员会、民族侨务外事委员会、法制委员会组成人员人选名单。表决通过了关于政府工作报告的决议、关于潍坊市2016年国民经济和社会发展计划执行情况与2017年计划的决议、关于潍坊市2016年预算执行情况和2017年预算的决议、关于潍坊市人民代表大会常务委员会工作报告的决议、关于潍坊市中级人民法院工作报告的决议、关于潍坊市人民检察院工作报告的决议。新当选的同志与代表们见面，并举行了向宪法宣誓仪式。

【市十六届人大常委会第三十五次会议】 1月15日，市十六届人大常委会第三十五次会议在市级机关综合办公大楼会议室举行。市人大常委会秘书长王秀禄受主任会议委托作了关于补选省十二届人大代表的说明。会议酝酿了有关候选人名单；以无记名投票的方式，补选了部分省十二届人民代表大会代表，报请省人大常委会审查确认。

【市十六届人大常委会第三十六次会议】 1月23日，市十六届人大常委会第三十六次会议在市级机关综合办公大楼会议室举行。市委常委、常务副市长邹庆忠受市长刘曙光委托提请人事任免名单，市人社局局长李静波介绍了提请任命干部的有关情况；市检察院党组副书记、副检察长马言圣受检察长杨洪旭委托提请人事任免名单，并介绍了提请任命干部的有关情况；苏立科受主任会议委托提请了人事任免名单。会议分组审议了有关决定草案、有关同志辞职的请求和人事任免案。以无记名投票的方式，决定接受刘曙光辞去潍坊市市长职务的请求，报潍坊市人民代表大会备案；决定接受杨洪旭辞去潍坊市人民检察院检察长等相关职务的请求，报经省检察院检察长提请省人大常委会批准，报潍坊市人民代表大会备案。通过了人事任免案，决定任命李宽端为市政府副市长，决定李宽端为潍坊市代理市长；任命王桂春为市检察院检察员、检察委员会委员、副检察长，决定王桂春为潍坊市人民检察院代理检察长，由市检察院、市人大常委会分别报省检察院、省人大常委会备案；决定任命吴磊为市公安局局长；决定接受王辉等同志辞去潍坊市人民代表大会常务委员会委员及有关专门委员会相关职务的请求，报潍坊市人民代表大会备案。会议还表决通过了市人大常委会关于召开市十七届人大一次会议的决定，举行了向宪法宣誓仪式。苏立科向部分被任命干部颁发了任命书。

【市十六届人大常委会第三十七次会议】 2月20日，市十六届人大常委会第三十七次会议在市文化艺术中心大剧院举行。市人大常委会秘书长王秀禄受主任会议委托，作了关于市十七届人大一次会议筹备工作情况的汇报；市人大常委会委员、代表资格审查委员会主任委员张军作了关于潍坊市第十七届人民代表大会代表的代表资格审查报告；市人大常委会副秘书长、人事代表工作室主任、市县镇人大换届选举工作联席会议办公室主任毛洪涛作了关于全市县镇人大换届选举工作情况的汇报。会议分组审议了有关汇报、报告及市十七届人大一次会议议程草案、有关名单草案和列席人员范围；表决通过了关于潍坊市第十七届人民代表大会代表的代表资格审查报告，列席市十七届人大一次会议人员范围，拟提请市十七届人大一次会议预备会议通过的大会议程草案、大会主席团和秘书长名单草案、计划预算审查委员会名单草案和议案审查委员会名单草案，议定了市人大常委会在市十七届人大一次会议上的工作报告。

【市十七届人大常委会第一次会议】
3月20日，市十七届人大常委会第一次会议在市文化艺术中心大剧院举行。市人大常委会秘书长王秀禄作了关于《潍坊市第十七届人民代表大会常务委员会代表资格审查委员会组成人员名单（草案）》的说明，关于个别代表的代表资格的报告。会议审议了有关报告、名单草案及其说明，表决通过了潍坊市第十七届人民代表大会常务委员会代表资格审查委员会组成人员名单和关于个别代表的代表资格的报告。

【市十七届人大常委会第二次会议】
4月28日，市十七届人大常委会第二次会议在市级机关综合办公大楼举行。副市长王树华受市长李宽端委托提请人事任免名单，市委组织部常务副部长殷修湖介绍了提请任命人员的有关情况；市中级法院院长姜树政提请人事任免名单、介绍提请任命人员的有关情况，并作了关于全市法院执行工作情况的报告；市检察院检察长王桂春提请人事任免名单，介绍了提请任命人员的有关情况；市人大常委会秘书长王秀禄受主任会议委托作了关于《潍坊市人民代表大会常务委员会组成人员守则（修订草案）》和《潍坊市人民代表大会常务委员会议事规则（修订草案）》的说明；市科技局局长张宝胜受市政府委托作了关于《山东潍坊国家农业科技园区总体规划（草案）》的说明；部分提请任命干部作了供职发言。会议还书面印发了《潍坊市中级人民法院关于员额法官履行法律程序的报告》和《潍坊市人民检察院关于首批员额检察官履行法律程序的报告》等。会议分组审议了有关报告、守则修订草案、议事规则修订草案、规划草案及决议草案和人事任免案。市人大常委会委员王发庆、张学文、傅廷伟分别作了联组审议发言。会议表决通过了《潍坊市人民代表大会常务委员会组成人员守则》《潍坊市人民代表大会常务委员会议事规则》、潍坊市人大常委会关于批准潍坊市人民政府关于《山东潍坊国家农业科技园区总体规划》的决议和人事任免案，举行了向宪法宣誓仪式。刘曙光向部分被任命干部颁发了任命书。

【市十七届人大常委会第三次会议】
6月28日，市十七届人大常委会第三次会议在市文化艺术中心大剧院举行。市人大常委会秘书长王秀禄受主任会议委托作了关于推进“四个城市”建设的决议（草案）的说明，提请人事任免名单并介绍了被提请任命人员的有关情况；市人大财政经济委员会副主任委员王发庆作了关于视察全市化工产业发展情况的报告；副市长马清民作了关于全市农产品质量安全工作情况的报告，受市长李宽端委托提请人事任免名单，市人社局局长陈汝孝介绍了被提请任命人员的有关情况；市旅游发展委员会主任于慰杰作了关于全市旅游业发展情况的报告；市财政局副局长王金祥作了关于潍坊市2017年市级预算调整方案（草案）的报告；市人大常委会副秘书长、人事代表工作室主任毛洪涛作了关于《潍坊市人民代表大会常务委员会人事任免办法（修订草案）》的说明；部分被提请任命干部作了供职发言。会议分组审议了有关决议草案、报告、办法修订草案和人事任免案。市人大常委会委员赵军、王志刚、王承策和市人大代表赵萍分别作了联组审议发言。会议表决通过了潍坊市人民代表大会常务委员会关于推进“四个城市”建设的决议、关于批准潍坊市2017年市级预算调整方案的决议，《潍坊市人民代表大会常务委员会人事任免办法》和人事任免案，举行了向宪法宣誓仪式。

【市十七届人大常委会第四次会议】
8月29日，市十七届人大常委会第四次会议在市文化艺术中心大剧院举行。市政府党组成员、市人社局局长陈汝孝作了关于全市就业工作情况的报告，市发改委主任肖培灵作了关于潍坊市2017年上半年国民经济和社会发展计划执行情况的报告，市财政局局长王金祥作了关于潍坊市2016年财政决算和2017年上半年预算执行情况的报告，市人大财经委副主任委员王志刚作了关于潍坊市2016年财政决算审查结果的报告暨潍坊市2017年上半年预算执行情况的初审意见，市审计局局长宫智作了关于潍坊市2016年度市级预算执行和其他财政收支的审计工作报告，市食药监局局长张长坤作了关于全市食品安全工作情况的报告，市环保局、市公安局负责同志分别作了关于《潍坊市大气污染防治条例（草案）》和《潍坊市城区燃放烟花爆竹管理条例（草案）》的说明。会议分组审议了有关报告、决议草案、初审意见和条例草案。市人大常委会委员刘效伟、孔宪俊、秦学昌、张学文分别作了联组审议发言。会议采用电子表决的方式，表决通过了潍坊市人民代表大会常务委员会关于批准潍坊市2016年市级财政决算的决议。

【市十七届人大常委会第五次会议】 10月28日—至29日，市十七届人大常委会第五次会议在潍坊举行。市委书记、市人大常委会主任刘曙光出席专题询问会并讲话，市委副书记、市长李宽端出席专题询问会并就进一步优化经济发展软环境作表态发言。会上，市委常委、市政府常务副市长邹庆忠分别作了关于优化经济发展软环境工作情况的报告和市十七届人大一次会议以来代表所提建议、批评和意见办理工作情况的报告，市交通运输局局长张兆平作了关于全市重大交通基础设施建设管理情况的报告，市人大农业与农村委员会副主任委员赵刚毅作了关于视察全市农业供给侧结构性改革情况的报告，市人大法制委员会副主任委员胡景东、张志才分别作了关于《潍坊市大气污染防治条例（草案）》《潍坊市燃放烟花爆竹管理条例（草案）》审议结果的报告，市人大常委会秘书长王秀禄受主任会议委托，宣读了关于授予杨方旭“潍坊人民勋章”的议案，市中级人民法院院长姜树政提请人事任免名单，并介绍了提请任命干部的有关情况。会议分组审议评议了各项报告、条例草案、决定草案和人事任免事项。对优化经济发展软环境工作进行了专题询问。市人大常委会委员张学文、杨爱君、朱朝辉和市人大代表李俊芹分别作了联组审议评议发言。会议采用电子表决的方式，表决通过了关于授予杨方旭“潍坊人民勋章”的决定和人事任免事项，对市政府优化经济发展软环境工作情况和市十七届人大一次会议以来代表所提建议、批评和意见办理工作情况进行了测评。孙明亮为杨方旭颁发了“潍坊人民勋章”。

【市十七届人大常委会第六次会议】 11月6日，市十七届人大常委会第六次会议在市级机关综合办公大楼会议室举行。市人大常委会秘书长、代表资格审查委员会主任委员王秀禄作了关于个别代表的代表资格的报告。会议审议了关于个别代表的代表资格的报告，表决通过了这个报告。

【市十七届人大常委会第七次会议】 12月12日，市十七届人大常委会第七次会议在市文化艺术中心大剧院举行。市人大常委会党组副书记、副主任孙明亮主持会议，副主任毛秀凤、顾建华、张新强、范福生和秘书长王秀禄出席会议。会议听取了市人大农业与农村委员会副主任委员赵刚毅作的关于检查全市贯彻实施《潍坊市禁用限用剧毒高毒农药条例》情况的报告，在分组审议的基础上，议定了市人大常委会在市十七届人大二次会议上的工作报告，表决通过了市人大常委会关于深入学习贯彻党的十九大精神的决议、关于召开市十七届人大二次会议的决定和《潍坊市大气污染防治条例》《潍坊市燃放烟花爆竹管理条例》。市人大常委会委员李成军作了联组审议发言。会议决定，2018年1月上旬在潍坊召开市十七届人大二次会议。

重要工作

【旗帜鲜明讲政治】 把坚持党的领导作为人大工作的根本政治原则，牢固树立政治意识、大局意识、核心意识、看齐意识，自觉维护党中央权威和集中统一领导，始终同以习近平同志为核心的党中央保持高度一致。强化理论武装，驰而不息抓好思想政治学习。深入学习习近平新时代中国特色社会主义思想，深入学习中央和省、市委系列重要会议精神，深入学习宪法法律和人民代表大会制度理论，为依法履职提供政治保证和理论支撑。党的十九大召开后，把学习贯彻十九大精神作为首要政治任务，专门作出安排部署，通过领导领学、专题培训、理论研讨等多种形式，切实在学懂弄通做实上下功夫。及时作出关于学习贯彻党的十九大精神的决议，引导全社会进一步统一思想、凝聚共识，推动十九大精神入脑入心、落实落地。强化政治自觉，坚定不移在市委领导下开展工作。坚持请示报告制度，对人大工作中的重大问题、重要事项及时向市委请示报告，主动争取领导和支持，始终与市委在思想上同心、目标上同向、行动上同步。紧紧围绕市委决策部署，按照抓学习、抓规范、抓重点、抓创新、抓成果的“五抓”工作思路，统筹安排人大立法、监督、决定、任免等各项工作。坚决落实上级要求，扎实做好全国和省人大代表换届选举有关工作，严密防范措施，严明纪律规矩，确保选举工作风清气正。认真行使重大事项决定权，围绕预算决算审查、山东潍坊国家农业科技园区总体规划等方面，作出决议、决定7项。坚持党管干部原则与依法任免有机统一，全年任免国家机关工作人员233人次。落实宪法宣誓制度，组织向宪法宣誓128人次。

【增强监督实效】 一年来，听取审议“一府两院”专项工作报告14项，组织调查42次，开展视察和执法检查16次。（1）着力推动“四个城市”建设。围绕“四个城市”建设五年规划和三年行动计划积极建言献策，通过座谈交流、代表履职平台征询、县市区联动调研等方式，收集意见建议506条，向市委提交专项工作报告。6月，常委会经过深入调研、充分审议，作出《关于推进“四个城市”建设的决议》，明确指导原则、发展定位和任务要求，动员全市人民发挥首创精神和主人翁意识，积极支持和参与“四个城市”建设，从法律效力层面为“四个城市”建设提供保障。为推动决议落实，11月，组织对决议落实情况进行视察，督促提高标准，加快项目进度，确保“四个城市”建设按照既定目标扎实推进。（2）着力推动实体经济发展。围绕促进产业转型升级，跟踪监督年度经济社会发展计划执行情况，听取审议情况报告，要求积极推进结构调整和新旧动能转换，有效防控风险，提高发展质量和效益。针对企业发展中遇到的融资、人才、技术、产能等问题，走出去，请进来，广泛征集民意，提出合理化建议。专题视察全市化工产业发展情况，督促抓好政策落实，优化结构布局，促进产业做优做强。围绕助推农业供给侧结构性改革，听取审议相关情况汇报，对“中国食品谷”重点项目建设情况进行视察，对全市旅游业、乡村旅游发展情况进行调查，要求以新发展理念为引领，大力实施乡村振兴战略，加快推进农业农村现代化。围绕强化实体经济发展支撑，对重大交通基础设施建设开展视察，实地调查火车站站南广场、高铁北站等重大项目建设情况，听取审议相关工作汇报，督促加快全市现代综合交通运输体系建设，不断提升基础设施对经济社会发展的支撑能力。（3）着力推动发展软环境优化。坚持问题导向，突出法治环境、政策环境、人才环境、诚信环境、政务环境5个重点，对优化发展软环境开展专题询问、工作评议。询问前，利用3个月时间深入调研，主任会议成员分别带队，市县乡三级人大联动，五级人大代表参与，采取实地查看、市长热线、网络调查、发放问卷等方式，征求意见建议45953条。询问时，全程电视直播，常委会委员和人大代表围绕软环境建设的突出问题提出询问，11个有关部门到会应询、作出表态。询问后，“一府两院”根据常委会评议意见，制定工作方案，明确责任分工，逐项抓好整改落实。（4）着力推动保障和改善民生，确定将生态环保、食品药品安全、安全生产、社会稳定、发展软环境、干部作风等作为年度“六大重点”任务，强力监督推动。着眼于实现更高质量和更充分就业，听取审议全市就业工作情况的报告，深入实施就业优先战略，进一步完善公共就业创业服务体系，着力解决结构性就业矛盾。着眼于保障公共安全，听取审议全市农产品质量安全、安全生产等工作情况的报告，就食品安全、企业食品标准执行情况开展调查，督促创新监管手段，强化源头治理，完善监管体制。着眼于维护人民群众合法权益，分别以加强大气异味污染防治、加强施工现场扬尘管理为主题开展“风筝都环保世纪行”活动，组织对法院执行、检察院侦查监督、养老保险基金管理使用和民族宗教等工作开展调查，对群众来信来访依法进行办理或催办、督办。（5）着力推动预算决算审查监督。听取审议决算、预算执行等情况报告，审查批准2016年市级决算和2017年市级预算调整方案。出台关于加强市本级部门预算审查监督的若干规定，规范部门收支行为，强化预算约束。组织对财政专项资金使用情况进行专题审查。推进预算执行全过程监督，积极做好预算联网监督有关工作。突出对审计查出问题的跟踪监督，制定关于改进审计查出问题整改机制的意见，对监督重点、跟踪检查、结果运用等作出明确规定，强化监督刚性。（6）着力推动法律法规的规范实施。组织对《著作权法》《山东省森林资源条例》《潍坊市禁用限用剧毒高毒农药条例》等6部法律法规进行执法检查，对潍坊市文物保护条例、电梯安全条例贯彻实施情况进行调查。召开全市人大规范性文件备案审查工作会议。按照有件必备、有备必审、有错必纠的要求，认真开展规范性文件备案审查，维护法制的统一、尊严、权威。

【加强和改进立法工作】（1）完善立法制度机制。健全法规立项机制。制定常委会年度立法计划编制办法，建立专门委员会牵头提出立法项目制度，对立法项目的征集、报送、调研论证、立项等各环节予以规范。健全立法主导机制。完善立法项目征集制度，编制五年立法规划和年度立法计划，加强对立法工作的统筹安排。对部门起草的法规草案提前介入、加强指导，及时解决遇到的矛盾问题，先后召开部门调度会11次，督促加快起草进度，按时提请常委会会议审议。健全立法评估机制。制定常委会立法评估办法，规范法规评估程序，对潍水生态文化保护等4件立法项目进行立法前评估，对禁用限用剧毒高毒农药条例、电梯安全条例的执行情况开展立法后评估。（2）改进立法方式方法。着眼提高立法质量，强化过程管理。立法前，积极与上级人大就立法权限、上位法衔接等开展经常性沟通；对立法项目和立法中的重大问题，及时向市委请示报告，依法按程序做好相关工作。立法中，注重听取立法咨询专家、立法联系点与人大代表的建议意见，拓宽公民和第三方参与立法途径，与西南政法大学开展“校地合作”，委托3家立法服务基地全程参与立法工作。邀请有关部门、行业专家学者和基层实务人员，共同研究解决审议中遇到的重点难点问题。立法后，采取执法检查、专题调研、问卷调查等方式，对法规贯彻实施、适用情况及存在的问题进行动态监督评价。（3）加强重点领域立法。紧紧围绕经济社会发展中的重大问题和事关群众切身利益的热点问题，高质量开展地方立法工作，以良法促进发展、保障善治。审议通过《潍坊市大气污染防治条例》，针对大气污染防治中的共性问题和突出问题，强化源头治理，厘清管理部门职责边界，对监督管理、防治措施、法律责任等作出具体规定，为大气污染防治提供了特色鲜明、切实可行的制度框架。审议通过《潍坊市燃放烟花爆竹管理条例》，针对无序燃放引发的环保问题和安全隐患，明确界定禁放区域、禁放时间、违规销售和燃放的法律责任等，既把握了“限制燃放”原则，又尊重了传统习俗，做到了疏堵有序、限放结合。

【支持保障代表依法履职】（1）提升代表履职能力。加强代表学习培训，举办市人大代表初任培训班，组织代表履职轮训和专题学习，376名代表系统学习监督法、代表法、地方组织法和相关履职知识。落实常委会组成人员联系代表办法，制定主任会议成员分工联系市人大代表意见，采取多种形式保持与代表的经常性联系，指导代表依法履职。扩大代表对常委会工作的参与度，坚持重要情况及时向代表通报，重大活动邀请代表参加，重要工作听取代表意见，拓宽代表知情知政渠道，为代表更好地参与管理地方国家事务创造条件。（2）搭建代表履职平台。常委会将代表小组规范化建设作为年度工作重点，制定印发专门意见，对代表小组活动的经费保障、工作制度等作出规定。全市36个市人大代表小组，全部达到了有场所、有制度、有计划、有档案、有实效、有保障的“六有”标准，建成规范化的小组活动室。加快代表履职信息化建设，启用常委会会议文件推送系统，升级代表信息管理系统，开发代表履职移动终端服务系统。改进代表列席常委会会议工作，完善网上自愿报名、重点发言人等做法，全年63名代表列席市人大常委会会议，16名代表在会议上作了审议发言。指导12个县市区相互开展代表跨区域调研。扎实开展“联系群众、促进发展、走在前列”主题活动，组织“问政于民、问需于民、问计于民”调查，代表围绕民生热点、“四个城市”建设等提出意见建议5万多条。（3）强化代表建议督办落实。认真研究代表建议新情况新特点，严格把好进度关、审核关、质量关三个“关口”，狠抓代表建议意见督办落实。对人民群众反映强烈的意见建议，采取约谈部门负责人、满意度测评、开展“回头看”等方式持续跟踪督办，力促问题解决，有效提高了代表建议办成率。

【加强自身建设】（1）积极发挥专门委员会作用。高度重视专委会工作，切实加强领导，完善专委会人员结构，优化专委会及其工作机构的运行机制。各专门委员会充分发挥专业优势，牵头开展立法调研、起草法规草案，组织好初步审议；精心开展执法检查、视察、专题调研等活动；跟踪落实常委会审议、评议意见。（2）狠抓干部队伍能力提升。提升学习能力，组织到全国人大培训中心、上海财经大学进行培训，定期举办法制讲座、人大论坛，促进机关干部加快知识更新，优化知识结构，拓宽眼界和视野。提升创新能力，适应形势发展需要，进一步创新工作思路、方式和手段，推行“集中办公+AB角制度”改革，探索人大与高等院校的战略合作，充分发挥人大工作理论研究会智库作用，加快推进信息化建设。提升服务能力，组织机关干部下基层、摸实情，围绕经济社会发展大局开展调查研究，深入推进包村联户、精准扶贫工作，机关服务大局和服务群众能力显著提高，连续8年被评为省级文明机关。（3）密切与各级人大的联系。积极配合全国和省人大常委会开展调研、视察、执法检查等活动，协助中央和省级13家媒体做好县乡人大专题采访报道，圆满完成上级人大交办的各项任务。统筹推进县市区人大“一地一亮点”做法，加强联系指导，为基层人大创新发展创造条件、注入活力。

人事任免

2017年1月23日，潍坊市第十六届人民代表大会常务委员会第三十六次会议，根据市长刘曙光的提请，决定任命：李宽端为潍坊市人民政府副市长；吴磊为潍坊市公安局局长。根据市人民检察院检察长杨洪旭的提请，任命：王桂春为潍坊市人民检察院检察员、检察委员会委员、副检察长。决定：接受王辉辞去潍坊市第十六届人民代表大会常务委员会委员、潍坊市第十六届人民代表大会内务司法委员会委员职务，孙金生辞去潍坊市第十六届人民代表大会常务委员会委员、代表资格审查委员会委员、潍坊市第十六届人民代表大会农业与农村委员会副主任委员职务，陈本林辞去潍坊市第十六届人民代表大会常务委员会委员、潍坊市第十六届人民代表大会教育科学文化卫生委员会副主任委员职务的请求，报潍坊市人民代表大会备案。决定：接受刘曙光辞去潍坊市人民政府市长职务的请求，报潍坊市人民代表大会备案。决定：接受杨洪旭辞去潍坊市人民检察院检察长、检察委员会委员、检察员职务的请求，按照法律规定，报经山东省人民检察院检察长提请山东省人民代表大会常务委员会批准，并报潍坊市人民代表大会备案。决定：李宽端为潍坊市人民政府代理市长。决定：王桂春为潍坊市人民检察院代理检察长，依法报山东省人民检察院和山东省人民代表大会常务委员会备案。

2017年4月28日潍坊市第十七届人民代表大会常务委员会第二次会议，根据市长李宽端的提请，决定任命：邓江陵为潍坊市人民政府副市长；宋均圻为潍坊市人民政府秘书长；肖培灵为潍坊市发展和改革委员会主任；马中平为潍坊市经济和信息化委员会主任；徐友礼为潍坊市教育局局长；张宝胜为潍坊市科学技术局局长；吴磊为潍坊市公安局局长；王玉为潍坊市监察局局长；吴海源为潍坊市民政局局长；王立杰为潍坊市司法局局长；田民利为潍坊市财政局局长；陈汝孝为潍坊市人力资源和社会保障局局长；徐润启为潍坊市国土资源局局长、潍坊市海洋与渔业局局长；孙守勤为潍坊市规划局局长；李广东为潍坊市住房和城乡建设局局长；张文为潍坊市城市管理行政执法局局长；张兆平为潍坊市交通运输局局长；周寿宗为潍坊市水利局局长；王汉成为潍坊市农业局局长；白卫明为潍坊市商务局局长；孙俐君为潍坊市文化广电新闻出版局局长；宫智为潍坊市审计局局长；郑金来为潍坊市环境保护局局长；王浩为潍坊市外事与侨务办公室主任；肖建华为潍坊市民族宗教事务局局长；冯纪伟为潍坊市国有资产监督管理委员会主任；孙沂为潍坊市体育局局长；王丙为潍坊市统计局局长；刘跃东为潍坊市林业局局长；谭炳建为潍坊市工商行政管理局局长；陈勇为潍坊市质量技术监督局局长；刘建成为潍坊市安全生产监督管理局局长；张长坤为潍坊市食品药品监督管理局局长；于慰杰为潍坊市旅游发展委员会主任；高成勇为潍坊市人民政府法制办公室主任；李伟为潍坊市人民防空办公室主任。决定免去：杨锡广的潍坊市卫生和计划生育委员会主任职务。根据市中级人民法院院长姜树政的提请，任命：李鲁民为潍坊市中级人民法院审判员、审判委员会委员；王峰为潍坊市中级人民法院审判员；刘蕾为潍坊市中级人民法院审判员；何大勇为潍坊市中级人民法院审判员；李桂霞为潍坊市中级人民法院审判员；杨金华为潍坊市中级人民法院审判员；高波为潍坊市中级人民法院审判员；朱峰为潍坊市中级人民法院审判员；邵淼为潍坊市中级人民法院审判员；陈秀丽为潍坊市中级人民法院审判员；崔福涛为潍坊市中级人民法院审判员；宫磊为潍坊市中级人民法院审判员；贾元胜为潍坊市中级人民法院审判员；李金桦为潍坊市中级人民法院审判员；郭明明为潍坊市中级人民法院审判员；郭淑娟为潍坊市中级人民法院审判员；尹臣正为潍坊市中级人民法院审判员；贾丽丽为潍坊市中级人民法院审判员；孙涛为潍坊市中级人民法院审判员；丁岩为潍坊市中级人民法院审判员；李莉为潍坊市中级人民法院审判员；刘培玲为潍坊市中级人民法院审判员；祝建海为潍坊市中级人民法院审判员；崔恒心为潍坊市中级人民法院审判员；柏道勇为潍坊市中级人民法院审判员；林少华为潍坊市中级人民法院审判员；李长明为潍坊市中级人民法院审判员；陈志宇为潍坊市中级人民法院审判员；郭伟为潍坊市中级人民法院审判员；张守现为潍坊市中级人民法院审判员；张剑为潍坊市中级人民法院审判员；石凌云为潍坊高新技术产业开发区人民法院审判员。免去：郭群吉的潍坊市中级人民法院审判员职务；张筱玲的潍坊市中级人民法院审判员职务；张子辉的潍坊市中级人民法院审判员职务；赵琴的潍坊市中级人民法院审判员职务；赵立政的潍坊市中级人民法院审判员职务；王蓬莱的潍坊市中级人民法院审判员职务；王少燕的潍坊市中级人民法院审判员职务；王兆来的潍坊高新技术产业开发区人民法院审判员职务；石慧昉的潍坊高新技术产业开发区人民法院审判员职务。根据市人民检察院检察长王桂春的提请，任命：张杰为潍坊市人民检察院检察员；朱国宝为潍坊市人民检察院检察员；元爱玲为潍坊市人民检察院检察员；王世明为潍坊市人民检察院检察员；王向梅为潍坊市人民检察院检察员；田淼为潍坊市人民检察院检察员；宋林林为潍坊市人民检察院检察员；谷红艳为潍坊市人民检察院检察员；侯英杰为潍坊市人民检察院检察员。批准任命：徐军为奎文区人民检察院检察长；王重国为潍城区人民检察院检察长；张春岳为坊子区人民检察院检察长；张素敏为寒亭区人民检察院检察长；王兆生为青州市人民检察院检察长；王彦青为诸城市人民检察院检察长；孙炜为寿光市人民检察院检察长；于建立为安丘市人民检察院检察长；隋国华为高密市人民检察院检察长；宋教德为昌邑市人民检察院检察长；季运忠为临朐县人民检察院检察长；郑爱之为昌乐县人民检察院检察长。免去：张春岳的潍坊市人民检察院检察委员会委员、检察员职务；王彦青的潍坊市人民检察院检察委员会委员、检察员职务；郑树忠的潍坊市人民检察院检察员职务。王萍的潍坊高新技术产业开发区人民检察院检察委员会委员、检察员职务。批准免去：朱国宝的潍城区人民检察院检察长职务；张杰的坊子区人民检察院检察长职务；王重国的诸城市人民检察院检察长职务。

2017年6月28日，潍坊市第十七届人民代表大会常务委员会第三次会议，根据市人大常委会主任会议的提请，任命：蔡相山为潍坊市人民代表大会常务委员会研究室主任；于继才为潍坊市人民代表大会常务委员会预算工作委员会主任；刘晓东为潍坊市人民代表大会常务委员会法制工作委员会主任。免去：徐军伟的潍坊市人民代表大会常务委员会副秘书长、研究室主任职务；王恒秋的潍坊市人民代表大会常务委员会预算工作委员会主任职务；胡景东的潍坊市人民代表大会常务委员会法制工作委员会主任职务。根据市长李宽端的提请，决定任命：张增顺为潍坊市民政局局长；王金祥为潍坊市财政局局长；李承源为潍坊市海洋与渔业局局长；吴海源为潍坊市卫生和计划生育委员会主任；刘锡田为潍坊市金融工作办公室主任。决定免去：吴海源的潍坊市民政局局长职务；田民利的潍坊市财政局局长职务；徐润启的潍坊市海洋与渔业局局长职务；郑金来的潍坊市环境保护局局长职务。决定：接受徐军伟辞去潍坊市第十七届人民代表大会常务委员会委员职务的请求，报潍坊市人民代表大会备案。

2017年10月29日，潍坊市第十七届人民代表大会常务委员会第五次会议决定：接受丁汉邦辞去潍坊市第十七届人民代表大会常务委员会委员、代表资格审查委员会委员职务，皮先标辞去潍坊市第十七届人民代表大会常务委员会委员职务的请求，报潍坊市人民代表大会备案。根据市中级人民法院院长姜树政的提请，任命：张培泉为潍坊高新技术产业开发区人民法院民事审判庭庭长；李吉为潍坊高新技术产业开发区人民法院行政审判庭（审判监督庭）庭长；石凌云为潍坊高新技术产业开发区人民法院刑事审判庭副庭长。免去：石维云的潍坊市中级人民法院审判员职务；孟令东的潍坊市中级人民法院审判员职务；郑建勇的潍坊市中级人民法院审判员职务；张培泉的潍坊高新技术产业开发区人民法院刑事审判庭副庭长职务。

（郭凤孝）

潍坊市人民政府

Weifangshi renmin zhengfu

重要会议

【市政府党组民主生活会】 根据市委“两学一做”学习教育的总体安排，1月25日，市政府党组召开2016年度民主生活会，深入学习贯彻党的十八届六中全会精神，围绕“两学一做”学习教育要求，重点对照《关于新形势下党内政治生活的若干准则》和《中国共产党党内监督条例》，结合思想和工作实际，进行深入自我检查、党性分析，认真开展批评和自我批评，不断增强班子及成员发现和解决自身问题的能力。市委副书记、代市长李宽端主持并作总结讲话。市纪委、市委组织部有关同志到会指导。会上，李宽端首先代表市政府党组作对照检查，深入查摆了在理想信念、政治纪律和政治规矩、作风、担当作为、组织生活、落实全面从严治党责任等方面存在的突出问题，对问题产生的根源进行了深入剖析，提出了整改措施。随后李宽端带头对自身存在的问题进行查摆和剖析，市政府党组成员逐一进行对照检查，相互之间坦诚地开展了批评。大家表示，通过此次民主生活会，更加清醒地认识到了自身存在的问题，一定虚心接受意见建议，深刻反思，认真整改，努力把工作做得更好。李宽端最后做总结讲话。

【市政府党组（扩大）会议】 4月27日，市政府党组召开（扩大）会议，专题研究市政府党组（领导班子）开展“作风建设年”活动实施方案。市委副书记、市长李宽端主持会议。

会议强调，市政府党组（领导班子）开展“作风建设年”活动，要紧紧围绕市第十二次党代会确定的“一三四七”目标任务和战略重点，立足政府工作实际，坚持问题导向，突出落实主题，着力解决政府作风建设和工作落实中存在的突出问题，进一步转变市政府党组（领导班子）作风，全面提高班子凝聚力、创造力和战斗力，推动市第十二次党代会和《政府工作报告》确定的目标任务落到实处，不断开创政府工作新局面。市政府党组（领导班子）要在开展“作风建设年”活动中自觉履行好带头责任、主管责任和分管责任，带头落实“两学一做”，带头弘扬“四种精神”，带头强化“五个导向”，带头完善“七项机制”，为全市政府系统作出示范和表率。

会议还传达学习了《龚正同志在省政府党组会议上的讲话》《关于认真学习贯彻〈中共中央关于部分纪检监察干部违纪案件及其教训警示的通报〉的通知》精神。

【市政府全体（扩大）会议暨廉政工作会议】 5月3日，市政府全体（扩大）会议暨廉政工作会议在市级机关综合办公大楼召开，主要是学习贯彻国务院、省政府廉政工作会议和市纪委全会精神，深入落实市第十二次党代会、市第十七届人大一次会议、全市开展“作风建设年”活动动员大会部署要求，安排部署政府自身建设和廉政建设工作。

市委副书记、市长李宽端出席会议并讲话，市委常委、常务副市长邹庆忠主持会议，市领导李在武、王树华、李平、吴磊、马清民、田民利参加会议。

李宽端指出，本届政府，受命于全面建成小康社会决胜阶段，肩负着建设富裕文明充满活力现代化强市的神圣使命，省委、省政府和市委对本届政府寄予厚望，全市人民充满期待，社会各界高度关注。本届政府要立足新起点、适应新形势、锤炼新作风，以更好形象、更大作为、更优业绩，努力开创政府工作新局面。一要牢记职责使命，切实担负起建设富裕文明充满活力现代化强市的重任。二要加强自身建设，在“作风建设年”活动中创先争优、率先垂范。三要全面推进落实，努力增强抓工作的科学性和实效性。邹庆忠就贯彻落实好会议精神讲了意见，要求政府各部门按照会议部署，切实履行好各自职责，通过提高能力、突出重点、健全工作机制、改进作风、加强党风廉政建设等举措抓好责任落实，努力开创政府工作新局面。会上，印发《潍坊市人民政府工作规则（审议稿）》，市监察局、发改委、审计局、诸城市、高密市作了表态发言。

【全市生态环境综合整治动员大会】 5月18日，市政府召开全市生态环境综合整治动员大会，传达学习市委书记、市人大常委会主任刘曙光关于生态环境综合整治工作的批示精神，动员全市上下围绕做好大气污染防治、高铁高速两侧环境绿化美化、全面推进“河长制”、城市环境综合整治等工作，积极行动，集中攻坚，迅速掀起城市生态环境综合整治大会战，全面提升潍坊生态环境质量，为建设富裕文明充满活力的现代化强市提供更加优良的环境支撑。市委副书记、市长李宽端主持并讲话，市委常委、常务副市长邹庆忠，副市长王树华、吴磊、马清民、田民利出席会议。

李宽端要求，要加强组织协调，解决好“怎么抓”的问题。一要加强组织领导，市直有关部门和县市区党政主要负责人要亲自研究、亲自动员、亲自部署，推动工作有序开展。二要落实属地责任和部门责任，强化协调联动。既要集聚资源打攻坚战、歼灭战，又要立足长远建立长效机制。三要强化检查监督督查奖惩。市政府将成立七个检查组，通过“四不两直”形式每月检查一次，在媒体通报进展情况；强化媒体监督、群众监督，深入开展“啄木鸟”行动，加大舆论监督和曝光力度；每月组织专项督查，通报相关情况；制定具体的以奖代补方案，设立专项奖补资金，对工作推进快、成效大的给予奖励，对工作推进不力、进展缓慢的严肃问责，确保生态环境综合整治各项措施落到实处。

会上，邹庆忠、王树华、马清民、田民利分别就做好分管领域生态环境整治工作作出具体安排；市政府与有关县市区、市属开发区签订了拆违治违行动责任书和房屋征迁“清零”专项行动责任书；高新区、奎文区、潍城区、寒亭区分别作了表态发言。

【市政府党组（扩大）会议】 8月4日，市政府党组召开（扩大）会议，传达学习习近平总书记在省部级主要领导干部专题研讨班上重要讲话精神和在庆祝中国人民解放军建军90周年阅兵时的重要讲话精神。市委副书记、市长李宽端主持会议。

会议指出，要把学习宣传贯彻好习近平总书记在专题研讨班上的重要讲话精神，作为当前重要政治任务，严格按照省委和市委要求，认真抓好落实。一是深刻把握习近平总书记讲话的精髓要义，进一步提高政治站位，自觉在思想上政治上行动上同以习近平同志为核心的党中央保持高度一致，筑牢信仰之基、补足精神之钙、把稳思想之舵，确保各项工作沿着正确方向不断前进。二是发挥带头作用，积极主动地参加上级党组织和市委安排的学习活动，更加深入地学习领会讲话精神，吃透精神实质，同时按照“一岗双责”要求，指导好分管系统和部门的学习。三是以讲话精神引领推动政府各项工作开展，结合学习宣传贯彻习近平总书记重要讲话，切实抓好省委、省政府系列会议精神的贯彻落实，抓好“四个城市”建设动员大会精神贯彻落实，确保完成全年目标任务。在加快新旧动能转换的同时，要集中抓好安全生产、生态环保、社会稳定、金融风险防控和扶贫攻坚工作，坚决守住民生改善、生态良好、稳定和谐、廉洁从政“四条底线”，确保经济健康发展、社会和谐稳定，以优异成绩迎接党的十九大胜利召开。

【产业强市品质城市建设专项委员会第一次全体会议】 9月6日，产业强市、品质城市建设专项委员会第一次全体会议在市级机关综合办公大楼召开，市委副书记、市长李宽端主持并讲话，市委常委、常务副市长邹庆忠通报产业强市、品质城市建设推进情况，副市长王树华、李平、吴磊出席会议。

李宽端强调，要按照全市“四个城市”建设动员大会部署，做好“六个结合”工作:一是产业强市建设与新旧动能转换工作相结合。二是产业强市建设与三次产业发展相结合。三是品质城市建设与提升城市规划建设管理水平相结合。四是市级强力推动与调动基层积极性相结合。五是产业强市、品质城市推进机构与新旧动能转换推进机构相结合。六是产业强市、品质城市建设与“作风建设年”活动相结合。

【市政府党组（扩大）会议】 10月29日，市政府党组召开（扩大）会议，传达学习中共十九大和十九届一中全会精神，安排部署全市政府系统学习宣传贯彻工作。市委副书记、市长李宽端主持会议。

会议强调，要把学习贯彻中共十九大精神作为当前和今后一段时间头等大事和首要的政治任务，政府党组成员要以高度的政治自觉，带头搞好学习贯彻。一是要学全学准学深学透党的十九大精神。二是要准确把握十九大精神实质和内涵要求。三是要把十九大部署要求落实到政府各项工作中。在抓好今年工作的同时，要结合学习贯彻十九大精神，统筹谋划好明年的工作，使学习贯彻过程变为研究问题、谋划工作、推动发展的过程，以实际行动推动党的十九大精神落地见效。

2017年潍坊市市政府常务会议一览表

表1

会议时间	主　持	主要议题
2月3日•第72次	市委副书记、代市长李宽端	专题研究《政府工作报告（送审稿）》《潍坊市2016年国民经济和社会发展计划执行情况与2017年计划草案的报告（送审稿）》及财政收支预算安排等工作

续表1

会议时间	主　持	主要议题
3月27日•第2次	市委副书记、市长李宽端	研究《政府工作报告》任务分解落实、大气污染防治、鲁台会及中日韩产业博览会筹办、法治政府建设、潍坊港总体规划修编和中心城区东、南外环路建设及城区基准地价调整等事项
4月18日•第3次	市委副书记、市长李宽端	听取一季度经济运行情况和重点项目推进工作汇报，分析当前经济形势，研究下步工作措施。会议还研究了禁毒工作，并对做好房地产、物流业、旅游业、高端人才引进管理等领域专题调研工作进行了安排
4月27日•第4次	市委副书记、市长李宽端	研究制定政府工作规则、加强环保督察、做好安全生产、召开市政府全体会议暨廉政工作会议相关事宜
5月15日•第5次	市委副书记、市长李宽端	专题研究支持歌尔公司发展相关事宜
4月28日•第6次	市委副书记、市长李宽端	研究推进生态环境综合整治、降低实体经济企业成本、加强河道管理、中心城区重点道路项目建设等工作，决定对盛瑞传动8AT项目荣获国家科技进步一等奖进行表彰奖励
6月22日•第7次	市委副书记、市长李宽端	研究制定“四个城市”建设五年规划和三年行动计划、贯彻落实省环保督察组督察反馈意见、加强全市安全生产网格化监管体系建设及推进一村（社区）一警务助理、安全生产和环保协管员等工作。会议还研究了做好新形势下招商引资工作、加强政务服务热线建设、完善打造虚拟现实产业配套政策、加快潍日高速公路潍坊连接线建设、推进人民防空改革发展等其他事项
7月28日•第8次	市委副书记、市长李宽端	研究促进经济建设和国防建设融合发展、健全完善重大项目推进机制、深化食品安全管理、大气污染防治等工作。会议还研究了加强妇女儿童工作、政府规范性文件制定、市政府法律顾问及专家库换届选聘等事项
8月4日•第9次	市委副书记、市长李宽端	研究调度经济运行、新旧动能转换等工作
8月18日•第10次	市委副书记、市长李宽端	研究加快推进新旧动能转换“四区四基地一通道”重点项目、进一步做好省政府安委会安全生产巡查反馈问题整改、潍坊市市区城市生活垃圾处理费征收管理等事项
10月24日•第11次	市委副书记、市长李宽端	研究全市生态环境保护“十三五”规划编制、持续提升全市生态文明建设水平、城市轨道交通规划建设等事项
11月30日•第12次	市委副书记、市长李宽端	专题听取前三季度全市经济运行情况分析，研究下步工作措施。会议还听取第23届鲁台会情况汇报，研究加强统计工作、城市管理执法体制改革、人民防空工程管理等事项
12月9日•第13次	市委副书记、市长李宽端	研究加快市级重大项目建设、化工产业及园区转型升级、政务信息系统整合共享等工作以及国有企业改革、落实粮食生产责任制等事项
12月15日•第14次	市委副书记、市长李宽端	研究2018年市级财政类投资项目及市级重大项目等工作。会议还研究了《潍坊市规划委员会工作制度及职责分工》《潍坊市有突出贡献的中青年专家选拔管理办法》《潍坊市道路命名工作规范》，听取了潍坊市市级制定价格决定制发机关有关情况汇报
12月28日•第15次	市委副书记、市长李宽端	研究2018年《政府工作报告（送审稿）》、国民经济和社会发展计划、财政预算执行和安排等工作以及行政审批服务“一窗受理”、农村集体产权制度改革、文化市场综合执法改革、水土保持及水文管理等事项

综合政务

【概况】 围绕市委、市政府重大决策、重点工作，进一步加强统筹协调，主动密切与市委、人大、政协几大班子办公室及市直部门和县市区的联系，较好地发挥了政府运转枢纽的作用。改进协调市政府领导出席会议活动办理程序，提高落实效率，全年协调市政府领导出席省、市重要会议480多批（次），出席重要活动693个，编制市政府月工作要点、市政府主要领导周活动预安排、市政府领导日活动预安排309期。迎接保障中央环保督察、国务院第四次大督查、国家安全生产大检查综合督查、国家海洋督察、国家统计执法专项检查和市政府主要领导离任经济责任审计等重大督察检查活动，积极发挥牵头和组织协调作用，圆满完成情况调度、资料搜集、会务组织、协调服务、督查落实等各项任务。积极派员直接参与市委、市政府统一组织的“四个城市”建设、“作风建设年”“两学一做”学习教育常态化制度化等中心工作的组织协调和考核督导工作，都发挥了积极作用。

【以文辅政工作】 把政治性把关摆在首要位置，在掌握实情上做文章，确保文稿始终保持高的政治站位和正确的政治方向，始终符合潍坊实际。综合文字方面，进一步转变作风改进文风，认真领会领导意图，加强与部门和基层联系，及时掌握第一手资料，优质高效地起草整理市政府领导讲话、工作报告等各类文稿900余篇，文稿的指导性、操作性更强，辅助决策能力水平不断提升。调查研究方面，围绕市委、市政府重点工作，集中开展新旧动能转换、民生专题等系列调研，起草调研报告40余篇，17篇调研成果被推荐为2017年度省政府研究室系统优秀调研成果，数量居全省前列，60%以上的调研成果得到市委、市政府领导批示或纳入决策。政务信息方面，以精准化、特色化、规范化为目标，全年累计编发上报信息4200余条，其中国务院和省政府领导批示20条、市领导批示近40条，信息上报工作继续保持全省前列，市委主要领导对政府信息工作专门作出批示予以肯定。

【文电处理工作】 规范公文运转和管理，完善政府重大事项决策机制，规范报请市政府决策事项办理程序。坚持“即接即办”原则，对接收的2.2万余件文电逐一登记、高效流转。落实首接负责、当日巡查、互相补位、风险排查等制度，着力提高公文审核质量，共审核各类文稿3160余件、制发文件240件、审核出国境文件716件，通过协同办公平台发送文件6360余件。文印工作更加规范高效。深入落实政务公开条例，完善政策性文件解读和备案制度，建立政府信息公开源认定制度。首次引入政务公开第三方评估机构，组织协调主动公开政府信息15万余条，行政诉讼判决实现“零败诉”，基层政务公开标准化规范化试点经验在全省推广，组织潍坊电视议事厅节目录制52期，成为市委、市政府重大决策部署的重要宣传解读平台。对办公室网络线路进行连通测试、布线，开展办公需求摸底分析。牵头启动政务信息系统整合共享前期工作，顺利通过省督查组第一次督查。以创建全市标准化档案室为抓手，新建档案库房一处，积极推进档案信息化建设，采取外包方式建立电子档案，收集资料、文件27650余份，整理永久文书档案778件。加强保密基础建设，严格按规定处理各类涉密文电，无失泄密事件发生，顺利通过省保密局组织的两次检查。

【政务公开工作】 认真履行牵头职责，围绕全市政府系统信息主动公开、依申请公开、政策解读、考核评议等工作，先后制定15项工作制度规范。扎实推进政府信息主动公开，在市政府门户网站设立政府信息公开专栏，着力推进权力清单、财政预决算、保障性住房等重点领域信息公开，实现全市政府信息分类发布、集中展示，年均主动公开政府信息15万余条。在全省率先创建疑难敏感信息申请律师全程参与会商机制，规范政府信息申请公开工作流程，畅通群众“线上线下”申请渠道，年均依法依规办理群众向市政府申请信息公开200余件。联合潍坊电视台创办《潍坊电视议事厅》栏目，及时解读市委、市政府重大政策部署和回应社会关切，累计参与组织节目录制143期，成为全市政务公开平台新亮点。自2015年全省政务公开考核以来，潍坊市政务公开工作连续三年在全省考核中位列17地市前两名。

【会务和政务活动】 进一步优化市政府常务会议组织流程，规范议题审签程序，构建从议题收集、会务组织到会议记录、纪要整理的全链条、闭环式服务流程。筹备组织市政府常务会、市政府党组会、市政府主要领导召开的专题会等各类会议112个，注重加强与相关部门的沟通协调，专题会议方案编制更加精准科学，会务组织更加严密规范，会议记录更加及时准确，决策落实更加高效到位。圆满完成市政府其他领导主持召开的各类会议的组织和服务工作。修订完善公务接待工作规范，严格落实公务接待会议管理清单制，严把各个环节关口，坚持一单一审、一账一结，注重工作细节，强化工作统筹，接待、调研、外出考察等各项活动顺畅有序。共接待考察团组及各类来宾182批次、1700余人，组织调研、会见等活动93次。

政府职能转变

【简政放权】 按照《山东省行政权力

清单动态管理办法》有关规定和“绝不截留、该减全减、能放尽放、科学调整”的工作原则，先后分3批调整行政权力事项共计278项，其中新增11项，取消40项，承接上级下放权限79项，下放1项，调整147项，规范了行政权力管理，促进了政府部门依单履职、依法行政。实施向开发区放权。全面实施“31证合一”，2017年，全市实有各类市场主体83.8万户，同比增长15.3%，总量居全省第二；注册资本金达到1.3万亿元，同比增长41.2%。高新区立足自身实际开展探索，实现“54证合一”。开展减证便民行动，编制（社区）开具证明材料清单21项。规范年检和政府指定培训，面向社会公布市县两级年检和培训目录，其中市级年检事项27项、培训事项14项。

【事中事后监管】 全面推行“双随机一公开”监管（即在监管过程中随机抽取检查对象，随机选派执法检查人员，抽查情况及查处结果及时向社会公开），编制随机抽查事项清单，其中，市级222项、县级3233项，实现了“双随机一公开”监管全覆盖。2017年，累计开展抽查51382次，立案查处6285起。推进综合行政执法体制改革，市直执法机构由102个精简为29个，专门执法队伍由24支精简为15支。在县级层面整合组建综合行政执法局，加挂城市管理局牌子，实现管理执法一体化运转，12个县市区执法队伍减少66支。实行审慎监管，在全省率先出台《网络预约出租汽车经营服务管理实施细则》，促进全市网约车的有序发展，2017年已有6家网约车平台公司获批网络预约出租汽车经营许可证，1156名驾驶员取得网约车驾驶证。

【优化服务】 印发《潍坊市“一窗式”集中行政审批服务改革实施方案》，推行“一窗式”行政审批服务改革。创新实施全链条服务模式，在新生儿、餐饮业设立、企业职工退休、幼儿园设立、高层次人才引进5个领域，把原来分散在各个部门的服务通过事项串联成链条，实现“一窗受理、多向流转、组合审批、证照同发”，有效地解决了办事手续繁、环节多、耗时长等问题。推行一个号码管服务，将61条各类服务热线全部整合到“12345”一条热线上，2017年共受理群众来电95.4万余件次，同比增加217%，办结率达99.9%。2017年8月份，第三方评估平台从接通情况和服务水平两个方面对全国334条热线的服务质量进行监测，潍坊市位列全国第13名、全省第2名。开展“零跑腿”和“只跑一次”改革，重点围绕社会保障、养老医疗等七大重点领域，梳理公布第一批市县两级4889项“零跑腿”“只跑一次”事项清单，实现清单事项审批服务全流程网上办理，“让数据多跑路，群众少跑腿”。扎实推进政务服务平台向镇（街道）、村（社区）延伸，便民服务中心和网上政务服务厅实现镇（街道）100%全覆盖，905个村（社区）建成网上政务服务厅，市政务服务工作荣膺第二届“中国‘互联网+政务服务’创新奖”。

督查工作

【概况】 按照“扎实、专业、精致、高效”的工作标准，紧紧围绕全市中心工作和重大决策，以提高政府决策执行力为目标，突出工作重点，创新督查手段，提高履职实效，有力推动市政府各项决策部署和目标任务的贯彻落实。全年通过网络督查平台共立项督查2560项，下发《督查通知》48期，编发《督查专报》66期、《督查通报》42期，编发《重要工作情况通报》17期。在立项环节，市长召开的会议、开展的调研等需立项督查的，实行督查室主任、秘书长逐级把关，在市长同意后立项督查，增强了督查立项的严肃性、准确性。在督查落实情况呈报环节，涉及市长方面的督查事项，由过去一事一报，调整为每周一报，每周二将上周新增督查事项和已办理督查事项进展情况，以表格形式进行概括汇总并报市长。在督查件运转环节，为加快市委领导批示件的运转效率，由原来的市委督查室转市政府办公室电子政务科、电子政务科转市政府督查室办理的流程，调整为由市委督查室直接转市政府督查室，减少中间环节，提升工作效率。

【网上督查与现场督查】 在继续用好市政府网络督查平台对所有督查事项进行全覆盖管理，动态掌控的同时，进一步加大现场督查力度。2017年，组织开展国务院大督查热线电话反映事项落实情况、省环保督察组举报受理事项落实情况、全市棚户区改造、退役士兵安置和权益保障、预防学生溺水、安全生产、环保网格化监管等50余次现场督查。

【联合督查督办】 充分发挥督查室承上启下、联系内外的作用，大力加强部门间的协调配合，依靠部门的专业优势，共同抓好对重点工作特别是政策性、专业性较强的重要事项的督查工作。先后会同市监察局、发改委、环保局、教育局等部门组成联合督查组，就市级重点项目森林防火、破解大班额等工作开展联合督查30余次。

【《政府工作报告》督查】 2017年《政府工作报告》共分解确定事项300项，其中重点工作任务136项。明确了各项工作任务目标的责任单位、责任人及完成时限，每月及时调度工作进展，并以柱状图的形式，在市级机关综合办公大楼和阳光大厦大厅两侧设置展板，对全市主要经济指标的月度完成进展情况进行展示。

【会议确定事项的分解立项和督查工作】 对市政府4次综合性会议、10次市政府常务会议、29个专题会议及市政府主要领导调研活动安排事项共413

项，通过市政府网络督查平台进行立项分解督查，并在规定时限内进行跟踪调度督查，将落实情况形成140期《督查专报》和督查呈阅件报送有关领导审阅。

【领导批示件和临时交办事项督查工作】 共督促落实省政府专项督查事项5项，市委领导批示件99件，并完成相关事项的督查落实及汇总反馈工作。办理市政府领导批示督办件168件，认真落实市政府主要领导调研活动安排事项，通过网络督查平台立项分解领导临时交办事项154项。

【人大代表建议、政协委员提案办理工作】 全年协调督办省人大代表建议1件，省政协委员提案1件，市人大代表建议152件，市政协委员提案359件，已全部按期办复，满意率100%。在市十七届人大常委会第五次会议上，对市政府系统办理市人大代表建议工作情况总评得分为90.04分，其中重点督办建议办理情况90.85分，市政府办公室被市人大常委会评为市人大代表建议办理工作先进单位。

【两项专项督查（察）迎检工作】 牵头做好国务院第四次大督查迎查工作。会同相关科室和业务牵头部门，靠在一线，每天对督查组活动情况进行调度汇总上报，对督查组反馈的10项问题落实责任单位和责任人并督促制定整改方案，落实整改措施，确保迎查工作的顺利进行。督查活动结束后，起草《国务院第四次大督查迎查工作总结》报省政府督查室。积极参与中央、省环保大督察。将支持配合督察组开展工作作为重要政治任务，认真做好督察组下沉督察等现场检查活动的筹划工作，扎实做好督察组下沉督察期间与县市区、相关部门的对接、沟通和协调；同时，陪同督察组下沉督察，及时收集、记录督察组检查活动期间的工作情况，定期向综合协调组汇报。

【全市生态环境综合整治专项督查】 成立全市生态环境综合整治专项督查组，建立以组织好市领导“四不两直”（不打招呼、不听汇报、不用陪同接待、直奔基层、直插现场）现场检查为主线，以督促问题整改为核心，以立项督查为手段，以周通报、月通报和工作台账为载体，多部门单位、县市区（市属开发区）联动协作的督促检查工作机制，围绕全市大气污染防治、高铁高速两侧绿化美化、全面推进河长制和城市环境综合整治四方面生态环境重点领域开展督查检查。全市生态环境综合整治工作取得阶段性成效。

打击走私工作

【概况】 市打私办充分发挥组织、指导、协调、监督和检查职能，进一步健全市打击走私综合治理领导小组工作例会制度以及成员单位联席会议制度，及时督导推进相关工作，研究解决工作中出现的新情况、新问题，确保重点工作任务落实；制定《潍坊市打击走私综合治理工作联系配合制度》，推动海关、公安、工商、商务、烟草、边防、边检等部门形成完善的联系配合规程和固定有效的联络协作方式，做到重大案件及时通报、重要工作定期报告；加强应急处置机制建设，完善反走私突发事件应急预案，强化应急拉动演练，确保一旦发生突发事件能够及时有效处理。2017年来，市打私办召开联络员会议4次，组织打私成员单位开展口岸联合检查5次，做到信息畅通、快速反应、密切配合、协调一致，增强了工作合力。

【加强打击走私普查】 指导推动海关、商务、工商、边防等部门，进一步完善普查等工作机制，对所有重点地区、重点场所逐一建立工作档案；对易发生走私货物的沿海口岸，易发生存放、销售、贩运走私商品的部位场地，易发生非法拼组装、修造、改装车船活动的企业场所，定期或不定期开展排查整治，发现问题有针对性地完善监管措施，跟进落实整改。2017年来，全市各级各部门开展专项检查30次，整治走私隐患32个，完善监管措施16项，实现底数清、情况明、监管实。

【落实打击走私工作责任】 进一步细化反走私领导责任制，与全市各级各部门逐一签订责任书，落实好“守土有责、守土负责、守土尽责、失职追责”。修订完善反走私检查考核标准，进一步明确了任务目标和工作导向。完善奖惩制度和具体措施，年初表彰19个反走私工作“先进集体”和33名“先进个人”，年底集中对责任制落实情况开展了检查督导，对存在问题的单位通报批评，限期改正，确保了反走私工作扎实深入开展。

【深化反走私宣传教育】 坚持打私工作预防为主、关口前移的理念，广泛开展反走私宣传，主动服务企业。对森达美港等重点部位的宣传牌进行更换，累计发放宣传材料16000余份；组织企业开展法律法规和政策培训12次，培训人员3200人次；注重发挥新闻媒体作用，积极曝光典型案件，营造“不买私、不护私、不走私”的良好氛围。2017年10月19日—20日，市打私办举办全市规范塑料加工贸易企业经营行为培训班，邀请商务、国税、海关、检验检疫等单位业务骨干及有关专家，对全市70余家塑料加工企业负责人围绕检验检疫主要职责及法律法规、出口退免税基本政策、加工贸易政策及案例、海关企业信用管理制度等方面的内容进行了系统培训。

【反走私综合治理】 落实全员打私、立体防控、源头治理，推动构建“防控、监管、打击”三位一体反走私工作机制。创新实施“海上党旗红”工程，加强海上党组织建设，组织沿海118名渔民党员、海上治安积极分子开展结对帮扶、治安联防等活动，指导健全治保会、渔民协会等群防群治组织70余个，将海防力量前置到海上生产作业一线，增强服务发展、预警预防、应急处置和综合保障能力。进一步完善举报制度，在潍坊反走私信息网站和潍坊港、羊口港、下营港宣传牌上公布走私举报电话，及时查处群众举报的走私线索，提高全社会防范走私的能力。

【规范企业进出口经营行为】 积极推进反走私领域企业守法诚信体系建设，落实对“诚信企业”的优惠政策，支持辖区企业进行高级企业认证，努力为企业提供更加高效便捷的发展环境，从源头防范走私案件发生。市打私办联合相关部门共同编印《潍坊市进出口企业法律法规服务指南》一书，发放到1000家进出口试点企业。完善企业信用管理办法，健全企业经营状况评估系统、企业经营异常名录、失信企业“黑名单”制度及跨部门联合奖惩机制。

【开展打私专项行动】 组织海关、公安、工商、烟草等部门找准重点商品、渠道和领域，在清查整顿市场、规范企业行为、打击非法资金流通、边检口岸管理、海上执法查缉等各个环节开展专项整治，打好“齐鲁之盾”（2017）、“国门利剑（2017）”等专项行动攻坚战，取得突出战果。2017年，共立案侦办刑事案件11起，立案调查行政违规案件7起，破获省烟草专卖局、省公安厅认定的销售假烟、走私烟“国标”网络案件8起，有效震慑走私违法犯罪活动。

应急管理

【概况】 对市应急委成员单位进行重新调整充实，成员单位达到42个。召开全市应急管理工作会议，制定下发《关于进一步加强应急管理工作的意见》等10多个文件和通知。重新修订应急办工作职责，进一步明确市政府应急办的调度、督查、指导、考核和预案演练、宣教培训等重要职责，实现专业人员从事专职工作的格局。健全指挥体系，根据工作重点和要求，相应成立森林防火、城市防汛、校园安全、金融安全、社会安全、极端天气、海上救援、危化品企业、燃气管线、群体性事件等60多个专业指挥部，同时由各专项指挥部同步开展预案修编，完善统一指挥、处置专业、灵活高效的应急指挥体系，提高应对各类突发事件的能力和水平。健全基层网络，调整充实应急管理办事机构，增加应急管理工作人员，按照“定人、定事、定场所”的要求，明确应急管理工作机构，覆盖全市、高效健全的应急管理组织体系已基本建成。

【规范应急值守和信息报告制度】 规范设置市政府总值班室，配备相应应急设备和物资，细化应急值守各个环节的操作规程和业务要求，严格落实24小时值班和领导带班制度，节假日、汛期、重大活动等重要时间节点和敏感时期严格落实查岗制度，汛期组织对一线值守人员集中查岗，十九大期间对县（市、区）长在岗在任情况查岗2次，切实提高了基层单位应急值守的责任感和紧迫感。制定下发《潍坊市人民政府办公室关于进一步加强应急管理工作的意见》，进一步明确突发事件信息报告的时间节点，要求事发后20分钟内电话初报，40分钟内书面报告，书面续报最迟不超过2小时。

【建立风险排查整改制度】 依托安监部门的安全生产综合监管系统，对全市3200多个重点防护目标、危险源、隐患点等进行实时在线监控。同时，对各领域、各行业、各单位排查出的风险隐患实行台账式管理，督促限期整改，对不能按期整改销号的，进行通报、约谈、直至问责。

【完善预警信息发布机制】 下发《关于做好气象灾害预警信息发布与传播工作的通知》，对可能引发突发事件的风险隐患，建立和完善预测、预报、预警体系，同时对不同类别、不同级别的预警信息制定明确具体的发布方式、时效规定，确保预警信息准确及时的发布，覆盖全市、准确及时的立体化气象预警发布体系基本建成。

【建立应急联动机制】 制定《区域应急合作联动协议书》，对各类突发事件处置环节中成员单位的职责任务进行细化，明确联合响应、信息通报、定期会商等机制，确保联动机制启动后，各成员单位按照职责要求，立即调集相关人员和物资装备，迅速参与处置救援。建立军地信息共享机制，每周五下午3:00定期与军分区互通信息，加强各级各部门和不同区域间的合作联动，有效提高突发事件的处置效率和效果。

【集中修编市级专项预案】 组织相关部门单位对67个市级专项预案进行集中修编。先后下发《关于在全市开展市级专项应急预案集中编修工作的通知》《市级专项应急预案编修任务分解表》《市级专项应急预案编修指南》《市级专项应急预案模板》等文件，明晰各成员单位在突发事件应对中的任务和职责，对各级别预警具体内容进行量化，突出应急响应在预案编制中的核心地位，从而确保各专项预案更加全面、规范、科学、更具有可操作性。全市“横向到边，纵向到底”的应急预案体系已逐步完善。

【组织开展应急演练】 市县两级按照实战化的要求，根据应急预案演练计划，突出重点领域，抓住薄弱环节，统筹各方资源，精心组织、协调、实施好对各类应急预案的综合演练。全年共参与组织和开展群众参与度高、应急联动性强、形式多样和效果明显的应急预案演练活动20多类，内容涵盖反恐处突、安全生产、消防安全、危化品事故、海上搜救、中小学应急逃生、地震、防汛、群体性事件等科目，参与演练部门80多个。同时，结合演练活动，及时总结经验教训，进一步对各类预案进行调整完善，最大限度减少人员伤亡和财产损失。

【应急队伍建设】 强化专业和基层应急队伍建设。按照“专兼结合、一专多能、一队多用”的原则，工作中以各类应急预案为基础，以突发事件处置能力为重点，加强应急专业救援队伍建设。大力开展队伍专业素质培训，确保关键时刻调得动、用得上、顶得住。2017年，全市各级共有各类应急救援队伍300余支，救援人员7.6万余人，建立了9990余人的应急管理信息员队伍。加强应急专家队伍建设，选聘42名专家组建潍坊市第一届应急管理专家组。探索开展市场化应急救援队伍建设，潍坊市被确定为全省6个救援基地之一，并被确定为运营中心。九九九空中救护有限公司将依托潍坊机场，配备2架空客H130医疗救护直升机开展专业救护服务，机上将配备呼吸机等一批先进的医疗设备，为各项救护任务提供强有力的技术保障。

【应急宣教培训】 创新应急宣教形式，组织编印50余万册《潍坊市民应急知识手册》，基本保证主城区一户一册，在市人民广场举行《手册》发放仪式。举行潍坊应急广播授牌暨“潍坊应急”微信公众号开通仪式，正式开通“潍坊应急广播”和“潍坊应急微信公众平台”，加强全市在预警信息发布、应急知识和技能普及、突发事件舆情引导等方面的及时性和权威性。12月上旬开始，在全市1.2万余部电梯中安装应急知识宣传标牌，“潍坊应急”走进千家万户。加大应急培训力度。通过科学制定培训计划，先后举办了4次不同层次、不同类别的应急管理专题培训班，先后邀请国家行政学院、省政府应急办、省委党校等有关专家教授，分别针对突发事件情景构建、气象灾害预警信息发布与传播、基层应急管理工作等内容进行专题辅导，全市800多名应急工作领导干部和管理人员、基层从业人员等参加培训。大力普及应急知识和技能。结合“防灾减灾日”“安全生产月”“全国消防日”等时间节点，普及应急法律法规和应急知识，大力推进防灾避险、自救互救等应急救援知识和技能进学校、进企业、进社区、进农村、进机关，提高社会公众防灾避险意识和自救互救能力。

【应急平台建设】 平台已实现与公安、民政、国土、市政、地震、水利、安监、气象、消防等平台资源的联动，为加强与部门间的互联互通，4万多路视频资源已经接入平台发挥作用，最大限度实现资源共享、发挥合力。投资100余万元，建设高标准的市政府应急指挥中心，已于10月中旬完成建设并试运行，12月5日完成验收工作。指挥中心已实现省市县三级应急指挥互联互通、应急资源相互共享、预警信息发布立体化，确保应急指挥系统能够达到高水平应对突发事件和适时指挥的要求。

政务服务热线

【概况】 按照“一个号码管服务”的要求，以热线整合工作为突破口，着力打造以12345热线为主渠道的综合性为民服务热线平台。完成对国家部委、省属、市直部门6条服务热线整合工作，撤销13条县市区热线服务号码，潍坊市经验和做法得到省政府办公厅领导的肯定。拓宽受理渠道，开通微信、微博、手机APP、人民网“地方领导留言板”、新闻媒体等受理渠道。分流110非警务类群众诉求，实现与110报警服务台联动对接。整合后，市政务服务热线责任主体单位达166个，受理座席141个，受理中心工作人员130人，全天候24小时受理群众咨询求助、举报投诉和批评建议。热线日均受理量突破3500件次，比整合前增加300%，日最高受理量达到8145件次，创热线成立以来历史最高。为保持较高的接通率，在加强系统平台升级改造基础上，受理中心对受理人员政治素质和业务技能定期培训。潍坊市热线工作在全国334条热线中脱颖而出，在第三方评估平台发布监测结果中获得全国城市总体排名第13名的好成绩。

【完善机制】 坚持以优质、高效、快捷为原则，完善各项工作机制，实现热线服务群众“零距离”。搭建高效快捷的热线服务平台，按照“统一平台、一号对外、集中受理、按责办理、统一回复、统一考核”的工作机制，采取市场化服务外包方式引入“三个受理平台”外包服务单位，通过座席接通率、投诉率、转单率等评价指标，加强对外包服务单位的合同监管，严格落实退出机制，从受理源头上提高群众满意度。建立全环节高效办理机制，将群众诉求受理、转办、办理、督导回访、考核评价闭环工作流程纳入12345热线系统平台，明确各环节办理时限，统一服务流程和服务标准，确保群众诉求反映通过一个热线电话“办到底”。成立市委、市政府督查室热线督查中心，负责对热线工作进行全程督办。建立日常督办、重点督办、执纪问责、社会监督、媒体监督“五位一体”的督查督办机制，采取电话督办、平台督办、不定期书面督办和现场督办等形式，重点针对超期未办理、延时未办结、互相推诿、重复集中投诉等事项，及突发性、苗头性、趋势性和媒体曝光问题进行督促落实。同时，建立了政务类争议事项联合认定、非政务类事项联动办理、紧急事项快速办理、复杂事项会商办理、不满意事项复核以及领导接听热线等一系列制度机制和工作举措。

【强化保障】 按照“事事有回音、件件有着落”的工作要求，健全“事要解决”运行机制，确保群众诉求事项“办得好”。强化顶层设计和组织领导，成立由市长任组长的热线工作领导小组，将群众诉求办理机制作为全市“作风建设年”活动七项机制之一，列入市委市政府重点督查事项。严格考核评价，引入第三方评价机构，将各责任主体单位热线办理工作纳入全市科学发展综合考核，制订了热线责任主体办理工作考核办法，每月、季进行考核通报。建立热线办理责任追究办法，已对两起不作为、慢作为责任人进行了严肃处理。建立领导干部接听热线制度，市级领导和各县市区、部门主要负责人轮值每周到热线受理中心接听热线电话，面对面解决群众诉求事项，并通过媒体全程现场直播、公开所有事项办理情况。先后有31个单位的主要负责人和4位副市长接听热线，解决群众诉求事项420余件。对群众反映比较集中、带有苗头性和倾向性的问题，市热线办以热线专刊、月分析、季通报等形式报市委、市政府领导及各责任主体单位主要负责人审阅，为党委政府科学决策提供参考依据。《潍坊政务信息热线专刊》对每周的热线受理情况、工作动态以及尚未解决的重点、难点问题及时报送。

【舆论氛围】 从各行业聘请40名社会监督员，对群众诉求的办理工作进行监督，有效提高热线办理质量和效率。邀请主要媒体派驻专职记者常驻12345热线受理中心，跟踪报道群众诉求办理情况。开辟热线专栏、专版，广泛宣传推介“12345”热线。《潍坊日报》开设“连心台”栏目，《潍坊晚报》《潍坊广播电视报》分别开辟“12345直通车”栏目，潍坊电视台开设《12345政务服务热线追踪》《直通12345•金融专线》，山东电视台《直通12345》栏目报道全市热线工作动态，推介潍坊市经验做法，潍坊传媒网对领导接听热线进行全程直播。潍坊传媒网“直通12345”栏目被中国地市新闻网联盟评为“2017年度全国地市新媒体新闻专栏一等奖”。在全市范围内组织开展12345宣传活动，通过张贴海报、悬挂宣传标语、发送热线短信等形式，进行广泛宣传，热线品牌的社会影响力显著提升。

【分流交办】 启动政务类争议事项联合认定机制，由市热线办、热线督查中心、市监察局、市编办、市法制办专业人员组成的联合认定工作小组，按照“认定谁 谁负责”的原则，对1260余件职责不明、互相推诿的政务类诉求事项责任主体进行联合认定。对责任主体单位按照职责规定已办结事项，群众仍不满意的，依据《市政务服务热线承办责任主体联合认定工作细则》进行分流交办和不满意事项复核，分流交办复杂疑难事项2000余件，对市国税局、奎文区、坊子区等20个单位600余件不满意事项进行复核，对其中符合相关法律法规及政策规定、责任主体已尽职办理且无过错的312件事项，按已办结处理，有效提高各责任主体单位的工作积极性。梳理汇总群众通过12345热线、微信、微博反映的意见建议类事项1500余件，对群众意见集中、涉及群体性利益的重大社情民意，通过热线专刊报市领导，为市委市政府科学决策提供参考；部分意见建议发函转至相关责任主体单位研究处理。热线工作中推诿扯皮问题明显减少，责任主体单位一次办结率达到了98%以上。

【人民网地方领导留言板】 全面启动人民网地方领导留言板处理工作，对留言中反映的事项，注重理顺办理程序，找准主要问题，直面热点话题和社会关切，积极督办相关责任主体单位，主动回应群众的意见和诉求，牢牢把握网络舆论引导主动权，保证办理事项的质量和效率，切实维护党委和政府的形象。全年共办理市信访局转交人民网地方领导留言板留言130件，其中，市委书记78件，市长52件，均按流程进行分流交办和督办。

（冯文涛）

地方史志工作

【全面推动“三全”目标贯彻落实】 为深入贯彻落实省委、省政府的决策部署，加快推进全市史志工作“三全”目标，市委书记刘曙光、市长李宽端先后对史志工作作出批示。9月7日，召开“三全”目标推进座谈会，省政府办公厅党组成员、省史志办主任刘爱军出席会议并讲话。潍坊市副市长李平根据李宽端市长的意见，就加快修志工作进度，加强年鉴编纂工作，推进市、县两级方志馆的规划建设，加强史志机构队伍建设等问题作严肃强调，部署具体工作。根据会议安排，9月20日—22日，在市政府督查室的牵头组织下，对全市贯彻落实市委、市政府主要领导对史志工作的批示和座谈会精神情况进行督查。10月10日、11月6日，市政府督查室两次发文，就全市贯彻落实史志工作“三全”目标情况向市政府主要领导通报情况。

【第二轮修志工作步伐加快】 （1）市级修志。《潍坊市志（1991—2012）》编纂工作自2016年3月全面启动。至2017年10月，所有供稿单位均完成初稿报送任务。在工作中，市史志办加大督促与指导力度，全年共上门指导200余次，召开座谈会、培训班100余次，帮助各单位收集资料100多万字。全年共审核志稿120余份，总字数600多万字。自2017年6月份开始，市史志办实行“开门修志，全员参与”的方式，对志稿开始分纂。根据外地经验，结合全市实际，确定将市志编纂出版作为项目，向社会公开招标，借用社会力量开展工作。（2）县级修志。在全市12个县市区中，已经完成第二轮修志任务的有7个。寿光、昌邑两市已完成志稿评审，正在进行正式印刷的各项工作。潍城区、寒亭区、青州市正在抓紧组织编纂。青州市于9月份启动编纂工作，召开了由市长参加的高规格工作会议，各供稿部门签订了责任书，供稿工作纳入年终绩效考核；为加快编纂进度，聘请36人参加志书编纂，并对编纂人员多次培训。

【年鉴工作全面展开】（1）市级年鉴。2017卷《潍坊年鉴》完成组稿、编辑、总纂、招标、出版审核各项工作，于11月份正式出版。（2）县级年鉴。诸城市自2016年起实现“一年一鉴”，2017卷《诸城年鉴》已经出版；临朐、寿光、高密、奎文自2016年起启动“一年一鉴”工作，所编年鉴正在印刷；其他县市区均按市史志工作“三全”目标推进座谈会要求，于2017年9月全部启动“一年一鉴”工作，力争年底前全部出版2017卷年鉴。

【方志馆建设稳步推进】（1）市级方志馆。潍坊方志馆纳入市文化馆群建设总体规划，总面积1.2万平方米，与名人馆融合设计，共同建设。成立方志馆建设领导小组，多次召开工作会议，与市委宣传部、市财政局、市规划局等单位进行工作对接，完成了详细的功能规划与项目建设任务书。（2）县级方志馆。各县市区均已按照省史志办印发的《全省方志馆建设管理规范》要求，提出方志馆建设规划草案。其中，寿光市将已建成的历史文化中心改建成寿光方志馆，建筑面积达10000多平方米。诸城方志馆与现有的8000多平方米的名人馆合并，组建了新的诸城方志馆。

【地情网站改版】 潍坊市情网于年内进行改版，对部分栏目进行整合、优化，删除有问题的栏目及链接；年内发布原创信息200余条，转发新闻类各级党政媒体信息2000余条。年内，将全市首轮修志成果全部整理上传省情资料库，并上传《潍坊盐业志》《潍坊中医院志》《贾思勰志》等部门志、专业志、人物志。共上传志书17部，总字数达1900多字万字；上传年鉴29部，总字数达2400多万字。开通志书原版显示功能，上传康熙《潍县志》、乾隆《潍县志》、光绪《潍县乡土志》、民国《潍县志稿》《潍坊盐业志》及《潍坊年鉴》2015卷、2016卷等7部志书、年鉴。

【加强基层业务指导工作】 年内，重点加强对乡镇村志的指导。为《临朐教育志》培训编纂人员100多人，为《寒亭区志》《青州市志》培训编纂人员300多人，为《临朐年鉴》《昌乐年鉴》培训撰稿人员200多人。2017年4月12日召开《山东省对口支援西藏志•潍坊部分》编写会议，部署编写工作。指导各县市区史志办于2017年6月30日前全部制定出台本地区地方志工作发展规划纲要。按照省史志办加强方志理论研究的要求，为全省方志理论研讨会撰写参会论文7篇。为省史志办主编的《齐鲁方志人》一书撰写稿件2篇。

【拓展史志成果服务领域】 积极开展优秀史志成果“进学校、进军营、进机关、进工厂”活动，先后为高新双语学校、潍坊银监局、驻潍空军某部等单位送去《潍坊市志》《潍坊年鉴》《潍坊人居环境志》等地情书籍500余册（套），向市直各部门、各县市区赠送《潍坊年鉴》1000余册。主动做好地情资料的编辑工作。完成编辑60万字的《潍坊解放战争史辑》一书。与潍坊市关工委合作为全市中小学生编纂的《潍坊历史青少年读本》即将在年内出版发行。加强《潍坊风筝志》资料征集补充工作，完成志稿总纂。

【自身建设】 以“作风建设年”活动为引领，扎实开展“两学一做”学习教育，不断加强作风建设，推动史志工作科学发展。成立以史志办主任魏永阳为组长的“作风建设年”活动领导小组，全面负责抓好“作风建设年”各项工作的落实。制订活动实施方案，明确指导思想与目标要求、方法步骤，确保作风建设工作正常有序开展。实施寻标对标提标达标行动。确立“近赶烟台、远学杭州”的赶学目标。5月2日，副主任姚国平、副调研员葛诗忠等赴烟台对标，学习其史志工作先进经验；6月28日，主任魏永阳带队，赴杭州方志馆学习考察，详细了解他们的建设理念、布展思路、建设过程及日常运行等情况，为全市方志馆建设提供借鉴。7月13日，市史志办召开作风建设年专题组织生活会，领导班子带头开展批评与自我批评，查找作风建设方面的问题，增强党内生活锻炼。8月25日，召开支委会，讨论“如何建设过硬党支部”。制定党支部和个人作风建设问题清单，坚持边查边改、即知即改，采取有效措施，着力解决党员队伍、党的组织生活、党员干部教育管理等方面的问题。

（刘　敏）

人事工作

【公务员管理】 稳慎推进公务员职务与职级并行试点工作，进一步拓展职级晋升通道。依法科学公平考录公务员684名、招聘市直事业单位人员326名，干部队伍结构进一步优化。严格规范公务员奖惩，市直部门公务员平时考核实现全覆盖，县市区平时考核工作有序推进。

【事业单位人事制度改革】 加强事业

单位岗位设置和聘用管理，认真做好事业单位岗位设置和聘用工作，聘用合同制度实现全覆盖，核准岗位设置方案事业单位达到总量的99.1%。

【军转安置】 认真落实军转安置计划，全力做好十九大安保维稳工作，创新完善自主择业军转干部管理服务，接收军转干部538名，其中计划安置291名，自主择业247名，企业军转干部保持总体稳定，实现“零到省零进京”目标。

【高层次人才队伍建设】 坚持需求导向，积极探索市场化引智工作新模式，成功举办“旅欧博士潍坊行”“比利时皇家院士高级专家潍坊行”“外国院士高级专家潍坊行”和“2017硅谷创业者潍坊行”等活动，新增4人入选国务院特殊津贴专家，有3名外国专家、1个专家团队入选省“外专双百计划”，盛瑞传动的王书翰入选“国家百千万人才工程”，被授予“国家有突出贡献的中青年专家”荣誉称号，实现潍坊市国家级人才工程零的突破。新增国务院特殊津贴专家4名、泰山产业领军人才3名、齐鲁友谊奖专家1名，有3名外国专家和1个专家团队入选省“外专双百计划”。全市共引进高层次人才3211人，引进高端外国专家530人次，组织执行引智项目335个，引进国外新技术、新品种257项。其中，为天润重工引进的凿岩机项目填补国内空白。

【技能人才队伍建设】 深化技工院校教学改革，推进新型学徒制试点，大规模开展职业技能竞赛活动，不断提升技能人才培养能力。新增齐鲁首席技师9名，培养高技能人才1.7万余人，其中技师、高级技师1071人，组织职业技能鉴定8.3万人。潍坊市选手袁强勇夺第44届世界技能大赛金牌，实现了世界技能大赛山东省金牌零的突破。在全省人社系统半年总结交流会上就技能人才培养工作作了经验介绍。

【工资收入分配制度改革】 机关事业单位工作　作为全省唯一的国家公立医院薪酬制度改革试点城市，以打造可复制、可持续、可推广的“潍坊模板”为目标，制定了《潍坊市公立医院薪酬制度改革试点实施方案》，在市直7家公立医院稳步推进试点工作，初步建立符合医疗行业特点、体现知识价值导向的薪酬制度，全国公立医院薪酬制度改革试点研讨会在潍坊市召开，省厅以潍坊试点经验在会上作典型发言。

企业工资宏观调控　深入开展企业薪酬调查，制定发布2017年度企业工资指导线和人力资源市场工资指导价位730个，全市最低工资标准调整为1810元和1640元，职工工资正常增长、协商共决和支付保障机制更加健全。稳步推进国有企业负责人薪酬制度改革，发布了国企基本年薪预发标准，启动了潍坊银行负责人薪酬制度改革，国企薪酬制度改革走在全省前列。

（刘先谨）

外事与侨务

【概况】 外事为民，因公出国（境）管理进一步规范。全年共审批因公出国（境）团组239批636人次，签发外国人来华邀请函727批1329人次。申办APEC卡210人次，新发卡201张，申办量及办结量连续5年居全省前列。居安思危，涉外安全管理进一步提升。制定印发《潍坊市涉外涉侨突发事件应急预案》等文件。对7家“一带一路”沿线国家境外重点企业进行督导检查，确保涉外安全稳定零隐患无死角。筑巢引凤，招贤纳才工作红利进一步释放。在全省率先以政府购买服务形式聘请5名高水平英语翻译，提升了翻译队伍整体水平。举办外语大赛，培养和发现更多外语优秀人才。吸引高层次人才来潍创业。协助中美食品创新中心建立了以美国科学院院士罗杰•比奇、澳大利亚院士罗宾•阿尔德斯等教授为主的国际院士工作站。潍坊市千人计划青州产业园和诸城市外事侨务局被省侨办评为全省为侨公共服务示范单位。市外侨办被山东省人社厅、省侨办和省公务员局评为全省侨办系统先进集体。

【提升潍坊国际化水平】 持续推进国际化医疗和社区机构建设。进一步推进阳光融合医院为主体的医养结合片区建设。深化同以色列舍巴医学中心在产科和儿科方面的合作，同哈佛大学在糖尿病项目方面的深度合作。推动歌尔仿真国际社区、潍城区枫叶国际人才社区等项目建设引向深入。积极推动城市双语标识示范工程。对重点社区的医疗卫生、文化教育交通等设施进行双语标识改造，完成3500多块标识牌的双语设置、改造，面向社会开展公众纠错行动，纠正49处错误标识。全力实施城市品牌立体网络营销。持续拓展“放飞梦想、鸢都潍坊”城市品牌定位及形象标识全球知名度。“山东潍坊”微信公众号“城市粉丝”92万人，点击量超过6000万次，居全国政府机构新媒体前列。深入打造潍坊涉外历史文化品牌。潍县集中营旧址被确定为市“党性教育基地”。全年接待外宾和华人华侨77批3150人次。

【推动涉外平台建设】 积极推动东亚畜牧交易平台建设。将东亚畜牧交易平台建设列入东盟10+3领导人峰会中方领导人倡议项目清单。深化潍坊市与高端国际组织合作。重点跟进联合国工发组织滨海绿色工业示范园区建设，引入青岛科创公司，对工业园进行整体开发及招商运营。积极推动对以合作平台建设。促成与北京大学现代农学院、以色列特拉维夫大学生命学院合作项目；促成玉泉洼莫沙夫项目，着眼打造“公司－基地－农户”循环生态农业新模式。促成中以水资源综合利用示范城市花落寿光。

【拓展友城交往渠道】 建设战略支点城市。深度培育现有友城资源，深化与休斯顿、旧金山、法兰克福、特拉维夫、釜山、歌山县等战略合作机制。广交朋友，深化友好城市结好工作。在德国友城弗莱辛地区举行结好三十周年庆祝活动。与俄罗斯普罗特维诺市、澳大利亚西托伦斯市签署了建立友好合作关系意向书。承办全国友协2017年度中德城镇化论坛。第五届中德城镇化研讨会于2017年11月在济南和潍坊联合召开，重点就整合德国资源，保护开发坊茨小镇达成合作意向。

【提升侨务工作实效】 凝聚侨界精英，助力家乡建设谱新篇。推动美国加州大学戴维斯分校潘忠礼教授策划设计创新工场。对接美国加州大学戴维斯分校张瑞红教授和北京化工大学团队，联合搭建以高效发酵为核心技术，集成沼气发电、有机肥、生物农药、生物可降解新材料为一体的公司平台。搭建招才“鹊桥”，加快引进海外高层次创新创业人才。联合市委组织部举办“2017海外华商博士投资创业潍坊行”活动。共达成各类合作意向40多项，设立海外人才工作站12个。文化为媒，积极推动涉侨文化交流与合作。举办2017年海外华裔青少年“中国寻根之旅”活动。共有来自美国、加拿大、比利时的华裔青少年近80人参加。

（王　宁）

潍坊市科学发展研究院

【概况】 以干促学，着力自我提升。把课题研究的过程同时作为研究能力提升的过程，所有课题研究都致力于切实学懂弄通中央和上级的要求、特别是十九大的精神，充分学习借鉴国内外先进经验和相关智库的研究成果，扎实做好对潍坊实际情况的调查。完善课题研讨制度，以研讨形成集体智慧、促进交流学习和提高。学习博士课程，提升专业素养。所有人员都确定一个经济学领域专业方向，自学博士研究生课程，或到高校和科研单位攻读博士学位，已经具有博士学位的人员提倡自学第二博士专业课程，培养以专业化的境界、视野、思路解决潍坊实际问题的能力。走出去请进来学，提升眼界境界。选派人员参加全国性论坛、峰会及高层次培训班20余次。邀请中国海洋大学、山东师范大学、志纲智库等知名专家到研究院进行业务指导，分批次选派人员赴知名研究机构开展学习交流。

【着力开展课题研究】 紧紧围绕全市中心工作开展决策咨询研究。2017年高质量完成市委市政府安排的研究课题10项，围绕“四个城市”建设中心工作完成自选课题15项、公开发表理论文章10余篇。比较研究方面。“作风建设年”提出“强化标准导向”，开展潍坊寻标对标研究既是落实市委部署的具体行动，更是探寻科学研究方法的具体实践。全面对标烟台、以色列，分析成功经验提出跨越赶超的突破点。潍坊与欧洲强小国比较研究，农业对标荷兰、职业教育对标瑞士、交通对标比利时，梳理经验并提出建议。“四个城市”研究方面。邀请省内知名高校、院所合作开展城市竞争力系列研究，分产业、活力、品质、文化竞争力4个专题。着眼全球城市化发展趋势开展潍坊与青岛一体化研究；围绕产业强市开展枢纽经济、夜间消费研究；围绕活力城市、品质城市开展转变政府职能研究。新旧动能转换研究方面。加快新旧动能转换是省委、省政府统领经济发展的重大工程。根据市委、市政府统一部署，紧紧围绕以四新促四化开展新旧动能转换系列研究并形成研究报告；围绕信息经济、数字经济、大数据产业、智能制造等专题进行调研分析。建设现代化经济体系研究方面。围绕学懂弄通做实十九大精神，推进潍坊建设现代化经济体系研究，形成实施乡村振兴战略、发展现代金融、政府推进企业科技创新等专题研究报告，提出意见建议。湾区城市研究方面。邀请志纲智库开展潍坊带动渤海湾南翼城镇与产业带发展研究，全程做好服务保障工作，已形成阶段性成果。发挥决策咨询服务作用。深刻领会党治国理政新理念新思想新战略，全面把握全市经济社会发展大局，从地方党政智库的角度为市委市政府提供决策咨询服务，编印《决策参考》12期，参与政府工作报告、全市经济工作会议等重要文件起草。

【以党建统领各项工作】 牢固树立所有工作都纳入党建工作的理念，把党建工作与研究工作、日常管理一起谋划、一体推进。进一步健全民主生活会、党风廉政建设等8项制度，制定年度党建计划和党建工作责任清单，对“三会一课”制度进行完善。坚持民主集中制，“三重一大”事项均通过事前酝酿、民主讨论、集体研究。深入开展“作风建设年”活动。在学习黄大年先进事迹过程中，研究院同志都认为应借鉴各自校训提炼研究院院训。大家重温校训、借鉴校训，每人为研究院提炼一至两条标语，集众人之智确定院训，把提炼院训的过程变成统一思想、提高认识的过程，激发担当作为、敬业奉献的良好作风。

【建设高水平地方党政智库】 学习高水平智库建设经验。选择青岛、宁波两家政府智库作为标杆单位，认真学习借鉴他们的经验做法，研究制定5个方面的工作措施，显著提升工作水平。突出地方党政智库特色。成立研究院学术委员会，指导推进课题遴选、科研立项、课题检查、成果评议、学术活动等研究工作，确保研究选题、研究角度充分体现中央精神、上级要求与潍坊实际。加强智库之间交流。持续深化与国务院发展研究中心、山东师范大学、志纲智库、安永等高校、研究机构的交流。2017年与山东师范大学联合共建山东省研究生教育联合培养基地，与潍坊学院、潍坊职业学院分别建立研究所。积极利用国家、省及各行业、各领域不同类别的智库联盟平台，加强与智库同行间的交流与资源共享。

（李少军）

潍坊市政务服务中心管理办公室

【概况】 2017年，市政务服务中心管理办公室积极推进“互联网+政务服务”融合发展，推行“一窗受理”行政审批制度改革，大力推动政务服务平台向镇（街）、村（社区）延伸，严格落实投资创业服务举措，持续深化公共资源配置改革，开展政务服务质量再提升专项活动，收效显著。9月27日，在“第二届全国政务服务论坛暨政务服务国际博览会”上荣获“中国‘互联网+政务服务’创新奖”，潍坊市政务服务中心管理办公室被授予省级文明单位荣誉称号。

【推行“一窗受理”改革】 制定《潍坊市“一窗受理”行政审批服务改革实施方案》，由“一事跑多窗”变为“一窗办多事”。市社保服务大厅实行柜员制改革，实现“一窗受理、一站办结”，参保群众可在任一窗口办理社保经办业务，形成246项社会保险公共服务标准体系。昌邑市设立政务服务中心不动产登记分中心，整合相关部门集中办公，对国土、房管、税务等部门系统进行调整升级，打破数据壁垒，实现房屋交易、税收缴纳和不动产登记全流程“20分钟受理”，审批时间实现30个工作日向3个工作日的突破，审批时限提速90%。昌乐县实行切块式区域服务，构建起一个“综合受理窗口”与多个专业窗口并存的“1+X”政务服务大厅受理模式，原来需要400多天的建设项目手续办理，现承诺时限为51个工作日，提速80%以上。

【政务服务平台延伸至村级】 坚持发展导向，以群众需求为牵引，明确“延伸网上政务服务平台，建立市县镇村四级政务服务体系”的工作目标。全市149个镇（街道）全面完成网上政务服务厅建设，覆盖率达100%，并在全省率先将政务服务延伸至村级，1354个村（社区）完成建设任务。其中，坊子区、滨海区、峡山区、寿光市、诸城市、安丘市、昌邑市、青州市、昌乐县等9地所辖镇（街道）和村（社区）两级政务服务厅实现全面覆盖。编印《潍坊市网上政务大厅操作指南》，利用报纸、互联网和新型媒介开展广泛宣传，有效提升网办率和网办深度，截至2017年12月，全市镇（街道）和村（社区）受理业务222345件，网上申报151949件。

【投资创业服务工作】 实施重点项目代办。为加快重点项目落地，按照《关于推行重点投资项目审批代办制的实施意见》要求，全面推行重点投资项目审批全程无偿代办制。2017年，全市共为484个重点投资项目提供代办服务，涉及投资额1827.381亿元，建筑面积1978.748万平米。实施告知承诺制。按照《潍坊市非制造业建设工程项目告知承诺制实施办法》，通过告知、承诺、转换等创新举措，依法依规、科学合理地将立项阶段“前置”审批事项改为“后置”，大幅缩短项目立项时间。2017年，全市共为41个项目办理告知承诺制立项审批，涉及投资额141.723亿元，面积约401.172万平方米，平均每个项目节省时间约53.2个工作日。推行模块化审批。按照《潍坊市建设工程项目“模块化”审批实施方案》要求，将投资工程项目审批流程整合为立项、用地规划、工程规划、施工许可、竣工验收5个阶段，项目审批时限进一步压缩到31个工作日。2017年，全市共召开联审会议885次，涉及投资额约1827.381亿元，建筑面积2594.019万平方米。开辟绿色通道。实施《潍坊市重大建设项目绿色通道暂行办法》，促进整个投资审批工作进一步公开、公正、透明。2017年，通过“绿色通道”共办理审批服务事项139件，涉及投资金额162.266亿元，3.897亿美元，建筑面积25.799万平方米。实施否定报备制。严格执行《潍坊市行政审批否定报备制度》，对列入市级行政审批事项目录管理的行政审批事项进行逐一确认。2017年，全市共有行政审批否定报备事项592项，经审查，对该592项行政审批否定报备事项做备案处理。

【公共资源交易管理工作】 深化公共资源配置改革。推进公共采购领域改革。为解决采购质量和效率不高的问题，推进公共采购事前、事中、事后高效运行，起草《关于加快推进公共采购改革的实施意见》。推进市评审专家库建设。出台《潍坊市评审专家库和专家管理实施细则》，完成评审专家征集和软件系统开发工作，面向社会公开征集评审专家1634名，评审专家信息已录入系统。编制市级公共资源交易目录。目录以清单化、目录化的方式，明确公共资源交易范围、资源管理部门和监管部门，提升公共资源交易规范化和制度化水平。规范建设全市统一的公共资源交易平台。印发《关于规范全市公共资源交易分支机构工作的通知》，明确各分中心建设规范，青州市等10个分中心按照全市统一标准独立开展业务，中心城区公共资源交易项目进入市中心交易。同时，建立常态化工作联络机制和监督、考核、督查机制。2017年，全市共受理入场交易项目5929个，完成交易项目5546个，项目成交总额1055.80亿元，有效节约预算资金32.38亿元。其中，市中心共受理交易项目1962个，完成交易项目1856个，项目成交总额

411.49亿元。采购类项目完成1711个，成交额91.25亿元，有效节约预算资金14.00亿元，资金节支率13.30%；出让类项目完成113个，成交额43亿元；PPP及政府融资类项目完成32个，成交额277.02亿元。提升项目交易信息化水平。推进全流程电子化交易。政府采购、建设工程、医疗器械采购和水利工程项目已实现全流程电子招投标，产权交易项目和采矿权项目实施了网上竞拍，其中临朐县两宗矿业权出让项目溢价率773%，为财政增收资金5.6亿元。推进远程异地评标工作。完成远程异地评标功能开发及硬件配置，在“潍坊市畜牧产业大数据服务平台项目”中，市中心与寿光分中心成功进行首次远程异地开评标试点工作，与聊城市公共资源交易中心签署了远程异地评标合作协议。交易大数据分析工作走在全省前列。电子交易系统具备数据统计查询、图表分析及汇总等功能，实现了项目交易数据与交易方式分析、市场主体与投标活跃度分析等数据的分类抓取，大数据分析技术及相关成果在省内处于领先水平。深化省市县三级系统联网对接。市县一体化交易系统投入运行，实现全市公共资源交易信息互联互通和资源共享；各分中心交易系统运行、信息发布进一步规范，全市公共资源交易一网化运行不断深化。向省公共资源电子服务平台准确推送数近5万条，数据推送和技术测试等工作名列全省前三名。

【开展政务服务质量再提升专项活动】 为深入推进简政放权、放管结合、优化服务改革，从2016年10月开始至2017年12月在全市组织开展政务服务质量再提升专项活动，全市政务服务群众满意度大幅提升，全市2017年群众满意度达到98.53%，同比提高1.02个百分点。规范政务服务行为。按照“管理制度化、服务规范化、行为标准化”的要求，编印《潍坊市政务服务中心工作人员规范》，从思想政治、廉洁纪律、作风建设和服务行为等方面规范全市政务服务工作人员行为。坚持问题导向，开展政务服务质量问题专项查摆整改，共查摆问题175个，建立了问题台账，明确了责任人、整改措施、整改时限，有效杜绝了群众反应强烈的“门难进、脸难看、话难听、事难办”等各类现象。开展政务服务回访。改变过去被动接受群众监督的模式，在全市率先建立政务服务回访制度，组织全市各级政务服务系统按照政务服务回访制度要求，通过电话回访、短信回访、座谈回访等多种形式对办事群众基本实现全覆盖回访，2017年共回访办事群众40余万人次，征求意见建议3000余条，对群众反映强烈的政务服务配套设施不健全、一次性告知不到位、办事烦琐等问题进行整改，不断促进政务服务工作提升。强化政务服务监督。2017年9月—12月，联合市考核办、市职能办组织开展全市政务服务环境专项督查，群众反映强烈的问题得到有效整改。严格落实窗口巡查制度，利用现场巡查和电子巡查的“双管齐下”，对窗口存在的办公秩序混乱、中午无人值班、玩手机等问题进行重点整治，确保窗口运行规范有序，共组织巡查300余次，发现窗口问题80余起，下达整改通知单和违规违纪通知书63份；严格落实群众投诉处理制度，按时处理群众投诉和政务服务热线转办投诉10起，群众满意率100%。

（张秀峰）

中国食品谷

【概况】 “中国食品谷”是潍坊市为推动食品产业转型升级、建设国家食品安全区而打造的战略平台。涵盖潍坊全域范围，呈“一核、五区、多点”式分布。“一核”，即在寒亭区规划建设45平方公里的食品谷核心区；“五区”，即寿光蔬菜种子谷、安丘出口农产品标准化基地、峡山有机农产品生产加工基地、诸城和昌乐肉食加工基地、港口经济区食品产业园等配套功能区；“多点”，即全市若干现代农业、食品加工、流通园区和企业。2017年，中国食品谷核心区被农业部、财政部认定为第二批国家现代农业产业园、被农业部认定为第二批国家农业产业化示范基地。

【功能定位】 核心区定位于打造食品产业高端要素资源的聚集区、引领食品产业转型升级的综合平台、制度创新的试验田和对外开放合作的窗口，主要发展企业总部、科研孵化、创客空间、展示交易、商贸金融、仓储物流、电子商务、检测认证、品牌运营、综合服务等功能业态。重点打造“五中心一基地”，即农业及食品产业创新（研发）中心、品牌展示暨交易中心、物流配送中心、检验检测认证中心、食品产业大数据中心和食品产业总部基地。

【重点项目】 （1）食品谷总部基地。30家品牌食品、农产品企业已入驻品牌运营中心。中国食品谷国际人才商学院面向全省食品、农产品企业管理层已开展培训3期120余人次。总部基地二期工程4栋楼已全部完成竣工验收，具备使用条件。食品谷总部基地A座、B座获批潍坊市食品科技企业孵化中心。（2）东亚畜牧交易所。2017年8月份，交易系统接入山东交易市场清算所。（3）中百大厨房。顺利通过ISO 9001质量管理体系认证和ISO 22000食品安全管理体系认证，向全省600余家终端门店开展配送业务，年配送加工能力达30万吨、价值40亿元。（4）农商互联展示体验中心。平台全面展示“农商互联”工作“五联”——联产品、联市场、联数据、联标准、联设施——工作成果，将涉农数据信息进行初步整合、集中展示，构建全市农商互联大数据中心。中心于9月份建成，并为全国农商互联大会提供了参观现场。（5）国际农业高科技智能孵化培训中心。项目总投资3亿元，占地92亩，总建筑面积8.6万平方米，主要建设农业高科技智能展示中心、农业成果转化基地、农民科技培训中心及高科技智能孵化器。已于10月份开工建设。（6）公益性农产品批发市场。项目总投资6.5亿元，是财政部、商务部确定的公益性农产品批发市场之一，提供评价和微利公共服务，将实现保供、稳价、安全、环保等功能。已于11月份开工建设。（7）瀛馨园项目。总投资4.6亿元，建筑面积15万平方米，20栋楼全部完成施工，具备竣工验收条件。

【开放发展】 （1）建设国际院士谷，开展科学研究、成果转化，美国科学院院士罗杰•比奇，中国科学院院士印遇龙已入驻。（2）中美食品与农业创新中心平稳运行。配套设立种植研发实验基地和中试试验车间，潘忠礼教授和张瑞红教授已开展粮食储备库远红外杀菌（虫）和生物质综合利用技术等成果转化。（3）举办中美食品与农业创新战略发展研讨会。国内外60位食品农业领域专家学者、企业代表围绕食品加工、跨境种植产业等专题进行了深入探讨交流。

【重大活动】 （1）2017年6月25日，潍坊至昆明“中国食品谷号”冷链班列正式开通运行，是国内首条对流式冷链物流班列，打通了中国第一条内陆连通东亚、东南亚和南亚的专业化铁路冷链物流通道。截至12月31日，已稳定运行16列，向昆明、贵阳运送冷冻畜禽产品11936吨，交易额达2.65亿元。

（2）组织举办中国食品谷•2017首届亚洲调理食材大会暨创新食品展。国内外3000余名业界精英，100余家品牌企业参加会议，会上发布新品100款，颁发2017年度中国调理食材“领袖品牌”10个、“创变品牌”10个、“明星产品”20个。

【重要工作】 中国食品谷（国际食品城）45平方公里总体规划已完成编制，在此基础上整合形成的中国食品谷总体规划、土地利用规划、产业规划“三规合一”数据中心于12月20日通过验收。

（万庆伟　王　冰）

2017年6月25日，潍坊至昆明“中国食品谷号”冷链班列首发仪式现场

（供稿：食品谷办公室）

2017年6月24日，中国食品谷•2017首届亚洲调理食材大会暨创新食品展开幕式现场

（供稿：食品谷办公室）

中国人民政治协商会议潍坊市委员会

Zhongguo renmin zhengzhi xieshang huiyi weifangshi weiyuanhui

【概况】 中国人民政治协商会议第十三届山东省潍坊市委员会于2017年2月换届产生，任期5年。现有委员518人、常委76人。十三届市政协下设办公室、研究室、委员活动工作室3个办事机构，提案委员会、经济委员会、人口资源环境外事委员会、科教文卫体委员会、社会法制委员会、文史资料委员会、民族和宗教委员会、委员联络工作委员会8个专门委员会。

重要会议

【市政协全委会议】 2月23—26日，市政协十三届一次会议在富华国际会议中心举行。会议听取并讨论审议崔建平代表政协第十二届潍坊市委员会常务委员会作的工作报告和刘伟同志作的提案工作报告；全体委员列席市十七届人大一次会议，听取并协商讨论市政府工作报告及相关报告；协商讨论市中级人民法院、市人民检察院工作报告；通过市政协十三届一次会议选举办法和总监票人、监票人名单；选举产生政协第十三届潍坊市委员会主席、副主席、秘书长和常务委员；通过常委会工作报告的决议；通过提案工作报告的决议；通过提案审查情况的报告；通过会议政治决议。苏立科当选十三届市政协主席，孙忠礼、李传恒、王贤臣、李士来、刘树亮、赵崇发、刘秀平当选十三届市政协副主席，许华当选十三届市政协秘书长。选举结束后，新当选的市政协主席、副主席、秘书长与全体委员见面。新当选的市政协主席苏立科讲话。

【市政协常委会议】 **市政协十二届二十七次常委会议** 2月4日，在市级机关综合办公大楼召开。会议听取市政协十三届一次会议筹备工作情况的汇报；听取关于政协第十三届潍坊市委员会委员推荐提名人选名单的说明；审议通过关于召开市政协十三届一次会议的决定；审议通过政协第十三届潍坊市委员会委员推荐提名人选名单；审议通过十二届市政协常务委员会工作报告和提案工作报告，并推举报告人；审议通过十二届市政协其他专门委员会工作报告和反映社情民意信息工作报告（书面）；审议通过《关于授权主席会议审议政协第十二届潍坊市委员会第二十七次常委会议未尽事宜的决定》。

市政协十三届一次常委会议 3月21日，在市级机关综合办公大楼召开。会议传达学习全国政协十二届五次会议精神，听取关于市政协专门委员会设置和人事安排事项的说明，分组讨论并审议通过《政协潍坊市委员会常务委员会工作规则》《关于政协第十三届潍坊市委员会专门委员会设置的决定》《政协潍坊市委员会专门委员会通则》《政协潍坊市委员会委员履职工作规则》《政协潍坊市委员会关于全面加强界别建设进一步发挥界别作用的意见》《政协潍坊市委员会2017年工作要点》和《政协潍坊市委员会2017年度协商工作计划》，协商通过有关人事事项。

市政协十三届二次常委会议 6月27日，在市级机关综合办公大楼召开。会议传达学习省第十一次党代会精神；听取市教育局、市公路局工作情况的汇报，并进行民主评议；审议通过《关于促进化工产业转型升级的建议》《关于推进我市乡村旅游业转型升级发展的几点建议》；审议通过《关于积极参与“四个城市”创建活动的决议》和有关人事事项；举办《学习把握省党代会精神，积极推动新旧动能转换》专题讲座。

市政协十三届三次常委会议 9月27日，在市级机关综合办公大楼召开。会议听取市政府关于市政协十三届一次会议以来提案办理情况和今年以来全市经济社会发展情况的通报；审议通过《关于进一步推进我市品牌文化建设的建议》《关于全市公安执法规范化情况的调研报告》和《委员活动组常任制召集人述职制度（试行）》；听取市政府法制办公室、市住房公积金管理中心工作情况的汇报，并进行民主评议；举办关于学习贯彻习近平总书记“7·26”重要讲话精神的专题讲座。

市政协十三届四次常委会议 11月7日，在市级机关综合办公大楼召开。会议传达中共十九大精神和省政协十一届二十八次常委会议、市委十二届四次全体会议精神；审议通过《政协潍坊市委员会关于学习贯彻中共十九大精神的决议》。

市政协十三届五次常委会议 12月26日，在市级机关综合办公大楼召开。会议听取市政协十三届二次会议筹备工作情况汇报；审议通过关于召开市政协十三届二次会议的决定，决定市政协十三届二次会议于2018年1月4日—7日在潍坊召开；审议通过市政协十三届二次会议议程和日程安排；审议通过十三届市政协常务委员会工作报告和提案工作报告，推举苏立科代表市政协常委会向大会作工作报告，推举孙忠礼代表市政协常委会向大会作提案工作报告；审议通过市政协其他专门委员会工作报告和反映社情民意信息工作报告（书面）；审议通过市政协十三届二次会议委员分组名单、联组发言分组名单、各组召集人名单、执行常委名单；审议通过《关于授权主席会议审议政协第十三届潍坊市委员会第五次常务委员会会议未尽事宜的决定》。会议还听取并审议通过有关人事事项。

【市政协其他重要会议】 *市政协“作风建设年”活动动员大会* 4月21日，在市级机关综合办公大楼召开。市政协主席苏立科出席会议并讲话，副主席孙忠礼主持会议；副主席李传恒、王贤臣、李士来、赵崇发、刘秀平，秘书长许华出席会议。会议深入贯彻全市开展“作风建设年”活动动员大会精神，安排部署市政协作风建设工作，动员市政协全体党员干部进一步统一思想，主动作为，勇于担当，以崭新的精神风貌、务实的工作作风，努力开创政协工作新局面。

市政协十三届新任委员培训班 4月25日—26日，在金茂国际大酒店举行。市政协主席苏立科在开幕会上作动员讲话，副主席孙忠礼在闭幕会上作总结讲话；副主席刘树亮、赵崇发，党组成员李静波，秘书长许华参加培训班并分别主持相关讲座；新任委员及市政协机关副县级以上干部参加培训。

化工产业转型升级协商座谈会 5月18日，在市级机关综合办公大楼召开。市政协主席苏立科出席会议并讲话，副主席李传恒主持会议，秘书长许华参加会议。会议邀请省、市化工专家，部分政协委员，市直有关部门负责人就全市化工产业转型升级问题进行议政协商。

“四个城市”建设规划计划专题协商会 6月22日，在市级机关综合办公大楼召开。市政协主席苏立科主持会议并讲话，副主席孙忠礼、刘树亮、赵崇发，党组成员李静波，秘书长许华参加会议。会议听取市政协有关委室前期对“四个城市”规划计划征求意见建议的情况汇报。省、市两级政协委员围绕“四个城市”创建工作畅所欲言，各抒己见，对“四个城市”规划计划的修改完善提出许多建设性意见建议。

“品牌文化建设”专题协商座谈会 7月6日，在市级机关综合办公大楼召开。市政协主席苏立科出席会议并讲话，副主席李士来主持会议，秘书长许华参加会议。会上，市文广新局汇报全市品牌文化建设相关情况，市规划局汇报“国家历史文化名城”申报和创建情况。青州、诸城、高密、临朐4市县政协和部分市政协委员就全市品牌文化建设的基础优势、存在问题、发展方向和创新举措等方面，进行深入交流讨论，提出富有前瞻性、建设性的意见建议。副市长马清民从品牌文化的理念、体制机制、人才、营销、融合五个方面讲意见。

“推进众创空间建设”专题协商座谈会 8月8日，在市级机关综合办公大楼召开。市政协主席苏立科出席会议并讲话，副主席孙忠礼主持会议，秘书长许华参加会议。会上，市科技局汇报全市众创空间建设工作有关情况；各位专家学者、政协委员提出许多具有前瞻性和可操作性的意见建议；市政府有关同志对下步进一步推动全市众创空间建设提出明确思路和有力措施。

全市政协工作座谈会 8月29—30日，在安丘市齐鲁酒地召开。市政协主席苏立科出席并讲话；副主席孙忠礼、李传恒、赵崇发，在职原副主席杨肖青，党组成员李静波，秘书长许华出席会议。会议期间，与会人员到寿光市和安丘市实地观摩有关政协工作现场。

“少数民族流动人口信息平台建设”专题协商会 8月31日，在市级机关综合办公大楼召开。市政协主席苏立科出席并讲话，副主席刘树亮主持会议，秘书长许华参加会议。会上，市综治办、市教育局、市公安局、市民宗局等部门单位立足各自职能，汇报相关情况。部分市政协委员就全市流动人口服务管理面临的问题和挑战等方面，进行深入交流讨论，提出富有前瞻性、建设性的意见建议。

市政协各参加单位和界别召集人学习贯彻十九大精神座谈会 11月10日，在市级机关综合办公大楼召开。市政协主席苏立科出席会议并讲话，副主席孙忠礼、李士来、赵崇发，许秘书长华参加会议。座谈会上，市政协各参加单位和界别召集人结合工作思想实际，各抒已见、积极发言，畅谈学习中共十九大精神体会，围绕如何贯彻落实十九大精神提出很好的意见和建议。

“中心城区空气异味治理”专题协商会 11月15日，在市级机关综合办公大楼召开。市政协主席苏立科出席并讲话，副主席刘树亮主持会议。会上，市环保局、市经信委、寒亭区政府有关负责同志汇报关于“中心城区空气异味治理”相关工作情况；有关专家学者、政协委员、企业代表、基层群众代表提出许多具有前瞻性和可操作性的意见建议；市政府有关同志对下步进一步推动全市“中心城区空气异味治理”工作提出明确思路和有力措施。

“互联网+健康医疗”专题协商座谈会 12月5日，在市级机关综合办公大楼召开。市政协主席苏立科出席并讲话，副主席李士来主持会议，秘书长许华参加会议。会上，市卫计委、市中医院、高新区人民医院等有

关负责人汇报关于“互联网+健康医疗”开展情况；有关专家学者、政协委员、企业代表提出许多具有前瞻性和可操作性的意见建议。

重要工作

【广泛凝聚社会各界思想共识】 坚持把强化理论武装、增强政治定力放在首位。市政协常委会带头加强思想政治建设，不断提高政治站位，始终在中共潍坊市委的领导下开展工作。坚持把迎接中共十九大、学习宣传贯彻中共十九大精神作为贯穿全年的重大政治任务，认真学习、深刻领会习近平新时代中国特色社会主义思想，深入贯彻中共中央和省委、市委关于人民政协工作的决策部署。市政协常委会议增加专题学习的议程，邀请专家学者先后就新旧动能转换和习近平总书记“7•26”重要讲话精神进行解读；召开市政协党组理论学习中心组读书会，分别围绕习近平总书记“7•26”重要讲话和学习贯彻中共十九大精神，开展集体学习研讨；召开市政协十三届四次常委会议，传达学习中共十九大精神和市委十二届四次全体会议精神，审议通过《政协潍坊市委员会关于学习贯彻中共十九大精神的决议》；召开市政协各参加单位和界别召集人座谈会，交流学习中共十九大精神的体会；举办新任委员培训班，组织部分政协委员和政协干部到复旦大学进行专题培训。通过形式多样的学习和培训活动，引导广大政协委员和社会各界人士，切实增强政治意识、大局意识、核心意识、看齐意识，更加紧密地团结在以习近平总书记为核心的中共中央周围，更加牢固地树立“四个自信”，进一步夯实团结奋斗的共同思想政治基础。

【积极助力“四个城市”建设】 （1）组织协商议政。召开“四个城市”建设规划计划专题协商会，形成60多条意见建议，市委主要领导同志作出批示予以肯定。召开2次专题议政性常委会议，就乡村旅游业转型升级发展、品牌文化建设、公安执法规范化建设等进行专题议政。选取化工产业转型升级、众创空间建设、发展“互联网+健康医疗”、中心城区空气异味治理等6个议题，召开双月协商座谈会，邀请专家学者和政协委员坦诚建言。就助推脱贫攻坚、社会救助、美丽乡村建设、完善分级诊疗制度、中心城区内涝防治等17个议题开展对口协商和界别协商。市委对协商成果高度重视，市委书记刘曙光专门就促进全市化工产业转型升级的建议、进一步推进全市品牌文化建设的建议、建立少数民族流动人口信息平台的建议、全市公安执法规范化建设情况的调研报告、中心城区空气异味治理专题协商报告等作出批示，要求有关方面认真研究、采纳或落实。（2）开展调研献策。全市“四个城市”建设动员大会召开后，市政协及时成立参与“四个城市”建设协调推进委员会，以经济委、科教文卫体委、社会法制委、人口资源环境外事委等4个专门委员会为依托，组建4个专项委员会，组织委员开展调研献策活动。分别就火车站南广场片区建设、高新区新旧动能转换、推进培育全市白酒骨干企业和知名品牌；就文化旅游融合发展、工业文化遗产保护、文史资料挖掘整理；就深化“放管服”改革、国家职业教育创新发展试验区建设；就全市企业社会保障情况、公共自行车系统建设及运营管理情况等议题，开展专题调研和视察，形成调研视察考察报告共33份。（3）引导委员建功立业。根据市委统一安排，市政协主席会议部分成员分别担任全市“四个城市”建设专项委员会副主任，参与“四个城市”建设的相关领导工作。认真贯彻落实市委关于在全市开展“作风建设年”活动的部署，市政协把2017年确定为“服务委员企业提升年”，领导班子成员分工联系委员、在委员企业建立联系点，开展一系列联系工作。为动员全市各级政协组织、政协各参加单位和广大政协委员迅速行动起来，积极投身“四个城市”建设，市政协十三届二次常委会议作出《关于积极参与“四个城市”创建活动的决议》，广大政协委员积极响应，在项目建设、创新创业、行业发展、文化惠民、促进和谐等方面发挥生力军作用。一年来，全市各级政协委员企业引进或投入资金374.9亿元，新上或升级改造项目279个，实现利税244.7亿元；广大政协委员参与科技、教育、文化、医疗服务、矛盾调解等社会活动6089次，参加委员9245人次，受益群众146万人次。

【不断强化民主监督】 （1）改进民主评议部门工作。召开市政协十三届二次、三次常委会议，分别听取并民主评议市教育局、市公路局、市政府法制办公室、市住房公积金管理中心等单位的工作。为配合全市“作风建设年”活动，进一步增强民主评议的客观公正性，在评议前增加实地调研考察环节，在评议项目分值设计上加大作风建设方面的比重，增强民主评议的科学性和针对性，推动作风转变和事业发展。（2）发挥提案监督作用。坚持把提高提案质量和办理质量作为强化民主监督的一项基础性工作来抓，市委、市政府高度重视，把提案办理工作纳入全市科学发展综合考核体系，提案工作保持提得实、办得快、效果好的良好势头。提案征集，与“市长热线”、市纪委“行风在线”、潍坊民声网、市信访网联动，提出的提案更加贴近大局、贴近社会、贴近群众、贴近实际。提案办理，通过提请书记市长签批提案、邀请市政府向政协常委会议通报提案办理情况、召开提案办理协商座谈会、到提案承办单位进行现场督办、完善提案者和承办单位“双向评议”机制等措施，促进办理工作的务实高效。

截至年底，立案的389件提案全部办结，委员满意和基本满意率达到99%以上。（3）积极做好反映社情民意信息工作。发挥潍坊市政协作为全国政协信息联系点的优势，围绕国家大政方针、全市改革发展的重要问题以及人民群众普遍关心的问题，密切与政协委员和社会各界的联系，注重关注社情，深入了解民情，充分体察民意，广泛集中民智，共收集反映社情民意信息816篇，经整理编报190篇，全国政协、省政协采用和市委、市政府主要领导参阅98篇，为领导决策提供参考，市委书记刘曙光对“关于妥善处理各县市不动产登记有关问题的建议”等信息作出指示，要求有关方面研究办理。市政协反映社情民意信息工作稳居全国政协信息联系点和全省各市政协前列。

【团结各方汇聚智慧力量】（1）密切党派团体合作共事。高度重视发挥各党派团体的作用，积极为民主党派、人民团体参政议政创造条件，支持各党派团体依托政协平台提出意见建议，市政协组织的协商会议和调研视察活动，都邀请市各民主党派、工商联、人民团体参与，大会发言优先安排，集体提案重点督办，不断营造团结民主、合作共事的浓厚氛围。（2）发挥政协界别的独特作用。制定《关于全面加强界别建设进一步发挥界别作用的意见》，实行市政协领导和委室联系委员活动组制度，注重发挥界别召集人的组织引领作用，积极搭建活动平台，力求彰显界别特色，加强与社会各界的联系，着力增强包容性、扩大团结面。以侨联、台联、科协界委员为主体，围绕“两岸共建特色小镇”组织界别协商，开展对话、联谊与交流。以民族宗教委员会为纽带，加强与民族宗教界代表人士的经常性联系和沟通，围绕全市宗教场所的使用和管理等问题进行专题调研，开展慰问看望、政策宣传、座谈交流等活动，发挥界别委员联系团结各界群众的作用，寻找最大公约数，画出最大同心圆。（3）密切政协系统的联系与合作。配合全国政协和省政协开展降低企业成本振兴实体经济、农业机械装备制造业转型升级、军民融合发展、垃圾无害化处理、全面实施两孩政策后医疗卫生服务面临的挑战与配套政策、制定提案公开办法等多项课题的调研视察活动。承办省政协“喜迎十九大•书乐颂国庆”文艺演出及书画笔会。密切与省政协和各县市区政协的合作，放大文史工作“存史、资政、团结、育人”功能，编辑出版《潍坊志愿军老兵回忆录•第二辑》，《潍坊志愿军老兵回忆录•第一辑》和《潍县集中营》分别获得省政协文史资料评比一等奖和二等奖。一年来，先后有25批次全国政协和省级政协调研视察团、数十批市级政协考察团到潍坊市调研视察、考察交流，扩大潍坊知名度和影响力。

【深入抓好继承和创新】（1）创新协商民主形式。着眼于发挥人民政协协商民主重要渠道和专门协商机构作用，将事前深入调查研究与现场互动交流有机结合，实现对协商议题的深度研究、集中攻关；专题协商、对口协商、界别协商、提案办理协商与其他重要会议形式相互补充，形成协商议政新格局。建立“双月协商座谈会”协商机制，围绕市委、市政府中心工作，从大处着眼、小处入手，邀请市委、市政府分管领导同志和有关专家学者、政协委员现场互动，坦诚交流，统一思想，达成共识，实现协商主体高层次参与、协商议题全局性商讨、协商成果高效率转化。（2）加强制度机制创新。坚持问题导向，争取市委重视支持，把事关政协全局工作的重要问题，纳入市委全面深化改革的“盘子”，制定出台《关于加强和改进人民政协民主监督工作的实施意见》《政协潍坊市委员会提案办理协商实施办法》，为开展政协民主监督和提案办理协商提供制度遵循。适应新形势新任务需要，修订完善政协潍坊市委员会常务委员会工作规则、专门委员会通则、履职工作规则、委员活动组常任制召集人述职制度等10项规章制度。认真贯彻落实中共中央和省委、市委关于加强委员联络工作的意见，积极推进镇街政协委员联络室建设，全市政协工作的制度化规范化水平有新的提高。（3）重视实践经验总结和推广。召开全市政协工作座谈会，深入研究探索发挥政协委员主体作用和开展民主监督的新思路、新举措，总结推广寿光“委员+”履职新模式和安丘“选派民主监督小组”的经验做法，推动全市政协工作的创新发展。召开全市政协宣传工作会议和信息工作会议，加强政协宣传和信息工作，办好《潍坊政协》和政协网站，开通潍坊政协微信公众号，全市政协在《人民政协报》《联合日报》等省级以上政协主流媒体发表稿件560多篇，其中5篇荣获“山东政协新闻奖”，市政协和9个县市区政协被评为“全省政协宣传工作先进单位”，获奖单位数量列全省第一位。发挥市人民政协理论与实践研究会的作用，编发《政协理论与实践动态》12期，征集专题理论研究文章34篇，形成一批高质量研究成果，4篇论文被山东省人民政协理论研究会评为优秀课题。（4）推动政协机关工作创新。召开全市政协机关建设座谈会，突出作风建设这一主题，牢固树立全市政协“一盘棋”思想，以政协机关为依托密切工作联系，以政协委员为主体整合人才资源，以重大课题为纽带搭建合作平台，在全市政协系统构建起协调联动的工作机制。市县两级政协机关深入推进“两学一做”学习教育常态化制度化，主动寻标对标，扎实开展“作风建设年”活动，大力弘扬和践行“崇德、好学、敬业、同心”的机关文化理念，机关运转规范有序，服务工作扎实有效，为政协工作的开展提供坚实保障。

【**全国及省级政协领导到潍坊考察视察**】 3月7日—9日，福建省政协党组成员、副主席杨根生率调研组到潍坊，就政协提案办理协商工作进行专题调研。市政协主席苏立科，副主席孙忠礼、王贤臣，秘书长许华分别陪同活动。

3月9日—10日，省政协副主席陈光率调研组到潍坊，就“降低企业经营成本，大力振兴实体经济”进行专题调研。市政协主席苏立科、副主席刘秀平、秘书长许华分别陪同活动。

3月27日—28日，全国政协人口资源环境委副主任张基尧率调研组在省政协副主席许立全的陪同下到潍坊，就“加强垃圾无害化处理”进行专题调研。市政协主席苏立科、副主席刘树亮、秘书长许华分别陪同活动。

3月30日—31日，全国政协副主席、民盟中央常务副主席陈晓光率调研组到潍坊，就“以改革创新为引领，加快推进我国农业机械装备制造转型升级”进行调研。市政协主席苏立科、秘书长许华分别陪同活动。

4月9日—10日，青海省政协副主席、党组副书记王小青率调研组到潍坊，就“地方政协开展民主监督工作”进行考察交流。市政协主席苏立科、副主席赵崇发、秘书长许华分别陪同活动。

4月10日—11日，吉林省政协主席黄燕明、副主席王尔智率调研组在山东省政协副主席许立全陪同下到潍坊，就“农业供给侧结构性改革工作”进行专题考察。市政协主席苏立科、副主席刘树亮、秘书长许华分别陪同活动。

4月13日—14日，黑龙江省政协副主席宫晶堃率调研组到潍坊，就“降低企业成本，振兴实体经济”进行专题考察。市政协副主席李传恒陪同活动。

4月19日—20日，省政协副主席郭爱玲带领部分省政协委员和专家学者到潍坊，就“加强工业文化遗产保护”进行专题调研。市政协主席苏立科、副主席李士来、秘书长许华分别陪同活动。

4月21日—22日，全国政协文史馆馆长沈晓昭带领“北上”项目工作组到潍坊考察。市政协副主席李士来陪同考察。

5月4日—5日，湖北省政协常务副主席陈天会率调研组到潍坊，就“加强政协委员履职管理、基层政协组织建设及基层政协工作开展情况”进行考察。市政协副主席孙忠礼陪同活动。

5月6日，江西省政协副主席李华栋率调研组到潍坊，就“古镇的保护开发及利用”进行学习考察。市政协副主席李士来陪同活动。

5月16日—17日，省政协副主席陈光率调研组到潍坊，就“培育山东白酒骨干企业和知名品牌、振兴山东白酒产业”进行专题调研。市政协主席苏立科、副主席李传恒、秘书长许华分别陪同活动。

5月25日—26日，省政协副主席翟鲁宁率调研组到寿光调研基层政协工作和当地农业供给侧结构性改革工作情况。市政协主席苏立科、副主席赵崇发分别陪同活动。

6月21日—23日，全国政协常委、教科文卫体委副主任黄洁夫率调研组在省政协副主席赵家军等陪同下到潍坊，就“全面实施两孩政策后，医疗卫生服务面临的挑战与配套政策”进行专题调研。市政协主席苏立科、副主席李士来、秘书长许华分别陪同活动。

8月8日—10日，省政协副主席许立全率调研组到潍坊，就“军民融合发展”进行专题调研。市政协主席苏立科、党组成员李静波、秘书长许华分别陪同活动。

8月15日—17日，安徽省政协副主席李卫华率调研组到潍坊考察“促进实体经济健康发展”情况。市政协主席苏立科、副主席李传恒、秘书长许华分别陪同活动。

10月16日—17日，省政协副主席王乃静带领部分省政协常委、委员到潍坊，围绕山东省国家森林城市创建工作开展视察活动。市政协主席苏立科、副主席李传恒、秘书长许华分别陪同活动。

11月30日，省政协副主席陈光率调研组到潍坊市亚星化学股份有限公司走访调研。市政协主席苏立科、副主席李传恒、秘书长许华分别陪同活动。

专门委员会工作

【**提案委员会**】 市政协十三届一次会议以来，共收到提案412件，立案389件，分别转交60个部门（单位）办理。立案提案当年办复率、委员满意或基本满意率达到99%以上。全委会期间，遴选出32件重点提案呈报市委书记、市长阅批。加大提案督办力度，通过调研督办、现场督办和视察督办，推动提案落实。市政协主席会议成员分工领衔督办，先后召开分系统提案办理协商、督办工作座谈会，分别围绕教育、文化等主题开展提案办理专题协商和督办活动。创新出台《潍坊市政协提案办理协商实施办法》。继续与“12345市长公开电话”“行风在线”“潍坊民声网”、市信访网“两线两网”联动，搜集提案线索，供委员参阅。

【**经济委员会**】 组织部分政协委员和专家，深入到昌邑、寒亭、寿光、滨海、安丘、昌乐等地实地调研，到东营、淄博等市对标学习，形成《关于促进我市化工产业转型升级的建议》，报送市委市政府，为提升全市化工企业发展水平，推动化工产业转型发展发挥积极作用。围绕培育白酒骨干企业和知名品牌开展专题调研，形成《关于培育潍坊白酒骨干企业和知名品牌调研报告》，上报市委和省政协。就促进化工产业转型升级，邀请省化工转型办综合规划组领导、市委党校学者、部分政协委员、市政府有关领导和市直相关部门负责人，召开专题协商座谈会，形成的协商报告及时上报市委。围绕推动全市“产业强市”建设开展专题视察活动，分别赴高密、诸城两地实地察看重点产业建设项目，并召开座谈会，就如何进一步推动产业强市建设听取意见建议。开展与市住建局的重点提案协商活动。组织对市公路局、市住房公积金管理中心工作情况的考察。参加全省政协经济委员会工作会议，在会上作典型发言。

【人口资源环境外事委员会】 组织部分市政协委员先后到安丘、临朐、青州等地和浙江、江西、福建部分地市，围绕“推进乡村旅游业转型升级发展”开展专题调研活动，形成《关于推进我市乡村旅游业转型升级发展的几点建议》，经市政协常委会议审议通过后上报市委、市政府。联系侨联、台联、科协组，围绕“两岸共建特色小镇”开展界别协商。围绕“中心城区内涝防治”召开协商议政会，形成《关于中心城区内涝防治的几点建议》，经分管副市长批示，建议内容列入相关工作计划。组织市政协委员，围绕公共自行车系统建设及运营管理情况开展专题视察，形成《关于进一步加强公共自行车系统建设运营的建议》，上报市委市政府；围绕品质城市建设情况前往昌乐县和潍城区开展视察活动；围绕“中心城区空气异味治理”组织召开专题协商会，形成《关于中心城区空气异味治理专题协商会的情况报告》，上报市委市政府，得到市委书记刘曙光批示。

【科教文卫体委员会】 就品牌文化建设组织专题调研、双月协商、常委会专题议政协商；将品牌文化建设作为年度重点调研课题，组织市政协委员，先后到诸城、高密、临朐和青州进行专题调研，赴苏州、杭州、宁波、温州和莆田进行专题学习考察。7月，召开品牌文化建设专题协商座谈会，邀请市政府副市长马清民参加，形成《关于进一步推进我市品牌文化建设的建议》，经市政协常委会议审议通过后提报市委市政府，得到市委书记刘曙光批示。7月，召开提案办理协商座谈会，针对市卫计委主办的29件提案进行办理协商。8月，组织部分政协委员先后到寿光、奎文、高新，就“社会力量兴办体育健身产业”议题开展对口协商活动。11月，组织部分市政协委员，先后到青州、寒亭，对文化与旅游融合发展情况进行专项视察。组织开展“互联网+健康医疗”专题调研和双月协商，召开“互联网+健康医疗”专题协商座谈会，取得良好的协商效果。

【社会法制委员会】 7月，就全市公安执法规范化建设情况先后深入到市级公安机关、交警支队、部分派出所等一线执法单位和办案场所进行现场调研，为推进公安执法规范化建设提出意见建议，形成的调研报告提交市政协常委会审议并提报市委市政府，得到市委书记刘曙光批示。9月，组织部分政协委员对全市企业执行《劳动法》、交纳“五险一金”等社会保障情况进行专题视察，先后实地察看诸城、临朐等地部分企业并分别召开座谈会，就做好企业社保工作提出意见建议。10月，根据市委安排，率领部分市政协委员，先后赴安丘、坊子视察“活力城市”建设推进情况。12月中旬，与市人社局、市民政局、市卫计委、市教育局、市残联等单位部门一起开展社会救助对口协商，提出意见建议。

【文史资料委员会】 4月，召开文史工作会议，交流工作，部署任务，启动《潍坊籍两院院士》资料征集工作。6月，组织文史委及部分县市区政协分管同志，围绕如何进一步加强政协文史工作，先后到广州、江门、中山、深圳、厦门、福州等六市进行学习考察。编辑出版《潍坊志愿军老兵回忆录（第二辑）》。在省政协文史委工作会议文史资料评比中，编辑出版的《潍坊志愿军老兵回忆录（第一辑）》《潍县集中营》分别评为一等奖和二等奖。出台《潍坊市政协聘任特邀文史委员实施办法》，聘任32名特邀文史委员。

【民族和宗教委员会】 3月，协同省政协民族和宗教委员会前往安丘、高密、诸城就“我省宗教活动场所管理及教职人员教育培养”进行专题调研。4月，召开全市政协民族和宗教工作会议，传达全市民族宗教工作会议精神，学习有关文件，明确全年工作重点。6月，围绕“全市宗教活动场所的管理与使用”课题组织部分委员进行专题调研，形成《关于加强全市宗教活动场所管理与使用的调研报告》，上报市委市政府。8月，组织部分委员，围绕“少数民族流动人口信息平台建设”进行专题协商，形成《关于建立全市少数民族流动人口信息平台的建议》，上报市委市政府，市委书记刘曙光作批示。

【委员联络工作委员会】 做好政协委员人事事项资料收集，参与市政协十三届一次会议组织组工作。制作发放委员通讯录。起草《政协潍坊市委员会常务委员会工作规则》《政协潍坊市委员会委员履职工作规则》《政协潍坊市委员会关于加强与委员联系的办法》等10余项规章制度。组织召开委员活动组建设工作会议，明确各组常任制召集人及其职责。按照省政协要求，开展基层政协建设情况调研，形成调研报告。统计全市街道（乡镇）政协委员联络室专职工作人员配备情况，推进政协基层联络机构建设。编发委员活动信息526期，3000余条。组织全市各级委员参加省政协“全民阅读委员先行”活动。组织委员有序参与“作风建设年”活动。组织政协各参加单位和界别召集人学习十九大精神座谈会。在全体委员中开展“问政于民、问计于民、问需于民”问卷调查，形成量化分析报告报送市委政研室。征集市政协委员对2018年度政府工作报告意见建议。

（陈　堃）

中共潍坊市纪律检查委员会

Zhonggong weifangshi jilv jiancha weiyuanhui

【概况】 2017年，全市各级纪检监察机关以迎接、学习、贯彻党的十九大为主线，以习近平新时代中国特色社会主义思想为指导，在省纪委和市委的正确领导下，紧紧围绕推动全面从严治党向纵深发展，深化国家监察体制改革，严明政治纪律和政治规矩，夯实管党治党政治责任，持之以恒正风肃纪，深入推进反腐败斗争，营造良好政治生态，打造过硬干部队伍，党风廉政建设和反腐败工作取得新进展、新成效，为全市经济社会持续健康发展提供了坚强政治保证。

2017年1月23日，中共潍坊市纪委十一届十次全会召开　　（供稿：张　琳）

重要会议

【市纪委十一届十次全会】 1月23日，中国共产党潍坊市纪律检查委员会十一届十次全体会议召开。出席会议的市纪委委员33人，列席296人。全会深入学习贯彻习近平总书记在十八届中央纪委七次全会上的重要讲话精神，传达学习省纪委十届八次全会精神，总结2016年全市纪律检查工作，部署2017年任务。市委书记刘曙光出席会议并讲话。市委常委，市人大常委会、市政府、市政协及市中级法院、市检察院领导同志出席会议。全会审议通过李在武代表市纪委常委会所作的《提高政治站位，忠诚履行职责，增强全面从严治党系统性创造性实效性》的工作报告。

【市纪委十二届一次全会】 2月18日，中国共产党潍坊市纪律检查委员会十二届一次全体会议召开。全会选举李在武为市纪委书记，朱朝辉、王玉、李存杰为市纪委副书记，王培杰、吉宗合、赵珊珊、侯法强、曹田友为市纪委常委。

【市纪委十二届二次全会】 11月4日，中国共产党潍坊市纪律检查委员会十二届二次全体会议召开。出席会议的市纪委委员36人，列席26人。全会深入学习贯彻党的十九大和省纪委十一届二次全会、市委十二届四次全会精神，对全市纪检监察系统学习贯

2017年2月，中共潍坊市纪委十二届一次全体会议常委合影　　（供稿：侯宝忠）

彻党的十九大精神作出部署。

重要工作

【严明政治纪律和政治规矩】 在全市开展以《党章》《党内政治生活准则》等五项党内法规为重点的督导检查；制定《关于做好环保督察移交问题监督执纪问责工作的通知》，市纪委常委带队对中央环保督察组交办问题查处问责情况进行实地督查，全市共实施环保问责134人，涉及科级干部84人、县级干部4人；制定《关于严明纪律保障“四个城市”建设顺利推进的意见》，加强对市第十二次党代会精神特别是推进“四个城市”建设情况的监督检查，确保政令畅通。严格执行中央“九严禁”换届纪律和省委“十二个不得”要求，抽调45名纪检监察干部参与市党代会、人代会、政协会会风会纪监督，确保换届风清气正；严把党风廉政意见回复关，审核市管干部407人次；严明村“两委”换届纪律，组织查处拉票贿选、诬告陷害等违反换届纪律问题35起，给予党纪处分39人。严肃党内政治生活，组织对2016年度县级领导班子民主生活会落实“领导干部要把组织约谈函询的问题说清楚、谈透彻”要求情况进行检查核实，对36名没有说清楚、谈透彻的县级领导干部严肃处理。严查违反政治纪律问题，全市共查处对抗组织审查、参与迷信活动等违反政治纪律问题12起，给予党纪处分14人；对在涉军、维稳等工作中责任落实不到位、管控措施不力的73名党员干部进行问责并予以通报。

【夯实全面从严治党责任】 协助市委、市政府制定《2017年全市党风廉政建设和反腐败工作实施意见》，下达责任书，明确县级党委18项主体责任、纪委11项监督责任和市直部门党组织19项主体责任“三张清单”；结合换届，重新制定《市委市政府领导班子成员党风廉政建设岗位职责》。由市委常委、党员副市长带队，深入12个县市区、4个市属开发区和12个市直部门，对2016年度落实全面从严治党主体责任情况进行重点检查，发现主体责任意识不强等问题103个，提出整改建议96条。考核结果纳入市委、市政府对县市区科学发展综合考核和市属开发区、市直部门绩效综合考核。认真落实《中国共产党问责条例》和省委实施办法，对管党治党不力的，严肃追究主体责任、监督责任和领导责任。全市共开展党内问责165起，问责党组织23个、党员干部191人，其中给予党纪政纪处分68人，通报曝光典型问题40批78起。

【驰而不息纠正“四风”】 以全市开展“作风建设年”活动为契机，制定《关于监督落实中央八项规定精神驰而不息纠正“四风”工作考核办法》，将其列为主体责任约谈、廉政谈话、述责述廉等必谈必述内容，每季度向县市区党委、纪委主要负责人通报“四风”问题查处和通报曝光情况，对连续发生问题、工作推进不力的3个县市区、开发区纪（工）委书记和32名领导干部进行约谈和问责。制定《驰而不息纠治“四风”工作方案》和《关于强化纪律导向深入实施正风肃纪整治行动实施方案》，组建市县明察暗访“人才库”，成立31支明察暗访队伍，针对20类问题，开展常态化明察暗访30轮，发现问题线索213条，查实问题70起。对“四风”问题线索专项处置、优先查处、优先曝光，全市共查处违反中央八项规定精神问题431起，处理558人，给予党纪政纪处分268人，点名道姓通报曝光典型问题155批768起；查处“为官不为”问题431起，处理764人，给予党纪政纪处分312人，通报曝光典型问题80批243起。

【提升执纪审查工作水平】 畅通信访举报渠道特别是网络举报渠道，全市共接受群众信访举报8170件次，其中网络举报4074件次，占比达49.9%；开展基层信访问题集中化解活动，对2016年以来受理的3698件信访举报件进行“回头看”，对结而不服的信访件实现息诉罢访144件，妥善化解可能引发越级上访的信访件257件；做好十九大期间纪检监察信访稳定工作，建立进京访预警处置机制，圆满完成各项任务。修改完善“四种形态”考核办法，准确把握“树木”与“森林”的关系，全市共处置反映问题线索16500件，同比增长590.7%；立案3899件，结案3855件，给予党纪政纪处分4179人，同比分别增长65.1%、63.6%、68.2%，其中涉及县级干部22人；运用“四种形态”处理党员干部30962人次，第一至第四种形态分别为26572、3347、500、543人次，其中第一种形态占85.8%；制定《关于对受处理党员干部实施关爱教育的暂行办法》，建立经常化教育帮带机制。严格贯彻《监督执纪工作规则（试行）》和省纪委实施办法，制定信访举报和问题线索发现及受理、问题线索管理及处置、谈话函询、初步核实、立案审查、审理等六个监督执纪工作流程图，确保执纪审查依规依纪；深入开展审查安全自查自纠和交叉检查，整改16项问题隐患，规范市县镇谈话场所建设；组织开展全市纪检监察机关问题线索处置和案件质量检查，督促整改问题421个。定期召开反腐败协调小组会议，完善案件通报、线索移送、协同审查等机制，全市纪检监察机关共移送司法机关处理26人，司法机关、审计部门通报（移送）案件（线索）512人次，对行政处罚、免予刑事处罚、撤案、不起诉等涉及的301名党员干部给予党纪政纪处分。

【严肃查处基层“微腐败”】 制定《整治和查处群众身边的不正之风和腐败问题工作考核办法》，先后3次召开扶贫领域监督执纪问责工作会议，督促县镇党委切实负起主体责任、纪委当好“主力军”，形成上下联动、齐抓共管的责任落实机制。从县市区、开发区各选取1个镇街，由领导班子成员和有关室进行重点督导，分两批集中交办问题线索108件；9月份，领导班子成员深入存在省定重点扶贫村的5个县市区，现场督导扶贫领域监督执纪问责工作，随机抽查贫困村15个，走访贫困户23户，查看扶贫项目16个。认真落实习近平总书记关于扶贫工作的重要批示精神，制定专项治理工作方案。全市共查处群众身边腐败问题1103起，处理1713人，给予党纪政纪处分853人，通报曝光典型问题850批13394起；其中查处扶贫领域问题140起，处理190人，给予党纪政纪处分133人。

【拓宽源头预防腐败领域】 发挥廉政教育基础作用，编印《党的十九大精神简明学习手册》和学习测试题，深入宣传党的十九大精神。在各级党校开设警示教育课，编印《挺纪在前——潍坊市违反中央八项规定精神典型问题汇编》，打造反腐剧《失却的银婚》，开展“培育清廉家风•创建最美家庭”主题活动，完善17处廉政文化示范点，增强教育实效。深化廉政谈话和述责述廉工作，市纪委常委分两批与县市区党委政府23名和市直部门18名县处级正职进行廉政谈话；部署12个县市区党委政府、8个市直部门主要负责人向市纪委全会述责述廉工作，组织各县市区党政领导班子成员向县级纪委全会述责述廉。

【队伍自身建设】 开展“十九大精神学习月”活动、机关“作风建设年”活动，深入开展“两学一做”深化、寻标对标提标、正风肃纪整治、基层问题化解、落实能力提升“五项行动”，开展全员式精准化培训，共举办10期培训班，培训人员857人次，选派131人参加上级纪委和市委党校组织的专题培训。严格选人用人，会同组织部门做好县市区纪委换届工作，共调整纪委书记9名、副书记19名、常委28名，班子平均年龄下降2.28岁。认真落实“三个提名考察办法”，提名考察3名纪工委（纪检组）书记。制定《关于进一步做好县市区纪检监察机关干部选配工作的指导意见》，督促指导县市区纪委解决干部配备不到位、人员力量不足、监督执纪人才缺乏等问题。规范纪检监察干部请假、外出等事项，组织172名干部填报个人有关事项。制定《关于进一步做好市纪委机关定期家访的意见》，定期开展逐级家访活动，强化“八小时”外监督。加大执纪审查力度，共受理调查反映纪检监察干部的信访举报和问题线索13件，给予党纪处分2人，提醒谈话5人。

纪律检查体制改革

【积极推进国家监察体制改革试点工作】 11月16日成立潍坊市深化监察体制改革试点工作小组，市委书记任组长。下设办公室，分综合协调组、纪法衔接组、组织人事组、市县指导组等4个工作组。11月21日，市委召开常委会议研究深化监察体制改革试点工作有关情况。11月22日，召开工作小组办公室第一次会议，传达学习市委书记讲话精神和上级有关部署要求，明确职责分工。12月5日，市委召开全市推开国家监察体制改革试点工作动员部署会议，对全市推开国家监察体制改革试点工作进行动员部署。12月14日，《潍坊市深化监察体制改革试点实施方案》印发。12月18日，召开工作小组第二次全体会议，研究审议《潍坊市监察委员会组建方案（审议稿）》《潍坊市检察机关涉改部门人员转隶工作方案》。市纪委牵头推进，确保2018年1月中旬前、1月底前，分别完成市、县监察委员会的组建和挂牌工作。

【持续深化政治巡察】 制定十二届潍坊市委巡察工作规划和巡察监督工作实施意见，完善各项工作制度。突出政治巡察定位，坚持问题导向，共开展巡察和巡察督导4轮，巡察部门单位68个，发现主要问题445个、问题线索136条，边巡边改问题182个。在全省率先开展市县联合巡察，制定市县联合巡察暂行办法，在7月下旬至9月下旬开展的第二轮巡察中，组建5个市县联合巡察组，对10个县（市、区）的15个镇街党组织开展联合巡察。

【扎实推进派驻机构全覆盖改革】 按照省纪委机关、省编办《关于推进市纪委派驻机构全覆盖改革的指导意见》要求，市委多次召开会议研究改革方案，市纪委积极协调解决编制、机构、职数、人员配备等问题，组织、编制、人社、财政等部门全力支持配合，共同研究破解难题。12月14日，以市委办公室文件印发《关于加强市纪委派驻机构建设的实施意见》和《关于全面落实市纪委向市一级党和国家机关派驻纪检机构的方案》，有力推进了派驻机构全覆盖改革。

【严格组织职务与职级并行制度试点工作】 认真摸清底数，对市纪委（监察局）及市委巡察机构编制人数、领导职数、实有人数及部队转业干部情况等进行多次统计。详细解读政策，依托“清风大讲堂”，对公务员职务与职级并行制度试点工作进行专题辅导，组织全体干部集体学习观看《公务员职务与职级并行制度试点政策33问》，认真答疑解惑。制定职级设置方案，对市纪委（监察局）、市委巡察办及第一至第三巡察组职级进行设置。实施职级套改，组织职级晋升，确保2018年2月中旬前完成两次职级晋升。

专有名词解释

1.“九严禁”换届纪律：一是严禁拉帮结派，对搞团团伙伙、结党营私的，一律给予纪律处分。二是严禁拉票贿选，对在民主推荐和选举中搞拉票、助选等非组织活动的，一律排除出人选名单或者取消候选人资格，并视情节给予纪律处分，贿选的依法处理。三是严禁买官卖官，对以谋取职务调整、晋升等为目的贿赂他人或者收受贿赂的，一律先停职或者免职，并依纪依法处理。四是严禁跑官要官，对采取拉关系或者要挟等手段谋取职务或者职级待遇的，一律不得提拔使用。五是严禁造假骗官，对篡改、伪造干部档案材料的，一律对相关人员给予组织处理或者纪律处分。六是严禁说情打招呼，对搞封官许愿或者为他人提拔重用说情打招呼的，对私自干预下级干部选拔任用的，一律记录在案，情节严重的严肃追究责任。七是严禁违规用人，对突击提拔调整干部、超职数配备干部和违反规定程序选拔任用干部的，一律宣布无效，并视情节对相关人员给予纪律处分。八是严禁跑风漏气，对泄露、扩散涉及换届人事安排等保密内容的，一律追究相关人员责任。九是严禁干扰换届，对造谣、诬告他人或者妨害他人自由行使选举权的，一律严厉查处，涉嫌违法犯罪的移送司法机关处理。

2.会风会纪“十二个不得”要求：一是不得私自携带或散发土特产品、企业广告和个人宣传品；二是会议期间，不得在新闻媒体刊发候选人及所在单位的大幅宣传报道和广告；三是不得在代表、委员驻地、房间摆放宣传候选人及所在单位的报纸、刊物等；四是不得搞会议赞助；五是不得编造、散布、传播小道消息；六是不得从事跨团走访等与会议无关事项；七是不得收送任何礼品、礼金和消费卡、购物卡；八是不得参加高消费娱乐、健身活动；九是不得在驻地内外吃请、请吃；十是不得会客、私自外出；十一是不得在大会安排的驻地以外住宿；十二是不得饮酒。

3.三个提名考察办法：为贯彻落实十八届三中全会关于“各级纪委书记、副书记的提名和考察以上级纪委会同组织部门为主”的精神，市委办公室于2015年10月29日印发《县市区纪委书记、副书记提名考察办法（试行）》《市纪委派驻纪检组组长、副组长提名考察办法（试行）》《市管企业纪委书记、副书记提名考察办法（试行）》。

（宋云涛）

民主党派　社会团体

Minzhu dangpai Shehui tuanti

中国国民党革命委员会潍坊市委员会

【概况】 认真学习贯彻中共十九大精神。采取多种形式学习传达十九大精神，用习近平新时代中国特色社会主义思想武装头脑、指导实践、推动工作。开展“不忘合作初心，继续携手前进”主题教育活动。赴泰安、枣庄、诸城和广东等地瞻仰民革先辈故居，接受爱国主义教育。有序推进组织发展。2017年发展党员16人，拥有硕士学位的占25%，具备民革特色和已做出政治安排的占62.5%，平均年龄38.5岁，专业结构和年龄梯度进一步优化。扎实推进组织建设。对基层支部进行“千分制”量化考核。8名代表出席民革山东省第十三次代表大会，2人当选民革省委委员，主委李向云当选常委。

【参政议政】 参与政党协商和政治协商。参加各级党委、政府召开的民主协商会、征求意见会、情况通报会及座谈会30多次，就重大问题进行协商，提出意见建议20多条。提案和社情民意信息工作。在市政协十三届一次会议上提交提案30多件，其中集体提案6件，1件提案被列为重点提案和市政协重点督办提案。提报社情民意信息50余篇，其中34篇被中央和省级部门采用，连续五年被民革省委评为“社情民意信息工作先进集体”，1名党员被评为“民革全国参政议政工作先进个人”。做好重点课题调研。完成《潍坊市乡村旅游业现状及上档升级对策建议》等2件市委年度重点调研课题，全年开展各类调研活动10余次。

【社会服务】 开展“伸出博爱之手——民革基层组织牵手困难群众”活动。组织到昌乐、临朐、青州开展众多帮扶困难群众和弱势群体、关爱老年人等活动。开展好“三下乡”活动。赴高密、寒亭、潍城开展医疗、法律、科技下乡活动。开展文化艺术和书画联谊工作。举办“纪念潍坊民革市级组织成立60周年书画展”，春节期间到北关社区开展“送福进家写春联”活动，联合市文化馆承办第五届潍坊市少儿书画大赛，并义务为社区培训文艺骨干。2017年，民革潍坊市委被民革中央授予“民革全国社会服务工作先进集体”荣誉称号。

【祖国统一工作】 全面贯彻中共中央对台工作大政方针、特别是习近平总书记一系列对台重要讲话精神，积极促进海峡两岸经济文化交流。中秋节期间，赴滨海开发区台资企业调研，了解台商企业的发展规划与运营现状以及企业发展中遇到的问题，组织台属党员与台商就加强两岸交流、增进同胞感情进行座谈。鲁台会期间，组织党员企业参会并与台资企业开展对接。元旦期间，联合在潍台商召开新年茶话会。

（刘大伟）

中国民主同盟潍坊市委员会

【自身建设】 2017年12月，举办民盟潍坊市委骨干盟员和新盟员十九大精神培训班，为进一步加强和改进市委会自身建设，制定出台《民盟潍坊市委主委办公会议议事规则》《民盟潍坊市委会会议议事规则》等文件。全年发展盟员20人。

【参政议政】 市政协十三届一次会议提交个人和集体提案20余件。其中，民盟市委会提交的《关于加强对社会“两微”新媒体从业人员管理的建议》和《关于推动我市职业院校实施双创教育的建议》被评为2017年全市重点提案，并获得市委书记刘曙光亲自批示；上报《大力发展文创产业，助推“一带一路”建设，增强传统文化国际影响力》等三篇提案作为民盟省委提案素材。

【社会服务】 为对口帮扶村临朐县樊家庙村幼儿园捐助桌子30张、椅子60把，为村小学捐助电子钢琴1台、书橱16个，并提供树苗700余株用于村内道路绿化。2017年春节，奎文教育支部通过多方协调、募捐，筹集帮扶金6557元，对“长期照顾瘫痪父亲的11岁女孩小美凤”进行帮扶救助，并与之建立了长期帮扶关系；为庆祝“三八”国际劳动妇女节，妇女工作专委会在潍坊植物园举办“庆祝‘三八’节 趣游植物园”活动；“五四”青年节前夕，民盟潍坊市委青年工作委员会举办了“城市穿越 发现潍坊美”骑行活动；2017年6月10日，在首个“文化和自然遗产日”到来之际，民盟潍坊市委与潍坊市文化广电新闻出版局、潍坊市文物局、山东交通职业学院、民盟坊子支部共同举办的“国家级非物质文化遗产潍坊红木嵌银髹漆技艺大师工作室挂牌仪式暨图片展”在山东交通职业学院图书馆举行；为庆祝祖国68周年华诞，9月份市委会主办“奥文”杯庆祝中华人民共和国成立68周年“我和我的祖国”朗诵比赛，共有14位盟员参加朗诵；在党的十九大胜利闭幕暨“九九重阳节”来临之际，老龄工作专委会邀请部分老盟员欢聚一堂，召开座谈会，共度重阳佳节。

（孙照军）

中国民主建国会潍坊市委员会

【概况】 2017年，新发展会员15名，其中博士1人，硕士2人。2017年3月间，对各支部进行换届，增设潍坊商校支部、滨海支部，增设社会服务专委会。截至12月，民建潍坊市委共设有支部18个，专委会9个，共有会员289人，大专及以上学历占85%，经济界人士占80%，进一步提升了会员结构和层次。市委会机关先后赴天津、济南开展寻标对标提标活动，继续积极开展市级文明单位创建工作，顺利通过2017年市级文明单位考核。

【思想建设】 深化政治交接，强化优良传承。贯彻落实理论学习制度，5月，在潍坊市委党校召开为期2天的新任支部主委、副主委及新会员培训班。在会员中开展“不忘合作初心，继续携手前行”主题征文活动，会员撰写作品荣获民建省委2017年度主题征文优秀作品。9月，组织部分会员赴贵州学习考察，各支部积极开展理想信念教育活动，收听收看中共十九大盛况，读原著、学原文，通过座谈会、报告会、专题活动等形式，深刻领会习近平新时代中国特色社会主义思想，在学习和交流中提升境界，凝聚共识。多措并举，思想宣传工作水平再上新台阶。对潍坊民建市级组织成立以来的史料进行搜集整理，汇编形成《潍坊民建历史回眸》一书。为适应新媒体时代的宣传节奏，建立起贯穿会员、支部、市委会委员的各层级微信群，5月，申请建立“民建潍坊市委会”微信公众号。一年来，在主流媒体、民建中央、省级媒体等刊发各类信息50余篇次，《潍坊民建思源助学阳光行活动》被省委评为2017年度新闻宣传调研优秀作品。

【参政议政】 在潍坊市新一届人大、政协会议上，共有市政协委员18名，市级人大代表3名。在市政协十三届一次会议上，提报集体提案8件，其中《关于充分利用大数据 推动农业供给侧结构改革的建议》获中共市委书记刘曙光签批，《关于我市城镇化过程中农民工市民化的建议》获李宽端市长签批，市委会及会员提出的5篇提案被评为潍坊市政协十二届三次会议以来优秀提案。组织会员围绕“四个城市”建设建言献策，其中《关于美丽乡村建设与产业协调发展的调研报告》，得到刘曙光的签批。一年来，报送社情民意信息17篇，其中省级采用7篇，市级采用2篇。市委会机关被中共市委统战部评为2016年度全市统战信息工作先进单位。

【社会服务】 充分发挥民建法律服务中心的平台作用，先后赴潍坊技师学院、潍坊学院、奎文区梨园街道等地开展普法讲座、设立法律服务联系点，全年免费提供法律咨询服务3500人次，参与扶贫捐助、关爱弱势群体捐款10万余元。市委会组织支部和会员积极开展助学、义诊等活动，赴奎文开展“民建 思源”助学阳光行动，送去价值7.8万元的图书、作业本；赴峡山生态经济开发区、安丘辉渠镇等地捐资助学4万余元，发放价值12 万元的医疗器材；赴峡山区开展“倡环保 扶贫济困 送温暖活动”，送去价值近3万元环保清洁煤。

（惠铁英）

中国民主促进会潍坊市委员会

【自身建设】 认真学习贯彻中共十八大、十八届历次全会和中共十九大精神，深入学习贯彻习近平新时代中国特色社会主义思想，牢牢把握市第十二次党代会“走在前列，起好带头作用”的目标定位，紧紧围绕“四个城市”建设，团结带领全市民进广大会员，不忘初心，锐意进取，认真履行中国特色社会主义参政党职能。先后主要围绕学习贯彻市十二次党代会精神、中共十九大精神及民进十二大精神，开展形式多样的学习活动。围绕民进潍坊市委会成立二十周年，举办“翰墨开明——喜迎十九大暨庆祝民进潍坊市委会成立二十周年书画展”。组织书画界会员参加民进山东省委在北京举办的“同心远航——纪念山东民进地方组织成立60周年书画精品展”。组织广大会员参加由省委会举办的“我与民进共成长”征文活动。举办2015年至2017年新会员培训班。组织现任市委会班子成员、支部主委，到江西、福建红色革命教育基地参观学习。部分企联会成员相继参加全省企业界会员专委会年会、甘肃学习交流活动。市委会、基层支部领导班子，部分人大代表、政协委员参加省、市、县三级组织的学习十九大精神培训班等。坚持领导班子成员联系基层和广大会员制度，积极开展寻标对标活动。

【参政议政】 积极参加各类协商活动12次。围绕全市政治、经济、文化和社会生活中重大问题与重要人事变动等充分发表意见，提出建设性建议。其中，市委会提交的《挖掘利用我市优秀传统文化资源 融入“四个城市”建设发展大局》调研报告，获中共市委书记刘曙光批示；会员张晓睿提交的《关于在潍坊市探索建立垃圾分类制度的建议》获市长李宽端批示。积极参与政协协商。在市政协十三届一次会议上共提交集体提案6件，个人提案15件，针对党委政府和社会各界关注的热点、难点问题，提出的《关于解决市区汛期内涝难题 科学推进海绵城市建设的建议》《关于妥善解决中小学校师资供需矛盾问题的建议》得到李宽端的批示。切实做好建言献策。积极参与配合民进山东省委参政议政工作，2017年完成民进山东省委课题两项。协助民进山东省委就中小学大班额开展民主监督进行调研，提供相关书面材料。组织会员分别就众创空间建设、中小企业云平台建设、传统文化融入“四个城市”建设进行调研。组织广大会员就全市开展作风建设年活动提出建议。组织部分政协委员围绕市委会提交的城市内涝、社区卫生、中小学教师师资供需矛盾，积极参与市政协组织的提案办理协商。围绕众创空间建设，积极参与市政协组织的界别协商。市委会将提报社情民意信息作为参政议政的一项重点工作，市委会机关及时、准确地收集上报社情民意和相关信息，助推经济社会发展。2017年编印上报信息16期。

【社会服务】 成立“民进潍坊开明画院”，积极打造“翰墨开明”品牌。2017年1月13日，民进潍坊市委会组织部分书画界会员，到临朐县冶源镇三羊山村开展“民进山区行——迎新春、送春联”活动，受到当地群众的热烈欢迎。积极参与临朐县樊家庄村、肖家庄村帮扶共建工作，为该村两个文化大院进行了以宣扬社会主义核心价值观为主题的墙绘。组织潍坊民进书画界会员赴淄博参与省民进组织的书画进校园活动。联合潍坊市教育局、潍坊市文明办、潍坊市社科联开展2017年全市中小学生读书系列活动。组织开展“民进会员企业行”活动，参观考察会员企业，搭建会员联谊平台，促进交流合作。积极开展微公益活动，为文明城市建设献计出力，2017年民进潍坊市委会被评为市级文明单位。

（王晓菲）

中国农工党潍坊市委

【概况】 2017年，农工党潍坊市委会现辖1个总支，12个支部委员会。发展新党员14人，全市共有党员225人，其中医药卫生界党员占54%；博士、硕士53人，占24%；高中级知识分子189人，占84%，省、市、县市区人大代表、政协委员37人，占16%，党员队伍界别和知识结构进一步优化。2017年，市委会被农工党山东省委表彰为社会服务工作和宣传思想工作市级先进集体，市委会机关被中共市委统战部表彰为全市统战信息工作先进单位。

【参政议政】 积极参与政治协商。2017年，市委会先后5次参加市委、市政府、市政协召开的民主协商会、座谈会，先后就市委工作要点、政府工作报告、党风廉政建设、学习贯彻中共潍坊市第十二次党代会精神、“四个城市”建设、学习贯彻中共十九大精神等重大问题与市委、市政府领导交流意见，提出意见建议。深入开展调查研究。市委会《实现医疗一卡通，推进智慧城市建设》重点调研课题，作为民主党派重点调研课题被刘曙光书记签批。积极参加农工党山东省委重点调研课题《山东省医疗联合体建设情况调查研究》《山东省养老服务业PPP发展模式及风险防控研究》的调研，协助完成高质量的调研报告。做好政协提案和社情民意信息工作。2017年，市委会共提交集体提案11件，农工党员中的市政协委员提交个人提案22件。其中之1篇被市委主要领导签批。2017年，市委会共报送社情民意信息35篇，被有关部门采用12篇，其中1篇被中央统战部《零讯》采用，2篇被省政协采用，5篇被农工党省委采用，4篇社情民意信息，被市委统战部《建言献策》采用，其中2篇，被市委主要领导签批。

【社会服务】 积极开展“农工服务进社区”活动。联合奎文区工商联到

2017年10月9日，农工党潍坊市委会开展重阳节“爱老助老”活动

（供稿：李兴俊）

奎文区则尔庄社区开展第十届“中国环境与健康宣传周”义诊活动。联合奎文区妇联，在奎文区苇湾社区敬老院，开展第二十九届“国际科学与和平周”义诊捐助活动和“情暖夕阳”关爱老年人活动，给敬老院的老人提供义诊、法律、心理咨询和爱心捐助，并给老人赠送价值3000元的慰问品。联合潍坊保健报刊社，组织农工党员专家赴临朐嵩山西井村开展扶贫义诊活动。积极开展“班班通——助力教育信息化活动”。联合市教育局协助配合农工党山东省委、明日之星教育基金会开展“班班通—助力教育信息化”公益捐赠活动，共向全市12个县市区近400所义务教育阶段学校捐赠价值552万元的信息化教学用品，有力助推全市教育信息化的发展。深入开展助力扶贫攻坚行动。充分发挥农工党优势，深入开展助力扶贫攻坚“五个一”行动，各支部积极参与，有力助推全市脱贫攻坚工作。在农工党省委助力扶贫攻坚工作表彰决定中，市委会被表彰为全省助力扶贫攻坚工作先进集体，3个支部被表彰为全省助力扶贫攻坚工作先进基层组织，4名党员被表彰为全省助力扶贫攻坚工作先进个人。

（李兴俊）

中国致公党潍坊市委员会

【思想建设】 2017年，市委会开展两次集体学习，部署基层组织开展三次专题学习，学习习近平总书记系列重要讲话精神、省十一次党代会、市十二次党代会精神。举办2017年度党员培训班，选派2名市委会委员参加市委统战部党外代表人士培训班，学习中共十九大精神。开展“不忘合作初心，继续携手前进”专题教育，举办专题宣讲报告会。赴遵义开展“坚定理想信念”主题教育活动。提升党员文化素养，开展“全民阅读•致公党员在行动”活动。“潍坊致公”公众号推送信息90余篇，有效宣传党派工作。

【组织建设】 2017年，市委会16名党员被致公党山东省委表彰为“创先争优”活动优秀党员。在致公党中央学习实践活动总结大会上，潍城支部被表彰为坚持和发展中国特色社会主义学习实践活动先进集体。2017年度发展党员7名，均具有本科以上学历和侨海关系。截至2017年12月，市委会设4个支部，共有党员137名，有38名党员担任市、县级人大代表、政协委员。市委会机关积极“寻标对标提标”，提升工作效能，2名机关干部被表彰为省委会“创先争优”优秀机关工作者。

【参政议政】 2017年，市委会被致公党山东省委表彰为参政议政先进集体，《关于推进我省家庭教育指导服务体系建设的建议》被表彰为参政议政优秀成果奖。参加民主协商会、情况通报会、专题座谈会5次，就市委、市政府重要工作提出意见建议。在市政协十三届一次会议上，提交集体提案6件，2件得到市委、市政府主要领导批示。在市政协十三届二次会议上，提交集体提案8件，1件提案得到中共市委书记刘曙光批示；2件提案被选作大会书面发言；2件提案作联组发言。围绕经济转型升级、科技创新、农业供给侧结构性改革，完成调研课题3项，《关于推动互联网、物联网、大数据等新技术与现代农业融合加快壮大农业“新六产”的调研报告》得到刘曙光批示。扩大社情民意信息全员参与，被省委会、市委统战部“潍坊建言献策”采用信息12篇，1篇得到致公党中央采用，6篇被省政协采用，1篇建议得到市长李宽端批示。

【社会服务】 2017年，市委会被致公党山东省委表彰为社会服务工作先进集体，“致公有爱”扶贫助学活动被评为社会服务贡献奖。5月，开展首次“致公有爱”扶贫助学活动，捐助了28名家庭困难学生和8户困难家庭，捐款捐物合计3万余元。组织党员为帮扶村捐助价值5000元的电脑桌，助力当地新农村文化设施建设。赴铜仁市开展精准扶贫工作结对帮扶调研，并捐赠3万元用于帮助印江中学家庭困难学生。在“同心•服务社会实践月”活动中，开展“致公服务三进”社会服务活动4次，受惠群众600余人次。

【海外联谊】 以加强联系，拓展资

2017年10月18—19日，全国政协委员、致公党中央副主席兼秘书长曹鸿鸣（前排左一）带领致公党中央“农业供给侧结构性改革”调研组到潍坊调研　（供稿：孙鹏飞）

源为目标，参与市外侨办组织的侨商投资企业协会会员大会、海外博士创业潍坊行等活动。参加华侨权益保护座谈会，就保护华侨权益提出意见建议。努力拓展联络资源和渠道，与市侨联进行对接，达成在更深层次上开展部门协作的共识。

（孙鹏飞）

九三学社潍坊市委员会

【概况】 截至2017年底，全市共有社员377人，平均年龄54.1岁，高级职称189人，占50.1%，离退休103人，占27.3%。全年发展社员21名，全部为大学以上学历，其中研究生以上学历13人，高级职称12人，代表性人士1人。配合各级做好人大代表、政协委员人选推荐工作，1人当选省政协常委、2人省政协委员，35人当选市、县两级人大代表、政协委员。加强机制建设，调整充实参政议政工作委员会和社会服务工作委员会成员。市委会被社中央表彰为“2013—2017年度参政议政工作先进集体”、连续第6年被社省委表彰为“参政议政工作先进集体”“思想宣传工作先进集体”，市委会机关继续被授予“市级文明单位”称号。全市社员在本职工作中有18人次获市级以上表彰奖励，14人次获社中央、社省委和市政协表彰。

【参政议政】 在市委、市政府组织的座谈会、通报会、协商会、征求意见会上，围绕学习贯彻中共十九大精神、市党代会报告、市政府工作报告、“四个城市”建设等重大问题，先后提出10余项有较强针对性的可行性意见建议。市委会调研成果转化为全国、省、市政协提案、建议或人大议案35件（集体12件、个人23件），高质量完成社中央课题、社省委课题、市委统战部课题各2项。《关于加快培育涉农经营主体，推动农村一二三产业融合发展的建议》转化为社中央在全国政协提案，《关于加强县级城市社区建设的建议》转化为省政协大会书面发言，《关于推动土壤保护与治理产业化市场化的建议》转化为社省委在省政协大会提案，《关于推动我市土壤保护与治理产业化市场化的建议》和《关于推广无抗健康养殖产业发展的建议》得到市长李宽端批示。联合多个党派开展调研活动，执笔形成的调研报告《关于大力发展高效节水农业促进水资源可持续开发利用的建议》先后得到中共市委书记刘曙光、中共市委副书记张小梅批示。配合社省委在潍坊开展“促进科技型中小微企业创新发展政策落实情况”专题调研，得到社省委肯定。积极参加市政协社情民意征集和市委统战部“潍坊建言献策”活动，岳连红《建议政府采购服务类项目不能仅以最低报价为标准》得到时任中共市委书记杜昌文批示，市委会《关于将张雪岩纪念馆纳入潍坊名人馆群建设的建议》得到市长李宽端批示。先后邀请社中央社情民意专家罗道全教授和市委党校教授进行专题辅导，150人次参加培训。

【社会服务】 立足于“建立活动基地、延伸服务领域、打造活动品牌”，多渠道、多层次开展社会服务活动。市委会和支社先后14次组织开展精准扶贫、专家义诊、科普宣传、健康咨询、助学帮困等社会服务活动，2300余人受益。选定临朐县九山中心卫生院为服务基地并定期开展义诊活动，把奎文区聋儿康复学校定为活动联系点并持续帮助该校优化教学设施，积极参与精准扶贫帮助临朐白塔村建立电商营销平台，联合市人防办、市第二人民医院组织医疗和农技专家到峡山区峡山镇郝家官庄村开展文化科技卫生“三下乡”活动，邀请社中央科工委副主任、中国科技大学博士生导师王永教授到潍坊一中为师生作“月球探测与载人航天”专题科普报告。

【自身建设】 深入学习贯彻习近平新时代中国特色社会主义思想和中共十九大精神，并作为首要任务和深化政治交接的主线，深入开展坚持和发展中国特色社会主义学习实践活动和专题教育，努力夯实共同的思想政治基础。市委会举办“庆七一•习近平用典选粹——贾鹏书法篆刻展、潍坊国际风筝会“设计问道”创意设计展等系列活动。响应市委、市政府号召开展“作风建设年”活动，先后赴杭州、青岛等地开展寻标对标提标学习

2017年5月20日，“九三九山行”医疗帮扶活动启动仪式在临朐县九山中心卫生院举行，市政协副主席、九三学社市委主委李传恒出席　（供稿：王兴全）

活动，与社湖州市委签署友好市委会协议。结合社中央、社省委和省政协、市委统战部组织开展的“中国特色社会主义论坛”“齐鲁青年论坛”“齐鲁科学论坛”及统战理论调研等活动，论文入选省政协理论课题或社省委论文集4篇，稿件被《联合日报》、齐鲁社刊、《潍坊日报》等刊用14篇。

（王兴全）

潍坊市工商业联合会

【概况】 2017年，潍坊市工商联以中共十八届历次全会和十九大精神为指引，深入学习贯彻习近平总书记系列重要讲话精神，牢牢把握“两个健康”工作主题，加大思想政治引领力度，广泛搭建平台，积极参政议政，全面加强基层组织建设，各项工作取得新进展，荣获“全省工商联系统标兵单位”和“省级文明单位”荣誉称号。

【政治引领】 组织召开非公经济代表人士学习中共十九大精神座谈会、举办潍坊市工商联庆祝党的十九大胜利召开书画展等活动。围绕党的十九大精神、安全生产和环境保护等问题，举办3期专题培训班，对新生代企业家的进行教育培养。举办第三届新生代企业家论坛。深化理想信念教育实践活动，在全市非公经济人士中举办企业文化论坛、发出“文明出行”活动倡议。

【宣传表彰】 编印《潍坊市新生代企业家风采》《发扬光彩精神助力脱贫攻坚》等宣传画册。推选歌尔股份有限公司等11家企业入选“2017中国民营企业500强”“2017山东民营企业百强”称号，曾庆铭等4人入选国家创新人才推进计划，评选潍坊昌大建设集团有限公司等40家“市级劳动关系和谐企业”。

【搭建平台】 举办首届在外潍商回乡行暨回乡创业座谈会。围绕“军民融合”“一带一路”倡议等国家战略，组织全市企业与全联科技装备业商会进行对接考察。与市有关部门联合成立“潍坊市金企融合互通平台”，收集企业融资项目80多个，融资5亿元。依托潍坊学院经济管理学院成立“潍坊民营经济发展研究中心”，并启动首批6名高层次人才到民企挂职活动。

【扶贫事业】 9月份，召开精准扶贫工作现场观摩会，表彰38家扶贫开发工作先进单位。与中国农业发展银行潍坊分行签订《政策性金融支持“万企帮万村”精准扶贫行动战略合作协议》，帮助安丘惠利光伏科技有限公司、安丘惠永光伏科技有限公司申请光彩事业重点项目，分别批准8500万元、6400万元的扶贫贷款，推荐孚日集团股份有限公司等3家企业享受金融性政策扶持。组织有关县市区和企业赴重庆市开州区、聊城等地区开展“东西扶贫协作”对接活动。

【参政议政】 围绕支持非公经济发展、商会建设等重点开展调研，撰写《潍坊市民营经济发展情况调研报告》和《潍坊市商会建设和发展情况》等调研报告。起草制定《关于进一步优化营商环境支持非公有制经济健康发展的意见》，为全市民营经济发展把脉支招。围绕经济发展新常态下潍坊市经济社会发展中的实际问题，提交团体提案3件，组织工商联组政协委员提交40多份提案。设立“潍坊市政协工商联组委员活动室”，举办政协委员座谈会和外出考察学习活动，就全市经济发展、涉及群众切身利益的实际问题议政建言。

【组织建设】 5月25日，召开市工商联第十二次会员代表大会。2017年，全市工商联新发展会员1146家，总数已达17189个，会员结构持续优化、质量不断提高。全市县级工商联全部实现“一个设立、五个确保”目标，8个县市区工商联先后被评为全国和省“五好”县级工商联（领导班子好、会员发展好、商会建设好、作用发挥好、工作保障好）。

（胡晓光）

5月25日，市委书记、市人大常委会主任刘曙光出席市工商联第十二次会员代表大会并发表重要讲话 （供稿：朱 波）

潍坊市总工会

【概况】 2017年，在市委和省总工会坚强领导下，全市各级工会认真学习宣传贯彻党的十九大精神，以习近平新时代中国特色社会主义思想为指导，深入贯彻落实中央和省、市委党的群团工作会议精神以及市第十二次党代会精神，主动服务大局，竭诚服务职工，各项工作取得了新的进展和成效。市总先后被表彰为“全国推动厂务公开民主管理工作先进单位”“全国2017年春运‘情满旅途’活动成绩突出集体”“2016年度全省安全生产工作先进单位”、全省工会经审规范化考核特等奖、山东省第七届职工运动会特别贡献奖和优秀组织奖、全市妇女儿童工作先进集体。市总工会机关连续11年保持“省级文明单位”称号。

【助推改革发展做出新贡献】 召开全市庆祝五一国际劳动节暨工匠精神报告会，组织潍坊工匠精神报告团并在全市范围内进行18场巡回报告，引起强烈反响。扎实做好2017年全国、省、市劳动奖章（状）、工人先锋号的评选推荐工作，189个单位、班组和个人受到表彰。持续开展“能工巧匠”选树活动，全市8个行业26个工种举办市级行业性职工技术比武，5万余名职工参与其中。举办“豪迈杯”第二届潍坊市职工创新创业大赛，317个创业项目和170个创新项目参赛，10名优秀创业者受到表彰，评出创新成果一等奖2项、二等奖8项、三等奖32项。评选表彰工友创业示范园5个、工友创业优秀个人10名。3个项目参加首届全国创业就业服务展示交流活动并荣获优秀项目奖。豪迈集团在全国工会深化劳模和工匠人才创新工作室创建工作会议上作典型发言，王钦峰劳模创新工作室被评为全国示范性创新工作室。

【协调劳动关系彰显新作为】 认真宣传贯彻《山东省企业工资集体协商条例》，开展“集中要约”行动，工资集体协商指导员作用发挥明显，协商内容、协商程序两个规范化建设水平不断提升，工资集体协商建制率动态保持在92%以上。厂务公开民主管理工作扎实推进，职代会规范化建设稳步提升，建会国有、集体及其控股企事业单位职代会制度和厂务公开制度建制率始终保持在100%，非公企业职代会制度、厂务公开制度建制率动态继续保持在95%以上。企业工会与行政沟通协商机制建设成效显著，2365家企事业单位建立工会与行政沟通协商机制，其中国有、集体及其控股企事业单位建制率实现100%，非公企业建制率为87.9%。省总工会在潍坊市召开全省推进企业工会与行政沟通协商机制建设观摩培训会议。深化“查保促”群众性安全生产工作，开展全市化工行业“查保促”专项行动，全面推行“1+N”工作法，表彰10名“查保促”优秀企业工会主席、80名优秀职工。举办潍坊市首届EAP高峰论坛，承办省总工会“关爱职工心理公益巡讲”进企业活动，职工心理援助计划稳步推进。“七种模式•关爱女工”深化发展，女职工专项合同履约率达到100%，建成193处“妈妈小屋”并投入使用，10户最美职工家庭受到市文明办表彰，女职工权益得到有效维护。

【服务职工群众取得新成效】 工会帮扶救助“四季服务”成效显著。送温暖活动筹集1027.1万元，慰问困难职工4941户、困难农民工3053户。开展“就业创业援助月”活动，举办专场招聘会39场，提供免费就业服务33617人（次），成功介绍农村劳动者就业9685人（次），组织参加职业技能培训4490人（次），提供劳动维权服务和法律援助1771人（次）。夏送清凉活动筹集406.9万元，走访企业和工地456家，慰问职工（农民工）38810人（次）。金秋助学活动筹集639.2万元，资助2389名困难职工子女上大学。大力实施困难职工解困脱困工作，全市在档困难职工由5455人下降为2815人，下降48.4%。成立潍坊暖心志工公益发展中心并启动“环卫工人免费午餐”活动，被省总工会评为全省工会工作十大创新奖。组织172名市级以上劳模（工匠）、1176名一线职工参加疗休养活动。加强实体服务平台建设，建成镇街职工服务站131家，规模以上企业“职工之家”3034个。“潍坊12351职工服务网”正式上线运行，实现与

2017年3月，潍坊暖心志工公益发展中心揭牌暨“环卫工人免费午餐活动”启动仪式在市工人文化宫中心会堂举行 （供稿：崔 放）

"潍坊职工之家"微信平台有机链接，打造了方便快捷的网上职工服务中心。推出"乐业潍坊"工作品牌，办好服务职工十件实事，受益职工达10万余人。累计发放潍坊工会会员服务卡27万余张，特约服务网点1817个，开展优惠服务活动500余场。职工互助保障工作实现新突破，在保会员人数37.8万人（次），会费突破1500万元，为10551人（次）给付互助金843万元，发放互助互济金100.8万元，精准救助困难会员753人，12个县市区、开发区开通网银直赔业务，会员受益面不断扩大。

【思想文化建设得到新提升】 扎实开展社会主义核心价值观教育，持续抓好职工教育培训，开展"倡导职工阅读•建设书香潍坊"读书系列活动，职工思想政治素质得到有力提升。加强职工书屋建设，18个单位的职工书屋被表彰为全国、市级职工书屋示范点。大力弘扬劳模精神、工匠精神，启动《潍坊劳模影像志》编纂工作，在主流媒体开设"工匠精神"专栏，举办"大国工匠潍坊行"活动，营造了"工人伟大、劳动光荣"的浓厚氛围。深度挖掘豪迈、美晨等一批先进企业文化，举办两届企业文化论坛，光明日报先后两次进行报道。深化"中国梦•劳动美"主题实践活动，成立潍坊市职工文化体育协会，举办第34届潍坊国际风筝会风筝扎制大赛、万人放飞、全市职工楹联书法艺术展和职工迎新春文艺晚会等文体活动，每月举办一期职工京剧晚会，活跃了职工业余文化生活。承办山东省第七届职工运动会有关赛事并取得优异成绩。

【自身建设实现新突破】 扎实开展"作风建设年"活动，确定省外学宁波、省内学淄博，比学赶超措施在媒体公开承诺亮相并落实到位，学访活动达5次。加强工会干部教育培训，举办市工会领导干部（宁波）培训班、工会系统学习贯彻党的十九大精神暨镇街（园区）"两新"组织工会主席培训班等5期培训，参训学员3000余人。贯彻落实中央、省、市委关于推进群团改革的决策部署，研究制定《潍坊市总工会改革实施方案》并印发实施，12个县市区总工会改革实施方案相继出台并得到落实。组成7个调研组对全市产业工人队伍现状和需求进行专题调研，形成调研报告，为制定全市产业工人队伍建设改革实施方案奠定坚实基础。以"党建带工建、党工共建"机制为抓手，扎实开展"工会组建集中行动"，新建基层工会465个、新建基层工会组织（涵盖单位）2150家，新发展会员10.6万余人，职工入会率达98.86%。在全省率先全部建立县级外经贸企业工会，经验做法在全省推广。深入贯彻落实《工会基层组织选举条例》，扎实推进基层工会主席选举工作规范化建设，基层工会主席直接选举的单位达到1790家。2017年6月，全国工会规范基层工会选举工作现场经验交流会在潍坊市召开。中华全国总工会党组成员、书记处书记张茂华，山东省总工会常务副主席刘赞杰，潍坊市委副书记张小梅，潍坊市政协副主席、市总工会主席吴建民出席会议。

（崔　放）

共青团潍坊市委

【概况】 2017年，潍坊团市委紧紧围绕全市发展大局，以"青春喜迎十九大 不忘初心跟党走"为引领，勇于担当、主动作为，奋力争创改革发展排头兵。团中央书记处领导、少年部、基层组织建设部、宣传部、统战部、全国青联、团省委主要领导先后到潍坊调研指导；举办承办海峡两岸青年就业创业交流研讨会、全省青联换届工作专题座谈会等重大活动；先后在全国网上共青团建设会议、全国增强中学生团员先进性工作部署会、全国少先队工作会议等全团专题会议上作典型发言；"青年之声"工作获全团通报表扬，荣获全省"国学达人"挑战赛最高荣誉"青春国学鼎"，春雨社区义工荣获"山东青年五四奖章集体"称号，胜利召开共青团潍坊市第十九次代表大会，《共青团潍坊市委改革实施方案》印发并稳步推进，各项工作实现创新突破。

【中国共产主义青年团潍坊市第十九次代表大会】 9月28日—30日胜利召

9月28—30日，中国共产主义青年团潍坊市第十九次代表大会召开

（供稿：李　伟）

开。市委书记、市人大常委会主任刘曙光出席大会并讲话，团省委副书记袁良到会祝贺。大会回顾总结第十八次团代会以来全市共青团工作，研究部署今后五年的工作任务，选举产生新一届领导机构。来自各条战线、各个行业的330名代表、历届团干部代表和特邀代表、市群团部门代表、各县市区、市直各开发区相关负责人参加了大会开幕式。大会选举产生了共青团潍坊市委第十九届委员会委员41名，候补委员19名，常务委员会委员13名，书记1名、副书记3名、挂职副书记2名、兼职副书记2名。

举办第九届全市青年创新创业大赛　（供稿：李　伟）

【共青团改革稳步推进】 制定出台《共青团潍坊市委改革实施方案》；统筹推进青联、学联、少先队、中学和高校共青团改革，推动12个县市区改革方案如期落地；成功召开共青团潍坊市第十九次代表大会，严格把控基层和一线代表的比例，专兼挂班子成员全部配齐到位；选优配强挂职干部，强化工作力量；常态化开展“机关开放日”“向公益组织报到”“走转改”大调研等活动，推动团干部融入青年、转变作风；紧抓全市村“两委”换届机遇，加强县乡团组织换届工作。

【全力服务党政大局】 制定《关于团结带领广大团员青年投身“四个城市”建设的实施意见》，号召全市青年投身“四个城市”建设；举办全市团员青年助推新旧动能转换行动大会、筹备成立潍坊市青年科技创新协会，助力全市经济转型升级；举办第九届全市青年创新创业大赛、建设“星火学创”校园创客空间、实施返乡大学生“雁归来”项目，激发青年创新创业热情；扎实推进青春扶贫行动，举办农村青年致富带头人、青年电商培训班，培训贫困地区致富能手、农村青年1200余人次，提升农村贫困青年技能水平；实施“金晖助老”行动，争取各级各类资金物资50余万元，撬动社会资源扶贫济困；开展青年文明号助千家结对帮扶、“青联委员服务千家脱贫行动”，切实帮助贫困家庭解决实际困难；广泛开展青年志愿行动，圆满完成文展会、中国画节、风筝会、鲁台会、中日韩产业博览会和城市文明志愿服务任务，累计提供服务近3万小时。

【着力培育时代新人】 围绕迎接宣传贯彻中共十九大精神主线，结合建团95周年，全力推进青年思想政治引领工作，广泛开展“我向习爷爷说句心里话”“家乡英雄知多少”等主题教育活动千余场，进一步坚定青少年“不忘初心跟党走”的荣誉感和使命感；制定五年行动规划和三年提升计划，系统化推进“青马工程”（青年马克思主义者培养工程）；开展“最美青年”评选，加强青年榜样教育；创新举办大学生暑期“三下乡”新闻发布会，吸引更多青年参与社会奉献；强化青少年生态理念培养，“小手拉大手”工作亮点纷呈；举办全国大学生风筝知识大赛、“国学达人”挑战赛、“我们的家训家风”主题征文，培养青年成为优秀传统文化的传播者、践行者。

【努力提升服务水平】 全力推进“网上共青团”建设，成立“青年之声”融合服务中心，创办“我们永远在一起”直播节目，广受青年欢迎；持续开展“青春有约”青年联谊品牌活动，服务青年婚恋交友；举办高考志愿填报答疑、12355阳光减压等活动，服务考生及家长4万人，实施“暑期公益实习生”项目，吸引64名大学生参与；开展青少年权益保障大课堂100讲、未成年人权益保障征文等活动，着力构建“大权益”工作格局；创新实施“OTO”爱心微超市、“牵手关爱”“旧貌换新颜”和“阳光助学”等项目，撬动社会参与资金200多万元。

【大力推进从严治团】 以全市“作风建设年”活动为契机，深入开展“两学一做”学习教育、“学习总书记讲话，做合格共青团员”教育实践，分批分层培训团干部千余人次。通过“走转改”大调研、常态化下基层等长效机制，推动团干部走出机关，迈开双脚，深入基层，深入实践，提高能力，锤炼作风；制定从严治团考核评价办法，开展十项重点工作情况专项督查，努力引导团干部找回对待青年的应有态度、开展工作的应有状态；严抓团员管理，坚持规范推进，以“红心向党推优工程”为总抓手，不断提升和增强团员先进性，在全团形成品牌；认真履行全团带队职能，少先队事业实现新发展；积极争取党政支持，扎实推动党建带团建各项制度安排落实；巩固提升传统领域基层组织建设，抓牢新兴领域团建，切实提升对青年的有效覆盖。

（李宏光　李　伟）

潍坊市妇女联合会

【概况】 2017年，市妇联团结带领各行业妇女，积极参与经济社会建设，各项工作都有新突破。在潍坊市科学发展综合考核中荣获优秀等次，荣获全国维护妇女儿童工作先进集体和全国妇女新闻宣传阵地建设先进单位，巾帼脱贫行动在省综合考核中位居第一名。

【组织建设工作】 抓好村妇代会改妇联工作。2017年3月，组织县市区及部分镇（街）妇联在高密召开村妇代会改妇联现场工作会，规范会改联工作程序，确保会改联工作在5月底前完成。召开全市妇女第十四次代表大会，选举产生新一届妇联领导班子。全程参与全国、省、市“两代表一委员”中妇联系统推选和考察工作，积极推选省十三次妇女潍坊市代表的全部工作，获得领导的充分肯定。完成市妇联改革实施方案和妇联三定方案，为县市区妇联全面改革提供参考和依据。全程组织市妇联职务与职级并行工作、妇联领导班子和工作人员年度考核工作，各项工作都圆满完成。

【思想引领工作】 获评全国妇女新闻宣传阵地建设先进单位；策划开展“巾帼心向党•建功新时代”主题宣教活动，组织妇联干部和妇女代表走进妇女之家、妇女儿童家园、村庄社区、巾帼文明岗、妇女创业就业基地、妇女专业合作组织等地开展各类活动128次；发挥典型引领作用，今年在市级媒体常态化宣传妇女先进典型与优秀家庭典型80余个；不断完善“网上妇联”，搭建起“一网双微”媒体平台，其中，市妇联官方微信公众号—“潍坊女声”综合传播力成功进入全国市级妇联系统50强；成功建立起一支35人的巾帼网宣网评员队伍。

【妇女儿童维权工作】 获评全国维护妇女儿童权益工作先进集体；畅通12338妇女维权热线，妇女来信来访处结率达到98.9%；联合市民政局下发《关于做好婚姻家庭纠纷预防化解工作的通知》，组织召开现场会和培训班，全面铺开潍坊市婚姻家庭矛盾纠纷化解工作；建立3支共73人的巾帼维权志愿者队伍，组织开展普法维权宣教活动15场，受益3万余人；建立100多处宣传和维权站点，发放宣传品3万多份，引导妇女儿童增强法治意识、提升维权能力。创新婚姻家庭纠纷调解工作，全国妇联、省妇联到潍坊专题调研，各地市纷纷到潍坊学习取经。

【妇女创业就业工程】 积极围绕新旧动能转换促进企业转型升级；为全市51家企业争取139万余元省市贴息和奖补资金；推动3000万元的现代农业项目落地；组织女企协和女大学生创业联盟进高校为大学生做创业就业辅导；举办巾帼创业大讲堂，5000多名女大学生受益；举办“春风送暖”女性招聘洽谈会，提供就业岗位2000多个，展示项目55家；举办27期共2700人的村（社区）妇联主席、创业带头人、贫困村妇女培训班，24位创业女性进行项目推广；举办新农村新生活培训1000多场次；评选表彰10名巾帼大师、20名最美女创客，认定87处省市级巾帼脱贫示范基地和大姐工坊；深化巾帼建功行动，先后召开全市庆三八暨“巾帼心向党•扬帆新征程”行动大会、全市妇女参与“四个城市”建设推进大会，号召广大妇女争当“四个城市”建设排头兵；全市涌现出312个巾帼文明岗（标兵），其中国家级12 个；实施“好潍姐”品牌提升行动，扶持培训中高级巾帼家政服务员1000余人次；举办全市第三届巾帼家政技能大赛，以赛促学；开展精准扶贫，深化“百企（岗）连百村（户）”活动，筹款3.6万元帮扶临朐24个建档立卡贫困户，协调资金162万元改善帮包村生产生活条件，开展了巾帼乡村旅游扶贫公益行动，协调省“任我行”自驾游俱乐部与临朐就全域旅游达成意向、捐赠物资价值5万元，推广北黄谷村“妇联组织+社会组织+乡村旅游”模式，促进妇女脱贫增收，巾帼脱贫行动在省综合考核中位居第一名。

【家庭儿童工作】 获评14个省家庭教育示范社区；牵头七部门制定实施家庭教育十三五规划与家庭教育工作联席会议制度；组织申报全国及省级家教科研课题43篇；最美家庭评选工作常态化，今年评选表彰最美家庭100户，其中2户获评全国最美家庭；联合市文明办召开第一届文明家庭表彰大会，评选表彰文明家庭100户；联合市纪委开展“树清廉家风•创最美家庭”主题活动；创新开展“巾帼美家”行动，突出抓好家居环境净化、绿化、美化和家庭成员文明化；加强未成年人思想道德建设，开展家庭亲子阅读、美德少年评选等主题活动，举办巾帼道德大讲堂15场，2000余人受益；完成实施“春蕾计划”救助任务，筹集爱心款114.76万元，帮扶贫困儿童共计2501名，建立台账1729名。

【推进妇女儿童发展“十三五”规划贯彻落实】 大力推动妇女儿童发展“十三五”规划实施，召开全市妇女儿童工作会议，市委副书记、市长李宽端到会讲话；推动市委市政府下发《关于办好2017年全市妇女儿童工作实事的通知》；扎实开展农村妇女“两癌”检查工作，联合卫生部门定期调度进展情况，截至年底，已完成检查人数21万余人，发放救助款87万元。

【深化妇联改革】 在全市7035个村（社区）完成妇代会改建妇联工作，新当选的村（社区）妇联主席均为“两委”班子成员，共配备主席、副主席、兼职副主席21779人，执委49982人；深化在基层妇女组织中选聘兼职妇女干部工作，今年全市共选聘5090人；联合市委组织部、市编办在全省率先下发《关于进一步加强全市镇（街）妇联工作的实施意见（试行）》，对镇（街）妇联班子配备、人员编制、政治待遇等方面作出明确规定。

（隋启军）

潍坊市文学艺术界联合会

【概况】 2017年，市文联各项工作长足发展，打造县市区“一县一品”文艺品牌，青州农民画、临朐手绘年画、高密楹联、寒亭木板年画等文艺品牌在省及全国初具影响。全力打造“中国画都”行业领域文化品牌，评出“2017优秀画廊”10家，组织全市书画策展人培训10余场；举办第七届中国画节、翰墨青州•2017中国书画年会、中国画都画廊周暨第二届艺术百家邀请展等高端书画展览活动15余场，中国画都更具活力和影响力。全国、全省大型摄影展多次在潍坊举办，潍坊摄影占全国一席之地。成功创建“中国民间文艺之乡”，潍坊成为全国第五、全省唯一一家获此殊荣的地级市，此工作获市委书记刘曙光批示。

【文艺精品创作】 全市文联系统在国家级、省级专业刊物发表文学文章700余篇，全国知名网络平台发表1000余篇。积极推荐优秀中青年文艺家参加全省全国性的文艺创作研修班，组织协调开展文艺研讨、展演活动。先后举办纪君等潍坊市文艺家创作的艺术展览、展演20余场次，激发艺术工作者出精品的积极性。建立优秀文艺人才扶持奖励机制。筹划资金10万元，对全市重点文艺作品、民间艺术传承项目、群众文化品牌进行扶持奖励。第十届“泰山文艺奖”共获艺术突出贡献奖1个，二等奖2个，三等奖4个。入选省级以上重点扶持作品暨深入生活定点扶持作品3部，诗歌、散文、小说共10余篇获得省级以上一等奖。民间文艺家协会副主席付绍相的陶艺雕塑《一带一路》获中国民间文艺最高奖“山花奖”。

【打造“文联社会 艺进万家”品牌】 深入开展“百县千村书法下乡”、文艺“进农村、进厂矿、进社区、进校园、进军营”“艺术赶大集”等活动30余次。邀请国内知名艺术家，开设“风雅潍坊”艺术大讲堂5场。组织书画鉴赏讲座，推动群众性艺术普及和鉴赏教育16场。促进文艺志愿服务提档升级，修订完善市文艺志愿者管理办法。市摄影家协会连续16年开展“关注留守儿童”摄影活动，其事迹被省扶贫办肯定并介绍经验。广泛开展文艺志愿服务、文艺扶贫活动，组织“到人民中去”专题大型文艺志愿公益巡演活动62场。大力提升“艺术剧场”专业化、艺术化水平，组织16场高雅艺术演出，受惠群众3000余人次。弘扬社会文明风尚，把文艺志愿服务融入创建全国文明城市活动，开展面向未成年人的“阅读推广”活动，组织开展“我们的节日”主题文化活动，推进“道德模范”故事曲艺作品创作，采取群众喜闻乐见的文艺形式，创造一批以本地道德模范、身边好人为素材的艺术品开展巡演活动，广泛组织“文明出行”活动，弘扬社会风尚，传播道德力量。

【拓展对外文化交流】 大力开展对外文艺交流，采取请进来、走出去灵活多样的形式，进一步加强与国内外文艺团体和文艺家的交流。组织主办、承办国内各类艺术家的展示、展演和展览300余场次。积极举办国家级展会，宣传推介潍坊历史文化、潍坊民间文化。主动作为，力邀全国民间艺术专家到潍坊评审参观，成功争创中国民间艺术之乡这块金字招牌。承接中国民协深入学习贯彻习近平总书记在文艺座谈会和全国第十次文代会、第九次作代会上的讲话精神培训班，成功举办全国农民画作品展，推动农民画向产业化发展。挖掘推介潍坊金石文化，继续联合中国书法家协会篆刻专业委员会、中国艺术研究院中国篆刻艺术院等单位共同主办“走进万印楼”——当代国际篆刻名家邀请展，举办陈介祺文化艺术节活动，合力成功争创“金石之都”称号。多次承办中国文联和中国摄影家协会联合主办的全国性摄影艺术展，为提高潍坊摄影艺术水平，提升潍坊影响力产生积极影响。

【组织高层次文化活动】 举办第十届文展会、民间艺术精品展。积极参与第23届鲁台会，成功举办首届“中国（潍坊）一带一路民间文艺品博览会”。主办“瀚墨青州——2017中国书画年会”。2017年，参与主办和承办音乐、舞蹈、美术、书法等各类艺术家的大型展示、展演和展览活动100余场次，潍坊文化影响力逐步扩大。

（王克强）

潍坊市科学技术协会

【概况】 2017年，在市委、市政府的坚强领导和省科协的正确指导下，潍坊市科协认真学习贯彻中共十九大会议精神，以习近平新时代中国特色社会主义思想为指导，以推动科协系统改革落实为统领，以“两学一做”学习教育常态化制度化为主线，以“作风建设年”为抓手，牢牢把握“四服务一加强”工作定位，不忘初心、凝神聚力、求真务实、开拓创新，圆满完成了年度各项工作。

【全民科学素质工作】 完善科学素质纲要实施机制。调整、充实由市委、市政府分管领导任组长，28个市直部门组成的市全民科学素质工作领导小组，印发纲要实施方案。精心组织实施全国科普日系列科普活动。在浙江大学举办首期潍坊市全民科学素质工作能力提升培训班。推进基层科普基础设施建设。培植19个科普示范社区、6个农技协、2个科普教育基地受到国家和省表彰。建成运行社区科普馆7个、校园科普馆4个、社会类专业科普馆7个，科普长廊6处，在建社区科普馆11个。联合教育局认定潍坊市第三批市级科普教育基地40家。目前全市科普教育基地107家，其中省级以上科普教育基地30家。印发《潍坊市科普中国e站建设实施方案》，在昌乐县先行试点。建成科普中国社区、校园和乡村科普e站204个。强化纲要保障措施。对安丘、诸城、昌邑、坊子推动基层完善工作机制、落实保障措施等情况进行调研督导，向党委政府反馈工作，提出改进意见建议。

【科学普及工作】 实施科技助力精准扶贫工程。联合市扶贫办等五部门成立科技助力精准扶贫工程领导小组，印发《潍坊市科技助力精准扶贫工程实施方案》，打造科技助力精准扶贫新平台。新建县级农技协联合会2个，2个协会纳入中国农技协转型升级试点单位，4个协会和个人荣膺中国农技协科普奖，推荐15名专家入选山东省精准扶贫专家服务行动专家库。为全市337个省定扶贫村免费建设安装数字科普终端205台。开展青少年科学素质行动。联合市教育局组织开展潍坊市第32届青少年科技创新大赛，推荐103件优秀作品参加山东省青少年科技创新大赛，获得一等奖43项，11个项目被推荐参加全国青少年科技创新大赛。组织参加山东省第17届机器人大赛，27支代表队参赛全部获奖，其中一等奖7项，3支代表队被推荐参加全国比赛并获奖。组织青少年科普报告百校行、希望行和高校科学营、科学调查体验等活动，邀请中国气象局、山东大学等5名专家（教授）为4个县市区20所中小学的6000余名中小学生做科普报告20场；组织40名中学生免费走进北京科技大学、西安交通大学参加高校科学营，11所中小学校参加全国及省科学调查体验活动。推动科普文化深入实施。联合市文明办、文广新局、财政局组织开展潍坊市“科普文化进万家”暨首届科普摄影大赛，共收到参赛作品1000余件，表彰一等奖2件，二等奖5件，三等奖10件，优秀作品奖20件及入围奖作品50件，以网络投票的形式评选出网络人气奖10名，优秀组织奖6个。制定出台《关于进一步加强数字科普工程建设提升基层公共科普文化服务能力的意见》。建立全方位科学普及阵地。委托潍坊传媒网运营管理“鸢都科普”微信公众平台，每天编发科普信息2条以上，每周不少于5次；在潍坊电视台开设科普人物和科普动态专题宣传，在《潍坊日报》《潍坊广播电视报》、中国山东网开设科普专栏专版，在潍坊广播电台开设《身边的科学》栏目。全年组织专栏5个，出版科普专版9期。全市开设科普微信公众号10个，设立科普栏目12个，开通科普大篷车和科普V视快递节目8个；建设网站4个，新建科普大屏12个，全方位宣传科普知识，提升公众科学素养。

【学会工作】 继续充实潍坊市“四库”建设。目前科技专家人才库入库537人，高端专家人才库入库202人，高新技术项目库入库316项，企业需求库入库183项。与“脉点科技”APP合作建立潍坊端口，海智项目访问量1309次，海智人才访问量1825次。新建寿光、昌乐、安丘、临朐四个市级海智基地和潍坊科技学院、丽波日化2个海智工作站。邀请旅美科协、意大利国立研究院的专家实地考察，与康华生物、天瑞重工、阳光融合医院等单位达成合作协议。实施创驱工程。对接山东省自动化学会、山东省硅酸盐学会和山东省蜂业协会，建立诸城市智能制造产业、安丘市玻璃钢产业、临朐县蜂业产业三个省科协创新驱动发展助力工程项目。组织30次专家与企业需求对接活动，帮助迈赫机器人、华通玻璃钢、康宝蜂业等12家企业解决14项技术难题，签订专家技术服务协议16项，建立企业创新服务站26家。其中安丘市玻璃钢产业制定《安丘市复合材料产业发展规划》《科学处置

2017年5月，全国首个科技工作者日前夕，王志亮（右一）看望豪迈集团科技工作者王钦峰（左一） （供稿：尹以成）

山东省材料大会（2017）暨院士专家潍坊行活动启动仪式　　（供稿：尹以成）

复合材料废弃物实施方案》，建设复合材料固体废弃物处理研发基地，被省科协表彰为2017年创驱工程优秀落地项目一等奖。打造品牌学术活动。全年举办10期“鸢都科技论坛”，邀请交通运输部公路科学研究院教授林述涛等30余位高层次专家做精彩报告。发挥市科协科技专家人才库和5支科技专家服务队作用，到临朐县、安丘市开展医疗查体和农业技术指导服务。成立潍坊市富硒产业技术联盟。开展奖项评选。开展第九届潍坊市青年科技奖、第六届潍坊市优秀科技工作者评选，分别表彰30名优秀科技工作者；与市人社局联合推荐2名优秀人才参评第九届山东省优秀科技工作者；设立7家“院士专家工作站”；潍坊市科技馆等4家单位获批“山东省创客之家”；指导潍坊工程职业学院成立院校科协。加强监督管理。吸收潍坊市眼视光学会、医师协会、天文学会以团体会员加入科协。组织部分学会到日照、青岛学习考察。

【科协改革】 主动汇报争取市领导支持，将科协改革纳入“1+4”改革范畴（《潍坊市群团改革方案》及《潍坊市总工会改革实施方案》《共青团潍坊市委改革实施方案》《潍坊市妇联改革实施方案》《潍坊市科协系统改革实施方案》），印发《潍坊市科协系统改革实施方案》，及时进行解密，公开发布。制定《〈潍坊市科协系统改革实施方案〉任务分工明细表》，将19项改革任务逐项明确改革目标、责任领导、责任部室和完成时限。梳理市科协机关和部室职责，定期调度改革任务落实，形成了目标明确、责任明确、分工推进落实的工作机制。

【院士专家潍坊行】 承办山东省材料大会（2017）暨“院士专家潍坊行”活动，3位院士、13位“千人计划”专家、长江学者以及40位国内知名专家和潍坊市企业代表共500余人参加会议。与会专家提报了48项最新研究成果，征集企业42项人才需求、123项技术需求、18项项目需求。组织材料企业和专家学者现场对接，共达成合作意向29项，还有一批企业跟院士专家建立合作关系，探索以学术交流招商、招才、引智的新路子。

【科技馆建设】 高端培训提素质。突出安全管理、展品维保和展教服务，推进科普教育转型上档升级。在浙江大学举办为期七天的现代科技场馆体系建设专题培训班。开设创客教育。采用三维建模和虚拟全景技术，打造鼠标上的“科学殿堂”，实现虚拟科技馆和实体科技馆联动互动。建设官方微信公众号和官方网站。建设大众创客空间和校园创客空间，并免费开放，创新科普服务机制，接待社会公众2万余人次。锻造坚强战斗堡垒。在全体党员中开展“亮党员身份、比优质服务、树窗口形象”活动，19名党员亮身份上岗，设立15个党员示范岗，成立4支党员突击队，营造全体干部职工“向党员看齐、永远跟党走”的环境氛围。组织科普志愿服务。组建1382人的科普志愿队伍，建起12个志愿服务站点和37支项目化志愿服务队。开展科普志愿服务“进校园、进社区、进企业”活动，服务38个站点，服务公众60余万人次。遴选30名科普志愿者，全天候包靠市科技馆展厅。科普志愿服务模式被中央文明办宣传推介。

（尹以成）

潍坊市归国华侨联合会

【概况】 以“一带一路”沿线国家为着力点，以海外新华侨华人、华裔新生代、社团新力量等“三新”人士为重点，充实海外重点侨胞信息库。首次与一带一路沿线德国、蒙古、俄罗斯、西班牙、捷克、法国、意大利、阿联酋、越南、老挝、马来西亚、新加坡等40多个国家的60多个侨社团、华侨华人领袖建立常态化沟通渠道，填补潍坊市联络联谊的空白。固化与传统友好地区的联系沟通，确定150个侨社团、侨领作为重点联络对象，通过发送电子邮件等方式向海外传递温情与问候，累计发送800多件次。接待30多批次澳洲、美洲、东南亚地区的海外知名侨领。

【引资引智，助力产业强市】 成功举办“一带一路沿线国家海外侨胞走进山东潍坊”活动，60多名海外侨领组成考察团到潍坊开展文化交流和经贸洽谈，参加第23届鲁台经贸洽谈会，先后与越南、新西兰、澳大利亚、菲律宾等侨领达成海外销售合作意向，签订销售协议8个，销售额达3500万元。促成新加坡金鹰集团董事局主席陈江和先生一行到潍坊考察，与滨海区管委会签署合作意向书，投资开发清洁能源利用项目，该项目纳入省能源投资规划重点工程，一期投资30亿元。促成哈尔滨侨商会与潍坊市阳春啤酒厂对接洽谈并达成合作协议，年均订购啤酒20万箱用于铁路系统销售。扶持新侨创新创业，协助引进香港魏准博士到潍坊创业并协助魏准博士成功申请山东省“泰山产业领军人才”。促成深圳市兴华科创生物科技有限公司的生物科技研发平台落户到高新区生物创业园。

【为侨服务新平台建设】 在市政务服务中心设立潍坊市华侨联络站，成立“华侨华人之家”，机关党员干部实行“亮牌服务”和“首问负责制”，组织部门协调办公会12次，开展接待、洽谈活动50人次，帮助侨界群众解决实际困难20多件次。与潍医医院达成协议，建立“侨联组织+专业医院”的侨界医疗救助机制，开通侨界医疗健康绿色通道，为侨界困难群众提供查体、医疗等优惠服务10多项，受益群众200多人次。实地考察侨胞捐赠的临朐县“慧敏爱心小学”，捐赠价值6.5万元图书。为侨界弱势群体发放生活补助、临时救助金近3万元。参加政治协商、情况通报、座谈会活动20余次，侨联界别政协委员共报送提案10件。

【对外文化交流活动】 将归侨自编创作的展示潍坊浓郁文化色彩的《潍坊耍》等图书，推向60多个海外侨团组织。积极参与潍坊国际风筝会等大型节会活动，做好海外侨胞联络邀请和接待考察，推介特色风筝文化、蔬菜文化。邀请新加坡教育机构考察潍坊学前教育，与潍坊职业学院、智野国际幼儿园等开展文化交流，初步达成合作办学、互派交换生、一对一帮扶贫困学生等合作意向。指导成立以侨眷为主体的昌邑市旗袍文化协会，开展公益会演等活动10场次。组织全市中小学生参加第十八届“世界华人学生作文大赛”，经推荐筛选，报送作品700多篇，72名学生获得一、二、三等奖。

【侨联系统内外网建设】 市侨联与德州、枣庄、日照及重庆、哈尔滨等地市侨联签订战略合作协议，实现信息共享、项目共推。配合相关部门做好留学创业人员工作，在新加坡、澳大利亚、美国等设立海外人才工作站。与经信委等部门合作，协助高新区山东领潮新材料有限公司开展军民融合发展。与人社局联合对先进基层侨联集体和个人进行表彰，表彰全市侨联工作先进集体10个，先进个人19个。

【七届九次全委扩大会议】 2017年6月23日上午，市侨联七届九次全委扩大会议在潍坊富华大酒店召开，市委组织部常务副部长殷修湖、市纪委派驻第五纪检组副书记李培法到会指导。会议审议通过《关于请辞和选举市侨联七届委员会主席、常委、委员办法（草案）》；选举李家松担任潍坊市侨联主席、常委、委员；表决通过柳松波辞去潍坊市侨联主席、常委、委员职务的申请；聘请柳松波担任潍坊市侨联七届委员会顾问。新当选的潍坊市侨联主席李家松作总结发言。潍坊市侨联七届委员、县市区侨联负责人列席会议。

【机关党建】 推进“两学一做”学习教育常态化制度化，研究制定了学习教育常态化制度化实施方案、学习教育计划及集中学习配档表，组织全体党员开展集中学习14次，聆听领导班子成员讲专题党课12人次，人均撰写笔记、心得体会1万字以上，开展专题讨论24人次，现场教育16人次，每月15日、28日确定为支部生活日。扎实推进“作风建设年”活动，确定“省内赶超济南、省外学习重庆”的比学赶超标杆。开展对标学访活动3次，与学访单位重庆市侨联、重庆市开州区侨联和济南市侨联建立经常性联系沟通机制。开展向英国归侨黄大年学习活动、学树身边典型温明春等活动。

（王凤阳）

潍坊市社会科学界联合会

【概况】 完成2017年度“潍坊市社会科学规划重点研究课题”立项、结项工作。全市共申报课题700多项，确定立项课题164项。立项课题紧紧围绕市第十二次党代会确定的目标任务和战略重点，立足潍坊实际，从不同工作侧面，针对全市改革发展的理论和实践问题，开展对策性研究。通过结题评审，有139项课题通过鉴定，其中，“潍坊市民营经济发展与促进就业实证研究”“以改革创新为动力推进潍坊‘活力城市’建设”“‘食安潍坊’建设的法治保障体系研究”等15项被评为优秀课题，并给予奖励资助。

【应用对策研究】 2017年，市社科联将开展应用对策研究，服务党政科学决策，作为工作的创新点和突破点。研究确定“全球价值链背景下的潍坊市装备制造业转型升级研究”“潍坊供给侧结构性改革研究”“深入推进潍坊农业供给侧结构性改革路径研究”“东夷文化研究”“潍坊市打造‘品质城市’研究”等5个重大应用研究课题，由主要负责人负总责，每位班子成员牵头负责，组织精干力量成立研究课题组，深入开展调查和研究工作，各项课题全部完成。2017年1月

29日、31日，市长李宽端分别对课题“全球价值链背景下的潍坊市装备制造业转型升级研究”“深入推进潍坊农业供给侧结构性改革路径研究”予以阅签。2018年1月9日，市委常委、宣传部长初宝杰对“东夷文化研究”作出批示。“东夷文化挖掘整理和开发利用工程”被列为文化名市建设关键支撑项目，《潍坊日报》分四期对《东夷文化研究》成果进行连载。2月9日，副市长马清民对“深入推进潍坊农业供给侧结构性改革路径研究”作出批示。

【举办第十四届社科普及周】 5月25日上午，潍坊市第十四届社会科学普及周开幕式在昌邑举行，主题是树立崇德向善风尚、建设文明幸福家庭。开幕式上，为山东省社会科学普及示范市（昌邑市）授牌，为山东省和潍坊市社会科学普及教育基地授牌，邀请山东师范大学教授孙书文作中华优秀传统文化《仁爱三义》专题讲座。科普周期间，围绕“树立崇德向善风尚、建设文明幸福家庭”这一主题，全市上下联动、一体展开，共组织开展讲座、现场咨询服务、发放书籍等重点活动50多项。

【举办社科普及主题活动】 为更好地面向基层、服务群众，推动社科普及工作重心下移，组织开展“社科理论面对面，专家服务进万家”社科普及主题活动，把党的理论和社科知识及时有效送到群众身边。先后邀请山东师范大学孙书文教授、彭耀光教授到潍城、坊子、昌乐、寿光等地作“深入贯彻党的十九大精神，弘扬中华优秀传统文化”专题讲座，受到基层广大干部群众普遍欢迎。

【社科普及教育基地建设】 大力加强社科普及载体建设，昌乐县、潍城区城关街道、奎文区潍州路街道星河社区等12个单位被确立为省级社科普及示范县（市区）、乡镇（街道）、村（社区），高密市、奎文区北海路街道、奎文区潍州路街道幸福街社区等30个单位被确立为潍坊市社科普及示范县（市、区）、乡镇（街道）、村（社区），奎文区弘道书院、潍城十笏园文化街区被省委宣传部、省社科联确立为全省社科普及教育基地。郭味蕖美术馆、“1898”坊茨小镇等16个单位被确立为市级社科普及教育基地。

【社科优秀成果评奖】 组织开展潍坊市第二十五次社会科学优秀成果评选，全市共申报候选成果237项。经过严格评选，最终评出一等奖8项、二等奖39项、三等奖63项。为使评奖工作机制更加科学严谨，采取定量分析与定性分析、专家独立评审与学科组民主评议、内部监督和社会监督相结合的工作机制，使评价标准更加科学，评选专家更加权威，评选纪律更加严格，评选结果更加公正权威。对评选结果通过大众媒介向社会进行公示，接受群众和社会监督，公示期间，未接到任何投诉和异议。

【新型社科智库建设】 专程与中国社科院经济研究所党委书记王立胜、中国城市竞争力研究中心主任倪鹏飞等专家进行座谈交流，重点汇报潍坊市“四个城市”建设工作情况，争取社科院领导和专家给予智力支持。聘请中国社科院王立胜、杨槐、张晓明、徐晓燕、陈时龙五位专家为潍坊市文化名市建设顾问和特约研究员。从全市驻潍坊高校、党校、党政机关研究部门、社科类社会组织中聘请60名专家为特约研究员。为推动社科研究更好地融入中心、服务大局，拓展社科理论专家与基层联系的渠道，切实增强社科研究的针对性，11月21日—29日，组织开展“社会科学专家基层行”调研活动。组织课题组研究人员和部分特约研究员先后赴高新区、奎文区、青州市和潍城区、寿光市、滨海区开展基层调研。

【基层业务指导工作】 通过组织开展社科普及、社科评奖、社科规划重点研究课题立项等工作，有针对性地对基层社科联工作进行推动。为加强对县市区、高校社科联指导服务，市社科联建立领导班子成员联系点制度。按照任务分工，每位班子成员牵头联系3～4个县市区或市属开发区、1～2家高校和2～3名社科工作者，每年至少两次到联系点走访调研，了解工作情况，帮助解决问题，推广工作经验，协调指导各基层社科联围绕当地党委政府中心工作，发挥好职能作用。切实加强对全市社科类社会组织的科学管理和服务指导，对全市社科类社会组织进行调查摸底、登记造册和走访调研，促进全市社科类社会组织健康发展。

（刘玉峰）

潍坊市残疾人联合会

【概况】 2017年，全市残联系统紧紧围绕市委、市政府“一三四七”任务目标，积极融入“四个城市”建设大局，扎实开展“作风建设年”活动，以加快推进残疾人“整体赶平均 共同奔小康”进程为总抓手，以实施残疾人精准康复服务行动为重点，寻标提标，创优争先，开拓创新，积极作为，圆满完成了各项工作任务。

【残疾人民生保障】 全市共为28992名困难残疾人和66673名重度残疾人发放两项补贴；投入资金410.59万元，为1358名就业年龄段智力、精神和重度肢体残疾人提供托养服务；为4958名残疾学生和贫困残疾人子女学生发放助学补助金483.5万元，实现助学全覆盖；对1000户贫困重度残疾人家庭实施改造，改善残疾人家居环境；为517名残疾人发放残疾人机动轮椅车燃油补贴13.4万元；落实专项惠残政策，中心城区2.8万名残疾人实现免费乘坐公交车。

【残疾人康复救助】 实施残疾人精准康复服务行动，对4372名残疾人进行功能康复训练，对22761名残疾人进行辅助器具适配；为160名贫困残疾儿童家庭每户提供3000元“送训补贴”；为全市200名白内障患者实施免费复明手术，让更多白内障患者重见光明。

【残疾人就业创业扶贫】 根据残疾人实际需求举办实用技术培训班，共免费培训残疾人1298人次，不断提升残疾人的就业竞争力。实施“百千万残疾人就业创业扶贫工程”，共投入扶持奖励资金153万元。组织实施“第一书记”帮包村“助残致富奔小康”项目，投入专项资金120万元，帮扶600户贫困残疾人家庭实现脱贫致富。举办第六届全市残疾人职业技能竞赛，鼓励广大残疾人积极投身“双创”事业。

【残疾人宣传文体】 加大残疾人事业宣传力度：在潍坊电视台新闻综合频道开办电视手语直播栏目；对市人民广播电台残疾人专题节目“同一片蓝天”进行改版；在《潍坊日报》开设残疾人事业专版。组织开展第二十七次全国助残日活动，营造良好的扶残助残氛围。圆满完成承办全省第九届残疾人艺术会演任务，副省长王随莲观看汇报演出并为获奖单位颁奖。残疾人体育事业进一步发展，举办全市第十届残疾人运动会。2017年9月，潍坊市被省政府表彰为2016年里约残奥会有功单位。潍坊市残疾人运动员郑健、付桩桩在2017年全国盲人门球锦标赛中取得季军。

【残疾人组联维权】 顺利完成残疾人基本服务状况和需求信息数据动态更新工作，对153140名残疾人信息进行更新。实施“强基育人”工程，共150名基层残联组联部主任、专职干事参加了培训。全市普遍开展残疾人法律维权服务活动，法律助残志愿者达到4650余人。切实做好残疾人信访工作，2017年全市残联系统共受理残疾人来信来访130余件（次），处结率达100%。进一步规范残疾人证办理程序，全年共受理残疾人证的变更、注销、新办等业务共20866件，全市持证残疾人已达154701人。

（许　祥）

潍坊市第十届残疾人运动会上残疾人奋力一搏　　（供稿：许　祥）

潍坊市计划生育协会

【概况】 2017年，全市计生协会围绕全市卫生计生中心任务，在全省人口目标责任制考核中，全市计生协会工作名列全省第二名；人口关爱基金募捐全省第一名，荣获一等奖；保险工作名列全省第四名，荣获二等奖；在全省青春健康演讲大赛中，全市取得优秀组织奖，3名选手分别获奖。昌乐县、诸城市分别被中国计生协、省计生协树为全国、全省计生基层群众自治示范县，安丘被确定为全省计生特殊家庭帮扶模式试点县，昌乐县高级技工学校、潍坊市医学院分别被中国计生协和省计生协确定为全国、全省计生协青春健康教育高校项目单位。

【计生协机关组织建设】 省委组织部下发《关于潍坊市法学会机关、潍坊市计划生育协会机关参照公务员法管理的批复》。截至年底，共有12个县（市、区）委印发本地计生协机关“三定”方案，明确计生协机关为党委领导的群团组织，由政府分管领导联系并兼任会长，常务副会长按部门正职配备，人员编制分别为6～8人。

【青春健康教育工作】 在发挥潍坊市护理职业学院、昌乐县青春健康教育示范点的基础上，在昌乐县高级技工学校举办山东省青春健康教育示范基地授牌仪式暨昌乐县青春健康教育推进会议。分别举办全市青春健康教育主持人初级培训班和全市青春健康教育市级师资认证暨“沟通之道”培训班，共计150余人参加培训，4名市级青春健康教育培训师通过认证。创建潍坊科技学院、潍坊市工商职业学院和安丘青春健康教育三个示范基地。

【生育关怀项目】 市人口关爱基金会募集资金320万元。“手牵手家连家结对帮扶计生家庭大行动”取得新成效，帮扶救助计生困难家庭项目共投入资金258.6万元，帮扶救助2555户；帮扶救助新入学的大学生项目，投入资金49.03万元，帮扶大学生215名。继续推进“优生优育进社区暨生育关怀携手行家庭健康素养行动”，先后两次举办全市生育关怀携手行家庭健康素养促进行动暨计生协会工作人员培训班，分别开展基线调查、健康教育“大讲堂”、社区家庭优生优育宣传服务等活动。

【村民自治活动】 结合换届，各县市区在选择1～2个村试点的基础上，对现有的计划生育村（居）民公约普遍进行修订完善。以昌乐县、诸城市创建为全国、全省计生基层群众自治示范县为契机，各县市区选择1-2个村，先行试点，以点带面，在全市广泛开展示范单位创建活动。

（王　磊）

军 事

Junshi

潍坊军分区

【概况】 2017年，潍坊军分区以政治建军为统领，以强军目标为中心，整风整改，狠抓工作落实，圆满完成各项任务，部队、民兵预备役建设取得新发展。

思想政治建设。坚持用习近平主席系列重要讲话精神武装头脑、指导实践，深入抓好党的十九大精神和习主席新时代中国特色社会主义思想学习。积极开展“严规范、正学风、促转化”学用讲话和“维护核心、听从指挥”主题教育活动，扎实推进“两学一做”常态化制度化。组织军委主席负责制学习教育，紧贴改革进程和官兵思想实际狠抓改革专题教育。深入开展“坚决服从改革大局、忠实履行职能使命”“新体制新职能新使命”大讨论，官兵维护核心、看齐追随的思想根基更加牢固。脱贫攻坚、双拥共建、新闻报道、计划生育、涉军维权等工作取得新成绩。

军事斗争准备。召开党委扩大会议，不断加强练兵备战对策措施。严密组织军分区首长机关和团级单位现役干部训练考核，取得优异成绩。修订计划方案，打牢战备基础。认真组织国防动员准备检验评估，定期组织应急指挥系统检查维护，应急应战通信畅通。

国防后备力量建设。指导高密市开展培养优质兵员试点，形成规范化培养制度机制等一系列试点成果。在全市全面推开国防后备生培养“高密模式”。深入宣传发动，严格征集标准，坚持廉洁征兵，圆满完成新兵征兵任务。组织县市区人武部军事科长、新任职基层武装部长和辖区高校武装部长培训考核，促升能力素质。

部队正规化建设。深入开展“学法规、用法规、守法规”活动，定期组织法规考核、军容风纪检查。扎实开展“百日安全活动”，排查整治安全隐患。加强关键岗位、核心涉密人员政治考核和教育管理，构建网络防范系统。每季度组织一次安全检查、分析一次安全形势、讲评部署一次安全工作。

后装保障。潍坊军分区高度重视存在的问题，坚决整纲肃纪，以深层起底决心狠抓后勤管理秩序。反思党委理财责任，改进党委理财工作，制定军分区机关财务管理暂行规定。坚持每月联审会签，集中开展行业风气清理整治，严格财经、油料、工程、采购和房地产管理。认真贯彻上级全面停止有偿服务工作任务部署会精神，协调潍坊市成立全面停止有偿服务工作领导小组，召开任务部署会，有序推进全面停偿工作。开展枪支弹药专项整治活动，组织全区装备器材逐号统计。

党委班子和干部队伍建设。深入贯彻全面从严治党要求，进一步纯净思想、纯正作风。扎实推进“两学一做”学习教育，主要领导亲自作动员、提要求，各党支部扎实组织专题学习和交流讨论。进行专题警示教育整顿，重点查摆纠正党员意识淡化、落实组织生活制度不严格、上交党费不及时不足额、组织关系转接不规范等问题。认真学习贯彻党内政治生活准则，高标准召开党委常委民主生活会。坚持按好干部标准选拔配备干部，精心组织干部落编定岗，干部队伍建设得到加强。及时健全各级纪委组织领导机构，建立党委常委帮抓联系点和纪委基层风气监察联系点制度，持续帮抓帮建团级单位党委班子。

【扎实开展“维护核心、听从指挥”主题教育活动】 2017年，潍坊军分区围绕深刻理解确立习近平主席核心地位的重大意义和实践要求，组织开展“维护核心、听从指挥”主题教育活动，为推动部队和民兵预备役建设发展提供思想保证和精神动力。结合庆祝建军90周年，组织官兵到王尽美烈士纪念馆、牛头镇抗日纪念碑、市县烈士陵园等缅怀革命先烈，举办“山东临朐红色传承展”展示革命斗争史料和国防建设成果，扎牢对党忠诚、听党指挥、向党看齐的思想根子。开展“建设学习型党委机关、争当学习型党员干部”活动，军分区机关每周开办夜校，学理论、学文化、学技能。选送干部到市县两级党校学习，开阔眼界，提高能力。开展“学强军思想、讲强军故事、干强军事业”群众性主题实践活动，组织官兵以党小组会、军人大会等形式，谈学习心得、赞辉煌成就、话使命责任，进一步提振强军兴军的精气神。

【提升训练质量】 2017年，军分区坚持把战备训练作为第一任务，制定下发训练计划，指导各单位完成年度训练任务。9月1日，组织全区现役干部、战士完成轻武器实弹射击训练任务。指导相关人武部参加地方组织的地震应急救援演练、菜博会、花博会等演练、备勤任务。

【军事编研】 2017年，军分区积极做好军事编研工作资料整理工作，对历年来军志办搜集整理的各类军事历史资料进行分类整理。完成《潍坊市年鉴》《中共潍坊年鉴》资料搜集和条目编报任务，编报条目16个，文字1万余字，图片30幅。完成《潍坊市志·军事篇（1991—2012）》编报任务，搜集整理资料10万余字，上报资料长编稿5万余字，图片50张。

【部队安全管理】 2017年，军分区以各项活动为载体，抓好安全管理制度落实。7月，开展“学法规、正秩序、守规矩”作风纪律教育整顿活动。9月，开展“百日安全活动”，严格按照时间节点、标准要求，一步一个动作逐一抓落实，清除死角盲区，确保问题见底归零。全年以争创第十五个“安全年”活动为牵引，先后多次组织全区性安全大检查，下发整改通知书，限时纠治安全隐患。每季度召开安全形势分析会，及时下发纪要对团级单位安全工作进行指导帮抓。每周组织机关昼巡夜查，制定巡查重点，提高巡查工作针对性。

【庆祝建军90周年军地领导座谈会暨常委“军事日”活动】 7月31日，为庆祝中国人民解放军建军90周年，潍坊市委、市政府和军分区组织军地领导座谈会暨“军事日”活动，军地领导畅叙军民鱼水深情，共商双拥共建大计，共促军民融合发展。“军事日”活动期间，军地领导共同观看“同庆建军伟业，共话鱼水深情”军地联谊演出，参观野营基础设施建设，体验战地野炊，现场接受国防教育。

【服务保障】 2017年，第一干休所坚持把保障老干部的身心健康作为工作目标。坚持门诊、巡诊、值班、交接班、治疗、抢救、登记统计等医疗工作制度，全年抢救急重症病人11人次，抢救脱险率100%。每月对老干部进行一次上门足疗服务，为行动不便老干部建立家庭病床，坚持送医送药上门。严格主渠道采购药品和器材，定期整理药房药库，确保用药安全。定期组织急症抢救演练，使每一位医务人员都能熟练掌握常见急症病的抢救技术。为工作人员、老干部及家属配备防霾口罩。投入资金，组织完成对老干部荣誉室升级改造，对3号和5号楼外墙保温改造，更换老旧自来水管道，对楼顶做防水处理，对楼道进行粉刷，维修车棚等。更换部分树木，补种月季花、芍药花和部分果树，修缮部分绿化带。对营区围墙做防攀爬处理，增加护栏。

（余建国　王洪志）

中国人民武装警察部队潍坊市支队

【概况】 2017年，中国人民武装警察部队潍坊市支队突出抓好习近平主席强军思想和系列重要讲话精神的学习贯彻，扎实开展“维护核心，听从指挥”主题教育；积极开展强军风采系列文化活动，承办武警部队“强军杯——卫士动力业余足球赛”鲁东片区比赛，并在总队比赛中获得冠军，举办第二届军事体育运动会、庆“八一”歌咏比赛，加强特色文化队伍和政治环境建设，政治工作的时代感、针对性明显增强。

【执勤维稳】 成功处置1起执勤险情；精心组织森林防火演练；先后完成风筝会、菜博会、鲁台经贸洽谈会和中日韩产业博览会安保等任务，受到驻地党委政府和人民群众赞誉。

【基层建设】 广泛开展“条令学习月”“百日安全竞赛”等活动，进一步规范部队秩序；持续开展“学成武学张楠”活动，部队建设的基础底蕴不断厚实；深入开展组织建设“规范周”活动，严格党组织生活和党费收缴等制度；加强干部队伍教育管理，实施“暖心惠兵”工程，有效激发干部的动力活力。

【综合保障】 扎实开展“伙食精细管理年”活动，严格落实公务卡结算制度；加强后勤队伍建设，举办司务长、炊事员、军械员培训和驾驶员复训；投入35万元修缮营房。

【从严治党】 深入开展“两学一做”学习教育，认真抓好手抄党章、承诺践诺、重温入党誓词等活动；严肃党内政治生活，狠抓民主集中制，班子凝聚力战斗力不断增强；严密组织党委机关行业风气清理，规范党委议事决策程序，坚持按原则、按程序、按规矩办事，树立党委机关良好形象。

【党委三届九次全体（扩大）会议】 3月10日，潍坊支队召开党委三届九次全体（扩大）会议，潍坊市副市长、市公安局局长吴磊出席会议并作重要讲话。

【缅怀革命先烈】 开展清明节祭扫活动，追忆革命先烈的光辉战斗历程，表达深切怀念和无限追思。

【欢送退伍老兵】 9月1日，举行2017年度夏秋季退伍老兵欢送仪式。潍坊监狱、潍北监狱和潍坊市看守所等目标单位领导来到仪式现场，看望慰问退伍老兵。

（夏荣生）

人民防空

【概况】 2017年，全市人防系统开展依法行政，加强人防宣传教育，军民融合发展，服务经济社会展现新作为。推进人防工程建设，严格审批管理，加强早期人防工程治理，制定早期人防工程治理计划并推进落实，消除安全隐患。整合指挥中心通信资源，指挥信息化水平有效提升。“6·15”全市防空防灾警报试鸣，设备良好率、鸣响率达到98%以上。“走出去”开展按纲施训，人防队伍素质和应急支援能力得到有效提升。

【依法行政】 2017年，市人防办围绕人、财、物、权、钱、事等六个重点环节，修订完善21项规章制度，取消审批委员会和“一事一议”制度，彻底杜绝自由裁量权。梳理办件最多的4个审批事项纳入“只跑一次”清单并向社会公布，审批服务质量提质增效。《中共潍坊市委、潍坊市人民政府、潍坊军分区关于深入推进人民防空改革发展的实施意见》和《潍坊市人民防空工程管理办法》经市政府常务会议通过，印发实施，《潍坊市人民防空建设发展“十三五”规划》经市政府、军分区批准，印发实施，人防法制体系建设更加完善。

【人防宣传教育】 2017年，市人防办多措并举开展人防宣传教育，群众知晓率、参与率稳步提高。制定《潍坊市人防办“五进”宣传教育工作规划（2017—2020）》（五进：进机关、进学校、进企业、进社区、进网络），明确人防宣教目标，规范人防宣教内容。结合“5·12防灾减灾日”和“6·15警报试鸣日”等活动，广泛开展宣传教育，全市已有192所中小学、74个社区开展人防宣传教育，受教育人数达13万余人。联合市教育局，成功举办第一期人防师资培训班，有效提升人防教师任教能力和水平。

【队伍建设】 2017年，市人防办扎实开展“作风建设年”活动，问计国家人防办、对标杭州市和青岛市人防办，机关建设、人防干部队伍整体素质显著提升。突出行业特色，展现行业亮点，积极开展文明单位创建工作，12月，市人防办被市文明委授予“市级精神文明单位”。

（吕为林）

法　治

Fazhi

综合治理

【概况】 2017年，全市共立刑事案件19646起，同比下降3.02%；破获刑事案件1.54万起，同比上升4.27%，抓获犯罪嫌疑人1.59万人，同比增长33.05%。全市法院共受理各类案件114405件，办结113932件。共批捕犯罪嫌疑人3494人，起诉9305人，同比分别增加29%和36%。群众对社会治安状况满意度为96.56%，同比上升4.64个百分点。年内，潍坊市委政法委被人力资源和社会保障部、中央综治委授予“全国社会治安综合治理先进集体”。潍坊市公安局刑事科学技术研究所被国务院授予“模范刑科所”荣誉称号，潍坊市中级人民法院被评为全国文明单位；全市检察系统27个集体受到省级以上表彰。

【维护稳定工作】 加强信息搜集研判，强化应急处突演练，做好反暴恐工作，消除安全隐患。开展“万人下基层”化解信访积案活动，开展化解涉法涉诉信访积案“专项行动”“万人下基层”化解涉法涉诉信访积案、省委政法委组织开展的涉法涉诉信访积案集中“攻坚行动”，通过开展“三项活动”，集中化解一批涉法涉诉信访积案。完成各级“两会”、省市党代会、“一带一路国际高峰论坛”等重大活动期间的安保维稳工作。特别是按照“一切围绕党的十九大、一切服从党的十九大、一切捍卫党的十九大”总要求，启动战时指挥机制、情报研判机制、应急处置机制、督导检查机制，开展排查安全隐患防范四类风险专项行动和易制爆危险化学品、寄递物流集中整治行动。

【服务市委中心工作】 围绕食品安全示范城市创建、推进非公有制经济健康发展等潍坊市委重点工作分别制定服务意见，服务生态环境综合整治，全力助推“四个城市”建设。服务项目建设年活动，打击盗窃、抢劫重大项目建设物资等犯罪6件13人，守护重大建设项目安全。服务完成安丘市村“两委”换届试点工作，批捕起诉影响选举工作的犯罪嫌疑人10人。强化产权司法保护，依法妥善处置“僵尸企业”，服务经济转型发展。严惩非法吸收公众存款、集资诈骗等涉众型经济犯罪，设立金融检察工作室，探索金融案件办理一体化机制。开展打击涉医违法犯罪专项行动和危害食品药品安全犯罪专项立案监督，严厉打击暴力伤医、扰乱就医秩序和制售假药劣药、有毒有害食品等犯罪。建立打击破坏环境资源犯罪常态化机制，依法批捕严重污染水源、大气、土壤等犯罪40件76人。深化人民法庭“立审执一体化”机制建设，解决执行难问题，1至12月，全市法院共执结各类案件30506件，到位标的额40.9亿元。加强便民诉讼平台建设，推进跨域立案诉讼服务试点工作，减轻当事人诉累。

【平安潍坊建设】 推进以“雪亮工程”为重点的公共安全视频监控建设

2017年9月19日，山东省委常委、常务副省长李群到潍坊市调研政法综治维稳工作
（供稿：张伟强）

应用，打造市际、县际、派出所周边三级视频防控圈。加强立体化治安防控体系建设，推进“专业化处警、常态化巡防”工作机制，全面启动“警灯闪亮”工程。在潍坊市综治办组织开展的2017年度全市群众安全感满意度调查中，2017年群众对社会治安状况满意度为96.56%，同比上升4.64个百分点。部署开展“破案会战”集中行动，全市发生的命案现案全部破获。开展“打霸治痞”专项行动，目前掌握的黑恶势力、农村霸痞团伙全部被打掉，副省长孙立成签发嘉奖令，对潍坊公安机关通令嘉奖。推进“无命案乡镇（街道）、无刑事案件村居（社区）”综治创建活动，全市无命案镇街覆盖率达到84.5%，无刑事案件村居（社区）覆盖率达到80.7%。推进县市区、镇街、社区（村）三级综治中心建设，全面深化城乡社区网格化管理工作，推动形成“社区有网、网中有格、格中有人、人负其责”的长效机制。2017年，潍坊市委政法委被人力资源和社会保障部、中央综治委授予“全国社会治安综合治理先进集体”。

【法治潍坊建设】 推进依法行政工作，健全完善政府法律顾问制度，决策的科学化、民主化、法治化水平不断提升；加强重点领域立法，坚持问题导向，制定一批具有地方特色的法规；推行重大行政执法决定法制审核制度，《中国法治政府评估报告（2017）》，潍坊市在100个被评估城市中位居第九名。深化司法体制改革，深化司法权力运行机制改革，完善审判委员会、检察委员会运行机制。司法责任制改革加速进行，推进法院、检察人员分类管理，完成法官检察官员额遴选，全市共遴选法官622名、检察官423名，构建起“法官+法官助理+书记员”新型审判权运行模式，建立健全家事纠纷综合协调解决机制，抓好以审判为中心的诉讼制度改革。推进司法行政改革，潍坊市司法局会同潍坊市中级人民法院、潍坊市人民检察院、潍坊市公安局、潍坊市律师协会建立联席会议制度，强化律师执业权利保障。推进社区矫正执法标准化，潍坊市社区矫正标准化建设列入国家第四批社会管理和公共服务综合标准化试点项目；推进行政执法规范化，落实行政审批制度改革要求，加强法律服务业事中事后监管，强化执法监督，执法规范化建设稳步推进。加大基层普法依法治理力度，潍坊市委办公室、潍坊市政府办公室印发《关于推进“一村（社区）一法律顾问”工作的实施意见》，推动公共法律服务向基层延伸。潍坊市法学会开展法学研究，开展法治宣传教育活动，相继开展各类普法宣传活动1000余场次，覆盖人数达30余万人次；规范提升社区法律服务诊所建设，打造基层法律服务新品牌。

【政法队伍建设】 解决政法队伍在理念、作风、标准、能力等方面存在的突出问题。举办潍坊市综治维稳干部素能提升培训班，提高全市政法综治维稳干部干事创业的本领。开展“三评三查”（社评工作、网评单位、联评干部、督查执法行为、倒查执法过错、检查社会形象）活动，对全市县级政法队伍实施全方位、全时段、全天候监督。倡树先进典型，加强典型引领，弘扬政法工作正能量，全市政法系统涌现一大批先进集体和个人。潍坊市公安局刑事科学技术研究所被国务院授予“模范刑科所”荣誉称号，潍坊市中级人民法院被评为全国文明单位，寒亭区人民法院被山东省高级人民法院记集体一等功；全市检察系统27个集体受到省级以上表彰；诸城市、高密市被司法部授予全国法治县（市区）创建先进单位；涌现出以昌邑市公安局饮马派出所民警李纪友为代表的一大批政法系统先进个人典型。

（张伟强）

地方立法

【概况】 2015年8月，潍坊市获得地方立法权。2016年2月20日，潍坊市十六届人大五次会议通过《潍坊市制定地方性法规条例（草案）》。2016年，潍坊市人大常委会制定《潍坊市禁用限用剧毒高毒农药条例》《潍坊市电梯安全条例》《潍坊市文物保护条例》3件地方性法规。2017年，市人大常委会制定《潍坊市大气污染防治条例》《潍坊市燃放烟花爆竹管理条例》2件地方性法规。截至2017年底，潍坊市人大及其常委会先后制定地方性法规6件。

2017年，健全完善三方面工作机制。健全法规立项机制。制定常委会年度立法计划编制办法，建立专门委员会牵头提出立法项目制度，对立法项目的征集、报送、调研论证、立项等各环节予以规范。健全立法主导机制。完善立法项目征集制度，编制五年立法规划和年度立法计划，加强对立法工作的统筹安排。对部门起草的法规草案提前介入、加强指导，及时解决遇到的矛盾问题，先后召开部门调度会11次，督促加快起草进度，按时提请常委会会议审议。健全立法评估机制。制定常委会立法评估办法，规范法规评估程序，对潍水生态文化保护等4件立法项目进行立法前评估，对禁用限用剧毒高毒农药条例、电梯安全条例的执行情况开展立法后评估。改进立法方式方法。立法前，与上级人大就立法权限、上位法衔接等开展经常性沟通；对立法项目和立法中的重大问题，及时向市委请示报告，依法按程序做好相关工作。立法中，注重听取立法咨询专家、立法联系点与人大代表的建议意见，拓宽公民和第三方参与立法途径，与西南政法大学开展“校地合作”，委托3家立法服务基地全程参与立法工作。邀请有关部门、行业专家学者和基层实务人员，共同研究解决审议中遇到的重点难点问题。立法后，采取执法检查、专题调研、问卷调查等方式，对法规贯彻实施、适用情况及存在的问题进行动态监督评价。

【审议通过《潍坊市大气污染防治条例》】 8月29日，市十七届人大常委会第四次会议进行初次审议；10月28日，市十七届人大常委会第五次会议进行二次审议；12月12日，市十七届人大常委会第七次会议表决通过《潍坊市大气污染防治条例》。针对大气污染防治中的共性问题和突出问题，强化源头治理，厘清管理部门职责边界，对监督管理、防治措施、法律责任等作出具体规定，为大气污染防治提供特色鲜明、切实可行的制度框架。

【审议通过《潍坊市燃放烟花爆竹管理条例》】 8月29日，市十七届人大常委会第四次会议对《潍坊市燃放烟花爆竹管理条例》进行初次审议；10月28日，市十七届人大常委会第五次会议进行二次审议；12月12日，市十七届人大常委会第七次会议表决通过《潍坊市大气污染防治条例》。针对无序燃放引发的环保问题和安全隐患，明确界定禁放区域、禁放时间、违规销售和燃放的法律责任等，既把握“限制燃放”原则，又尊重传统习俗，做到疏堵有序、限放结合。

（郭凤孝）

法治政府建设

【概况】 2017年，全市法治政府建设整体水平走在全国前列，在地方法治政府建设“百城年考”中，以783.4分（比2016年提高40.51分）的成绩，跻身全国第9位，连续两年位居该名次。

【行政决策的科学化民主化法治化】 制定《重大行政决策程序操作规程》，规范重大行政决策启动、预公开、公众参与、专家论证、风险评估、合法性审查、集体讨论决定、发布实施等程序要求。确立年度重大行政决策事项计划目录制度，共确定《潍坊市农业水价综合改革实施方案》等8项市政府重大行政决策计划项目，实现重大行政决策计划管理。组织完成市政府规范性文件全面清理以及涉及“放管服”改革、生态文明建设和环境保护的规范性文件专项清理，共修改25件、废止8件、宣布失效19件。

【法制审查工作】 实施“大审查”改革，整合人员和职能，实行统一受理、集中审查、一口对外，对涉及“四个城市”建设、新旧动能转换、招商引资、项目建设的重要文件和重点合同，开通绿色通道优先审查，审查提速50%，共审查政府文件75件，政府合同37件，其他涉法事务6件，共提出审查意见300余条。

【重点领域立法工作】 审查《潍坊市大气污染防治条例》《潍坊市城区燃放烟花爆竹管理条例》并经潍坊市人大常委会审议通过，山东省人大常委会批准。制定《潍坊市湿地保护管理办法》，审查完成《潍坊市供热办法》《潍水文化生态保护区建设管理办法》，并按程序提报市政府常务会议研究。创新立法工作机制，建立立法课题组制和社会公众意见采纳情况反馈机制。制定出台《市政府规章草案公开征求意见及采纳情况反馈制度》《市政府规章立法听证办法》《市政府规章颁布实施新闻发布制度》，提高政府立法工作规范化水平。完成市政府重点课题“潍坊市政府立法工作中存在的问题与对策”。

【政府法律顾问工作】 定向邀请在国家级、省级层面上社会知名度高、影响力大的2名理论学者和行政实务专家，形成15人的市政府法律顾问团队和170人的专家库。组织召开第二届市政府法律顾问聘任暨法治政府建设专题培训会议，市长李宽端出席会议向各位法律顾问颁发聘书。出台《潍坊市政府法律顾问管理办法》，设计、优化8项工作机制。创新参与形式，建立法律顾问挂职法务助理制度，创新实行一线工作法，组织法律顾问全面深度参与政府法律事务，深入全市大项目、大片区拆迁现场实地调研，助推项目建设，年内市政府法律顾问参与处理政府涉法事务143项，有效发挥顾问作用。组建涵盖市本级、16个县市区（市属开发区）、127个镇街的650

12月14日，第二届潍坊市政府法律顾问聘任暨法治政府建设专题培训会议召开

（供稿：程国平）

余名法律顾问专家信息的市级法律顾问数据库，实现政府法律顾问作用发挥最大化。

【行政执法监督工作】 推进行政执法监督体制机制改革，与市编办联合印发《潍坊市行政执法监督体制机制改革实施方案》，明确在县级政府办公室（法制办）设立行政执法监督局，配备局长一名（副科级），人员编制不少于3人。印发《潍坊市全面推行行政执法公示制度执法全过程记录制度重大执法决定法制审核制度实施方案》《关于进一步贯彻落实全面推行“三项制度”实施方案各项任务措施的通知》，全面推行“三项制度”。严格落实行政执法人员资格管理和持证上岗制度，共审核通过执法证件信息12680条，培训执法人员1234名，考试通过4458人。加强对行政执法业务系统在线监控，共发现6家单位违规办案55件发函督办。组织开展两次行政执法案卷评查，共评查案卷401份，共发现问题851个。

【行政复议工作】 潍坊市本级新收行政复议申请606件，立案审理384件，审结325件，比2016年同期增长17.8%，综合纠错率26.2%，行政复议化解矛盾主渠道作用逐步呈现。2017年，市本级和所有县市区全部调整办案场所，配套办案设备146套（件），市本级达600平方米，硬件跃升全省先进行列，行政复议规范化建设经验被省政府法制办推广。

【行政应诉工作】 潍坊市本级新收到行政应诉案件97件，审结69件，审结率为71.13%。出台《潍坊市行政应诉办法》，创新“负责人出庭应诉督促”制度，全市行政机关负责人出庭应诉率达到80.52%，位列全省第二。举办全市行政应诉案例分析评估暨应诉能力提升培训班，组织700余人次参与庭审观摩。

（赵 昕）

公 安

【概况】 2017年，在全国公安系统英雄模范立功集体表彰大会上，潍坊市公安局刑科所被国务院授予“模范刑科所”荣誉称号，2个集体、5名个人受到表彰。潍坊市委、政府为市公安局记集体二等功。

【完成十九大安保任务】 坚持最高规格、最高标准，完成十九大安保维稳任务。潍坊市公安局召开会议30余次，制定警力下沉、奖惩问责等“7条刚性意见”、战时总体方案和13个配套方案，副市长吴磊每天调度听取安保工作总体情况，值班局领导全天坐阵指挥部，调度当日安保工作情况。市局成立15个局领导包靠督导组、8个暗访督察组、7个重点风险隐患排查化解组、7个条线督查组，确保战时工作措施落实到位。

【打造平安稳定社会环境】 聚焦群众反映强烈的治安突出问题，在全市部署开展为期7个月的破案会战，向各类犯罪发起凌厉攻势。其间，全市刑拘数、逮捕数、移送起诉数、侵财类案件移送起诉数同比分别增长132.6%、56.67%、134.3%、153.74%。26起命案现案全部破获，破获10年以上的命案积案17起，占全省20%以上。深化打黑除恶、打霸治痞专项行动，打掉黑恶霸痞团伙204个，抓获黑恶霸痞分子930余名，破获案件710余起。实行“专业化处警、常态化巡防”工作机制，全面启动“警灯闪亮”工程，在21处反暴恐“一分钟”处置点24小时武装值守，全市110接报刑事、治安警情同比分别下降16.2%、12%。创新完善“平安指数”运行机制，全市36.6%的村居、56.7%的居民小区实现“零发案”。

【强化公共安全监管】 部署开展“压事故、保畅通”大会战，全市事故起数、死亡人数、受伤人数、直接经济损失同比分别下降18.49%、6.32%、17.66%、7.26%。组织开展路面交通违法行为、酒毒驾整治等20类专项行动，查处各类交通违法行为571.4万起，同比上升44.7%。开展电气火灾综合治理和火灾隐患排查整改专项行动，发现并督促整改火灾隐患132.5万处，责令“三停”1036家，拘留438人，全市火灾起数同比下降15.7%。集中开展缉枪治爆、易制爆危险化学品和寄递物流专项整治等行动，整改安全隐患870处，处罚易制爆危险化学品违法行为5.7万余起，查处非法寄运案件547起。

【夯实公安工作发展根基】 推进基层基础攻坚战，将三年攻坚战上升为党政工程谋划推进，从政策、经费、装备等方面全力保障。推进社区警务工作，农村警务助理覆盖率和“1+2+N”配备率达到100%。推进“一标三实”基础信息采集和数据关联，建成全省最大的DNA-Y数据库。狠抓视频监控全覆盖，目前全市探头总量已达29万路，接入市局公共安全视频联网平台14.9万路，比年初的2.6万路增加了12.3万路，是年初的5.73倍。

【增强警务实战效能】 坚持向改革要警力、要战斗力，市局领导牵头的13个改革课题、县市区局承担的20项改革试点任务全部完成。建设市局合成作战指挥中心，所有派出所全部建立勤务指挥室。非警务警情与12345政务服务热线实现分流对接。试点大警种、大部门制改革，提高警务实战效能。试点运行“网上公安局”，50个服务项目网上流转，户籍业务一次性办结率达95%以上。深化“放管服”改革，对涉及行政许可、窗口单位以及110接处警等48项工作事项，向社会作出公开承诺。

【提升执法水平和执法公信力】 贯彻落实中央和省、市“两办”关于深化公安执法规范化建设的意见，不断提升公安机关规范执法水平。细化完善121类案件证据规格，制定出台8大类现场执法标准、操作规程，健全完善执法制度体系，民警执法更加规范。市县两级全部成立执法监督管理委员会，全市17个县市区局237个基层所队建成“一厅一中心，一室一窗口”，在寿光市局试点建成公检法一体化涉案财物管理中心，实现涉案财物政法部门间“换押式”流转。推进受立案制度改革，完善刑事案件“两统一”工作机制，推行案件办理进展网上查询，执法过程更加公开透明。

（赵　敏）

检　察

【概况】 2017年，共立查各类职务犯罪案件200件257人，其中大案要案131件156人。批捕各类犯罪嫌疑人3494人，起诉9305人。监督公安机关立、撤案126件，不捕、不诉1721人，追捕、追诉509人，提起刑事抗诉46件。办理民事行政检察监督案件605件，监督纠正刑罚执行监管违法85件。潍坊市检察院被市委、市政府荣记集体三等功，市院连续第6年被省院表彰为“全省优秀检察院”，有27个集体和26名个人受到省级以上表彰。

【服务发展保障民生】 开展打击涉医违法犯罪专项行动和危害食品药品安全犯罪专项立案监督，严厉打击暴力伤医、扰乱就医秩序和制售假药劣药、有毒有害食品等犯罪44件75人，监督纠正有案不移、以罚代刑等问题9个。严厉打击拐卖妇女儿童、侵害幼女、伤害留守儿童、欺凌孤寡老人的违法犯罪131件，依法查办社会保障、残疾救助、就业扶持等领域的职务犯罪17件，对84名因遭受犯罪侵害或民事侵权、生活陷入困境的当事人或其亲属发放司法救助金87.2万元。集中整治和加强预防扶贫领域职务犯罪专项工作，先后立查相关职务犯罪嫌疑人19人，追回赃款70.3万元并及时返还给群众，进行预防调查56次，开展警示教育135次，推动完善扶贫资金管理制度18项。开展“五进两服务”大走访和送法律、送救助、送温暖走访帮扶活动，向基层群众提供法律服务886次，帮助解决困难问题357件，建成网上网下相结合、诉求办理“一站式”检察服务大厅13个，受理解决群众诉求454件，搭建律师接待服务平台，探索开展电子卷宗异地阅卷工作。

【查办和预防职务犯罪】 保持查办职务犯罪高压态势，立查滨州医学院原党委书记刘树琪（正厅级）受贿案、潍坊银行原行长闫红兵（正处级）受贿案、山东工业技师学院原副院长于书兴（正处级）受贿案等一批有震动、有影响的大案要案。组织开展专项侦查活动，按照市院主抓“大专项”、各院突出“小专项”的格局，先后在社会关注、群众关心的惠农扶贫领域立查57人、教育领域立查25人，专项侦查立案数占立案总人数的59%，居全省前列。做好职务犯罪预防工作，搭建巡回宣讲、警示教育、预防公益宣传、预防网络传播和预防文化建设等“五个平台”，开展警示教育335次、预防约谈137次、预防咨询126次，发出预防检察建议39份；与邮政部门联合开展“预防职务犯罪邮路”专项活动，组建服务队16支，选聘志愿者326名，开展活动136次；深化案例分析、预防调查、年度报告制度等工作，两级党委、人大、政府领导先后17次作出批示给予肯定。

【强化法律监督】 开展对公安派出所刑事执法专项监督活动，共监督立、撤案24件。对刑罚变更执行开展同步监督，纠正违法4件，监督收监暂予监外执行罪犯128人；强化对刑罚交付执行监督，清理纠正判处实刑未交付执行罪犯85名；开展刑事犯罪嫌疑人羁押必要性审查，提出变更强制措施或释放建议244人；开展财产刑专项检查活动，监督罚金刑、没收财产刑进入执行程序560人，涉案金额3900余万元。办理民事行政检察监督案件605件，其中抗诉、提请抗诉和提出再审检察建议35件，办理执行监督、行政执法监督、支持起诉案件192件；运用大数据实现精准化行政执法检察监督，在部分基层检察院建立行政执法检察监督平台。建立涉法涉诉信访导入、纠错、退出机制，开展涉检控告申诉案件终结决定和诉讼监督案件建议终结工作；完善刑事申诉制度，对存在较大争议或有较大社会影响的刑事申诉案件实行公开审查，办理刑事申诉案件46件，检察机关纠防冤错案件机制更加健全。建立涉罪未成年人捕、诉、监、防、帮一体化工作机制，开展社会调查、分案起诉、观护帮教等工作，尽最大努力帮助他们顺利回归社会；开展维护留守儿童合法权益和严厉打击性侵害未成年人犯罪专项活动，批捕侵害未成年人犯罪109件131人，起诉167件233人；开展“法治进校园”巡讲活动和“防止校园欺凌 护航未成年人成长”为主题的检察开放日活动，建设青少年法治教育基地4处，其中寿光教育基地被评为“全省青少年法治教育检校共建示范点”。

【加强队伍建设】 开展“作风建设年”活动，先后征求意见建议10余类70余条，21个内设部门全部在省内确定对标单位并制定追赶跨越的路线图、计划表。在全市两级院普遍开展“无违法违纪、无责任事故”检察院创建活动，集中开展对部分基层检察院巡察。全面推进司法责任制改革，全市423名检察官、589名检察辅助人员和143名司法行政人员全部定岗到位。创建教、学、练、战一体化教育培训机制，举办各类岗位练兵活动58次，选拔业务标兵、办案能手46人；组织两级检察院全体干警分批次到高校培训；实施“青年检察官成长工程”和“领军人才培养工程”，有71名干警入选省级以上检察人才库。开展“全面推进基层检察院建设年”活动，推进“一院一品”创建活动，5个院被评为全省基层检察院“六型”建设示范院，全国检察机关基层检察院建设高级研修班在潍坊举办并参观了寿光市检察院现场。高密市检察院打造党建工作品牌，得到省、市委组织部的肯定，260余家单位前去考察学习。

（田宝东）

9月14日，最高人民检察院党组成员、副检察长孙谦到寿光市院调研指导“六型”基层院和“智慧公诉”工作，山东省院党组成员、副检察长鲍峰，市委常委、政法委书记孙起生，潍坊市院党组书记、检察长王桂春陪同 （供稿：张 军）

6月14日，潍坊市人民检察院举行首批员额检察官履职宣誓仪式，市院党组书记、检察长王桂春扶按《中华人民共和国宪法》领誓，64名员额检察官参加宣誓

（供稿：张 军）

法 院

【概况】 2017年，全市法院共受理各类案件114405件，办结113932件。其中，市中级法院受理13313件，办结12645件。全市法院有13个集体，22名个人获得省级以上表彰奖励。市中级法院于2017年11月荣获第五届“全国文明单位”称号，是全省唯一获此殊荣的法院。

【审判执行工作】 2017年，全市法院加强刑事审判工作，审结各类一审刑事案件7329件，判处罪犯9109人，同比分别上升22.9%和10.1%，严格减刑假释案件办理程序，办理减刑假释案件1839件。依法保障民生，审结各类一审民事案件31210件，同比下降24.1%。全市52处人民法庭全年审执结各类民商事案件24929件，约占基层法院民商事案件总数的42.9%。加强商事审判工作，审结各类一审商事案件27813件，同比上升3.4%。发挥知识产权司法保护的主导作用，审结专利权、商标权、著作权等知识产权纠纷案件645件，以知识产权审判保障创新驱动发展。加强行政审判工作，审结各类一审行政案件749件，审查执行非诉行政案件1083件，同比分别下降9.4%和27.2%。加大行政案件协调、调解力度，一批涉及站南广场、高铁片区等重大项目的行政争议得到妥善处理。加强执行工作，全年共执结各类案件30506件，到位标的额40.9亿元。从严惩处规避、抗拒执行行为，罚款183案707万元，拘留1394人次，依法追究刑事责任24人；建立网络查控系统，共查询案件3.1万件，冻结资金1.7亿元、证券5万股、互联网理财产品5600万元；加大曝光力度，将2.5万名不履行法定义务的“老赖”，新纳入最高法院失信被执行人“黑名单”，并通过广播电视、微博微信、户外大屏、电话彩铃等予以全方位曝光；加强联合惩戒，在审批贷款、工程招投标、出国出境、乘坐飞机高铁、高消费、评先创优、推选“两代表一委员”等方面实施严格限制，多方合力迫使3600余名被执行人主动履行义务；推进网上司法拍卖，全市法院全部入驻“淘宝网”，共网上拍卖标的物2009件，成交额7.4亿元，切实解决执行财产变现难问题。

【围绕中心服务大局】 制定服务保障“四个城市”建设、保障城市违法建设治理、保障食品安全示范城市创建、促进非公有制经济健康发展等服务保障意见10余个，增强服务大局的针对性和实效性。对涉及“四个城市”建设的重点项目、重大工程，开辟绿色通道，加快办案节奏，全力做好服务保障。加强环境资源司法保护，审结破坏环境资源犯罪案件78件、涉环保民事案件115件、行政案件26件，受理环境公益诉讼案件14件，为青山绿水筑起司法屏障。

【拓展便民利民举措】 加强诉讼服务大厅、诉讼服务网和12368热线三位一体的诉讼服务中心建设，为人民群众提供全方位、多层次的诉讼服务。把信访工作作为送上门来的群众工作，推行精细化接访、领导带头接访，依法及时就地解决群众合理诉求。强化司法人文关怀，帮助57名特困申请执行人、24名刑事被害人申请司法救助金260万元，为115名符合条件的当事人减缓免诉讼费226.7万元。

【诉调对接的“潍坊经验”全国推广】 通过加强诉调对接中心建设，规范诉调对接流程，使大量矛盾纠纷通过多元主体、多种方式得以及时化解。推动在交通、医疗、保险、家事、消费维权等矛盾易发、多发领域成立更多的专业性、行业性调解中心，促进行业性、专业性纠纷有效分流、快速化解。全市法院新收案件增幅连续五年低于全省平均水平。潍坊法院的做法被最高法院确定为诉调对接的“潍坊经验”，在全国法院推广。

【司法责任制改革】 全市法院从原来的1236名法官中遴选产生622名员额法官，其中市中级法院78名。构建新型办案机制，组建新型审判团队364个。推动院庭长办案制度化、常态化，两级法院院庭长全年办案 66243件，占结案总数的58.1%。建立专业法官会议制度，制定院庭长权责清单，确保用权受监督、放权不放任。

【推进案件繁简分流】 推进繁简科学分流，在全省率先研发使用案件繁简分流软件，实现精确分流。强化案件速裁，对简单案件通过简化送达方式、庭前准备、庭审程序和文书制作，实现快审快判。推进类案专审，对借款合同、交通事故、劳动争议等多发性纠纷，集中时间多案同审、多案连审。创新要素式庭审、令状式文书、示范性诉讼等机制，切实提高审判质效。潍坊市中级法院被最高法院确定为“案件繁简分流改革示范法院”。

【打造“智慧法院”】 依托大数据管理平台，实现审判执行数据的自动生成、实时更新，审判运行态势的实时掌控、实时调度。在全市法院推广应用“智审”辅助办案系统，为法官办案提供科技支撑。完善审判流程、庭审直播、执行信息、裁判文书“四大公开平台”，共直播庭审998个，上网公开裁判文书5.8万份，发送节点短信32万条，司法公开的广度和深度不断拓展。

（毛亚妮）

司法行政

【概况】 提升公共法律服务中心，完善“12348”热线、网上服务大厅，打造“微+”客户端平台，实现实体、网络、热线“一体化”“智能化”管理与服务。加强对各地平台建设的督导检查，实现县级中心全覆盖，创建省级示范中心3处，累计达到5处；镇（街）中心（站）、村（社区）司法行政工作室覆盖率分别达到92.1%、91.9%。印发《关于推进“一村（社区）一法律顾问”工作的实施意见》《关于推进落实国家机关“谁执法谁普法”普法责任制的实施意见》《关于充分发挥司法行政职能作用、服务

6月1日，潍坊中院举行首批员额法官宣誓仪式 （供稿：耿倩倩）

和保障“四个城市”建设的意见》《关于为房屋征迁“清零”专项行动提供法律服务的实施意见》《律师参与化解和代理涉法涉诉信访案件工作考核办法》《关于深入推进律师制度改革的实施意见》《关于推行法律顾问和公职律师公司律师制度的实施意见》《关于进一步完善法律援助制度的实施意见》等文件，公共法律服务体系建设全面升级。

8月11日，潍坊市“一村（社区）一法律顾问”暨农村新型社区人民调解组织建设工作推进会议召开 （供稿：张立刚）

【《“谁执法谁普法”机关普法进行时》栏目开播】 潍坊市普法办、市委宣传部、市司法局、市人民广播电台联合打造的法治宣传教育新平台——《“谁执法谁普法”机关普法进行时》11月28日正式开播。栏目定于每周一、三、五上午10:00—11:00，在潍坊广播新闻频道FM100.2播出，市直具有立法、司法、执法等职能的各部门单位专业人员将走进直播间，围绕党委政府关注、群众关心的热点难点问题，本着贴近基层、贴近群众、发挥部门职能特点的原则上线讲法、以案释法，将法律法规政策等传达到广大干部群众之中。

【“一村（社区）一法律顾问”暨农村新型社区人民调解组织建设工作推进会议】 8月11日，潍坊市副市长、市公安局局长吴磊，各县市区人民政府、市属各开发区管委会分管负责人，司法行政部门主要负责人，市司法局领导班子成员及局属有关单位、机关有关科室负责人参加会议。会议观摩诸城市昌城镇公共法律服务站、河岔社区公共法律服务室、龙都街道司法所、公共法律服务站、邱家七吉社区公共法律服务室等现场，观看诸城市工作专题片，寿光市司法局、昌乐县司法局作交流发言。

（张立刚）

11月28日，《“谁执法谁普法”机关普法进行时》栏目首播 （供稿：张立刚）

仲裁

【概况】 2017年，全市仲裁工作全年共受理各类案件502件，标的额6.51亿元。全年共审结案件430件，结案率93%，调解结案（含撤诉）334件，调撤率达79%，实现从以裁决为主，到裁决与调解共同发挥作用的转变。潍坊仲裁办申报的“多元化解矛盾纠纷”被市委市直机关工委命名为“市直机关优秀服务项目”。

【仲裁法律制度宣传】 采用多种方式全方位、多渠道进行宣传推介，提高仲裁制度的社会影响力。分管副主任带队每周进行不少于一次的仲裁法律制度推广普及工作。开展进协会、进企业、进律所等送法活动，与20家律师事务所、法律服务所260多名律师和法律工作者进行交流研讨，为70余家企事业单位送去仲裁法律服务。加大与专业媒体的合作，与北方广告传媒公司等合作，推介仲裁法律制度及利用仲裁方式处理民商事纠纷的成功经验和案例等。通过微信公众号，推送最新法律资讯和实用案例，普及仲裁法律知识。与百度、360签署推广协议，利用关键词搜索技术，对仲裁制度及合同范本进行网络推广。印制合同示范文本2万余份，编辑印制“潍坊仲裁知识宣传手册”等，免费提供给市场主体使用。在潍坊仲裁委员会网站设立“合同下载专区”，提供150多种合同示范文本供当事人免费下载和使用。

【多元化解纠纷】 成立调解中心，开展诉前调解工作，并在奎文区法院、滨海区法院设立调解室。全年案前调解案件730件，其中，保险行业协会调解中心调解129件，阳光保险调解中心调处236件，奎文调解室受理207件，调解60件，滨海调解室受理53件，调解16件，滨海分会受理案件105件。

【仲裁队伍建设】 建立首席仲裁员制度，使仲裁员队伍更加高效、合理；7月27日，组织仲裁员参加在太原举行的医患纠纷研讨会。组织首席仲裁员赴杭州、大连、重庆等地参加仲裁知识专业培训。对仲裁秘书业务技能进行两次专题培训。组织党员干部到诸城廉政教育基地和王尽美纪念馆接受革命传统教育，并重温入党誓词。

（赵　昕）

经济监督管理

Jingji jiandu guanli

宏观经济管理

【概况】 2017年，实现地区生产总值5858.63亿元，同比增长7%；固定资产投资4855.5亿元，同比增长0.5%；实现社会消费品零售总额2737.9亿元，同比增长8.9%；实现进出口总额1463.8亿元，同比增长17.1%；完成一般公共预算收入539.1亿元，增长8.5%；全市居民消费价格总指数为101.4。

【宏观调控】 编制完成新旧动能转换重大工程实施规划、“四新”（新技术、新产业、新业态、新模式）、“四化”（产业智慧化、智慧产业化、跨界融合化、品牌高端化）专项规划、产业强市、品质城市、军民融合发展、高端石化产业发展等规划。组织实施2017年国民经济和社会发展年度计划，圆满完成各项任务目标。在新旧动能转换、农村一二三产融合、区域发展等方面，形成一批高质量的调研成果。其中，《潍坊市新技术新业态新模式发展情况研究报告》《潍坊市高端装备制造产业探析与思考》《潍坊市农村一二三产业融合发展调研报告》3篇研究报告，分别获省发展改革系统优秀调研成果一、二、三等奖。创新办法服务实体经济，开展一个县级干部包靠一个县（市、区）、一批重点项目“三个一”包靠活动，重点包靠重大项目推进，协调解决项目推进过程问题。经济发展信息报送实现新突破，市委、市政府信息采用量均居市直部门第一名。

【产业强市和品质城市建设】 印发实施《潍坊市产业强市建设五年规划和三年行动计划》《2017年全市构筑现代产业体系工作计划》。推进1074个投资过千万元产业支撑项目、100个重点突破项目、40个重要园区、15个重大平台建设。开展“一县一小镇一片区一特色”培育行动，筛选7个城区、16个园区和25家企业，积极争创省级服务业载体。开展2017年现代产业竞争性用地评选，筛选20个项目纳入年度供地范围。印发实施《潍坊市品质强市建设五年规划和三年行动计划》，形成总投资3545亿元的支撑项目128个，其中，核心支撑项目13个、关键支撑项目25个、重要支撑项目90个，产品品质、规划建设、美化亮化、道路畅通、城市管理、旧城更新、生态环境、民生服务、文化旅游、社会文明等十大提升工程扎实推进。完成海绵城市建设项目48个、24.7平方千米。开展“品质城市”示范创建活动。

【新旧动能转换】 争取列入《山东新旧动能转换综合试验区方案》及《规划》的重大事项成效显著，国家农业开放发展综合试验区、国家级高端化工产业基地、歌尔智慧城等100余个重大事项列入省盘子，数量居全省前列。编制完成《潍坊市新旧动能转换重大工程实施规划》和《实施意见》，先后经市政府常务会、市委常委会研究通过。建立全市新旧动能转换项目库，筛选储备项目500个，总投资1.5万亿元，其中，108个新旧动能转换项目列入省项目库，占全省11%左右，居全省第4位。潍坊国家级农业开放发展综合试验区、北部沿海“飞地经济”示范区、国家医养结合示范省先行区、国家军民融合示范区、国家级高端化工产业基地、潍柴新能源动力产业园和海洋装备动力产业园、歌尔智慧城、潍坊新能源汽车产业园、京沪高铁二通道等“四区四基地一通道”9个重大事项进展顺利。

【固定资产投资】 全市完成固定资产投资4855.5亿元，同比增长0.5%，投资总量居全省第3位。基础设施、高新技术、房地产等领域投资增长较快。项目建设成效显著，全市实施过亿元项目1964个，增长4.1%，完成投资3200亿元，增长4.7%，占全部投资的65.9%。225个市级重大项目共完成投资1478亿元，占年度投资计划的103%；14个项目列入省重点项目，数量位居全省各市首位，潍坊市7个项目完成投资22.1亿元，完成年度计划的106%。向社会推介社会资本参与公用事业建设项目100个，新签约39个，吸引社会资本301亿元。投资项目管理科学化水平提升显著，项目在线审批监管平台高效运转，全市共审批项目4582个，总投资5328.1亿元、同比增长22.1%。开展项目建设年活动，建立全市重点项目实时监测系统，同步开发手机端（APP），筛选确定65个重点项目，进行360度无死角、24小时全天候监测，实现对项目的实时查看、远程督导、应急指挥和同步监管。研究制定《关于加快市级重大项目建设的意见》，帮助项目单位协调解决问题280余个。潍日高速北段、宝通街东延、榆横—潍坊和扎鲁特—青州特高压等一批重大基础设施项目建成运营，济青高铁、济青高速改扩建工程、峡山水库胶东调蓄水源工程等项目加快建设，机场迁建、京沪二通道开展前期工作。构建多元融资机制，发行企业债券5支，发行额度60亿元，占全省的44.5%。

【现代产业体系构建】 全市产业结构更趋优化，三次产业比例调整为8.4：45.6：46。现代农业加快发展，农村一二三产业融合发展走在全省乃至全国前列，全省农村产业融合发展规划编制暨现场观摩会在潍坊市召开，诸城市、安丘市、寿光市争创“国家农村产业融合发展示范园区”和“示范工程项目”，争取省以上水利工程、高标准农田建设等农村基础设施项目资金4亿元。工业加快转型升级，争取增强制造业核心竞争力中央资金0.1478亿元，高新技术产业产值占规模以上工业增加值比重达到34.16%，提高1.03%。服务业规模不断壮大，组织实施服务业跨越发展行动，服务业增加值增长8.9%，高于GDP增速1.9%；服务业增加值占GDP比重达到46%，占比提高1%，服务业增加值占比及现代服务业占比居全省第1，获评“全省服务业发展先进市”；2人入选“泰山产业领军人才”，1人获批“省服务业专业人才”，7人入选“服务业领域鸢都产业领军人才”；争取省服务业发展引导资金600万元。

【县域经济和区域合作】 县域经济保持较快发展，全市县域实现生产总值5660亿元，增长6.9%。寿光市、诸城市县域经济科学发展试点任务通过省里评估验收。争取省区域战略推进专项资金0.8亿元，对14个重点项目进行扶持。被评为“环渤海区域合作先进单位”。争取“国家产城融合示范区”专项扶持资金0.5亿元。青潍一体化工作更加深入，重点谋划65个对接青岛的重大项目，山东海事职业学院与中国海洋大学进行5个本（专）科专业联合办学。统筹做好对口支援各项工作，落实援疆、援藏、扶贫协作重庆市开州区资金1.35亿元，选派10名优秀教师到重庆市开州区开展支教工作，11名专家到西藏自治区南木林县开展医疗援助。

【改革创新】 经济体制改革，57项改革任务完成年度改革工作目标。牵头推进“一部门一改革一平台一项目”，共谋划改革80项、平台65个、项目25个。成功申报国家增量配电业务改革试点。诚信体系建设，社会信用体系建设走在全国前列，成功获批“国家首批社会信用体系建设示范城市”。综合信用指数排名全国地级市第7位。市级公共信用信息平台归集数据1.3亿条，占全省30%，实施联合惩戒3万余人次。医疗体制改革，在全省率先启动实施分级诊疗试点，创新构建分级诊疗“1345（1个体系、3种模式、4个共同体、5大支撑）”潍坊模式。全面实施医疗服务价格改革，全部取消药品加成，实现全市公立医院全覆盖。“放管服”改革，全面清理审批事项，落实好新型核准制度和告知性备案制度，企业实现“零跑腿”，提高投资项目备案效率。供给侧结构性改革，“三去一降一补（去产能、去库存、去杠杆、降成本、补短板）”年度任务顺利完成，扎实推进化解过剩产能工作，全年钢铁、水泥、轮胎、炼油行业产能利用率均达到80%以上。加大降成本力度，全年为企业降低电力成本12.5亿元。新认定国家企业技术中心1家、国家地方联合工程实验室1家、省级工程实验室6家，培育市级工程实验室55家，企业创新能力进一步增强。资源争取居全省前列，争取关税配额40.8万吨，占全省的38.2%；潍坊市首获国家发展改革委批准使用外债57亿元，其中，境外债23亿元，是山东省唯一市级平台类境外债券。获批“第三批国家低碳城市试点”。认定招商引资到位资金10.7亿元，居市直部门单位第一名。

（张　迎）

能源保障

【概况】 截至2017年底，全市电力总装机容量981.4万千瓦，其中，煤电装机规模减少3万千瓦，新能源装机规模新增138万千瓦。拥有500千伏变电站4座、220千伏变电站38座，35千伏～110千伏变电站313座，35千伏～500千伏变电容量4019万千伏安、输电线路9208千米，全市10千伏线路2.69万千米、配变3.37万台。发展天然气用户115万户。

【电力】 2017年，全市全社会用电量494亿千瓦时，居全省第2位，同比增长8.54%。做好特高压属地工作，榆横－潍坊1000千伏交流、扎鲁特－青州±800千伏直流等5项特高压工程顺利投运，潍坊全面进入“特高压时代”。滚动修编“十三五”配电网规划，规划项目全部纳入全市土地利用总体规划。建成投产海滨220千伏输变电工程等24项35千伏及以上输变电工程，投产线路358千米、变电容量185万千伏安。实施新一轮农网改造升级工程，完成4.4万眼机井通电，431个中心村改造，农村户均容量提升至2.01千伏安，荣获国家电网公司新一轮农网改造升级“两年攻坚战”工作先进集体。10千伏龙港站等15项工程被评为“国网优质工程”。11项配网工程入选国网和省公司“百佳”。

【新能源】 截至2017年底，已投产并网风力发电场15座，装机总容量160.13万千瓦，占全省风电装机容量的15.09%，居全省第2位，其中，2017年新增29.45万千瓦。光伏发电建设方面，已并网的集中式光伏电站28座，装机总容量95.79万千瓦，占全省集中式光伏装机容量的16.43%，居全省第1位，其中，2017年新增47.79万千瓦；已并网分布式光伏装机总容量75.06万千瓦，占全省分布式光伏装机容量的18.28%，居全省第1位，其中，2017年新增54.46万千瓦。

【天然气】 截至2017年，全市共设立管道天然气企业24家，建设天然气门站25座，LNG储配站10座，敷设燃气管网5900千米，发展天然气用户115万户，城市管道燃气普及率超过80%，建设汽车加气站80座。2017年，全市新设立管道天然气企业1家，建设天然气门站1座，LNG储配站7座，敷设燃气管网350千米，发展天然气用户12万户，建设汽车加气站2座。

（林玉学）

2017年11月，潍坊市国土资源局荣获“山东省基层理论宣讲先进单位”称号

（供稿：周新东）

国土资源管理

【概况】 2017年，潍坊市国土资源局继续保持“全国文明单位”，被中共山东省委宣传部、中共山东省委讲师团表彰为“山东省基层理论宣讲先进单位”；被潍坊市委、市政府表彰为“党的十九大安保维稳工作先进集体”，记集体三等功；荣获“山东省国土资源科学技术奖”5项。市国土资源执法监察支队被国土资源部表彰为“全国国土资源执法监察工作先进集体”。智慧潍坊时空信息云平台建设试点项目通过国家测绘地理信息局验收，潍坊成为全国第一个通过验收的地级市。

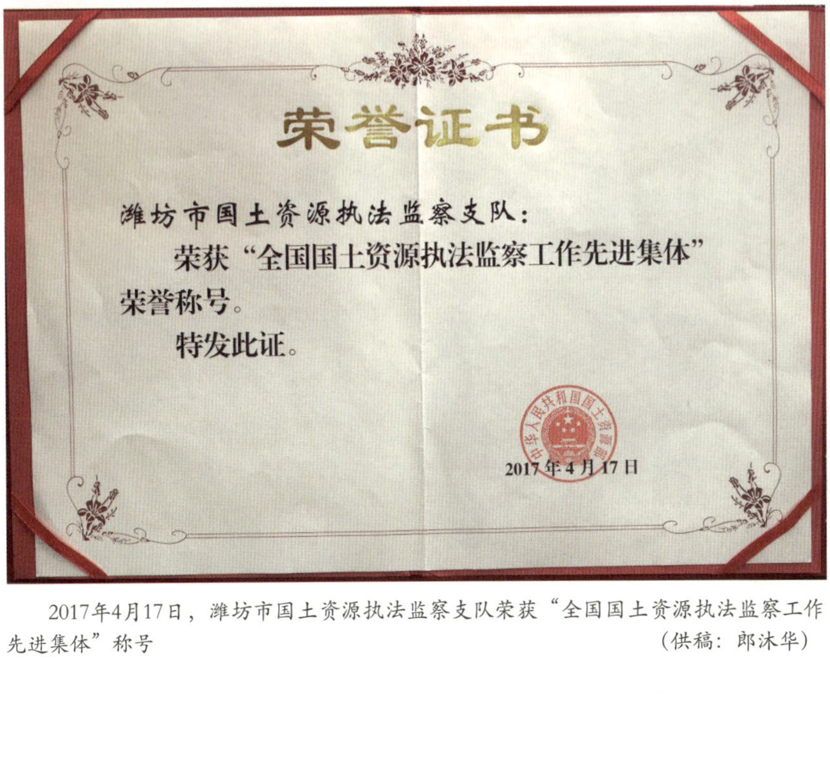

2017年4月17日，潍坊市国土资源执法监察支队荣获“全国国土资源执法监察工作先进集体”称号

（供稿：郎沐华）

【服务“四个城市”建设】 创新编制全市国土资源工作“十三五”规划。制定印发《服务“四个城市”建设助推新旧动能转换的实施意见》。稳妥推进潍坊国家农业开放发展综合试验区土地利用总体规划调整完善工作。积极助力高铁新片区、站南广场征迁，开通绿色通道，抽调业务骨干为1600余户拆迁房屋集中办理房屋注销登记。全力配合做好中央环保督察、海洋督察有关工作，扎实开展“四个城市”建设、“作风建设年”活动和“十九大”安保维稳工作。

【耕地保护与土地利用】 完成永久基本农田划定落地块、明责任、设标志、建表册、入图库“五项任务”，共划定永久基本农田66.33万公顷。编制实施“十三五”土地整治规划，全市共验收整治面积4253.33公顷，新增耕地550.67公顷。2017年，省精准扶贫土地整治示范项目工程进度走在全省前列。完成征地地上附着物和青苗补偿标准修订。全面完成土地利用总体规划调整完善，共争取新增用地空间9800公顷。编制《市区住宅用地年滚动计划和中期计划》，全市供应各类建设用地1192宗3880公顷，成交价款337.75亿元。牵头制定《市区房地产用地供应管理办法》。全面实行土地出让“净地勘察结果确认制”。探索构建省、市、县三级土地联合储备新体系。积极倡导推广“零增地”发展模式，诸城市成为全国首批13个国土资源节约集约“四个创新（模式创新、技术创新、制度创新、管理创新）”示范点之一。

【地籍与不动产登记管理】 出台《妥善处理市区不动产登记有关问题专题会议纪要》，制定《对房屋与土地登记信息不一致等问题的处理意见》。与住建部门实现房屋交易与登记数据共享，不动产登记信息实现市、区两级同城通查。市不动产登记中心被评为“山东省档案工作科学化管理先进单位”。市不动产登记中心“5+3”便民服务被潍坊市委市直机关工委表彰为2017年度市直机关“优质服务项目”。高密市、诸城市、青州市作为候选对象被山东省国土资源厅推荐为“全国百佳不动产登记便民利民示范窗口”。潍坊市不动产登记工作在国务院第四次大督查和省政府营商环境检查中均得到充分肯定。

【地质环境与矿产资源】 持续规范矿业权市场，公开出让临朐县2宗采矿权。编制完成第三轮矿产资源规划。潍坊市科技管矿信息化系统率先通过省厅验收。滨海地下卤水资源提溴关键技术荣获“省国土资源科技一等奖”。建成潍坊市地质勘查与地质灾害应急技术指导中心。潍坊市实物地质资料库揭牌运行，昌乐火山国家地质公园揭牌开园。

【测绘管理】 智慧潍坊时空信息云平台试点通过国家级验收，潍坊成为全国首个通过试点验收的地级市。平台已应用于60个市级部门116个系统，应用效果全省领先，成功入选2017年国家《新型智慧城市发展报告》优秀案例。《中国国家人文地理•潍坊卷》基本编纂完成。测绘地理信息产业基地建设取得新进展。坊子园区凤凰地理信息小镇成功创建为“省特色小镇”。

【执法监察】 印发《加强国土资源执法监管建立共同责任机制的实施意见》，认真开展部级卫片执法检查工作，整改面积320.8公顷，比例降至2.05%，实现“零通报、零约谈、零问责”目标。创新开展市级卫片执法检查，市局执法监察实时监控系统升级项目顺利通过省厅验收。全市系统建立并运行“统一领导、归口受理、分工办理、集体会审、限期到位”的信访工作新模式。

（杨金涛）

2017年8月23日—24日，山东省国土资源厅厅长李琥（前左二）一行5人到潍坊调研指导国土资源工作（供稿：鞠春彤）

安全生产监督管理

【概况】 全市共发生各类生产安全事故98起，死亡65人，同比事故起数和死亡人数分别下降39.5%、25.3%。其中，工矿、商贸领域生产安全事故9起，死亡14人；生产经营性道路交通事故89起，死亡51人。

【隐患排查治理】 持续深入开展“大排查快整治严执法”集中行动，深入排查治理安全隐患，强力推进企业安全生产主体责任落实。全市共排查生产经营单位29万余家次，查处安全隐患66万项，停业整顿、停止建设、停止施工3540家次，没收违法所得56次，暂扣、吊销证照或资格证书6618个，关闭338家，拘留37人。扎实推进风险分级管控体系建设，共排查风险点140318处，其中，一级173处，二级2220处，三级11500处，四级126425处，全部落实监控防范措施。

【重点领域监管】 危险化学品领域，出台《潍坊市人民政府办公室关于印发潍坊市危险化学品安全综合治理实施方案的通知》，深入开展危险化学品综合治理和化工产业安全生产转型升级，对全市474家危险化学品企业开展“四评级一评价”。其中，安全评级“优”等次企业45家，“中”等次企业320家，“差”等次企业109家，对“差”等次企业全部进行停产整顿，倒逼企业转型升级、安全发展、绿色发展。组织实施危险化学品反“三违（违章指挥、违规作业、违反劳动纪律）”除隐患专项整治行动，通过企业单位自查自改、部门督促检查等措施，严厉打击危险化学品生产、经营、使用、储存等环节的违章指挥、违规作业、违反劳动纪律行为，共纠正违章指挥行为51起、违章操作行为759起、违反劳动纪律行为4304起。非煤矿山领域，加快推进非煤矿山转型升级，对8家生产非煤矿山完成“四评级”工作，综合评价“优”的4家、“中”的4家，对“中”等次4家企业，逐一制定整改提升方案，督促企业提升安全生产水平。强化采空区治理，累计投入0.23亿余元，治理采空区39.15万立方米，完成治理任务，全市所有生产性矿山实现充填式开采，杜绝出现新的采空区。对2家尾矿库进行闭库处理，加快金属非金属矿山落后设备及工艺工作淘汰工作，努力打造本质安全型矿山。烟花爆竹领域，加强烟花爆竹经营单位的安全监管，深入开展烟花爆竹百日专项整治和“打非”行动，查处非法生产经营烟花爆竹行为29起，刑事、行政拘留29人，收缴鞭炮5427万余头，烟花480箱。工贸领域，深入开展工贸企业安全生产标准化达标创建活动，5710家工贸企业达标，达标率92%。深化冶金等工贸行业粉尘防爆、液氨制冷、有限空间及金属冶炼安全专项治理，深入排查治理事故隐患，提高防范事故能力。职业卫生领域，出台推进安全生产与职业健康一体化监管执法实施方案，按照“管行业必须管职业病防治、管业务必须管职业病防治、管生产经营必须管职业病防治”和“谁主管、谁负责”的原则，积极推进安全生产与职业健康一体化监管执法。深化职业病危害治理，重点对陶瓷生产、耐火材料制造、水泥生产、汽车制造、铅蓄电池生产、皮革、木制家具、医药、建材等职业病危害严重和较重的行业领域实施监督检查，共检查用人单位5729家次，停产整顿企业26家，行政处罚192.5万元。

【行政审批】 根据法律法规和上级有关审批政策调整，及时修订编制业务手册和服务指南，健全完善审批事项公示制度、首问责任制度、一次性告知制度、廉政监督制度等制度，细化完善行政审批事项审查标准，审批事项从受理到办结，全过程公开化、透明化，行政审批服务水平不断提高。共受理审批事项12810件，办结13068件。其中，危险化学品建设项目安全条件审查办结35件，安全设施设计审查办结23件，非煤矿山生产企业安全生产许可证核发办结3件，危险化学品生产企业安全生产许可证核发办结122件，危险化学品经营许可证核发办结438件，危险化学品使用许可证核发办结9件，特种作业操作证审批办结12503件，非药品类易制毒化学品经营备案办结16件，非药品类易制毒化学品生产备案办结23件，烟花爆竹经营许可证核发办结2件，职业技术服务机构资质（丙级）审核办结2件，职业技术服务机构资质（乙级资质初审）审核办结2件。全年共注销安全生产、经营、使用许可证93家。其中，注销危险化学品安全生产许可证40家，危险化学品经营许可证33家，非煤矿山安全生产许可证17家，危险化学品安全使用许可证3家。所有办件业务均按期完成，未出现办件超期及投诉事项。市安全生产监督管理局驻政务服务中心窗口全年各月均被评为“月度红旗窗口”，12人次被评为“月度优秀服务标兵”，1人次被评为“共产党员优秀示范岗”。

【执法监察】 加大对安全生产违法行为的查处力度，切实提高企业安全发展水平，保障职工生命安全。全面实行“四不两直”（不发通知、不打招呼、不听汇报、不用陪同和接待，直插基层、直奔现场）的检查方式，以执法监察队伍为主体，执法、监管、专家三位一体、配套联动，加大执法检查密度和力度，对非法生产、存在重大隐患又拒不整改或整改不到位的企业，坚决依法严肃处理。全市对安全生产违法行为立案处罚1319起，罚款0.3392亿元。坚持问责关口前移，严肃事故查处，严肃追究相关责任人的责任，以严格的问责倒逼责任落实。共对14起生产安全事故、安全生产工作开展不力、督促隐患排查治理不到位的有关责任单位和责任人进行了问责，移送司法机关责任人10名，给予75名监管责任人党纪政纪处理。积极稳妥做好群众举报和信访工作，健全完善投诉举报事项督办、回访和考核等制度，确保安全生产举报事项办理及时、高效。共处理上级转办、省安全生产委员会巡查组交办和群众举报案件84件，全部办结完毕。

【基层基础】 深化安全生产网格实名制管理，按照属地管理和分级管理的原则，逐一明确66118家生产经营单位的属地政府、行业部门和监管部门安全监管责任，做到责任清晰、监管到位、管理规范。加强安全生产教育培训，累计培训考核生产经营单位主要负责人、安全管理人员、特种作业人员共计22316人。其中，特种作业人员14286人，主要负责人和管理人员8030人。加强安全生产应急管理，进一步规范企业预案编制、评审、发布、报备、演练、评估和修订等方面的工作，加大应急演练力度，强化事故预防和初发期的妥善处置。加强安全监管信息化建设，共有3268家企业纳入安全生产综合监管系统，其中，化工企业1412家、非煤矿山企业62家、烟花爆竹企业22家、其它规模以上企业1772家，有效提高监管效能。加强安全生产宣传教育，广泛宣传法律法规、安全常识、应急逃生技能等安全知识，基本实现安全生产新闻宣传工作的常态化。

【较大以上事故】 全市未发生重大、特别重大安全事故。3月14日，一客车在青州市邵庄镇文登社区西郭村道路上冲入路边摆摊人群，造成9人死亡、14人受伤。12月19日09点20分左右，昌乐县山东日科化学股份有限公司发生一起火灾事故，造成7人死亡，4人受伤。

（孙垂涛）

工商行政管理

【概况】 2017年，全市新增商标注册申请23939件，新核准注册12376件，有效注册商标总量达到65316件，同比增长21.6%；中国驰名商标93件，居全省第2位；注册地理标志商标总量88件，居全省第2位、全国地级市第4位；潍柴动力荣获“中国商标金奖•商标创新奖”，成为潍坊市首家、全省唯一获奖企业。公示各级“守合同重信用”企业1181家，其中，国家级41家、省级450家，均居全省第2位；办理抵押登记770件，抵押登记金159.65亿元，与市农信联社深化联动机制，为“守合同重信用”企业提供授信额度130余亿元。潍坊国家广告园区创业孵化器被工商总局确定为“全国广告业创新创业示范基地”。市工商局继续保持“全国文明单位”荣誉称号，在市直部门科学发展综合考核中获“优秀”等次。

【推进商事制度改革】 在“五证合一（营业执照、组织机构代码证、税务登记证、社会保险登记证、统计登记证）”“两证整合（个体工商户营业执照、税务登记证）”基础上，2017年9月底，整合涉及公安、交通运输、商务等11个部门的26项涉企证照事项，全面实施“31证合一、一照一码”（包括公安部门的废旧金属收购业备案、公章刻制备案、开锁业备案、娱乐场所备案；交通运输部门的道路客运经营者设立分公司备案，道路货运经营者设立分公司备案，从事船舶代理业务备案，从事水路旅客运输代理业务备案，从事水路货物运输代理业务备案，道路货物运输和货运站经营者变更名称、地址等备案，机动车驾驶员培训机构变更名称、法定代表人等事项备案，道路危险货物运输企业或单位变更名称、法定代表人、地址工商登记事项的备案，机动车维修经营者变更名称、法定代表人等事项的备案；文化部门的从事艺术品经营活动的经营单位备案，互联网上网服务营业场所经营单位有关变更备案，互联网上网服务营业场所经营单位注销备案；新闻出版广电部门的设立出版物出租企业或其他单位、个人从事出版物出租业务备案，音像制品零售单位变更备案，音像制品零售单位注销备案；商务部门的再生资源回收经营者备案，二手车经营主体备案；住房城乡建设部门的住房公积金缴纳登记；农业部门的获得种子经营许可企业设立分支机构备案；体育部门的成立体育经营实体或变更名称、场所、法定代表人、经营范围等的告知；煤炭工业部门的煤炭经营企业备案；出入境检验检疫部门、国际贸易促进部门的原产地证企业备案）登记。新发放“多证合一”营业执照7.1万户，统一社会信用代码营业执照换发率达到88.1%，“多证合一”改革被评为全市推进政府职能转变“十大亮点工作”。对未开业企业、无债权债务企业实行简易注销登记，试行住所（经营场所）申报承诺制改革。全市新登记各类市场主体14.4万户，比上年增长18.7%。总量达到83.8万户，居全省第2位，其中，企业19.6万户，分别增长15.3%、16%。

【强化监管执法效能】 抽检农资2622批次，查处农资案件380件；抽检加油站924个次，抽检成品油样品1718个，合格率为97.26%。推进流通领域商品质量监管，开展红盾质量维权行动，抽检百货商品6大类379个批次。组织成立“网络经营企业诚信联盟”，建档网络市场主体13671户，查办涉网案件72件。加强事中事后监管，2016年度市场主体年报公示率达到90%以上，超过全国、全省平均水平。推进“双随机、一公开”（随机抽取检查对象，随机选派执法检查人员，抽查情况及查处结果向社会公开）监管，对21204户市场主体进行“双随机”抽查。巩固“无传销城市”创建成果，加大直销监管力度，开展涉嫌非法集资风险专项排查。市工商局被表彰为“全市扫黄打非工作先进单位”“社会治安综合治理先进集体”，公平交易局被表彰为“全市反走私工作先进单位”。

【完善消费维权机制】 受理消费者投诉5699件，分送率、告知率、一次处结率和群众满意率均达到100%，为消费者挽回经济损失916万元。完善与市中院“诉调对接”机制（诉讼与非诉讼相衔接的矛盾纠纷调处机制），成立消费者协会律师团，促进消费纠纷快速解决。在全省率先启动放心消费创建活动，选择6家企业和1个街区先行试点，树立第一期“六点（店）一街”创建样板，推进放心消费创建向示范行业和区域扩展。建立全市首家老年消费、农村消费教育基地，持续发布消费警示提示，开展消费教育进农村、进学校、进社区活动。组织行政约谈经营者活动23场次，集中约谈经营者212家。中国消费者协会发布《2017年城市消费者满意度测评报告》中，潍坊得分在参与测评的50个城市中列第8位，居山东省第1位。

【企业党建工作】 遴选63家个体私营企业为第二批党建工作联系点，培育示范点28个。组织开展工商和市场监管局长进非公企业“讲党课、讲政策，促发展”活动132场次。联合市委组织部在浙江大学举办全市非公有制企业党务干部履职能力提升培训班。省工商局在潍坊市召开全省个私党建工作推进会议，潍坊市委组织部长林红玉批示全市学习市工商局推进“小个专”（小微企业、个体工商户、专业市场）党建工作做法。

（王　可）

价格管理

【概况】 2017年，全年CPI累计上涨1.4%。开展涉纪、涉案、涉税以及服务党委政府的各项价格认定和复核工作，全市共办理各类案件3214件，价格认定总额8.46亿元。

【价格改革】 医疗服务价格:对城市公立医院医疗服务价格改革效果进行了全面评估；开展按病种收费改革调研，制定105种病种收费标准；重新公布潍坊市城区公立医疗机构医疗服务项目及价格。资源性能源产品价格:规范天然气用气种类，将城区非居民、特种行业用天然气归并为非居民用天然气，购销差价每立方米不超过0.90元，累计减轻企业用气负担0.4033亿元；城区非居民天然气销售价格由基准销售价格改为最高限价，每立方米3.90元；落实成品油价格调整机制；制定潍坊华电、民生热电高温水出厂销售价格，分别为46.52元/吉焦、52元/吉焦；配合水利部门开展农业水价综合改革；向山东省物价局争取滨海区海水淡化项目优惠电价政策，执行每千瓦时0.555元标准；2017年，为全市争取新能源发电补贴6.1489亿元。交通运输价格：调整公交车季节票价实施时段，自2017年6月15日起提前执行夏季公交车季节票价；制定潍坊市新能源电动汽车充换电服务费上限标准，纯电动汽车、公交车分别为每千瓦时0.70元、0.65元（不含电费）。民生价格：严格落实社会救助和保障标准与物价上涨挂钩联动机制，2017年1月启动该机制，对城区保障对象发放临时价格补贴139.4万元。

【供给侧改革】 降低企业成本：围绕减轻企业负担，重点对海关、海事、港口、国税、商务等部门行业以及爱信诺、多利达等公司进行了涉企收费检查；开展涉企收费及行政审批前置中介服务收费项目清理，与市财政局联合出台潍坊市涉企行政事业性收费、政府定价的经营服务收费及行政审批中介服务收费目录清单，建立常态化公示机制并实行动态管理。蔬菜目标价格保险：2017年，安丘市继续开展大葱目标价格保险工作，签保面积8846.67公顷，政府补贴保费0.151亿元，农民获赔0.5114亿元。

【收费管理】 行政事业及经营性收费：组织各县（市、区）及市直126个单位进行2016年度收费情况报告，对8个单位进行收费登记手续变更，注销33个单位的收费项目登记；及时承接省局下放的有关事项定价权，制定潍坊市超限运输车辆停车服务收费、车载气瓶检验检测收费、城市绿化补偿费、普通道理车辆救援收费标准，调整户外广告有偿使用收费标准；明确公办高中教育阶段收费标准和公办幼儿园收费管理权限，将市区幼儿园收费标准管理权限下放到区级，调整老年大学学费标准。房价管理：完善普通住宅前期物业服务和普通住宅小区停车收费政策，对中心城区480余个物业小区的物业服务收费标准备案情况进行汇总，对新的物业小区收费标准实施严格的审核备案手续；会同市住建局完成319套公共租赁住房定价和100余套公共租赁住房备案工作。

【价格监管与反垄断】 公平竞争审查：牵头开展全市公平竞争审查工作，印发《在市场体系建设中建立公平竞争审查制度实施方案的通知》，建立潍坊市公平竞争审查工作部门联席会议；协调市级有关部门全面落实公平竞争审查制度，稳妥推进存量政策清理，切实防止排除限制竞争政策措施出台。市场价格监管：加强明码标价、重点改革领域、商品零售、电子商务、节日市场价格监管，在全市组织开展了电力价格、涉企收费、医疗机构价格行为、机动车检测等专项检查；加快推进价格诚信体系建设，开展价格诚信档案建设和价格信息采集，扎实推行双随机监管方式，持续推进价格反垄断工作。全市价格举报系统共受理各类咨询投诉5720件，均按要求答复办结。

【成本工作】 完成有线数字电视基本收视维护、城市集中供热成本监审，核减企业上报不合理成本2.3075亿元；创新成本监审方法，首次聘请专业的会计师事务所，通过政府购买服务、公开招标等方式参与成本监审工作。开展农产品成本调查，协调调度诸城市、高密市、昌邑市、临朐县4个县（市）99个农调户，完成农户存售粮情况、农资购买情况、主要农产品成本预测等专项调查和小麦、生猪成本直报任务。

【价格监测】 健全省、市、县三级监测网点体系，全市建立价格监测点238个，承担国家监测任务11项，省物价局任务52项，市范围内任务94项，共46类252种，形成价格服务与采价点为一体的价格监测和信息服务网络。

（代　娟）

质量技术监督

【概况】 2017年，潍坊市质量技术监督局按照市委、市政府部署，积极开展“作风建设年”活动，推进“四个城市”建设，提高供给侧产品质量水平，促进全市经济社会发展，获得“省级文明单位”，在全市科学发展综合考核中被表彰为“优秀”等次。

【质量管理】 印发《2017年度质量强市行动计划》和《全市逐行业质量提升计划》。加强质量信用体系建设，78家企业编发企业信用报告。支持企业争创各级政府质量奖和山东名牌，潍柴动力入围“第三届中国质量奖”

2017年3月29日，全省质量管理工作暨区域品牌质量提升现场会在潍坊召开
（供稿：刘成文）

2017年9月19日，潍坊市市长李宽端（右一）向获得“第七届潍坊市市长质量奖”的企业和个人颁发奖牌
（供稿：刘成文）

拟表彰名单，已报国务院待批；24个产品、14家单位被认定为“2017年度山东名牌”，峡山区获批创建“山东省优质生态农产品生产基地”。山东省质量技术监督局在潍坊召开全省区域品牌质量提升工作现场会，推广潍坊经验。开展“第七届市长质量奖”评审工作，4家企业和3名个人获奖。

【标准化战略】 制订《2017年度实施标准化战略推进行动计划》。建立潍坊市标准化专家库。启动全省首届地市级标准创新应用奖评审工作，14项标准和10项标准化项目获奖。争取标准化项目29项，数量居全省首位。潍坊市获批“全国农商互联标准化示范市”。4项标准项目列入2017年“山东标准”建设行动计划。在农业装备等领域培育发展团体标准8项。国家级农业标准化示范区、企业采标验收、企业产品标准自我声明等多项标准化指标全省领先。

【产品质量监督】 抽查94大类1602家企业生产的2080个批次产品，检出不合格产品194批次，抽查结果全部向社会公开，同时纳入质量信用体系实施联合惩戒，通过政务公开、约谈、后处理等手段倒逼企业提高产品质量。实施全市产品质量提升示范工程，推动临朐县铝型材产区申请创建“国家级质量提升示范区”。对涉及安全和环保的电线电缆、危化品、车用油品等社会关注度高的产品进行重点监督检查，加强执法办案，共立案66起。

【特种设备安全】 《潍坊市电梯安全条例》开始施行，与市应急办联合推广电梯安全公益宣传牌，为每台电梯每年投入100万元的安全责任保险。针对特种设备安全工作的薄弱环节，开展锅炉安全隐患排查、人员密集场所特种设备、特种设备超期未检、10吨

国家质检总局副局长、国家标准委主任田世宏（中）视察昌邑市“城乡环卫一体化”国家服务业标准化示范项目
（供稿：刘成文）

以下燃煤锅炉清理、化工产业安全生产转型升级等专项整治排查活动，出动检查人员12500人次，检查有关单位6800余家，相关设备36000余台，下达安全监察指令书1200余份，办理行政执法案件150余起，消除安全隐患。

【计量和认证科技】 开展2017年市级定量包装商品净含量计量监督专项抽查，总体合格率75.3%；对全市60家加油站的259台加油机进行监督抽查，检定合格率98.67%；组织519家加油站做出诚信计量公开承诺；开展安全防护重点领域专项排查和安全防护类计量器具监督检查，加强环境监测用计量监管，在全省率先建立计量专家库。增设认证与科技科，开展机动车检测机构监督检查，加强管理体系认证监督管理。

【检验检测能力】 255家检验检测机构通过资质认定，居全省第3位。市产品质量检验所有1363种产品、926种产品的12377个产品参数和2090个方法通过实验室资质认定，有358个产品（项目）通过国家实验室认可。山东省肉制品质量检验中心（诸城）获批成立，全市已获批的省级质检中心数量达到11家。市、县两级公用计量标准达到493项，其中，市级建标240项，居全省地市级计量所首位，在全国地市级机构中首家建立医用头部伽码刀计量标准，全年检定计量器具37余万台（件）。山东省特检院潍坊分院有38个项目取得检验资质，全年检验特种设备15万余台。

（刘成文）

食品药品监督管理

【概况】 2017年，潍坊市食品药品监管局创建“国家食品安全城市”工作取得重大成果，被授予“国家食品安全示范城市”和“山东省食品安全示范城市”。在“全市科学发展综合考核”中获评“优秀”等次。食品安全评价性监测合格率居全省第1位。食品药品安全舆情监测处置率居全省第1。市政务服务中心食药监局审批窗口被授予“2017年度红旗窗口”。

【食安创建工作】 “国家食品安全示范城市”创建工作开展3年来，潍坊市国家食品安全抽检合格率由95.2%提升到98.8%，群众对食品安全的满意度由69.4%攀升到82.8%。2月，以全省第一名成绩获评“山东省食品安全示范城市”。6月，以全国第一名成绩获评“国家食品安全示范城市”。11月29日，“全国食品安全示范城市”和“农产品质量安全县”创建工作现场会在北京召开。参与第二批“省级食安县”创建的青州市、诸城市、寿光市、安丘市、高密市、昌乐县全部通过中期评估并且位居全省前列，昌邑市、临朐县、寒亭区入选第3批省级创建单位，全市县（市、区）实现应创尽创。积极开展“放心肉（菜）示范超市”创建，鼓励推行“订单农业”“农超对接”等采购模式，全市80%以上的超市蔬菜来自规模种植基地、100%的生鲜肉来自定点屠宰企业，90%以上的大中型商超达到创建标准。大力实施“食安潍坊”品牌引领，2017年，新创建“食安山东”品牌单位543家，创建总量达到2889家，创建数量位居全省前列。

【业态规范整治】 针对社会普遍关心的突出问题，持续开展“守护舌尖安全”、城乡接合部和农村地区药店诊所药品质量安全、中药制剂及中药饮片等15项集中整治行动。全市共检查各类食药生产经营单位10.2万家次，抽检各类食品51088批次，达到每千人口5.46批次，抽检药品1014批次。持续推进“清洁厨房”工程，全市创建“清洁厨房”7716家，“明厨亮灶”覆盖到全市95%以上的大中型餐饮服务单位。创新推行学校食堂大宗物品集中采购工作，全市70%的学校食堂与大型供货商签订定点采购协议。深入推进“赋码追溯”行动，督促食品生产企业将链接产品质量检测结果等信息的二维码印制在包装上，完善追溯链条。截至2017年底，全市有1020家企业的产品实施赋码追溯。认

2017年6月29日，潍坊市副市长李平（主席台左六）代表潍坊市参加“国家食品安全示范城市”授牌仪式（供稿：李增席）

真落实《山东省食品小作坊小餐饮和食品摊点管理条例》，深入开展“在一线助规范”行动，帮扶完成率达100%，全面完成“三小”单位登记备案工作。

【监管机制创新】 全市67家市场快检室全部推行“政府主导并购买部分服务，市场开办者委托第三方检测机构进驻”的快检模式，严把食用农产品入市进场关。2017年，各市场累计完成食用农产品快检近80万批次。潍坊食药监APP上线试用，移动执法监管工作顺利推进。创新实施“阳光厨房”工程，中心城区300家餐饮单位的后厨实现电视直播和网络直播。建立“透明快检”信息平台，67家市场快检室实现了对快检过程实时监控、网络直播、检测结果即时上传网上公示。在全市3.5万家食品生产经营业户和4098家药店实行阳光开放，主动公示证照、告知书、原料进货票据、健康证等信息。

【宣传教育工作】 重点打造提升宣传街和文化大院，使之成为基层群众学习食药安全常识、提升食药安全科学素养的主阵地。截至2017年底，全市共打造宣传街9800余条和文化大院5600个，“双四（空中四条线：网络、电视、咨询电话、广播喇叭；地上四个一：一条宣传街、一个文化大院、一个公示栏和一张服务卡）”宣教活动基本实现全市村居全覆盖。采取文艺会演、有奖问答、知识讲座、电影放映等形式，开展食品安全宣传周、药品安全用药月、食药安全知识“进学校、进机关、进企业、进农村、进社区、进工地、进市场、进景点”等“八进”现场宣传教育活动324场次。加大与新华网、《中国医药报》等15家主流媒体合作，年内在省级以上媒体刊登稿件126篇。

（王燕燕）

审计监督

【概况】 2017年，全市审计机关共完成审计项目995个，查处主要问题金额1110.42亿元，促进增收节支29.75亿元，向有关部门移送处理事项104件。市审计局继续保持“全国文明单位”荣誉称号，在全省审计质量检查评比中荣获“优秀”等次。

【政策落实跟踪审计】 持续开展稳增长、促改革、调结构、惠民生政策措施落实情况跟踪审计，对盘活财政存量资金、金融支持实体经济、简政放权等重大决策部署措施落实情况进行全面审计，切实担当重大政策落实的“督查员”，促进重大建设项目加快推进、资金统筹使用和制度规定健全完善。

【财政审计】 组织对2016年度市级预算执行情况和税收征管情况进行审计，促进补缴税款539万元。组织对市人社局等16个市直部门单位预算执行等情况进行审计，促进提高财政资金使用绩效。开展全市财政收入真实性审计，促进9.6045亿元财政收入补缴入库，清理盘活财政存量资金0.8158亿元。

【民生审计】 组织对市直、安丘市、峡山区精准扶贫政策落实情况进行审计调查，促进0.2288亿元扶贫资金及时拨付到位。持续对全市保障性安居工程进行跟踪审计，促进盘活闲置资金2.0805亿元。组织对市本级和安丘市、昌邑市基本养老保险基金管理使用情况进行审计，促使2002名重度残疾人依法享受养老保险待遇，12.45亿元征地农民社保资金及时划拨到个人账户。

【政府投资审计】 全市共完成审计项目320个，工程提报值58.89亿元，审计核减投资额10.84亿元。组织对潍坊市对口支援西藏自治区南木林县资金和项目进行审计，促进资金落实到位，推动项目加快实施。

【金融审计】 组织开展中心城区土地招拍挂情况审计调查和市级孵化器管理情况和全市PPP模式投资项目专项审计调查。加强金融审计，以潍坊银行为重点，开展金融支持实体经济推进供给侧结构性改革政策落实情况跟踪审计，及时揭示风险管控中的薄弱环节，保障金融运行安全。

【经济责任审计】 全市共完成领导干部经济责任审计项目482个，查处主要问题金额1232.51亿元。完成首个领导干部自然资源资产离任审计试点项目，并指导全市审计机关完成13个自然资源资产离任审计项目。组织对潍城区、寒亭区、高密市、昌乐县党政主要负责人任期经济责任情况进行同步审计。

（王双姿）

统计工作

【概况】 2017年，潍坊市统计局荣获“第三次农业普查全国先进集体”“全国统计宣传工作先进单位”；连续10年获“省级文明单位”称号，连续11年获“省统计系统文明单位”称号。被山东省人社厅、统计局、公务员局联合表彰为“全省统计系统先进集体”；获“全省2017年度网络安全保护工作先进集体”称号，获“全市妇女儿童工作先进集体”“创建国家森林城市工作先进集体”“全市党委系统政务信息工作先进单位”等荣誉称号。

【统计服务】 一是聚焦“四个城市”建设。“四个城市”是市委市政府以改革促发展，保持经济社会持续健康发展的总抓手。市统计局进行专题学习，研究讨论，与多个职能部门对接指标设置，研究指标的对标城市，并将指标体系中可定量的指标基数进行梳理。组织由8位专家召开的指标体系论证会，并对相关指标进行测算，得到市领导和有关部门的肯定。二是聚焦科学发展考核。与考核办积极配合，参与科学发展考核指标设置，提出合理化建议。撰写《2017年考核办法解读有关要求》《科学发展考核相关情况》等汇报材料。三是聚焦听民声、查民意。开展群众安全感、作风建设、人才环境、企业资产、“三务”公开、教育、供热满意度等15项调查，不断丰富调查内容，进一步畅通与人民群众联系渠道，桥梁纽带作用得到有效发挥。四是聚焦脱贫攻坚。高质量完成农村建档立卡贫困户调查。筹集资金约100万元，派“第一书记”入驻帮扶村进行包村帮扶。成立首席经济分析师团队，坚持在“预”上做文章，进一步完善以GDP核算为核心的分析预警机制，在对GDP核算相关基础指标进行调度基础上，测算分项指标对GDP数据的影响。坚持在“专”上下功夫。立足做专业事，说专业话，用专业数，统计分析精准度不断提高。坚持在“新”上求突破。在反复论证基础上撰写《潍坊市全面建成小康社会进程研究》，对全市及12个县（市、区）全面建成小康社会进度情况进行测算，为全面了解全市小康进程提供第一手资料。撰写《正视现实发挥优势砥砺前行》《潍坊市新旧动能转换现状》《潍坊市行政村变迁情况》等专题分析，为新旧动能转换和新农村建设决策部署，在下一步城市竞争中找准定位。

【改革与创新】 起草《关于进一步加强统计工作的意见》，市委市政府多次召开会议专题研究，就有关问题与编办等18个部门沟通协调，最终《意见》由市委、市政府联合出台。推进重点领域统计改革，进行研发经费计入GDP核算，将2010—2016年数据全部进行调整。推动投资统计改革，同时报送形象进度法、财务支出法和非金融资产3种方法的数据，取得不同口径、不同方法和不同制度下的各项投资数据，为进一步深化投资改革奠定基础。起草0.5亿元以下项目入库管理办法，成为全省先行先试的窗口。扎实开展“四众（众创、众包、众扶、众筹）”企业专项统计调查，会同35个部门，根据县（市、区）提供的信息，对名录库中单位逐一排查，找到符合条件的“四众”平台87家。坚持日常普法与集中普法相结合，提高宣传教育实效。组织34名统计执法监督骨干参加省局执法考试，平均成绩全省第1。充实统计执法力量，初步组建起26人的统计执法人才库。实施“双随机”执法检查，全市抽查企业300余家，执法案卷多次被评为全省统计执法A类案卷。县（市、区）创新工作各具特色，临朐县实施“统计+”创新工程；高密市创建“老迟工作室”；昌邑市在村级试点规模以上工业企业电子档案管理。

【基层基础建设】 一是统计队伍得到新加强。市统计局成立统计执法监督大队，为统计局直属正科级行政机构，核定行政编制6名，配大队长和副大队长各1名。所有县（市、区）均成立统计执法监督机构，增编36人。全市镇（街）均按要求建立统计工作机构，配有专（兼）职统计工作人员。寿光市在镇（街）建立统计工作室，在统计工作室及大中型企业实行首席统计员制度；安丘市、坊子区在镇（街）设立统计工作办公室；青州市、奎文区成立统计服务中心；昌邑市推行统计人员持证上岗制度。全市145个镇（街）共有统计在岗编制535人。二是基层培训得到新加强。推进统计法“进机关、进乡村、进社区、进学校、进企业、进单位”活动。在市委党校乡镇干部培训班上讲授“用好统计数据，科学指导决策”主题课程，对县（市、区）统计人员的培训延伸到乡镇，提升乡镇统计能力，调动基层统计人员积极性。三是基础技术保障得到新加强。在全市实施VPN虚拟专网建设项目，向各科（室、队）和乡镇统计人员提供接入服务，着力解决统计人员远程访问业务系统需求。利用视频会议系统直接培训到基层，提高了工作效率。

【普查调查】 扎实做好重大普查调查和常规统计调查。一是“三农普”取得重大成果。市、县、镇（街）普查机构精心组织，相关部门密切配合，动员3.2万名普查员和普查指导员，完成全市145个镇（街）开发区园区、6732个行政村、172万农户以及1.8万农业经营单位逐一入户登记，并用PDA上传数据到国家库。普查期间严把数据质量关，现场登记确保100%入户，数据真实准确，通过了国家和省局质量检查，被评为“‘三农普’全国先进集体”。二是1%人口抽样调查创新开展。完成人口抽样调查总样本588个，入户登记3.5万余户，任务量居全省第1位。创新调查方式，选取临朐县2个镇的8个调查小区为试点采取服务外包方式，随机抽查显示登记误差率符合质量要求，顺利通过质量抽查验收，试点取得圆满成功。三是常规统计任务高质、高效。严守联网直报“四条红线（坚持先进库、再有数，绝不自行修改名录库；坚持由企业独立报送真实的统计数据，绝不干预企业独立报送真实数据；坚持由企业自己上报联网直报数据，绝不代填代报企业数据；坚持由企业修改差错或补填不完整报表的原始数据绝不自行修改企业任何数据）”，执行《统计数据质量管理办法》，组织实施农业、工业、能源、投资、贸易、社会、服务业等各领域常规统计任务；完成地区生产总值相关核算；做好价格指数、城乡划分、投入产出、“妇儿”两纲、“蓝黄”经济、企业创新、资源产出率等专项调查。在数据上报中，坚持即报、即审、即查、即改，实现按时报送率、审核率两个100%。

四是名录库为普查调查提供良好支撑。对工商部门实时推送的企业注册信息进行核查，信息完善后，纳入到基本单位名录库中。建立“准一套表调查单位”企业库，及时将成长起来的、够规模、够资质的企业纳入联网直报库中。坊子区、寒亭区、奎文区、昌邑市、滨海区等，积极主动寻找项目，一套表企业数量明显增加。

（郭　川）

进出口商品检验检疫

【概况】 2017年，共依法检验检疫出入境货物131098批、货值316.05亿元，其中，出境125688批、货值267.71亿元，入境5410批、货值48.34亿元。共签发原产地证书58231份、货值163.26亿元，同比增长7.87%和17.23%。出入境人员查验4461人次，检出各种传染性疾病45人次。共检疫查验入出境船舶421艘次。技术中心共完成检测17041批、21636个样品，检出阳性结果173批，检出率1.2%。完成除害处理2959批。2017年，出入境检验检疫货物总批次和人均批次均位列全省第2位，各类单证签发数量位列全省第1位。潍坊市出入境检验检疫局获得山东检验检疫局“科技进步奖”一等奖1项、二等奖2项、三等奖1项；获得山东局“优秀科技论文奖”一等奖2篇、二等奖2篇、三等奖2篇。“科技进步奖”和“优秀科技论文奖”获奖数量位居全省系统前列。

【提升通关便利化水平】 全年共受理报检131098批，签发通关单123036份，签发证书94519份。实现无纸化放行117074批，为企业节省费用超580万元，无纸化覆盖率超过87%。在山东省率先实现通关单自动签发，成功通关123036批货物，平均通关时间缩短7分钟，同比缩减70%。签证量全省第1，检务出证时长0.02天。网上办理出口食品备案事项646项，签发免办证明18份，备案审批办结时间平均缩短为2.42个工作日。完成行业标准制修订5项。获得发明专利6项、实用新型4项。3人获聘“潍坊市标准化专家库专家”。为潍坊小微企业服务，共有65家企业受惠创新券检测补贴，检测总次数323批次，企业获得财政补贴41.28万元。

【提升进出口把关水平】 共检出各类不合格进口商品741批，检出进境疫情32例。其中，检出超声诊断仪以旧充新、夹带无证压力容器、棉花、废纸等进口工业产品不合格242批，助企业索赔994.07万元；检出进口煤炭品质、重量不合格4批；检出不合格进口食品14批，按规定进行监督销毁或返工整改处理；首次对66240支日本进口儿童软毛牙刷实施主动召回，为目前全国单笔召回批量最大的进口牙刷案例。首次在进口原木中截获检疫性有害生物石纹墨天牛。在出口食品生产企业中全面建立并有效运行追溯体系，共备案出口食品企业465家，出口食品农产品国外通报数量同比下降42.5%。

【服务地方开放发展】 2017年，潍坊检验检疫局签发各类原产地证书58231份，货值163.26亿元，同比增长7.87%和17.23%。开启原产地签证服务“县县通”工程。成立全国首家和第2家原产地证书社会组织发证机构，发放证书近5000份，为企业节约成本逾80万元。其中，签发自贸协定原产地证书29163份、货值69.95亿元，企业享受贸易伙伴关税减免5.67亿元。2017年，潍坊出口食品农产品212.1亿元，同比增长19.03%，合格率99.95%。其中，潍坊年出口肉类6万吨，货值16.9亿元，占全国的1/8；出口蔬菜120万吨，货值64.1亿元，占全国的1/10。全国禽肉仅4家企业获准向美国出口，潍坊市占据2家，获准向日本出口禽肉企业数量14家，占全省27.5%。积极参加全国首个“出口食品农产品质量安全示范省”创建，顺利通过质检总局组织的示范省验收。潍坊市9个农产品主要县（市、区）全部创建为“国家级出口食品农产品质量安全示范区”，峡山区创建为“国家级有机产品认证示范区”“国家级出口食品农产品质量安全示范区”和“国家级生态原产地产品保护示范区”，成为全国目前唯一“三区”共建的“国家级示范区”。国内首批7000吨、0.4713亿元澳大利亚籽棉从潍坊进口，6家企业获得进口大豆加工资格，进口大豆近30万吨，货值近10亿元。直通放行进口废纸66万吨，位居全省17地市第1位，同比增长151.93%，对进口废纸实施直通放行，每年可为晨鸣纸业、阳光纸业节约费用2亿元。潍坊港首次进口造纸用木片、木材等产品，共检验检疫进口木片3船次、重量 12.8万吨、货值 0.5247亿元，原木1船次、3.3万立方米、0.297亿元。加强口岸核心能力建设，积极支持推进潍坊港6个3万吨散杂货码头、2个3万吨液化码头对外开放和综合保税区B区建设工作，青州市铁路场站顺利通过验收；积极推动潍坊进境肉牛（屠宰用）口岸建设，昌邑市进口澳大利亚肉牛项目的口岸资格已正式获得质检总局批准，潍坊综保区进口肉类指定口岸顺利通过省级验收；全力保障潍坊机场临时开放，共检疫查验出入境人员3067人次，航空器20架次，对4名发热人员进行流行病学调查和医学排查，检出禁止携带进境物60批次并依法处理，按规定退运1批次泰国燕窝。支持鲁新欧•青州号国际班列常态化；帮扶企业出口桑苗100万株，出口蚕种35万张。举办“三同（同线、同标、同质）”企业品牌推介会，通过HACCP认证咨询、公共服务平台推荐等方式对企业进行帮扶，对451家企业、910人次进行培训，推动102家企业全面实施HACCP体系，61家企业入驻国家认证认可监督管理委员会“出口食品企业‘三同’信息公共服务平台”，辖区“三同”企业年销售额达25亿元。

（吕海波）

潍坊海关

潍坊海关组织召开“汇总征税暨‘银关保’政策宣讲会” （供稿：于帅帅）

【概况】 2017年，潍坊海关共实现税款入库42.8亿元，创历史新高，同比（下同）增长42.2%；报关单规范申报率99.6%，无纸通关比例99.3%，共审核报关单20.7万票，创历史新高，增长8.8%。作为全国四个试点海关之一顺利完成监管场所管理系统试点任务，共监管货运量1711.6万吨、41.9万标箱、进出境船舶723艘次，分别增长33%、26.7%、6.4%，监管进出境飞机20航次，旅客2908人次。全年共立案侦办刑事案件15起，案值2.4亿元，涉税0.5405亿元，协查案件13起；立案调查行政案件8起，货物价值0.2453亿元，漏缴税款104万元。办结简单案件18起。实现罚没入库0.10158亿元。共备案加工贸易手册2564份，济南关区分别占比47.3%。共开展稽查作业23起，查发问题作业14起，追补税款212.6万元，移交缉私案件7起，案值0.584亿元，涉税0.1175亿元。大力开展企业AEO认证，支持4家企业通过高级认证，全年新注册企业1238家，累计注册企业9622家，济南关区占比29.6%。撰写上报统计分析报告36篇，其中，2篇获地方主要领导批示肯定，1篇执法评估报告获评总署“二等奖”。风险信息总署采用率、转化率和有效率均居济南关区首位，实现后续补税178万元。落实“双随机、一公开”（随机抽取检查对象、随机选派执法人员，及时公布查处结果）要求，随机布控查验比率达97%，布控有效率居济南关区首位。查获首起侵犯商标知识产权案件。

【以课题促发展】 以课题推动工作取得较好效果，形成关级课题7个，科级课题8个，开展专题研究，解决工作难题，推动隶属海关功能化建设、H986建设应用、主动披露等重点工作。全国通关一体化改革顺利推进，办理济南关区首票“自报自缴”报关单，审核“自报自缴”报关单1600余票，居济南关区首位；查发济南关区首票全国海关通关一体化现场验估移交缉私情事；审核汇总征税报关单7000余票。压缩通关时间目标顺利实现，成立“领导小组”，明确12类、33项工作措施。2017年，潍坊海关进口、出口的平均通关时间分别提速43.9%、33.3%，济南关区贡献率分别居第3位、第2位，超额完成任务目标。圆满完成隶属海关功能化改造，2017年初，确定人力资源调研课题，向总关党组提出建议并得到采纳，共调整科室8个、关员47人，分别占比61.5%、70.1%。H986查验设备充分发挥作用，实现济南关区首台H986设备顺利通过总署验收。

【服务发展成效显著】 助推潍坊实现进出口值1456.6亿元，居山东省第3位，济南关区第1位，同比增长17.2%。潍坊海关被潍坊市委、市政府授予“支持潍坊发展突出贡献单位”，荣记“集体三等功”。全面参与潍坊国家农业开放发展综合试验区建设，成立课题攻关小组，征集有关部门需求18条。支持潍坊港发展，推动6个3万吨码头实现对外开放，港口

“面对面交流，心贴心服务”关企座谈会 （供稿：于帅帅）

开放泊位达到19个，发挥济南关区首台H986设备作用，支持韩国釜山、日本关东、日本关西3条集装箱班轮航线快速发展，集装箱班轮达到每周5班，共监管外贸船舶货运量138万吨，货值7.6亿元，分别增长55%、49.7%。推动潍坊市综合保税区北区获得国家批准设立，支持全国首家籽棉加工贸易开展业务，支持诸城保税物流中心（B型）顺利实现封关运行，完成济南关区第1家、山东省第2家铁路海关监管场站验收和封关运行，支持“鲁新欧•青州号”开行国际班列5列，圆满完成潍坊—曼谷航线监管任务，帮助弘润保税油库建成全国最大的内陆无水保税油港。定期报送外贸分析报告，组织召开“面对面交流，心贴心服务”关企座谈会，认真落实简政放权要求，为企业提供高效便捷的通关环境。

【基层党建】 成立党的建设领导小组，明确工作职责，全面加强党建工作领导。认真推动“两学一做”学习教育常态化制度化，自主开展测试3次，组织参加总关考试并取得优异成绩；为每个支部建设风格统一、特色明显的党员活动室，参加济南海关“站正走稳青年行”演讲比赛，2名同志分别获“三等奖”和“优秀奖”。与总关办公室党支部等开展联合主题党日活动，组织开展“七一主题党日”活动，各支部开展党员标准大讨论等主题党日活动8批次，组织各支部创建“阳光1+1”等11个党建品牌，严格开展党组民主生活会和党支部组织生活会，在全关范围内对每名党员进行评议，各支部组织开展“三会一课”300余次。

（于帅帅）

农　业

Nongye

现代农业

【概况】 2017年，全市农村居民人均可支配收入17434元，增长8.3%；农村居民人均消费支出11125元，增长10.9%。

【品牌农业加快发展】 开展培育品牌企业、品牌产业、品牌产品和园区推动、政策推动、会展推动为主要内容的“三培育三推动”活动。全市创建一村一品示范村镇国家级10个、省级22个。“三品”基地发展到36.73万公顷，“三品”品牌768个，昌乐西瓜、寿光桂河芹菜等28个产品获得农产品地理标志保护登记。针对潍县萝卜品质提升，对主产区种植规模0.33公顷以上园区进行摸底建档，印发《关于做好潍县萝卜品质提升工作的意见》，开展不同棚型不同播期、品种改良、有机肥替代等7项关键技术试验和推广工作。全域打造潍坊农产品区域公用品牌。委托浙江大学中国农业品牌研究中心进行农业品牌的整体策划、包装和推介，在北京召开潍坊市农产品区域公用品牌新闻发布会，展示“潍坊农品”整体品牌形象，发布“齐民要术地•中国食品谷”品牌宣传口号，全力打造潍坊农产品区域公用品牌。全力推进质量安全品牌建设。出台第1个地方立法条例《潍坊市禁用限用剧毒高毒农药条例》，以市政府文件印发《整建制创建农产品质量安全市工作方案》，从建立健全质量安全体系、全面推行标准化生产、严格投入品管控、部门执法联动联查、开展农产品合格证试点等5个方面加大工作力度，推进“双安”（全国食品安全示范城市与农产品质量安全县）城市创建工作，潍坊市被农业部确定为“第二批国家农产品质量安全市创建试点单位”。抓好园区和项目建设。启动农业重点项目建设30个，总投资53亿元，在建27个、拟建3个，包括现代农业示范园、健康食品产业园、科技创新平台、田园综合体、智慧农业等建设项目。完成新建、改建或评定现代农业园示范区56处。争取国家农业可持续发展试验示范区试点，被农业部认定为首批国家农业对外开放合作试验区，寒亭现代农业产业园获批创建“国家现代农业产业园”。

【农业新六产】 促进农村一二三产业融合发展，以深入推进农业供给侧结构性改革为主线，以“四新”（新技术、新产业、新业态、新模式）促“四化”（产业智慧化、智慧产业化、跨界融合化、品牌高端化），提高农业全产业链收益，拓展农民增收渠道，增创潍坊农业发展新优势，为全省全国现代农业发展提供示范和样板。农业“新六产”（就是把新技术、新业态和新模式引入农业，实现产业链延伸、价值链提升、供应链贯通，概括起来就是“三链重构”：产业链延伸，即1+2+3，第一产业接二连三向后延伸；第二产业接一连三双向延伸；第三产业接二连一向前延伸。价值链提升，即1×2×3，一产的一份收入，经过二产加工增值为2份收入、再通过三产的营销服务形成3倍效益，综合起来是6份收入，产生乘数效应。供应链贯通，就是产销直接对接，减少流通环节）业态加快培育，培育发展中百大厨房、优渥有机汇等为代表的终端型业态，通过农产品电子商务平台、直营店把优质农产品直接配送给消费者，实现农产品从田头到餐桌、从初级产品到终端消费无缝对接。培育发展昌乐庵上湖、临朐宋香园等为代表的体验型业态，努力挖掘和拓展农业多种功能。是培育发展坊子玉泉洼、青州一正有机农牧等为代表循环型业态，以达到节能减排、生态保护与经济效益的多重效果。培育发展华以农业、寿光大西环现代农业产业园等为代表的智慧型业态，应用物联网技术模式，将现代信息技术和自动化技术引入农业，打造高效农业新模式。

农业产业加快发展，全市启动农业重点项目建设30个，总投资233亿元，完成新建、改建或评定现代农业园示范区98处，国家级现代农业规模化园区达到23个。农业园区农业总产值达到180亿元，占全市农业总产值的33.8%。蔬菜、畜牧、苗木、花卉产业规模、综合实力位居全国前列。种业、设施农业、智慧农业、会展农业及农产品质量安全管理等均走在全省乃至全国前列，是全国最大的优质蔬菜种苗生产基地。据抽样调查，全市粮食播种面积69.39万公顷，减少0.7%，全年粮食总产量444.4

万吨，增长2.9%；棉花产量1.8万吨，减少14.4%；油料产量21.6万吨，增长1.5%；烤烟产量2.4万吨，减少15.7%；蔬菜产量1274.6万吨，增长1.5%；水果产量82.9万吨，增长2.7%。畜牧业生产增势趋缓。全市肉类总产量138.8万吨，增长4.7%；禽蛋产量21.4万吨，下降16.6%；奶类产量19.9万吨，减少12.8%；大牲畜年末存栏21.7万头，减少35.2%；生猪年末存栏418.2万头，下降3.1%；家禽年末存栏10582.8万只，下降6.8%；生猪出栏844.8万头，增长2.8%；家禽出栏49286万只，增长16.4%。渔业生产有所减少。全市水产品总产量57.1万吨，减少6.3%。其中，海水产品产量50.7万吨，减少1.3%；淡水产品产量6.5万吨，减少33%。

新型农业经营主培强壮大，全市农民合作社发展到24513家，家庭农场发展到6664家。各类农业龙头企业发展到3100家，其中，国家级重点龙头企业12家、数量居山东省之首，销售过亿元农业龙头企业达222家。开展新型职业农民培训1000人次，累计培育新型职业农民8550人，其中，生产经营型3750人，专业技能型和社会服务型4800人。组织赴荷兰、以色列、美国以及中国台湾地区等开展现代农业与食品人才培训40人次。全市3000余家农业龙头企业不断将产业链条向上下游延伸，推进一二三产业融合发展，提高经营效益，发挥带农促农作用。全市发展土地股份专业合作社434家，家庭承包耕地流转面积24.75万公顷，占家庭承包耕地面积的39.2%。土地流转、土地托管这两种模式的土地适度规模经营面积占家庭承包经营面积的比例达到60.55%。

【美丽乡村建设】 以“推进美丽乡村标准化建设”为主题，实施层次化推进、标准化建设，取得明显成效。印发《关于推进美丽乡村标准化建设的实施意见》，提出分类推进、分阶段推进的目标任务，努力形成乡村“山水之美、人文之美、富裕之美、和谐之美”新格局，确保潍坊市美丽乡村建设走在全省前列。积极争取省级美丽乡村建设专项资金0.45亿元，打造省级美丽乡村示范村45个和市级美丽乡村示范村25个。全市53.8%的村庄达到省定美丽乡村标准化建设水平，超出省定计划3.8%。昌邑市山阳村被评为“国家级美丽乡村示范村”，青州市井塘村、昌邑市齐西村各获得国家级传统村落补助资金0.03亿元。青州文化艺术小镇、安丘健康小镇等9个小镇先后入选省级特色小镇。按照年初各部门提报的目标，改造农村危房450户；完成12.8万农户改厕任务，全面改善农民群众如厕条件；年内新建改造农村道路1300千米，农村公路通车总里程居全省首位；实施配电网建设改造行动和新一轮农村电网改造升级工程，实现中心村电网“村村改”、平原地区机井电力“井井通”。坚持高端高质高效发展方向，以美丽乡村建设为载体，以农村电商和乡村旅游为重点，催生一批终端型、体验型、循环型、智慧型新产业新业态。围绕打造都市休闲农业观光圈和农业特色文化园区，开发一批风情小镇、魅力村庄和森林风景区。在潍城区突出绿化美化人居环境、在峡山区突出硬化改善出行条件、在昌邑市突出红色文化传承红色教育、在昌乐县突出近郊休闲促进农民增收，在临朐县突出生态山村打造乡村旅游，形成一村一品、一村一韵、一村一景。

【生态涵养与生态保护】 突出南部山区生态涵养功能和绿色发展方向，推动退耕还林、造林绿化和绿色产业发展，打造南部生态涵养区及绿色产业隆起带。坚持高起点、高标准、高品质做好规划，投入0.05亿元，聘请中国生态城市研究院编制潍坊市南部生态涵养区暨绿色产业规划。大力实施森林屏障建设，完成人工造林2833.33公顷，退化林修复1620公顷，退耕还林还果666.67公顷。加快推进特色农业和旅游业发展，建成A级以上旅游景区50家，其中，AAA级以上旅游景区36家，省级旅游度假区4个、旅游强乡（镇）16个。扎实推动两河流域生态保护建设，坚持生态保护、绿色发展思路，投入8亿元，启动水资源利用工程项目14个；投入5亿元，新建防洪工程及生态修复建设项目16个；投入8亿元，完成堤顶公路建设164千米；投入7亿元，完成区域绿化、沿河绿化、湿地建设等绿化面积7333.33公顷；投入15亿元，完成沿河新型农村示范社区建设27个；投入20亿元，新建各类观光休闲旅游项目19个；投入6亿元，完成现代农业示范项目15个。

【农业基础】 农田水利建设有序推进。黄水东调一期、引黄（河）入峡（山）后续工程完成建设。青州市、寿光市等6个农田水利项目完成投资1.47亿元，发展节水灌溉面积8486.67公顷，年新增节水能力1800万立方米。寿光小清河扬水站灌区完成全部建设任务，完成投资992万元；峡山水库灌区、临朐大关水库灌区、青州仁河水库灌区续建配套与节水改造项目完成年度计划，完成投资0.2039亿元。完成省扶持高效节水灌溉工程项目26处，完成投资0.26亿元，发展节水灌溉面积866.67公顷。实施引入社会资金建设高效节水灌溉项目1处，完成投资420万元，发展高效节水灌溉面积133.33公顷。在全省春季农业生产暨现代农业产业园建设工作会议和全省节水农业和水肥一体化现场座谈会上作典型发言。农业机械化水平提高。全市农机总值达到92亿元，比上年增长5%；农机总动力达到980万千瓦，比上年增长2%，拖拉机17.9万台，联合收获机2.55万台。农机产业总产值分别占全省、全国的1/2和1/4，耕种收综合机械化水平达92%。山东省雷沃智能农机装备技术创新中心（试点）成为全省首批5个技术创新中心之一。农业可持续发展水平全面提升，全市建立绿色防控示范区32处，绿色控害面积达到30万公顷。在寿光市、青州市等实施耕地质量提升工程，通过增施有机肥料、微生物肥料，推广测土配方施肥等技术措施改良退化土壤6666.67余公顷，辐射带动改良退化土壤2万公顷。实施“土地深翻+整地镇压”作业面积11.33万公顷，年增产粮食1亿公斤以上。建立节水示范区80余处，新增水肥一体化面积1.23万公顷，超额完成省对潍坊市9333.33公顷考核指标。建成生态循环农业基地6333.33公顷，年处理废弃物60万吨，秸秆综合利用率达到92%，打造市级生态循环农业示范园区50处。

【农村民生】 农民增收获得新成效。全市常住人口城镇化率达到60%，提高1.8%。民生支出比重保持在80%以上。城乡居民人均可支配收入分别增长8%和8.5%。全市剩余1.1万农村建档立卡贫困人口脱贫，28个省定扶贫工作重点村摘帽退出，脱贫攻坚任务基本完成。在全省率先实现村村通自来水，城乡环卫一体化经验在全省推广。建设提升农村社区服务中心234个。启动城乡社区日间照料中心建设3年行动，建成城市社区日间照料中心328处、农村幸福院689处。新改扩建中小学校221所、普惠性幼儿园190所，中小学“大班额”比例全省最低。深入落实乡村教师支持计划，设立临时周转编制专户1616个和乡村教师特级岗位106个，表彰第四届乡村青年教师99名。在全省领先实施建档立卡贫困人员医疗救助和商业补充保险工作。加强基层医疗卫生服务体系建设，出台《潍坊市基层医疗卫生机构标准化建设三年规划方案》，建成标准化农村社区卫生室427处。全市创建为“全国基层中医药工作先进市”，16家乡镇卫生院被国家卫生计生委确认为“群众满意的乡镇卫生院”，3家社区卫生服务中心创建“全国优质服务示范社区卫生服务中心”。“一村（社区）一法律顾问、一警务助理”实现全覆盖。“打霸治痞”专项行动成效显著。

（李海军）

农村改革

【概况】 2017年，认真贯彻中央和省委、省政府安排部署，围绕激活农村生产要素、保障农民财产权益，积极推进农村各项改革，着力解放农民、转移农民、富裕农民，构建城乡要素平等交换和公共资源均衡配置的体制机制，进一步增强农村发展动力和活力，为加快形成城乡发展一体化新格局奠定基础、创造条件。

【农村产权制度改革】 把农村集体产权制度改革作为农村改革的重头戏，按照中央和省委的统一部署，积极稳妥、扎实有效加以推进。诸城市、高密市作为农村集体产权制度改革省级试点单位，坚持时间服从质量，不抢进度，不求速度，积极稳妥开展试点工作。诸城市，研究制定《诸城市农村集体经济组织成员资格认定工作指导意见》，明确清产核资和成员身份界定的基本原则、基本条件、操作规程，以及普遍存在的特殊群体认定办法等。2017年，28个试点村完成清产核资、17个村完成成员身份确认。高密市，牢牢把握尊重群众意愿、保障群众权益、程序公开透明和严格依法依规，并对已经完成改制并注册股份经济合作社的试点村居，着眼规范运营，从经营性资产、非经营性和资产资源性资产方面探讨后续管理模式，15个镇（街区）确定30个省级试点村，并选择大牟镇为本次改革工作的整体试点镇，所有试点村居工作进展顺利。在昌乐县开展国家级集体资产股份权能改革试点，积极探索赋予农民对集体资产更多权能，圆满完成各项改革任务。全县已有871个村完成改革任务，占自然村总数的97.2%，共量化集体资产4.2亿元，界定农村集体经济组织成员51.5万人，颁发股权证书14.45万本，成立村集体经济股份合作社871个、土地股份合作社60个。制定出台《昌乐县农村集体资产股权量化指导意见》《昌乐县农村集体资产股份收益分配指导意见（试行）》等19个改革文件，初步构建起“归属清晰、权能完整、流转顺畅、保护严格”的现代农村集体产权制度体系，在落实农村集体资产股份权能、丰富集体经济实现形式等方面探索一批具有借鉴和推广价值的经验、做法，并得到龚正省长签批推广，受到农业部评估组高度肯定，在全国农村集体资产股份权能改革试点工作总结交流会上作典型发言。中央农办《农村要情》刊发昌乐县改革试点做法；《山东农村工作》对昌乐县在改革试点中形成的制度性文件在全省刊发；其做法被《焦点访谈》《人民日报》、央视新闻、《大众日报》等主流媒体刊发报道。

【齐鲁农村产权交易中心】 全国首家省级农村产权交易平台齐鲁农村产权交易中心健康运行，在全市设立15个县（市、区）分中心、134个乡镇（街道）办事处。研究出台《2017年推动全市交易鉴证业务全覆盖实施方案》，完善市、县、镇三级业务沟通体制，建立“业务办理直通车”。2017年，完成农村产权交易业务1344笔，涉及交易额11.6亿元；累计完成农村产权交易业务3735笔，涉及交易额25.6亿元。着力强化农村产权的融资功能，与省农业融资担保公司合作，并引入潍坊市农商行现代农业金融服务中心合署办公，实现农村产权抵押融资业务的现场登记、现场出证、现场放款，打通农村产权抵押融资的“最后一公里”，实现农村产权抵押融资“交易鉴证+抵押登记+银行贷款+政策担保+风险补偿+风险缓释+不良资产处置”的完整闭环。2017年，共办理各类涉农产权抵押登记业务1101笔，实现抵押融资额4.11亿元；累计办理各类涉农产权抵押登记业务3145笔，实现抵押融资额8.64亿元。探索全省农村产权抵押融资风险补偿资金池业务系统开发，探索搭建全省农村产权抵押融资风险补偿资金池。2017年，完成风险补偿和缓释业务81笔，支持涉农贷款4.58亿元，累计完成风险补偿和缓释业务187笔，支持涉农贷款9.75亿元。创新打造农村产权交易与融资的“潍坊模式”，吸引全国各省市50余个地市部门（单位）前来考察，山东电视台迎接十九大专题片《奋力走在前列》进行专题报道，齐鲁农交中心的社会知名度、品牌影响力大幅提升。

【供销社综合改革试点】 深入开展“农民合作社示范社”创建活动，领办农民合作社达到1738个，培育土地股份合作社13个，1家农民合作社被评为“国家农民合作社示范社”，6家农民合作社被评为“供销系统农民合作社示范社”。大力推进农业社会化服务体系建设。探索建立“1+N”为农服务综合平台。全市建成和在建的为农服务中心累计达到161处。培育土地托管为农服务新动能，土地托管面积超过26.67万公顷，服务各类市场经营主体4867个。检测土壤面积23.2万公顷、精准施肥面积22.4万公顷、飞防服务面积20.67万公顷。全国总社全面深化供销合作社改革专题研究班在高密市举办，推广潍坊市改革经验。全省供销社为农服务体系建设现场会在安丘市召开。推广土壤熏蒸修复新技术，完善土壤熏蒸修复网络和专业服务队伍建设，促进农作物提质增效和农民增收。全市土壤熏蒸服务面积5733.33公顷。积极推进农村现代流通体系建设。以组织实施“新货郎”行动为契机，加快构建线上线下、沟通城乡的农村现代流通体系。完善基层经营服务网络，以规范形象标识、改造提升传统网点、规范服务标准为重点，积极发展农村综合服务社。新建、改造农村综合服务社累计达到6342处。加快建设县、镇两级电商运营平台，全市已共组建电商公司20家，建设电商平台29个，新建、改造镇级电商运营中心27个，发展村级电商综合服务社131个，电商销售额达到16.5亿元。稳妥推进农村合作金融服务，全系统开展信用互助业务的合作社63家，参与信用互助的社员6821户，互助资金总规模0.6185亿元，累计发放互助资金2.03亿元，服务社员6735户次。探索创新金融合作模式，与建设银行潍坊分行合作，在安丘市石埠子镇建立首家慧农通金融服务站。深入实施党建带社建，村社共建，健全完善基层社、“村两委”、农民合作社“三位一体”工作机制，通过共建农民合作社、共建综合服务社、共建发展项目、共建人才队伍，实现资金、人才、土地、信息、市场、科技等农业生产要素的有效整合，全市村社共建村庄达到4531个，共建服务项目5384个。加强培训基础设施建设，在为农服务中心设立培训教室，在基层社、合作社设立培训服务联系点，逐步建成全市统一的新型职业农民培训网络。昌乐县职业农民讲习所作为全国供销系统第一家职业农民培训基地，能够提供入驻、实训、创业孵化等一站式服务。全系统累计培训农民社员达到20.7万人次。

（李海军）

种植业

【概况】 根据国家统计局潍坊调查队数据，全年粮食种植面积69.39万公顷，总产量达到44.44亿公斤。其中，夏粮总产量20.07亿公斤，秋粮总产量24.37亿公斤。高标准打造省级粮食高产创建示范方21个，面积约4.51万公顷。开展“土地深翻+整地镇压”试点4.67万公顷，预计年增产粮食0.7亿公斤以上。发放2017年度耕地地力保护补贴资金6.2亿元，共涉及86.5万户，补贴耕地33.08万公顷。

【发展绿色农业】 围绕农业绿色发展，优化调整产业结构，促进产业链循环，增强绿色农产品和良好生态环境供给能力。一是大力推行绿色控害技术。重点推广电子杀虫灯、性诱剂、色板等物理杀虫技术和新型高效生物农药应用技术，从源头上控制化学农药使用量，全市建立绿色防控示范区32处，绿色控害面积达30.67万公顷。二是保护耕地数量，提升耕地质量。开展永久基本农田划定工作，保护有限的耕地资源。在寿光市、青州市实施耕地质量提升工程，通过增施有机肥料、微生物肥料，推广测土配方施肥等技术措施改良退化土壤6666.67余公顷，辐射带动改良退化土壤2万公顷。连续两年启动实施耕地地力保护暨“土地深翻+整地镇压”项目，统筹支持耕地地力保护结余资金、整合部分粮食高产创建示范方奖励资金，累计实施“土地深翻+整地镇压”作业面积11.33万公顷，预期年增产粮食1亿公斤以上。三是全面推广节水农业和水肥一体化，提高水肥利用率。建立土壤墒情检测体系，因地制宜地推广播前整地、深耕深松土壤、地膜或秸秆覆盖和秸秆还田等农艺节水技术，全市累计建立节水示范区80余处，推广水肥一体化面积近3.33万公顷。四是大力发展生态循环农业。以农村沼气建设和秸秆综合利用为重点，大力发展生态循环农业，建成生态循环农业基地6333.33公顷，年处理废弃物6亿公斤，秸秆综合利用率达到92%，打造市级生态休闲农业示范园区50处。

【深化农业农村改革】 全市农民合作社发展到24513家，家庭农场发展到6811家。全市农业龙头企业发展到3100余家。引导新型农业经营主体发展农业“新六产（是指把新技术、新业态和新模式引入农业，推动产业链延伸、价值链提升、供应链相通，实现多要素集聚、多产业叠加、多领域联动、多环节增效）”，推进一二三产业融合发展，通过溢价收购、利润返还、股份分红等多种形式，发挥带农促农作用，带动农民共同致富。加快培育构建新型职业农民队伍。根据农民的知识需求和职业特点，开展新型职业农民培训2200人次。赴荷兰、以色列、美国以及中国台湾开展现代农业与食品人才培训40人次，着力培育一批具有国际化视野和掌握世界先进农业技术及管理经验的新型现代农业经营人才。加快引导土地流转，发展适度规模经营。全市建立县级土地流转平台11个，乡镇级122个，与齐鲁农村产权交易中心实现联网运行。因地制宜地探索多种土地流转模式，开辟整村流转和委托流转的新途径，实现生产规模化经营，全市发展土地股份专业合作社434家，家庭承包耕地流转面积达到26.39万公顷，占家庭承包经营耕地面积的41.8%。

【农业品牌建设】 加大农业区域公用品牌、企业品牌和产品品牌“三大品牌”建设。一是全域打造潍坊农产品区域公用品牌。编制完成《潍坊市现代农业示范基地与品牌农业发展规划（2015年—2020年）》，委托浙江大学中国农业品牌研究中心进行农业品牌的整体策划、包装和推介，在北京召开潍坊市农产品区域公用品牌新闻发布会，展示“潍坊农品”整体品牌形象，发布“齐民要术地•中国食品谷”品牌宣传口号，全力打造潍坊农产品区域公用品牌。二是全力推进质量安全品牌建设。从建立健全质量安全体系、全面推行标准化生产、严格投入品牌管控、部门执法联动联查、开展农产品合格证试点等5个方面加大工作力度，推进“双安（全国食品安全示范城市创建与农产品质量安全县创建工作）”城市创建工作，潍坊市被农业部确定为“第二批国家农产品质量安全市创建试点单位”。三是大力培育品牌企业、品牌产业和品牌产品。开展以培育品牌企业、品牌产业、品牌产品和园区推动、政策推动、会展推动为主要内容的“三培育三推动”活动。全市有“一村一品示范村（镇）”国家级10个、省级22个。“三品（无公害农产品、绿色食品、有机农产品）”基地发展到36.8万公顷，“三品”品牌729个。昌乐西瓜、寿光桂河芹菜等28个产品获农产品地理标志保护登记。针对潍县萝卜品质提升，对主产区种植规模0.33公顷以上的园区进行摸底建档，印发《关于做好潍县萝卜品质提升工作的意见》，开展不同棚型、不同播期、品种改良、有机肥替代等7项关键技术试验和推广工作。四是抓好园区和项目建设，推进农业集聚发展。全市启动农业重点项目建设30个，总投资53亿元，在建27个、拟建3个，包括现代农业示范园、健康食品产业园、科技创新平台、田园综合体、智慧农业等建设项目。完成新建、改建或评定现代农业园示范区56处。争取国家农业可持续发展试验示范区试点，被农业部认定为首批国家农业对外开放合作试验区（全国共10个），寒亭现代农业产业园获批创建“国家现代农业产业园”，国家财政将给予1亿元的奖补资金。五是积极推进农业国际合作。根据省委、省政府新旧动能转换工作部署，潍坊国家农业开放发展综合试验区列入全省新旧动能转换重大工程项目。6月份，潍坊市又被农业部确定为“国家农业对外开放合作试验区试点单位”。以2个试验区建设为契机，重点推进中国食品谷高端要素集聚平台建设，实施峡山华以国际农业双创园、寿光中荷蔬菜技术示范园项目，与以色列LR集团合作在坊子玉泉洼种植专业合作社联合社探索打造中国“莫沙夫”模式。

（马玲玲　侯正红　颜　丽）

林业

【概况】 全市持续深入开展国家森林城市建设，大力开展植树造林，全市森林面积达到约22.93万公顷，林木蓄积量963万立方米。积极推进国有林场改革，全市9处国有林场全部确定为公益一类事业单位。积极推进环保督察青州仰天山省级自然保护区存在问题整改，理顺管理体制。潍坊市林业局被人社部和国家林业局评为“全国集体林权制度改革先进集体”。

【造林绿化】 全市围绕深入推进“国家森林城市”建设和“绿满齐鲁•美丽山东”国土绿化行动要求，以山区绿化、沿海防护林建设、平原农田林网建设、森林生态廊道建设和森林村镇建设为重点，积极开展春季、雨季和秋冬季造林，不断增加绿化面积，提升绿化水平，为“四个城市”建设贡献力量。市绿化委员会印发《关于加快南部山区森林生态屏障建设的通知》，采取以奖代补措施，加快南部山区森林生态屏障建设步伐，计划3年完成新造林1万公顷、退化林分修复5333.33公顷、森林抚育6000公顷。

【国有林场改革】 全市9处国有林场全部确定为公益一类事业单位，实现财政预算资金安排到位，林场管理体制得到理顺，人才队伍结构得到优化，富余职工安置问题得到妥善解决，财政保障和金融支持力度进一步加大。2017年8月4日，市政府召开了全市国有林场改革工作会议，市推进国有林场改革工作小组对各地国有林场改革进展情况进行核查，并率先向省推进国有林场改革工作小组提报验收申请。在全省国有林场场长培训班会议上潍坊市作典型发言。

【林业产业】 全市完成林木育苗1066.67公顷，8个林木良种被授予植物新品种权。积极引导发展榛子、文冠果、杜仲、元宝枫等特色经济林，全市种植面积达到2533.33公顷。积极培育产业龙头，引导其做大做强，全市新增2家国家级林业龙头企业、11家省级林业龙头企业、12家省级林业专业合作社、7家省级经济林标准化示范园。国家林业局林产品质量检验检测中心（寿光）批准挂牌，中国寿光木材加工贸易示范区创建工作通过省级评估和国家林业局现场认证。成功举办2017中国（昌邑）北方绿化苗木博览会、第17届中国青州花卉博览交易会暨第11届山东省花卉交易会和首届“中国杯”组合盆栽大赛。积极组织展品参展第九届中国花卉博览会，共获得各类奖项74项。组织林业龙头企业和专业合作社参加第14届中国林产品交易会，参展产品获得14项金奖。迎接全国文冠果产业发展培训研讨会、全国杜仲产业标准编制第一次会议、全省林木种苗和特色经济林转型升级现场会在潍坊市召开。

【湿地保护】 加大湿地资源保护与管理力度，完成19处河流湿地生态保护工程，新批建临朐县圣水湖、高密市官河、昌乐县太公湖、寒亭区浞河、昌邑市滨海（下营）月牙湖等5处市级湿地公园；潍城区大于河、寒亭区浞河、高密市官河3处湿地公园获批为“省级湿地公园”；临朐县弥河湿地公园晋升为“国家级湿地公园（试点）”，安丘市拥翠湖、潍坊市禹王2处试点国家级湿地公园通过国家林业局验收。完成《潍坊市湿地保护管理办法》起草制定工作。

【自然保护区】 青州仰天山省级自然保护区位于青州市西南50千米处，南接临朐县、西临淄博市，在国有杨集林场范围内，总面积2200公顷，是森林生态类型自然保护区。2017年7月31日，潍坊市政府召开由市编办、市财政局、市环保局、市林业局及青州市政府分管负责人参加的会议，专题研究理顺青州仰天山省级自然保护区管理体制工作。8月11日，山东省林业厅批复《青州仰天山省级自然保护区总体规划（2017年—2026年）》。

【森林防火】 印发《潍坊市森林消防防汛（抗旱）专业队建设方案》，在5个森林防火重点县（市）组建310人的专业队，由林业部门和水利部门双重管理，常年驻守备勤，冬春防火、夏秋防汛，切实提高全市重大森林火灾预防扑救能力和防汛（抗旱）抢险专业化水平。

【林业有害生物防控】 全市完成防治作业面积6.65万公顷（次），其中，完成飞防面积3.18万公顷（次）。全市林业有害生物测控准确率达到91.58%，产地检疫率达到100%，无公害防治率达到93.81%，成灾率为0，抵御松材线虫病入侵，确保全市防控形势平安稳定。

【林地保护】 与市国土局共同印发《关于建立部门沟通协调机制共同加强林地保护利用工作的通知》，形成林地保护合力，山东省林业厅将潍坊市的做法在全省推广。组织开展第九次森林资源清查和国家公益林落界工作，潍坊市林业局被山东省林业厅表彰为“山东省第九次森林资源清查先进单位”。

【依法治林】 全市森林公安机关破获涉林刑事案件25起，查处林业行政案件258起，有效维护了林业生产秩序。

（侯占勇）

畜牧业

【概况】 2017年，全市肉蛋奶总产量180.14万吨；畜牧业增加值124.43亿元。潍坊辖区共出口畜产品5.01万吨，出口货值约16.68亿元。潍坊市畜产品出口货值占全国畜产品出口总货值的3.8%，潍坊肉鸡、潍坊肉鸭等加工家禽出口量接近全国的1/5。

【畜牧产业统计分析预警能力】 创新建立《畜牧业统计报表制度》并取得统计部门批复备案，内容以国家统计局、农业部、山东省畜牧兽医局统计任务的增补指标为主，重点突出行业生产发展指标，全面统计畜禽及特种动物养殖情况，关注畜禽动物及其产品外调情况。建立畜牧业生产价格监测预警机制，与市发改部门联合开展畜牧业生产环节的20个项目的价格监测工作，开展价格监测（周报）31期，价格形势分析（月报）7期，畜牧生产分析（季报）2期，畜牧产业分析（年报）1期，并利用多种渠道及时向社会公布。

【示范创建和品牌建设】 新增国家级示范场5个（总数达30个）、省级19个（总数达156个）、市级54个（总数达355）个，争创首批“山东省优秀家禽养殖企业”13家，创建“省级畜牧旅游示范区”4处（总数达18处）。创建“粮改饲示范县”4个、“绿色发展示范县”3个、“现代畜牧业平台示范县”2个。新增“‘食安山东’畜牧业品牌引领示范企业”5家（总数达123家）。新增“三品一标（无公害农产品、绿色食品、有机农产品和农产品地理标志）”认证畜产品48个（总数达361个）。

【兽药饲料产业经营】 全市有78家兽药生产企业通过兽药GMP验收，541家兽药经营企业取得兽药经营许可证。生产企业和经营企业数量均居全省第1。全市现有饲料生产企业 324家，获得各类饲料和饲料添加剂生产许可资质 409个，2017年饲料产量690万吨，总产值316亿元，同比增长11%。潍坊市饲料生产企业数量和产值均占全省的1/4，均位居全省第1。在兽药饲料监管领域推行ABC分类管理，制定下发《关于对兽药饲料生产企业实施ABC分类管理的通知》，通过实施分类管理法，解决监管任务重与监管人员不足的矛盾，提高监管效率和效果，违法违规行为明显减少。

【畜牧业绿色发展】 推进禁养区养殖场关闭搬迁工作，2017年，全市关闭搬迁养殖场户5997家，畜禽粪污产生量减少18%。畜禽废弃物无害化处理、资源化利用，种养结合、有机肥生产、沼气利用、生物发酵等新模式得到广泛采用，全市规模养殖场粪污设施配建率达90.89 %、畜禽粪便处理利用率达88%、污水处理利用率达69%。印发《病死畜禽无害化处理监督管理办法》，建立保险联动和行刑衔接机制，病死畜禽无害化处理长效机制基本建立，集中处理量占处理总量的99.88%。

【基层动物防疫】 扎实做好动物N7N9流感病毒防控工作，采集样品213872份，进行了疫情跟踪监测和排查，人感染N7N9流感疫情得到有效防控。扎实开展春、秋两季重大动物疫病集中强制免疫，采集样品3万余份，进行动物疫病监测和流行病学调查，重大动物疫病防控能力不断提高。市政府办公室印发《加强基层动物防疫体系建设实施方案》，推出防疫安全网格化监管、防疫安全协管员队伍建设、实行每年3次强制免疫、建立病死畜禽无害化处理与政策性保险联动机制等一系列创新举措，《方案》实施取得阶段性成果。

【畜牧业平台建设】 东亚畜牧产品交易平台初步搭建，积极引导企业入驻交易所开展相关贸易活动。已有403家企业签约入驻，线上交易会员企业达160家。主导成立“潍坊市农牧副产物无害化处理与资源化利用产业技术创新联盟”“山东百德生物印遇龙院士工作站”，研发推广环保酵素氨臭环境净化剂、净水酵素黑臭水体净化剂和生物型调控剂，试验示范取得成功。指导潍坊现代畜牧产业协同创新联盟，在全国率先研究制定《肉类产品质量分级标准》，正在申报国家标准。

【信息化建设】 规划建设“潍坊市畜牧产业大数据服务平台”信息化项目，研发应用病死畜禽无害化处理信息化监管系统、检测检验信息化系统、畜牧产业电子地图系统，整合了门户网站，开通微信公众号，为畜牧生产统计、市场价格监测、企业信息查询、畜产品及投入品监管、病死畜禽无害化处理、应急指挥保障、信息宣传等方面提供快捷高效的技术支撑。以“互联网+畜牧养殖”为主要内容的“云养殖”模式成功启动，举办培训班，建设示范基地2处，入云企业达26家。

【产业精准扶贫】 大力实施畜牧优势特色养殖业扶贫、畜牧龙头企业扶贫、畜牧合作经济组织扶贫、畜牧科技扶贫、畜牧旅游业扶贫等“五个工程”，投入项目扶贫资金768.8万元，扎实推进精准扶贫。截至2017年年底，实际帮扶贫困人口1507户、3092人，完成《潍坊市畜牧产业扶贫实施方案》确定的帮扶户995户的151%、帮扶人口2147人的144%。

【潍坊肉鸡】 潍坊是全国农业产业化发源地，畜牧业发达。20世纪80年代初，从美国爱拔益加家禽育种公司引进AA肉鸡。该鸡生长速度快、肉嫩，在潍坊地区适应性良好，成为潍坊市肉鸡重点推广品种。主要生产组织形式是“企业+农户”。饲养方式有3种：平养、网上饲养、笼养。经过30余年发展，“潍坊肉鸡”在良种繁育、饲料供应、疫病防治、产品加工销售等方面取得了显著成效，形成肉鸡产业地方质量控制标准，产生诸城外贸、六和集团、中慧集团、中粮集团、山东新和盛等一大批全国知名肉鸡龙头企业，有力地扩大“潍坊肉鸡”的知名度和影响力。全市平均年出栏肉鸡约3亿只，出口量和销售额约占山东省的60%以上，占全国的近1/3，是肯德鸡、必胜客、麦当劳等国内（外）品牌快餐及国内熟食加工企业的主要原料供应地区。

【潍坊肉鸭】 20世纪80年代末，由青州市从英国樱桃谷农场有限公司引起试养，以农户散养和小规模饲养为主，没有标准的鸭舍和专用设备。该鸭具有生长快、瘦肉率高、净肉率高和饲料转化率高，以及抗病力强等优点，在潍坊适应性良好，1995年后饲养规模逐渐扩大，饲养方式以平养和笼养为主，成为全国最大的肉鸭养殖与加工基地。全市年出栏肉鸭2亿只，占山东省的60%以上，居全省首位。潍坊肉鸭代表企业有：潍坊乐港食品有限公司，山东寿光天成集团、山东天惠食品集团、潍坊新时代食品有限公司、昌邑顺达仁诚食品有限公司等。

（陈　艳）

海洋与渔业

【概况】 2017年，预计全市渔业经济总产值268亿元，水产品总产量57.1万吨。共落实国家、省级项目43个，争取上级资金2.13亿元。

【海洋新旧动能转换】 促成山东省海洋渔业厅与潍坊市政府签署支持潍坊市重点工作对接任务书，对海洋生态、“海上粮仓”等5个方面33项重点工作给予支持，落实上级补助资金1.55亿元。积极推进校（院）企合作，搭建产、学、研合作平台，促成中国海洋大学科研实习实训基地和海洋生物联合实验室落户潍坊市。成功创建“山东省海洋工程技术协同创新中心（平台）”3处。成功引进中科院地理科学和资源研究所在滨海设立周成虎院士工作站，开展生态修复绿化、盐碱地改良等重大专题研究，服务海洋事业和全市科学发展。积极与全国渔技推广总站、山东省海渔厅和中国水产科学院对接，在潍坊市筹建国家级水产遗传育种中心，建设全国最高端的现代渔业种业中心。引进中科院院士、国家千人计划创业人才各1名。

【海洋生态建设】 开展6条陆源污染源和近海海域76个站位的监测工作，发布年度海洋环境质量公报，近岸海域环境质量稳定向好。海洋保护区建设进一步提升，保护区面积超过10000公顷，70余种近海鱼类、10余种海洋贝类等得到有效保护。加快推进渤海海洋生态修复及能力建设项目，潍坊市13个项目全部完成，成为全省首个通过验收的市。实施小清河河口、老河口、白浪河口、潍河口等海域海岸带整治修复项目，成功打造“海洋生态长廊”。同时，结合滨海北部防护林建设，成功引种具有改良重盐碱特殊功能的乔木型柽柳——盐松。

【海洋预报减灾】 寿光市被确定为全省唯一（全国四个之一）的“国家海洋减灾综合示范区”，在5月份的国家验收中，获得全国唯一“优秀”等次。积极争取承办全国性大型会议活动，全国海洋防灾减灾宣传主场活动和全省海洋防灾减灾工作会议在潍坊市举办。通过综合运用信息化手段，集成海洋观测数据库、网站、室外LED大屏幕、短信平台和微信公众号等多种发布方式，在全省率先建成并试运行地市级海洋预报减灾发布平台。完善海洋预报减灾体系，制定全市赤潮风暴潮、海啸海冰等专项应急预案，填补潍坊市海洋防灾减灾应急预案方面的空白。

【海上粮仓建设】 推进“海上粮仓”建设，绿色生态渔业产业体系初具规模，已形成浅海筏式扇贝养殖20000公顷、底播贝类增殖26666.67公顷、池塘鱼虾参养殖10000公顷、名贵鱼虾工厂化养殖120万立方米水体的生产能力，培育约20个过亿元的主导品种。大力发展健康养殖，全市“省级现代渔业园区”17处、“省部级健康养殖示范场”56家，“市级水产品质量安全生产示范园区”达到60家，现代渔业园区覆盖全市80%的养殖户。水产种苗和增殖业加快发展，年可培育水产种苗50余亿单位，年放流种苗5亿余单位。积极发展休闲渔业，休闲渔业企业达29家、休闲渔业基地200余处，创建全国休闲渔业示范基地2家、省级休闲海钓钓场和省级内陆休闲渔业公园3处。扎实推进渔业品牌化建设，积极培育水产品地域特色品牌，全市“三品一标（无公害农产品、绿色食品、有机农产品和农产品地理标志）”总数达到205个，拥有地理标志产品22个，数量居全省首位。

【依法管海管渔】 全市1096艘海洋渔船全部纳入管控范围，组织开展渔船整治专项行动，对涉渔“三无（无船名、船号，无船舶证书，无船籍港）”船舶等实施全方位排查监控，未发生一起涉渔事件，全市涉渔船舶管控形势保持稳定。深入开展水产品安全治理行动，强化水产品质量监管，水产品抽检样品2000批次，抽检数量稳居全省首位。积极争取上级资金0.24亿元，潍坊市吨位最大、最先进的300吨渔政船——中国渔政37309船正式入列，执法装备能力进一步提升。

【成功举办全国海洋防灾减灾宣传主场活动】 2017年5月9日，在寿光市成功举行“全国海洋防灾减灾宣传周”主场活动，通过海洋防灾减灾展板宣传、短片播放、实物展示、资料发放、专家咨询、倡议签名等方式，向广大市民展示各类海洋灾害的成因及危害，以及如何有效防灾避险。

【300吨级渔政船正式入列】 2017年7月，潍坊市吨位最大、最先进综合执法渔政船——中国渔政37309船正式入列。中国渔政37309船总投资0.24亿元，主机功率2×1398千瓦、总长49.9米，型宽7.6米、设计吃水2.4米、满载排水量365吨、设计航速18节、续航里程1500海里，配备光电取证系统、视频会议、尾滑道式工作挺、高压水炮等执法设备和导航、通信设备。

【成功创建山东省科技兴海产业示范基地】 以滨海区为依托，主持申报的“山东省科技兴海产业示范基地——潍坊滨海经济技术开发区示范基地”通过国家验收，创建为首批省级科技兴海示范基地（综合型）。

【成功引种海洋生态工程建设主打树种——乔木型柽柳盐松】 成功主导引种国家“十三五”海洋生态工程建

300吨渔政船正式入列

（供稿：市海渔局）

设主打树种——乔木型柽柳盐松。盐松具有抗重盐碱的特殊功能，生命力顽强、适应性超强，是沿海地区现有绿化树种的理想替代苗木，生态、经济、社会效益可观。

【获农业部表彰“亮剑2017”先进集体】 全面加强涉渔船舶安全管控和海洋执法，全市1096艘海洋渔船未发生一起涉渔事件，完成“两会”“十九大”等重大节会期间维稳安保任务，被农业部评为“亮剑2017”先进集体。

【创建海洋生态综合整治领域院士工作站】 与中科院地理科学与资源研究所签署院士工作站合作框架协议书，在滨海设立“山东省周成虎院士工作站”，在海洋资源环境及生态修复、盐碱地绿色开发、海洋产业及滨海旅游等领域开展长期合作。

（马 康）

2017年6月16日，潍坊市召开全市河长制工作现场推进会议，部署推进“清河行动”等各项任务 （供稿：秦 良）

水 利

【概况】 2017年，潍坊市水利局招商引资完成5.28亿元，获最高考核加分，被评为“全省水利系统先进集体”，昌乐县高崖水库创建为“省生态文明示范教育基地”。市水利局被评为“市委信息工作先进单位”“市建设学习型党组织先进单位”“市理论大众化先进单位”“灯塔在线学习优秀组织奖”。

【河长制工作】 市、县、镇全部出台《全面实行河长制实施方案》，建立市、县、镇、村四级河长制组织体系和河长制会议、信息报送、部门联动、督察督办、验收考核等制度体系，以督查、通报、验收、评估、考核等措施为抓手，强力推进河长制工作。在全省率先启动“清河行动”，编制河湖名录，对405条河流进行全面细致排查，9516个问题得到全面整治。建立社会监督服务体系，河流沿线各村和大中型水库都设立公示牌，全市已落实河管员3213人、河道警长737人、民间河长1873人、社会监督员573人、义务河长388人，组建志愿者服务队、义务护河队363支。青州市经验得到省委书记刘家义的批示推广。《中国水利报》《大众日报》等媒体报道潍坊市的成效。潍坊市在全省水利局长会议、全省水利系统河长制工作视频会上作典型发言，以全省第一等次的成绩获中央河长制工作奖补资金400万元。

【水源保障工程】 峡山水库水源保障工程列入省规划。为推动新旧动能转换，解决潍坊及胶东地区缺水问题，提出将峡山水库打造为胶东地区水源保障工程，通过调引长江水、黄河水入峡山水库，充分发挥峡山水库强大的调蓄功能，保障潍坊及胶东地区用水安全。项目已列入山东省新旧动能转换重大项目库和省水安全保障总体规划。率先启动黄水东调一期项目，已完成主体工程，滨海第二平原水库配套净水厂完成主体工程。出台水利部门“四个城市”建设实施方案。成立专门协调推进小组，确定实施加快水利重大基础设施建设、节水城市建设、海水淡化、黑臭水体整治、水系生态综合整治、体制机制创新等6大任务，并对任务进行细化分解，落实责任。

【抗旱保水和防汛减灾】 针对连年干旱造成的供水紧张局面，提前1个月完成引黄（河）入峡（山）后续工程建设，建成峡山水库地下水应急取水工程和昌邑引黄应急调水工程。积极争取上级抗旱支持，全年调引客水2.2亿立方米，保障全市供水安全。调整市防指领导成员及大中型水库责任人，修订完善应急预案，完成山洪灾害预警平台提标升级年度任务。峡山水库增容工程、新建孟家沟水库工程和南寨水库扩容工程完成建设任务，大关水库增容完成主体工程，卧龙湖水库开工建设。高密市王吴水库除险加固完成建设任务，青州市6座小型水库除险加固完成主体工程，诸城市西见屯拦河闸除险加固完成年度任务。高密市北胶新河等4条中小河流治理工程完成节点任务。

【农村水利工作】 完成中央和省农村饮水安全巩固提升项目和75个村级工程市级财政补助资金项目，建成市级水利水质检测中心，农村公共供水能力持续增强，供水保证率、水质达标率、群众满意率继续保持全省前列。在全省水质检测技能比赛中，7名选手全部获奖。诸城市和临朐县被评为

“省级农村饮水安全示范县”，吴家楼等4个水厂被评为“省级规范化管理先进单位”，目前总数达到16家，占全省1/3以上。完成青州市、昌邑市等6个农田水利项目县年度任务，发展节水灌溉面积8486.67公顷，在全省绩效考核中全部获得“优秀”等次。寿光市小清河扬水站灌区完成建设任务，峡山水库灌区、大关水库灌区、仁河水库灌区节水改造完成年度任务。建成省扶持高效节水灌溉工程项目26处，引入社会资金建设高效节水灌溉项目1处，发展节水灌溉面积1000公顷。潍坊市在全省春季农业生产工作会议、全省节水农业和水肥一体化现场会上作典型发言，寿光市被评为“全省首批高效节水灌溉示范县”。加强移民项目建设管理。共发放移民直补资金1.39亿元，完成大中型水库移民后期扶持项目和小型水库移民扶助项目年度任务，完成“避险解困”临朐县试点项目。337个省定贫困村全部通水，在全省扶贫科学发展考核中得满分；通过项目扶持，水库移民实现全部脱贫；“第一书记”扶贫村实施农田灌溉工程提升改造，建成樱桃大棚等设施，增加村集体收入；牟山水库管理局积极开展扶贫济困，被授予“敬老文明号”。

【水系生态工程建设】 实施河流湿地生态保护工程，完成自备井管理、河道治理等40个项目。水土保持工作继续走在全省前列，治理水土流失综合防治面积1.71万公顷，圆满完成国家水土保持重点工程和省财政补助水土保持工程。诸城市大源和安丘市柘山“乡情生态示范园”被评定为“国家水土保持科技示范园区”，实现“零”的突破。实施地下水漏斗区治理，寿光市、高密市、青州市和昌乐县完成投资9.3亿元。开展水利风景区建设，青州市阳河创建为“国家级水利风景区”，全市已建成国家级水利风景区16处、省级水利风景区18处，总数居全省第1。

【水利管理改革】 严格实行用水总量、用水效率、水功能区限制纳污“三条红线”控制管理，实施地下水超采区综合整治，完成地下水压采1979万立方米。开展入河排污口整治，对非法排污口进行了封闭。严格落实安全生产责任制，全年未发生重大安全生产责任事故。白浪河水库创建为“国家级安全生产标准化一级达标单位”，是全省唯一的水库单位。出台《潍坊市农业水价综合改革实施方案》《潍坊市水权交易管理暂行办法》，8个农业水价综合改革试点县超额完成年度任务。诸城市、青州市小型水库管理体制改革通过验收，诸城市创建为“全省小型水库管理标准化县”，峡山水库创建为“省一级水利工程管理单位”。出台《潍坊市河道管理办法》，明确河道管理职责、权限。潍坊市水利局和寿光市水利局创建为“全省水利法治建设示范点”。在全省率先设立质量与安全监督机构，实现监管工作的专业化、规范化，质量考核在全省排第2位。

【行风建设】 制定《2017年市直水利系统精神文明创建工作实施方案》，组建文明志愿者队伍，开展“我们的节日”“迎五一、庆五四徒步行”等活动；成立“水利系统爱河护河青年志愿者服务队”，开展巡河活动。举办市直水利系统“第一届‘潍水杯’篮球邀请赛”和“第二十五届老年运动会”。制作播出抗旱节水公益广告，配合节水城市建设，制作节水宣传专题片。

（周　岩）

南水北调

【概况】 2017年，南水北调配套工程、引黄（河）入峡（山）后续工程、峡山库区应急取水工程等完工并投入使用，黄水东调应急工程潍坊段全面完成，滨海海洋经济新区水利项目建设有序推进，客水调引作用进一步提高，为潍坊经济社会发展提供水源保障。2017年，全市各县（市、区）的基本水费全部纳入财政预算，统一由财政渠道扣缴。

【调水工作】 2017年，缓解潍坊供水紧张局面，保障潍坊城区和寿光市、滨海区、昌邑市、高密市、昌乐县等的应急用水。为增强蓄水保障能力，2017年，首次进行汛期应急调水6700万立方米，为潍坊应对供水危机添加保险砝码。

【突破滨海】 协调督促有关单位搞好水利项目建设，完成滨海第二平原水库配套净水厂主体建设，寒亭（滨海）区白浪河治理工程建成投入使用，昌邑市地表净水厂建设施工图完成，滨海新区年度水利建设目标任务超额完成。加大招商引资力度，2017年，完成1亿元招商引资任务。

【工程施工环境保障】 2017年2月，潍坊市拆迁工作全面完成，为工程建设创造良好的施工环境，工程进展顺利。积极搞好黄水东调应急工程协调推进工作，工程于2016年12月23日开工，2017年年底，潍坊段55.4千米管线工程全部完成，具备通水条件。争取水发集团投资0.91亿余元进行黄水东调应急工程配套项目建设，潍坊境内新增分水口9个，实现黄水东调与南水北调、引黄（河）入白（浪河）工程相互连通。积极配合开展黄水东调二期征迁调查等前期工作，实现二期线路与引黄（河）入峡（山）工程连接，为峡山水库受水提供新的水源。

【引黄入峡后续工程建设】 为保障长江水、黄河水调引安全，潍坊市启动引黄入峡后续工程建设。工程于3月24日启动，6月30日完工，实现35千米输水渠道封闭管理、实时监控、全线巡护，保证长江水、黄河水调水环境和水质安全，保护渠道沿线群众生命财产安全。

【峡山库区应急取水工程】 2017年6月，峡山水库蓄水降至2200万立方米，为应对水库供水危机，保障水库生态安全，潍坊市政府紧急启动峡山水库库区应急取水工程，在峡山水库上游河口处打150眼机井提取浅层地下水、通过20千米输水渠道输水，将上游地下水调至下游库区，有效保障潍坊城区用水，累计调水1000万立方米。

（迟 强）

农业机械

【概况】 全市农机总值达到94亿元，农机总动力达到979万千瓦，拖拉机17.9万台，联合收获机2.6万台，主要农作物耕种收综合机械化水平达到91.71%。全市机械收获小麦35.13万公顷，适宜地块已全面实现联合机收，玉米机械收获35.67万公顷，占宜机收面积的97%。花生、马铃薯基本实现全程机械化，设施农业装备开始向智能化、高科技含量发展，粮食烘干、无人机植保技术装备加速发展，全市有农用航空植保无人机158架。

【落实惠农政策】 农机购置补贴工作程序更加规范，落实中央农机购置补贴资金1.5亿元，补贴农户1.23万户，补贴机械1.37万台，在农机化供给侧改革过程中发挥重要的杠杆作用。落实报废更新补贴资金1351.6万元，报废更新机械335台，深松作业补贴910万元。

【农机化供给侧改革】 主要农作物生产全程机械化取得突破。不断提升小麦、玉米生产全程机械化水平，解决高效植保、烘干、秸秆处理等薄弱环节的机械应用难题。重点示范推广花生机播、机械植保、机收等关键环节的农机化技术。诸城市荣获“全国主要农作物生产全程机械化示范县”荣誉称号。在全市重点开展“农机合作社建设提升年”活动，评选出“全市十佳农机合作社”，全力支持有条件的合作社把服务链条由耕、种、收向产前、产后延伸。推动农机合作社参与为农服务中心建设，通过“大田托管”模式，完成农业生产耕、种、管、收等全部或部分作业环节托管服务。联合粮食专业合作社、农机合作社、农业基地、植保合作社和种粮大户，成立潍坊智慧农业合作联盟，深化一二三产业融合发展，向产业融合要效益。全市在工商部门注册的农机专业合作社达到723家，其中，“五有（基础设施完善、运行机制良好、财务制度健全、服务规模大、综合效益显著）”合作社300家，入社成员数1.45万户，作业服务面积47.47万公顷。雷沃、华创等15家企业获得16个农机装备研发创新计划项目立项，项目资金0.112亿元。雷沃重工被认定为农机行业首个国家级工业设计中心，萨丁重工研发的国内首台高端智能变频拖拉机在潍坊上市，“北斗+农机”综合信息化管理平台的建成，标志着潍坊市高端农业装备产品研发能力达到国家先进水平。举办“第十一届中国（山东）农业机械博览会”，雷沃、潍柴等360余家企业参展，现场观众达1.5万人次。

【农机化推广】 全市有特邀农机技术推广员273人，已成为一支重要的民间农机技术装备推广力量，农机社会化培训机构11家，年培训能力2万人次。继续示范推广夏玉米籽粒直收技术装备，在潍城区、寿光市、高密市夏玉米籽粒直收现场会，对籽粒直收技术进行宣传推动。举办夏花生生产全程机械化现场会，现场演示花生联合收获和分段捡拾收获2种作业模式。诸城市的茶叶生产全程机械化、安丘市的花生生产全程机械化、峡山区的马铃薯生产全程机械化均取得显著的成效。组织指导相关企业研发蔬菜大棚秸秆还田机、深松机、臭氧水菌虫灭杀机，完善农艺流程，基本实现蔬菜秸秆就地还田利用。

【农机化公共服务】 全市有农机4S店12家，“四星级文明农机维修网点”17家，“五星级文明农机维修网点”5家。确定诸城市、高密市、青州市为农机手实用技术培训项目实施县，采取理论教学、现场观摩、操作实习等形式多样的培训方式，圆满完成450人的培训任务。在寿光市、昌邑市、坊子区、临朐县开展合作社带头人培训，以农机化发展为立足点，以生产技能和经营管理水平提升为主线，注重应用性，提高时效性，共培训学员150名。严格按照规定和程序办理牌证业务，推行“谁主管谁负责，谁签字谁负责”的管理制度，坚决做到不符合标准要求的不办证上牌，不按规定检验合格的不办证上牌，严禁委托中介发牌发证，严禁跨行政区域发牌发证，进一步加大变拖整治力度。2017年，共办理拖拉机、联合收割机牌证4487个，驾驶证2126个，检验拖拉机、联合收割机8000余台，累计举办安全教育培训班近50期，教育培训3000余人次。

（张 军）

农业综合开发

【概况】 2017年，全市共完成农业综合开发资金2.86亿元，其中，财政资金2.23亿元，带动社会资本投入1.63亿元、撬动银行贷款1.15亿元。组织实施各类农业综合开发项目111个，其中，土地治理项目24个，产业化发展项目71个，山区农业综合开发项目11个、农业综合开发部门项目5个。获批全省唯一的田园综合体建设省级试点项目。顺利通过山东省农业综合开发办竣工项目验收核查和绩效评价、财政部山东专员办高标准农田建设项目绩效评价等各项检查活动。获得“2017年度全省农业综合开发综合绩效考评第三名”。

【土地治理】 全年共完成土地治理项目财政资金1.497亿元，治理开发面积8553公顷，新建小型水库2座，拦河坝23座，排灌站42座，新、复修机电井724眼，配套输变电线路145千米，开挖疏浚沟渠223千米，衬砌渠道12.5千米，埋设管道425千米，配套渠系建筑物2060座，新、复修机耕路255千米，新增造林面积1000公顷（折实）。项目区新增灌溉面积3180公顷，改善灌溉面积4450公顷，新增节水灌溉面积5191公顷，年节水量596万立方米，年新增粮食生产能力1846万公斤。

【产业化发展】 全年共扶持各类农业经营主体71家，完成财政资金投入0.56亿元，撬动银行贷款1.15亿元，发展种植经济林780公顷，新增水产养殖6.67公顷，畜、禽类年出栏2.31万头（只）、年末存栏2.16万头（只），建厂房1.8858公顷，建交易厅（棚）0.1944公顷，硬化厂地0.345公顷，购置生产设备111台（套）。项目实施后，年新增干鲜果256万公斤、蔬菜2233万公斤、水产品30万公斤、肉30万公斤、奶195万公斤，可加工转化农产品2421万公斤，农产品交易额0.12亿元，年直接受益农民7.2万人，人均增收1200元。

【山区综合开发】 全年共完成山区农业综合开发项目财政投资0.075亿元，发展经济林、生态林109公顷，新建各类蔬菜大棚14个，新修道路12.9千米，建设各类水利配套设施20处，埋设输水管道12.4千米，铺设输电电缆3.7千米。项目区实现年新增粮食生产能力18万公斤、干鲜果品100万公斤，农民人均年增纯收入1000元。诸城市榛子示范基地项目，通过新建水库等措施解决基地用水问题，带动项目区内包括贫困农户在内的200户农民发展100公顷平欧大榛子，为实施农民持续增收、脱贫攻坚奠定坚实基础。

【坚持创新驱动】 确定推荐昌邑市潍水田园综合体参与省级竞争立项，经过省级专家评选，获批全省唯一的省级田园综合体建设试点项目，2017年，完成总投资0.7亿元，其中，财政资金0.22亿元。项目以农业综合开发为平台，以农民合作社为载体，围绕田园资源和农业特色，做大做强特色优势主导产业，推进农业产业与旅游、教育、文化、康养等产业深度融合，打造三产融合发展升级版。全力推进高标准农田建设模式创新试点。启动实施高密市、安丘市2个项目，以高标准农田基础设施建设为基本依托，以市场为导向，以新型农业经营主体为主导，以利益联结为枢纽，在全产业链开发中推进高标准农田建设提质增效，促进一二三产业融合发展。安排9个产业化集群项目，聚焦比较优势突出的产业链条，着力打造寿光市蔬菜生产、种苗和育种产业，临朐县优质果品产业，安丘市大姜、大葱生产加工产业等一批具有竞争力的优势特色产业集群。创新精准扶贫机制，统筹安排财政资金0.4435亿元，建成旱涝保收田1400公顷，惠及21个省定贫困村1.5万人。

（郭忠春）

扶贫开发

【概况】 2017年，全市剩余1.1万农村建档立卡贫困人口和28个省定扶贫工作重点村已全部达到脱贫退出条件，高质量完成脱贫攻坚年度任务目标。

【扶贫机构和队伍建设】 针对党委政府换届后领导班子调整的实际情况，及时调整市、县扶贫开发领导小组和工作机构。签订脱贫攻坚责任书，严格落实党政一把手负责制、“市抓推进、县乡抓落实”的工作体制。着力推进抓党建促脱贫攻坚，充分发挥“第一书记”、驻村工作队、乡镇包村干部的帮扶作用，带领贫困群众增收致富。进一步充实市扶贫办审计监督工作力量，目前下设综合协调组、政策调研组、规划财务组、金融合作组、行业社会组、项目管理组、督查考核组、信息统计组、扶贫协作组、审计监督组等10个内设机构，实有工作人员31人。

【精准扶贫脱贫】 深入开展建档立卡数据核准清洗工作，强化与行业部门的数据比对，共核准修改贫困数据14.7万余条。严格按照《山东省贫困人口动态管理办法》规定的标准和程序，扎实做好年度动态调整和信息采集工作，严把精准识别、动态管理、精准退出3个关口，在规定时限内做细做实贫困退出、返贫纳入等工作。截至2017年12月31日，全国扶贫开发信息系统数据包中，全市共有建档立卡贫困户180030户，403826人，其中，已稳定脱贫（不再享受政策）的有123520户，303369人，仍需享受政策的贫困人口有56510户、100457人。享受政策的贫困人口中，有已脱贫的55871户、99169人，未脱贫的639户、1288人（其中，2017年底新识别378户、807人，返贫261户、481人）。落实《国家档案局、国务院扶贫开发领导小组办公室关于做好精准扶贫档案工作的意见》，在全省率先制定出台《潍坊市精准扶贫档案管理细则》。9月29日，在安丘市召开全市精准扶贫档案管理工作现场推进会议，对全市的精准扶贫档案管理工作进行安排部署，确保精准扶贫档案全部达到进馆要求。

【产业扶贫】 持续发挥好“党支部+合作社+贫困户”扶贫模式的作用，把贫困户纳入产业链条，在党支部和合作社的帮助引领下实现增收脱贫。

全市337个省定扶贫工作重点村创建合作社473家，6991名贫困人口加入合作社，贫困人口入社率达到34.9%。全市参与帮扶的企业、合作社、家庭农场达到2270家，带动贫困人口2.4万人。全市产业扶贫工作得到省扶贫办充分认可，5月12日，“全省蔬菜产业精准扶贫现场会”在寿光市召开。立足全市“插花式”贫困现状，制定出台《关于支持产业扶贫重点项目建设培育扶贫示范企业（基地）的意见》，在全市建设一批产业扶贫重点项目，培育一批不同层次的扶贫重点示范企业（基地）。全市12处总投资2.2亿元的市级重点扶贫项目全部完工投产，可带动4800名贫困人口实现脱贫增收。2017年，新上总投资1.36亿元的扶贫项目194个，全部完工投产达效。为临朐县争取0.2亿元中央彩票公益金扶贫项目，可带动3755名贫困人口脱贫增收。开展精准扶贫专项招聘活动，免费培训有劳动能力的贫困人口。结合农村社区和美丽乡村建设，不断加大公益性岗位开发力度，优先安排贫困人口就业，实现“一人就业、全家脱贫”。全市贫困人口通过公益性岗位安置、产业项目、扶贫车间、合作社务工等方式，实现就地就近就业6585人。

“一站式”即时结算系统开通仪式　　（供稿：黄晓辉）

【服务保障】 实现建档立卡贫困人口教育、基本医疗、住房安全基本“零支出”为目标。在教育方面，逐一核实全市建档立卡贫困户在校学生5318人，共落实建档立卡学生教育资助资金1211.27万元，受助学生11279人次。基本医疗方面，按照每人每年120元标准为全市63959名农村建档立卡贫困人口投保医疗商业补充保险，依托基本医疗保险、大病保险、医疗救助、医疗商业补充保险“一站式”结算系统，确保贫困人口住院个人累计负担费用在镇级医院基本零支出，在县级医院低于医疗总费用的10%，解决因病致贫返贫问题。截至11月底，全市建档立卡贫困人口共计住院6693人次，医疗总费用3674.4万元。其中，个人全额自费235.2万元，个人负担费用仅占医疗总费用的6.4%。危房改造方面，所有贫困户危房改造9月底全部完成。推进低保线与扶贫线衔接。中心城区和诸城市、寿光市低保标准提高到每人每年不低于3900元，其他县（市）提高到不低于3800元，全部高于2017年省定扶贫线3509元。2017年，全市建档立卡贫困人口纳入低保救助16700人，发放低保金0.35264亿元。实施民生综合保险工程。制定出台《潍坊市2017年度扶贫特惠保险实施方案》，按照每人10元、每户10元的标准，为贫困人口投保一份人身意外伤害险和家庭财产险，最高赔付额分别为35.6万元、14.8万元，解决因灾致贫返贫问题。

【行业社会扶贫】 2017年，市、县两级新调整选派“第一书记”600名，对28个未退出省定扶贫工作重点村、463个软弱涣散村和109个集体经济薄弱村进行帮扶。累计投入各类物资3.75亿元，落实帮扶项目567个，帮助新增村集体经营性收入1761万元。实施光彩扶贫行动3年计划，120余家企业结对帮扶120个省定扶贫工作重点村，已到位资金6452.6万元，受益人数达3062人。通过“政府购买服务+社会组织参与”的方式，引导社会组织投身扶贫脱贫，出资450万元组织实施了“黄谷生机”“老宝贝民宿”“情暖夕阳，爱留古村”“授渔工程”“果农帮扶计划”“爱在徐庄宜居养老扶贫”等58个精准扶贫项目。全市社会组织累计投入资金272.8万元，惠及贫困群众58757人次。深入开展“童在蓝天下”春蕾计划等系列结对捐助活动，全市累计收到捐款114.76万元，2501名贫困儿童受到救助。开展“巾帼电商•居家就业”活动，各类企业到省定扶贫工作重点村设立“大姐工坊”等200余家，吸纳带动1100余名贫困妇女就业。实施贫困残疾人“助残致富奔小康”项目，按照每户2000元标准，帮扶全市659户未脱贫建档立卡贫困残疾人家庭从事创业致富项目。实施“金晖助老”青春扶贫志愿者行动，争取专项工作资金36万余元，招募志愿者1800余人。继续开展“暖家”行动，共接受符合捐赠条件的衣物3000余件（套）。

【扶贫资金投入】 2017年，市级安排财政专项扶贫资金0.85亿元，增长34.92%；县级安排财政专项扶贫资金0.532亿元，增长18.54%。全市统筹整合使用各行业、各级次、各渠道涉农资金共计3.2125亿元。在全市8个县（市、区）开展小额扶贫信贷工作，全市小额扶贫信贷贷款累计1.6201亿元，其中，富民生产贷1.2888亿元，富民农户贷0.3313亿元。扶贫（农业）信贷担保风险补偿资金达到0.36亿元，为15家新型农业经营主体提供再担保支持0.429亿元。

【省内扶贫协作】 在全省率先选派16名高素质干部到聊城市长期挂职帮扶，市、县两级财政列支资金0.1152亿元用于扶贫协作。制定下发《潍坊—聊城扶贫协作工作方案》，与聊城市在产业、就业、社会扶贫、人才交流等5大领域开展深度协作。组织26个市直部门与聊城市相关部门开展对接，签订《扶贫协作协议》。建立农业产业园3处。筹建失能残疾人集中供养中心和社会爱心众筹平台。搭建潍（坊）聊（城）劳务用工信息交流平台，先后组织4批次50余家潍坊企业到聊城举办招聘会，有针对性地培训转移建档立卡农村贫困家庭的劳动力。28家企业签约落户聊城，社会捐助资金、物资折合240余万元，带动、受益建档立卡贫困户22000余人，3228名聊城市贫困人口到潍坊歌尔声学、豪迈科技等企业就业。

（黄晓辉）

6月9日，潍坊市委副书记张小梅（前排中）带队赴聊城对接推动两市扶贫协作工作（供稿：黄晓辉）

工 业

Gongye

综 述

【概况】 2017年，全市规模以上工业增加值同比增长6.0%，其中，重工业增加值增长7.0%，轻工业增长3.6%。工业效益大幅提升，增幅创近年来新高。加快推进企业改制，全市改制826家，完成全年改制任务的103.9%。2015年改制工作启动至今已累计完成改制2156家，占全部改制任务的81.51%，在全省绩效评价中位列第1位。

【工业经济发展】 全市规模以上工业实现主营业务收入12228亿元，同比增长9.2%；实现利税1086.5亿元，增长17.2%；实现利润707.4亿元，增长20.2%。全年工业用电量367.9亿千瓦时，同比增长8.2%。机械、化工、食品、纺织、造纸、电子6大主导产业保持良好发展态势，其中，电子、机械、化工行业主营业务收入同比分别增长18.4%、13.5%、10.0%。民营经济、中小企业实现平稳健康发展，全市非公有（民营）经济单位数量发展到82.7万户、从业人员629.6万人、注册资金10509.7亿元、同比分别增长15.5%、7.0%、41.3%。非公有经济累计纳税额433.4亿元，占全市税收的58.1%。

【现代产业体系】 加快传统产业改造升级，制定实施《2017年机械装备等10大产业发展推进计划》。超前布局虚拟现实（VR）产业，通过搭建产业研发孵化平台、引入内容制作企业、建设“歌尔智慧城”等措施，迅速做大产业规模。制定电子信息、石化盐化等9大产业千亿级产业链和产业集群培育方案，持续加快产业集群培育。潍坊动力装备产业集群被列为全省转型升级示范3大支柱产业集群。2017年，30户工业龙头企业实现利润增长76.1%、利税增长55.3%，潍柴集团汇总业务收入突破2200亿元。争创省单项冠军11家、“隐形冠军”42家，分居全省第2位、第1位。产业联盟总部正式组建，已有13家产业联盟入驻，囊括670余家企业。化工产业转型升级成效明显。对1173家化工生产企业开展“四评级一评价（四评级指安全生产、环境保护、节能降耗、节约用水的评级标准；一评价指产业政策、土地使用、产品质量、社会贡献、发展潜力等综合评价指标）”，实行一企一档，边整改、边验收。强力推进化工产业安全生产转型升级专项行动，取缔“小散乱污”企业696家。

【工业投资】 全年共谋划、布局、实施重点技改项目1008项，计划总投资5542亿元，其中，昌邑石化山东化工原料基地升级改造等175个项目列入省经信委工业新旧动能转换重点项目库；豪迈机械高端轿车子午线轮胎模具等98个项目列入省重点技术改造项目导向目录，项目个数和总投资额均居全省首位。全年共完成企业技改投资1963.1亿元，增长11.6%，总量居全省第2位。重点调度的投资过亿元项目527项，完成投资599.6亿元；30户龙头企业项目51项，完成投资132亿元。

【企业技术创新】 加快建立产业创新体系，建立市级、省级企业技术中心梯次培育制度，新增省级企业技术中心39家，总数达到177家，数量位列全省首位。商用汽车动力系统总成创新中心、机器人与智能制造创新中心等10大创新中心全部挂牌运营。北航歌尔机器人与智能制造研究院、潍坊中德智能制造技术公共服务与技术转移平台签约落地。雷沃重工被认定为“2017年度国家技术创新示范企业”，获批“国家级工业设计中心”，实现潍坊市国家级工业设计中心零的突破。抓好创新关键环节，突破一批制约产业发展的行业关键核心技术，8挡汽车自动变速器、机器人减速器等产品实现产业化。7人入选泰山产业领军人才，连续3年居全省首位。组织开展第二届“市长杯”工业设计大赛，进一步提高企业工业设计能力和水平。

【融合发展】 “两化（信息化、工业化）”融合取得新的突破，24家企业入选省级以上“两化”融合管理体系贯标试点示范，数量居全省首位。潍柴动力“基于产品全生命周期大数据的工业云服务支撑平台建设”项目列入国家制造业与互联网融合发展试点示范。开展“两化”融合重点企业培育行动，首批确定培育171户企业。军民融合产业快速发展，认定首批潍坊市军民融合特色产业园3家，新增“民参军”企业2家，军民融合产业发展公共服务平台正式运行，军品产值突破70亿元。服务型制造加速推进，总结提炼创新设计、定制化服务等8大服务型制造重点模式，推广首批40家示范企业典型案例，迈赫机器人总集成总承包项目列入国家级服务型制造示范。成功争创"国家级产融合作试点城市"，积极搭建产融对接合作平台，构建金融对产业的长效支持机制。

【绿色发展】 超额完成2017年度节能降耗任务。加快过剩产能退出，全市合计压减粗钢产能220万吨和55万吨炼铁产能，比省计划多压减粗钢产能81万吨、生铁产能55万吨。煤炭消费减量替代工作深入推进，广泛推广节能环保技术、产品和装备，建立绿色制造体系，全年改造燃煤锅炉3000蒸吨，全市10蒸吨/小时及以下燃煤锅炉已全部停用，全市煤炭消费量持续减少。新能源和可再生能源发展迅速，风力发电、光伏发电容量均居全省前列。循环经济发展提质升级。编制印发"十三五"循环经济规划，全面实施绿色制造、"淡水工厂"建设、余热暖民等8大工程。国家级循环经济示范城市通过专家验收。历经3年创建，完成指标74项，建设循环经济支撑项目41个，获批1个国家级和6个省级循环化改造试点园区。

【工业品牌建设】 加快提升品牌企业内在价值，筛选潍柴、福田、歌尔、盛瑞、豪迈5家品牌企业进行重点培育，推选5家企业参与央视品牌宣传推广，56家企业参加工信品牌培育试点，6家企业列入山东百年品牌培育做强大品牌计划，11家企业列入山东百年品牌培植特色品牌计划，3家企业质量管理典型经验入选省工业企业质量标杆，潍坊工业品牌集群影响力有效提升。加强市场开拓，先后组织企业参加国际装备制造业博览会、中国食品科技博览会、"国家品牌计划山东站"、中日韩产业博览会等展会活动。推动规模以上企业网上免费展示全覆盖，网上工业展览馆已有3962家企业、22187件产品上线；"好品山东"上线企业达到5948家，潍坊食品、安丘包装装备、玻璃钢、昌乐乐器、青州工程机械、疏浚设备产业集群共计201家企业入驻好品山东产业集群馆。

【服务企业】 开展企业资产证照专项治理，已办结建设用地使用权问题3091项，房屋建筑物、构筑物所有权问题6281项。进一步扩大电力直接交易试点规模，入选总户数达到226户，全年交易电量88亿千瓦时，降低用电成本2.2亿元。精准服务企业需求，共为企业协调解决248个问题需求，累计解决465个。市中小企业公共服务中心获得"国家中小企业公共服务示范平台"称号。强化安全生产保障。认真组织安全生产专项大检查活动，全年进行安全检查12次，隐患全部整改到位。推进民爆等行业领域建设工作，对各风险点实行分级管控。组织开展民爆行业安全生产百日攻坚治理行动和执法大检查工作及"安全生产月"活动，扎实开展非危险化学品化工生产企业监督检查行动。开展成品油质量整治专项行动，实现普柴国V标准供应。

（赵海亮）

信息化

【概况】 2017年，潍坊市共有24家企业获得省级以上贯标试点，数量居全省首位。根据"宽带中国"建设要求，加快"光网城市"建设，全面推广FTTH光纤入户，提升光纤接入带宽水平，光纤网络已实现包括所有行政村在内的全市100%光纤全覆盖，接入能力超过100Mbps，全市互联网普及率达到83%，互联网出口带宽超过2800G。联合省"两化"融合评测中心，分赴各县（市、区）举办9场"两化"融合评测专项培训，300余家规模以上企业信息化负责人参会。组织各县（市、区）400家规模以上工业企业通过省"两化"融合评测系统进行数据填报。潍坊市在全省企业信息化发展考核中取得第一名。

【制造业与互联网融合发展】 组织"两化"融合贯标试点申报及企业贯标工作。海化集团、豪迈科技等7家企业列入工信部第四批"两化"融合管理体系贯标试点，潍柴动力荣获贯标示范企业名单，公司的"发动机全球协同研发创新能力"被评为"新模式新业态示范"，基于产品全生命周期大数据的工业云服务支撑平台建设列入2017年制造业与互联网融合发展试点示范项目。诸城义和车桥、寿光大地盐化等17家企业列入山东省第二批省级"两化"融合管理体系贯标试点。此外，孚日集团、景芝酒业、山起重型机械、昌邑金典化工4户企业通过国家"两化"融合贯标评定；义和车桥、康跃增压器等16户企业启动贯标工作。

【开展重点企业培育行动】 遴选确定并公布潍坊浩泰机械有限公司等171户企业为潍坊市第一批"两化"融合重点培育企业，通过优先推荐"两化"融合管理体系贯标试点、落实企业实施的"两化"融合项目扶持、纳入企业"两化"融合评估范围、优先安排专项培训交流等培育措施，重点打造一批在制造业与互联网融合发展领域有示范引领作用的典型企业，积蓄全市"两化"融合贯标试点后备力量，带动潍坊市"两化"融合水平全面提升。

举办2017年企业首席信息官（CIO）培训班。制定实施2017年企业首席信息官培训计划和方案。5月初，组织各县（市、区）及重点企业100人到四川大学举办为期一周的"两化"融合专题培训；6月21日—22日联合省"两化"融合促进中心在市委党校举办“2017市企业首席信息官（CIO）培训班”，全市规模以上工业企业信息化分管副总和信息中心主任共计270余人参加培训；10月24日—25日，“2017年全省工业企业首席信息官（CIO）培训现场会”在市委党校成功举办，全省各市经信委分管副主任、业务科长及山东省部分重点工业企业首席信息官共计330人参会。

【两化融合深度行活动】 承办“2017年度两化融合深度行（潍坊站）”活动。9月14日，省经信委、省“两化”融合促进中心在东方大酒店召开“2017年山东省两化融合深度行潍坊站”活动，全市经信系统“两化”融合工作分管负责人，市规模以上重点企业信息主管等200余人参加活动。组织企业参加“两化”融合专项活动。先后组织约800家企业参加华为ICT生态之行潍坊站、浪潮企业数字化转型高峰论坛、云行齐鲁—华为云潍坊站、中国制造业与互联网融合发展深度行（山东站）、青岛第三届世界互联网大会等活动。

【专项扶贫工作】 省扶贫工作重点村实现宽带网络全覆盖。实现包括337个省定扶贫村在内的行政村光网全覆盖，上网全部采用光纤到户方式，接入能力达到20Mbps，部分乡（镇）接入速率最高可达百兆；新增宽带端口12.7万个，进一步提升网络接入质量；开展4G无线网络基础设施建设和业务普及，省扶贫工作重点村信息员配备率达到100%。根据《山东省信息化建设扶贫实施方案》中规定的目标任务，努力推进贫困村信息员配备工作，截至2017年12月，潍坊337个省定扶贫工作重点村全部配备信息员，提前一年完成任务。信息化扶贫示范镇任务顺利完成。安丘市辉渠镇、临朐县嵩山生态旅游区2016年获批“山东省信息化建设扶贫示范镇”，2017年12月，已全部完成省级信息化扶贫镇建设任务目标，顺利通过验收。

【企业上云工作】 会同市财政局制定实行潍坊市“云服务券”助推“企业上云”工作计划和财政奖补实施细则。12月27日，在潍坊市委党校举办全市企业上云启动会议，标志着潍坊市“企业上云”工作正式开展，并将通过企业上云补助、标杆企业评选、省级云服务体验中心搭建、举办“云行齐鲁”宣讲活动等措施，营造企业上云良好氛围，加快企业上云进程。

（赵海亮）

轻工业

【概况】 2017年，全市有732户规模以上企业，实现主营业务收入2187.9亿元，完成利税114.39亿元，利润总额16.96亿元，经济运行保持健康持续发展态势，行业主要经济指标均列全省前3位。造纸包装行业通过产品结构调整，转移和调整产能布局，潍坊市造纸行业继续保持全国先进行列，利润、利税指标增幅在30%以上。晨鸣总资产、浆纸产能、销售收入、利润较上市前分别增长66倍、50倍、105倍、13倍，企业经济效益主要指标连续20年在全国同行业保持领先地位，并进入世界纸业10强。晨鸣集团、诸城外贸集团等5户企业获得“中国轻工百强企业”称号。1个集体和1名个人推荐参评全国轻工行业先进集体和劳动模范。

【造纸行业实现重大跨越】 2017年，完成主营业务收入327.78亿元，利税34.7亿元，利润21.34亿元，利税、利润指标分别增长34.6%和35.6%。晨鸣集团打造造纸、金融、浆纤、地产、矿业五大产业板块为主的大型企业集团，实现二三产业协调发展，互相促进。晨鸣集团、恒联集团在岭南建设300万吨浆纸基地，完成新闻纸等产能转移，强化企业内部产业链融合提升。世纪阳光集团整合资源，形成设计、预印、造纸、印刷、包装一体的全流程产业服务链，增强企业发展后劲。全市造纸行业2017年完成机制纸产量428.3万吨，下降4.8%，纸浆96.9万吨，下降9.1%，在产量下降情况下实现效益大幅增长。晨鸣纸张成为《党的十九大报告辅导读本》和《中国共产党第十九次全国代表大会文件汇编》指定用纸，在全国发行。

【企业发展】 轻工行业在建技改项目541个，计划总投资567.50亿元，全年完成投资291.30亿元。山东世纪阳光有限公司年产50万吨集束包装纸项目是替代饮料、食品塑料包装的新型包装材料，具有可降解、可循环利用、无污染的特点，可替代进口，填补国内空白。具有先进性、高端性特点的大项目典型代表。项目分两期建设，一期工程投资10亿元，计划明年上半年投产。二期工程投资20亿元，计划2019年4月开工，2020年10月投产。项目全部投产达效后，生产规模将达到50万吨，年可实现销售收入50亿元，利税5亿元。山东恒联投资有限公司总投资10.6亿元恒联集团费县上冶产业园项目近日签约，主要建设10万吨高档特种纸项目、10万吨化学浆项目、年产6000吨水刺复合清洁布项目、150吨/小时循环流化床锅炉项目、15万立方米/年蒸压加气混凝土砌块项目。项目建成投产后，预计实现产值12.5亿元，税收突破亿元，带动就业人口680人。

【参与“文化名市”建设】 一是以“美术节”促进行业交流。2017年，美术节呈现展会时间长、大师艺人层次高、实物作品质高量大、活动丰富的特点，50个门类，2000件展品、328名大师艺人参展，充分展示潍坊工美在全省的优势和在全国的影响力。二是以“职称评审”挖产业人才。积极组织工艺美术专业的职称评审工作，深度挖掘工美人才，推荐17名高级职称人员、评审49名中级和11名初级职称人员。三是以“经典工美”平台提服务水平。不断完善工美人才档案，非遗传承人，非遗作品上网络平台，加快传承、开发和创新工作，现985人已编入工美人才电子档案。四是以“非遗文化进校园”助推中国梦。组织大师艺人到市聋哑学校、胜利东小学等开展系列活动，推进非遗传承。五是以“非遗孵化器”促产业创新。十笏园为省级孵化器，行办积极参与战略联盟，担当作为，全力推动“非遗潍坊•经典工美”工作，形成潍坊“文化名市”的靓丽名片。

【传统产业健康发展】 全市轻工业各重点企业立足新动能转换，比德文科技动力公司、英轩实业公司在做好电动自行车和食品添加剂主导产业的同时，寻求新的经济增长点，成功介入新能源汽车、机械装备领域并形成产能。凯信机械、信川机械强化科技进步，引领全国造纸装备产业发展。2017年，全市轻工行业主营业务收入过百亿元的企业轻工企业3家，过50亿元的企业6家，柠檬酸、玻璃纸等产品产量居全国第1位。

（李建刚）

纺织服装

【概况】 全市共有规模以上纺织服装企业603家，全年实现主营业务收入1473.7亿元，同比增长3.3%；利税120.3亿元，同比0.3%；利润78.6亿元，同比减少0.1%。主要产品产量完成情况：纱86.5万吨，同比增长2.3%；布50.7亿米，同比增长12.1%；印染布10.6亿米，同比增长0.5%；服装2.3亿件，同比减少13.2%。

【创新发展方式】 一是用“新技术”改造提升传统产业。全年纺织服装行业在建技改项目196个，计划总投资211.70亿元，已完成投资101.90亿元，其中，帛方纺织有限公司自主创新的抗菌芳香纤维系列纱线研发项目，总投资0.3亿元，年可新增销售收入0.5亿元，年新增利税0.09亿元，新增利润0.06亿元，该项目在国内处于领先水平等项目；二是实施“国内外”两条腿走路。把品牌建设作为行业发展的核心任务，充分发挥技术设备、产品质量、研发创新、企业信誉等优势，通过产品质量再提升、管理再提升、渠道再提升、提高供给质量和市场竞争力；三是加快创新能力建设。用“新业态”增强行业发展活力，实现行业经济运行质量的不断提高。

【行业经济运行】 潍坊市最大的纺织服装企业孚日控股集团以生产毛巾、床上用品、装饰布艺等家用纺织品为主业，是全球最大的家用纺织品公司。美国、日本、欧盟以及俄罗斯、澳大利亚、中东是主要出口市场，出口额已连续18年保持全国纺织行业第1位，是首批“中国出口质量安全示范企业”。2017年，孚日控股集团实现主营业务收入86亿元，同比增长1.14%；完成出口额29.9亿元，实现利税9.8亿元，同比增长14.5%；实现利润4.69亿元，同比增长1.6%。

（李建刚）

化 纤

【概况】 2017年，潍坊市化纤行业积极推动节能减排、供给侧结构性改革，加快行业转型升级，行业经济运行继续保持向好态势。潍坊市是全国重要粘胶生产基地，2017年，棉浆粕产能26万吨；粘胶纤维生产能力达40万吨，占全国产能10%以上。涤纶纤维是潍坊市化纤行业另一大特色，滨海开发区山东华鸿纤维科技股份有限公司12万吨直纺聚酯短纤项目投产后，标志着全国自动化程度最高、山东省最大的功能性纤维材料生产企业全面启动。

【恒天海龙（潍坊）新材料有限责任公司】 恒天海龙（潍坊）新材料有限责任公司前身为山东海龙股份有限公司，于1987年9月成立，1996年12月在深交所挂牌上市，是潍坊市第1家上市公司。2012年12月，整体并入中国恒天集团，2015年8月，更名为恒天海龙（潍坊）新材料有限责任公司。公司注册资本0.3亿元，职工3200人，主营粘胶纤维制造，生产能力17万吨每年，年产值20余亿元。2017年，公司共生产差别化粘胶短纤维15.0607万吨，实现现价工业总产值21亿元，较上年同期均有所降低，主要受节能环保系列举措影响造成。2017年1月—4月份，因环保原因生产线时开时停，影响产量约2万余吨，影响产值3亿元，4月份，恢复正常生产。因下游印染企业环保压力加大，部分企业停产、限产，造成印染能力不足，对产品的销售造成一定影响。目前，特别是进入10月份以来产品价格出现下滑趋势，产成品库存也有所增加。

更新建设2台150吨更节能环保的循环硫化长锅炉，总投资3亿元。二硫化碳后收率由原来的不到40%，提高到目前的约80%，硫化氢回收制取硫氢化钠，实现资源回收再利用；锅炉煤耗由原来的160公斤/吨降低到目前的130公斤/吨，降低率达到约20%，所有废水、废气100%达标排放。

【山东银鹰化纤有限公司】 山东银鹰化纤有限公司是以天然纤维素提纯及深加工为主，兼营化工、能源、教育、旅游等多元化产业的民营大型企业，现拥有总资产60余亿元，员工4000余人。现有棉、麻、木及其他新材料浆粕、各类差别化粘胶纤维、纤维素醚等系列产品，棉浆粕产能26万吨，粘胶纤维产能23万吨。2017年主营业务收入42.6019亿元，同比增长9.2%；实现利税1.6337亿元，同比降低9.8%；利润0.7349亿元，同比增长70.9%；出口创汇4.3亿元，同比增长35.9%。

（李建刚）

机械电子工业

【概况】 2017年，全市机械电子行业共有规模以上企业1188家。其中，机械行业1095家，职工人数20万，完成主营业务收入3066亿元，实现利税300.3亿元、实现利润207.9亿元，分别增长13.5%、27.3%、29.3%；电子行业93家，职工人数5万，完成主营业务收入372亿元，实现利税43.7亿元、实现利润38.7亿元，分别增长18.4%、35.7%、36.4%。潍柴主营业务收入首次达到2200亿元。主要产品发动机14576万千瓦，其中，汽车用发动机10285万千瓦；汽车38.9万辆；拖拉机7.31万台，其中，大中型拖拉机5.01万台，小型拖拉机2.3万台；收获机械1.89万台。市机械电子行办获评“市级精神文明单位”。

【招商引智】 一是抓好重点项目招商，引进投资额0.5亿元以上项目4个。分别为VR科技产业城项目，投资50亿元；VR学院和中德工业4.0产教融合创新基地项目，投资5亿元；北京动态时空科技有限公司项目，投资0.5亿元；大连西戈科技工程有限公司VR+虚拟仿真交互项目，投资1亿元。二是抓好招院引所工作，引进项目3个，分别为北京航空航天大学项目、清华大学建筑设计研究科学院项目、中国传媒大学项目。三是抓好招才引智工作。济南科明数码公司建设VR教育研究项目，引进山东建筑大学教授为首席专家的VR产业研发团队、山东大学博导教授刘延俊带领的VR研发团队和泰山学者史宝军等一批专家学者。

【技术创新】 为推进机械电子行业转型升级工作，加快新旧动力转换。一是按照产业政策和市场需求研发新产品。全市机械行业共有316项新产品列入2017年山东省第一至第三批技术创新项目计划。潍坊盛瑞传动有限公司“前置8档自动变速器（8AT）研发及产业化项目”荣获“国家科技进步一等奖”。15项新产品获“山东省机械工业科技进步奖”，其中，一等奖2项，二等奖6项，三等奖7项；有7项成果获“潍坊市科技进步奖”，其中，一等奖2项，二等奖5项；山东豪迈机械科技股份有限公司张伟主持完成的“高端子午线轮胎模具关键技术的开展与应用”项目取得重大技术突破，填补国内外空白，并获“潍坊市科学技术最高奖”，全市年度仅此1人。二是加强企业创新平台建设。支持引导企业与高校科技单位、国外大企业采取多种合作方式共建技术中心、工程技术研究中心和工程研究中心。山东鼎成新材料有限公司在从事金属粉末注射成型（MIM）制品研发中，实现传统机械装备制造业铸造革命，荣获发明专利和实用新型专利等数十项国家专利。三是行业技术创新体系建设。鼓励实力较强的技术中心实行区域性开放，为中小企业提供技术服务。雷沃重工被认定为“2017年度国家技术创新示范企业”，获批设立国家级工业设计中心，实现潍坊市国家级工业设计中心零突破。

【重点项目建设】 2017年，全行业重点项目1月—11月份完成技术改造投资约103亿元。主要项目有：北汽福田股份有限公司汽车及零部件产业园项目总投资120亿元，累计完成18亿元，全年完成17.5亿元；北汽福田股份有限公司山东多功能汽车厂潍坊发动机工厂建设项目总投资 30亿元，累计完成投资15.2亿元，全年完成 11.6亿元；歌尔股份有限公司歌尔光电产业园二期项目总投资34.2亿元，累计完成19.9亿元，全年完成11.9亿元；大洋泊车股份有限公司智能泊车产业基地建设项目总投资20亿元，累计完成投资10.5亿元，全年完成1.5亿元；华创机器人制造有限公司国产六轴工业机器人整机项目总投资14亿元，累计完成9.54亿元，全年完成1.57亿元；潍柴动力股份有限公司全球配件分销中心项目总投资12.3亿元，累计完成投资7.96亿元，全年完成投资2.95亿元；山东高强紧固件公司核电军工高端紧固件项目总投资5.6亿元，累计完成投资5.6亿元，全年完成投资4.6亿元；山东豪迈机械公司汽车高端轮胎模具智能化产业模式项目5.7亿元，全年完成2.28亿元；盛瑞动力机械公司精密汽车自动变速箱壳体等关键零部件制造项目总投资6.1亿元，累计完成投资2.17亿元，全年完成投资0.73亿元；盛瑞传动股份公司年产30万台8档变速器项目总投资5.4亿元，累计完成投资0.8465亿元，全年完成投资0.53亿元。

【现代产业体系建设】 围绕产业体系发展，引导企业拉长加宽增厚产业链，培强做大龙头企业。一是大力培育龙头企业。引导潍柴控股集团、北汽福田诸城汽车厂、福田雷沃国际重工股份有限公司等龙头骨干企业加大投入、开拓国际国内市场等措施，壮大企业规模。二是大力发展配套企业。培植山东浩信集团、盛瑞传动机械股份有限公司、诸城义和车桥有限公司等企业群体，依托潍柴控股集团、北汽福田诸城汽车厂等，搞好服务配套。三是引导产业链企业搞好协作。以潍柴为龙头的15家动力装备产业链企业在产品配套上相互协作，基本形成以产业链为纽带的现代化产业格局，获省政府无偿奖补资金0.3亿元。

【会展荣誉】 一是组织机械企业参加由省政府和中国机械工业联合会共同主办的“2017第十二届中国（山东）国际装备制造业博览会”。潍柴动力WP9H柴油发动机、盛瑞传动8AT自动变速机、迈赫点焊机器人系统荣获参展产品“金奖”，山东华信电炉有限公司GTR-250W-2500HZ中频透热炉获参展产品“银奖”。潍柴动力和迈赫机器人2家企业获“第十二届山东装备制造博览会最佳形象展示奖”，机电行办荣获大会组委会颁发的“最佳组织奖”。二是组织“2017第四届山东（潍坊）装备制造业博览会”。参展商359家，潍坊参展企业65家。展出主机设备685台（套），展会现场成交额约4.3亿元。

（荆　震）

化学工业

【概况】 全市共有化工生产企业1514家，其中，规模以上企业577家，危化品生产企业338家，危化品使用企业27家。全市共有经营储存企业1954家，其中，正常运营的1925家，停产整顿的25家，转产关停的4家。全市共有危化品运输企业59家，危化品运输车辆2602台。全市有特种设备的企业共863家，压力容器22280台，压力管道726.8千米，移动式压力容器充装站30家，气瓶充装单位264家，综合检验机构1家，气瓶检验机构19家，无损检测机构6家。全市共有废弃物处置企业1家，在建废弃物处置项目4个。

【转型升级专项行动】 2017年6月26日，潍坊市政府专题召开全市化工产业安全隐患大排查快整治严执法紧急行动部署工作会议，认真学习《潍坊市化工产业安全隐患大排查快整治严执法紧急行动方案》，对“大快严（大排查、快整治、严执法）”行动做了具体部署；成立潍坊市化工产业安全生产转型升级专项行动领导小组，负责全市化工产业安全生产转型升级推进工作。参照省机构设置办法，以市化工园区发展管理办公室为主体，成立市化工产业安全生产转型升级专项行动领导小组办公室。

【专项整治行动】 全市共组织各类排查4531次，检查危化品运输车量2246辆次，排查安全隐患13116项，整改9811项，罚款0.1527亿元。对评级评价中安全、环保“差”和未参与评级评价的768家化工生产企业进行停产整顿。

【重点隐患问题整改落实】 2017年7月26日—29日，山东省委、省政府责任督导组到潍坊市督查，对督查发现的问题进行书面反馈。潍坊市委、市政府明确要求有关县（市、区）和相关市直部门，针对省督查组督查问题反馈清单，逐一制定整改措施，抓好问题整改落实。潍坊市化工专项行动办下发《关于抓紧整改省委省政府督查组现场检查发现问题的通知》，并专门召开相关县（市、区）和相关市直部门负责人会议，进行安排部署，提出明确要求，限期进行整改。截至2017年9月底，山东省督查组对潍坊市督查发现、反馈的41项问题已全部整改完毕。

【健全长效工作机制】 建立党政主要领导安全生产“一岗双责”制度，强化安全生产工作力量，健全县（市、区）、镇（街）两级安全监管部门、应急救援指挥机构，健全“网格化、实名制”管理体系，定期开展安全生产大检查，按照省里的要求，为安监部门配备执法用车和必要的执法装备，保证每个镇（街）至少有一辆安全生产执法专用车辆。按照“管行业必须管安全、管业务必须管安全、管生产经营必须管安全”的要求，严格落实部门行业安全监管责任。企业内部开展“查隐患、保安全、促发展”活动，进一步压实企业主要负责人责任，强化追责、问责力度。建立部门联动机制。在各级专项行动领导小组的领导下，潍坊市经信委、安监局、环保局、公安局、质监局、工商局、交通局内部建立领导机构和专门的工作机构，并按照领导小组统一安排开展工作，形成条块结合，上下联动的运行机制。建立周调度制度。对各县（市、区）和“大快严”行动成员单位的专项行动实行周调度，并定期进行通报。潍坊市安监局、财政局联合印发《潍坊市安全生产举报奖励办法》，动员社会力量和广大人民群众，对化工企业违法违规行为进行有奖举报。为督促地方政府及其有关部门切实履行化工产业安全生产转型升级责任，研究制订《潍坊市化工专项行动领导小组办公室约谈制度》。

（张启超）

医药工业

【概况】 2017年，全市纳入统计范围的39家医药工商企业完成主营业务收入360.24亿元，同比增长10.61%；实现利税28.03亿元，同比增长23.4%；实现利润18.82亿元，同比增长30.29%，完成工业增加值43.33亿元，同比增长16.43%；完成出口交货值23.99亿元，同比增长9.58%。其中，22家医药工业企业完成主营业务收入170.64亿元，同比增长11.84%；实现利税22.06亿元，同比增长26.06%；实现利润15.51亿元，同比增长32.32%。商业企业完成主营业务收入189.6亿元，同比增长9.53%；实现利税5.97亿元，同比增长14.48%；实现利润 3.31亿元，同比增长21.49%。

【技术创新】 山东沃华医药科技股份有限公司心可舒片薄膜包衣粉发明专利“用于中药提取物制剂的包衣辅料、制备方法及包衣方法”、参枝苓口服液的发明专利“参枝苓口服液的质量检测方法”、 康辰骨疏康制剂的发明专利“一种骨疏康制剂” 获得国家知识产权局授权。公司设立的“山东省心脑血管中药研究与开发重点实验室”作为山东首批批准设立的企业重点实验室，在山东省科技厅公布的2017年度山东省重点实验室绩效评估结果中获得好评，同时获得专项建设资金80万元。入选“2017年度国家知识产权优势企业”。潍坊三维生物工程集团有限公司视黄醇结合蛋白等31个特定蛋白产品取得山东省食品药品监督管理局颁发的医疗器械注册证。2017年4月，中孚药业股份有限公司“枸橼酸托法替布合成技术创新”列入2017年第一批山东省技术创新项目计划；7月，“偏头痛用药氢溴酸依来曲普坦的生产工艺开发”列入2017年第二批山东省技术创新项目计划；12月，“一种拉米夫定片及其制备方法”获潍坊市“专利三等奖”，中孚药业被山东省科技厅等4部门重新认定为高新技术企业。山东精诚医药装备制造有限公司、山东泽普医疗科技股份有限公司获“市级企业技术中心”称号。

【项目建设】 诸城市浩天药业有限公司5000吨甜菊糖精加工项目，投资1.5亿元，当年完成。2017年1月，中孚药业股份有限公司阿塞那平等原料药项目开工建设，项目总投资935万元，已完成投资480万元，预计2019年底完成。3月，新华制药（高密）有限公司新厂区取得片剂、颗粒剂、干混悬剂药品GMP证书，标志着新厂区已经完全具备生产条件。同月，医药产业基地项目开工建设，项目总投资0.8亿元，已完成投资0.4亿元，预计2018底完成。4月，山东新和成药业有限公司25万吨蛋氨酸项目开工建设，项目总投资42亿元，已完成投资1.8亿元，预计2020年底完成。同月，山东国邦药业股份有限公司健康科技产业基地项目开工建设，项目总投资25亿元，已完成投资3.2亿元，预计2020年底完成。国邦药业还通过GMP新版认证的复审和2017年新投产车间认证。8月，潍坊市康华生物技术有限公司医疗器械项目开工建设，项目总投资4.17亿元，已完成投资1.4亿元，预计2018年底完成，项目建成后，形成年产16万盒Ⅱ、Ⅲ类体外诊断试剂和Ⅱ类临床检验分析仪器、软件的能力。9月，潍坊盛泰药业有限公司年产6万吨无水葡萄糖项目开工建设，项目总投资1亿元，已完成投资0.8315亿元，预计2018年底完成。同月，山东天力药业有限公司1000吨/年异山梨醇项目开工建设，项目总投资0.3亿元，已完成投资1000亿元，预计2018年底完成。11月，山东荣源药业有限公司年产600吨甲氧苄啶（TMP）等量搬迁升级改造项目开工建设，项目总投资2.2亿元，已完成投资0.2亿元，预计2019年底完成。

2017年11月，山东沃华医药科技股份有限公司前处理提取Ⅱ车间通过GMP认证。前处理提取Ⅱ车间于2015年开始建设，总投资0.6亿余元，建筑面积8000平方米，拥有中药前处理和中药提取2条生产线，年处理中药材能力5000余吨。寿光市富康制药有限公司投资6亿元的生物医药制剂国际化项目进展顺利，2017年投资1.65亿元，累计完成投资3.8亿元。

【职称工作】 2017年，共受理药品系列高级、中级、初级职称材料219份，其中，高级3人、中级89人、初级127人。经评审，高级通过2人；中级通过64人、初级通过103人。

（郑本海）

电力工业

【概况】 潍坊电网是国家特高压重要承接地，是山东省“西电东送”枢纽，“三交三直”［榆横—潍坊1000千伏交流特高压工程、青州换流站—潍坊特高压站（昌乐）1000千伏交流特高压工程、济南—枣庄—临沂—潍坊1000千伏交流特高压工程（临沂—潍坊段）；扎鲁特—山东（青州）±800千伏直流特高压工程、锡盟—江苏±800千伏直流特高压工程、上海庙—山东±800千伏直流特高压工程］6项特高压工程穿境而过。截至2017年年底，潍坊电网拥有1000千伏交流变电站1座，±800千伏直流换流站1座，500千伏变电站4座、220千伏变电站38座（数量居全省第1位），35千伏～110千伏变电站313座，变电容量4019万千伏安/输电线路9208千米，全市10千伏线路2.69万千米/配变3.37万台。2017年，全市全社会用电量493.85亿千瓦时，位居全省第2位，同比增长8.54%。国网潍坊供电公司荣获“山东省电力公司先进单位”“第五届全国文明单位”，潍坊市四星级“厚道鲁商”品牌形象上榜企业称号。

【安全生产基础全面巩固】 国网潍坊供电公司扎实开展安全生产大整顿、基建现场反违章等专项行动，排查问题1813项，完成整改1656项。通过省电力公司应急能力评估，9个县供电公司通过安全性评价复评验收。圆满完成968项春秋检任务，检修35千伏及以上设备7041台次、线路402条次，消除缺陷887处。发现处置220千伏泉河站绝缘子裂纹和35千伏高崖站开关柜耐压问题两起重大隐患，受到省电力公司通报表扬。安装输电可视化监拍装置532台，实现重要通道、线路“三跨（跨高速铁路、跨高速公路、跨输电线路）”全可视，220千伏输电线路跳闸同比降低42.9%。配网安全隐患专项整治效果初显，抢修工单数量同比下降40.9%。电网调控D5000系统通过省电力公司实用化验收并投入试运行。强化网络与信息安全管控，荣获“山东省网络安全保护工作先进集体”。选派37名优秀干部员工赴京保电，承办省电力公司突发事件新闻应急演练，荣获“省电力公司‘十九大’保电先进单位”。截至2017年12月31日，公司实现连续安全生产6979天、安全调度37周年。

【各级电网实现协调发展】 国网潍坊供电公司全力以赴做好特高压属地工作，青州市、昌乐县、寿光市、临朐县等供电公司积极作为，保障榆横—潍坊1000千伏交流、扎鲁特—青州±800千伏直流等5项特高压工程顺利投运，潍坊全面进入“特高压时代”。助力山东—河北特高压环网工程取得国家发改委核准，扎（鲁特）青（州）工程12个月建成投运，“一站一线”创全国特高压工程最短工期纪录，被评为“省电力公司电网工程建设立功竞赛先进单位”。高效推进“6747”（按计划完成6项特高压、7项超高压工程属地工作，按计划推进47项35千伏及以上工程）电网工程，35千伏～220千伏工程累计开工27项、投产24项，110千伏龙港站等15项工程被评为“国网优质工程”。攻坚遗留工程，220千伏潍五线（500千伏潍坊变电站至220千伏五洲变电站线路）顺利投运。稳步推进220千伏胡营、河滩、高密北3项电铁工程。提前半年完成4.4万眼机井通电，报装率达100%。431个中心村改造升级按期完成，农村户均容量提升至2.01千伏安，11项工程入选国网和省电力公司“百佳”。荣获“国家电网公司新一轮农网改造升级‘两年攻坚战’工作先进集体”。

【营销服务能力持续增强】 国网潍坊供电公司开展“彩虹•心服务•新价值”主题活动，公开承诺供电惠民10件实事。深化“电管家”服务品牌建设，配备119名专属客户经理，为271家星级客户提供“定制化”服务。深化星级供电所创建，新增1个五星级、7个四星级、40个三星级供电所。拓展“互联网+”营销服务，电子渠道覆盖客户超过240万户。开展营销服务“零投诉”劳动竞赛，69个班（组）连续3个月实现“零投诉”。安丘市、寒亭区2个县级供电公司试点开展“井井通电”扫码用电服务。加强客户侧安全隐患整治，派发整改告知书1759份、整改隐患1716处。完成智能电表更换19万只。承办山东省电能替代现场推进会，建成全省首个中石化合营充电站，替代电量11.1亿千瓦时，居全省首位。服务新能源发展，全市光伏居全省第1位，风电装机居全省第2位，新能源日均发电量占全网负荷的10%。

（于金标）

盐及盐化工

【概况】 潍坊市现有制盐企业36家，拥有盐田3.2万公顷，原盐生产能力1300万吨/年，盐化工产品综合生产能力36万吨/年。2017年，全市生产原盐1204万吨，同比增长4.10%；销售原盐941万吨，同比减少19.05%；期末库存原盐986万吨，同比增长36.38%；生产盐化工产品总量31.53万吨，同比减少5.33%；销售31.88万吨，同比减少4.76%，库存3.51万吨，同比增长8.38%。其中，累计生产溴素7.82万吨，同比减少12.13%；销售溴素7.87万吨，同比减少11.71%，库存溴素2039吨，同比减少17.35%。全行业实现销售收入103.86亿元，同比减少16.31%。其中，原盐销售收入10亿元，同比增长62.64%；盐化工产品销售收入83.53亿元，同比减少23.04%；完成税收入库17.84亿元，同比增长1.48%。

【行业管理】 2017年，全市盐业产品结构继续调整优化，制盐企业以盐和盐化工为基础，拉长拓宽产业链条，加快传统产业优化升级。产品结构方面，按照深加工、多增值、精细化、系列化的方向，盐业各类产品由以原料型初级产品为主，加快向产成品高附加值产品发展。溴系列产品和氯碱系列产品得到快速发展，均在全国形成较强竞争优势。各制盐企业积极实施科技驱动战略，投资建设研发平台，加大人才吸引力度，加强产学研联合，加快新技术、新产品研发速度，不断丰富产品品种，现已发展盐、溴、镁、钙、钾、纯碱、烧碱、盐酸等8大系列产品。深化企业整合，提高产业集中度，更多企业开发卤水资源综合利用，实现“一水多用”，发展循环经济，更大限度地提高资源利用效益。

【盐政执法】 加强队伍建设，提高执法水平。针对全国进入盐业体制改革过渡时期，涉盐违法案件错综复杂形势，加强盐政执法人员专业能力培训。安丘市盐务局、潍坊市盐务局直属分局选送的执法案卷获全省评比满分成绩。安丘市盐务局查办“王成武违规购销盐产品案”被评为“全省年度盐业十佳案例”。结合全市盐业实际，市盐务局与市公安局联合开展2017年元旦、春节期间食盐市场专项整治行动。全市重点加强对制盐企业和外来工业盐、化工副产盐、工业用加工盐以及饲料添加剂氯化钠的监督管理，加大对伪劣食盐生产、销售窝点和盐产品集散地的巡查稽查力度，加大对食品加工用盐企业（业户）的监管力度。认真开展落实盐业改革跨区经营食盐政策的专项治理行动，查处违规跨区经营食盐的品种11个品牌，不合格食盐40吨。全年共出动盐政执法人员26792人次，公安配合出警348人次，查获各类涉盐案件2513起，查获各类盐产品325.3吨，罚款46.8万元，端掉制售假劣食盐窝点16个，与公安等部门联合办案56起，移交司法机关处理案件56起，刑事拘留11人，判刑11人。

【食盐专营】 2017年，全市共购销食盐产品5.3万吨，其中，购销小包装食盐1.01万吨。面对盐业体制改革实际和市场需求变化，全市各级食盐批发企业积极宣传引导，科学应对市场变化，努力保障群众食用合格碘盐。一是丰富食盐品种，提高食盐质量。根据市场需求积极推出适销对路的10余种新产品，满足群众的不同消费需求；二是强化管理，提高服务水平。服务市场，服务基层，服务一线，减少中间环节，大幅让利给市场终端；三是加大品牌建设力度，立足潍坊市海盐资源优势，及时开发海水自然盐、精制海盐、天然海盐等一批海盐新品种。

【食盐宣传】 做好防治碘缺乏病知

识的宣传及盐业法规的宣传工作，并把宣传重点放在社区、城区集贸市场及广大农村，进一步深入开展“走百村，进万家”的碘盐检测活动和“小手牵大手”碘缺乏病防治知识校园普及活动。提高广大群众对碘缺乏病危害的认识，加深消费者对如何鉴别、购买、食用、储存碘盐的了解，使消费者增强自觉抵制假冒伪劣食盐、食用合格食盐的意识。广泛利用报纸、电视广播等传统新闻媒体，宣传盐业政策法规和碘缺乏病防治知识，利用自媒体、网络、微信等新媒体，传播食盐专营和食盐安全信息，曝光典型案例，推介食盐新品种，加强与客户的网上交流。做好“3·15”消费者权益日和“5·15”“每天一点碘，健康多一点”碘缺乏病日主题宣传活动，加强日常宣传工作。

（任承桢）

食品工业

【概况】 2017年，全市规模以上食品企业510家，实现主营业务收入1505.66亿元，同比增长2.1%；实现利税100.48亿元，同比增长4.7%；实现利润69.95亿元，同比增长4.5%。

【合力推进核心区建设】 “中国食品谷”是潍坊市为推动食品产业转型升级，建设国家食品安全区而打造的战略平台。4月份，邀请“好品山东”电商平台、恩源信息科技到“中国食品谷”进行考察，考察期间初步达成同中国食品谷集团有限公司、潍坊恩源信息科技有限公司组建一个电商平台入住食品谷的意向。同时“好品山东”联合中国食品谷集团有限公司、潍坊恩源信息科技有限公司组成三方联合调研组，对全市部分重点食品企业进行调研。调研小组先后到青州市家家富现代农业集团有限公司、东亚畜牧交易所、潍坊匠造食品有限公司、潍坊风筝面粉有限责任公司等食品相关企业，了解企业生产经营、品牌推广和信息化建设等方面的需求，有针对性地研究制定出具体服务措施。

【招商引资】 完善补充食品产业专家库信息。以“智库”建设为抓手，充实完善专家库队伍，充分发挥专家的技术优势和咨询参谋作用，为食品产业发展提供了强有力的科技支撑；加强推进产学研合作，积极与国家高等院校、科研院所等建立良好的互动关系，经过不懈努力和牵线搭桥，促成景芝酒业、得利斯有限公司与国家高等院校、科研院所的合作。

【品牌建设】 以“增品种、提品质、创品牌”的“三品”战略为发展重点，以构建“品牌强大、品质优良、品种优化、集群发展”的食品产业发展体系为方向。组织诸城经济和信息化局参加由国家工业和信息化部科技司主办的“2017年第一期产业集群区域品牌建设经验学习交流会”“2017年全国工业企业品牌培育经验交流活动”，学习产业集群区域品牌建设方法，交流区域品牌建设工作经验，为下阶段建设工作打下良好基础。根据工业和信息化部科技司《关于开展2017年产业集群区域品牌建设试点示范工作的通知》要求，积极组织诸城市申报，并配合做好食品产业集群区域品牌示范区申报材料的编写和上报；组织安丘市申报创建“中国食品强县”，2017年12月26日，中国食品工业协会公布《关于发布2016年—2017年度全国食品工业强县（市、区）的决定》，安丘市获评“2016年—2017年度全国食品工业强市”称号。山东省共5个县（市）获评，安丘市是潍坊市唯一上榜县级市。

【诚信管理体系建设】 加强诚信宣传与诚信文化建设，利用多种途径宣传食品工业企业诚信管理体系建设进程；组织食品企业开展诚信体系建设交流活动，将全市食品企业诚信体系建设情况及先进经验和成功做法以《潍坊工业动态》汇编成册；加快构建食品安全长效机制，按照“全面铺开，选择重点，稳步推进”的原则，做好规模以上食品工业企业诚信管理体系新国家标准宣传培训工作。2017年9月20日，分别在诸城市、安丘市举办《食品工业企业诚信管理体系》国家标准宣贯培训班，参加培训规模以上食品企业共有130余家，约占全市规模以上食品企业25%。全市共有8家食品工业企业获得国家颁发的食品工业企业诚信管理体系评价证书，总数居全省首位。

【食品安全】 结合节日期间食品消费特点，2017年1月18日，到高新区进行春节期间食品安全市场整治督查，到潍坊十甲农贸市场、潍坊佳乐家谷德广场、老城根饭店、潍坊安泊直饮水厂进行实地督查，结合实际提出改进意见。下发关于做好节假日期间食品安全保障工作系列通知文件，督促各县（市、区）经信局、市属各开发区经发局落实属地食品安全监管职责，同时，对列入《推进食品加工产业发展实施方案》的重点龙头企业进行实地督导检查，及时排除食品安全隐患，保障群众食品质量安全，确保全市人民度过欢乐、祥和、平安的节日；加强食品安全宣传力度，积极参与食品安全周活动。紧扣“尚德守法，共治共享食品安全”活动主题，起草《2017年食品安全宣传周活动方案》，并于6月29日参加食品安全宣传周启动仪式。与此同时，设立安全宣传咨询台，以现场咨询、展板宣传、发放宣传资料等形式，向广大居民群众宣传食品安全法律法规及食品安全知识。

（胡　然）

重点工业企业简介

【潍柴控股集团有限公司】 潍柴创建于1946年，全球拥有员工8万人。2017年，收入超过2200亿元。名列“中国企业500强”第155位，“中国制造业500强”第60位，“中国机械工业百强企业”第2位。

潍柴是一家跨领域、跨行业经营的国际化集团，拥有汽车业务、工程机械、动力系统、智能物流、豪华游艇和金融服务6大业务平台，分（子）公司遍及欧洲、北美、东南亚、南亚等地区，并在中国山东、陕西、湖南、重庆、江苏、福建、上海、北京等多个省市设立全资或控股子公司。集团控股子公司——潍柴动力股份有限公司（HK2338，SZ000338）是一家A+H上市公司，拥有动力系统（发动机、变速箱、车桥）、重型汽车、汽车电子及零部件黄金产业链；另一控股子公司——潍柴重机股份有限公司（SZ000880），业务覆盖全系列船舶动力和发电设备产品平台，并于2007年4月在深圳证券交易所上市。2012年1月10日，潍柴集团重组豪华游艇制造企业——意大利法拉帝公司，企业产业链条进一步延伸，产业结构调整和国际化发展迈出坚实一步。2012年9月3日，集团旗下潍柴动力与德国凯傲集团实施战略合作，并购林德液压，企业核心技术水平进一步提升，彻底改变了我国高端液压产品长期依赖进口局面。2016年6月，公司境外子公司凯傲集团全资收购全球物流运输供应商德马泰克（Dematic）公司全部股权，进一步拓宽全球尤其是北美市场的业务布局，区域及业务更加多元化，抗风险能力进一步增强。

潍柴拥有现代化的国家级企业技术中心、国家商用车汽车动力系统总成工程技术研究中心、内燃机可靠性国家重点实验室，设有“博士后工作站”，在美国、欧洲，以及中国上海、重庆、扬州、西安、潍坊等地建立研发中心，确保企业技术水平始终紧跟世界前沿。潍柴在全国建立由5000余家特殊维修服务中心组成的服务网络，在海外建有240余家维修服务站，产品远销110余个国家和地区。潍柴的快速发展得到上级部门和领导的充分肯定，先后荣获“全国先进基层党组织”“全国文明单位”“中国工业大奖”“全国质量奖”“国家创新型企业”“全国企业文化示范基地”“中国商标金奖•商标创新奖”等荣誉称号。多位党和国家领导人先后莅临潍柴视察指导工作，对潍柴发展给予高度评价。2017年12月，潍柴发布2020—2030战略，力争在2030年达到千亿美元收入，打造受人尊敬的国际化强企，成为竞争力持续提升的世界500强公司。

【山东晨鸣纸业集团股份有限公司】 以造纸、金融、纤纱、林业、地产5大产业板块为主体，同时涉足矿产、能源、物流、建材、酒店等领域的大型综合性现代化企业集团，是全国唯一一家A、B、H三种股票上市公司，以及造纸行业内第一家拥有财务公司和融资租赁公司的产融结合企业。先后在山东、广东、湖北、江西、吉林等省地建有生产基地，集团总资产近900亿元，年浆纸产能850余万吨。企业经济效益主要指标连续20年在全国同行业保持领先地位，不仅是世界纸业10强、中国企业500强，还被评为中国上市公司百强企业和中国最具竞争力的50家蓝筹公司之一，被誉为中国造纸业引领企业。2017年，荣获“中国轻工业百强企业”，再次入选山东造纸“十强企业”，自购铁路专线机车和湛江分公司液体纸包装生产线均投入运行，成功通过国家“两化”融合管理体系评定。2017年，集团实现主营业务收入870亿元，其中，属地实现收入130.8亿元；实现利税64.5亿元，其中，属地16亿元；实现利润47.9亿元，其中，属地11.4亿元。

【山东昌邑石化有限公司】 公司成立于1986年，是中国化工集团有限公司下属企业。是以原油和燃料油为原料生产国家标准汽柴油、液化气、丙烯、聚丙烯、苯、甲苯、二甲苯、MTBE、石油焦、硫黄等10余个品种的特大型石化企业，原料油综合加工能力达600万吨／年，配套设施齐全，产品质量均达国家标准，在中国化工企业500强位列第23位。公司下设12个基层党支部，现有干部、员工1313人，占地面积333.33余公顷，现有各类装置22套，全部总资产143亿元。2017年，昌邑石化认真贯彻落实集团公司和油气公司各项工作部署，发挥计划统领作用，持续开展设备预防性维护、工艺优化和技术改进，推进生产精益管理，生产装置实现安全稳定运行，完成全年各项任务指标，完成加工量614.3万吨，实现销售收入300亿元，利税30亿元。企业已连续10年营业收入过百亿元，进入山东省纳税百强，潍坊市纳税百强前三名。公司先后荣获全国“石化行业‘两化’融合优秀实践奖”“全国重合同守信用企业”、中国“质量信誉AAA级企业”、省级“安全文化示范企业”“节能先进单位”“环境友好企业”、潍坊市“十强企业”“功勋企业”等光荣称号。

【雷沃重工股份有限公司】 全球知名机械装备制造企业，通过工业互联网技术实现智能制造、智能管理、智能服务，为全球现代农业生产、城市生活建设和资源产业提供互联、高效、可靠的整体解决方案。目前，约有员工1.5万人，业务遍及全球120余个国家和地区。雷沃重工业务范围涵盖农业装备、工程机械、车辆、金融+互联网四大业务板块，拥有完善的核心零部件产业链。创新并坚持“全球研发、全球制造与分销”的发展模式，在海外多个国家设有研发中心、制造基地及营销服务网络。在客户服务方面，雷沃重工秉承“全心为你”的服务理念，为客户创造全方位、互动式、一站式的服务体验，并不断拓展客户价值增值的新领域。面向未来，雷沃重工将持续加快全球化发展步伐，搭建并完善全球化运营管控体系。秉承诚信尊重、创新激情、专业团队的核心价值观，始终坚持以客户为中心，用高品质的产品与服务回馈全球客户，成为世界非公路行走机械装备领先品牌。

【卡特彼勒（青州）有限公司】 公司前身为山工机械，成立于1958年，是卡特彼勒在中国战略中的重要组成部分，通过引进吸收卡特彼勒6Sigma、CPS、TPM、5S管理及MQ12005质量管理等先进的管理模式，实现中国传统文化与卡特彼勒企业管理理念的成功融合，公司现有职工近2000人。作为卡特彼勒全资公司，卡特彼勒（青州）有限公司目前生产“CAT950GC”和“山工机械”两大品牌产品，山工机械品牌产品包括装载机、推土机、压路机、平地机等整机及路面机械结构件、工作机具等零部件。2017年，卡特彼勒（青州）有限公司共生产各类机械产品8155台；实现销售收入31亿元，比上年分别增长70%和87%；其中，出口各类产品2200台，出口收入12亿元，出口销量和收入比2016年均实现了翻番；上缴税金0.42亿元。

【北汽福田汽车股份有限公司诸城汽车厂】 北汽福田汽车股份有限公司成立于1996年8月28日，是中国品种最全、规模最大的商用车制造企业。现有资产近690亿元，员工近4万余人。品牌价值达1005.65亿元，被业界誉为中国商用车第一品牌。福田汽车诸城厂区是福田汽车集团核心制造基地，包括诸城汽车厂和诸城奥铃汽车厂两个专业汽车生产厂，现已形成年产销汽车45万辆的生产能力，是全球最大的商用车制造基地。厂区总占地面积137.7公顷，员工1.5万余人，主要产品包括时代轻卡、奥铃轻卡、瑞沃工程车等3大系列300余个品种。诸城厂区自身发展的同时，带动起全国配套企业近千家，带动义和车桥、美晨科技等一批汽车零部件巨头，并吸引丹东曙光、青岛众力车桥等外地企业到山东投资办厂，实现产业链的升级和协调发展，取得很好的经济效益和社会效益。目前，诸城属地给福田汽车配套的企业占诸城规模以上企业的40%左右，产值占诸城整个工业产值的43%，仅在诸城就带动配套企业500余家，属地配套率达70%以上，年实现配套供货额600余亿元，安置就业人员6万余人，带动潍坊市汽车零部件产业崛起，实现产业链的升级和协调发展。

【潍坊英轩实业有限公司】 成立于1996年，是一家专业生产柠檬酸系列产品和酒精系列产品的大型企业。公司专注于柠檬酸和酒精生产经营，在生物发酵产业领域位居同行业前列，被中国轻工业联合会、中国生物发酵产业协会授予“中国柠檬酸特色产业基地核心企业”荣誉称号，公司是中国生物发酵产业协会副理事长单位、中国酒业协会酒精分会常务理事单位、中国五矿化工进出口商会常务理事单位，是中国轻工业发酵行业十强企业。通过ISO 9001、ISO 14001、ISO 22000、OHSAS 18001、BRC、HACCP、GMP、KOSHER、HALAL、FAMI-QS、柠檬酸行业社会责任管理等体系认证以及Non-GMO IP验证。2017年，公司实现主营业务收入78.4亿元，同比增长20.1%，实现利税16.1亿元。英轩注重科技创新，整合生物领域优势资源，建设山东省英轩实业院士工作站、博士后科研工作站、企业技术中心、工程技术研究中心等科技研发平台，配置世界先进的研发设备，着力打造核心竞争力。

【潍坊浩泰机械有限责任公司】 成立于2002年10月，注册资金0.275亿元，是一家集机械加工、制造、销售于一体的高新技术企业，公司致力于为汽车整车制造企业提供高性价比的产品，主要配套厂家有潍柴动力、潍柴道依茨、北汽福田等国内主要汽车、发动机生产厂家。主要产品有：发动机产品（缸体、缸盖、曲轴箱等）。公司拥有各类生产制造设备400余台，形成6条可独立运行的发动机缸体、缸盖生产线。公司以“科技创新、永无止境”的企业精神，坚持“品质优先、创新发展、诚信做事”的经营理念，积极推动企业不断创新与持续发展。公司已通过ISO 9001:2000、ISO/TS 16949:2009、ISO 14001:2004、OHSAH 18001:2007体系认证。2017年，公司发动机缸体、缸盖等主要产品产量突破80万件，实现销售收入16.6亿元，上缴各种税金0.3434亿元，被奎文区政府评为“突出贡献企业”。

【山东华建铝业集团有限公司】 是国内铝合金建筑型材和工业型材重点生产科研企业，现已发展为以铝型材产业为主，其他相关产业协同发展的大型企业集团。2017年，上缴税金超2亿元，荣获“中国建筑铝型材二十强企业”。集团公司建有高标准省级企业技术中心、CNAS国家认可实验室，通过CMA中国计量认证，获得国家专利500余项，参与《铝及铝合金术语》等10余项国家、行业及地方标准的起草和修订。华建产品销往全国各地及亚、非、美、欧、大洋洲等40余个国家和地区。在中国尊、CCTV大厦新址、首都新机场、美国驻华大使馆、国家博物馆、2008年北京奥运会场馆、2010年上海世博会场馆、2012年亚洲沙滩运动会场馆、2014年北京APEC会议主场馆、2016年北京城市副中心、2017年金砖峰会厦门会议中心、雄安市民服务中心以及科威特大学城、阿布扎比金融中心、坦桑尼亚总统府、马来西亚森林城市、安哥拉社会福利住房项目等众多国内外知名工程建设中得到广泛应用。集团公司还荣获高新技术企业、国家守合同重信用企业、全国有色金属行业先进集体、中国节能型材创新企业十强、中国房地产开发企业500强首选供应商等荣誉称号。集团公司是中国有色金属工业协会会员单位、中国有色金属加工工业协会副理事长单位、中国建筑金属结构协会副会长单位、国家有色金属标准化技术委员会会员单位、中国模板脚手架协会常务理事单位、山东省建设机械协会副会长单位。

【山东景芝酒业股份有限公司】 公司前身是1948年集景芝镇72家烧锅于一体创立的山东景芝酒厂，1993年经山东省人民政府批准改为股份制企业，经过多年发展，现已形成以白酒酿造经营为主，酒文化旅游、生态养生、热电、综艺包装、蛋白饲料等多元化发展格局。公司拥有一品景芝酒、景阳春酒、景芝白乾酒、年份景芝酒四大系列品牌，现有员工3700余人，占地面积80公顷，总资产31亿元，年产商品白酒能力8万吨，拥有3个生产厂区和一个生态酿酒产业园，一个齐鲁酒地文化创意产业园，是中国重点酿酒骨干企业、中国最大的芝麻香型白酒生产企业、中国白酒工业百强企业、中国芝麻香型白酒领军企业、国务院国家AAAA级标准化良好行为企业。荣获山东省省长质量奖，全国质量奖，中国白酒158计划示范企业，国家博士后工作站，中国技能大师工作室，工信部首批工业企业知识产权运用能力培育工程试点企业等荣誉称号。2017年，实现营业总收入39亿元；销售商品白酒4.7万吨；实现利税3.5亿元，上缴税金2.6亿元。

【山东新和成药业有限公司】 成立于2007年8月，是一家主要从事医药中间体、香料香精、食品添加剂等生产和销售的高新技术企业。公司注册资本为5.86亿元。公司现有员工1650余人，占地80公顷。公司产品远销欧洲、美国、东南亚等国家和地区，主导产品主要有异植物醇、芳樟醇系列、柠檬醛系列、叶醇系列、覆盆子酮等。其中，异植物醇年产量达到10000吨，销售量占国内50%，占全球30%；芳樟醇年产5000吨，销售量在全世界占1/3，国内占80%；覆盆子酮年产量900吨，销售占全球的90%以上；四氢芳樟醇在国内销售占100%。2017 年，实现销售收入19.47 亿元，同比增长16%；利润总额4.89亿元，同比增长11.64%；纳税1.3056亿元，同比增长4.93%。公司在发展过程中，不断完善各种机制，努力达到国际各种规范。公司目前已通过质量管理体系、环境管理体系、职业健康安全体系、食品安全管理、能源管理、知识产权等6个管理体系，大部分产品通过KOSHER犹太食品、HALAL清真食品和欧盟REACH等认证。在2012年—2016年，公司负责或参与国家标准及行业标准制修订23项，目前已有9个国家标准发布，9个行业标准发布。近年来，随着企业经营业绩的提高和承担社会责任的增多，公司逐渐得到社会和行业的一致认可和好评。先后获得“单项制造业冠军产品”“中国轻工业行业香料十强企业”第二名，“轻工行业成长能力百强企业”第15位、“全国实施卓越绩效模式先进企业特别奖”“全国轻工业卓越绩效先进企业”“山东省安全先进工作单位”“山东省质量奖”“山东省化工百强企业”“山东省精细化工十强企业”“山东省日化行业十强企业”“潍坊市市长质量奖”“潍坊市企业管理奖”等荣誉。

【孚日集团股份有限公司】 创建于1987年，现有员工17000名，资产85亿元，2006年在深圳上市。集团以家纺为主导产业，同时涉及房地产、新型电机、化工、小额贷款等多个产业，是中国规模最大、技术装备最先进、出口金额最多的现代化家用纺织品公司。集团家纺产业拥有毛巾、床上用品、装饰布艺、纱线以及配套热电厂、自来水厂等多个关联产业群，以及国家级企业技术中心、国家级实验室等技术创新平台，形成从产品研发设计、纺纱、织造、印染、整理、包装到全球贸易、品牌营销的完整产业链。同时拥有来自德国、瑞士等国际领先的主要技术装备4000余台（套），织造生产全部实现无梭化。家纺产品年生产能力达7万吨，其中，毛巾系列产品年生产能力达6万吨，居全球第1位。产品通过质量、环境、安全健康等系列国际认证，产品质量达到同行业领先水平。

国际市场是集团的传统主销市场。从出口日本市场起步，公司一直坚持实施“全球贸易”战略，现已建立起以美国、日本、欧洲3大主销市场为支撑、俄罗斯、澳大利亚、中东等新兴市场快速发展的全球贸易格局，出口额自1999年以来一直位居中国家纺行业第1位，孚日毛巾占中国出口日本毛巾总量的25%以上、占出口美国毛巾的40%以上、占出口欧洲毛巾的20%以上，已在世界家纺领域建立起较强的话语权。近年来，集团加快实施“向优势市场转移”和“进军中高端市场”的发展战略，加快拓展优质市场，深入挖掘高端客户，进一步提高在国际优势市场的竞争地位，继续保持了出口的稳步增长。

国内市场是集团重点发展的战略性新兴市场，以“孚日”和“洁玉”两大品牌为主导，采取旗舰店、专卖店、商场超市、网上商城等立体化销售终端模式，已形成品牌特色鲜明、营销渠道多元的高、中档品牌运营架构，目前全国销售网点总数已超过20000家，“孚日”品牌毛巾连续多年保持国内市场综合占有率第1位，“洁玉”品牌毛巾连续多年居国内毛巾行业主流销售渠道第1位。

集团荣获“全国制造企业500强”“国家高新技术企业”“中国出口质量安全示范企业”“全国纺织行业管理创新成果大奖”“中国纺织服装企业竞争力500强”“中国家用纺织品行业竞争力10强企业”等荣誉称号。产品荣获“中国驰名商标”“中国名牌产品”“中国出口名牌”等荣誉称号。

（赵海亮）

服务业

Fuwuye

现代物流

【概况】 2017年，全市物流业保持平稳较快发展。落实已出台的系列物流规划，着眼于放大优势、补齐短板、做强特色、创新引领，编制《潍坊市现代物流发展规划》，统筹海港、空港、陆港、高铁、冷链等物流方式，促进功能协同、空间布局协同和互通衔接，打造战略竞争新优势。规划立足潍坊物流发展实际和区位优势，提出服务环渤海，对接东北亚，连接“一带一路”的区域性国际物流节点城市的发展定位和“两核+四心+N节点”的总体物流发展布局，以中心城区、滨海新区为物流发展核心区，重点建设滨海临港物流中心、食品谷物流中心、鲁东物流中心、航空物流中心，打造物流集聚发展平台。

【构建物流设施大网络】 发挥重大物流基础设施建设在引导和支持物流发展中的基础性和关键性作用，按照“一个统筹、五极驱动、多点互动”（以现代物流总部基地为统筹，临港物流园、食品谷冷链物流园、综合保税区中俄农副产品冷链物流园、空港物流园、鲁东物流中心五极驱动，各县市区物流园区多点互动）空间布局，积极构建全市一体化物流服务网络格局。引进全国知名物流企业远成集团，投资50亿元建设的现代物流总部基地项目——远成•潍坊国际智慧物流城，一期快递快运中心即将投入使用。临港物流园、食品谷冷链物流园、综合保税区中俄农副产品冷链物流园等主体园区仓储集散、中转联运、分拨配送等功能日益完善。鲁东物流中心、泓德物流园、中百大厨房等一批大型物流基地、物流中心和配送中心初具规模，寿光农产品、青州花卉、临朐铝型材等县市特色物流园区多点布局。全市建成较大物流园区32处，以枢纽型物流园区为核心、节点型物流园区为辅助、配送型物流园区为补充的网络体系基本形成。

【扶持物流企业大龙头】 研究制定鼓励物流业发展的政策措施，组织参加融资对接、管理培训、政策宣贯、专业招商、对外交流、公共宣传等重大活动，扶持经营规模大、发展前景好的企业上规模、上档次，充分发挥大企业在转型升级、创新发展中的主体作用，打造具有国际竞争力的市场主体。晟琦疏港国际物流、青州港天物流、泓德物流、成泰物流等一批龙头企业不断发展壮大，整合市场资源，拓展增值服务和高端服务，积极向物流供应链公司转型。支持企业品牌化建设，2017年新增AAAA级物流企业4家，全市AAA级及以上物流企业达到33家，其中AAAA级16家，AAAAA级4家，在现代物流基地建设中发挥了重要作用。全市具备经营快递业务资格的法人企业及分支机构达220家，EMS、顺丰、“四通一达”等国内25个重要品牌以及DHL（德国敦豪）、Fedex（美国联邦快递）、UPS（美国联合包裹速递）、日本欧西爱司、香港嘉里大通等国际快递企业在潍坊落地，26个品牌快递企业设立分拨中心。

【探索冷链物流全链条】 深入贯彻落实国务院办公厅《关于加快发展冷链物流保障食品安全促进消费升级的意见》文件精神，抓住创建全国农产品冷链流通标准化示范市和全省冷链物流示范市的机遇，着力冷链物流标准化、信息化、智慧化建设，加速形成鲜活农产品产地预冷、冷藏保鲜、冷链运输全程冷链体系，探索冷链物流“最先一公里”和“最后一百米”新模式。加快实施食品谷冷链供应链平台等8个重点带动项目，大力推广应用冷链物流标准和标准化冷链物流设备，在农产品主产区乡镇建设产地预冷、冷链加工配送设施，全市冷链物流存储能力达到286万吨。支持拥有良好品牌影响力的冷链物流园区及冷链物流企业发展壮大，中凯冷链仓储、寿光农产品物流园、诸城龙海水产城、安丘盛大市场、昌邑宏大市场等物流园区辐射能力不断增强，海渔产业园、峡山生态农产品综合交易物流中心等一批项目加快建设，储存能力5万吨以上大型冷链物流企业达到5家。6月25日，“中国食品谷号”潍坊至昆明铁路冷链班列首发，打通中国第一条内陆连通东亚、东南亚和南亚的专业化铁路冷链物流通道。

【培育物流发展新动能】 把握物流产业升级趋势，遵循“问题导向、改革创新、重点突破”的原则，谋划高铁物流园、铁路物流基地、冷链基础设施网络体系等大园区、大项目，积极对接市级投资公司以及中国物流有限公司、中铁物流集团等国内知名物流企业，探索“政府+国有企业+市场”项目建设新模式。重点在制造业物流、农产品冷链物流、电子商务物流、城乡物流配送、多式联运等领域，谋划、筛选、实施物流项目32个，总投资395亿元。进一步健全项目推进机制，实行项目建设属地负责制，强化部门帮扶企业联系协调机制，项目建设稳步推进，形成物流有效供给和新的增长点。

（王积富）

潍坊市人民政府与大公国际信用评级集团战略合作协议签约仪式（供稿：杨振威）

金融服务

【概况】 2017年，金融服务实体经济的质效显著提升。信贷规模稳定增长。全市各项贷款余额5388.5亿元，同比多增338.3亿元。积极争取政策性信贷，国开行、农发行、进出口银行新增投放超过100亿元。

多层次资本市场发展取得新突破。全年920家规模企业完成改制，累计完成改制企业达2251家，完成全部改制任务的85.1%。新增上市公司3家，新增“新三板”和区域性股权交易市场挂牌企业8家和307家，新增上市挂牌后备资源企业107家。完善发债企业后备资源库，对发债企业按照不超过发债额的2‰给予一次性补助，实现各类债券融资318.7亿元。

融资成本进一步降低。与大公国际签订战略合作协议，完善企业信用评级，畅通融资渠道，降低融资成本。大力推广“无缝隙”“年审制”“续贷通”“免评估”等信贷服务模式，严肃查处以贷转存、存贷挂钩、借贷搭售等变相提高融资成本、加重企业负担行为，全市金融机构通过各种方式累计降低企业融资成本30亿元以上。

11月13日，山东大业股份有限公司在上海证券交易所举行上市交易敲钟仪式（供稿：杨振威）

【立体化金融风险防控体系不断完善】 扎实开展金融风险隐患排查。先后排查67家风险企业、167个担保圈（链）、36家上市公司、146支企业债券、201家网贷机构，确定13家重点关注企业，按照“一企一策”原则，分别制定了风险防控方案。

充分发挥过桥、风险缓释等应急转贷基金作用。市级风险缓释基金累计实现投放32亿元，扶持124家困难企业；各县市区组建应急转贷基金13支，总规模33.3亿元，累计提供应急转贷311.35亿元。

规范运作资产管理公司。成立市级资产管理公司，与省金融资产管理公司合作组建金融资产优化基金，累计收购不良资产68亿元。

加快不良贷款处置。截至11月末，累计处置不良贷款187亿元，银行业不良贷款率低于全省平均水平。

设立专业化金融审判机构。推动各县市区法院组建12家金融审判庭，对金融诉讼案件集中立案、集中审理、集中执行。2017年，全市共受理金融纠纷案件9644件、结案9163件，涉案金额300多亿元；案件结案率比设立金融审判法庭前普遍提高了20多个百分点。这一做法在全国法院系统推广。

11月，全省新型农村合作金融试点工作经验交流会暨试点工作培训班在潍坊市举办（供稿：杨振威）

【金融人才引进和培育】 开展多期金融人才培训。组织各类金融专题培训班10余期，重点组织了潍坊市金融创新与资本运作专题培训班、新三板挂牌公司高管培训班、产业资本与金融资本融合培训班、金融风险防控专题培训班等。

开展各类金融人才的评选。组织全省金融高端人才和齐鲁金融之星的推荐工作。按照省有关文件精神，市金融办牵头出台了《关于转发〈关于2017年山东金融高端人才推荐工作的通知〉的通知》（潍金发〔2017〕35号）和《关于转发〈关于2017年山东省齐鲁金融之星推荐工作的通知〉的通知》（潍金发〔2017〕36号），积极指导各县市区加大宣传，积极开展人才推荐、上报工作。经自下而上、逐级推荐、专家评审等环节，潍坊市共有1人入选2017年山东金融高端人才，1人入选2017年泰山产业领军人才，7人入选2017年山东省齐鲁金融之星。

金融实用人才引进工作。搭建金融人才集聚服务平台，组织全市金融企业在有关人才网发布招聘信息，定向与储备人才接洽。2017年，各金融机构引进各类金融人才845人，其中硕士以上人员127人，本科以上人员714人。

金融高端人才的引进工作。依托潍坊市金融控股集团，柔性引进了“千人计划——国家特聘专家”“北京市海外高层次人才”“中关村高端领军人才”、北京青云创投总裁叶东，前IBM全球副总裁兼中国开发中心总经理、现任赛伯乐投资集团集团总裁王阳。

（王　强　杜　强）

【支持实体经济发展】 2017年，辖区银行机构持续推进减费让利，累计为企业节省利息支出约2.18亿元；累计整合精简收费项目458项（次），为企业客户降低融资成本1.95亿元。落实分类施策，助力全市供给侧结构性改革，战略性新兴产业、绿色信贷、重大基础设施建设等优先、鼓励、支持类企业贷款余额3359亿元，较年初增加305.75亿元。开展“增提创”（增强联动、提升服务、创立品牌）主题年活动，累计走访企业3116个，项目244个，园区106个，制定综合服务方案2270个，为相关企业和项目新增授信173.99亿元。

【普惠金融】 2017年，全市新设立银行业金融机构1家，12家全国性股份制银行中已有11家正式进驻潍坊市，7家异地城商行在潍坊市开设分行，村镇银行实现了县域全覆盖。积极实施精准扶贫，辖区银行机构积极推广“富民农户贷”和“富民生产贷”等产品。深入开展“金融知识进万家”“金融知识进校园”等宣传服务活动，累计为30万金融消费者提供宣传教育。

【信用风险防控】 2017年末，全市银行业不良贷款余额110.5亿元，居全省第9位，较年初优化5个位次；不良贷款率2.05%，较年初下降0.06个百分点，低于全省平均水平0.51个百分点，全面完成了市委市政府确定的年度不良贷款防控目标。潍坊银监分局将不良贷款余额大、占比高、新增多的大型银行和法人机构作为重点监管机构，因行施策、着力管控。2017年全市银行业累计处置不良贷款221.57亿元，其中核销不良贷款104.20亿元，处置额、核销额均居全省第3位。充分发挥债委会大额风险防范化解作用。至2017年末全市共组建166家债委会，对1683.94亿元用信总额进行联合管理，343.14亿元风险得到初步控制和缓释。

【信贷投放】 重点领域信贷投放规模持续扩大。积极支持水利、环境和公共设施，建筑业等重点领域，至2017年末，相关领域贷款较年初增加277亿元。项目贷款投放力度加大，中长期贷款较年初增加583.72亿元，增速26.36%，高于各项贷款增速16.5个百分点。资金端助力产融合作成效初显。根据山东银监局统一部署，深入推动全市银行业开展了为期8个月的以“增强联动、提升服务、创立品牌”为主题的“进走访”活动，累计走访企业3116个，项目244个，园区106处，制定综合服务方案2270个，为相关企业和项目新增授信173.99亿元。信贷投放精准度进一步提升。至2017年末，全市银行业优先、鼓励、支持三类企业贷款余额3359亿元，较年初增长10.01%；限制类企业贷款余额89.66亿元，较年初下降21.68%。

【薄弱环节金融服务】 涉农和小微企

业贷款实现“双增”。至2017年末，全市银行业涉农贷款余额3320.13亿元，较年初增加243.76亿元，增长7.92%。小微企业贷款余额1838.81亿元，较年初增长12.96%，高于各项贷款增速3.1个百分点；申贷获得率97.5%，较上年同期提高0.4个百分点，小微企业贷款户数6.3万户，信贷支持小微企业规模、户数持续位居全省第1位、第2位。助力新旧动能转换。以潍坊市建设国家农业开放发展综合试验区为支点，研究配套落实措施。至2017年末，全市银行业共发放新旧动能转换贷款308亿元，较年初增加19.16亿元。持续推进减费让利。围绕银监会“七不准、四公开”（不得以贷转存、不得存贷挂钩、不得以贷收费、不得浮利分费、不得借贷搭售、不得一封到顶、不得转嫁成本；收费项目公开、服务质价公开、效用功能公开、优惠政策公开）和潍坊市“711”（降低七大领域成本、发挥一个能动性、抓好一项专项治理）降成本专项行动要求，切实加大减费让利工作力度。调研显示，全年累计为企业节省利息支出约2.18亿元；累计整合精简收费项目458项（次），为企业客户降低融资成本1.95亿元。积极实施精准扶贫。按月监测、调度辖区小额扶贫信贷投放情况。至2017年末，全市银行业“富民农户贷”和“富民生产贷”余额分别为1475.02万元、10541.6万元，惠及贫困人口3800余人。

（滕　凯）

总部经济

【概况】 2017年，根据市政府办公室《关于加强企业事业单位总部引进发展和考核认定工作的通知》（潍政办字〔2017〕47号）要求，经市统计、人社、民政部门审核认定，2017年全市新引进企业事业单位总部（分支机构）589家，同比增长12.6%，其中县（市、区）引进553家，市直有关部门、单位引进36家；从类型上看，企业类550家，事业单位和中介机构类30家，社会组织类9家；从区域分布上看，中心城区345家，县市244家。2017年引进总部经济项目中，有100多家单位当年实现纳税。其中诸城市抓住国家在全国范围内大力发展循环经济，加快资源循环利用基地建设等契机，于2017年3月引入再生资源综合利用企业山东中坛再生资源有限公司，将其全国业务结算中心设在诸城市，打造山东半岛资源循环利用基地，2017年该公司营业收入达到21亿元，缴纳税金3.3亿元。

加大与世界500强、行业领军及中央企业的合作和引进力度，香港易盛国际有限公司（潍坊可森木业）、东方证券股份有限公司（潍坊市奎文青银城镇建设发展基金合伙企业）、北京粮食集团有限责任公司（山东京粮兴贸贸易有限公司）、中国长江三峡集团公司（三峡新能源山东昌邑发电有限公司）、杭州北江集团（山东北江农产品市场有限公司）等较大项目落户潍坊。其中山东北江农产品市场有限公司集约利用土地20万平方米，总投资11.9亿元，在临朐县城关街道打造鲁中农产品交易运营中心。北京粮食集团有限责任公司新成立山东京粮兴贸贸易有限公司，2017年实现营业收入57亿元，净利润2812万元，上缴税收2045万元。

【“两个中心”引进】 各级各部门注重结算中心、运营中心的引进。有舜德（大连）供应链管理股份有限公司（山东链融供应链管理有限公司）、东亚畜牧现货产品交易所（福建名城集团有限公司）、无锡金润电液控制系统有限公司（山东格林威克电液传动科技有限公司）、清大国华投资（北京）有限公司（潍坊市清大国华环境资源有限公司）、江苏华凯比克希线束有限公司（山东华凯比克希线束有限公司）、中圣集团（昌邑中圣清洁能源有限公司）、山东中科恒信信息技术有限公司等26个具有总部（区域总部）特点的结算中心、运营中心落户潍坊。其中山东中科信息技术有限公司2002年9月创建于青岛，后引入潍坊市落户滨海区，是国内最早从事互联网工业系统应用研究的单位之一，主要从事数据采集平台开发与应用、工业4.0职能设备应用与研究等。

【“四新”“四化”项目引进】 有汇智天科（天津）生产力促进有限公司（高密天科大工业科技研究院）、深圳龙晟光电有限公司（潍坊龙晟光电有限公司）、北京耐威科技（青州耐威航电科技有限公司）、中信集团（中信环境再生水（昌邑）有限公司）等“四新四化”（四新：新技术、新产业、新业态、新模式；四化：产业智慧化、智慧产业化、跨界融合化、品牌高端化）项目落户潍坊，其中青州耐威航电科技有限公司为上市公司北京耐威科技的山东分公司，该公司投资15亿元在青州市开发区投资建设耐威智能航空产业园，包括成立智能制造产业研究院、研制中高空长航时无人机、投资并购航电及无人机公司等，投产达效后，每年可实现产值5亿元以上。潍坊龙晟光电有限公司是深圳龙晟光电有限公司的潍坊分公司，主要生产和销售全系列光通信配套材料产品，产品出口日本和欧美等国家和地区。

（张连学）

银行业

【概况】 截至2017年末，全市银行业各项存款余额7613.1亿元，居全省第4位（含济南、青岛，下同），较年初增加519亿元，增长7.3%，增量、增速分居全省第4位、第9位。各项贷款余额5388.54亿元，居全省第3位，较年初增加483.8亿元，增长9.86%，增量、增速分居全省第4位、第6位。

（滕　凯）

【中国人民银行潍坊市中心支行】 支持实体经济发展，加强与经济主管部门和县市区政府的沟通协调，组织开展“金融对接县域经济”活动和政银企对接活动12次，促成贷款授信355.4亿元。联合寿光市政府举办“商业信用票据化解决中小企业融资”活动，现场促成16.5亿元的贴现授信合作协议。制定《潍坊市金融顾问团工作制度》，建立由88名专家组成的金融顾问团，为企业提供融资融智服务。牵头建立“潍坊市企业融资需求对接工作协调机制”，精准对接企业融资服务需求。开展金融支持产业扶贫进万家活动，按照“脱贫不脱政策”有关要求，组织金融机构持续加大对已脱贫人口的信贷支持力度。

维护金融稳定。完善金融风险监测预警和处置机制，制定《重点企业风险监测信息报告管理办法》，持续监测关注11家重点企业的金融风险状况。加强对法人银行机构同业业务、资管业务的监测评估，开发“法人投保机构运行监测统计表自动生成程序”，牢牢守住不发生系统性、区域性金融风险的底线。完成21家法人存款保险评级和保费归集工作，稳步推进风险差别费率实施和费率管理工作。开展打击利用离岸公司和地下钱庄转移赃款专项行动，开展金融统计、支付结算、现金业务、国库、征信、反洗钱、金融消费权益保护等专项检查10余次。推动建立公安局金融大队、检察院金融检察室、法院金融法庭“三位一体”维护金融稳定工作机制，并积极推动实现金融法庭县市区全覆盖。

外汇管理服务。外汇管理局潍坊市中心支局强化外汇管理，优化外汇服务，涉外收支总量持续走在全省前列，有力支持全市涉外经济发展。“5·5”地下钱庄案件查处成效显著，累计处罚425笔，罚款金额3281万元。为全市前500余家重点涉外企业开展现场政策宣讲。组织32家银行、1150人进行“学法规、防风险、促发展”外汇政策法规知识竞赛活动。联合市商务局等单位召开“银企保”政策对接会，多部门联动宣讲答疑。开展一对一辅导企业40家，多家企业送来感谢信和锦旗。强化监测约谈机制，对30余家银行和企业进行约见谈话，持续规范外汇经营主体行为。

普惠金融发展。深化助农取款点服务功能，推动民生银行潍坊分行在全省率先将二维码支付业务应用于公交领域。组织开展“金融知识惠万村——走进全国文明家庭”特色宣传活动，在全省率先设立金融知识宣传志愿服务基地。持续推进农村维权联络点建设，建成5500余家联络点，实现行政村全覆盖，《金融时报》予以报道。在潍坊电视台举办全省首次大规模金融消费权益保护电视竞赛活动。组织开展支付结算、征信、国库、反洗钱等各类金融知识宣传30余次，提升社会公众金融知识素养水平。主动延长征信查询时间，征信服务便民高效。推进小微企业和农村信用体系建设，在全省率先实现征信自助查询机市县全覆盖。积极推进财税库银联网（TIPS）工作，签约率达95.1%，促进国库服务电子化水平提升。

（马俊杰）

【中国农业发展银行潍坊市分行】 截至2017年末，各项贷款余额380.8亿元，比年初增加80.4亿元。各项考核指标居全省首位，存贷款业务占全省的六分之一。累计营销棚改项目37个、214.7亿元。完成批复项目24个、155.7亿元，批复额度占全省的22.39%。全年棚改贷款105.9亿元，占全省棚改投放额的31.29%，在全省棚改会上做典型发言，被总行授予“五一劳动奖状”。

（李桂超）

【中国工商银行股份有限公司潍坊分行】 截至2017年末，本外币各项存款余额664.3亿元，较年初增加75.2亿元，创2010年来新高；各项贷款余额665.5亿元，剔除不良核销等因素，较年初增加74.6亿元，创近3年新高。全年累计投放各项贷款425亿元，实现拨备前利润20.1亿元，上缴地方各项税金2.4亿元，均居辖内国有大型商业银行之首。经营绩效考核连续4个季度蝉联全省工行系统第1名，创历史最好成绩。全年内控合规、运行管理等专业考核居全省工行系统第1名，内控评价等级保持全省系统领先水准。

扩大信贷投放。响应全市“项目

10月11日，工行山东省分行与潍坊市人民政府在市级机关综合办公大楼举行《全面战略合作暨推进新旧动能转换重大项目合作》签约仪式 （供稿：翟敬军）

建设年”号召，促成工行山东省分行与潍坊市人民政府《全面战略合作暨推进新旧动能转换重大项目合作》签约，全年累计为黄水东调二期、中广核风力发电等31个重点项目发放融资68.36亿元，其中新旧动能转换重点项目6个、17.56亿元，推动一批大项目、大园区、大平台的落地建设；累计为潍柴、歌尔、晨鸣等一大批全市行业龙头骨干企业发放流动资金160余亿元，在促进重点行业产业结构调整升级和新旧动能转换方面做出了积极贡献；累计为全市800余户小微企业发放融资100余亿元，“大银行”服务“小企业”的担当引领作用得到充分发挥；累计为全市2.23万个人客户提供住房、消费、经营等民生类融资80余亿元。

维护金融稳定。对经营发展中出现暂时周转困难、资金紧张的企业，实事求是、认真分析，充分运用上级行政策，结合企业实际，逐户研究制定风险缓释化解方案，全年共通过展期、续贷等方式帮助280余户企业缓释风险57.2亿元，通过打包处置、以物抵贷等渠道处置不良贷款24.48亿元，携手企业共渡经营难关、维护金融安全。年末，不良贷款余额13.23亿元，不良率1.99%，均控制在上级行和监管部门控制计划之内；“剪刀差”余额较年初减少24.28亿元，降幅超过60%；“潜在风险贷款”较年初减少39.67亿元，降幅超过40%，资产质量呈现趋稳向好态势。

提升服务质效。把提升客户服务体验、增强客户满意度作为作风建设的“一号工程”，线上线下同步推进。线下方面，积极优化渠道布局，充实厅堂人员，提升服务内涵，全年共投入1.15亿元，完成12家原址、5家迁址营业网点购置和装修改造，客户到店体验显著提升。线上方面，重点围绕市民民生、消费领域金融服务需求，积极加强与社保、公积金、医院、学校以及水、电、燃气、通信等重点服务行业龙头企业的平台互通、场景搭建，建立涵盖衣食住行、教育、医疗等各类线上民生金融服务项目180余个，助推全市“智慧城市”建设，增强金融服务供给能力。

（翟敬军）

【中国农业银行股份有限公司潍坊分行】 截至2017年末，本外币各项贷款余额达到568亿元，实际比上年增加61亿元。各项存款突破千亿大关，达到1011亿元，是全市四大行首家、全省农行第2家存款过千亿的分行。围绕全市重大基础设施、新型城镇化、棚户区改造、保障性安居工程等重点领域，累计发放项目贷款24个、36.4亿元；小微企业贷款余额71.2亿元，较上年增加20.7亿元，均居全省农行首位。

互联网金融服务“三农”（农村、农业、农民）成效显著。上线“惠农e商”商户1.4万户、“惠农e商”服务点1549家，发放“惠农e贷”农户贷款139.5万元，分别居全省农行第1位、第3位和第3位。同时，选派7名优秀干部到县市及乡镇挂职，助力地方经济发展。

助推民生事业发展。加大个贷投放力度，个人贷款余额达到214亿元，比上年增加25亿元。与潍坊市住房公积金管理中心签署合作协议，在全省率先试点网点代理公积金业务，打通了公积金服务“最后一公里”。

（高政伟）

【中国银行股份有限公司潍坊分行】 截至12月末，本外币贷款时点余额431.69亿元，其中，公司类中长期贷款占比36.55%。

助力外贸增长。充分发挥“全球化网络、多元化经营、海内外一体化发展”的整体优势，利用海内海外两个市场、两种资源，为“一带一路”沿线国家的双向投资贸易合作提供优质的跨境金融服务，全力支持潍坊企业“走出去”。全年累计争揽境外资金近20亿元，累计完成国际结算量64.32亿美元，国际结算市场份额26.67%，跨境人民币市场份额35.25%，成功举办4场涉外政策宣讲会。

创新服务手段。推进智能设备和线上渠道建设，持续提升客户体验，实现智能柜台网点覆盖率100%；不断强化客户服务意识，持续提升服务水平；积极改善行风行貌，持续提升品

10月20日，中国银行潍坊分行五星级助农取款服务点在安丘市兴安街道开业

（供稿：刘景成）

牌形象。

服务社会大众。持续加大对消费金融领域的投入力度，全年累计投放消费类贷款31.6亿元，成立3家消费金融中心；加大对县域农村客户的服务力度，累计建设达标助农服务点150家，遍布全市11个县区，服务个人客户2万余户。

（刘景成）

【中国建设银行股份有限公司潍坊分行】 2017年，全年各项贷款新增52.93亿元，位居国有四行首位，实现投行业务融资额51亿元，为当地客户提供了本外币、表内外一体化有力融资支持。

聚焦普惠金融，大力发展小微快贷等大数据产品，小微贷款全年新增15.07亿元，支持了小微企业成长；全年累计发放个人房贷61.08亿元，助力房地产"去库存"；全年累计实现分期交易额16.15亿元、"快贷"发放额13.05亿元，有效满足了广大客户购车、购物、家装等消费需求；为近1000家农村诊所安装了智能POS终端，增强了服务农村群众的能力。推进经营转型，积极推广应用"新一代"系统，全行智慧柜员机总量达到320台，提升了前台业务处理的智能化程度与效率，改进了客户服务体验，再获"山东省服务名牌"称号。守牢风险底线，践行"风险管理职责进党委"要求，做实规定动作，强化过程管控，明确"任务书、路线图、时间表"，不良贷款处置取得突破，资产质量保持国有四行最优水平。

（刘　猛）

【交通银行股份有限公司潍坊分行】 截至2017年12月末，本外币资产总额264.46亿元，较年初增加4.85亿元，增幅1.87%；本外币负债总额263.42亿元，较年初增加5.10亿元，增幅1.97%。人民币各项存款余额257.05亿元，较年初增加4.26亿元，增幅1.69%，余额排名居省辖行第一位，全国辖行排名第十一位。人民币贷款余额184.86亿元，较年初增加9.37亿元，增幅5.34%，贷款余额在省辖行中排名第一，在全国辖行中排名十三位。将防范和化解风险作为重中之重，全年共处置不良贷款3.62亿元。

支持供给侧结构性改革。根据监管部门及上级行工作要求，分行在辖内开展了"增强联动、提升服务、创立品牌"主题年活动，全年累计走访企业188户，重点建设项目32个，创业园区10处。与100户企业达成合作意向，授信总额54.43亿元，实际贷款总额35.45亿元，其他类融资7.99亿元。通过对全市32个重点建设项目的走访营销，与26个项目企业达成合作意向，上报审批项目11个，储备项目4个。为161户企业、26个项目、2处园区制定优化了综合服务方案，量身定做，帮企业解决融资难题。

服务小微企业。完善小微业务机构建设，推进事业部制改革，于2017年8月份挂牌成立普惠金融事业部。实行"专营团队+传统网点"分层覆盖的立体式前台营销与服务体系，成为山东省内首家组建直营团队的辖属行，走在全行事业部改革的前列。大力发展项目制，将商票快贴和快捷保理业务作为产业链主推业务，并将小企业授信聚焦潍坊市大型核心企业，以商票快贴、快捷保理等产品为抓手，拓展核心客户的上下游联属企业，服务广大中小企业客户。积极推进新产品POS贷业务。针对目标客户群体，开展名单式营销，深入挖掘客户需求，截至年末，已上报审批21户POS贷。

（王洪波）

【中国邮政储蓄银行股份有限公司潍坊市分行】 截至2017年末，潍坊邮储银行总资产达到465.21亿元，新增50.78亿元。各项自营存款余额116.49亿元，新增6.98亿元；各项贷款余额173.56亿元，新增74.27亿元。资产质量持续优化，全行不良贷款金额9962万元，较年初下降1033万元，超额完成不良金额的监管指标；不良率0.96%，较年初下降0.28%，实现不良贷款量率双降。分行下辖1家市分行、10家县支行、38个二级支行以及231处代理网点，逐步形成全国联网、遍布城乡的全功能金融服务网络。

产品创新。成立三农金融事业部，累计发放小额贷款140.8亿元，惠及客户20.8万户。大力推进政府信用类项目，目前共获得政府购买服务贷款业务47.45亿元。强化对山东晨鸣纸业、昌邑石化、孚日集团等重点企业的资金支持，公司贷款余额达到51.2

11月16日，建设银行潍坊分行成功与潍坊市住房和城乡建设局签订住房租赁战略合作协议　（供稿：常　城）

亿元，并实现了全国首单上市公司财务顾问、150亿元的超短融主承资格、债券承销等新业务突破。推进小企业贷款新产品，发放全省系统首笔“民办幼儿园”贷款、首笔小企业“法人按揭”贷款、首笔科技型企业“科信贷”业务等新产品。全力支持房地产市场去库存政策，住房按揭贷款新增1.69亿元。

精神文明建设。加速文明创建进程，共创建省级文明单位2家，市级文明单位4家，省级青年文明号3家，申报争创3家全国青年文明号；提高银行服务能力，以强化培训和科技建设为支撑，完善服务管理体系，提升各网点服务管理水平。在2017年中银协组织的服务星级营业网点评选工作中，邮储银行青州市支行被评为“中国银行业文明规范服务五星级营业网点”。

风险防控。逐步建设全面风险管理体系，全面加强合规管理，发挥合规监督职能。强化信贷放款管理，严控信贷放款风险，不断增强风险防控的主动性、前瞻性和有效性。积极开展区域授信调研活动，完善全流程授信管理评价体系，全面推广实行授信业务电子化报送工作，持续推进流程优化和时限管理，审查审批处理时限和质量均有大幅提高，全行“零”案件发生。

强化消费者权益保护。积极开展消费者权益保护活动，先后开展“3·15国际消费者权益保护日”“金融知识万里行”“金融知识进万家”等一系列金融知识宣传活动，在2017年全市金融消费权益保护知识竞赛中获得“优秀组织奖”荣誉称号。

（王振伟）

【潍坊农村商业银行股份有限公司】
潍坊农商银行下辖9家一级支行、1家营业部，118家二级支行，注册资本26.76亿元，在岗员工1720人；资产总额499.6亿元，其中各项贷款余额225.7亿元，较年初增加23.9亿元；负债总额455.8亿元，其中各项存款余额415.8亿元，较年初增加25.9亿元；实现经营利润7.66亿元；上缴税金1.39亿元；资本充足率15.28%；拨备覆盖率150.95%。

普惠金融实现新发展。创新构建“一店两站多点”运营模式（“一店”指打造综合便民服务旗舰店，“两站”指建设社区普惠金融宣传站和农村金融服务站，“多点”指遍布辖区的物理网点），对城乡居民提供渗透式、嵌入式、贴身式的综合化服务，建成综合便民服务旗舰店2处、社区普惠金融宣传站107处、农村金融服务站439处，转型优化网点24处。成立现代农业金融服务中心，推广供应链金融、政银保、产权贷等业务，支持三农发展，投放涉农贷款65.31亿元。成立科技公司部，运用投行思维，为43家高新科技企业提供支持6.3亿元。与潍城区政府共同设立创新创业金融服务中心，全行累计投放小微企业贷款99.32亿元。

社会形象实现新提升。加强党的建设，深入学习贯彻党的十九大精神，建成标准化党支部27处，开展“亮身份、做表率”“党在我心中”征文、“重温入党申请、加强党性锤炼”“知行合一、做合格党员”等10余次主题活动，党员先锋模范作用有效发挥。加强作风建设，形成“心共赢•新农商”企业文化，提出有担当、有价值、有创新、有规则“四有”价值观和员工行为准则二十条，全员思想进一步统一。秉承“客户是家人、服务无边界”理念，成立红马甲为民服务队，开展义务献血、敬老院温暖行、“金丝带”公益之旅等系列活动，积极履行社会责任，结成帮扶对子320个，资助困难人员134人。

2017年度，潍坊农商银行连续第三次获得山东省文明办授予的“省级文明单位”等称号。

（季锦程）

【招商银行股份有限公司潍坊分行】
截至2017年末，资产总额59.6亿元，各项贷款余额50.15亿元，其中一般性贷款余额48.71亿元，票据融资余额1.43亿元；各项存款余额57.46亿元。上缴地方各类税金2023万元。

服务实体经济。在信贷规模总体偏紧的情况下，积极向上级行争取信贷规模，主动降低贷款集中度，将资源重点向中小、小微企业和居民消费倾斜，优先考虑满足中小客户短期融资需求；创新融资渠道，围绕资本市场、交易市场、同业市场，以债券承销、信托融资等非信贷融资业务和融资性担保业务为抓手，大力开发投融通业务和租赁、信托撮合业务，发展“付款代理”、票据池等新兴交易银行业务，积极支持当地大型集团企业及实

9月28日，省联社党委书记、理事长王献玲（前排左二）视察潍坊农商银行“一店两站多点”运营模式建设情况
（供稿：葛乃强）

7月29日，招商银行潍坊分行在浞河湿地公园举办九周年行庆徒步活动

（供稿：祝秀杰）

体经济的健康有效发展。

精神文明建设。开展营业厅“感动服务场景化”固化提升活动，举办普及金融知识万里行、服务团队及服务明星评选活动，开展“金融知识普及月”“金融知识进万家”等宣传活动。12月，招商银行潍坊分行营业部被中银协命名为“2017年中国银行业文明规范服务四星级营业网点”。举办趣味运动会、行庆徒步、篮球比赛等文体活动。积极开展社会捐赠等公益事业，员工通过总行，向云南省永仁、武定两县贫困家庭学生捐款4.54万元，向社区困难居民捐赠物资，支持老年文体活动，积极履行社会责任。

（祝秀杰）

【兴业银行股份有限公司潍坊分行】 截至2017年12月末，全行本外币资产总计204.11亿元，本外币负债总计201.06亿元；本外币各项存款余额185.47亿元，本外币各项贷款余额157.31亿元；对地方税收贡献5409万元。

服务实体经济。开展行业调研，掌握不同客户具体需求，本年度发掘客户近40户，申报授信额度逾90亿元，获批额度80亿元。持续加强对中小企业尤其是成长型中小企业的扶持力度，共发展认定成长型企业37户，仅对高新区成长型企业授信支持就近3亿元，对全市现代产业体系重点项目、大中型企业、小微民生、三农等重点领域信贷投放达到115.6亿元。

产品创新。发挥现金管理产品优势，帮助企业实现更优发展。为歌尔等企业上线跨行资金管理系统，提高企业资金管理质量，降低资金使用成本，控制财务风险。运用互联网金融产品，为两家医院和两家学校上线智慧医疗和智慧校园系统，优化其工作流程，改善民生服务。

（杜洪利）

保险业

【概况】 2017年，全市保险机构达到71家，比2016年增加1家。保费收入达到220.77亿元，同比增长18.69%；赔给付60.04亿元，同比增长2.57%。其中财产险保费收入达到62.95亿元，同比增长7.56%，赔付33.77亿元，同比增长12.35%；人身险保费收入达到157.82亿元，同比增长23.8%，赔给付26.27亿元，同比降低7.75%。全市保险业承担社会风险由2016年的2.64万亿元，增加到3.67万亿元，增长38.92%。市场秩序持续好转，运行质量进一步提高。财产险的车险承保利润率高于全省平均水平，综合费用率、综合成本率低于全省平均水平；人身险的赔付率等指标也都低于全省平均水平。

财产险市场运营。企业财产保险实现保费1.98亿元，占财产险保费的3.15%，同比降低4.1%；机动车保险实现保费52.4亿元，占财产险保费的83.24%，同比增长8.16%；责任保险实现保费2.06亿元，占财产险保费的3.27%，同比增长6.58%；货运保险实现保费0.49亿元，占财产险保费的0.79%，同比降低7.01%；农业保险实现保费2.07亿元，占财产险保费的3.29%，同比增长26.89%。

财产保险市场前10位。人民财产保险潍坊公司保费收入18.91亿元，占市场份额的30.03%；平安财产保险潍坊公司保费收入7.67亿元，占市场份额的12.18%；太保财产保险潍坊公司保费收入5.68亿元，占市场份额的9.02%；人寿财险潍坊公司保费收入3.69亿元，占市场份额的5.86%；阳光财产保险潍坊公司保费收入3.17亿元，占市场份额的5.04%；中华联合财产保险潍坊公司保费收入3.07亿元，占市场份额的4.88%；安盛天平保险潍坊公司保费收入2.13亿元，占市场份额的3.38%；大地财险潍坊公司保费收入1.83亿元，占市场份额的2.9%。安华农业保险潍坊公司保费收入1.81亿元，占市场份额的2.86%；长安责任保险潍坊公司保费收入1.34亿元，占市场份额的2.13%。

人身险市场运营。人身保险个险业务实现保费92.35亿元，占人身险保费的58.52%，同比增长34%；团体险业务实现保费9.02亿元，占人身险保费的5.71%，同比增长18%；银行代理保险业务实现保费56.45亿元，占人身险保费的35.77%，同比增长24%。

人身保险市场前10位。中国人寿保险潍坊分公司保费收入34.48亿元，占市场份额的21.85%；平安人寿保险潍坊公司保费收入18.49亿元，占市场份额的11.72%；太保寿险潍坊公司保费收入17.46亿元，占市场份额的11.06%；新华人寿保险潍坊公司保费收入11.83亿元，占市场份额的7.5%；华夏人寿潍坊中心支公司保费收入8.51亿元，占市场份额的5.39%；天安人寿保险潍坊公司保费收入8.36亿元，占市场份额的5.29%；泰康人寿保险潍坊公司保费收入8.32亿元，占市场份额的5.27%；太平人寿保险潍坊公司保费收入6.44亿元，占市场份额的4.08%；国华人寿保险潍坊公司保费收入5.48亿元，占市场份额的3.47%；富德生命人寿保险潍坊公司保费收入3.51亿元，占市场份额的2.23%。

区域保险市场运营。寿光市保费收入21.96亿元；青州市保费收入14.67亿元；诸城市保费收入15.88亿元；高密市保费收入11.98亿元；安丘市保费收入13.53亿元；昌邑市保费收入7.55亿元；临朐县保费收入9.35亿元；昌乐县保费收入7.37亿元；坊子区保费收入4.37亿元；奎文区保费收入10.27亿元；潍城区保费收入5.23亿元；寒亭区保费收入4.09亿元；高新技术开发区保费收入2.88亿元；滨海区保费收入0.79亿元。

【服务经济实体】 2017年，人保财险牵头与平安产险、中华联合、人寿财险共同承保的潍坊民生综合保险，保费收入共计2413.8万元，共接到全市居民报案、咨询电话7689次，立案3026起，已结案2843起，赔款1545.86万元，尚未结案138起，估损金额约354万元。解决中小企业特别是高新技术、新旧动能转换企业的融资难问题，市保险行业协会（简称市协会）先后三次与市财政局、金融办等部门一起召开会议，研究落实保险业服务经济实体的政策措施，积极探索帮助中小企业解决融资难问题的新模式，推动“政银保”等创新业务的开展。太保财险积极推出信用保证保险，为中小企业提供专业贸易风险管理、应收账款管理和融资保证，先后为全市21家外贸企业提供8500万美元的风险保障服务。中华联合、泰山财险、太平财险、安华农险等四家公司开展的“政银保”业务，发放贷款74笔，贷款保额达到6700多万元。为解决企业资金周转困难的问题，平安财险还创新研发了“E企贷”综合金融产品，保险业务参与其中，有效缓解企业资金周转的压力。

【支农惠农】 市保险行业协会加强与各县市区和市农业局、畜牧局、农发办、物价局等部门的沟通联系，针对农民的实际需求，按照政府引导、协同推进的原则，积极推动会员单位开展农业保险创新，扩大农业保险的覆盖面，促进农业保险的规范发展。全市农业保险在全力构筑小麦、玉米等主要农作物保险保障体系的基础上，扩大和完善以蔬菜大棚为主的经济作物保险、以大葱、大姜和生猪价格指数保险和以养殖鸡、蛋鸡为主的养殖保险。人保财险潍坊市分公司积极开展“政银保”模式的涉农贷款保证保险，帮助农民实现种植业、养殖业产业化，缓解农民贷款难、融资贵的问题。市协会与市畜牧局联合推动制定的《潍坊市政策性畜牧业保险工作实施意见》已经市政府同意，从2017年10月开始在全市实施。

【改善民生保障】 市保险行业协会加强与市政法委、卫计委、民政局、人社局、老龄委、食药监局等部门的沟通，发动会员单位创新开展大病医疗保险、食安险、医责险、安全生产责任险等保险业务，推动社会和谐发展。“银龄安康”保险实现全覆盖，并从省定60岁以上老人才能投保的标准，降低到50岁以上不满60岁的贫困人口，扩大保障范围。以民政部门为主开展的民生综合保险，2017年在市协会的推动下，在全市12个县市区、5个开发区全面推开，并进一步优化提升。保障范围从暴风、暴雨受灾降低为大风、大雨受灾，并将见义勇为、抢险救灾受伤等也列入了综合保险范围。

【保险扶贫工作】 围绕贯彻落实山东保监局召开的全省保险扶贫工作推进会精神，市协会加强与市扶贫办、农业局、民政等部门的沟通协调，精准对接全市的扶贫攻坚任务和目标，结合“7·8”全国保险公众宣传日活动，向驻潍保险机构发出积极参与扶贫攻坚活动的倡议，并带头向贫困山区临朐县九山中学师生捐赠保险保障和助学资金及图书，推动全行业助推扶贫攻坚工作的开展。人保财险与市扶贫办签订《保险精准扶贫框架协议》，在有贫困人口的县市区和市属开发区进一步健全完善保险精准扶贫保障体系，实现贫困人口大病医疗补充保险、意外伤害保险、家庭财产保险全覆盖。中国人寿、太保产险、太保寿险、平安产险、中华联合等保险机构积极开展多种形式的扶贫公益活动。阳光人寿潍坊中心支公司一次向高密阚家镇小学捐赠了20万元的扶贫助学资金。

【行业自律】 市保险行业协会按照山东保监局的要求，先后3次召开理事会，7次召开常务理事会会议，研究制定加强行业自律的工作措施，坚持做到财产险、人身险和中介机构“三管齐下”，多措并举，强化行业自律。

财产险自律。针对治理车险乱象和手续费居高不下的问题。市协会先后15次召开车险自律领导小组会议，7次票决会议，制定了《车险自律检查方案》和《山东省保险行业机动车辆保险反垄断遏制不正当竞争严禁商业贿赂自律公约潍坊违约处罚规定》，并按照省协会《贯彻落实中国保监会及山东保监局整治机动车辆保险市场乱象自律检查方案》的要求，从各公司抽调35名精干人员，组成8个自律检查小组，对开展车险业务的机构进行全面检查。建立暗查暗访制度和违规举报奖惩制度，查处和整治车险业务违规返现、违规送礼、送卡等问题。对存在问题的7家会员单位，严格按照自律公约的奖惩办法进行处罚，增强了对违规违约现象的震慑力度。开展车险理赔查勘模拟测评，对32家开展车险业务的会员单位，进行全面检查，针对测评出现的问题，督促有关会员单位整改，建立健全重大节假日高速公路交通事故快处快赔领导机制和处理规程，提高事故处理速度和质量。2017年，重大节假日期间，潍坊设立的青州、寒亭、高密三个快处快赔点共处理事故车辆701辆，确保了高速公路畅通，得到社会好评。

人身险自律。市协会按照《山东省人身保险公司自律检查指南》，开展人身险自律大检查。先后召开1次人身险自律领导小组会议，4次自律执行小组和检查小组会议，36次自律检查约谈面谈，从防范系统性区域性风险措施落实、销售人员培训合规性、渠道业务监管政策落实等25个方面，对人身险公司进行自律检查。对在检查中发现的3大类、19个问题，市协会召开人身险公司总经理会议，进行通报并提出明确整改要求，推动人身险机构提高依法合规经营、强化内部管理和提高防控经营风险的能力。坚持季度分析制度，加强对重点风险的检测和排查工作。按照省协会《人身险公司风险预警提示方案》，市协会坚持以季度为周期，对通过数据分析发现的风险较为集中或突出的问题，及时向有关公司发出警示函，促其关注并限时整改。根据山东保监局的要求，市协会建立个险新单13个月继续率和犹豫期回访成功率定期通报制度，每月向人身险公司通报数据情况。对低于平均水平的公司，通过召开调度会、电话督导、现场业务推动等方式，督促其改进工作，促进了人身险公司13个月继续率指标的提高。截至2017年底，继续率指标较低的公司，由年初的9家减少到3家。对低于行业平均水平的3家公司，核实件数真实性，开展电话回访两方面工作入手，进行现场调研核查，并按规定上报结果。针对进一步治理销售误导，加强代理人队伍建设，市协会先后2次召开人身险公司个险负责人会议，建立健全代理人培训、上岗、离司和业内流动的自律措施，有效地解决个别机构违规违约争揽代理人员、对新人岗前培训流于形式、门槛过低的问题。对3家恶意误导同业的公司和35件代理人纠纷问题，进行严肃的调查处理。

保险中介自律。市协会4次召开保险中介机构会议，通报对辖区内217家中介机构的普查情况，并认真组织学习山东保监局印发的《保险中介监管情况通报》等相关文件，对维护全市保险中介市场秩序提出明确要求，全面禁止中介机构车船税税收返还和异地承保问题。为配合全市财产险市场自律，市协会还组织保险中介机构对全市车险手续费高的保险公司及保险中介机构进行无记名投票，投票表决出6家保险公司、8家保险中介机构手续费较高的公司，对其提出限期整改要求。根据山东保监局中介处要求，市协会还对青岛安捷保险代理有限公司驻潍坊的5家机构进行现场检查，并将检查情况形成报告，报送保监局中介处。

【信访投诉处理】 市协会充实加强信访投诉处理工作力量，明确保险消费者权益保护和信访投诉处理的主体责任，健全市协会、各中支公司、县市区支公司三级信访投诉处理的工作机制。明确要求各会员单位自觉践行新时代“以人民为中心”的理念，对消费者权益保护工作，坚持做到事前预防；事中阳光处理，公正公开透明解决问题；事后“三到位”，即投诉者合理诉求解决到位，不合理诉求解释疏导息访到位，对特殊困难群众帮扶到位，全面提升信访投诉处理工作水平和服务保险消费者的能力。2017年，市协会共受理信访投诉894件，全部及时、妥善处结。其中政务服务热线电话转办730件，协会受理电话投诉159件，来人来访2批次，处结率和息诉率均达到100%。

【保险纠纷调解】 市协会加强与法院在诉调对接方面的协作，建立了立案登记前委派调解对接和立案登记后委托调解对接等日常工作机制。同时，进一步规范工作程序，并争取市司法局支持，建立了潍坊市保险纠纷人民调解委员会，由法官、律师、仲裁委、各保险公司的法务人员为调解员，采取“面对面”“背对背”调解和指导调解与联合调解相结合的方法，及时化解保险纠纷。2017年保险纠纷人民调解委员会受理案件694件，调解474件，其中成功调解129件，涉及金额309.58万元，调解成功率27.2%。实现保险纠纷的“快调解、快结案、快赔付”。

【打击保险欺诈】 市协会按照上级统一部署，在全市范围内开展“安宁2017”潍坊打击保险欺诈专项行动，处理嫌疑线索108条，建立可疑线索报送制度，指导公司搜集线索移交到公安部门。2017年，处理嫌疑线索270件，涉案金额共计1056万元，移交第三方调查公司案件 111件，全部侦破完毕，为会员单位挽回经济损失564.99万余元，有效打击保险欺诈行为，震慑不法分子，维护行业权益。

【开展全国保险公众宣传日系列公益活动】 6月6日，市协会邀请市委宣传部、市金融办领导，联合驻潍主流媒体，在临朐县九山中学开展“潍坊保险业2017年全国保险公众宣传日暨保险行业百日竞赛活动启动仪式”。7月8日，市协会组织全市70家保险公司、14家保险中介法人机构在北辰湿地公园举办7.8公里扶贫公益跑活动。全市近2000名保险从业人员完成了7.8公里的扶贫公益跑。为践行中保协发布的2017年“7•8全国保险公众宣传日”“远离贫困•从一份保障开始”的活动主题，深入推进保险助推脱贫攻坚工作，市协会还联合驻潍主流新闻媒体，将全市70家保险公司参加的保险百日竞赛活动，从6月份一直持续到9月份，举行了五轮70场次的比赛，并对每场比赛和比赛结果都进行网上直播和报道，比赛直播取得了约210万人次的在线收看量。大众网、齐鲁网、中国山东网、潍坊新闻网、潍坊人民广播电台、潍坊保险微信公众平台共计发新闻通稿545篇。腾讯视频、优酷视频、土豆视频、搜狐视频、爱奇艺共计播放视频40余条，收到良好的宣传效果。

【发布《潍坊保险业消费者投诉指南》】 为贯彻落实山东保监局对维护保险市场稳定的要求，更好保护保险消费者权益、维护保险公司合法利益，确保全市保险市场持续健康发展，市协会制定并通过大众网、中国山东网、齐鲁网等新闻媒体和潍坊保险信息网、“潍坊保险”微信公众平台向社会发布《潍坊保险业消费者投诉指南》。明确保险消费者遭遇保险纠纷后的投诉渠道，向社会公布驻潍70家产险、寿险公司的全国客服电话和潍坊公司投诉电话，以及市协会、市保险纠纷人民调解委员会的电话，方便保险消费者查询有关事项，畅通维权渠道。

（王依勤）

【中国人民财产保险股份有限公司潍坊市分公司】 2017年，中国人民财产保险股份有限公司潍坊市分公司全年保费收入达到18.9亿元，市场份额达到30%，继续位居财险市场第一；上缴地方税收2.75亿元，处理各类赔案22.79万件，支付赔款近11.17亿元，被授予“潍坊市纳税百强企业”称号；为全市3000多家企事业单位、65万多个家庭、60余万辆机动车、400余万亩农作物等提供了6500余亿元的保险保障；开办政策性农业保险、社保超赔补充保险、医疗责任保险、治安保险、安全生产责任保险、民生综合保险、扶贫特惠保险，创新开展寿光农业产业化全流程风险管控项目。

（王校华）

【中国人寿保险股份有限公司潍坊分公司】 中国人寿保险股份有限公司潍坊分公司下辖15家营业单位、13个客户服务柜面、86个农村营销服务部，各级管理及销售人员13500余人。2017年，实现总保费收入历史性突破30亿元，达到34.48亿元（含居民大病保险），同比增长22.28%，保费规模居潍坊保险业首位。承保服务客户超420万人，承担社会风险保额2743亿元。2017年公司平均理赔时效1.9天，3日结案率93.47%，受理案件获赔率达到99.8%。累计给付、理赔各类保险金33.7亿元，为客户提供资金支持6.76亿元。公司连续5年承办全市城乡居民大病保险，银龄安康工程、女性安康工程、学生平安保险等多个政保项目赢得合作单位和参保群众好评。护航实体经济和中小微企业发展，为参保企业降费增效和员工福利保障计划提供“国寿方案”。通过拓展普惠保险、捐款扶持、电商扶贫、创新服务等措施，助力脱贫攻坚。

（于德利）

【中国太平洋财产保险股份有限公司潍坊中心支公司】 2017年，中国太平洋财产保险股份有限公司潍坊中心支公司全年完成保费收入56882万元，居市场第三位，保费增速7.6%，略高于市场均值（7.56%）。关键经营指标在全省系统内和全市行业内均居前列。各类业务全面推进，内生动力增强。车险增长达到10.8%，高于市场2.6个百分点，份额提升了0.2个百分点。新领域险种取得突破，全市学平险和信用险业务成效显著。业务品质管控效果明显。车险领域费用实现精准投放，资源实现合理配置，保单成本率明显下降。中后台成本管控效果明显，关键数据指标在全省排名靠前。理赔成本管控效果明显。通过严格的考核、督察、自查等措施，有效打击虚假赔案、水分赔案、人情赔案，挤压理赔水分，防止利益交易。车险理赔全年打假减损效果明显，达成计划的120%。人力指标向好，人均产能创新高。2017年，开展减员增效、淘汰落后产能工作，人均产能213万元，达到历史最高值，同比增长17%。

（韩庆国）

证券业

【概况】 2017年，证券市场规模不断扩大，截至年末，全市共有证券业分支机构15家。

【中泰证券潍坊分公司】 2017年，新增开户17534户，净增客户资产4.83亿元，实现股基交易量3278.46亿元。大投行业务全面提升，落地项目种类及数量、正在执行的签约项目数量均创分公司成立以来历史最好水平，有力支持地方实体经济发展。分公司贯彻落实服务实体经济指导思想，覆盖主板、新三板、齐鲁股权、规范化改制等全资本市场体系。完成两单企业债发行业务，两单债券共计发行规模20亿元。

积极参与潍坊市“创建文明卫生城市”等社会公益活动，全年累计派出人员进行宣传、服务、义务劳动等社会服务2300多人次；完成与潍坊北海社区的“社区共驻共建”签约，联合开展活动10余次，党员参与300多人次；向临朐县九山镇朱庄村70余名贫困学生及5个贫困户捐款捐物价值2万余元，进一步丰富了“一个家庭、一所学校、一座军营、一个舞台”的企业文化。

【海通证券潍坊营业部】 2017年，共发展客户约1500户，从业人数为21人，其中员工4名，经纪人17名。主营业务包括：证券经纪，证券投资咨询，证券投资基金代销，为期货公司提供中间介绍业务，融资融券，与证券交易、证券投资活动有关的财务顾问业务，代销金融产品，证券承销与保荐（仅限项目承揽、项目信息传递与推荐、客户关系维护等辅助工作）。海通证券在潍坊仅此一家，无下设分支机构。

【首创证券潍坊营业部】 截至2017年末，营业部有员工21人，经纪人33人。总资产规模为31075.49万元，其中2017年新增资产10045.52万元；客户总数5746户，其中2017年新增客户2190户，含机构客户1户，自然人客户2189户，其中临柜开户16户，网上开户2174户；主要业务模式为柜台业务、见证开户业务及网上开户业务。营业部业务范围包括：证券经纪，证券投资咨询，与证券交易、证券投资活动有关的财务顾问，证券承销和保荐，证券资产管理，融资融券，证券投资基金销售，代销金融产品等。2017年潍坊营业部证券实现交易额约为100亿元。

【西部证券潍坊营业部】 截至2017年末，营业部有员工45人，客户32159户，两融账户762户（新增57户，融资使用13户，融资余额779万元），开通股票质押式回购业务63户，累计完成初始、购回交易各285笔；托管客户资产17.91亿元，累计实现交易量453.78亿元，实现营业部收入2488.91万元，净利润942.83万元，两融净收入475.3万元，金融产品销售净收入55.3万元，总利润1473.43万元。

【长城证券潍坊营业部】 截至2017年末，共有员工18人，累计开户数8017户，托管资产3.7亿元。业务范围包括证券经纪，证券投资咨询，证券承销与保荐，与证券交易、证券投资活动有关的财务顾问，证券资产管理，融资融券，证券投资基金代销，代销金融产品等。营业部每周四定期组织股市沙龙活动，客观剖析市场形势和国家政策，并对未来投资方向和策略进行分享，帮助客户树立正确的投资观念和风险防范意识。同时，营业部借助公司“长城宝”刷脸开户及微信开户的优势，充分利用网络资源，3分钟即可完成自助开户，且相关业务线上即可办理；通过微信绑定账户进行客户线上服务，提高了客户体验。

【中信建投证券潍坊营业部】 截至2017年末，营业部总计客户数为22205户，其中机构客户12户，融资融券客户49户，IB期货客户68户，沪港通客户26户。2017年累计证券交易金额52.5亿元。营业部经营范围包括：证券经纪，证券投资咨询，与证券交易、证券投资活动有关的财务顾问，证券承销与保荐，融资融券，证券投资基金代销，代销金融产品，为期货公司提供中间介绍业务。营业部设有总经理1人、客服主管1人、合规管理岗1人、柜台管理岗1人，营销人员11人，合计员工15人。其中硕士研究生3人，大学本科生10人，其他学历人员2人。

【招商证券潍坊营业部】 截至2017年末，营业部有员工34人，全部取得证券从业资格。其中后台员工11人，营销人员23人。客户总数19414户，客户资产合计49.19亿元，2017年证券交易金额90.66亿元，累计销售金融产品11.88亿元。开展的业务有证券经纪，证券投资咨询，与证券交易、证券投资活动有关的财务顾问，证券承销与保荐，融资融券，证券投资基金代销，为期货公司提供中间介绍业务，代销金融产品业务，保险兼业代理。针对公司及企业可开展IPO、新三板、城投债、企业债、兼并重组、质押回购等业务。

【西藏东方财富潍坊营业部】 潍坊营业部主要是以经纪业务为主，截止到2017年末，开户数量8955户，交易金额116亿元。共有员工19人，经纪人6人，均取得执业资格证书。营业部经营范围涵盖经纪业务，证券投资基金代销，证券投资咨询，代销金融产品，融资融券。

【光大证券潍坊营业部】 截至2017年末，潍坊营业部普通资金账户数1525户（其中现场开户16户，非现场开户1509户），融资融券资金账户10户，创业板开户92户，港股通开户1户，客户资产总计9.9亿元，实现营业收入62.75万元。营业部有正式员工10人，其中总经理1人、总监1人、部门经理1人、综合运营部员工2人、财富经理5人。

（杜　峰　牟　坤）

投资业

【概况】 2017年，潍坊市积极推动设立和引进各类基金，推动企业进行股权和债券融资，全年发行债券318.7亿元。担保联盟体系进一步完善，潍坊市再担保集团注册资本增至19.05亿元，累计提供政策性担保、再担保服务142亿元。全市48家小额贷款公司发放贷款56亿元，25家民间资本管理公司投资额10.46亿元。全市共有72家农民专业合作社完成信用互助业务资格认定，参与信用互助社员6388人，信用互助业务额累计3059万元，社员人数、业务额均居全省第一位。

【潍坊市金融控股集团】 潍坊市金融控股集团（以下简称“集团”）是经上级财政、国资、金融监管部门许可，潍坊市人民政府批准设立的一家集金融、财政及经济服务于一体的大型综合性国有金融控股集团。2017年荣获市级文明单位称号。

集团成立于2012年6月，原名称为“潍坊市投资控股集团”，2013年12月变更为现名称。经营范围：以自有资产对项目进行投资，运营市政府授权范围内的国有资产。目前，集团注册资本20亿元，实收资本20亿元，其中潍坊市国有资产运营管理中心认缴出资10.4亿元，占注册资本52%，实缴出资10.4亿元；潍坊市国有资产监督管理委员会认缴出资7.6亿元，占注册资本38%，实缴出资7.6亿元；潍坊市财政局企业处认缴出资2亿元，占注册资本10%，实缴出资2亿元。

截至2017年末，集团现有全资子公司6家，控股子公司8家，参股公司（企业）21家。集团现有干部职工共计178人，其中集团总部57人，子公司121人。集团总部领导班子7人，正式在岗职工46人，劳务派遣人员4人；集团总部干部职工均为本科以上学历，拥有硕士研究生学历的20人，占人员总数的35%；具备海外相关专业学习和工作经历的7人，占人员总数的12%；拥有高级会计师3人，注册会计师8人、法律职业资格4人，中级经济师、中级会计师职业资格的14人。

集团自成立以来，科学运作政府引导基金，累计实现基金总投入274亿元（其中金控集团母基金85.3亿元，占比31%），撬动其他金融及社会资本274亿元，支持270个重点园区、重点产业链、重点企业和项目。其中，2017年度实现基金总投入31亿元（其中金控集团滚动投入15.1亿元），引导带动其他金融和社会资本投入41亿元，支持了68个重点园区、重点产业链、重点企业和项目。

（王　强　杜　强）

健康养老

【概况】 联合市卫计委等部门出台《关于加快推进医养结合工作的实施意见》（潍政办字〔2017〕34号），健全医疗卫生机构与养老服务机构融合发展机制。全市已有44家养老机构内设了医疗机构，63家养老机构与周边医疗机构建立了协议合作关系。加快推进医养结合综合体建设，建成24处。与卫计委、发改委等联合出台了《潍坊市进一步规范和推进家庭医生签约服务工作实施方案》，推动基层医疗卫生资源向社区、家庭延伸，为老年人提供定期体检、上门巡诊和家庭病床等服务。

【服务设施建设】 启动城乡社区日间照料中心建设三年行动，年内新建城市社区日间照料中心60处、农村幸福院98处。加快推进重点养老项目建设，年内先后建成青州市天同医养院、东篱居养老公寓、潍城区颐盛德医养综合体、昌邑市济贤养老中心等大型养老机构。全年新增各类养老床位6600余张，其中护理型床位3400余张。

【提升服务质量】 联合公安、卫计等部门制定了《潍坊市养老院服务质量建设专项行动实施方案》，按照《养老院服务质量大检查指南》，对全市191家养老院开展大检查、大整治。截至2017年年底，整治合格97家，关停70家，正在整治24家。为加强对养老机构的规范管理，制定出台《潍坊市养老机构等级管理及评定办法》。

【人才队伍建设】 围绕养老服务组织和人才队伍建设，积极引进培育台湾华正集团、天津天同、上海和佑等养老管理团队和服务实体20余家，提升了养老服务能力和水平。依托潍坊护理职业学院，增设了老年服务与管理专业，开设了老年护理课程，培养既有医学护理知识，又有养老管理服务技能的复合型人才。通过政府购买服务，连续4年举办了养老管理服务人员系列培训班，累计培训各类养老管理服务从业人员5000余人次。组织举办了全市第五届养老护理员职业技能竞赛，进一步激发了广大从业人员的爱岗敬业热情。

【产业化发展】 “养老+信息化”，实施智慧养老。以县市区为单位，构建以社会组织为主体、社区为纽带、信息化为手段的养老服务信息平台。全市已建成15处，签约服务老年人11.3万余名，提供紧急救援、服务预约、健康管理、物品代购、费用代缴等多元化服务。“养老+保险”，提高应对意外风险能力。建立养老机构意外责任保险和老年人团体意外保险制度，为购买保险的养老服务组织连续三年给予50%的参保补助。全市已有60家养老机构投保，惠及4071名老年人。“养老+交流合作”，提高开放发展水平。举办海峡两岸健康养老产业合作洽谈会，签约项目3个，达成合作意向5项。举办2017中日韩健康养老产业高峰论坛，签约项目4个。引进浩鑫电脑（香港）有限公司和中财汇投基金管理有限公司，联合成立山东力鑫养老产业发展有限公司，打造涵盖居家、社区及机构的多层次、多元化养老服务体系。

（刘兆祥）

【医养结合】 潍坊被确定为全省医养结合示范省先行市，8个县（市、区）被确定为省级医养结合示范县（市、区），潍坊鹤祥安养中心被确定为全省首批医养结合示范单位。市政府办公室转发了市卫计委等12部门《关于加快推进医养结合工作的实施意见》。坚持“边制定政策、边推进项目”的思路，有序推进全市61个医养结合项目。成立潍坊市健康养老产业促进会医养结合分会，开展理论研究和学术交流活动，为推进医养结合提供理论支撑和对策支持。与民政等部门联合，采取“五种方式”推动医养结合。一是养医合作，全市有63家养老机构与周边医疗单位建立了合作关系；二是以医融养，有15家医疗机构开展了养老服务；三是以养融医，有44家养老机构内设了医疗机构；四是医养一体，在建项目35个、正在规划26个；五是居家签约，271家基层医疗卫生机构共组建1251支签约服务团队，建档服务16.43万名老年人。同时，全市81%的一级以上医疗机构为老年人开通了就医“绿色通道”，65岁以上老年人健康管理服务率已达67%。

（王　磊）

信息消费

【概况】 2017年，潍坊市深入推进云计算、大数据、物联网等新一代信息技术与经济社会的深度融合，拓展新兴服务业态，培育信息消费应用亮点，努力打造区域信息消费中心，进一步推动信息消费产业快速发展。潍坊市先后荣获2017中国智慧城市最具潜力城市奖、新型智慧城市规划设计奖等，按照“一网、一平台、N应用”的建设模式，统筹推进基于NB-IoT标准的“物联潍坊”案例被国家发改委选入《2017年中国新型智慧城市建设案例白皮书》，“智慧潍坊3.0”入选2017年达沃斯世界经济论坛全球4个典型案例之一，并代表中国荣获2017巴塞罗那世界智慧城市博览会“智慧城市奖提名奖”。

【信息基础设施】 网络设施建设日趋完善。城市家庭20Mbps及以上宽带接入能力覆盖率达100%，农村家庭4Mbps及以上宽带接入能力覆盖率达100%；互联网用户达到791.5万户，普及率84.6%，出口带宽达到3180G；建成4G基站超过15000个，通信光缆总长度达到223.5万芯长千米。云计算中心服务能力持续增强。市直部门和县市区信息系统及数据“触网上云”进程加快，已为60多个部门的260多个业务信息系统以及300多台托管设备提供了云服务支撑。大数据交易中心正式运营。成立了潍坊市大数据交易中心有限公司，完成交易大厅、交易平台等硬件配套建设，编制完成《潍坊市大数据交易中心可行性研究报告》，明确了交易规则、交易品种、管理制度、监督保障制度等。“物联潍坊”建设全面铺开。建成NB-IoT基站2600余个，NB-IoT网络初步实现全市覆盖；全国首个城市级物联潍坊公共服务平台建成启用，并支撑建设了智慧河长、智慧泊车、智慧路灯、智慧农机等物联网应用试点项目；集联合实验室、展示中心、体验中心以及开放式办公区域等于一体的华为（潍坊）物联网创新研发中心已落成启用。无线城市网一期完成。布设完成AP设备700余个，建设Wi－Fi热点站址近400处，实现城区主要道路和重点公共场所免费Wi－Fi覆盖，市民可体验免费的无线上网服务。

【电子商务】 以深化电商应用为重点，以提升电商品牌效应为动力，积极培育本地电子商务龙头企业，科学规划建设各类电子商务园区，推动电子商务与实体经济产业融合发展。截至2017年底，全市有电子商务企业近4万家，各类网络商铺4万多家。80%的规模以上工业企业和商贸流通企业触网发展电子商务，50%的中小企业通过第三方平台开展商品展示、网上营销等业务，大型商业连锁企业已基本实现供应链各环节信息化。全市建成运营电子商务产业园区（孵化器）67个，总面积700万平方米，已建、在建电子商务公共服务平台46个、行业特色电子商务交易平台262个。县、镇（街道）、村电商公共服务中心、站、点已覆盖各县市区，设立县级电商公共服务中心10处、镇街电商服务站78处、村级电商服务点2382处，形成县、镇（街道）、村三级农村电商公共服务体系。2017年，全市电子商务交易额3010亿元，同比增长29.2%，潍坊市先后获批国家电子商务示范城市、山东省跨境电子商务综合试验区。

【电子信息产业】 电子信息产业形成电声器件、虚拟现实、半导体照明、软件和信息服务业等产业重点。电声器件产业，形成了以歌尔声学、共达电声、楼氏电子、三田科技、鑫易电声等为代表 20余家企业的产业集群。虚拟现实产业，以歌尔为代表的虚拟现实产业形成规模，已申请技术专利百余项，产品占据全球VR高中端产品70%的市场份额，产销量全球第一。半导体照明产业，以浪潮华光光电子、中微光电子、歌尔光电等为骨干企业，形成从LED外延片生长、芯片制作、器件封装到应用产品设计生产较为完整的产业链。软件与信息服务外包业，已形成潍坊软件园、寿光软件园两大园区聚集发展的格局，建成呼叫中心、软件测试等公共技术服务平台，培育了呼叫中心、软件研发、动漫设计、服务外包四大产业，建立起6个省级软件工程技术中心。

【智慧民生】 依托“潍V”智慧城市云服务平台、“V派”智慧城市通行证等便民服务平台及手机APP，实现政务服务、医疗、教育、交通、旅游、购物等的智慧化便捷应用，催生信息消费领域服务新热点。截至2017年底，“潍V”智慧城市云服务平台功能已拓展至40多项，便民服务能力持续增强。依托平台已建成200多个智慧社区，完成200余家幼儿园、18处景区、5家养老院、6个停车场和8家医院的智慧化改造，全市1800辆校车全部安装了GPS和监控安全设施，6万多辆公共自行车实现手机扫码骑行，“潍V”注册用户已超过100万户。“V派”在市县两级政务服务中心、市级机关综合办公大楼、阳光大厦、市中医院、社保联网药店、部分酒店、商超进行试运行，并在部分县市区启动推广；潍坊市中医院已完成手机预约挂号、病例查询、医保卡支付等全流程支付改造，市民体验到“一机在手、通行全城”的智慧城市品质新生活。

【智慧政务】 市政务信息资源共享交换平台功能进一步完善，近30个部门和县市区依托平台进行实时在线的资源交换、数据获取和查询比对，数据共享交换量达1.1亿余条；人口库已归集数据900多万条，财税库已归集数据近30万条，电子证照库基本建成，汇集结构化数据28万余条，全市政务信息资源目录总数达到2.2万余个。以“互联网+”思维，创新研发了“知己”网络身份认证系统，实现“互联网+身份认证”新突破，结合“潍V”智慧城市云服务平台手机APP，可将政务服务全流程搬至移动互联网，市民通过手机即可办理所需事项，打造政务服务“零跑腿”。昌乐国家级“教师资格认定”试点任务圆满完成，实现“教师资格认定”业务“潍V”手机APP办理，解决了以往申办人需回户籍地开具身份证明，现场提交毕业证、申请表、户口簿等各类证明材料，跑多次腿才能办成的难题。创新建设社情民意大数据平台，共享整合社情民意相关数据资源，精准抓取民生热点，动态掌握民意诉求，对社情民意进行研判预警，以周分析、月报告、动态专报等形式报送市领导，为市委、市政府科学决策提供参考和依据，强化大数据对政府治理、经济转型、社会服务的支撑作用，信息消费政务服务环境进一步优化。

【荣获巴塞罗那世界智慧城市博览会2017“智慧城市提名奖”】 2017年11月，潍坊市从全球600余个参评城市中脱颖而出，与亚特兰大（美国）、里昂（法国）、斯德哥尔摩（瑞典）、斋普尔（印度）共同荣获2017“智慧城市奖提名奖”，为国内唯一获奖城市。巴塞罗那智博会是全球规模最大、影响最广的“智慧城市”主题展会，其奖项是智慧城市领域最高荣誉。作为中国唯一入选本届巴塞罗那智慧城市大会的示范城市项目，“V派”是潍坊市应用移动互联、实名认证技术创新打造的全新“智慧城市通行证”。“V派”智慧城市通行证融合互联网支付和互联网实名认证技术，以手机APP方式实现市民事项办理、交通出行等的手机便利化应用以及购物、消费、充值、医保、水电气暖和行政事业性缴费等的移动支付，让市民畅享“一机在手，通行全城”的便利生活，进一步提升公众对深化智慧潍坊改革的获得感和感受度。“V派”已有活跃用户100多万人，服务场景已在全市医院、学校、公交车、图书馆、行政审批服务大厅等进行应用拓展。其中社保卡手机支付功能的开通是国内继深圳、杭州后的第三个城市，电子身份证是国内唯一。

【入选2017年达沃斯世界经济论坛典型案例】 2017年，达沃斯世界经济论坛启动了“IoT4D评价”（物联网促进可持续发展）项目，并在全球各国征集案例。潍坊市“物联潍坊”以最高分从全球640多个案例中脱颖而出，被选定为4个典型案例之一，成为组委会面向全球推荐的可持续发展、高复制性的智慧城市建设案例。潍坊市是唯一以城市身份入选的案例，也是国内唯一入选城市。

【设立华为（潍坊）物联网创新研发中心】 根据潍坊市与华为公司签订的《潍坊市城市物联网应用及产业基地建设战略合作协议》，引进华为公司人才和技术资源，在潍坊市设立华为（潍坊）物联网创新研发中心，其中物联网Openlab（开放式实验室）承担“物联潍坊”建设产品、方案的验证及测试。该中心为促进传统企业利用物联网等新一代信息技术实现转型升级提供了重要支撑台，是发展全市数字经济，推动新旧动能转换的重要平台。

（张立峰）

交通·邮政·通信

Jiaotong Youzheng Tongxin

公 路

【概况】 2017年，全市共完成公路建设投资98.28亿元.公路通车里程25153.5千米，较2016年增加通车里程466.6千米，公路密度166.45千米每百平方千米。其中，全市国省道通车里程达2229千米，一级及以上公路1719千米，占比达77%，位居全省第1，农村公路24686.9千米，位居全省第2。高速公路项目建设进度位居全省前列。

【公路建设】 潍日高速公路北段提前半年于2017年6月27日建成通车，南段超额完成年度计划，工程建设进度居全省同期开工的9条高速第1位。济青高速公路改扩建工程潍坊段完成年度投资22亿元，阶段性进度和总体进度均位居全线前列。潍坊南绕城高速完成立项并开工拆迁，得到山东省交通运输厅通报表扬。干线公路进展顺利。2017年，共实施国（省）道新改建、养护大（中）修项目17项491千米，总投资32亿元。其中，部、省投资18亿元，争取国省道项目及资金数量位居全省第1。央赣路安丘至五莲界段7月1日通车。文石路寿光段、平日路高密平度界至青银高速段11月底全部完工。济青路青州段、大沂路昌乐城区改线段、平日路诸城段超额完成年度目标。309国道、东红路、大沂路等9项大中修项目全部完成。农村公路建设、养护快速发展。全年新建改造农村公路1568.1千米，完成投资21.6亿元，分别占计划的120.6%和134.2%，超额完成年度任务目标。潍昌路改造工程建成通车。纳入第三批“农村公路网化示范县”的昌邑市、临朐县、潍城区、坊子区累计开工711个927.6千米，完工927.6千米，完成投资5.4亿元，完成里程和投资分别占计划的97.9%和100%。开展公路安全生命防护工程隐患整治工作，组织交通、交警和安监等部门对全市县道689千米、乡道151千米进行核查，全部合格，同时，根据省级抽查评估情况进行整改落实。全市农村公路小修保养及危桥改造完成投资1.93895亿元，其中，危桥改造完成9座、520.6延米，完成投资0.289亿元。全市县道、乡道、村道经常性养护率分别达到100%、85.6%、71.8%，优良路率分别达到87.2%、84.4%和74.3%，综合优良路率达到77.01%。全市已纳入市场化养护的县道里程共1668.26千米，占全部县道里程的73.3%，诸城市、高密市、安丘市、青州市、奎文区、滨海区、峡山区、寒亭区县道全部实施市场化养护。

【运输能力】 全市共有道路运输业户51218户，客运业户181户，货运业户51029户；全市营业性客车2468辆，货车97027辆。其中，危险货物运输车辆2594辆（不包括危险品挂车）；全市城市客运车辆 10025辆，其中，公交车5143辆，出租车4882辆；全市汽车维修

潍日高速鸟瞰图　　（供稿：王文彬）

业户1554户，机动车驾驶员培训业户67户（其中，普通机动车驾驶员培训61户，道路运输驾驶员培训业户6户）。从业人员286724人。全年完成客运量5968万人次，旅客周转量457262万人千米；完成货运量27156万吨，5675182万吨千米。

【潍坊市被确定为全国性综合交通枢纽】 根据2017年2月3日《国务院关于印发“十三五”现代综合交通运输体系发展规划的通知》，潍坊市被确定为全国性综合交通枢纽。《通知》要求推进全国68个综合交通枢纽建设，优化中转设施和集疏运网络，促进各种运输方式协调高效，扩大辐射范围。

【“四好农村路”示范县创建】 “投资16.1亿元，新建改造农村公路1300千米”是潍坊市政府确定的2017年民生事项农村“七改”之首。2017年全市新建改造农村公路1568.1千米，完成投资21.6亿元，分别占计划的120.6%和134.2%，超额完成年度任务目标。加强农村公路管理养护，青州市、诸城市成为省级“四好农村路”示范县创建县，同时，稳步推进昌邑市、临朐县、坊子区、潍城区的第三批“农村公路网化示范县”创建工作，农村公路通行能力和服务品质大幅提升。

（王文彬）

铁 路

【概况】 2017年，全市铁路完成投资3.18亿元。以城市轨道交通规划为中心，坚持把城市轨道交通作为“四个城市”建设的重要内容抓紧抓好，强力推进铁路项目规划建设，积极参与全市重点项目高铁新城和南火车站广场项目有关工作。

【铁路建设】 2017年，完成城市轨道交通线网规划编制。《潍坊市城市轨道交通线网规划》通过山东省住建厅技术审查，经潍坊市城乡规划委员会研究通过。2017年1月，潍坊市委常委会研究并提出修改完善深化意见，对规划方案主要内容进行社会公示。2017年9月18日，市政府第11次常务会议批复通过《潍坊市城市轨道交通线网规划》。近期建设规模为轨道交通1号线Ⅰ期和2号线；组织召开潍坊市城市轨道交通系统制式研究论证会，经专家论证推荐，市政府常务会议确定潍坊市城市轨道交通系统制式为跨座式单轨；组织编制完成城市轨道交通建设规划，并已上报市政府。积极参与全市重点项目高铁新城和南火车站广场项目有关工作。协调设计单位对城市轨道交通线站位在高铁北站的埋深预设工作，以及火车站南广场轨道交通地下站的铺设埋深等有关工作，配合高铁新城指挥部和南火车站广场指挥部搞好有关设计的对接和沟通协调工作。加快推进疏港铁路项目，该项目全长16.5千米，总投资6.89亿元（不含征地拆迁补偿等），2015年12月开工建设，现已完成产值4.6亿元。青临铁路累计实现货运量352万吨，较上年运量减少幅度较大。

（王文彬）

水 运

【概况】 2017年，全港完成基础设施建设投资26.5亿元，共建成泊位45个，其中，万吨级以上深水泊位20个，岸线总长7796米，液化品、滚装等专业化深水泊位建成投用，潍坊功能完备的现代化综合性亿吨级大港格局逐步形成。

【港口建设】 2017年，完成5万吨级航道工程、小清河复航工程项目前期工作，西港区5000吨级航道防波堤工程开工建设。森达美2个5万吨级液化品泊位和山东高速2个5万吨级通用泊位、2个2万吨级滚装泊位建成投入使用，森达美6个5万吨级泊位实现对外开放，3个5万吨级通用泊位减载靠泊7万吨级取得批复。积极推进10个5万吨级和1个2万吨级泊位前期工作，其中，山东高速4个5万吨级通用泊位和1个2万吨级滚装泊位获省发改委核准批复，潍坊港集团、森达美各2个5万吨级液化品泊位通过行业审查，森达美2个5万吨级多用途泊位工可报告编制完成。森达美液化品库区一期、二期工程建成投用，三期工程开工建设，四期工程地

潍坊港建设　　（供稿：王文彬）

基处理基本完工。寿光港化油品仓储项目储罐已完成主体安装及综合办公楼土建工程。潍坊港疏港铁路路基、桥涵、站场等工程基本完成。山东高速综合客运枢纽及办公生活配套项目一期工程建成，潍坊港航运服务中心一期项目主体建成，正在进行消防、给排水管道安装。加强港口在建工程施工和港口生产扬尘治理，投入0.28亿余元购建环保设施，港口环境明显改善。对柴油车运输集疏港煤炭保持高压态势，在全省率先全面停止柴油车运输集疏港煤炭。积极推进港口岸电工程建设，森达美投资920万元建设的潍坊港首个高压变频岸电项目投入使用。

【运输能力】 2017年，潍坊港累计完成货物吞吐量4210万吨，同比增长13.6%，集装箱完成35.1万标箱，同比增长1.4%。累计完成货运量2422.5万吨、货物周转量176.37亿吨千米，同比增长49.6%、52.7%。新开通“大连—潍坊—青岛”“潍坊—黄骅”集装箱内贸航线，潍坊—釜山外贸集装箱航线加密到一周三班，11月19日，同时开通潍坊—日本关东、关西两条国际集装箱航线；积极打通潍营满欧新丝路，鲁辽陆海货滚甩挂运输大通道持续健康发展，配置专业海铁集装箱，货物实载率由50%提高到近100%，货物运量同比增长300%，甩挂车运量同比增长204%。潍坊—旅顺滚装航线建设取得积极进展，中远海客运公司已完成适航船舶设计方案。

（王文彬）

民用航空

【概况】 根据军事改革实际，全力推进新机场立项，《路坊机场土地移交方案》和《潍坊机场搬迁框架协议》上报空军待批。完成新机场和潍日高速涉及的3处高压线路迁改工作。《潍坊临空经济区规划研究报告》通过专家评审；为满足潍坊机场国际航线运营保障需求，根据海关、边检、检验检疫等部门提出的2017年潍坊机场口岸临时开放改造要求，民航局积极落实财政资金，顺利完成联检单位查验设施设备招投标采购工作，组织实施国际到达门禁系统安装、国际到达行李区监控系统安装等工作，国际航班运行功能区域保障能力得到全面提升，为潍坊机场国际航班的健康运营奠定坚实基础。

【航空建设】 2017年，潍坊机场安全起降航班6358架次，完成旅客吞吐量59.77万人次，同比增长10.5%；完成货邮行运量2.65万吨，各项数据指标再创历史新高。改造调整深圳—杭州—潍坊、北京—潍坊—宁波等航线，择机开通海口—潍坊—哈尔滨季节性航线。2017年，潍坊机场新开通国内通航城市5个，国际航线1条。8月份，成功开通西安、营口航线；9月份，开通长沙航线；10月份，借民航冬、春航班换季之机，开通南昌、长春航线；11月份，开通泰国曼谷航线。潍坊机场的客运通航城市达到14个：北京、上海、广州、深圳、杭州、西安、沈阳、大连、宁波、营口、长沙、南昌、长春、曼谷，航线网络布局持续优化，覆盖地区更加广阔，初步形成“连接枢纽、沟通西南、辐射东北、加密东南”的航空网络布局。

（王文彬）

城市交通

【概况】 全市公交及场站建设完成投资1.35亿元。全年完成运营里程7433.3万千米，完成客运量11653.4万人次。公交企业被评为四星级（市级）“厚道鲁商”品牌形象榜上榜企业、诚信经营企业等荣誉称号。

【城市公交发展】 公交都市创建工作稳步推进。编制完成《潍坊市公交都市建设实施方案（2017年—2020年）》，通过山东省交通运输厅、交通运输部专家评审，成功入围“十三五期”公交都市第一批创建城市，成为50个创建城市之一。公交线网更加完善。2017年，新开通公交线路2条，优化调整公交线路11条，填补惠贤路、永春路、中国食品谷等公交盲区，公交线网布局更为科学合理。城区公交线路达97条，公交线路总长度达1904.23千米；全年客流量达11653万人次。2017年，对13条线路运行时间进

2017年，稳步推进智能公交建设，掌上公交APP测试版面向公众发布，86条营运线路已安装智能调度终端一体机
（供稿：王文彬）

行延时调整，现已有11条线路末班营运时间达到20:30以后，其中，6条达到21:00以后，56路达到22:00以后。坊子区枢纽站、峡山枢纽站、城区东部总站、食品谷枢纽站土地征用及手续办理工作取得有效进展。智能化建设迈向新高度。潍坊公交总公司97条线路营运车辆全部安装智能调度终端一体机和监控设备；具备条件的车辆LED显示屏和路牌实现与后台联动；智能调度系统、视频监控系统、乘客信息服务系统全部正式投入运行；支撑智能化公交运行的强大后台——总公司机房建成运行。“潍坊掌上公交”手机APP用户量已达15.2万，点击总量突破400万。全面开展“星级驾乘人员”“星级线路”争创活动，全力打造“公交星级服务”示范点。建设公交特色服务线路，对车厢文化看板、服务标志标识进行更新完善，对4600余个站点名称实行双语发布，营造温馨和谐、文明有序的乘车环境。

【潍坊市成为“十三五”公交都市第一批创建城市】 2016年11月，经潍坊市政府研究，启动公交都市创建城市申报工作。2017年2月，编制完成《潍坊市公交都市建设实施方案（2017年—2020年）》。加快公交发展，中心城区已拥有公交车1567台，运营线路97条，总长度1876.8千米，日客流量达到34.5万人次。经过争取，潍坊市通过省交通运输厅、交通运输部专家评审，成功入围“十三五”公交都市第一批创建城市，成为50个创建城市之一。

（王文彬）

海 事

【概况】 9月29日，中华人民共和国山东潍坊海事处撤销，中华人民共和国潍坊海事局正式挂牌成立，隶属山东海事局管理。全年进出港船舶12545艘次，同比增长10%，国际航行船舶进出口岸审批645艘次，同比增长38%，外贸货物吞吐量134万吨，同比增长43%；安全检查167艘次，同比增长55%，滞留船舶20艘（含外轮1艘），同比增长233%；成功处置海上险情2起，搜救成功率100%，事故4项指标两降两平。发布海上风险预警信息63期，VHF（指频带由30 兆赫 到 300 兆赫的无线电电波）播发航行警告3000余次；船员培训开班865期，培训26015人次，同比增长50%，船员考试909期，35027人次，同比增长15%；征收规费1888万元，与上年持平。

【安全监管】 集中开展“大排查、快整治、严执法”行动，沿海3000总吨以下货船安全管理专项检查等活动。推动沿海区（市）政府成立水上交通安全工作领导小组，建立“打非治违”联席会议制度，开展联合执法行动30余次，协调外地海事机构成功召回5艘内河船舶，严厉打击“三无”（无船名、船号，无船舶证书，无船籍港）船舶和内河船舶非法参与海上运输违法行为。组建“安全宣讲团”“安检服务队”，扩大安全服务覆盖面。

【服务保障】 服务鲁辽大通道甩挂滚装运输航线；做好风筝会等水上活动海事保障工作；助推滨海旅游健康发展；协调推进港口建设及口岸开放；解决潍坊港3.5万吨级航道通航船舶受限问题；建立国际航行船舶联合登临检查工作机制，推进电子口岸国际贸易“单一窗口”建设；全面实施“船员素质提升工程”，打造船员强市，积极支持山东海洋技术大学筹建工作，服务海洋应用型人才培养基地建设。做好协管人员的招录和日常管理工作。工作船码头配套设施工程投入使用，潍坊船舶交通管理系统（VTS）工程获得上级批复。

【海上应急体系】 召开全市海上搜救暨海上交通安全工作会议，修订《潍坊市海上搜救应急预案》和《潍坊市海上溢油事件应急处置预案》；在滨海区设置永久性直升机起降点，选定20艘船舶作为海上搜救志愿船舶（“潍港拖16”轮获得2017年国家搜救奖励），签署海上搜救志愿服务协议；协调北海救助局选派专业救助船舶在重点时段开展应急值守；举办市2017年海上搜救消防溢油应急演习，开展商（渔）船安全警示教育3次，培训渔民1200余人次。

【法治建设】 出台《关于加强水上安全管理工作的意见》，解决辖区“三无”船舶和内河船舶从事砂石运输的水上交通安全隐患，明确潍坊辖区水库、城市园林、风景名胜区等封闭水域的水上安全管理职责；出台《潍坊市海上交通安全管理暂行办法》，

潍坊市海事局揭牌仪式　　（供稿：罗　凯）

解决渔船非法载客、“三无”船舶治理、港口水域禁限航、安检仪配备等问题。全年实施海事行政处罚82件，罚款金额54万元，同比分别增加228%和188%，船员违法记分86分，同比增长46%。

【机构改革】 印发《潍坊海事局基层执法机构改革实施方案》。9月底，潍坊海事处撤处建局，10月底，港区海事处和寿光市海事处挂牌成立。事权平稳交接，签发首例“残骸清除责任保险或其他财务保证证书”、首本海船船员证书和船员服务簿。

【党建工作】 印发《推进“两学一做”学习教育常态化制度化实施方案》，固化每月两次的“支部生活日”制度。通过“两学一做”学习微信群、专栏、“灯塔在线”党建平台，发布学习资料300余篇，征集学习体会68篇，交流报告10篇，5人次获“优秀共产党员”荣誉称号，1人被评为直属海事系统优秀共产党员。与辖区24家港航企业签订《海事廉洁政风共建协议书》，深化与辖区外航运企业定期函询制度。走访函询航运企业49家，征求意见17条。

（罗　凯）

口岸工作

【概况】 2017年，全市口岸工作实现6个“首次突破”：一是潍坊港水运口岸外贸吞吐量首次突破百万吨，达到121.81万吨，同比增长37.27%；二是潍坊机场空运口岸出入境人数首次突破千人次，达到3067人次，同比增长392.92%。新开通“潍坊—曼谷”东南亚国际包机航线，顺利完成国际包机任务20架次；三是水运口岸外贸集装箱首次突破10000TUE，达到11584TUE，同比增长290%。新增“潍坊—日本关东”“潍坊—日本关西”2条每周两班定期国际集装箱班轮航线；四是潍坊港口岸首次靠泊5万吨外贸船舶，成为潍坊港向现代化深水码头迈进的里程碑；五是潍坊港首次接卸（来自乌拉圭）外贸原木货种，同时也是潍坊港口岸开辟的最远外贸航线，为腹地企业带来更多的物流渠道和更经济的综合物流成本；六是单位招商引资工作首次突破亿元大关，当年实际到账金额1.7亿元。

潍坊港口岸首靠5万吨级外贸船舶　（供稿：市口岸办）

【口岸开放】 潍坊港口岸对外开放水平不断提高。市政府口岸办将潍坊港中港区6个3万吨级新建泊位对外启用作为年度关键项目重点突破。会同驻潍口岸查验单位及港口企业研究制定《潍坊港中港区6个3万吨级泊位现场查验设施规划设计方案》，建成现场智能卡口、围网、查验货场、地磅、查验用房等查验及配套设施。9月18日，省政府正式批准潍坊港中港区西作业区6个3万吨级新建泊位外启用，新增口岸外贸设计吞吐能力900万吨，超过目前已开放泊位总和。潍坊机场连续3年实现临时开放。8月7日，潍坊机场临时开放获国家批复，即日起允许中外藉客运飞机从潍坊机场出入境。11月11日，“潍坊—曼谷”包机航线将正式开航，填补潍坊市没有直飞东南亚国家的空白。

【口岸建设】 加强规划统筹、互联互通和应用开发，推进“互联网+口岸”建设。一是在潍坊港中港区限定区域、监管区域、查验通道实施智能化管理。先后在东、西作业区建成全省最先进的2个无人值守智能海关监管卡口，具备集装箱号识别、车牌抓拍、电子车牌识别、电子车牌发卡、电子地磅数据采集、电子关锁、电子档杆、自动放行、视频监控等全部口岸监管功能。潍坊港口岸外贸运输车辆平均验放速度由启用前的30秒/辆缩短至5秒/辆，口岸通关效率提高5倍以上；二是加大非侵入式检查设备、移动查验执法终端等装备的投入使用。在潍坊机场国际通道引进使用旅客自助式通关系统，全面实现各口岸功能平台信息互联互通和可视化指挥监控。

【口岸管理】 加快推进“单一窗口”建设，简化国际贸易申报流程。2017年，潍坊被确定为全省推行国家“单一窗口”标准版6个试点城市之一。目前，“单一窗口”已与海关现有申报平台初步整合，与检验检疫申报系统全面对接，实现与边防、海事等11个政府机构的信息共享，减少企业重复信息录入232项，平台功能达到9个。会同市商务局联合举办潍坊市山东国际贸易“单一窗口”培训班2期，培训相关业务人员400余人，推动国家“单一窗口”标准版在潍坊市的应用与普及。全年通过标准版申报进出口报关业务9845笔，推广使用率达到40.3%，超出省政府年度任务目标10.3%。

（苏英杰）

邮 政

【概况】 全市具备经营快递业务资格的法人企业及分支机构304家，2017年，全市邮政企业和快递服务企业业务收入（不包括邮政储蓄银行直接营业收入）累计完成23.15亿元，同比增长24.14%；业务总量累计完成34.46亿元，同比增长35.98%。其中，全市快递服务企业业务量累计完成1.4亿件，同比增长36%；业务收入累计完成15.29亿元，同比增长25.72%。

【行业发展】 《潍坊市邮政业发展“十三五”规划》《关于贯彻落实省政发〔2017〕1号文件促进邮政和快递服务业发展的实施意见》印发实施，《潍坊市快递管理条例》列入2018年全市二类立法计划。争取市政府扶持资金1220余万元，集中释放发展红利。与市文明办、市交警队联合开展文明出行专项行动，全市3000余辆快递三轮车实现统一标识、统一编号。寿光市邮政管理局挂牌成立，潍坊市邮政业安全中心获批成立，寄递安全监管体系更加健全。推动圆通、韵达、申通、中通与地方政府达成园区建设意向，联合寿光市政府开展快递园区考察调研，占地200余亩的寿光市快递园区建设已经完成调研立项。

【服务能力】 全市共投入运营智能快递箱隔口超过3万个，农村地区快递服务乡镇网点覆盖率达到100%，行业基础设施建设取得新进展。末端配送成效明显，建设摩西管家旗舰店，寿光市邮政管理局推动成立“菜都驿站”13处。全国首家花卉智能分拣中心启用（青州韵达花卉智能分拣中心），“快递+萝卜”“快递+花卉”“快递+大樱桃”等特色农产品销售，快递服务潍柴动力、歌尔声学等加工制造业成效显著。

【安全监管】 寄递安全监管机制不断完善，行业安全监管责任制更加健全，推动企业落实安全生产主体责任，实现企业安全档案“一企一册”。与市公安部门建立寄递安全检查联动机制，加强与县（市）网格化管理服务中心联动，推动寄递安全属地化管理责任落实。联合市快递协会开展行业安全标准化建设，验收企业186家，达标率94.6%。严格落实“双随机一公开”（在监管过程中随机抽取检查对象，随机选派执法检查人员，抽查情况及查处结果及时向社会公开）制度，开展安全生产月、安全隐患大排查快整治严执法等10余次专项检查。执法检查力度持续加大，累计检查邮政、快递企业600余次，2017年，共立案82起，处罚74起，警告36起，累计罚款112余万元。

（张元江）

【市邮政公司概况】 中国邮政集团公司潍坊市分公司现下辖10个县（市、区）分公司及1个营业局，260处城乡支局（其中，金融综合类231处），邮政便民服务站7073处，现有员工3430人。汽车邮运总里程8572.8千米，其中，城乡邮路总里程3854.8千米，是潍坊市最大的服务网络，担负着全市普遍服务和特殊服务任务。2017年，公司继续保持“省级文明单位”称号，荣获“山东省劳动关系和谐企业”荣誉称号，建成市级文明单位4个、县级文明单位2个，1个支局建成国家级青年文明号，11个单位建成省级青年文明号，2人荣获“全省邮政先进个人”称号，5人当选年度“潍坊好人”，1人荣获“富民兴潍劳动奖章”。

【发展再创新高】 2017年，全市邮政业务收入同比增长13.2%，收入规模跃升至全省第6位，全市邮政劳动生产率同比增长14.5%。其中，金融业务3年来实现储蓄余额规模翻番，由全省第8位提升至第5位；包裹业务营揽投改革深入推进，队伍建设基本成型；渠道平台业务发展零售商3626户，代收国税项目开通网点158个，综合服务平台达标站点1927处，邮政服务“三农”（农民、农业、农村）品牌进一步树立；集邮与文化传媒业务突出“文化”特色，做大“传媒”本色，参加通辽2017中华全国专项集邮展览，获得“大镀金奖”和“镀金奖”。

【创新经营模式】 开展主题图书展295场，被潍坊市政府授予“全民阅读推广基地”。与市公安局联合开展电信防诈骗活动，联合市检察院开展“预防职务犯罪邮路”活动，为建设风清气正的社会环境和政治生态做出积极贡献。开展爱心扶贫活动，通过电商平台助农销售土豆3.65万公斤，洋葱6万余公斤，获得政府和媒体赞誉。邮政服务质量稳步提高，2017年社会综合满意度得分95.3分，提高2.1分。硬件能力建设不断投入，装修改造网点8处，其他工程、技术改造50余项，新增金融机具52台，配备汽车12辆，电动三轮车100辆，潍坊二级邮区中心局项目扎实推进。

【党建工作】 开展党务知识“充电补课年”活动，“党风廉政宣传教育月”活动，实施党员教育培训计划，加快基层党组织示范点建设，坊子区分公司党委被评选为“省级示范点”。积极组织“作风建设年”活动，机关部室帮扶包靠基层900人（次）。继续做好峡山区于家屯村包村扶贫工作，赢得该村干部群众和当地街道、峡山区委的高度评价。全市星级农村支局职工小家创建率达到70%。员工满意度得分97.23分，为历年得分最高。

（李　冰）

潍坊移动

【概况】 2017年，全市移动通信客户共计705万，4G客户约420万，有线宽带客户约90万，互联网电视用户达55万。全年实现税收突破4亿元，获评“2017年通信行业用户满意企业”。

【打造精品网络】 2017年，新建1900个4G基站，实现潍坊市区、县、乡100%全覆盖，光纤宽带新增覆盖102万户家庭，光纤网络覆盖率达98%，规划建设1000处NB-IoT基站，实现潍坊市区及所有县（区）城区的广域覆盖，网络质量满意度全省领先。同时不断加快推进应用探索和技术储备，充分发挥规模优势和应用优势，在智慧泊车、智慧河长、智慧路灯、智慧抄表、“互联网+农业”等方面实现了项目落地，建成集客专线6000条，投产开发区IDC机房，通过信息化优势助力“物联潍坊”及“美丽乡村”建设。

（张　帅）

潍坊联通

【概况】 中国联合网络通信有限公司潍坊市分公司下设12个县级分公司，现有员工2100余人。

【强化网络支撑】 实现市区、县城4G网络基本全覆盖，行政村网络覆盖率达到90.8%。完成市区窄带物联网建设，为智慧城市建设提供基础保障。持续推进宽带升级改造，互联网出口带宽达到1.4T，FTTH端口占比达到91%以上。圆满完成“党的十九大”“一带一路国际合作高峰论坛”等重大活动通信保障工作。积极开展机房撤并、减容减频、节能改造，作为唯一地市级单位获得“通信行业节能管理创新先进单位”荣誉称号。

【拓展信息消费】 持续推进“提速降费”，全面取消移动通信长途费、漫游费，推出“冰激凌”“腾讯王卡”等系列流量产品，满足用户移动互联网需求；再次下调专线资费，推出“互联网产业云平台”等信息化产品，助力双创企业发展。实施“百兆起步，千兆引领”战略，开展宽带用户全面提速，200Mbps速率以上用户占比达到49%。严格执行“零盲区”无条件受理，以电商平台为依托实现了宽带线上渠道受理。推进大服务体系建设，客户满意综合NPS位居全省前列。

【机制体制改革】 完成108个营销服务中心的划分及负责人选聘，市、县两级部门数量降幅达42.1%和37.5%，形成“小管理、大操作、强协同”的组织架构。强化资源优化配置，提升运营效益，获得“国家级AA诚信企业”“潍坊市守合同重信用企业”等荣誉称号。

（贯清刚）

潍坊电信

【概况】 2003年6月5日，潍坊电信挂牌成立，为中国电信集团直属分公司，下设14个子公司，拥有员工1400余名，为客户提供7*24小时专业本地化服务。潍坊电信互联网出口扩容到400G，率先实现全光纤接入，并完成千兆接入能力测试。截至2017年底，潍坊电信累计建成无线基站3442个，成为覆盖全市城区、县城、农村的4G、3G网络，无线信号覆盖率达到99.4%；并率先开通NB-IOT（窄带物联网）。

【光网中国】 潍坊电信以提高“人民美好生活”为目标，积极响应国家“宽带中国”的号召，全面开展全光网络及智慧城市建设，推进宽带提速行动，现有本地网、汇聚层以上线路共4900余千米、宽带网出口280G，基本实现城区和县（区）、乡（镇）FTTH光纤接入。光纤接入区域，100M宽带起步，200M宽带普及，可承载用户语音、高速上网、高清电视等多种需求。为支持高清电视发展，潍坊本地部署服务器，实时传输天翼高清，观看节目影片更加清晰流畅。

【提速降费】 潍坊电信按照国家提速降费总体要求，加快推进落实“取消国内手机长漫费”“降低国际长漫资费”“降低互联网专线资费”“推出不限量套餐”等重大举措。为群众办理部分基础套餐业务可以直接免费享受100M、200M宽带及天翼高清服务，享受“提速降费”带来的福利。

【信息应用】 中国电信与产业链共创智能连接、智慧家庭、互联网金融、新兴ICT、物联网五大业务生态圈。在智慧家庭方面开展4k高清、家庭宽带智能组网、家庭云、天翼想家等业务；在物联网生态方面布局智慧水务、智慧抄表、智能停车、智能井盖、环保监控、共享单车等；借助“天翼+NFC公交、天翼+水电煤、天翼+橙分期”，做强支付业务模式，重点拓展消费金融、征信、小额信贷、保理和保险等领域，推动金融业务规模突破等。

【服务民生】 潍坊电信发布助力“企业上云”行动方案，电信天翼云依托中国电信网络和数据中心能力资源，已形成云网融合、专享定制、安全可信的云服务能力，提供云主机、云存储、CDN和大数据等全线产品。潍坊电信与潍柴公司合作潍柴互联网项目。电信公司依托网络运营和技术研究，在智慧能源管理方面进行深度合作，为企业提供节能减排依据，发挥在3G/4G移动通信网络优势，以中国电信基础网络为基础，实现产业链协同的网络化、智能化，建立企业所有产品的大数据中心。2017年，潍坊电信建设的新一代物联网（NB-IoT）正式商用，基站覆盖范围为普通4G基站的两倍以上。实际使用中，信号可以穿透至地下两层，为不同场景的行业应用提供便利条件。

（朱晓飞）

无线电管理

【概况】 2017年，潍坊市无线电管理办公室获评山东省文明委“2017年度省级文明单位”。《关于蜂窝无线电通信基站设置使用情况调研报告》获全省第二名；在全省无线电监测技术比赛中获团体第五名；市无线电管理办公室宣教中心被潍坊市全民普法依法治市工作领导小组办公室命名为“法治宣传教育示范基地”。

【业务工作开展】 全年共受理设台审批事项200余件，指配频点及呼号140个，核发新设台站电台执照395个，到期台（站）全部换发执照，全年验证7500个，换发电台执照4900个。配合公安部门开展打击治理“黑广播”“伪基站”违法犯罪专项行动，收集汇总“伪基站”“黑广播”违法犯罪的有关证据，为公安等部门追究不法分子的法律责任提供支持，全年共发现查处“黑广播”32台（套），查处“伪基站”1套，相关案件线索均移交公安机关。加强对重点业务频段、重点地区无线电监测与干扰排查工作。建立潍坊市铁路、民航无线电专用频率保护工作长效机制。全年配合有关部门保障22次，发现利用无线电设备作弊案件9起，其中，查处6起、压制非法信号3起。按照山东省无线电管理技术设施“十二五”和“十三五”规划部署，在寿光市新建固定监测站1座，填补该区域的无线电监测空白，并将高密市固定监测站改造升级，接入全省航空监测网。截至2017年年底，全市无线电监测网络固定站建成12个。

【机关作风建设】 推进“两学一做”学习教育常态化制度化，开展以“主动作为、主动担当、依法作为”为主题，加强机关作风建设。开展寻标、对标、提标行动，制定《实施寻标对标提标行动工作方案》，确定“省内对标日照、省外学习杭州”的比、学、赶、超标杆。开展“文明单位”创建工作。以“凝心聚力、团结和谐、严谨务实、廉洁高效”的机关作风为抓手，提出创建“省级文明单位”目标。12月29日，鲁文明委命名潍坊市无线电管理办公室为“2017年度省级文明单位”。

（王桂江）

建设·环保

Jianshe Huanbao

城镇化发展

【概况】 2017年，全市常住总人口为936.3万人，常住人口城镇化率达到60%，同比增长1.8%。全省城镇化综合考核中位列前三名。

【省级中小城市试点】 指导县（市、区）、建制镇科学编制试点方案和工作计划，争取新型城镇化、中小城市等试点。诸城市获批国家新型城镇化试点、寿光市和安丘市获中等城市试点、昌邑市为I型小城市试点、羊口镇为新生小城市试点，景芝、夏庄、柳疃列为省级重点示范镇。

【省级特色小镇创建】 指导县（市、区）、建制镇科学编制小镇方案和概念性规划，争取列入省级特色小镇创建名单。2017年，寿光市羊口镇获批国家特色小镇，9个特色小镇入选省级创建名单。圆满组织第23届鲁台经贸洽谈会特色小镇建设交流会。

【三个“市民化”】 2017年，全市完成外来务工人员市民化9.4万人，城中村、城边村居民完全市民化13.3万人，就地转移就业人口市民化5.1万人，超额完成省下达的年度任务，获省人口市民化奖励资金1.44亿元，规模居全省第2位。

【城镇化工作督查考核】 贯彻市委深化改革、市政府工作报告等工作部署，梳理确定91项重点工作，分解落实到县（市、区、市属开发区）和市直部门，实行月书面督查、日常专项工作现场督查和年底总评考核，考核成绩纳入对县（市、区）科学发展综合考核成绩；2017年10月，市委督查室、市政府督查室会同市城镇化工作办公室组成2个督查组，对8个县（市）城镇化工作进行现场督查，对各区（市属开发区）、市直有关部门城镇化工作进行书面督查。协调市直部门做好全省城镇化现场3年综合考核工作，争取市级以上城镇化专项资金1.99亿元，有力地推动全市新型城镇化建设发展。

（祖金华）

城市规划

【概况】 2017年，城市发展战略研究、中心城区控规法定成果实现全覆盖，各类专业专项规划基本实现基础设施功能项目的全覆盖，重点片区城市设计覆盖率达到80%，重点片区外出让地块的微观城市设计获得突破性进展。牵头争取京沪二通道途经潍坊北站，潍坊市规划局被市委、市政府授予“集体二等功”。在全省城乡建设工作会上，潍坊市规划局被授予“全省住建系统先进集体”。

【完善城乡规划成果体系】 《潍坊市2048（建市100年）战略发展规划》《潍坊市概念性空间发展战略规划》两大战略规划已形成报批成果。开展城市总体规划实施评估工作，为下一轮总体规划编制提供指导。截至1月份，中心城区6个片区、33个分区的控规成果已全部获得市政府审批，实现控制性详细规划法定成果全覆盖。修编完善《潍坊市农村新型社区和新农村发展规划（2015年—2030年）》，统筹全市农村社区布局。在11 月底召开的全省乡村规划工作座谈会上做典型发言。《中心城区总体城市设计》形成初步成果。市级编制的《白浪河中心城区段城市设计》等4个重点片区城市设计已经批复，《军埠口片区城市设计》等3个城市设计通过专家评审；各区、开发区各自组织编制的重点片区城市设计稳步推进。截至目前，中心城区80%面积已编制城市设计。另外，启动编制《潍坊市城市设计导则》。出让地块微观城市设计有所突破。组织审查各区微观地块城市设计23个，中心城区率先做到没有城市设计不得核提规划条件。

【发挥参谋助手作用】 编制《潍坊市城市综合交通规划》《潍坊与周边城市重大基础设施一体化研究》，率先在地级市编制《潍坊市域中长期铁路网规划》，力争京沪东线经过潍坊并接入高铁北站，并荣膺“集体二等功”，对接启动《京沪东线（潍坊北至诸城段）可研》，启动《潍坊港区域定位与发展研究》。积极参与潍坊—莱西、潍坊—烟台高铁可研论证。开展《潍坊高铁物流枢纽发展研究》，率先提出打造“高铁物流枢纽”，该项研究获得国家有关部委和铁路总公司高度评价。编制《潍坊城市中心体系空间布局发展规划》，建立城市中心、次中心、地区中心、社区中心结构体系，明确各层级基础设施和公共服务设施配建标准，引领城市组团发展。围绕两大片区，组织编制《站南片区发展战略与空间布局规划》，深化完善《高铁新城片区控规》，待提交市规划委员会审议。编制《城市南部片区概念规划及老机场战略布局规划》。指导《城市轨道交通线网规划》《轨道交通近期建设规划》编制。开展轨道交通1号线、2号线及周边用地的控规调整。

【四个城市建设】 编制《潍坊市海岸带规划》，完善《人民医院等四个医疗机构周边区域配套发展区城市设计》，启动《潍坊国家农业开放发展综合试验区核心区空间布局规划》，积极承接国家农业开放发展试验区战略。开展龙头企业与城市融合发展规划研究工作，重点针对歌尔、中百、潍坊医学院3家不同类型的产业企业进行产城融合研究，并通过专家评审，由以往“企业被动执行规划”向“规划局主动提供规划策划”转变。加快推进《历史文化名城保护规划》报批进程，近期将提交山东省规划委员会审议。启动编制《村镇历史文化遗存保护利用规划》，开展潍坊市域历史文化遗产调查工作，将历史文化遗存保护扩大到市域范围。结合两大片区开发建设，做好博物馆群、美术馆群、红色传统教育主题馆等重大文化设施的规划选址和初步设计。深化“放管服”改革。规划管理信息平台一体化建设取得历史性新进展。市规划局规划管理信息平台版本升级，9个分局中有8个搭建信息平台，并与市规划局平台对接完毕试运行。开展网上报建，实行一次性告知，让报建单位最多“只跑一次腿”。设立重大项目审批绿色通道。针对逾期未提报修改后方案的，实行每周、每月催办制度。起草《关于加强规划引领提升中心城市规划建设品质的实施意见》，制定《潍坊市建筑雷同性审查办法（草案）》，开展品质小区试点工作。对2015年版《潍坊市城乡规划管理技术导则》进行修订，将最新的城市设计、海绵城市、新型社区、充电桩等新理念、新技术吸纳进来。制定《城乡规划与建筑设计方案专家评审暂行办法》《市场性规划建筑设计项目招投标管理办法》。聘任潍坊市城乡规划专家顾问，昝龙亮、柴宝贵等国内知名专家以及市内专家共10余名参加聘任仪式。遴选优秀设计单位组建市场性项目优秀设计单位库，坚持多方案比选，择优确定设计方案。坚持设计单位中标情况红黑榜年度公示制度。对列入黑名单的设计单位，采取措施限制其进入潍坊设计市场。深化《城市色彩规划》，开展《潍坊市雕塑规划》编研工作，制定《城市更新办法》。组织编制中心城区体育设施布局、河道联网等规划。对城市主要街道两侧建筑外立面、沿线建筑景观进行整体设计提升。委托北京大学开展专项调研并编制《中心城区城市社区公共服务设施布局规划》，明确社区公共服务设施配置标准，纳入控规强制性内容。目前，已建成19个社区服务中心。同时，对占地10公顷以上新批住宅项目，配建地下农贸市场。全年已审批配建地下农贸市场的规划方案4个。围绕开展微治理、打造微空间，制定专项规划、计划，规划建设一批小型绿地、口袋公园，街心公园，小型运动休闲场所等。

（徐永海　张明杰）

2017年12月19日，潍坊市召开城乡规划专家顾问聘任仪式　（供稿：刘昆鹏）

城市建设

【概况】 2017年，城区新续建市政道路8条；全市8个项目荣获“2017年度山东省市政金杯示范工程”，11个项目荣获“2017年度山东省市政工程安全文明工地”，数量均位居全省前列。利民路、卧龙西街、和平北路、玉清西街、玉清街综合管廊、张面河强电下地等项目顺利开工建设；凤凰街、宏伟路、恒大名都支路等项目复工建设。

【海绵城市建设】 积极争取省级补助资金，获批0.12亿元；白浪河汇水区获批2017年度省级财政支持海绵城市示范区，区域内“滨海区中央商务区一期景观工程”“滨海区未来广场东西两地块体育场地绿化工程”“白浪绿洲项目（滨海区上书房段）”入围年度省级海绵城市资金支持项目，各分配400万元。2017年11月2日，市政府下发《潍坊市海绵城市建设实施方案（2017年—2019年）》，使海绵城市建设更加制度化、常态化。推进项目开展，每月进行1次全市海绵城市情况调度。2017年，完成海绵城市建设项目29.1平方千米。

【地下综合管廊建设】 2017年，全市新开工综合管廊10.93千米，超额完成省级要求的潍坊市新开工10千米任务，其中，和平南路2.8千米，禹王北街3.63千米，梨园街2.1千米，玉清东街1千米，高密市高铁北站1千米，昌邑市0.4千米；获批省级奖补资金669万元。

（祖金华）

住宅与房地产业

【概况】 2017年，全年房地产完成投资520亿元，新开工1780公顷，竣工1110公顷，同比分别增长7.5%、35.2%和13.3%。全市新建商品房网签18.6万套、2001.2公顷，同比分别增长13.4%、14.3%；其中，市区网签9.3万套、1096.3公顷，同比分别增长23.3%、24.3%，成交量创近5年最高水平；全市完成房地产税收收入70.4亿元，占地税总收入的20.6%，房地产业持续平稳健康发展。

【房地产业转型升级】 出台《关于保持房地产市场稳定健康发展的意见》，紧紧围绕稳定市场预期、保持健康稳定这条主线，分别从强化工作责任落实、科学调控市场供应、合理引导住房需求、建立长效监管机制、加强监督指导和加强舆论引导等5个方面，提出12条具体措施。全年新增一级开发资质1家，新增二级开发资质5家，二级及以上企业数量达120家，约占全省二级及以上企业总数的19%。全年新开工建设装配式项目90公顷，新建全装修项目各4个、76公顷，青云•紫御澜山、兰溪境界、枫香小镇和金砖城•玺园4个项目获评中国房地产“广厦奖”候选项目。潍坊市被评为首批国家装配式建筑示范城市；潍坊昌大建设集团有限公司和潍坊市宏源防水材料有限公司被认定为首批国家装配式建筑产业基地。同圆•领仕郡通过AA级住宅性能认定终审。全市共创建国家住宅性能认定试点城市1个、国家住宅产业化基地3个、住建部装配式建筑科技示范项目2个、省装配式建筑产业基地10个、省装配式建筑示范工程5个，先后培育7个广厦奖项目、21个A级住宅性能认定项目、6个康居示范工程，数量均居全省前列。

【房地产市场管理】 完成2016年房地产开发企业信用评价，共对市区353家开发企业信用等级进行评定。开展2次集中检查和1次督查活动。2月26日—4月10日，组成2个专项检查组，对全市被限制开发的273家企业经营情况开展为期30余天拉网式检查；10月28日—11月15日，组成3个检查组，对全市所有在建在售房地产开发企业和中介机构进行拉网式检查；10月18日—31日，组成3个督查组，对全市房地产领域安全隐患项目和国有土地上房屋征收与补偿矛盾纠纷排查化解情况进行督查。

【商品房预售监管】 2017年，市区共批准商品房预售面积832.92公顷，69011套；同比分别增长73.08%和69.39%。其中，商品住房726.83公顷，58790套；同比分别增长84.46%和81.02%。市属项目批准商品房预售面积137.93公顷，11855套；其中，商品住房117.56公顷，9514套。办理预售资金监管备案394件，面积832.51公顷，104648套，累计监管资金100.3余亿元。办理终止预售资金监管备案122件。处理商品房销售投诉及咨询219起。制定潍坊市区房产管理信息系统建设方案，并报智慧办批复通过，机房、硬件系统已经部署完成；软件系统已经招投标完成，于2017年12月15日签订采购合同。

【老旧小区整治提升】 2017年，全市计划改造整治老旧小区184个、57193户、491.9公顷，同2016年相比增加改造小区60个、5567户、45.6公顷。其中，市区改造整治老旧小区65个、43037户、348.49公顷，同2016年相比分别增加125%、35%、27%。10月30日，在全省老旧小区改造电视电话会上，潍坊市介绍弱点改造的经验做法；继苇湾小区获“省人居环境范例奖”后，潍城区西园社区再次荣获“2017年山东省人居环境范例奖”，同时，老旧小区改造项目被市直工委表彰为2017年度“优质服务项目”；主动配合国资部门组织国企“三供一业（供水、供电、供热（供气）及物业管理）”改造和移交，参照《省老旧小区改造导则》制定改造标准，并要求全部补交维修资金，解决老房子的“养老”问题。

【物业管理】 联合市文明办、发改委、公安局、城管局、人防办、报业集团、广播影视集团、物业管理协会等九部门，印发《关于在全市物业服务行业开展文明创建活动的通知》。活动评选出50家文明和谐物业企业、100个文明和谐物业小区（项目）、15家文明和谐业主委员会、100名文明物业服务标兵和99名文明诚信好市民。为加强从业人员培训，筹备建立全市物业服务行业文明建设培训基地。整合社会资源组建“百人讲师团”，围绕物业管理实务、社区建设、居家养老、传统文化、党建与社团组织管理等21个专业课题进行授课，全方位、多角度地提升物业企业、业主委员会、镇（街）及社区、物业主管部门等相关人员的综合素质。基地自2017年11月份设立后，共举办“公益大讲堂”3次，参训人员900余人。

【住房保障】 2017年，全市计划改造棚户区8.62万套，同比增长121%，超前5年总和，居全省第2位。实际开工9.08万套，居全省第2位，基本建成8.9万套，同比增长90.3%，惠及群众30余万人，提前2个月超额完成年度开工任务。获批政策性贷款授信207.6亿元，同比增长52.9%，其中，农发行贷款授信128.4亿元，居全省首位。争取上级奖补资金14.77亿元，国家专项建设基金约1.94亿元。在省政府召开的全省棚改工作会议上，潍坊市做典型发言；省住建厅、省农发行联合在潍坊市召开融资现场会，推广潍坊市经验做法。2017年，全市共全年开工各类保障性安居工程89951套、基本建成88529套、分配各类保障房2766套，惠及群众约40万人。

（祖金华）

城市管理行政执法

【概况】 全市共养护维修城市道路204公顷，维护改造人行道112公顷，检测桥梁88座，加固维修桥梁7座。城区清挖主要道路上的雨水斗7939个，集中整治防汛积水隐患点44处，确保汛期排水通畅。全市新增路灯1.11万基、光源3.27万盏，完成东风街等7条道路无线城市网建设运营及LED路灯提升改造项目；完成《潍坊市城市照明专项规划》修编并通过专家评审；开元立交桥夜景照明工程获评“第12届中照照明奖设计二等奖”（一等奖空缺）。全市公共自行车系统规模达2737个站点、65480辆自行车，实现了市域全覆盖、全市一卡通、百城相连通，公共自行车“潍坊模式”被全国20余个城市借鉴、采用；出台指导意见，规范发展互联网租赁自行车。

【园林绿化管理】 圆满建成“第十一届国际园博会潍坊园”，成功举办“第六届菊花展”。开展城区苗木补植、草花栽植、抗旱保苗工作，共补植乔木1253株、灌木2582株、地被0.4581公顷、模纹19公顷，栽植草花18公顷，组织养护企业浇水17.4万吨。连续第12年开展无偿送绿，为10个社区无偿送绿化苗木15000株，提供社会植绿、家庭养花、病虫害防治等技术咨询100余次。全市有7项工程、4个单位、8个小区获评省园林绿化示范工程、单位和小区。

【环境卫生管理】 全市共有45条道路被评为“市级示范路”，潍坊深度保洁作业模式被列为全省作业规范。实施白浪河景区提升工程，推行景区综合养管新模式，全面优化景观效果。推行“城乡环卫一体化”，综合得分位居全省第2位。承办全国大中城市垃圾分类研讨会、全省城市餐厨垃圾座谈会、全省建筑垃圾座谈会等全国全省环卫行业大会。中国建设报发表文章《潍坊环卫：品牌是怎样炼成的》，“潍坊环卫”品牌走向全国。

【公用事业服务】 供水方面。全市18家供水企业、29个制水厂实现供水2.92亿吨，城市公共供水普及率达到100%，城市供水规范管理排名全省第1；启动自来水扩容提标项目，推进供水一体化整合。污水处理方面，全市32家污水厂共处理污水5.09亿吨，处理污泥68.3万吨；市级污水处理费实现征收入库1.08亿元。节水方面。全市省级节水型载体总数达到165家，全省领先；城区管理计划户达14346户，在全省率先实现计划用水率100%；城区20个单体中水设施全部正常运行，中水量达到2.6万立方米/日。供气方面。全市供应天然气9.6亿立方米，同比增长28%，管道燃气普及率达到85%以上；严格落实“压非保民”方案和错时调峰预案，优先保障居民生活用气需求；起草燃气行业企业安全两个体系，成为省级地方标准。供热方面。全市完成供热管网“汽改水”改造114千米，集中供热面积达到1.14亿平方米，总用户达到103.91万户，集中供热普及率达到76.6%。

【提升执法效能】 制定《潍坊市深化城市管理执法体制改革实施方案》，全面推行“721（70%的问题用服务手段解决、20%的问题用管理手段解决、10%的问题用执法手段解决）”工作法和行政执法公示、记录、法制审核制度，推进依法行政。做好春节、“两会”、中高考等市容秩序保障，组织各类集中整治行动，拆除各类“破旧丑”广告3.2公顷。受理各类城市管理问题448913件，其中，“12319”热线来电244616件。8个县（市）建成数字化城管系统并通过验收，在全省率先实现全部县（市、区）数字城管系统与市级平台对接联网。

【城市管理标准化建设取得新突破】 内部管理方面，形成了“113”内部管理考核评价机制，即1套管理制度、1个职责边界意见、3项考核办法（包括绩效、党建、专业技术人员考评），体现考核导向、发展导向、用人导向相统一；行业管理方面，首创“5+9”城市管理标准化考核评价体系，采用“四不两直”（不发通知、不打招呼、不听汇报、不用陪同接待，直奔基层、直插现场）方式，对5类市政公用企业（城市供水企业、管道燃气经营企业、城市集中供热经营企业、城市污水处理企业、垃圾处理企业）、9大城管要素（园林绿化、环境卫生、城管执法、市政设施养护、城市照明管理、城市节约用水、户外广告管理、数字化（网格化）城市管理、城乡环卫一体化工作）进行评价，实现城市管理标准化、常态化、长效化。

【推进城市环境综合整治】 全市共处置违法建设12311处、428万平方米，总体进度达89.9%。实施市容环境整治行动，整改问题3271个。实施雨污混排整治行动，52项年度整治任务全部完成。实施城市内涝整治行动，19项年度整治任务全部完成。实施渣土运输整治行动，检查工地192个（次），整改问题108项，查处渣土车违法案件

7116起，更新智能环保渣土车459辆。实施铁路沿线环境专项整治，圆满完成年度任务。实施黑臭水体专项整治，12条黑臭水体全部达到要求。

【生活垃圾焚烧发电项目（二期）】 2017年7月投产运行，主要建设内容为一台500吨/日的往复式炉排炉及相应烟气处理、自动控制、高低压配电等系统。项目建成后，城区生活垃圾处理能力达2000/日，不仅满足市区和周边城乡的生活垃圾处置要求，而且全部实现了无害化、资源化利用。

【污泥无害化处置项目】 2017年2月建成，实现进泥调试运行，4月正式运行。项目位于昌邑市，采用BOO模式，处理规模为700吨/日，工艺路线采用好氧堆肥技术。

（孙岱青）

村镇建设

【概况】 2017年，全市完成村镇建设投资275.4亿元，争取上级补助资金1.3亿元，创建国家、省级特色镇（村）16个。

【美丽乡村建设】 加快农村无害化卫生厕所改造，集中开展“农村改厕攻坚行动”，全年共完成农厕改造21.5万户，占省年度任务的211%，超额完成年度任务，寿光市、高密市、诸城市、昌乐县提前完成3年任务；积极推行一体化改造模式，在寿光市召开全市农村改厕工作现场推进会，推广一体化建设经验，改造项目荣获“山东省人居环境范例奖”。结合扶贫工作推进农村危房改造，年内计划改造农村危房570户，全部开工建设；省级下达任务140户，其中，建档立卡贫困户111户，9月中旬全部完工，提前完成危房改造任务。开展农村环境综合整治，年内新、扩建村镇污水处理设施13个，寿光羊口镇省级农村供暖试点项目通过省住建厅验收。

（祖金华）

社区建设

【概况】 2017年，全市建设提升农村社区服务中心234个，完成投资2.6亿元。加强社工人才培养，共培训社会工作者3616人次，全市持证社工及具备同等能力素质的社会工作者达到2527人。

【农村社区服务中心建设】 为提升农村社区承载能力和服务水平，完善农村基层社会治理体制，促进产城融合，加快城乡统筹发展，根据《农村社区服务中心建设“一五五”三年行动实施方案》，按照“一厅一校十室”（“一站式”服务大厅，社区教育学校，社区综合办公室、多功能会议室、党员活动室、综治警务室、卫生室、文体活动室、阅览室、农业综合服务室、社会组织服务室、电子商务室）的标准，建设“面积达标、功能完善、运转正常”的社区服务中心，推进城乡公共服务均等化。

【农村新型社区建设】 坚持以人为本，充分尊重农民意愿，把社区作为社会治理的基本单元和实现就地城镇化的有效途径，落实《关于加强农村新型社区建设的指导意见》，打造“功能配套齐全、生活服务周全、基础设施安全、治理机制健全和特色优势鲜明”的农村新型社区，稳妥推进，引导农民集中居住，建成农村新型社区225个，入住62万人，其中，2017年建设提升47个。

【城乡社区治理】 在全部城市社区和30个农村社区进一步深化“四社联动（以社区为平台，社会组织为载体，社工人才为支撑、社区志愿者为补充，建立信息联通、组织联建、服务联办的“四社联动”机制）”，新选取50个农村社区开展“四社联动”试点，优化服务流程，健全服务制度，建立起信息联通、组织联建、服务联办的“四社联动”机制。8月，全国基层社会治理示范培训班在潍坊市成功举办，潍坊市委书记、市人大常委会主任刘曙光作《坚持党建统领创新治理服务 积极推进农村社区治理现代化》典型发言，对奎文区北苑街道金都社区、昌乐县红河镇便民服务中心、昌乐县五图街道庵上湖村进行现场观摩，推广潍坊市城乡社区治理经验。9月，民政部在杭州召开社区社会工作暨“三社联动（社区、社会组织、社会工作专业人才简称“三社”。在社会治理中，社区是综合平台，社会组织是载体依托，社会工作专业人才是一支不可或缺的专业力量，“三社联动”不是三项业务的简单拼盘，而是三个主体有机融合、相互促进）”座谈会，潍坊市以《立足本土 积极探索“三社联动”新路子》为题作交流发言。

【社区社会工作】 大力推广全国志愿者队伍建设信息系统，推动志愿服务项目化，全市注册社区志愿者达到20万余人。5月，全国宣传贯彻《社区社会工作服务指南》现场会暨社区社会工作服务标准化专题论坛在潍坊市举办，推广潍坊市社区社会工作经验。奎文区工福街社区书记马丽丽被评为“全国专业社会工作领军人才”。

【基层政权建设】 指导县（市、区）贯彻落实潍坊市委、市政府《关于加强城乡社区协商的意见》，深入开展社区协商，加强城乡社区协商示范点建设，共建立市级示范点61个，县级示范点118个，开展“民主听证会”“民情恳谈会”“民主评议会”等多种形式的社区协商民主活动，多层次、多形式的社区协商格局基本形成。安丘市顺利完成村委会换届选举省级试点工作，实行“一村一策”。

【信息化服务】 强化信息化支撑，积极推进社区公共服务综合信息平台建设，指导奎文区、昌乐县开展“一窗受理、全科服务”试点，在镇（街）、社区层面实行“一号申请、一窗受理、一网联办”，实现“让数据多跑路，让群众少跑腿”，提高办事效率。

【加强政策支撑】 2017年11月23日，联合18个部门印发《潍坊市社会工作专业人才队伍建设发展规划（2017年—2020年）》。2017年11月28日，联合17个部门印发《潍坊市城乡社区服务体系建设规划（2017年—2020年）》。2017年12月22日，联合18个部门印发《关于加强社会工作人才队伍建设的意见》。

（祖金华　宋高峰）

建筑业

【概况】 全市建筑业完成总产值1144.93亿元，同比增长21.16%，实现建筑业增加值267.95亿元，增长28.38%；完成新签工程承包合同额1040.99亿元，比上年同期增长16.58%；房屋建筑施工面积7876公顷，比上年同期减少1.03%；竣工面积2510公顷，比上年同期减少7.89%；建筑业平均人数27.7万人，比上年同期减少2.46%；实缴税金35.4亿元，比上年同期增长10.98%。收缴养老保障金8.61亿元，同比增长478%。潍坊市入选全省建筑业5强市第4位，寿光市、诸城市、安丘市、青州市入围全省建筑业10强县。评选出市级优秀质量成果34项、省级优秀QC小组成果12项、国家级优秀QC小组成果9项；评选出“鸢都杯”工程40项，获得泰山杯17项、鲁班奖1项、国家优质工程2项、中国建筑工程装饰奖2项。

【建筑市场管理】 全市共有建筑业企业1027家（不含劳务企业）。特级企业3家，一级企业76家，二级企业373家，三级企业358家，结构进一步优化。鼓励企业转型升级，全年新晋升特级资质2家（山东寿光第一建筑有限公司和山东华邦建设集团有限公司），全年新晋升一级企业20家，二级企业90家。开展年度资质动态核查，对21家未达标企业作出撤回资质处理。强化建筑市场管理，在全市开展“建筑市场规范管理年”活动，实行市场监管员制度和建筑市场行为监管交底书制度，全市共查处不履行法定建设程序的违法案件71起，共处罚金0.1717亿元。

【农民工工资清欠】 加强劳务管理，推行劳务用工实名制和劳务工资发放层级监控制度，并依托劳务工维权服务中心，健全流程、提高效能，全年清欠办共受理直接来访案件179起，接待上访人员798人，涉及人数3892人，涉及金额约0.798 4 亿元，同比分别下降19%、15%、16%和19%，处结率95%。加大处罚力度，全年共对扰乱建筑市场秩序引发欠薪上访的13家开发企业、18家建筑施工总承包企业、10家专业承包和劳务分包企业、4名工程项目负责人和46名劳务从业人员分别给予通报批评、信用评价减分、限售、停止工程投标资格等处理。

（祖金华）

建设科技与建筑节能

【概况】 全年完成太阳能光热建筑应用面积620公顷。全市共有2874个项目、3017公顷通过绿色建筑设计施工图审查。承办山东省第六批、第十一批绿色建筑标识评审会，共27个建筑项目参加并通过绿色建筑星级设计标识及运行标识评审，其中，有三星级项目2个，实现潍坊市三星级绿色建筑“零”突破。截至目前，全市已有104个、1114公顷星级绿色标识评价项目。其中，运行标识项目12个、150.32公顷。

【省级示范试点】 积极组织申报2017年度山东省建筑节能与绿色建筑试点示范，共获批5类32个省级建筑节能与绿色建筑试点示范，专项奖励资金0.3021亿元。其中，绿色建筑示范项目24个，获奖补资金0.1326亿元；安丘市凌河镇绿色生态示范城镇获奖补资金250万元；绿色智慧住区示范项目1个，获奖补资金100万元；装配式建筑示范345万元。绿色建筑示范、被动式超低能耗绿色建筑示范、智慧社区项目数量位居全省前列。

【绿色生态示范创建】 滨海区、峡山区出台《绿色生态城区绿色建筑发展激励暂行办法》及实施细则，为绿色建筑发展提供制度保障和激励措施，累计16个项目、190余公顷获绿色建筑设计标识。12月，滨海区、峡山区省级生态示范城区顺利通过省级专家组验收核查。以创建省级绿色生态示范城区为契机，全面推进绿色建筑和建筑节能各项工作的开展。7月，安丘市景芝镇获评第一批“省级绿色生态城镇”。

【可再生能源建筑应用】 全力推进可再生能源建筑应用工作，全市太阳能光热建筑一体化应用面积累计达到5118公顷；地源热泵建筑应用面积累计达1407公顷，位居全省前列。5月和9月，省住建厅、财政厅组织对潍坊市国家可再生能源建筑应用示范工作和临朐县、青州市、弥河等项目验收评估，潍坊市示范市、县、项目全面通过验收。

【既有建筑节能改造】 积极稳妥推进既有居住建筑节能改造，圆满完成“十二五”节能改造收尾工作。据统计，“十二五”共完成既有居住建筑节能改造560公顷。一是落实奖励资金。积极督促县市区及时将奖励资金拨付到具体项目，切实加强资金管理，充分发挥资金使用效益。2016年省级奖励资金2608万元和2015年国家奖励资金635万元已全部拨付到改造项目。二是按规定程序组织验收。采取政府购买服务方式，购买专家服务对2016年改造19个项目57.5公顷进行市级验收。三是继续做好调查摸底工作。为深入推进既有居住建筑节能改造打好基础。

（祖金华）

环境保护

【概况】 2017年，潍坊市“蓝天白云、繁星闪烁”天数277天，主要污染物细颗粒物（PM2.5）、可吸入颗粒物（PM10）、二氧化硫（SO_2）、二氧化氮（NO_2）分别改善9.2%、8.9%、36.1%和5.3%，环境空气质量综合排名列全省第5位。整治9条黑臭水体、21个纳污坑塘，完成17个县级以上集中式饮用水水源地保护区规范化建设。

【全面推进绿色发展】 实施绿色发展“十大工程（产业提升绿色发展工程、清洁能源替代改造工程、工业点源深度治理工程、车辆污染综合管控工程、城建环卫精细管理工程、集中供热优化整合工程、城镇废水综合利用工程、河流湿地生态保护工程、农业面源污染防治工程、环境安全风险防控工程）”，完成909项年度重点任务。推进生物基纤维新材料产业园升级，开展“打非治违”专项行动，关停化工生产企业270家。划定高污染燃料禁燃区，推进散煤清洁化治理。完成超低排放改造、挥发性有机物治理等工业企业深度治理工程169个。查处重污染车辆违法行为1050起，注销淘汰报废老旧车12.6万辆。制定扬尘污染防治标准，推动建筑施工、道路保洁、渣土运输、商砼企业等扬尘防治工作。推进城区供热管网“汽改水”改造，整合优化集中供热工程。完成40项河道治理、河流湿地、造林绿化等工程，新建、改造标准化饲养场30个、畜禽粪污处理设施示范工程30个。排查涉危险化学品企业，整改环境安全风险隐患5836处。

【开展大气污染防治】 深入推进大气污染防治，全面加强扬尘、燃煤、工业、机动车等重点领域整治。严控煤炭消费减量替代方案，推进钢铁行业去产能、煤电机组淘汰、散煤清洁化治理等措施。停产整治、深度治理611个工业企业污染源，燃煤小机组（锅炉）超低排放改造229台，关停拆除、清洁改造小燃煤锅炉5378台，实现“清零”目标。建成区322家加油站完成三级油气回收改造，600余个建筑、拆迁在建项目达到扬尘防控标准，95家企业纳入工业企业错峰生产范围。

【水污染防治】 实施水污染防治工作方案和水环境功能区划，推进15个省级以上工业聚集区污水集中处理设施建设，42家造纸、焦化等行业企业完成清洁化改造。推进城区雨污分流工程改造，加强入河入海排污口整治，排查核实排污口619个，封堵关闭439个。省控以上重点河流全部消除劣5类水质，市控以上重点河流COD、氨氮平均浓度同比分别改善6.1%和9.6%，峡山水库、白浪河水库符合水源地水质国控标准。

【突出问题综合整治】 制订全市生态环境保护“十三五”规划和环境保护目标责任书，稳步推进污染物总量减排。建立行业固定污染源排污许可证“一证式”管理制度，钢铁、水泥、制药等13个行业排污许可认证。大力实施环保突出问题整治攻坚，全面清理整顿环保违规建设项目。坚持疏堵结合、分类整治、综合施策，开展“散乱污”企业专项整治，关闭搬迁禁养区内畜禽养殖场645家、养殖户5352家。加强国家级、省级自然保护区环境监管，综合整治自然保护区突出问题。累计处罚环境违法案件2600余起，涉嫌违法案件移送公安机关或申请法院强制执行，有效震慑环境违法行为。

【生态文明体制改革】 加快生态文明建设，加大生态环保负面清单管理力度，严格实行生态红线管理制度。制定《深入推进大气污染防治的实施意见》《环境保护突出问题综合整治攻坚工作实施方案》《生态环境损害责任追究暂行办法》等文件，将环保工作纳入科学发展综合考核，督促落实环境保护“党政同责、一岗双责”责任。建立健全环境保护网格化监管体系，建成二级网格17个、三级网格155

虞河景观图 （供稿：孙 鹏）

个、四级网格6778个，形成“责任到人、监管到位、执法规范”的监管体系。实行环境空气质量生态补偿，建立环保失信企业联合惩戒制度，环境执法监管能力全面提升。

（冯　伟　杨发科）

节能工作

【概况】 2017年，全市万元GDP能耗较2016年下降3.78%，达到“十三五”节能强度目标的60.91%，超额完成省政府下达的年度节能目标任务和整体进度要求。5家企业入选工信部绿色制造体系建设示范，17项节能环保产业新技术、装备（产品）入选省推广目录，高密市成功创建为“山东省节能环保产业示范市”，11名专家入选山东省清洁生产专家库专家，3家企业获“2016年度山东省节能奖”。全年争取上级资金0.2余亿元。

【落实节能目标责任】 坚持指导性、全面性、创新性和可操作性四个原则，编制印发《潍坊市节约能源“十三五”规划》《潍坊市循环经济发展“十三五”规划》和《关于贯彻落实〈山东省“十三五”节能减排综合工作方案〉的实施意见》。印发实施《关于印发潍坊市“十三五”及2017年节能目标任务计划的通知》，将节能目标任务分解到各县（市、区），层层落实责任。

【推进煤炭消费减量替代工作】 高度重视煤炭消费减量替代工作。一是集中精力抓协调。建立煤炭消费月调度制度，定期召开煤炭消费减量替代工作会议。二是突出重点抓关键。钢铁去产能、淘汰热电机组、淘汰燃煤小锅炉全部按时超额完成，城区集中供热面积进一步扩大。冬季错峰生产严格落实到位，农村散煤治理扎实推进，节能环保炉具与型煤进行大力推广，积极开发利用绿色能源。2017年，全市规上工业企业比2012年减少202万吨左右。

【开展工业绿动力计划】 全市关停燃煤小锅炉5378台，基本实现燃煤小锅炉清零。各县（市、区）、市属各开发区联合有关部门对燃煤锅炉进行详细摸排，逐台核实，帮助制定改造方案，积极引导改造。据各县（市、区）对煤改气、煤改电、煤改高效煤粉锅炉的申报统计汇总，全市今年改造燃煤锅炉937台，共计约2426蒸吨（含热水锅炉），超额完成年初计划。

【节能宣传工作】 参加全省节能知识竞赛和全省节能减排公益广告创作评选，获“优秀组织奖”，其中，“绿色出行、从我做起”获“二等奖”。开展节能宣传周活动，在市风筝广场举办潍坊市暨奎文区节能宣传周启动仪式，200余人参加，共展示100余项节能技术和节能产品，发放1000余份节能手册和倡议书等宣传资料。

【国家循环经济示范城市】 潍坊市被确定为首批创建国家循环经济示范城市以来，经过3年创建，创建国家循环经济示范城市的74项指标、13家循环经济教育基地、41个支撑项目、9个循环经济示范园区、1个国家级循环化改造示范试点园区和6个省级循环化改造试点园区，全部达到预期目标要求。

【节能环保产业】 制定印发《节能环保产业2017年发展推进计划》，突出潍坊市产业发展特色，狠抓龙头企业发展、园区建设、项目实施、措施保障等关键措施落实，推动全市节能环保产业加快发展，促进全市工业转型升级。2017年，山东省及京津冀周边地区节能环保先进技术对接会在潍坊市成功举办。

（赵海亮）

商贸·旅游·会展

Shangmao Lvyou Huizhan

商业贸易

【概况】 2017年，潍坊市社会消费品零售总额2737.9亿元，比上年增长8.9%。按地域分，城镇1776.5亿元，乡村961.4亿元。按行业分，批发和零售贸易业2463.5亿元，住宿和餐饮业274.4亿元。居民消费价格指数101.4（以上年价格为100）。

【商贸服务】 市政府办公室出台《加快商贸流通业创新发展实施方案》。联合举办“潍坊市第七届烹饪服务技能大赛暨第三届低盐低油健康美食大赛”，隆泰食品被中国烹饪协会评为“全国最受欢迎的早餐企业”。中心城区早餐供应点达400余个，建设便民岛、智慧便利店103个。2家企业进入全省家政服务示范十强、百佳，全年完成家政服务人员培训6000余人次。家政服务企业合同使用率达90%以上。制定《潍坊老字号认定及保护促进办法》，开展第三批“潍坊老字号”评选认定工作，全市“老字号”企业达到36家，19家老字号企业加入省“老字号”溯源系统。

【市场体系建设】 市政府办公室印发《潍坊市中心城区商品交易市场转型升级实施方案》，按照规范化整治一批、规范化改造一批、关闭搬迁一批“三个一批”的总体安排，全面启动中心城区67家市场升级改造工作。中心城区按照“属地管理、分工负责、全区联动、合力推进”的原则，由各街区牵头推进辖区内场改造提升工作。邀请北京中商商业发展规划院编制《潍坊市中心城区商品批发市场空间规划》。

【农商互联】 市政府印发实施《潍坊市深入推进农商互联工作实施方案（2017年—2019年）》。组建由全国9名专家学者组成的潍坊市农商互联专家委员会。建设农商互联展示体验中心，形成全天候的新型交流合作平台。研发农商互联电商码，电商码具备展示、促销、导购、防伪、溯源五大功能，可实现“一码五联、直通商城”，为解决农产品上行的数字化问题探索新路。2月份，被国家标准委确定为“国家农商互联标准化示范市”，启动“国家农商互联标准化示范市”3年创建工作。9月22日—25日，“2017全国农商互联大会”在潍坊成功召开。

【电子商务】 全市实现电子商务交易额3100亿元，同比增长29.2%。成功举办“2017世界食品农产品电子商务大会”。6家企业入选全省“电商+品牌”重点企业，14家企业被评为“省级电商优秀企业”，数量居全省首位。在潍百集团、百货大楼、世纪泰华等骨干企业巡回举办新零售新模式专题辅导活动，昌邑市引进落户淘宝大学培训学院山东首个培训基地。推进电子商务聚集区、产业带建设，高密市“一区四村（高密经济开发区

2017年9月22日－25日，商务部在潍坊市举办全国农商互联大会

（供稿：市商务局）

及张鲁寺村、张鲁集四村、后张鲁沟西村、枣行村）”获认淘宝镇淘宝村，青州市“互联网+花卉”打造花卉电商物流一体化发展区，临朐县新获批“全国电子商务进农村综合示范县”。全市省级示范县达到5个，省级示范基地达到4个，入选阿里巴巴淘宝镇1个、淘宝村5个。

【典当、拍卖、融资租赁】 全市典当企业共有39家，实收资本10.358亿元，从业人员209人，全年业务笔数2096笔，典当总额9.0028亿元，同比下降13.3%。共有拍卖企业26家，注册资本0.8356亿元，从业人员208人，其中，拍卖师44人，全年共举办拍卖467场次，成交总额53.2826亿元，同比增长23.7%。潍坊华兴拍卖行连续举办10届书画艺术品大型拍卖会，邀请国内（外）知名书画家参加，成交书画作品累计0.5余亿元，创下在潍坊市单幅书画作品540万元的拍卖成交记录。同时积极探讨线上拍卖，利用微信等社交媒介，累计成交书画作品3000余幅，探索出新的拍卖行转型之路。全市内资融资租赁公司2家，注册资本6.7亿元，实缴资本3.4亿元，主要开展工程机械和农业装备融资租赁业务。其中，汇银融资租赁公司共计放款近11亿元，拉动实体销售18余亿元。

【商务诚信】 印发《2017年潍坊市打击侵权假冒工作要点》，开展互联网领域侵权假冒专项整治、城乡接合部市场整治、中国制造海外形象“清风行动”、推进软件正版化等打击侵权假冒工作。全市打击侵权领域行政执法案件立案410件，结案305件。完成外商投资企业设立许可信息、对外贸易经营者登记信息、老字号等1200余条企业信息的归集与上报工作。开展“百城万店讲诚信”活动、“信用消费进万家”主题日活动、打击涉老洗脑式营销百日行动，在全市商贸流通领域中树立“以诚实守信为荣，以见利忘义为耻”的价值取向和行业风气。

（王积富）

对外及对港澳台贸易

【概况】 全市完成进出口总额1463.8亿元，居全省第3位，同比增长17.1%，高于全省、全国平均水平1.9%、2.9%。其中，出口952.9亿元，增长15.9%，进口510.9亿元，增长19.4%。“2017中日韩产业博览会”参展企业399家，境外企业211家，来自12个国家和地区，境外占比达52.9%，为国际展会标准比例的2.5倍。展出总面积4公顷，设置展位512个，其中，特装展位202个，特装面积占比达79.4%。有7家“世界500强”企业参展。参展的嘉宾有日韩主要商协会高层代表、外国使领馆代表、世界500强企业高管、著名经贸专家学者等，国外重要嘉宾达110余名。

【外贸进出口总量增幅创新高】 进出口、出口、进口3大指标总量和增幅均取得近6年来最好成绩，出口增量居17市第2位，对全省出口增长贡献率达到14.3%。深入推进“千企百展”国际市场开拓行动，创新推出“潍坊制造•一带一路巡展”“潍坊制造•跨境电商环球链接”等活动。在春季广交会期间举办外商精准采购对接活动，推动176名化工、建材采购商与潍坊市41家生产厂家进行洽谈对接，探索利用广交会平台举办会中会、展外展的新模式。在新西兰奥克兰市主办全市第1个境外自办展会。重点培育扶持18家外贸综合服务企业，带动741家“零”外贸企业新增出口81.8亿元，拉动全市出口增长10%。加快山东省（潍坊）跨境电子商务综合试验区建设，潍坊国际贸易中心当年建设、当年启用，全市跨境电子商务交易额129亿元，同比增长41%。新培育发展省级服务贸易特色服务出口基地1个、市级外贸示范园区1个，山东服务外包品牌企业6家，国家和省重点文化出口企业4家，服务贸易进出口、出口、进口分别增长12.3%、5.2%、16.7%。

【利用外资持续快速增长】 实际使用外资78.4亿元，增长10.7%，高于全省平均增幅1.7%。其中，外商直接投资（FDI）45.9亿元，同比增长48.8%，增幅居全省第2位。在新项目引进上实现新突破，新批落地外资企业52家，同比增长15.6%，合同外资270亿元，增长196%。在企业增资发展上实现新突破，全市42家外企通过利润再投资、公积金转增股本、债转股等方式增资扩股，到账外资41.6亿元。在以股权换投资上实现新突破，新设外资并购项目4个，实际使用外资3.5亿元，德国克拉斯集团经3次增资后对金亿机械公司投资额已达5.1亿元。在先进制造业引进外资上实现新突破，实现制造业合同外资247.4亿元，实际使用外资74.6亿元，分别增长275.1%、37.8%。

【国际经济合作稳步推进】 完成对外承包工程营业额11.2亿元，外派劳务5265人次。新增境外投资额17.4亿元，下降25.9%，高于全省31%，全市走出去企业带动出口90.5亿元。跨国投资布局能力增强，新批设立境外企业（机构）30家，其中，境外营销网点21家、生产加工基地5家、研发机构2家、农林企业1家、矿产开采企业1家，潍柴、歌尔等企业一批境外投资合作大项目加快推进。二是与“一带一路”经贸合作水平提升，年底前已累计在“一带一路”建设项目109个，对外协议投资额80亿元，占全市对外投资总额的24%，2017年，对“一带一路”进出口达到479.3亿元，同比增长11.3%，占总量的32.9%。高端劳务合作迈出新步伐，组织重点企业赴欧美发达国家考察厨师、技师等劳务项目，推动劳务合作向高端市场拓展。

【开发区引领作用增强】16个省级以上开发区一般公共预算收入增长7.5%，进（出）口增长17.9%，实际使用外资增长18.9%。省级以上开发区以不足16%的土地面积，贡献全市70%以上的经济总量，成为驱动发展的重要引擎。综合发展水平居全省前列，根据省商务厅对全省131个省级经开区、15个国家级经开区的考评结果，全市纳入考评的10个省级经济开发区有5家进入前30名，数量居全省首位，其中，高密市开发区、诸城市开发区进入全省前10名，滨海区在全省15个国家级经开区中保持第4位。体制机制创新迈出新步伐，各开发区在行政审批改革、投融资机制、企业化运营等方面推出一些创新举措，滨海区“大部制”和“双轨制”改革、高新区“一表制”审批、综合保税区复制自贸试验区制度创新成果，以及青州市、寿光市、高密市等开发区在简政放权、联合执法和PPP项目运作等方面，都探索形成一批可复制可推广的经验。市场化建设运营力度加大，坚持“外”字当头、“特”字为本，培育和发展一批特色产业园区，16个开发区已组建开发运营公司29家，2017年，以市场化手段新建成项目25个。

（王积富）

【贸易投资促进工作】先后组织50余家企业，参加法兰克福家纺展、日本千叶食品展等27个国际展会，现场交易额约3亿元，签订订单额约6亿元。组织潍坊富达、长城建材、山东欧泰隆重工、诸城东宝重工、潍坊格美等数十家企业，参加投资大阪推介会、南洽会，赴日韩、拉美、欧洲、南亚、东南亚和中国香港、澳门地区等参加经贸活动，达成系列合作意向。依托潍坊农机装备产业优势，推动山东巨力集团与大型国企中贸投（北京）国际贸易有限公司合作，成立中贸投巨力国际有限公司，促进全市农机机械行业抱团“走出去”。

【对外联络】组织对外交流活动30余批次，多次赴中国贸促会、外交部、商务部、中国国际商会、山东省贸促会汇报对接，争取上级资源支持，与国内多地贸促会学习交流，建立定期联络沟通机制。分批组织赴日本、韩国、美国、巴西、乌拉圭、芬兰、捷克、德国和中国香港、澳门地区等进行联络对接；与巴西精英企业家联合会、阿联酋广东商会、埃及中国贸易中心、芬兰华商总会等，签订经贸合作谅解备忘录；接待大韩贸易投资振兴公社、韩国FOEX贸易馆、中国香港贸发局和中国台湾贸协等团（组）10余批，签订战略合作伙伴关系协议。与中创世博、励展博览、MIE、领汇、盈拓等10余家会展公司，建立良好合作关系，开拓丰富组展出展渠道。

【贸易服务】全年共签发一般原产地证2.7万余份，签发优惠原产地证5000余份，办理各类商业文件认证2000余份。出证认证业务各项数据位列省内地市级贸促会第1位，签发优惠原产地证为潍坊市企业节省出口关税约0.9亿元。为全市800余家企业办理CA数字证书，100余家企业开通自主打印功能；现场调研外贸企业50余家，全面征求意见建议，并对情况进行逐级上报。组织潍坊市巨能特钢、墨龙石油等涉案企业，参加反倾销案应对协调会，与潍坊市出入境检验检疫局签署《关于加强原产地签证工作服务国家自贸区战略合作备忘录》，形成服务发展合力。

（王文杰）

招商工作

【概况】2017年，全市新签约投资亿元以上合同项目290个，总投资1892.08亿元，同比分别增长30%、35.3%；全市引进到位资金0.5亿元以上招商项目631个，到位资金852.03亿元，同比分别增长67%、26%，完成全年招商引资指导性目标的113%；引进招院引所项目46个，招院引校项目19个，招才引智93名，引进高端医疗机构16个，引进高端养老机构16个。

【招商引资】县（市、区）、市属开发区引进到位资金0.5亿元以上项目550个，到位资金749.69亿元，同比分别增长62.2%、23.1%；47个市直部门单位引进项目81个，到位资金102.34亿元，同比分别增长110%、52.3%。全市新开工招商项目505个，到位资金619.41亿元，同比分别增长84.7%、33.8%；续建项目126个，到位资金233.2亿元，同比增长9.1%。新签约总投资10亿～30亿元项目29个，30亿元以上项目14个，同比分别增长45%、75%。引进到位资金过5亿元的项目15个，1亿～5亿元的项目283个，同比分别增长15%、38%。新签约世界500强项目27个，总投资228.48亿元，同比增长17%、20%；到位资金过0.5亿元项目中，世界500强项目10个，到位资金59.28亿元，同比增长25%、44%。

全市引进“四新四化”（四新：新技术、新产业、新业态、新模式；四化：产业智慧化、智慧产业化、跨界融合化、品牌高端化）招商项目240个，占38%。其中，引进新技术类项目67个，包括纳入省、市科技发展计划项目45个，省级高新技术企业项目22个；引进电子信息、生物医药、智能装备、节能环保、新能源等新产业项目88个；引进新业态项目63个，包括农业“新六产”（从本质上讲就是把新技术、新业态和新模式引入农业，实现产业链延伸、价值链提升、供应链贯通，概括起来就是“三链重构”：产业链延伸，即1+2+3，第一产业接二连三向后延伸；第二产业接一连三双向延伸；第三产业接二连一向前延伸。价值链提升，即1×2×3，一产的一份收入，经过二产加工增值为两份收入、再通过三产的营销服务形成3倍效益，综合起来是6份收入，产生乘数效应。供应链贯通，就是产销直接对接，减少流通环节）、高端养老、高端医疗、高端教育、双创平台、文化创意、现代物流项目40个，银行、保险、证券项目15个，孵化器、特色楼宇项目8个；引进互联网、物联网、大数据、云计算等新模式项目20个。全市引进到位资金过0.5亿元的新旧动能转换招商项目43个，到位资金227.92亿元，北汽福田工艺优化升级技术改造、晨鸣集团年产40万吨漂白硫酸盐化学木浆、内蒙古扎鲁特高压直流工程、海化集团石化盐化一体化、恒安纸业智能一体化、中欧节能门窗产业园、崇文新农村综合服务基地、山东广贸跨境电商等一批大项目进展较快。

【招商工作管理】 出台《进一步完善招商工作体制机制的意见》，制定落实《全市招商引资“十个渠道”工作方案》《“四个城市”建设招商工作方案》《“八大领域”招商工作方案》。全市落实“十个渠道（增资扩股、股权转让并购重组、产业链垂直整合、定向招商、专业园区招商融资、政府与社会资本合作、回乡创业计划、资本市场开拓计划、利用外资领域拓展计划、专业招商计划）”招商项目543个，总投资额2403.3亿元，到位资金391.5亿元；落实“八大领域（产业类、综合商务类、金融类、科技类、城建类、事业服务类、外经类、平台类等8个领域招商）”招商项目395个，总投资额1703.5亿元，到位资金284.3亿元。出台《潍坊市招商发展激励政策》实施细则，在引进实体大项目、人才奖励、招院引所（引校）、鼓励社会化招商、促进县（市、区）和部门招商等8个方面出台配套政策，对特别重大的招商项目实行“一事一议”政策。

【招商推进机制】 制定《潍坊市招商引资产业项目评估和决策办法》，组建涵盖22个领域220余名专家学者的项目评估专家库，对重点项目及时组织外部知名机构和专家开展论证评估，目前已对40余个项目进行评估。成立市场化模式运行的潍坊市招商中心，筹备在北京、上海、深圳、济南等地设立驻外招商联络处。出台《关于机关事业单位人员封存档案专职招商的实施意见》，鼓励机关事业单位工作人员封存档案专职招商。对重大项目开通“绿色通道”，实行全程免费代办、项目审批“一次办结”等高效服务模式，推进项目落地全面提速。充分运用市招商办协调调度等机制，及时解决重大问题，有效促进重大招商项目合作和落地建设。将招商项目作为全市观摩点评的重要内容，将招引“世界500强”项目成效纳入科学发展考核一票肯定事项。出台《潍坊市招商工作考核办法》和实施细则，更加注重引进项目质量和科技含量。

【招商合作】 共包装重点园（片）区、重大平台、支撑项目200余个。编制投资潍坊宣传册和投资环境宣传片，通过各类活动和网络渠道集中发布、定向投放，潍坊投资促进网、“投资潍坊”微信关注率突破100万人次。深入开展走访企业调研需求活动，收集企业合作需求200余项，包装重点招商项目120个，完善提升招商项目库、信息资源库。围绕火车站南广场、高铁新片区、中国食品谷、齐鲁台湾城、总部基地、坊茨小镇、机场迁建、城海轻轨等重点片区招商，组织小分队开展登门式、点对点招商，突出引入“世界500强”和行业领军企业。其中，针对火车站南广场、高铁新片区等重点片区招商，对接知名企业30余家。北京大学现代农业研究院、中科院激光雷达产业园和研究院、北航歌尔机器人与智能制造研究院、新松机器人研究院、华为“物联潍坊”创新中心、佳诚数码（惠普）新材料产业园、潍坊滨海华谊兄弟新剧场等一批高端项目相继落地，药明康德国际高端药物制造基地、辽宁鸿宇生物医药、中关村发展集团领创空间、中国中铁轨道交通装备制造产业园、颐高集团智慧城市产业园等重点项目达成落地意向。

举办“潍坊在外知名人士”回乡创业对接会暨重点合作项目集中签约活动，集中签约项目23个，总投资135.04亿元。第23届鲁台会集中签约项目33个，总投资约135.2亿元。中日韩产业博览会集中签约项目34个，总投资101.35亿元。组织举办“2017海外华商博士投资创业潍坊行”，邀请来自30余个国家和地区200余位专家博士、侨领侨商到潍坊考察，达成各类合作意向40余项。主动融入“一带一路”、京津冀一体化、长江经济带等国家重大战略，聚焦重点区域、重点

新时代 新机遇 新征程——2017潍坊（北京）重点合作项目签约仪式 （供稿：付志伟）

企业和知名机构，强化精准对接。全市累计开展招商活动560余次，8月，赴深圳集中招商，共签约合作项目37个，总投资457亿元；11月，举办“新时代新机遇新征程——潍坊（北京）重点合作项目集中签约活动”，同时举办招才引智、招院引校、招院引所、军民融合、医疗康养等5场分专题对接会，共集中签约项目87个，总投资1182亿元；12月，举办2017潍坊（上海）重点合作项目签约仪式，集中签约重点项目40个，总投资584亿元。突出对接北京非首都功能疏解项目招商，在市直部门组建10个专项对接小组，围绕央企、“世界500强”、科研机构、高等院校、商协会、高端园区等优质资源，开展持续对接，集中突破承接落地，全市共发布招商项目600余个，收集合作信息455项，对接合作项目370个，涉及总投资4100亿元。

（付志伟）

供销社改革和供销合作经济

【概况】 2017年，全市供销社系统销售总额、利润总额、所有者权益分别实现377.57亿元、1.43亿元、18亿元，同比分别增长20.65%、10.1%、10.2%。日用消费品零售额180.85亿元，同比增长15.42%；农业生产资料销售额100.42亿元，同比增长18.96%；农副产品购进总额167.44亿元，同比增长30.86%。全省全面深化供销合作社综合改革专题研讨培训班、中华全国供销合作总社全面深化供销合作社综合改革专题研究班相继在高密市举办，推广潍坊市供销合作社综合改革经验做法。

【实体性合作经济组织建设】 一是大力发展农民合作社。深入开展“农民合作社示范社”创建活动，促进农民合作社规范提升。领办农民合作社达到1738个，培育土地股份合作社13个，1家农民合作社被评为“国家农民合作社示范社”，6家农民合作社被评为“供销系统农民合作社示范社”。二是加快改造提升基层社。加大对基层社的扶持力度，加快政策、资金、项目等向基层社倾斜。12家基层社被评为“全国供销系统基层社标杆社”。三是规范发展农民合作社联合社。镇级农民合作社联合社达到104家，实现了全覆盖。市、县两级农民合作社联合社内部治理机制进一步健全完善。四是深入实施党建带社建、村社共建。健全完善基层社、“村两委”、农民合作社“三位一体”工作机制，有效整合资金、人才、土地、信息、市场、科技等农业生产要素。全市村社共建村庄达到4531个，共建服务项目5384个。五是积极参与精准扶贫工作。以“合作社+贫困户”为主要方式，采取保收益、加分红、加用工、加关爱的“一保三加”精准扶贫模式，完成脱贫攻坚任务。目前，全系统113处为农服务中心、320个农民合作社参与精准扶贫，帮扶助力1919人脱贫。

2017年4月25日，山东省供销合作社党组书记、理事会主任侯成君（右二）主持全省全面深化供销社综合改革专题研讨培训班开班式，省政府副秘书长张积军（右三）作动员讲话。潍坊市委副书记张小梅（左二）致辞　（供稿：谭俊超）

【农业社会化服务服务体系建设】 一是探索建立“1+N”为农服务综合平台。依托为农服务中心，整合涉农部门服务资源，建立生产、供销、信用、流通、科技“五位一体”为农服务新模式，试点工作取得了阶段性成果。二是培育土地托管为农服务新动能。重点抓好“两个延伸、两个提升”，不断丰富托管服务内容和形式，完成土壤检测、精准施肥、飞防及统防统治面积23.2万公顷、22.4万公顷、20.67万公顷。三是推进县域为农服务体系一体化建设。密切县级农业服务公司、乡镇为农服务中心、基层社、农民合作社及其联合社的利益联系，强化功能互补，为农服务综合实力进一步提升。9月6日，全省供销合作社农业服务体系建设现场会在安丘市召开。四是推广土壤熏蒸修复新技术。根据潍坊市政府与中国农科院植物保护研究所签订的《农业科技战略协议》要求，完善土壤熏蒸修复网络和专业服务队伍建设，促进农作物提质增效和农民增收。全市土壤熏蒸服务面积5733.33公顷。五是发展节水农业，推广水肥一体化技术。在为农服务中心增设水肥一体化服务内容，建设水肥一体化基地24处，水肥一体化面积1500公顷。六是开展职业农民培训。在为农服务中心设立培训教室，在基层社、合作社设立培训服务联系点，逐步建成全市统一的新型职业农民培训网络。全系统累计培训农民社员达到20.7万人次。截至2017年底，全市建设为农服务中心累计达到161处，

2017年9月28日，潍坊市供销合作社联合社与潍坊市农村信用合作社联合社签订了战略合作协议
（供稿：谭俊超）

土地托管面积26.67万公顷，组建现代农业服务公司19家，服务各类市场经营主体4867个。

【农村现代流通体系建设】 组织实施“新货郎”行动，加快构建线上线下、沟通城乡的农村现代流通体系。一是完善基层经营服务网络。以规范形象标识、改造提升传统网点、规范服务标准为重点，积极发展农村综合服务社。新建、改造农村综合服务社累计达到6342处。二是大力发展农村电子商务。全市共组建电商公司20家，建设电商平台29个，新建、改造镇级电商运营中心27个，发展村级电商综合服务社131个，电商销售额达到16.5亿元。三是推动农村“新六产”发展。依托合作社、社有企业等服务主体，搭建产业融合发展平台，发展产销对接、订单农业，通过资本联合、产业带动、项目对接等方式，积极培育提升农村产业融合发展项目，促进一产“接二连三”，让农民更多地分享产业融合带来的收益。全系统培育三产融合发展项目5个。

【农村合作金融服务】 一是扎实推进合作社内部信用互助业务。全系统开展信用互助业务的合作社63家，其中，32家合作社取得信用互助业务资格认定书，参与信用互助的社员6821户，互助资金总规模0.6185亿元，累计发放互助资金2.03亿元，服务社员6735户次。二是积极推动农业商业保险。鼓励农户投保农业政策性保险补充商业保险65.57公顷，实现小麦、玉米、棉花3个农业品种投保农业商业保险。依托安丘生姜规模化种植的优势，成立安丘市益寿生姜专业合作社联合社，探索以价格指数保险为切入点的农业互助保险模式。三是探索创新金融合作模式。与建设银行潍坊分行合作，在安丘市石埠子镇建立首家慧农通金融服务站。9月28日，市供销合作社与潍坊市农村信用联社签订战略合作协议，不断加大金融支农力度。

（谭俊超）

粮食流通

【概况】 全市涉粮企业收入折合原粮（折合原粮，下同）1796万吨（其中，总购进1424万吨），支出1793万吨（其中，总销售426万吨，转化用粮油1086万吨）。

【粮食安全责任考核】 2017年，是实施粮食安全责任考核的第1年，市、县两级有关部门组织开展年度考核，接受市考核组对县（市、区）政府的考核与省政府的抽查工作。6月底，山东省联合抽查组对潍坊落实2016年度粮食安全责任制总体情况进行实地考核，到高密市、昌邑市开展延伸检查，对工作给予充分肯定和高度评价，确定年度考核为“优秀”等次；市对县（市、区）考核得分均在90分以上，也全部评定为“优秀”等级。为做好2017年考核工作，市粮食安全考核办召开工作组会议专门研究，提报市政府第13次常务会议研究通过，及时印发年度考核工作通知，认真抓好组织实施，确保责任制落到实处。

【调控储备保障】 完善粮食应急体系建设。作为全省粮食应急信息化建设试点市，建成后的“全市应急指挥远程监控系统”将实时掌控应急网点动态，提升应急调控指挥能力。增加地方储备。坊子区、寒亭区、青州市、寿光市、高密市等新增原粮储备规模2.54万吨；全市落实应急成品粮储备24211吨，位居全省前列。搞好统计调查和价格监测。准确研判市场走势，保证节日市场供应和价格稳定，全市粮食供求保持平衡。做好夏、秋粮收购。贯彻全省夏收工作电视会议精神，召开部门联席会议，针对小麦干旱减产的严峻形势，多措并举让农民卖上“放心粮”，全市收购小麦75.09万吨，提前圆满完成地方储备粮轮换任务；针对玉米需求大、供需紧的状况，密切关注并做好秋粮收购，累计收购玉米106万吨。加快仓储物流项目建设。争取国家下达潍坊市重大建设项目5个，国家预算资金到位0.3397亿元，建成仓容1.16亿公斤。推进粮库智能化升级。召开现场会签订建设合同，定期调度督导，19个项目已完工18个。启动粮食产后服务中心建设。投资0.2493亿元，首批在4个产粮大县试点建设11个项目，主体已进入招投标阶段。压实仓储安全责任。加强仓储规范化管理，维护好省粮食流通云平台，组织开展业务检查6次、企业126个，发现并落实整改问题隐患25

个，确保安全生产形势稳定。军粮供应保障有力。适应军队后勤保障社会化改革需要，积极申报市军供应急配送中心项目，认真完成军粮供应任务。

【产业发展】 联合市农业发展银行推荐上报的7家企业获批“全国粮油产业化龙头企业”（占全省的17%），对行业“隐形冠军”企业落实政策性贷款授信2.9亿元。到粮食产业化龙头企业调研，对接鲁粮集团、国家粮食交易中心、食品谷中美中心和东亚畜牧交易所，参加各地粮交会，搭建政策资金平台，服务“产购储加销”协作，推进粮油供给侧改革。投资0.402亿元，完善全市18个粮食应急体系建设项目；投资0.2516亿元，全力打造12个粮油主食产业化项目；投资0.16亿元，全面升级9个储备库、10个收纳库的仓储信息化项目，争取中央和省扶持资金0.418亿元，粮食产业经济实现新发展。开展“中国好粮油、潍坊在行动”，举办“绿色粮油科技活动月”活动，协调各部门开展“好种子、好原料、好储藏、好加工、好产品、好主食”粮食全产业链的宣传推广提升活动，4家企业5个产品通过“中国好粮油”产品遴选评审。市粮食质检中心落户食品谷，新增人员、经费、仪器，开展政策性和社会性粮油质检，检测样品数量同比实现翻番。

【依法管粮】 实施“粮食市场监管改革年”行动。实现市、县全覆盖，推进监管信用机制建设，强化执法信息公开；落实农民、粮食经纪人等无需办理粮食收购资格新规定，优化粮食行政许可流程，办证时限由15天压缩至2个工作日。抓好年度库存检查，守住数量、质量和安全底线；抓好收购政策执行情况检查，开展夏、秋粮收购监督检查257次，出动827人次、检查单位302家；抓好粮食监督检查，对发现的问题隐患现场签字确认并限期整改。严格执行执法办案程序规则，全市粮食执法无行政复议案件、无违规违纪行为。高密市粮食局以省内总分第1名入选首批“全国粮食流通执法督查创新示范单位”。

（郭冬青）

烟 草

【概况】 2017年，全市种植烟叶7660公顷，收购27.18万担。销售卷烟30.8万箱。企业实现税利16.9亿元，其中，实现税金14.7亿元。

【烟叶生产经营】 推进烟叶布局优化、质量提升、技术落实、追溯管理、责任奖惩、管理创新等6项工作，提升现代烟草农业建设和发展水平。狠抓原料均质化，NC55、K326、云烟87三个优良品种面积占84.5%。集成推广先进适用技术，漂浮育苗实现全覆盖；落实井窖式和膜下移栽3866.67公顷，推广滴灌5333.33公顷、硝酸钾水肥一体1333.33公顷，分别占全省总面积的29.4%、44.2%、73.8%；在全省烟叶育栽一体化检查中列总分第一名。完善烟叶采烤服务体系，专业化采烤服务率达到92.1%。加强烟叶收购管理，提高等级纯度，公斤均价22.1元，提高3.2元，在山东省烟草专卖局（公司）收购检查和工商交接检查中均列第一名，被国家烟草专卖局认定为“工商交接质量免检单位”。投入564万元，在全市建设烟基项目872项，提高烟区生产保障能力。加强合作社规范管理，全市“烟草行业示范社”达到5个，“山东省农民合作社示范社”达到7个。

2017年5月26日，“中国好粮油、潍坊在行动——好产品、好主食”活动走进佳乐家超市启动仪式

（供稿：许 岩）

【卷烟销售和网络建设】 依托潍坊烟草亲情帮扶慈善基金，对全市困难零售户开展扶危、济困、助学、敬老、生产经营等帮扶，累计帮扶1.37万户次，帮扶金额380万元。面向全市卷烟零售户举办培训班，教授卷烟经营知识，提高卷烟零售户盈利水平，全年培训零售户3万余户次。扎实推进卷烟精益物流建设，常规烟、异型烟分拣效率分别提升27%、147%，送货车辆装载率提升12.3%，单车日均送货户数增加11户次，送货到位率和客户满意度继续保持100%。

【专卖管理和市场控制】 以开展“齐鲁之盾”专项行动为主线，加强联合执法，抓好重点整治，遏制制假贩假售假行为反弹。全年查获涉烟案件3122起、涉案卷烟案值879万元；破获符合公安部、国家局标准的制售假烟走私烟网络案件12起。扎实开展“七五”普法宣传，建立重要诉讼案件法律风险防控数据库。强化专卖执法监督，连续2年在全省烟草系统案卷评查中获得“一等奖”。

【企业管理】 开展流程建设工作，建立覆盖各项业务和岗位的工作流程和分解到全员的《岗位作业指导书》。开展精益课题研究，立项精益课题53项，其中，被山东省烟草专卖局（公司）立项9项、处级干部领题11项。加强科技创新和标准化建设，获山东省烟草专卖局（公司）科技成果奖励22项；市局（公司）被认定为“烟草行业第三批标准化示范企业”；1项质量管理成果获得“全国烟草行业一等奖”，实现历史性突破；2个QC小组被评为“全国优秀质量管理小组”。

【党建工作】 把党建写入公司章程，成立党建工作领导小组和党建（群团）工作科，将有关直属单位总支、支部改组为党委、总支，在基层站点成立党支部或党小组，层层签订落实全面从严治党主体责任书、建立党建工作责任清单，提升党建工作水平。加强教育培训，职业技能鉴定通过率达到85.2%，高于全省烟草专卖局（公司）系统平均水平27.7%。在全省第三届烟草制品购销职业技能大赛中，获得团体总成绩第二名、个人成绩第一名和“优秀组织奖”，2名选手被授予“全国烟草技术能手”称号。加强离退休人员管理服务，开展老年文化体育和志愿服务活动，市烟草专卖局（公司）被评为“山东省老年体育工作先进单位”。

（韩冬梅）

旅游

【概况】 2017年度，全市接待游客6805.49万人次，实现旅游消费总额775.88亿元，同比分别增长11.29%、14.56%，其中，旅游接待人次由全省第7位上升到全省第5位。

【旅游项目建设】 全市共有景区开发、旅游度假、乡村旅游、文体休闲、功能配套、旅游酒店、新业态等7类重点旅游项目172个，总投资1315.87亿元。其中，在建重点旅游项目140个，总投资1234.16亿元，2017年，完成投资110.7亿元，山东宋香园一期、峡山区萌族部落一期等重点项目建成营业；滨海区文昌湖休闲中心、青州市云门山省级旅游度假区、高密市东北乡文化旅游区、安丘市齐鲁酒地文化产业园、寿光市极地海洋世界等重点项目建设进度不断加快。落实新旧动能转换重大战略，以重大项目优化旅游产品结构，“智慧旅游城市”与“八喜旅游网电商平台”2个项目纳入全省旅游业新旧动能转换重点项目库。

【乡村旅游发展】 全市有“省级旅游强镇”32个，“省级特色村”38个，“乡村旅游标杆示范项目”55个（其中，“乡村旅游标杆示范村”22个、“农业旅游标杆示范点”22个、“乡村旅游度假项目”11个），“省级好客人家星级农家乐”115家，“省级精品采摘园”30个，“省级开心农场”1个，“‘潍水人家’品牌示范户”共120户，乡村旅游规划奖补单位42个。坚持高端引领，重点打造安丘市寿比南山、山东宋香园等两个乡村旅游综合体项目。目前，2个乡村旅游综合体在建项目16个，安丘市寿比南山、山东宋香园共完成项目投资5.72亿元，山东宋香园一期项目建成营业。示范带动作用明显，全年共有5个乡村旅游村、7个农业旅游示范点、1个乡村旅游度假项目、17个乡村旅游项目规和4户“潍水人家”品牌示范户，达到全市乡村旅游标杆示范项目奖补条件和标准，获得奖补资金。推荐潍坊市105名乡村旅游带头人分批参加全省乡村旅游带头人赴境外交流学习，组织开展乡村旅游带头人和从业人员电商、移动支付培训，提升发展乡村旅游的思想境界。制定《潍坊市旅游电商平台扶贫工作计划》，帮助有条件的贫困村加快乡村旅游发展。争取财政对乡村旅游的支持，市财政单列乡村旅游专项资金增加到0.2亿元。

【旅游龙头培育】 青州市古城旅游区成功创建为国家“AAAAA”级旅游景区，在全省11家“AAAAA”级景区中，潍坊市占据2席，以此为契机，放大“AAAAA”级景区品牌效应，持续加强旅游宣传推介，带动鲁中旅游崛起。加快景区上档升级，全年7家景区通过了质量等级评定验收，其中，“AAAA”级景区1家，“AAA”级景区4家，“AA”级景区2家。目前，全市有国家“A”级旅游景区102家，其中，“AAAAA”级景区2家，“AAA”级景区44家，“AA”级景区33家。省级旅游度假区6家。

【旅游宣传营销】 城市品牌的宣传力度加大，拍摄制作完成潍坊旅游系列宣传片，在杭州机场、青岛火车站、青岛高铁北站、潍坊火车站、青银高速等交通枢纽投放潍坊旅游形象和旅游产品广告，利用“青岛—上海”高铁列车，打造“天上风筝飞，天下潍坊美”旅游品牌专列。与市体育部门合作，举办“骑游潍坊”活动，打响潍坊休闲体育旅游品牌。搭借山东半岛城市旅游区域合作联盟，联合拓展市场，组织潍坊市重点旅游企业参加在北京、天津、济南举办的旅游推介会，并与联盟城市进行旅游线路串联，形成跨区域线路产品。搭借鲁台会平台，举办“海峡两岸旅游产业合作对接会”，推介潍坊市旅游资源和项目。搭借美国、韩国、马来西亚、中国香港、中国台湾等地的“好客山东”旅游营销中心，开拓境外旅游市场。借助省旅发委组织的国内主流媒体、韩国、马来西亚等境外旅行商来潍踩线考察的机会，进一步宣传潍坊市旅游资源。指导县（市、区）旅游主管部门及企业举办“十一欢乐金秋游潍坊”主题活动，全市共组织各类旅游节庆及优惠活动共计54个，设计推出系列旅游线路产品，引爆“十一”黄金周期间旅游市场。

【推进全域旅游】 按照全域旅游发展的要求，邀请山东省旅游规划设计院开展全市旅游总体规划修编、红色旅游专项规划编制工作，把全域旅游建设内容体现在全市旅游总体规划中。联合市直有关部门开展旅游与文化、农业等融合发展调研，深入挖掘历史、民俗、地质、书画、名人等旅游资源的文化内涵，制定《“文化潍坊”旅游目的地品牌建设工作方案》，以文化为魂、以旅游为载体，全力打造文化旅游目的地品牌。指导青州市、临朐县、安丘市制订全域旅游示范区创建工作实施方案，成立创建工作领导小组，出台一系列政策措施，全力推进全域旅游示范区创建工作。目前，青州市、临朐县已完成全域旅游发展总体规划初稿，安丘市启动全域旅游发展总体规划编制工作。全域旅游发展工作已列入《潍坊市旅游业创新发展三年行动计划》，已由潍坊市政府办公室印发。经省旅发委严格审核、检查，确定16个进入省级首批全域旅游示范区创建单位，其中，地级城市3个，县级城市13个，安丘市进入首批创建名单。

【智慧旅游建设】 青州市建成的八喜旅游网电商平台，是省旅发委唯一指定的山东省乡村旅游电商暨综合服务平台和山东省旅游电商培训中心，以移动支付为全国首创的商业模式和运营规模开创了全国乡村旅游专业OTA的先河。已入驻乡村旅游点3490家，建成“八喜大集”，带动旅游收入约3亿元。指导八喜旅游网成功举办首届山东省“千万市民游乡村”暨“百万人游潍坊”活动，活动效果显著，接待落地游客超百万人次，超出预定目标。目前，八喜旅游网已发展成为全省线下机构分布最完整的旅游互联网平台，下设青岛市、济南市2个分公司以及烟台市、威海市等9个地级市服务部，并以此为中心辐射发展建成16个县（区）级工作站；已覆盖全省1500余家乡村旅游景点信息，与省内1078家旅行社签订协议，与270余家自媒体以及众多户外俱乐部、摄影协会等群体建立战略合作，上线单日浏览量达20万，同时在线人数峰值达32万。编制智慧旅游建设规范，完成智慧景区、智慧酒店、智慧旅行社规范初稿。加快旅游应急指挥平台和旅游大数据分析项目建设，近期将全市23家“AAAA”级景区视频监控接入省旅发委平台，实现旅游视频监控管理。建设旅游目的地数字营销系统，充分利用“双微”（微信、微博）开展宣传营销，将其打造成游客获取第一手潍坊旅游资讯和权威出行提示的重要窗口。

【旅游公共服务体系】 在全市开展文明旅游先进单位和先进个人评选活动，在全行业选树典型，发挥先进引领和示范带动作用，5个“文明旅游先进单位”、12名“最美导游”、6名“最美领队”、8名“文明使者”、16名“美德游客”受到省旅发委、省文明办联合表彰。组织开展“厚道鲁商”评选、学雷锋文明旅游志愿服务、平安行你我他行动、“做主人，争先锋，我与城市共提升”主题实践活动、“尊贤崇德，文明出游”主题大型公益出游、“文明旅游进社区活动”等主题活动，夯实和巩固文明创建成果。认真履行安全生产监管责任，强化督导检查，杜绝旅游安全事故发生。加强市、县两级合作，积极应对旅游舆情，建立市、县（市、区）旅游投诉处理联动机制，进一步提高投诉工作质量和效率，共接到咨询求助电话240余次，快速化解旅游纠纷48起，认真承办“12301”旅游监管服务平台、“12345”政务服务热线等转办旅游投诉案件，投诉案件处结率100%，游客满意率100%。编制旅游行政执法随机抽查事项清单，积极开展旅游市场秩序综合整治“春季行动”“暑期整顿”和“秋冬会战”，依法打击扰乱旅游市场的违法违规行为，规范旅游市场秩序，维护广大游客合法权益。

（王　亮）

会 展

【中国（寿光）国际蔬菜科技博览会】 中国（寿光）国际蔬菜科技博览会（简称菜博会）主会场位于山东省寿光市蔬菜高科技示范园。从2000年起，已连续成功举办17届，先后有来自50余个国家、地区和31个省（市、自治区）2400余万人次参展参会，实现各类贸易额2080亿元，在国内（外）蔬菜及相关产业领域产生重要影响，被认定为“国家AAAAA级农业专业展会”，成为全国农业科技成果示范推广的重要平台和国际农业合作交流重要窗口。第十八届菜博会坚持“创新、协调、绿色、开放、共享”发展理念，按照突出特色、全面创新、注重实效总体要求，以“绿色•科技•未来”为主题，围绕服务“三农”，全面汇集展示和交流共享国内外蔬菜产业领域的新品种、新技术、新设备，提升国际化、专业化、市场化水平。展会总面积45公顷，采取展位展示、实地种植与蔬菜文化相结合展览模式，其中，室内16.5公顷，设12个展馆、蔬菜博物馆、大棚优质高效示范区及广场展区，展出蔬菜品种2000余个，新技术100余项，栽培模式80余种，蔬菜文化景观200余个，新增热带雨林与沙漠植物、高档花艺等。期间举办荷兰现代设施园艺暨精品农产品展、2017中国（寿光）节水农业暨水肥一体化技术材料设备展、2017中荷现代设施园艺国际合作论坛等多个会中会、高层学术论坛和文化活动等。另外，大会设有12个分展区，全面展示寿光农业产业化、标准化、国际化和现代农业园区建设水平。

（李　鹏　杨　娟）

【中日韩产业博览会】 2017年9月23日—25日，由中国国际商会、日本国际贸易促进协会、韩国贸易协会、中日韩三国合作秘书处共同主办的“2017中日韩产业博览会”，在潍坊市成功举办。本届博览会推出智能制造、美丽产业、国际食品3个展览板块；组织中日韩经贸合作论坛暨工商领袖峰会，中日韩商协会圆桌会议，中日韩健康养老产业高峰论坛，以及智能制造、健康美丽、国际食品产业对接活动，“一对一”企业洽谈会，中韩企业对话会暨B2B采购洽谈会，重点项目签约仪式等产业融合对接活动。

一是境外参展企业多。参展企业399家，境外企业211家，来自12个国家和地区，境外占比达52.9%，为国际展会标准比例的2.5倍。二是展览展示高端化。展出总面积4公顷，设置展位512个，其中，特装展位202个，特装面积占比达79.4%。有7家世界500强企业参展。三是国外应邀出席嘉宾层次高。日韩主要商协会高层代表，外国使领馆代表，世界500强企业高管，著名经贸专家学者等，国外重点嘉宾达110余名。四是参会人员范围广。国内外采购商达16500余人，国外采购商来自24个国家和地区，中外观众人数达12.2万人次，比上年多出3000人次。博览会期间，集中签约项目34个，涵盖11个产业门类，涉及9个国家和地区，总投资额101.4亿元；新洽谈引进招商项目53个，总投资额186.5亿元；共有841家次企业达成成交意向，现场意向成交额1.2亿元；实现贸易总额32.7亿元。

（王文杰）

【第23届鲁台经贸洽谈会】 2017年9月1日—4日，“第23届鲁台经贸洽谈会”（简称“鲁台会”）在潍坊市成功举办。大会以“新动能新机遇新发展”为主题，分主题活动、专题洽谈、展示展览、对接考察四大板块，举办“新动能新机遇新发展”高峰论坛、海峡两岸博览会及两岸高端装备、产业园区、特色小镇、旅游产业、健康养老、现代农业、青年就业创业等10余项专题洽谈活动。国台办主任张志军、山东省省长龚正出席，台湾海峡两岸经贸文化交流协会会长江丙坤领衔台湾各大工商团体、5个县（市）、964名台商参会，70余名海外侨商，大陆20余个省、市特别是“一带一路”沿线城市、山东省各市代表1000余人参加对接洽谈活动，清华大学、美国GE通用等1107家科研院（所）和企业参展参会。潍坊市签订合作项目33个，总投资141.636亿元。厦门州信、台湾幸福小镇、台湾大登不动产、和睦家妇婴医院、盛德呼吸病医院、台湾大仁科技大学人才培养与科研基地等项目先后落户潍坊。海峡两岸博览会，展出面积5公顷，参展企业772家，其中，台湾企业207家，近16万人次到场参观采购洽谈，现场交易额4.7亿元，达成意向交易额17.9亿元。国台办主任张志军称赞鲁台会“在大陆举办的各类涉台经贸活动中创造了一个记录”，台湾海峡两岸经贸文化交流协会会长江丙坤称赞鲁台会“历史最久，规模最大，第一个有品牌的两岸论坛”，山东省省长龚正作出批示：“鲁台会成果丰硕”，给予充分肯定。本届鲁台会在社会影响、经济效益等各方面都迈上新台阶，产生新的拉动效应。

（张会军）

2017中日韩产业博览会开幕式　　（供稿：王文杰）

【中国（潍坊）文化艺术展示交易会】 “第七届中国画节”“第十届中国（潍坊）文化艺术展示交易会”于2017年4月14日—18日在潍坊鲁台会展中心举办。展会由中国画学会、中国油画学会、中央数字电视书画频道、中国美协中国画艺委会、中国美协实验艺委会、中国艺术研究院中国画院、中共山东省委宣传部、山东省文学艺术界联合会、潍坊市人民政府主办，中共潍坊市委宣传部、中共潍城区委、潍坊报业集团、潍坊市文化广电新闻出版局、潍坊市文学艺术界联合会等单位承办。本届节会参观人数46万人次，总交易额6.5亿元，其中，中国画节版块交易额4.2亿元，获评“2016年—2017年度中国品牌展会金奖”，实现社会效益和经济效益双赢，对打造潍坊“文化名市、中国画都”品牌、提升城市形象起到积极推动作用。本届中国画节以“丹青颂盛世、艺术为人民”为主题，由100余个不同形式的展区组成，共展出各类精品画作10000余幅。邀请国内知名会展策划公司对文展会进行形象包装和全流程策划。进一步优化文展会官方网站和微信内容，设计开发文展会吉祥物系列微信表情包，文展会品牌形象得到进一步提升。

民间艺术博览会。全国各地70余位著名民间艺术家作品参展，内容涉及刺绣、脸谱、和田玉、唐卡、泥塑、剪纸、年画、砚雕等艺术门类。

“可见之诗”油画展。特邀请到詹建俊、靳尚谊、许江等100余位国内知名油画大师近200幅作品参加展览。

首次举办中国青年实验艺术展。本次展览是中国美协实验艺术委员会首次举办的全国性青年实验艺术展，新增特色文化小镇展、茶马古道文化展、尼泊尔唐卡艺术展、文化艺术综合互动区（广场）等内容。

（张正晟）

【第七届中国画节】 2017年4月14日—18日，第七届中国画节在潍坊市鲁台会展中心举行。本届画节以“丹青颂盛世 艺术为人民”为主题，采取方阵式布展形式，由100余个不同形式的展区组成，集中展示主旋律、正能量、学术性的优秀国画作品，展示阵容宏大、品位学术高端。人民颂歌——中国画学会人物画专题展，主题鲜明、学术性强，展出100余名中国画学会理事创作的200余幅人物画精品力作，是中国画学会首次以题材分类形式征集作品助阵中国画节。全国19省、市中国画学会作品展，是中国画学会首次组织各省、市中国画学会集体亮相，作品精、阵容大，是本届画节的一大亮点和重要学术展区。潍坊籍书画名家捐赠作品展、山东青年中国山水画家提名展、当代花鸟画邀请展、当代中国画邀请展等众多主题展，题材广泛、风格多样、精彩纷呈。画节期间还举办多场名家公益艺术讲座，组织艺术家进基层——走进美丽乡村活动。第七届中国画节参观人数46万人次，交易额4.2亿元，实现社会效益和经济效益双赢，进一步巩固提升“中国画都”品牌影响力，为加快“文化名市”建设起到有力推进作用。

（许文海）

2017年4月14日—18日第七届中国画节、第十届中国（潍坊）文化艺术展示会

（供稿：市委宣传部）

【第17届中国（青州）花卉博览交易会】 本届花博会于9月29日—10月7日在中国青州花卉苗木交易中心举行，继续采用市场化办会模式，通过面向全国公开招标，确定专业公司市场化运作，主题为“花彩青州”。

展会主展厅规划布展面积达4.2公顷，规划设计16个主题景观和兰花、组合盆栽、家庭园艺、多肉植物新品种展示、花卉科普等6个专题展。设有景观区、专题展区、特装展区、标准展区、优惠购销区及休闲区，其中，设有标准展位500个，特装展位50个，室内布展面积及招商展位数量为历届青州花博会之最。在观赏区的设置上围绕“中国梦”设置九州芳华景观区，围绕“一带一路”设置丝路花雨景观区，围绕“让花卉走进千家万户”设置花卉科普展和家庭园艺展。展会期间共举办中国花卉电子商务峰会、东亚多肉植物产业发展论坛、中国租摆产业高峰论坛等10余项活动。参展企业除上海种业、天津大顺等诸多国内花卉行业巨头外，还吸引比利时德鲁仕、荷兰康贸等20余个国家和地区的国外企业参展，国际化程度进一步提升。

本届花博会共接纳专业观众和游客41.7万人次，实现交易额1.79亿元，央视《新闻联播》、山东电视台、潍坊电视台等主流媒体以及新华网、凤凰网等网络媒体和《中国花卉报》《中国花卉园艺》等行业一线媒体对花博会盛况进行报道。

（刘洪昌　蔡相东）

【中国（高密）第八届红高粱文化节】 2017年10月28日—11月3日，第八届中国（高密）红高粱文化节在高密市举办。本届文化节由高密市人民政府主办，从增强全市文化整体实力和竞争力出发，坚持“政府指导，市场运作，各方参与，群众受益”的宗旨，突出“文化高密，文学高地”主题，共组织和策划开幕式、室内书画展览、第七届中国红高粱诗歌奖、红高粱文学现象研讨会、高密人文学艺术图书展、东北乡文化旅游景区体验活动和“红高粱之约”系列活动等多种精彩纷呈文化活动，多角度展示红高粱文化风采和高密文化旅游事业发展。开幕式上，市领导分别向“第七届中国红高粱诗歌奖”获得者颁奖。中国民间文艺家协会副主席刘华授予高密市“中国红高粱文化研究院”牌匾，中国文学研究会诗歌委员会执行主席、《诗探索》杂志社主编林莽授予高密市“中国诗歌之乡”牌匾。齐新民、燕刚2位艺术家向高密市捐赠了《高粱红了》《今又重阳》2幅画作。

（李晓宁　槐晓燕　李　瑜　钟　璐）

民营经济和中小型企业

Minying jingji he zhongxiaoxing qiye

综 述

【概况】 2017年，全市非公有（民营）经济单位数量发展到82.7万户、从业人员629.6万人、注册资金10509.7亿元、纳税额433.4亿元，同比分别增长15.5%、7%、41.3%、0.6%。非公有经济累计纳税额占全市税收的比例为58.11%，同比降低3.9%。非公有（民营）经济中私营企业发展到18.4万个，从业人员175.9万人、注册资金9290.7亿元、纳税额134.2亿元，同比分别增长17%、11.6%、46.1%、17.8%。规模以上工业中小企业3745个，实现增加值累计同比增长0.11%，主营业务收入7582.2亿元，同比增长3.84%，出口交货值490.69亿元，同比增长6.53%，实现利润408.32亿元、利税607.43亿元，同比分别增长4.01%、4.98%。

【创辅基地建设】 全市已培育认定市级创辅基地69个其中，争创省级24个、国家双创（创新、创业）示范基地2个，争创认定省级创客空间5个，双创学院1个，聘用市级创业辅导师98人；有2个基地成功申报“双创示范基地”，获得省财政资金奖励支持。组织13家企业和创客团队参加“创客中国”创新创业大赛，山东和田旺生物科技获“山东区域赛优胜奖”，市中小企业办获“优秀组织奖”。

【产业集群发展】 全市市级以上中小企业产业集群发展到48个，其中，省级13个；市级以上特色产业镇77个，其中，省级22个。山东省中小企业局在寿光市上口镇举办了“2017走进山东特色产业镇巡礼活动”启动仪式，拉开“全省特色产业镇”巡礼活动的帷幕。2017年，“山东特色产业镇”动能转换20强镇潍坊市占有2个席位，临朐县铝型材产业集群成功申报“山东省特色产业集群示范项目”，并获得省财政专项资金支持。

【推进企业转型升级】 起草《潍坊市“隐形冠军”企业群培育方案》，实施“专精特新”（战略专一化、研发精深化、产品特色化、业态新型化）培育工程，培育认定市级“专精特新”企业424家；省级“专精特新”企业225家。开展中小企业“一企一技术”活动，已培育认定“一企一技术”研发中心和创新企业市级215家和189家、省级119家和79家。1家企业获得山东省制造业单项冠军，42家企业获批山东省第一批中小企业“隐形冠军”，6家企业入选山东省中小企业“隐形冠军”数据库，3家企业被评为“山东省中小企业创新转型优胜企业”。

【开展云平台服务】 应用云平台进行工业设计的企业由不足50家发展到目前的650家，年可直接节省软件购买成本2000余万元，设计效率提高40%，间接节约成本（培训费用、提高成品合格率等）5000余万元。6月，全省中小企业发展新经济经验交流会议在潍坊市召开，潍坊市中小企业工业云平台服务中小企业成效显著，被山东省中小企业局授予“山东省中小企业工业云平台”。

【完善公共服务水平】 市平台共发放宣传资料42000余份，已有4.5万家企业来参观体验、接受培训、对接服务，累计办理业务4万余笔，促进中小微企业创新发展、转型升级。12月份，潍坊市中小企业公共服务中心再次被工业和信息化部认定为“2017年度国家中小企业公共服务示范平台”。成立市中小企业公共服务中心昌邑市、高密市分中心，不断拓展服务范围。在服务中心设立青岛科技大学潍坊校友创业孵化基地，为众多在校学生和校友提供全方位服务。指导山东寿光中印软件园发展中心被工信部认定为“2017年度国家中小企业公共服务示范平台”。举办中小企业公共服务“公益大讲堂”，为企业答疑解惑。开展中小微企业认定工作，为近100家企业出具中小微企业认定函，让企业具备参加招投标资格。分2批组织全市80名优秀民营企业家到上海交通大学进行发展新经济高端培训，全面提升企业家境界和水平。组织9家企业参展“2017海峡两岸（山东）创业创富项目展”，安丘市博阳机械制造有限公司被评为“优秀创业创富品牌”；组织11家企业参加第14届中国国际中小企业博览会，达成合作意向45个，协议金额超过1亿元，参展企业数量及质量均居全省前列，获得全省组织参展“最佳组织奖”。

（刘桂玲）

重点民营企业简介

【潍坊长城复兴门窗幕墙工程有限公司】 公司成立于2000年，注册资金0.608亿元，现有正式职工66人，其中，工程技术人员35人。公司占地20000平方米，厂房15000平方米，具有年产各类高档门窗50万平方米、建筑幕墙30万平方米的能力，产品覆盖全国12个省、市、自治区，50余地市级以上城市。连年被评为“重合同守信用单位”“劳动保障先进单位”和“消费者满意单位”的称号，是山东省“建设机械行业百佳信企业”“山东省诚信建设示范企业”“山东省家居门窗优秀企业”；被银行评定为“信用等级AAA级企业”。所做工程多次获得“国家优质工程”奖和山东省工程质量“泰山杯”奖。公司生产的高档建筑节能门窗、幕墙被评为“山东建设机械名牌产品”“山东省著名商标”。公司是集建筑幕墙、高档节能环保门窗设计研发、精密制造、专业施工安装、售后服务于一体的专业化企业，兼营钢结构、装饰装修、防水防腐保温工程，具有住建部审核批准的建筑幕墙专项设计甲级资质、建筑幕墙专业施工一级资质、金属门窗一级资质、装饰装修一级资质和山东省住建厅审核批准的钢结构二级资质、防水防腐保温二级资质，并拥有潍坊市市级工程技术中心和市级工程实验室。2016年，被山东省建设机械协会评为建设机械行业龙头企业（前三强）、山东省建筑门窗行业创新联盟、山东省家居门窗产业联盟副理事长单位，是中国建筑金属结构协会会员单位、山东省建设机械协会常务理事单位和建筑幕墙专业委员会副主任委员单位，是山东省建筑节能产品备案认证单位。2003年在行业率先通过国际质量、环境和职业健康安全3大体系中英双证认证。

【山东和田旺生物科技有限公司】 公司成立于2012年，位于昌邑柳疃镇沿海经济开发区，总投资2.3亿元，占地面积10万平方米，是一家集有机肥料研发、生产、销售于一体的国家级高新技术企业，拥有职工100名，其中，26名生物肥专家和专业技术人员。公司总体产能37万吨，主要生产生物有机肥、微生物菌剂、水溶肥、海藻肥、贝藻肥、硅钙肥、有机无机复混肥等，产品均已获得省土肥站及农业部颁发的肥料登记证，是山东最大的新型肥料生产基地、中国最大的微生物肥料制造商之一。公司大力实施“科技兴企”战略，与山东省农业科学院、青岛农业大学、中国海洋大学、中国农业大学、中国科学院微生物研究所、中国农业科学院和韩国著名生物学专家金利烨博士等建立长期产学研合作关系；与山东省农业科学院合作成立农业部新型肥料创制重点开放实验室研发基地和山东省农科院沃土工程科技成果转化基地；与中国工程院束怀瑞院士团队合作成立院士工作站，创建了潍坊市复合生物肥料工程技术研究中心、潍坊市新型肥料工程实验室、企业技术中心，联合申报的山东省主要类型农田土壤碳氮调控技术研究与应用获得山东省科技进步一等奖、新型环保复混肥和有机肥的制备技术与应用获得国家发明二等奖。公司加入中国盐碱地产业知识产权保护联盟、盐碱地整理与利用产业技术创新战略联盟公司。

【潍坊佳诚数码材料有限公司】 佳诚数码是国内最早从事数码喷印材料研发的企业，公司拥有700平方米彩色喷墨打印介质工程实验室和流延膜实验室，是国内最早从事打印介质研发的平台之一，被评为潍坊市企业技术中心，潍坊市打印工程实验室、潍坊市工程技术中心。公司重视科研创新，每年投入大量科研经费，购买专业实验设备（白度颜色测定仪，water-based pigment 打印机，color gamut，HP Latex水性打印机等），已具备实现研发、实验、性能检测的一体化专业服务，科研团队22人，均来自国内大（中）专院校及相关公司的专业技术岗位，并有30名博士专家顾问提供技术支持。公司实验室是目前国内外最先进的打印介质研发平台之一。与此同时，公司研发团队具有多年的行业经验，依托雄厚的科研力量，公司通过自主研发，掌握的核心技术包括永久性阻燃化纤、涤棉布涂层技术，Latex打印机专用涂层技术，背胶布多次可移技术等。产品在抗刮伤、抗污性能方面表现优良，主要产品通过了德国B1阻燃认证、欧洲Reach环保认证等国际重要认证。研发团队自主研发了G3涂层，阻燃化纤，特宽幅弱溶剂涂层油画布，阻燃防水遮光布，无PVC环保灯箱布，弱溶性防水性背胶纤维布等先进产品，并获得了8项专利，2017年正在申报发明专利及实用新型专利10项。公司生产的产品，处于国内领先国际先进级别，在市场中口碑极佳。部分自主研发产品也取代了国外进口产品在国内市场的垄断，进入市场后占有率可达80%以上。

【山东鑫珂海洋生物技术股份有限公司】 公司成立于2013年，是一家专注于高分子海洋生物纤维—甲壳素纤维的研发与产业化应用的现代化企业。主要产品有高端劳动防护用品、甲壳素美容面膜、医用敷料、传统家纺产品等4大系列30余个品种，应用范围涉及劳动防护、美容、医疗器械、卫生清洁等10余个领域，产品远销美国、德国、加拿大、日本及中国台湾，同美国3M公司等多家知名企业建立了长期合作伙伴关系。其中，公司生产的警用防雾霾口罩通过山东省警用口罩招标项目，甲壳素美容面膜产品销售已遍布北京、上海、天津等10余个大中城市，以一流的产品和稳定的质量赢得广大客户的赞誉。2016年底，公司占地32.67公顷，拥有员工305人，注册资金7742.75万元，总资产

20380.03万元，实现销售收入7814.98万元。公司一直专注科技创新和科技成果转化，与潍坊学院建立产学研合作关系，不断增强科研能力。现在公司通过对甲壳素纤维深度开发利用，已形成以高端劳动防护用品、甲壳素美容面膜、医用敷料为主，传统家纺产品为辅的产业构成。2016年，公司完成对美国Hemcon医疗科技公司的收购，极大地增强企业的科技创新能力。Hemcon公司是一家生产甲壳素止血产品的高新科技企业，在甲壳素止血应用领域拥有强大的研发团队和世界领先的核心技术。目前，鑫珂公司拥有51项专利，14种产品通过美国FDA认证。

【潍坊胜达科技股份有限公司】 公司位于山东省潍坊高新技术开发区内，成立于1998年，注册资本0.54亿元，山东省高新技术企业，国内著名的表面保护整体解决方案提供商，中国塑料加工工业协会、异型材及门窗制品专业委员会会员单位。胜达公司是一家专业生产可剥离性塑料保护膜，国防装备防核化包装材料的股份制公司。主要生产家电保护膜、高端电子保护膜、电子离型膜及建材保护膜；建有国内一流研发中心，有高级技术人员多名，在国内保护膜行业综合实力位居前列。公司与中国人民解放军第二炮兵科学技术研究所共同研发的国防装备防核化液体保护膜，已通过全军鉴定，并申请国防专利和国家专利。公司于2009年12月通过光大证券的内部审核，于2014年1月24日在“新三板”正式公告挂牌，证券简称“胜达科技”，证券代码“430626”。公司建有多条千级和万级净化车间，拥有国内一流的高速印刷生产线、涂布生产线、三层共挤吹塑机组、流延机组及复卷机、分切机及从美国引进的精密检测仪器等先进设备20余台（套），年生产能力达3亿平方米，销售市场遍布全国及欧美、日本、东南亚、俄罗斯等地，是目前国内大型的生产保护膜专业厂家之一。

（刘桂玲）

财政·税务

Caizheng Shuiwu

财 政

【概况】 全市实现一般公共预算收入539.1亿元，可比增长8.5%，高于全省1.9%；其中，税收收入可比增长9.2%，占一般公共预算收入的比重为75.6%，高于全省3.1%，与经济运行密切相关的主体税种收入增长11.3%。全市完成一般公共预算支出678.4亿元，增长6%。市财政局在“全市科学发展综合考核”中位列市直部门第一名，并顺利通过“全国文明单位”复审。

【民生保障】 民生投入力度持续加大。大力压减一般性支出，市直部门“三公”经费只减不增，公用经费继续压减5%，业务类项目压减10%；集中财力优先保障民生，一般公共预算中用于民生的资金达到543亿元，同比增加33亿元，民生支出占比保持在80%以上。保障标准层次稳步提高。健全经济发展、物价上涨与保障标准联动机制，城市、农村低保标准分别提高120元、300元，城乡居民医保财政补助标准提高到450元，基本公共卫生服务人均经费提高到50元，可量化项目保障标准全部达到或超过省均水平。加大扶贫资金统筹整合力度，全市筹集资金3.2亿元，支持省定扶贫重点村全部“摘帽”。公共服务水平不断提升。主动呼应民生关切，支持全市新改扩建中小学221所、普惠性幼儿园179所，破解“大班额”“入园难”问题。深化公立医院综合改革，市属公立医院取消药品加成，缓解“看病难、看病贵”问题。健全公共文化服务体系，支持公共图书馆、文化馆、博物馆、科技馆和美术馆等免费开放，改造提升村级综合性文化服务中心110个、村文化大院338个，打通公共文化服务的“最后一公里”。打好污染防治攻坚战，筹集资金3.6亿元，支持潍坊市大气污染防治；创新制定《潍坊市环境空气质量生态补偿暂行办法》，建立奖优罚劣的生态效益补偿机制；筹集奖补资金1.2亿元，兑现“散煤”治理政策，全市空气环境质量持续改善。支持创建“国家公交都市”，成功争创“国家食品安全示范城市”，顺利通过“全国文明城市”“全国卫生城市”复审，城市品质持续提升。

【产业政策】 优化扶持政策。落实创新创业、高新技术企业、人才引进等优惠政策，重新修订招商激励政策，打好财税政策“组合拳”；围绕打造优势产业集群，集成政策、集约资金，集中支持做强潍柴、歌尔、盛瑞等一批龙头企业，引领产业链转型升级；制定实施总部经济5年发展规划和3年工作计划，调整总部招商考核办法，全市新引进企业事业单位总部、分支机构580家。强化平台支撑。优化市级政府引导基金运作机制，新实现母基金投入15亿元，撬动金融、社会资本跟投57亿元，支持重点园区、重点项目68个；完成市再担保集团增资扩股，提供担保、再担保融资服务65亿元，服务企业187家；强化资产管理公司运作，涉及13家银行447户企业。争取政策试点。市财政局先后20余次赴北京对接，争取财政部同意综合保税区“一区两片”（即对全国是一个综合保税区，对内分为南、北两个片区运营。南区，即综合保税区，面积20平方千米。北区，位于潍坊港周边，面积10平方千米）政策，市财政局被市委、市政府记集体三等功；支持寒亭区创建“国家现代农业产业园”，争取全省唯一的田园综合体建设试点项目，共获中央、省扶持资金3.5亿元；争取4个项目进入全省产业集群及“双创”（创业、创新）基地示范范围，数量居全省第1位，获得扶持资金0.43亿元。推进创新创业。积极奖补创业孵化载体建设运营，带动近3000名大学生创业就业；落实好创业担保贷款政策，带动2.8万人实现创业就业；设立初期规模0.1亿元的人才发展基金、首期规模0.1亿元潍坊市科技成果转化贷款风险补偿资金，重点支持高精尖缺和急需紧缺人才培育引进和科技成果转化，增创转型发展新优势。深入减税降费。落实“放管服”改革任务，深化“营改增”结构性减税改革，下调城镇土地使用税标准，全市兑现税式支出249亿元，更多利益让渡给企业；新调整、取消行政事业性收费和基金17项，每年减轻社会负担约4.6亿元；面向社会公开收费目录清单，开展全市收费清理工作督查和专项检查，营商环境不断优化。

【财政投融资规范运作】 通过政策性贷款、新增政府债券、国有投资集

潍坊市副市长田民利（右二）出席PPP创新与规范发展论坛暨潍坊市项目推介会并参加签约仪式　　　　（供稿：牟银湫）

团市场化运作等方式，多渠道筹集资金42亿元，保障站南广场片区、高铁新片区征迁建设需求。制定考核激励办法，设立专项奖补资金，不断健全工作机制，根据清华大学研究报告，潍坊市PPP发展环境指数居全国第11位，地级市第2位；加快项目储备运作，在北京举办高层次项目推介会，推介项目93个，吸引社会资本200余家；及时启动两大片区PPP运作，吸引中铁、中建等社会资本参与竞标，提高开发运营水平；全市累计落地项目70个、总投资305亿元，多个项目进入国家、省示范范围。争取到位地方政府置换债券245.8亿元、新增债券59.3亿元，总额居全省第1位，有效缓解偿债压力，保障民生和重大功能性项目建设；获批政策性贷款授信207.9亿元，争取中央和省保障性安居工程专项补助资金14.8亿元，均居全省第2位，有力支持全市棚户区改造等重点项目建设；签约国际金融组织及外国政府贷款项目3个，协议金额超过10亿元，保障了节能减排、生态环保等项目建设。

【财税体制改革】 出台财政事权和支出责任划分改革指导意见，理顺市、县两级事权支出责任；研究市以下财政体制调整方案，缓解基层财政收支矛盾，释放各级发展活力；出台统筹推进县域基本公共服务均等化指导意见，健全财政转移支付同农业转移人口市民化挂钩机制，促进城乡、区域均衡发展。实行中期财政规划管理，编制3年滚动财政规划，预算决策前瞻性、科学性进一步增强；市、县两级全面细化公开政府预决算、部门预决算、“三公”经费预决算，以及政府债务、民生政策等信息，财政透明度不断提高；选取123个项目和16个部门专项资金开展绩效评价，涉及资金46.6亿元，有力提高资金使用绩效，预算绩效管理考核居全省第1位。严格国库集中支付管理，全市集中支付总额达到1200亿元，支付效率明显提高；健全政府综合财务报告制度，开展土地房产核查，全面摸清政府“家底”；大力推行政府购买服务，市级购买服务项目增长57.3%；全市完成项目预算评审302.3亿元，同比增长3.8倍，节约资金33亿元；出台加强政府采购监督管理4项制度，采购监管效率不断提高。制定地方政府性债务风险应急处置预案和控制化解规划，加强对县（市、区）考核激励引导，全市政府债务率控制在91%，低于警戒线9%；强化金控集团、再担保集团、教育投资集团3家国有企业监管，健全考核激励机制，引导企业围绕全市中心工作开展主业，实现经济效益、社会效益同步提升。

（李春光）

住房公积金管理

【概况】 2017年，全年新开户职工6.98万人，实缴职工60.74万人，缴存额62.10亿元，同比增长16.04%，提取额34.66亿元，同比增长11.16%，发放个人住房贷款42.9亿元，同比下降16.35%。实现增值收益2.73亿元，同比增长22.42%，上缴财政公共租赁住房建设补充资金1.68亿元。

【归集扩面力度加大】 制定2017年归集扩面实施方案，严格落实月报告、

2017年4月22日，潍坊市住房公积金“政策宣传月”活动　　　　（供稿：雷　涛）

季讲评和定期通报制度，推进全市归集扩面工作不断发展。组织开展以“缴存公积金，圆您安居梦”为主题的住房公积金政策宣传月活动，现场宣传与门户网站、微信等新媒体相结合，形成强大的宣传合力，营造良好的社会舆论氛围。2017年，克服经济整体下行压力，保持归集额持续增长，增长率高于全省平均水平2.1%。

【政策调整积极稳妥】 牢牢把握中央、省、市对房地产业宏观调控的总基调，根据职工贷款需求持续增长，个贷率逼近国家规定上限，资金供给紧张的实际情况，经市政府和公积金管委会批准，适时对公积金使用政策进行调整，推出包括提高购房首付款比例、上调第二套房贷款利率、实施贷款轮候发放等19项调控措施，有效缓解资金供需矛盾，对稳定全市房价水平，保障职工刚性购房需求，发挥重要作用。2017年末，个贷率为88.4%，实现控制在90%以下的预期目标。

【服务手段更加丰富】 大力发展“互联网+服务”，不断完善网站、网上服务厅、“12329”热线、短信、微信相结合的综合服务平台功能，为单位和职工提供多渠道便捷服务，服务效能大幅提升。目前，近60%的缴存单位实现网上办理公积金缴存等业务。微信公众号关注人数已超过34万，居全省同行业首位，在全市政务微信影响力排行中名列前茅。省内第2家实现支付宝刷脸认证查询公积金功能。

【服务网点大幅增加】 积极拓宽公积金业务受理网点范围，在潍坊市主城区（包括奎文区、潍城区、坊子区、寒亭区、经济区、高新区）开展由部分受委托银行网点受理公积金贷款业务，网点由5个增加到33个，方便职工就近办理业务。在全市选取11家镇（街）园区农业银行网点受理住房公积金缴存、提取、贷款等业务，率先开展公积金业务服务下沉至镇（街）工作，打通公积金服务“最后一公里”。

【资金运行安全高效】 严格落实岗位制衡，规范资金使用操作，合理制定贷款轮候发放计划。坚持每季度开展一次内部稽核，引进2家会计师事务所，历时4个月对全市公积金岗位设置、财务核算、内部控制等进行全面审计，进一步规范工作流程，完善制度规定，堵塞风险漏洞。加大受委托银行考评和逾期贷款诉讼力度，加大期转现排查力度，有效地降低逾期率。全年个贷逾期率0.034‰，远低于全省平均水平。

（葛　莹）

国有资产管理

【概况】 截至2017年12月，全市63户国有企业资产总额2891.77亿元，国有资产1633.23亿元，营业收入100.58亿元，实现利润14.6亿元。其中，市级监管企业11户，资产总额1054.86亿元，国有资产437.13亿元，营业收入29亿元，实现利润6.18亿元。

【贯彻落实全省国企改革发展会议精神】 10月14日，潍坊市委、市政府召开全市支持非公有制经济健康发展暨国有企业改革发展工作会议，贯彻省会议精神和省《十条意见》，推动潍坊市国企改革发展作出动员部署，出台《关于推动国有企业改革发展的实施意见》。

【扎实开展“作风建设年”活动】 按照“动真格、高标准、快节奏、求实效”的思路，先后制定活动总体方案、寻标对标实施方案等7个方面的意见，分别赴烟台、宁波、济南、日照等市进行对标学访，确定9项“比学赶超”创新目标，10项年度重点任务，逐项分解，件件落实。活动中，成立5个督导组，定期深入企业进行调研。《大众日报》《潍坊日报》等主流媒体先后7次，市活动办简报先后6次刊发市国资委系统开展活动的先进做法，市国资委创办并编印了25期活动简报。山东省国资委主要领导对潍坊市国资委通过抓作风建设促进国资国企改革发展的做法作出批示，要求省管企业和全省各市国资委学习借鉴。

【全力推动与央企战略合作】 由潍坊市国资委牵头，推动潍坊市与中国航

2017年10月14日，潍坊市委、市政府召开全市支持非公有制经济健康发展暨国有企业改革发展工作会议

（供稿：林　强）

天、中国化工集团等20余家央企签订合作项目36个，签约金额达1290亿元，位列全省第四名，与济南市、青岛市、烟台市一起迈入全省签约投资额千亿级梯队。

【建立完善法人治理结构】 重点规范董事会、监事会建设。调整充实外部董事专家库，向14家企业派出了39人次外部董事。针对市管企业监事会监督缺位和虚化现象，向8户市管企业委派专职监事，按法定程序成立监事会，分组到各企业办公。调整再造监事会监督工作流程，借鉴宁波市经验，建立发现问题、分类处理、督办整改“闭环式”运行机制。

【强力推进监管职能转变】 一是推进经营性国有资产统一监管。制定《市属经营性国有资产统一监管实施方案》，明确监管范围、基本原则、实施步骤和工作要求，组织调查摸底工作，完成汇总和分类。二是推进“放、管、服”简政放权。专门下放一批审批、核准、备案事项，将重要子企业以外的各级子企业国有资产交易、资产评估等7项工作下放至集团公司进行管理，明确事中、事后监管具体措施，做到放管结合。三是稳步推进国有资本投资运营公司试点工作。将市投资集团改建为国有资本投资运营公司，制定试点方案，明确试点公司职责定位和运营机制，推进经营模式、产业布局和管理机制的转变。四是优化考核分配机制。优化业绩考核指标体系，重点体现企业功能定位、新旧动能转换和完成市委、市政府交办的重大专项任务情况，设置服务全市经济战略、发展前瞻性战略型产业等个性化指标，发挥业绩考核的激励导向作用。

【党建工作】 一是推动全面从严治党在市管企业落地落实。市管企业全部修订公司章程，将党建工作总体要求纳入企业章程。始终坚持和完善“双向进入，交叉任职”的领导体制，市管企业基本实现党组织书记和董事长由一人担任，保证党对国有企业的领导。开展强基固本、先锋引领、党建领航“三项工程”，营造国企党建浓厚氛围。设立市国资委党校教学点，组织了1900余名党员进行培训，推动党员进党校培训常态化、制度化。二是注重加强对企业领导人员管理。制定《潍坊市市属国有企业领导人员管理暂行规定》和《关于进一步加强和规范国有企业干部人事管理的意见》，对企业领导人员管理、定岗定员管理和人员招聘管理的权限、程序等进行明确。三是扎实开展文明创建活动。实施文明创建“十大行动”（“一张笑脸相迎、一把椅子让座、一声问候暖心、一杯热水相敬、一份满意相送”服务活动，“诵读经典，传承美德”征文活动，“喜迎十九大，迈向新征程”主题演讲比赛等系列党性教育活动，流动文明岗评选活动，“礼让斑马线，文明伴我行”活动，“践行新理念，绿色环保行”主题活动，“慈心一日捐，温暖献爱心”活动，志愿者服务活动，“我们的节日”主题系列活动，“选树好典型，传递正能量”活动），进一步提高机关服务能力水平和办事效率，成功创建为“省级文明单位”。

（孙伟康）

国家税务

【概况】 2017年，潍坊市国税局发挥税收职能作用，推动组织收入、税收执法、征收管理、纳税服务等各项国税工作取得新成效。潍坊市国税局在全省国税系统绩效管理中获得第二名，被省国税局表彰为“全省国税系统绩效管理优秀单位”“全省国税系统人才强税先进单位”。2个基层单位被省国税局表彰为“全省国税系统基层固税先进单位”。全系统获得省部级荣誉称号5项、市级荣誉称号10项。

【税收收入】 全市国税系统坚持依法征收、应收尽收的组织收入原则，深入开展税收分析，加强收入质量监控，完善增收促收措施，通过风险提醒、税务审计、纳税评估、税务稽查等措施入库税款15.2亿元，占国内税收直接收入的3.8%，税收收入实现量增质优，为潍坊“四个城市”建设提供坚实财力保障。2017年，全市国税系统共完成国内税收收入426.1亿元，同比增长29.7%，居省内第3位；完成市及以下级收入169.8亿元，同比增长50.8%，居省内第3位。扣除四大行业“营改增”，完成国内税收收入351.8亿元，可比增长19.6%；完成市及以下级收入132.7亿元，可比增长19.2%。

【税收优惠】 坚持推动供给侧结构性改革，充分释放改革红利，全市建筑业、房地产业、金融业和生活服务业四大“营改增”行业，总体减税6.46亿元，“营改增”企业整体增值税税负率2.85%，低于原营业税3%和5%的税收负担率，并增加下游增值税抵扣19.71亿元。2017年，全系统共落实各项税收优惠政策159.7亿元，同比增长22.02%。其中，落实出口退（免）税113.1亿元；固定资产进项税额抵扣25.2亿元；残疾人就业等即征即退税收优惠4.2亿元；高新技术、小微企业等企业所得税优惠17.2亿元。

【纳税服务】 持续开展“便民办税春风行动”，以纳税人需求为导向，推行46项便民办税举措，在2017年省国税局组织的纳税人满意度调查中获得全省第一名。深入推进税务行政审批制度改革，所有非许可类审批项目全部取消。推行办税服务厅实体化，简化办税环节。运用“互联网+”思维和技术，制定实施《推进多元化办税 优化完善“互联网+办税服务”模式的工作意见》，大力推行移动办税、网上办税、自助办税等非接触式服务，为纳税人提供更多便利。研发自助终端互联网接入平台，设立17个“离厅式”24小时自助办税服务厅，开启纳税人24小时即来即办、全天候办税服务模式，全市自助代开发票率、自助发售发票率分别达到54.33%和59.57%。研发涉税事项网上申办系统、出口退税无纸化电子凭证系统等办税软件，实现43类涉税业务从申请、审核受理到查询统计、监控管理全流程网上办理，全市增值税、所得税网上申报率和网上专用发票认证率、网上抄报税率均达90%以上。拓展手机客户端14大类70余项功能，推广国税微信办税平台，实现微信发票申领、发票代开等12项功能。扩大纳税信用等级信息共享，联合31家部门对A级纳税人给予37项联合激励措施，推进“信用潍坊”建设。

6月30日，潍坊市国税局举办庆祝建党96周年暨“亮品牌 启平台 树旗帜”活动
（供稿：张 志）

【税收征管】 积极稳妥实施征管体制改革，在前期试点和多次调研的基础上，立足潍坊实际，按照“管理专业化、资源集约化、机构扁平化、机关实体化”和“市局做优、县局做强、分局做实”的思路，制定《转变税收征管方式 提高税收征管效能的指导意见》，从税源专业化管理、征管资源配置等6个方面，扎实推进改革实施。加强“互联网+税务”建设，在山东省国税局立项“出口退（免）税辅助管理”等9个信息化项目，立项数量居全省国税系统首位，有力提升管理服务质效。改造升级数据中心，完善数据分析利用平台，健全数据分析应用长效机制，提升数据管税能力。在服务融合、执法整合、信息聚合等方面，纵深推进国地税合作，被评为“全国百佳国地税合作市级示范区”。

【党建工作】 深入学习贯彻党的十九大精神，扎实推进“两学一做”学习教育常态化制度化。按照“纵合横通强党建”的党建工作思路，建立健全“条主动，块为主”“下抓两级，抓深一层”制度机制，制定党建工作责任清单，推动全面从严治党向基层延伸，全市国税系统有6个单位荣获“党建工作示范点”等称号。研发并在全市国税系统上线“旗帜在线”平台，建立“党员先锋指数”管理机制，形成“擎旗先锋”党建品牌，大力倡树“忠诚擎党旗，担当做先锋”的共同愿景，提出“一级党组一面旗、一个支部一面旗、一名党员一面旗”的要求，激发党员干部发挥先锋模范作用。

（张 志）

2017年9月13日—15日，全省国税系统基层工作会议暨深化征管体制改革会议在潍坊高密召开
（供稿：张 志）

地方税务

【概况】 潍坊市地方税务局成立于1994年7月，内设13个职能科室，下辖3个直属分局，12个县（市、区）局，4个开发区分局，2个直属单位。全系统在职干部职工1907人，担负着全市24.4万户纳税业户的地方税收征管和纳税服务等工作。2017年，在全省地税系统绩效考核中位居第三名。

【组织收入】 2017年，全市共组织各项地税收入300.75亿元，扣除营业税基数可比增长8.86%。地税部门完成公共财政预算收入260亿元，占全市公共预算收入的48.2%，可比增长9.2%，高于全市公共财政预算收入增幅0.7%。

【征管改革】 探索建立全业务全流程集成管理机制，推进基层税务管理现代化进程。引入现代流程管理BPM理念，试点建立基层税务全业务全流程集成管理机制。探索建立“共治促动、风控驱动、平台推动、数据撬动”的协同共治税收管理机制，建设“智慧财税云平台”，重点围绕“地、房、人”3个关键节点，加强涉税信息的采集、分析、对比、核实，以地找人，以房找人，以收入找人，实现地税管理由“盯户管户”到“源头控税”的根本转变。2017年，全市共采集国土、住建、国税、工商、公安等21个部门的信息7765万条，增加税收7.8亿元；核实处理税收风险纳税人6469户次，核实入库税款10.01亿元；共清查房产税纳税人6310户，清查土地使用税纳税人7504户，两税合计清查入库4.08亿元。全面推进县级局国税、地税征管工作一体化，全市办税服务厅均实现“一窗通办两税业务”，研发应用国地税征管信息同步提醒预警系统，从国税、地税双方金税三期数据返还库中自动提取相关征管数据，生成提醒预警信息进行推送处理，进一步提升征管基础质量。国税、地税联合委托232家第三方部门代征地税税款1.78亿元。相互传递国际税务管理信息1726条次，协同认定构成常设机构54户次，共享27户反避税案件信息，合计入库各类非居民税收2.86亿元。潍坊市被税务总局确定为“全国百佳国税地税合作市级示范区”，市地税局被山东省地税局评选为“全省税收征管基础建设年活动先进市局”。根据税制改革统一部署，自2017年12月1日起实行水资源费改税，自2018年1月1日起实行排污费改征环保税。地税部门加大宣传辅导力度，帮助纳税人准确掌握税收政策和报税流程，确保及时准确申报纳税。加强与水利、环保部门的沟通配合，定期交换用水量、污染物排放量等涉税数据，切实掌握税源底数，及时做好税款征缴与监测数据比对，确保两项税制改革按时顺利到位。

山东省地税局调研组到诸城市地税局实地调研全业务全流程集成管理机制

（供稿：朱 骅）

9月26日，潍坊市地税局顺利通过“全国百佳国税地税合作市级示范区”验收。图为验收组到办税服务厅现场验收

（供稿：朱 骅）

【纳税服务】 联合市住建、国土部门下发《关于实施跨部门信息共享促进不动产交易简政提速的意见》，二手房交易业务办理时间降至原来的1/4左右。研发“便民手机办税平台”，纳税人办理涉税业务可提前进行网上预约、提前录入基础信息、应用移动支付方式缴税，简化办税流程，缩短办税时间，降低办税成本。向潍坊市委、市政府报送《潍坊市制造业新旧动能转换税收效应分析》等调研分析报告，提出培植涵养税源、助推转型升级的意见和建议，并有2项调研成果被税务总局、山东省政府通报表彰。2017年，共为高新技术、小微企业等减免企业所得税5亿元，加计扣除研究开发费用6.3亿元，促进经济转型升级。深化税银互助合作，探索试点纳税信用占贷款信用比重由40%提升至60%，实行5%～10%贷款利率优惠等一系列新举措，共帮助2610户小微企业顺利获贷40.70亿元。

【队伍建设】 坚持把落实全面从严治党要求向纵深发展、向基层延伸，建立健全党风廉政建设监督责任组织体系和协作机制，开展指导式、研讨式、交叉式监督检查，构建全方位立体化的监督检查体系，保障全面从严治党要求落到实处。协同国税部门实施工作人员互派机制，有21名国税、20名地税干部职工实现了对口交流挂职。开展“岗位大练兵、业务大比武”活动，有效提升业务素质，全系统已有109名干部职工入选税务总局、省地税局人才库。组织开展“传承好家风、促进好作风”活动，积极支持参与扶危济贫活动。市地税局继续获评“全国文明单位”，全市地税系统获“全国职工职业道德建设标兵单位”等荣誉称号。

（马晓亮）

教 育

Jiaoyu

综 述

【破解中小学“大班额”成效显著】 累计投资99.6亿元，开工面积、竣工学校分别达351万平方米、221所，招聘教师9227人，新增优质学位19.4万个，破解大班额新增班数、新增学位数、引进教师数均位列全省第一，成为全省大班额比例最低的市。“全面改薄”工程316所项目建设学校全部开工，设备购置资金支出完成规划任务的107%，各项指标均位居全省前列。2月16日，中央电视台《新闻联播》报道潍坊市解决中小学大班额问题的经验做法。11月18日，在国家义务教育均衡发展复检反馈会上，龚正省长对潍坊以资源保障促进均衡做法给予表扬肯定。

【北京大学现代农业研究院落地建设】 8月18日，在济南山东大厦鲁能厅，在龚正省长、北京大学校长林建华、潍坊市委书记刘曙光、山东省教育厅厅长左敏等领导的见证下，山东省人民政府与北京大学签署共建北京大学现代农业研究院协议，标志着北京大学现代农业研究院正式落户潍坊。研究院由山东省、潍坊市政府投资建设，北京大学负责日常运转，将在3年内达到同业国内领先，5年内形成国际前沿学科，10年内成为全球知名的农业研究院。该项目被林建华称为省校合作的典范。

【立德树人成效异彩纷呈】 创新教育实现突破，素质教育成效显著，“211”“985”学校录取3481人，其中北大、清华录取51人。海军航空兵招飞录取30名学员，占全省1/3。中小学生电脑制作共142件作品获全国奖，占全省54%。潍坊市在第32届全国青少年科技创新大赛中获一等奖5项，全省第一。潍坊市代表队在全国青少年信息学奥林匹克联赛复赛获一等奖；在第十一届亚洲机器人锦标赛获冠军；在亚太机器人世界杯联赛中夺得金牌。在全国职业院校技能大赛中潍坊市获金牌17枚，占全省金牌总数的42.5%。在全省中小学生健康监测中合格率达到96.01%，名列全省第一；中小学生课业负担全省检测区域整体最轻。6月1日，中央电视台《新闻联播》对潍坊市立德树人工作进行报道。

【普通高中综合改革加快推进】 市编办、教育局、人社局、财政局共同印发《关于推进普通高中综合改革的实施意见》，明确改革目标与重点任务，全部推开“选课走班、分层教学”；确定潍坊一中等11处综合改革试点学校。在全省率先出台《潍坊市普通高中学生综合素质评价工作规程（试行）》。对普通高中进行办学水平评估，建立“一评两挂”机制。在全省2017级课程实施培训会议上，潍坊市3所学校选课走班方案、学生发展指导教育、综合素质评价的经验做法向全省推广。

【教育人事制度改革纵深推进】 潍坊市编办、教育局、人社局、财政局联合印发《深化中小学教师县管校聘改革指导意见》，全年跨校竞聘3850人，城乡交流1246人。市教育局、人社局共同建立起高级教师评审7项新机制，出台规范教职工聘任9项新举措，被潍坊

2017年，破解中小学“大班额”成效显著　　（供稿：王德强）

市政府确立为“全市转变政府职能十大亮点工作”，成为市委“作风建设年”活动重点调度5大教育改革事项。建立特级校长建言献策咨询制度，委托第三方公开遴选第四批校长后备人才60人，组建412位校长参与的潍坊市乡村学校校长联盟，组织2130人参与第二届“未来教育家”治校方略路演。山东省教育厅在潍坊市召开全省教师队伍建设现场会，潍坊市在教育部召开的教师工作座谈会上作唯一典型发言。9月10日，中央电视台《新闻联播》报道潍坊市教师队伍建设的经验做法。

【中小学党建工作走在前列】 市委组织部、市教育局联合印发《加强全市中小学党的建设工作的实施意见》，确定4个中小学党建工作创新先行区、100所党建工作示范校，推进34个党建工作重点项目。突出抓好党支部书记任职资格、党务干部选配、中小学校党建研究会、党建工作清单、党建工作重点项目、党建先行区和示范校创建、月度先进党员评选、青年党员先锋岗、党建述职评议、党建满意度评价和问责等13项制度机制。9月27日为全省非公有制经济组织和社会组织党建工作推进会提供学校现场，受到山东省委常委、组织部长杨东奇和中组部组织二局副局长张金豹的肯定表扬。教育部第46期简报以“山东省潍坊市加强中小学校党建工作”为题推广潍坊市做法。

【潍坊市被国家教育行政学院确定为全国市县教育局长培训现场教学基地】 鉴于潍坊市在推进教育综合发展、大力发展素质教育方面取得的显著成效，以及可复制、可推广的经验与做法，被国家教育行政学院确定为唯一京外现场教学基地，潍坊市“以现代治理理念引领教育变革”成为国家教育行政学院培训班的必修课程。9月10日至12日、10月19日至11月3日，国家教育行政学院先后组织地市和县市区共245名教育局长到潍坊市深入县市区和学校现场教学。潍坊市校长职级制、中考招生改革、加强中小学党建、教师管理体制创新、督政督学、家庭教育等实现课程化培训。全年接待地市级以上考察团46个，涉及17个省，882人次。

【办人民满意教育案例荣获全国最高奖】 创建全国第一个6个维度、79项共性要素的教育工作满意度要素模型。在山东省委省政府经济社会综合考核中人民群众对中小学教育满意度达到95.27%。11月27日，国家教育体制改革领导小组办公室第57期《教育体制改革简报》以“山东潍坊：构建办人民满意教育的长效机制”为题将潍坊经验做法呈报中共中央办公厅、国务院办公厅，印发各省委、省政府，对潍坊市着力解决教育发展不平衡不充分问题，办公平而有质量的教育予以肯定并向全国推广。在第五届全国教育改革创新典型案例评选活动中，潍坊市《创建办人民满意教育长效机制》荣获最高奖“特别奖”，成为全国唯一一个连续5届获最高奖的地市。

2017年12月，潍坊市教育局荣获第五届全国教育改革创新特别奖（供稿：周少平）

2017年潍坊教育基本情况统计表

表2

学校类别	学校数（个）	毕业生数（人）	招生数（人）	在校生数（人）	教职工数（人）	专任教师数（人）	占地面积（平方米）	校舍建筑面积（平方米）	图书（册）
总计	2996	438138	449461	1605379	133886	117551	63539582.75	24743438.8	60091953
普通高校	15	69072	72892	215684	12615	9773	11982961	5147654.5	13580651

续表2

学校类别	学校数（个）	毕业生数（人）	招生数（人）	在校生数（人）	教职工数（人）	专任教师数（人）	占地面积（平方米）	校舍建筑面积（平方米）	图书（册）
中职学校	34	29358	25643	81718	5745	4665	4397536.23	1757499.83	2379480
技工学校	14	10194	15064	35978	2278	1903	2303347	826363.58	578212
普通高中	58	57959	54492	169211	18952	16725	9139183.72	4254866.58	8000218
初中	281	82078	102832	271391	27082	25325	14374920.06	5872147.02	15216588
小学	804	102119	94916	587677	40240	39182	15832001.74	4603370.13	18028457
特教	12	249	317	1679	543	503	170834.36	71202.19	89490
幼儿园	1778	87109	83305	242041	26431	19475	5338798.64	2210334.97	2218857

备注：普通高中58所，其中：高级中学45所、完全中学7所、十二年一贯制学校6所；初中281所，其中：初级中学186所、九年一贯制学校95所

学前教育

【学前教育基础设施建设成效显著】 全市投资6.23亿元，新改扩建幼儿园190所，新增幼儿园学位2.4万个，超额完成市政府工作报告确定的117所目标。第二期学前教育三年行动计划圆满完成，连续3年资金投入、新增幼儿园学位名列全省第一。全市省级示范幼儿园达到329所，占幼儿园总数的18%。推动住宅小区配套幼儿园建设，对29所现有住宅小区配套幼儿园进行普惠性改造，惠及幼儿4356人，年减少家庭支出1000万元；新登记注册公益普惠的住宅小区配套幼儿园 22所，其中公办幼儿园5所，普惠性民办幼儿园17所。评选第五批普及学前教育工作先进镇街13个，拉动镇街投入学前教育资金1.2亿元，镇村学前教育水平有效提升。

【超前完成2017—2020年幼儿园建设规划】 以县市区为单位制定2017年到2020年全市幼儿园建设项目。规划到2020年，全市将投资20亿元，新改扩建幼儿园472所，其中新建210所，改扩建262所，新增建筑面积65万平方米，新增学位7.3万个；投资4亿元，改善全市877所幼儿园办园条件，新增优质幼儿园学位1.9万个，超前应对“全面两孩”政策放开后到来的入园高峰。

【园长教师综合素质进一步提升】 落实“新招录幼儿教师数不低于年内新招录教师总数15%”政策，全市年内新招录公办幼儿教师443人，幼儿教师队伍年龄和学历结构进一步优化。强化幼儿教师培训培养，开展市级幼儿教师培训实践基地开放月活动，培训园长、教师9000人次。组织全市青年幼儿教师教育能力大赛，全市参赛人数达千人，带动广大幼儿教师专业素养的快速提升。

【幼儿园规范化管理再上新台阶】 建立全天候无缝隙幼儿园社会监督机制，通过微信公众平台、幼儿园网站、家委会及各级教育行政部门网站等载体，及时将幼儿园收费项目、收费标准及相关政策告知每一位在园幼儿家长并在幼儿园入口醒目位置向社会公示。建立幼儿园举报投诉定期通报制度，每月向县市区通报幼儿园举报投诉情况，分析投诉动向及原因，督促和引导各县市区提前预判预防，提高管理的有效性针对性。开展无证幼儿园和师德师风专项整治行动，开展拉网式排查和全员师德师风教育活动，全市取缔无证幼儿园52所，对60所幼儿园提出改进意见并限期整改。

基础教育

【教师队伍建设持续加强】 推进“县管校聘”教师管理体制改革，全市完成教师校内竞聘7.7万人，跨校交流3850人，城乡交流1246人。落实乡村教师支持计划，设立临时周转编制专户1616个，为乡村教师增设中级岗位5467个、高级岗位5559个，设立乡村教师特级岗位106个，乡村青年教师安居工程建设教师周转用房3507套。全面落实绩效激励制度，全市发放校长职级工资3184.4万元，班级管理团队激励奖金1.03亿元。山东省教育厅在潍坊市召开全省中小学教师队伍现场会；潍坊市作为唯一典型在教育部召开的教师工作座谈会上介绍做法。9月10日，中央电视台《新闻联播》报道潍坊市教师队伍建设的经验做法。

【育人方式明显优化】 推进中小学德育一体化改革，构建“5543”立德树人基本要素模型，出台《潍坊市中小学中华优秀传统文化教育实施方案》，经典滋养、研学旅行、科技创新、活动体验成育人新常态；建立“微德育”传递交流机制，在全省10个入选教育部优秀德育案例中潍坊市有2个。以生活化、综合化、学术化、传统化统领课程改革，组建185个“学科育人研究共同体”、1504人的育人研究团队，潍坊市中小学生创新实践基地成功入选全国首批14个研学旅行营地，中央财政给予4000万元扶持。市政府印发两个加强学生体育美育文件，教育部命名潍坊市40所全国青少年足球特色学校，确定寿光市为全国青少年校园足球师资培训基地；全省中小学生体质健康抽测合格率潍坊市达到96.01%，名列全省第一。6月1日，中央电视台《新闻联播》对潍坊市立德树人工作作专题报道。

【依法自主办学逐步深化】 在全市遴选100所中小学开展依法自主办学试点，赋予更大办学自主权，推进学校自主用人、定岗竞聘、优教优酬。山东省人社厅将潍坊依法自主办学新机制确定为全省专业技术人员示范性研修项目。印发《潍坊市中小学教职工代表大会运行规程》，修订完善中小学办学章程和学校理事会运行规程，全市1194所中小学全部建立起“四会一章程一核心”的法人治理结构，推进扁平化管理，现代学校治理框架初步形成。潍坊市去行政化改革被山东省编办确定为全省事业单位改革创新成果一等奖。

【家庭教育实现创新发展】 在全国率先设立家庭教育科，家庭教育工作纳入公共服务。独创的中小学家庭教育总协调员制度全部落实，1685名总协调员成为主力军。依托家长学校每学年8课时的家庭教育课程成为常态。运用市场机制创建亲子共成长公共服务平台“中国家长移动学校”，储备线上微课1200节，注册人数超过120万人，日均活跃用户20万，日最高访问人次超过400万；市县校三级“父母大讲堂”专题讲座834场次，受益家长超过20万人，实现线上线下服务全覆盖。开发传统节日课程，亲子共话家风、家训活动走进千家万户。潍坊市做法被教育部、中国教育学会誉为家庭教育的“潍坊样板”。

【特殊群体学生关心关爱“全覆盖”】 对孤儿、残疾学生、留守儿童、家庭经济困难学生和进城务工人员子女等特殊群体学生实施精准关爱、帮扶，全部实现“应助尽助”，发放资金3.2亿元，受助学生31.8万人次。完善市县校三级特殊群体学生信息库，对742名孤儿、12002名单亲家庭学生、4785名低保家庭学生、876名留守儿童、2710名残疾儿童、2653名少数民族学生，全部建立档案，实行“1+1”帮扶，孤儿全部配有教师妈妈（爸爸），并从教师“一日捐”中列出219.2万元给予专项资助。学生资助工作受到教育部表彰。市直2所特殊教育学校努力践行“把孩子放在心上”，赢得家长高满意率支持。6月27日，潍坊市在教育部特殊教育改革发展研讨班上做典型发言。

职业教育

【校企合作产教融合创新发展】 山东海事职业学院与北京通用航空共建全国性公共实训基地，歌尔集团、阳光保险集团、北京华联航空、山东新锐通航、潍柴集团参与举办职业教育。山东畜牧职教集团牵头成立山东省职教集团联盟，山东科技职业学院牵头成立山东智能制造职教集团，潍坊职业学院牵头成立潍坊现代物流职教集团，潍坊市省级职教集团达5家，市级职教集团达12家。2017年，山东省职教集团联盟成立大会、全省中职试点学校教学工作诊断与改进方案设计研讨会、全国美发美容职业教育教学指导委员会年会等国家、省级职业教育会议在潍坊市召开。

【中职学校建设水平不断提升】 4所中职学校入选第二批省中职示范校建设项目，4个中职专业入选省级品牌专业，8所中职学校21门课程确定为全省职业教育精品资源共享课程，19个教学改革研究项目被省教育厅确定为重点资助项目（全省95个）。7所院校被确定为第三批省级现代学徒制试点单位，占全省17.6%。

【现代职教人才培养成效显著】 全市初中起点“三二连读”和五年一贯制高职教育招生计划达到12980人，同比增加480人；“3+4”中职本科报考人数同比增长32.5%。扩大高职五年制专业点规模，向省教育厅申报新增95个专业点。潍坊市中职招生38474人（含技校生和高职五年一贯制），占招生计划的87.5%。37名校长、教师入选齐鲁名师和齐鲁名校长（中职），总数位居全省第一。在2017年全国职业院校技能大赛中潍坊市获金牌17枚，占全省的42.5%，连续8年位居全省金牌榜首位。

（周少平　史振平　迟　强）

潍坊医学院

【概况】 潍坊医学院是山东省省属全日制普通高等医学院校，历史溯源于19世纪末20世纪初潍县乐道院设立的乐道院医护学校和潍县美国长老会医院。1951年筹建山东省昌潍医士学校，1958年扩建为昌潍医学院，1987年更为现名。学校1958年开始本科教育，1986年获硕士学位授予权，1998年获留学生招生资格。2008年学校以优秀成绩通过教育部本科教学工作水平评估。

2012年获批服务国家特殊需求博士人才培养项目单位。2017年学校更名大学列入省高校设置“十三五”规划并报教育部备案，获批山东省博士学位授予立项建设单位，并顺利通过本科教学工作审核评估。学校是全国卓越医生教育培养计划项目试点高校，山东省应用型人才培养特色名校建设单位，山东省卓越工程师教育培养计划立项学校。学校有浮烟山、虞河2个校区，占地120万平方米，建筑面积63万平方米；在校全日制博士研究生17人，硕士研究生1300余人，本科生13000余人，留学生200余人；教职工1500余人，全国模范、优秀教师8人，省级教学名师8人，博士研究生导师10人，硕士研究生导师近600人。中国工程院院士谢立信、于金明为名誉院长。有泰山学者2人、泰山学者海外特聘专家6人、泰山产业领军人才2人，享受国务院政府特殊津贴9人；省级研究生联合培养基地13个，附属医院17所。有16个院（系），24个本科专业，预防医学、临床医学、麻醉学、公共事业管理4个专业本科第一批次录取新生；国家级特色专业4个，国家级虚拟仿真实验教学中心1个，省高水平应用型重点立项建设专业（群）3个，省级特色和品牌专业9个；服务国家特殊需求“公共卫生危机管理博士人才培养项目”1个，硕士学位授权一级学科8个，二级学科硕士点52个。省级重点学科6个，省医药卫生（中医药）重点学科4个，省级重点实验室7个，省级医药卫生（中医药）重点实验室10个，省临床（中医药）重点专科14个，山东省高等学校协同创新中心3个。

【学校第三次党代会绘就发展新蓝图】 4月，学校召开第三次党代会，明确提出“一三七”发展思路和建设“特色鲜明、国内知名的高水平医科大学”的奋斗目标，科学描绘出未来五年学校发展的宏伟蓝图，时任山东省委高校纪工委书记白皓和中共潍坊市委副书记张小梅到会祝贺并讲话。

4月12日，中国共产党潍坊医学院第三次代表大会召开

（供稿：张兴伟　谭德红　宋　娟）

【教育教学改革与人才培养成效显著】 实施卓越人才培养工程，投资1.5亿元建成国内先进的医学实验实训中心，获批省级教学成果一等奖6项、二等奖8项。2017级本科新生超过一本控制线人数占录取总数66.9%，学生参加各类活动获省级以上奖励164项，本科生以第一作者发表SCI、A类核心期刊等学术论文31篇，获专利7项。学校荣获第十届全国医学类实验教学研讨会优秀组织奖，第二届全国护理专业本科临床技能大赛三等奖。10月23日至27日，教育部本科教学工作审核评估专家组进校指导工作，肯定学校本科教学工作和“厚德载医、塑心树人、能力为重、学以致用”的办学特色。

【学位与研究生教育全面加强】 获批山东省2017—2023年博士学位授予立项建设单位，新增2个硕士学位授权一级学科，首届博士毕业生以优秀成绩通过答辩并顺利毕业。研究生学位论

6月4日，潍坊医学院在北京举行首届公共卫生危机管理博士研究生毕业论文答辩会

（供稿：郑文贵）

文山东省抽检全部合格，成为全省9所连续三年“无存在问题论文”单位之一。学生在全国医科院校研究生院联盟首届研究生临床能力（医学影像）竞赛中获三等奖。

【学科建设与科技创新水平持续提升】 新增2个山东省高等学校协同创新中心，获批“十三五”山东省高等学校科研创新平台4个、人文社会科学研究基地1个。2017年获批科研项目123项，其中国家级12项、省部级30项，获批科研经费近千万元；获批厅局级以上科研成果奖27项，其中省科技进步三等奖、省社会科学优秀成果奖三等奖等省部级成果5项，首获中国专利优秀奖、中国产学研合作创新成果奖优秀奖；三大检索收录论文269篇；授权专利31项，其中发明专利14项。

【人才与师资队伍建设加快推进】 实施优质师资建设工程，引进国家科技进步二等奖获得者创新团队1个、泰山学者产业领军人才1人；入选泰山学者特聘专家1人；新聘特聘教授8人、协同中心首席科学家4人，引进和培养博士45人。校内遴选首批“1258”人才33人、科技创新团队6支。3名教师荣获“山东省优秀科技工作者”“山东省十大师德标兵提名奖”“山东省优秀辅导员”称号，1名教师荣获“富民兴鲁劳动奖章”。

【开放办学与社会服务成绩突出】 国际交流合作更加广泛，拓展与美国、加拿大、英国、澳大利亚等10余所名校人才培养、科学研究深层次合作，实现与台湾高校教育文化深入交流。举办“院士讲堂”7讲，承办全国公共卫生应急管理研讨会、第二届华东病理生理学论坛等大型学术活动50余场。附属医院荣获“全国脑血管病防治百强”“全国百强高级卒中中心单位”称号，获批潍坊市首家国家级高级卒中中心（全国共28家）。

11月19日，“山东社科论坛——健康山东：社会风险预警与危机管理学术论坛暨全国公共卫生应急管理研讨会”在潍坊举行　　（供稿：张兴伟　王雅会）

【党建与思想政治工作稳步推进】 学校党委认真履行管党治党、办学治校的主体责任，推进“两学一做”学习教育常态化、制度化，开展党风廉政建设和反腐败工作，以过硬党建引领学校各项事业科学发展。承办教育部社科中心学习贯彻党的十九大精神研讨会，自觉用习近平新时代中国特色社会主义思想武装头脑、指导实践。出台过硬党支部建设意见，在全省高校首创“过硬支部量化考核”工作模式，建立“7+1”考核指标，推行“百分制”量化考核，形成20个工作品牌和71个特色项目，被《潍坊日报》深度报道。制定实施《关于加强和改进新形势下思想政治工作的实施意见》及配套办法，打造“四位一体”德育工作格局。学校南丁格尔志愿服务队荣获全国“优秀南丁格尔志愿服务队”称号。

（谭　婷）

12月9日，由教育部高等学校社会科学发展研究中心主办的“学习贯彻党的十九大精神研讨会”在潍坊医学院举行　　（供稿：张兴伟　王雅会）

潍坊学院

【概况】 潍坊学院是一所省属全日制综合类普通本科院校，办学历史可追溯到1951年10月创建的青岛教师进修学院。2000年3月经教育部批准，由原潍坊高等专科学校和原昌潍师范专科学校合并，并入山东渤海进修学院有关教育资源组建而成。现有22个教学单位，68个本科专业，涉及10大学科门类。有教职工1990人，全日制普通在校生25329人。设有山东半岛经济社会发展研究院、潍坊金融财政研究院、量子信息技术研究院、新型电磁材料研究所等60余个研究院所。是山东省硕士学位授予立项建设单位、省应用型人才培养特色名校立项建设单位。

【应用型特色名校建设扎实推进】 获批省学分制改革试点。召开第四次教学大会，实施2017版专业人才培养方案。新增政治学与行政学本科专业，新增省高水平应用型立项建设专业（群）5个。入选教育部产学合作协同育人项目32项，获省教学成果奖一等奖1项、二等奖5项。荣获省教学比赛一等奖2项，承担2个省培项目、培训教师244名，承办全国高校思政课教学协同创新研讨会，当选省教师教育学会副会长单位。学生学科竞赛获国家级奖励96项，在2017世界大学生超级计算机竞赛中打破世界纪录，赢得最高计算性能奖。

【获批省硕士学位授予立项建设单位】 学校加强组织调度，邀请专家咨询论证，制定实施申硕方案，高标准推进2个专业硕士学位点和一级学科硕士学位点申报工作，并根据政策要求充实申报材料，成功获批省硕士学位授予立项建设单位（A类）。

4月28日，潍坊学院代表队在2017世界大学生超级计算机竞赛中打破世界纪录，赢得最高计算性能奖 （供稿：王忠山）

【学科建设与科研工作成果显著】 入选省“十三五”高校重点实验室、省人文社科研究平台、市重点实验室4个，与济南量子技术研究院成立联合实验室，与曲阜师范大学签订研究生联合培养协议。获批科研项目立项147项，其中国家基金项目5项、教育部项目2项；获市级以上科研成果奖励71项；完成理论成果643项，其中授权专利12项、专著63部、编著2部、作品集2部、检索论文115篇、期刊论文426篇。4人分获市“青年科技奖”“优秀科技工作者”奖励。承办“全国微分方程稳定性理论与应用学术会议”“2017泰山学术论坛”（量子信息与超材料专题）等大型学术研讨会6场，举办学术讲座104场。

【人才队伍建设成效明显】 选拔首批“潍院学者”4名，新增“杰青”“优青”支持人选33人。举办首届“鸢都行”博士论坛，引进学术带头人1人，

4月7日，潍坊学院与曲阜师范大学研究生联合培养基地揭牌仪式举行。曲阜师范大学党委副书记马东骅（前排左一）与潍坊学院党委书记孙文亮（前排右一）共同揭牌 （供稿：张丹琳）

引进博士13人。新增享受国务院政府特殊津贴专家1人、省评二级教授2人，1个团队获评省高校“黄大年式教师团队”。

【学生教育管理服务不断提升】 召开第三次团代会暨第二次学代会，选举产生新一届团委、学委会。评选首批辅导员名师工作室3个，2人分获省十佳、优秀辅导员称号。启动“孔子学堂”系列活动。入选国家大学生创新创业训练计划39项，获省“挑战杯”和“互联网+”创新创业竞赛奖励、团中央“小平科技创新团队”和市“大学生十大创业之星”称号等70余项。学校荣获省教育慈善奖、全国无偿献血促进奖。

【管理运行机制更加完善】 学校“十三五”规划纲要及专项规划通过五届教代会审议。成立第四届学术委员会及专门委员会。组建高教研究所，承办“全国地方高校应用型本科教育研讨会”。成立浙江校友会。深化后勤社会化改革，开展餐厅托管改造，节能监管平台示范项目通过国家验收，获评省首批“教育信息化示范单位”，安全工作入选省“平安校园”精品项目，学校再获“省级文明单位”称号。

【服务地方工作进一步加强】 制定实施《服务潍坊行动纲要（2017—2020）》。成立市社区教育指导服务中心，承担市直干部自主选学、军转干部和企业培训等3241人。选派第十批22名干部、教师到地方挂职锻炼，成立教育帮扶和科技帮扶工作队，认领安丘辉渠镇等为对口帮扶单位。启动大数据应用创新中心（大数据学院）建设，举办“市人大常委会立法研究服务基地”学术论坛，启动《潍坊通史》编纂工程，学校当选“潍坊教科创新产学研战略联盟”副理事长单位。

（孙玉敏）

潍坊职业学院

【概况】 潍坊职业学院是经山东省人民政府批准组建的一所公办全日制普通高职院校，是山东省技能型人才培养特色名校、山东省单独招生资格高校、山东省“3+2”分段培养本科生首批试点高校、山东省首批高等工1000余人，其中副高以上专业技术职务327人，博士硕士437人，国家“万人计划”教学名师1名，“泰山学者”1名，省级、国家级教学名师15名；省级、国家级教学团队10个，100多人次荣获全国、省、市等优秀教师等荣誉称号。设12个二级学院，3个“3+2”高职本科专业、54个高职专业，涉及农林牧渔、制造等13个门类。拥有3门国家精品资源共享课程，39门省级精品课程；3处中央职业教育实训基地，1处省财政支持实训基地。历届毕业生就业率保持在96%以上。学院成为全省继续教育试点本科院校、全国农业职业技术教育培训示范基地、省基层农技人员培训基地、省阳光工程培训基地，成为“山东省教育信息化示范单位”“全国职业院校数字校园建设实验校”“山东省高校教师考核评价改革试点院校”等，先后被授予省德育工作优秀高校、依法治校示范学校、省高校后勤综合工作优秀单位、省能源管理与节能减排优秀单位、省校园绿化与管理优秀单位和市级文明校园等荣誉称号。

【优质高职院校和文明校园创建成果显著】 抓住立项“山东省优质高等职业院校建设工程”机遇，坚持问题导向和成果导向，优化提升建设方案，细化任务分工表，明确目标任务、路线图、时间表和责任人。完善文明创建工作机制，开展文明创建工作，2017年被评为市级文明校园。

【荣登全国高职院校“双50强”榜单】 加强科研创新平台建设，拥有12个市级工程技术研究中心、5个市级重点实验室，1个平台获省高等学校科研创新平台建设立项；开展纵横向科研课题研究与成果转化，获国家级和省市级科研立项57项，其中，国家自然科学基金地区项目立项1项，开展横向课题研究18项；获市厅级科研成果奖18项，获职务专利授权9项。发表论文95篇，2篇论文进入ESI高被引全球排名前1%。与歌尔、海尔等达战略合作协议；成立潍坊市现代物流业职教集团，市级职教集团数量达3个；混合所有制和现代学徒制试点取得成效。成为山东省“校企合作一体化办学示范院校”和“校企合作先进单位”。完成各类培训、继续教育、社会服务2万人次。10多个国（境）外代表团100余人次来访，签署合作交流协议10余个，36人赴国（境）外考察和培训。中澳合作电子商务专业开始招生，中加、中巴国（境）外国际合作项目顺利推进。与韩国高校实施交换生项目。2名专家赴非技术援助。留学生在校生规模突破100人。学院荣登全国高职院校服务贡献“50强”和国际影响力“50强”榜单。

【基础能力和教学基本条件进一步完善】 滨海校区15号实训楼完成投入使用，14号德促实训楼竣工。新增26个校内外实习实训（基地）中心。加强校园设施与环境建设，两校区办学功能进一步提升。信息化建设成效显著，数字化校园二期工程顺利设施。教师队伍整体水平显著提升，1个团队获评山东省黄大年式教学团队。4个名师工作室获省名师工作室建设立项。1人被评为全国农业职业教育教学名师，2名青年教师列入省青年技能名师培养计划人选。荣获省教师教学竞赛一、二等奖11项。2名教师获省优秀辅导员称号。省级专业资源库1个，参与建设国家级专业教学资源库3个，国家职业教育专业教学资源库备选库2个；国家精品课程3门、国家级精品资源共享课程

3门，省级精品课程39门；省培、国培立项4个；省教改立项12个。潍坊大学生“互联网+”创业中心被评为“山东省创客之家”。

【人才培养质量显著提升】 各级各类大赛成绩突出，学院在全国职业院校职业技能大赛中，获高职组一等奖3项、二等奖2项、三等奖1项，荣获中职组一等奖2项，二等奖1项；荣获省赛一二三等奖各7项。学院获省级、国家级各类创新创业大赛奖30项，省级赛事获奖数量均居全省高校第一位，并两获优秀组织奖。学院位列“全国2017年全国普通高校学科竞赛评估结果（高职）榜单”第13位。17人获省政府奖学金、国家奖学金，1人获“中国电信奖学金•飞Young奖”，1人获“山东高校十大优秀学生”提名奖，16人获评省级优秀学生，316人获评省级优秀学生干部、省级优秀毕业生。4个班级获评省级先进班集体。181名学生参军入伍。在全国高等教育满意度调查中，学院在校生总体满意度、教育质量满意度、教育环境满意度高，各项指标得分均高出全省全国平均分10多个百分点。各类招生7057人，其中，普通高职招生4525人；2017届毕业生就业率达99%以上。

（王沐智）

潍坊工程职业学院

【概况】 潍坊工程职业学院是一所国办全日制普通高等专科学校，是山东省技能型人才培养特色名校、山东省单独招生资格高校、火箭军和陆军定向培养士官院校、山东省教育信息化试点单位、潍坊市文明校园单位。总占地面积1500余亩。设有13个教学院系，47个高职专业，在校生17500余人。拥有2个中央财政支持的实训基地、2个中央财政支持的重点专业、1个省级品牌专业群、8个省级特色（品牌）专业、10个省级技能型特色名校重点专业、3个省级现代学徒制试点专业、15个市级特色品牌（重点）专业、4个定向培养士官专业和2个3+2对口贯通分段培养本科试点专业；省级教学名师2名、省级教学团队7个；国家级教学成果二等奖1项、省级教学成果奖10项、省级教学改革项目28项、省级精品课程或特色课程61门；省级科研平台1个、潍坊市重点实验室3个。

【教育教学改革】 在2017年山东省职业院校技能竞赛中获一等奖2项、二等奖3项、三等奖8项。山工机电工程学院教师团队获批山东省高校黄大年式教学团队，获批立项建设4个省级名师工作室。汽车检测与维修技术专业获批省级现代学徒制试点项目。新增汽车营销与服务、新能源汽车和高速铁路客运乘务3个专业。电子信息专业群获准建设省级品牌专业群。3个课题首次获得中国职业技术教育学会2017—2018年度职业教育教学改革与教材建设项目立项。

【科研成果】 成立科学技术协会，共获得市厅级以上科研项目31项、省社会科学规划课题1项、潍坊市发展规划课题7项、潍坊市发展规划课题（软科学部分）1项、潍坊市社会科学规划重点研究课题6项。获省高校科研成果一等奖2项、潍坊市科技进步二等奖1项，市社科优秀成果奖5项。“特色农产品深加工技术研发中心”被确定为山东省高等学校工程技术研发中心。

【就业与创业】 举办2017届毕业生就业校园双选会，511家用人单位提供实习就业岗位17600多个；毕业生初次正式就业率达到99.85%，比去年提高0.15个百分点。搭建创新创业平台，形成多层次创新创业教育和实践育人工作体系，荣获全国高职院校创新创业教育先进单位。

【校企合作】 创新办学体制、深化产教融合。成立混合所有制航空工程学院，成为省内首家既拥有直升机又有独立飞行空域的高校。与中晨集团合作共建混合所有制二级学院凤凰艺术学院，搭建文化艺术行业交流发展新平台。

【对外交流】 坚持开门开放办学，先后与英国、美国、加拿大、澳大利亚等13个国家和台湾地区的高校建立合作关系。成立学前教育国际班，与澳大利亚本迪戈坎培门公立职业技术学院签署合作办学协议。与台湾大仁科技大学共建人才培养与科技研发基地。

【校园文化建设】 6月30日，在“颂

6月30日，学院师生在“颂歌献给党·喜迎十九大”驻潍高校师生歌咏比赛中取得第一名好成绩

（供稿：孟凡帅）

歌献给党·喜迎十九大”驻潍坊高校师生歌咏比赛中，取得第一名的好成绩，荣获市级“文明校园”、潍坊市2017年度妇女儿童工作先进集体荣誉称号。计算机科技社团成为山东省优秀大学生科技社团。《“校政行企军”全员合作育得桃李满天下》被评为全省“大学生思想政治教育优秀工作案例”。

（付小政）

潍坊护理职业学院

【党建与精神文明建设】 以“作风建设年”活动为契机，查摆各类问题376项。创新党建管理方式，开展形式多样的党性教育主题实践活动，学院被评为潍坊市学习型党组织示范点。配齐党务工作队伍，按程序发展44名新党员，提拔调整27名中层副职、12名副科级干部。强化党风廉政建设责任制，落实好“一岗双责”。文明创建成效显著，被评为市级文明校园。

【办学质量】 学院被列为“诊改”工作首批省级试点院校，全面启动“诊改”工作。在全市率先改革高效职称评聘制度，深化绩效工资发放办法改革。发挥学术委员会在学术事项中的作用，对74个在研课题进行检查和督促。推进重大项目建设，全年确定45项重点项目和40项创新项目且全部完成。投入1200多万元用于信息化建设，被批准命名为山东省第二批教育信息化试点单位。全年招录3291人，录取分数位居全省第六名。就业形势保持良好，新增7所实习教学医院，实习就业一体化医院达到31所，毕业生就业率达到96%以上，列全省第十六位。

【教育教学与师资队伍】 创新人才培养模式，构建自主学习、多元学习模式，开展启发式、讨论式、探究式、参与式教学。组织申报中医康复技术、口腔医学、幼儿发展与健康管理三个新专业，专业数量增加到17个，口腔医学专业2018年开始招生。加强重点优势专业建设，口腔医学技术专业为全省教学指导方案开发牵头单位，健康管理与服务专业群被确定为省职业教育第二批品牌专业群。深化课程建设，7门课程被认定为省级精品课程。促进教师成长发展，认定“双师型”和“双师素质”教师257名，组织教师到医院实践锻炼486人次，师生外出参加各类大赛获得130多个奖项。聘任樊代明院士、石学敏院士为学院名誉教授，新增3名客座教授，1名兼职教授，引进新教师32名，聘任149名兼职教师，35名外聘教师。

4月27日，在图书馆大厅召开全院项目建设年暨作风建设年动员大会

（供稿：岳　明）

【学生管理与安全稳定】 坚持立德树人，共青团率先实行“第二课堂”成绩单，向全国300多家高校介绍经验，全年开课参与量24万多人次，规范整合108个社团，连续两年承担国家级“青春健康”项目。

【校企合作与服务社会】 坚持校企合作、工学结合，与全国100多家著名医院、企业建立合作关系。2017年，与阳光保险集团共建混合所有制阳光健康管理学院；与山东美诺医药公司合作创建学院实训基地；与文华集团合作创办早教学院，完成首批招生等。依托国家、省、市三级养老培训基地，举办2100多人次养老护理人员培训。成立“五运六气研究基地”、社区学院、老年人健康评估研究中心和健康服务职业技能鉴定所。

（王　静）

潍坊市技师学院

【概况】 潍坊市技师学院是一所市政府直属全日制高等职业技术院校，副厅级事业单位。2004年经原国家劳动和社会保障部、山东省人民政府批准整合原潍坊市劳动局第一技工学校、潍坊市劳动局第二技工学校、潍坊市服务技工学校、诸城市技工学校组建成立潍坊市高级技工学校，2009年经省政府批准改建为潍坊市技师学院。学院以培养技师和高级技工为主要目标，同时承担企业在职职工高技能人才和各类职业教育培训机构师资培训任务。是全国总工会就业培训基地、世界技能大赛省级集训基地、山东省职业教育先进单位、山东省技师培训

学院风光

基地、潍坊市高技能人才公共实训基地。先后被授予全国职业技术教育先进单位、省职业教育先进单位等荣誉称号。学院现有学生9557人，教职工359人，其中高级职称84人，中级职称116人，省首席技师1人，市首席技师12人，市鸢都领军人才1人，市专业技术拔尖人才3人，市突出贡献技师 5人，潍州名师1人，市技术能手11人。设机械工程系、汽车工程系、电气工程系、经济管理系、信息工程系、餐饮与旅游管理系、文化创意管理系和公共基础部8个教学系部，开设数控加工、汽车维修、电气自动化、烹饪与酒店管理、市场营销、会计电算化、电子商务和学前教育等40多个专业。

【召开党员大会和三届一次双代会】 12月1日，中共潍坊市技师学院委员会换届党员大会举行，175名党员参加大会。经民主选举，丁汉邦、韦民、刘世杰、刘成平、刘华堂、胡斌、曹卫东（按姓氏笔画为序）当选为中共潍坊市技师学院新一届委员会委员，刘世杰当选中共潍坊市技师学院新一届委员会党委书记，丁汉邦、韦民当选党委副书记。12月29日，学院召开第三届第一次教职工暨工会会员大会，全院80名职工代表参加会议，审议通过《学院工作报告》《学院工会工作报告》《工会经费审查工作报告》，选举产生了学院第三届工会委员会。

【承办2017年山东省“技能兴鲁”职业技能大赛暨中国电子竞技大会山东赛区总决赛】 该项赛事是由山东省人力资源和社会保障厅与中国电子竞技大会共同主办，潍坊市人力资源和社会保障局与学院共同承办。开幕式上，潍坊市副市长邓江陵致欢迎辞，省人力资源和社会保障厅副厅长周春艳、中国电子竞技大会组委会副秘书长张轩讲话。赛事为期两天，分端游和手游2类，共7个赛项，来自全省各地市的130多名选手参加比赛。学院同时举办“校企合作与创新发展”高峰论坛，举行中国电子竞技人才培养联盟揭牌仪式和潍坊市电竞创业孵化基地揭牌仪式，与王森国际咖啡西点西

12月1日，中共潍坊市技师学院委员会换届党员大会

电竞大赛手游比赛现场

餐学院、盛瑞传动股份有限公司签订合作协议。

【一体化教学改革】 推进专业一体化教学改革，修订和完善数控加工、汽车维修、维修电工、中式烹调师和计算机5个工种的学生技能鉴定过程化考核的实施方案和教学方案，并通过省市人社部门的批准，被列为首批试点院校。

【学生管理】 开展“守纪律、立规矩、讲文明、树形象”主题教育，成立教师和学生干部两支督察队，不间断地对全校园进行巡察督察。对刚入校新生开展入学总体教育，按照统一配置德育教师、统一确定教育内容、统一进行课前培训的“三统一”标准，系统开展为期一学期的入学教育。2017年，首次实行入学考试录取办法，全年注册学生学籍3000余人，在校生规模发展到1万人。

【合作办学】 与王森国际咖啡西点西餐学院进行合作，解决烘焙、西点、西餐等专业师资不足的难题，使学院教学理念、教学模式和方法直接与国际接轨，促进烹饪专业、酒店服务管理专业、旅游管理专业快速发展。与盛瑞集团等企业建立深度校企合作模式，制定短、中、长期合作计划，共同设计教育教学计划。为盛瑞开展技能人才自主评价工作，围绕技能人才培养、选拔、评价、使用、激励和技术保障等环节，对一线操作人员进行技能培训与鉴定。

【竞赛屡创佳绩】 在2017年全省技工院校公共课及专业课微课教学比赛中，一个作品获得全省二等奖，两个作品获得全省三等奖。在第十八届全国焙烤职业技能竞赛南京赛区选拔赛中，学院学生获在校学生焙烤（西点）创意大赛金奖。一名学生在第二届全国工业机器人技术应用技能大赛中获一等奖。学生设计团队获第九届山东省大学生科技节——山东省大学生电动汽车设计大赛专科组一等奖。在2017年全国税务技能大赛（中职组）总决赛中，学院代表队荣获团体三等奖。在2017年技能兴鲁职业技能大赛暨中国电子竞技大赛山东赛区总决赛中，学院学生获得2个赛项的第一名。在2017年中国技能大赛——全国智能制造应用技术技能大赛山东区选拔赛中，学院代表队以总分第一的成绩夺得省赛冠军，并代表山东出征国赛，获得二等奖。在2017年潍坊市职业院校技能大赛中，学院参赛队伍均取得较好成绩，并被评为2017年潍坊市职业院校技能大赛十强学校。

（玄建亮）

山东畜牧兽医职业学院

【概况】 山东畜牧兽医职业学院是国家骨干高职院校、山东省示范高职院校、第一批山东省优质高等职业院校建设工程立项建设学校。山东省畜牧兽医学校1955年建校，2002年，经省政府批准，升格为山东畜牧兽医职业学院。学院设有7个教学系部，现有招生专业20个，全日制在校生11977人。有6个国家重点建设专业、2个中央财政支持品牌专业群，2个省级重点建设专业，8个省级品牌和特色专业。4个专业与本科院校合作举办“3+2”专本贯通分段培养本科班。

学院拥有教授、副教授186人，“双师型”教师占专业教师的90%。有国家级教学团队1个、省级教学团队8个。有全国高校教学名师1人，"万人计划"教学名师1人，全国职业教育先进个人1人，全国优秀教师1人，鸢都学者1人，山东省教学名师、高职院校教学名师7人，全省教育先进工作者、优秀教师、教学能手、山东省现代农业产业技术体系创新团队岗位专家、山东高校十大师德标兵、全国农业职业教育教学名师、山东省高端会计人才、潍坊市专业技术拔尖人才、潍坊市先进工作者等30多人。

学院建有动物疫病防控、宠物美容护理等130余个实验实训室，建有5个省级科研创新平台、8个潍坊市重点实验室和工程技术中心；建有集教学、科研、实训于一体的畜牧养殖、饲料生产、兽药生产、食品加工4个实训大厅和1个宠物驯养繁育实训中心；建有动物医院、合力牧业等8个校内实训基地，与国内外500多家畜牧企业建立合作关系，在业内龙头企业设立校外实训基地290余处。推动职业教育集团化办学，不断深化校企合作、产教融合，山东省畜牧职业教育集团被认定为省骨干职教集团，学院为山东省畜牧职业教育集团理事长单位、山东省职教集团联盟理事长单位、中国都市农业职业教育集团副理事长单位、中国现代畜牧业职教集团常务副理事长单位。

学院被确定为首批全国新型职业农民培育示范基地、山东省现代农业技术培训基地、农林牧渔类国家级师资培训基地。先后多次被省委宣传部授予“文化、科技、卫生‘三下乡’活动先进集体”，被山东省委、省政府授予“科教兴鲁先进单位”。先后荣获全国大学生综合满意度50强高校、全国农业高校毕业生就业工作优秀单位、山东省职业教育工作先进单位、山东省职业教育先进集体、山东省高校毕业生就业工作先进集体、山东省高校毕业生就业工作优秀单位、山东省大学生创业教育示范院校、山东省高职高专院校人才培养工作优秀单位、山东省高校德育工作和校园文明建设优秀单位、最受新农村信赖的学校、山东省科技兴农先进集体、全国高职院校服务50强、省级文明单位等一系列荣誉称号。9月18日，确定学院为第一批山东省优质高等职业院校建设工程立项建设单位。10月19日，认定山东省畜牧职业教育集团为山东省骨干职业教育集团。

【潍坊市市长到学院调研】 11月9日，潍坊市委副书记、市长李宽端到学院调研，并召开座谈会。市直有关部门负责人、潍坊13所高中职院校的党委书记、院（校）长参加座谈。李宽端对学院明确办学方向，做大做强畜牧兽医专业全产业链，始终保持发展生命力的做法给予肯定。

【专业建设与课程改革】 畜牧兽医、动物医学、兽药制药、现代农牧商贸等四个专业群被山东省教育厅确定为一流专业群。牵头和参与制（修）订教育部高等职业院校专业、实训教学设施建设标准9个，牵头制（修）订教育部中等职业学校专业目录3个，立项省级精品资源共享课9门。新增省级科研创新平台4个、市级重点实验室和工程技术中心2个。

【教育教学改革】 在动物医学系、动物科技系持续开展学分制改革、现代学徒制试点，与山东益生种畜禽股份有限公司组建校企一体化的特色二级学院益生农牧科技学院，与台湾大仁科技大学合作举办宠物养护专业境外合作办学项目，连续两年招生80人，与山东网商集团新增物流管理专业合作办学项目。学院入选中央电化教育馆公布的第三批职业院校数字校园建设实验校；被教育部确定为现代学徒制试点高职院校。

【学生素质提升】 组织校园文明行为提升计划等系列主题教育。学院“科技服务万里行服务队”“青年志愿者服务队”被山东省省委宣传部等六部委授予山东省“科技文化卫生”三下乡重点服务队，“六个一活动”创建案例被评为全省高校思想政治教育优秀成果二等奖。2个学生社团被省委高校工委等七部门评为省大学生优秀科技社团。学生在各类技能大赛中，获国家级冠军1项、特等奖1项、一等奖1项，二等奖3项，三等奖1项；省级一、二、三等奖11项。

【教师队伍建设与教科研工作】 引进高层次人才4名，专业人才34名。组织开展全院教学、科研、管理、信息化能力等培训，选派73名教师参加暑期省级师资培训、精品资源共享课和专业教学资源库建设培训。2名教授工作室被省教育厅评为山东省职业教育名师工作室建设计划 。教研科研立项65项、课题验收鉴定41项。获得省、市优秀科研成果奖12项，授权实用新型专利17项，进入实审阶段发明专利20项。

【牵头成立山东省职教集团联盟】 12月1日，山东省职教集团联盟在学院成立。联盟有成员单位81家。学院牵头成立的山东省畜牧职业教育集团为联盟理事长单位。淄博职业教育集团等16家成员为联盟副理事长单位，山东省汽车工程职业教育集团等17家成员为常务理事单位。

【就业与创新创业教育】 12月16日，在潍坊富华国际展览中心成功举办山东省2017年高校毕业生畜牧兽医类就业市场暨学院2018届毕业生就业双选大会，同时举办“全国高职创新创业教育成果展”“大学生创业就业政策宣传展”和“中国农牧企业风采展”，企业提供岗位与毕业生人数比例达到6：1。组织创新创业普训，举办创业先锋特训营，培训学员1400人次。在“建行杯第三届互联网+大赛”上，3个项目获得省赛铜奖、1个项目获山东省沙盘模拟大赛三等奖。28名教师入选山东省教育厅创新创业导师千人计划库，1人入选教育部创新创业导师万人计划。

【产教融合与社会服务】 新增合资合作企业2家，合资企业达到7家，为教师科研、实践锻炼、学生实习实训创造良好条件。5家企业在学院设立奖助学金。对口帮扶甘孜州职业教育，开展新型职业农民、畜牧科技、技术推广、援青援蒙、社区等新技术培训，培训学员6400余人，被农业部确定为首批100个全国新型职业农民培育示范基地。

（臧智强 陈志君 陈 培）

山东经贸职业学院

【概况】 山东经贸职业学院是山东省人民政府批准、教育部备案的具有高等学历教育招生资格的省属公办全日制普通高等学校。前身是成立于1977年的山东省昌潍供销学校，2003年7月独立升格为山东经贸职业学院。截至2017年，学院占地715亩，校舍建筑总面积19万平米，教学仪器设备总值5308.24万元，图书馆馆藏纸质图书57.8万册。学院现有教职工482人，专任教师382人，教师队伍学历、职称、能力结构合理。设会计系、工商管理系、财政金融系、商务工程技术系、国际商务系、科学与人文系、继续教育中心等7个教学机构，拥有34个专业，全日制在校生9524人。学院是山东省首批技能型特色名校、全国供销合作社示范性高等职业院校。2017年度学院荣获“山东最具就业竞争力高职院校”和“山东最具网民口碑高职院校”称号。

【教学改革与专业建设】 立项省级品牌专业群1个。牵头开发山东省高等职业教育连锁经营管理专业三年制教学指导方案。立项2017年度山东省职业教育教学改革研究项目8项、山东省职业教育教学成果培育项目5项，立项省职业教育精品资源共享课程8门。

【技能大赛】 学生在全国大学生数学建模竞赛、全国职业院校沙盘模拟经营大赛山东省总决赛、全国职业院校互联网+企业经营管理大赛、全国职业院校创业技能大赛企业经营管理沙盘模拟赛项全国总决赛、全国人力资源管理技能大赛全国总决赛、全国高职高专英语写作大赛山东赛区、山东省高职院校会计技能大赛、山东省职业院校技能大赛（高职组）“电子商务技能”“导游服务”等竞赛项目、山东省大学生电子与信息技术应用大赛等活动中获奖69项，其中省级以上特等奖4项、一等奖19项、二等奖11项、三等奖28项。教师参加山东省第四届高校青年教师教学比赛，获三等奖。

【教科研工作】 教科研创新成果丰硕，国家、省市级课题鉴定结项26项，获成果奖9项；纵向科研项目立项41项，院级课题立项20项，审核签订36项横向技术服务合同。3名教师参加“潍坊市社科专家基层行”活动，5人成为潍坊市社会科学院特约研究员。学院“孔子学堂”被命名为潍坊市社科普及教育基地，“大学生数学建模协会”荣获山东省优秀社团称号。

【招生与就业】 2017年共录取新生2759人，2017届毕业生3043人，总体就业率达到99.93%。学生创新创业与社会实践能力有效提升，申报2个教育部产学合作、协同育人项目立项，联合中国人寿广发银行组建创新创业实验班。学院大学生创业孵化基地入驻创业团队46个，34个项目成功进行工商注册。在教育厅组织的第四届山东省大学生科技创新大赛决赛中获得团体二等奖。

【师资队伍建设】 引进教师20人。18名教师参加山东省职业院校教师素质提高计划2017年度省级培训。3位老师参与山东省美育专家资源库专家遴选工作；推荐1个教师团队参与省级教师团队申报；3个系部为全省供销社系统先进集体，9人为全省供销社系统先进个人。

【对外交流与合作】 与韩国加图立关东大学开展“3+1”合作项目。接待韩国加图立关东大学、新罗大学以及大仁科技大学访问团组来访交流。与泰国博仁大学签订友好合作协议，学院国（境）外友好学校总数达到20个。1名教师被山东省教育厅政府公派留学项目录取。

【社会服务】 服务区域经济发展，承担社会培训工作，2017年度培训学员12411人次。承办潍坊市公务员考试和2017年度会计专业技术资格中级考试考点工作，总考试人场次达5064人。开展横向科研项目和技术服务，审核签订36项横向技术服务合同。做好教育扶贫工作。对广饶县职业中等专业学校进行结对帮扶，对口认领潍坊安丘市辉渠镇和济宁泗水县圣水峪镇两个科技扶贫点，并按照扶贫建设方案有效推进科技扶贫工作。同时，组建两支电子商务精准扶贫专家团队，派出10人次分赴临沂郯城县马头镇、临沂蒙阴县坦埠镇、滨州市供销社对口开展电商技术下乡，助力精准扶贫工作。

（李　君）

山东交通职业学院

【概况】 山东交通职业学院始建于1973年，2002年7月24日经山东省人民政府批准成立全日制普通高等职业院校。占地1300余亩，建筑面积44.7万平方米，固定资产7.2亿元，教学、科研仪器设备资产值1.5亿元，图书87万册。全日制在校生16000余人，教职工846人，其中全国交通运输职业教育教学名师1人，全国交通高等职业教育专业带头人3人，省级教学团队5个，省级教学名师4人，山东省“十大优秀教师”1人。9月，学校成功入选山东省首批优质高等职业院校建设单位。

【现代大学治理体系】 完善以《章程》为核心的制度体系，理顺和完善教学、学生管理、科研、人事、财务、资产、后勤、安全、党建等方面的管理制度、标准，建立健全相应的工作规程。完善党委领导下的院长负责制，促进学校治理体系的现代化建设。实现院系两级管理制度系部全覆盖。

【教育教学改革】 实施专业核心课程教考分离。组织山东省道路桥梁工程技术、物流管理、汽车技术服务与营销三个专业的教学指导方案开发。汽车运用与维修、道路桥梁工程和轮机工程专业被评为全国交通运输类示范专业点，航海技术、汽车检测与维修技术专业立项为交通行指委骨干专业，汽车制造与装配技术、机械设计与制造专业立项为机械行指委骨干专业。物流管理专业荣膺“2017年中国职业院校物流&电商专业竞争力排行榜”全国高职院校第二名。汽车服务技术协同创新平台入选山东省职业教育技艺技能传承创新平台。

【师资队伍建设】 依托交通运输行业企业，加强“双师型”教师的培养力度，组织35名教师到企业参加实践，重点提高教师的专业实践教学能力。引进2位技术技能高层次人才，引进和培养博士2人。新建2个博士工作室、4个省级教学名师工作室。王建良入选国家“万人计划”候选人，入选省黄大年教学团队1个，陈祥义被评为交通运输职业教育扶贫工作先进个人，陈春梅、张瑞静获得全国汽车专业教师汽车营销比赛第一名，魏长明被评为“山东省高校优秀辅导员”。

【人才培养】 推进全方位、全过程、多层次育人体系建设，加强职业素养、学生社团、文化食堂、创新创业等方面的教育，促进大学生综合素质的全面发展。技能竞赛成绩突出，2017年，获国赛一等奖3项、二等奖1项；获省赛一等奖4项、二等奖4项，三等奖3项。在第十五届全省大学生科技文化艺术节中，获一等奖2项，二等奖8项，三等奖3项，优秀奖4项。

【招生就业】 探索多样化招生选拔录取机制，实现普通高职专科、直招士官、单独招生，“3+2”对口贯通分段培养、五年一贯制大专等多种招生形式。2017年，报到新生5480人，录取生源的质量和报到数创历史新高；毕业生共3469人，就业率99.31%，毕业生就业满意度、薪资收入水平稳步提升。

【科研社会服务】 首次承办全国职业院校技能大赛“汽车营销”赛项，获得全国职业院校技能大赛“突出贡献奖”。山东省交通运输职业教育教师继续教育培养基地落户学校，完成首期厅属院校骨干教师培训任务。上汽大众培训基地荣获最佳培训基地“一等奖”。2017年科研立项46项，科研课题结题验收 57项，获奖科研成果6项，2项入围省教学成果重点培育项目；发表论文321篇，其中核心期刊论文14篇；提交发明专利申请21项、实用新型专利30项（其中学生专利申请15项）。“创新创业实务”课程入选首批“国家精品在线开放课程”。依托司法鉴定所、公路工程检测中心、驾训中心等机构，为行业区域提供社会服务，完成各类社会培训2.2万人次。

【对外交流合作】 加强与行业企业的联系，校企合作成果丰硕。与雷沃重工签署战略合作协议；与北京络捷斯特合作建设的圣陶职业教育研究分院山东研究中心、山东长风物流学院成功揭牌；与南京第五十五所成立先电信息学院。与澳大利亚北悉尼职业技术学院、昆士兰州职业技术学院、柬埔寨工业技术学院签署合作备忘录；

7月15日，党委书记陈继梦与中国电科集团南京第五十五所技术开发有限公司总经理余云峰为先电信息学院揭牌 （供稿：侯 刚）

3月16日，院长王心与雷沃重工股份有限公司副总裁张茂华签订战略合作协议 （供稿：侯 刚）

6月3—6日，学院承办2017年全国职业院校技能大赛（高职组）“汽车营销”赛项 （供稿：侯 刚）

与俄罗斯阿穆尔共青城国立技术大学签署框架协议；与德国海德职业教育与技术培训中心正式签订合作协议，国际交流合作取得实质性进展。

【基础设施建设】 完成图书综合楼项目立项、综合服务楼及物流实训中心消防验收、船员培训中心及孔子学堂装修改造工程质量监督检查等工作。推行后勤服务社会化改革，投资1000余万元，对基础设施进行维护修缮和提升。

（李德福 张吉林 孙文倩）

山东科技职业学院

【概况】 山东科技职业学院创建于1978年，原名昌潍纺织工业学校，2001年8月成建制晋升为山东纺织职业学院，2006年4月更名为山东科技职业学院，隶属山东省经信委、省教育厅双重领导，以省经信委管理为主，是教育部、财政部重点支持建设的国家示范性高职院校。在校生16124名，主校区占地面积167公顷，建筑面积47万平方米，图书藏量77.3万册。开设纺织服装、应用外语、经济管理、机械制造、建筑工程、生物与化学、信息工程、艺术传媒设计、汽车工程等11个专业群52个专业。建有国家级精品课程3门，省级精品课程43门，省级教学团队6个。先后获得国家级教学成果二等奖2项、省级教学成果奖17项，全国纺织职业教育教学成果奖16项。9月1日，学院以第六名的成绩入选山东省教育厅发布的第一批山东省优质高等职业院校建设工程拟立项学校。

【教育教学工作】 新增机电一体化与山东豪迈科技有限公司省级现代学徒制试点1个，校内新增“机电一体化技术”“汽车检测与维修技术”2个现代学徒制试点专业。创新完善“五位一体”人才培养体系，启动卓越人才培养试点改革，共从9个院系中挑选10个专业进行卓越班试点，总参与人数337人，占录取新生的6.13%。制定学院质量提升计划，在已经开展的省级及以上教学质量工程项目申报中，学院12项工程项目全部立项。

【科研与社会服务】 学院被确定为2017—2019年山东省职业院校教师素质提高计划项目培训机构。申报优秀青年教师访学项目确定为省2017年度职业院校教师国家级培训项目，到位经费64.8万元。组织2017年山东省高等职业学校教师省级培训服装设计与工艺专业培训项目、室内空间一体化装饰设计与VR虚拟专业培训项目，共对50余名校外教师进行培训。组织本校教师34名教师外出参加省培项目培训。组织教师申报24大类300项纵向科研项目，其中经学院审核推荐申报169项，成功立项数70项，省级教改课题立项11项。组织结题验收和成果鉴定会，共结题87项。共推荐5项课题至省教育厅，均被纳入省教育厅成果培育范围，其中副院长丁文利主持的“‘职场化+信息化’高职教学模式的研究与实践”作为重点项目予以培育。学院教师共在各类媒体公开发表114篇论文，其中9篇发表在核心期刊。学院师生申报275项专利，其中发明专利132项。年度到位科研经费483.8万元。

【校企合作】 成立山东省智能制造职业教育集团，全省行业协会、骨干企业、院校等200余家单位参加，召开集团一届一次理事会。与一汽大众、齐鲁制药、鲁泰集团、歌尔股份签署校企战略合作框架协议，成为战略合作伙伴关系。歌尔股份捐赠价值1000万元设备，共建“山科-歌尔学院”。推进鲁泰学院“厂中校”模式，校企合作办学专业增至16个专业。

【职业技能大赛】 承办全国职业院校技能大赛服装与工艺赛赛项和山东省职业院校职能大赛电子产品芯片级检测维修与数据恢复赛项、服装设计与工艺赛项。共26个赛项代表参加全省职业院技能大赛，获得一等奖6项，二等奖4项，三等奖10项，奖牌总量居全省第一批优质校建设院校第6名，其中一等奖总数居全省第二名。在各类全国职业技能大赛中共获得一等奖4项，二等奖2项，金牌数量位列全省第三名。

【招生就业】 2017年共报到新生5843人，在校生规模达17513人，其中普通高职新生报到4928人。五年一贯制高职新生报到891人，与9所三二连读中职学校合作招生1067人。2017届高职毕业生4261人，初次总体就业率为98.59%，毕业生对学院就业工作满意度为96.65%，对学院总体满意度为96.32%。

【国际交流与合作】 办理来华留学申请191人次，报到76人，毕业留学生53人，全年在校生数量达到153人，分别来自哈萨克斯坦、印度、巴基斯坦、加纳、肯尼亚、喀麦隆、乌干达、坦桑尼亚。在全国高职高专校长联席会议2017年年会上，荣获“2016年高等职业院校国际影响力50强”称号。11月12日，举办山东科技职业学院东非（乌干达）国际学院揭牌仪式，乌干达教育部副部长阿格雷•戴维德•奇本基、山东省经信委副主任王信出席。同时首批15名乌干达留学生到校入学。

【信息化建设】 信息化教学模式和教师信息技术应用能力两个案例被教育部认定为典型案例，被山东省教育厅确定为教育信息化示范校。学院教师代表队获得2017年全国职业院校信息化教学大赛一等奖。

（胡兴珠）

山东工业技师学院

【概况】 学院是经山东省人民政府批准建立，隶属于山东省人力资源和社会保障厅的国家级重点技工院校。学院目前分为两个校区办学。奎文校区为老校区，在市区北宫街南、虞河西岸。潍城校区为新校区，地处市郊浮烟山文化风景旅游区，规划占地1000余亩，现实际开发600余亩，建筑面积14万余平方米，固定资产总额3.39亿元。现拥有实训中心8座，建筑面积近4万平方米，各类实训设施总值1.14亿元，在校生1万余人。学院现设有机电工程系、现代制造工程系、汽车工程系、印刷工程系、海洋生化系、信息工程系、基础教学部6系1部教学机构，拥有26个专业。其中，数控加工、印刷技术等2个专业为全省技工院校百强专业，数控加工技术、印刷技术、制浆造纸等3个专业为省级重点名牌专业；另有市级重点专业8个，潍坊市特色品牌专业2个。学院先后被政府有关部门授予“国家级重点技工院校”“国家级高技能人才培训基地”“人社部一体化教学改革试点院校”“第44届世界技能大赛中国集训基地”“山东省技工教育特色名校”“山东省技工教育先进集体”“山东省技工学校教学质量优秀单位”“省级文明单位”“齐鲁技能大师特色工作站”“山东省技师工作站”等荣誉称号。2017年，学院师生在省级以上技能大赛中获三等奖以上奖项48项。

【人才队伍】 坚持“引”“育”并举，新进教师28名，聘请国内外世赛专家、企业工程师、高校教授等52人为特聘专家。邀请理光公司、GF公司等知名企业到院开展技术培训，累计培训达1900余人次。组织青年教师到西门子、永华机械、正达模具等企业顶岗实习锻炼，派出骨干教师到德国、阿联酋及台湾地区进行学习考察，累计培训270余人次。获评齐鲁首席技师1人、潍坊市首席技师3人，1名教师被评为2017年度鸢都产业领军人才。

【教学工作】 一是加强教学常规管理，推进7S管理模式，实施世赛管理标准，实训教学进一步规范。二是继续加强与大企、名企的合作关系，省级工业设计中心、西门子SCE师资研修中心落户学院，实现在专业开发与建设、教材编写与出版、技术交流与合作等多个领域的深度合作。三是累计投入2000余万元，开展了省级特色名校、数字校园、实训设施和体育教学等项目建设，推动教学条件持续改善。四是组织教科研活动，荣获省级以上教科研比赛三等奖以上奖项18项。五是举办第二届技能文化节，集中开展大赛表彰、技能竞赛、成果展示等活动，奖励各类大赛获奖师生，颁发奖金40余万元。六是备战第45届世界技能大赛，组织参加22个项目的省内选拔赛，取得工业控制、管道与制暖等5个项目省内选拔赛承办权。

【“一二三四”学生思想政治工作新格局】 围绕“立德树人”一个根本任务，抓牢“思想教育”和“常规管理”两个环节，强化班主任队伍、学生干部队伍、思想政治工作者队伍“三支队伍”建设，坚持以德育早课和主题教育课为基本规范、以评优树先为正面引导、以校园文化艺术节等第二课堂为人文平台、以校规校纪为基本约束“四个抓手”，把思想政治工作贯穿教育教学全过程。荣获省级优秀社团1个，潍坊市“暑期三下乡”优质项目1个，市级以上共青团活动三等奖以上奖项3项，优秀组织奖2项，17人次获市级以上共青团工作先进个人荣誉称号。

【荣获第44届世界技能大赛金牌】 10月，在阿布扎比第44届世界技能大赛上，学院选手袁强获得工业控制项目金牌。袁强以及竞赛团队受到李克强总理和龚正省长的接见，并分别被省政府记个人一等功和三等功，学院被授予集体二等功。

【国际合作】 与德国经济与文化交流促进会在智能制造、工业自动化、机电一体化等领域达成合作意向，柔性生产线智能制造项目即将建成运行。举办与芬兰、加拿大等国工业控制项目友好邀请赛。承办世界技能大赛工业控制项目研讨会，邀请俄罗斯、加拿大、芬兰等国外专家围绕世赛标准、合作模式、基地建设、科学训练等议题进行研讨交流，推进世赛成果转化。

（吕春作）

山东信息职业技术学院

【概况】 山东信息职业技术学院是山东省人民政府批准设立、教育部备案的省属公办全日制普通高校，是“国家示范性软件职业技术学院”首批建设单位，是国家首批“电子信息产业高技能人才培训基地”“全国信息产业系统先进集体”“山东省职业教育先进集体”“山东省德育工作优秀高校”“潍坊市文明校园”。学院占地1037亩，现有奎文、滨海两个校区，建筑面积250610.38平方米，在校生12000余人，馆藏图书59.79万册，现代化的实验室、实训室110余个，教学科研仪器设备值达5024.59万元。学院以电子信息类专业为龙头，形成软件技术、电子技术、信息技术、网络工程、数字媒体艺术、自动化、机械设计与制造、财经、商管、航空等专业群。学院现有省级品牌专业群1个、中央财政支持专业2个、省级特色专业3个、省级教学团队3个、省级精品课程7门。学院现有专任教师475人，省级教学名师2人，中高级职称以上的教师占专任教师的75%以上，“双师”型教师占专业课教师的50%以上。

【文明校园创建】 2017年度，学院党委把创建文明校园作为精神文明建设的重要抓手，创设文明创建载体，组织形式多样的志愿服务活动，引导师生积极践行社会主义核心价值观，学院以优异成绩被评为“潍坊市文明校园”。

【教科研工作】 加大教学科研仪器设备投入，2017年度完成教学科研仪器设备580万元、4个项目的建设任务。5门精品资源共享课获省教育厅立项；8项课题获省级立项；2项课题获教育部立项。

【招生与就业】 2017年学院招生规模再创新高，实际报到新生3774人，在校生达12000余人。为部队定向培养的兵种扩展为4个，招生计划达690人，列全国第2位。与鲁东大学、山东交通学院、潍坊学院合作开展“3+2”对口贯通分段培养的专业拓展为3个；三二连读联合招生学校达到8所。2017届毕业生就业率达96.77%。

【师资队伍建设】 实施“专业带头人”及“双名师”培养工程，培育省级教学团队1个、省级教学名师1人，2个“名师工作室”获批山东省高等职业教育名师工作室建设项目。

【学生教育管理】 开展“清朗网络”工程，加强思想引导；开展系列主题活动开展中国特色社会主义、社会主义核心价值观宣传教育。学生在省、市举办的歌咏、朗诵等赛事中，荣获一等奖1项、二等奖3项、三等奖1项，优秀组织奖2项。

【技能大赛获佳绩】 激励学生参加各级各类技能大赛。荣获国家级、省级各项职业技能大赛一等奖7项、二等奖13项、三等奖7项。

【校企合作】 完善校企合作制度建设，修订校企合作管理办法。与山东中创软件股份有限公司、潍柴控股集团签订校企合作协议，进行现代学徒制试点。

【实训室建设】 根据信息产业发展趋势和建设品牌专业的要求，投资600万元，建成信息安全实训基地等4个基地式实训室项目。

【社会公益活动】 成立教职工、学生志愿服务团队，分别组织文明出行、环境绿化、孝老爱亲等志愿服务活动98项、359项，荣获省、市级志愿服务奖项26项。

（周 岩 王 凯）

科　技

Keji

科技创新

【概况】 2017年，科技创新工作取得显著成效，省海洋化工科学研究院整建制划归潍坊市。雷沃智能农机装备技术创新中心（试点）成为全省首批5个技术创新中心之一。潍坊（寿光）高新技术产业开发区获省政府批复，争创国家高新区建设方案和请示已由省政府上报国务院。获批后潍坊市将是省内唯一拥有2个国家级高新区的地级市。潍柴集团“氢燃料电池”项目列为国家重大创新专项。得利斯集团“两百种重要危害因子单克隆抗体制备及食品安全快速检测技术及应用”荣获国家科技进步二等奖；8项科技成果获省科技进步奖，获奖数量居全省第二位。国家自主创新示范区建设顺利，高新区综合排名在全国147家高新区中跃升至第22位，在地级市国家高新区中仅次于苏州高新区。

【高新技术及其产业】 把高新技术产业发展作为优化产业结构、促进转型升级和创新驱动发展的重要抓手，全面贯彻落实《高新技术企业科技保险补偿财政扶持办法》《高新技术企业认定管理办法》等政策文件，大力培育高新技术企业。通过各种渠道进行宣传、培训，使企业充分认识到发展高新技术产业对全市经济发展的重要意义，充分运用科技资源和手段，加大企业培育力度，提升企业创新和科技成果转化能力。积极落实高新技术企业税收优惠政策，加大对企业的政策扶持，推动高新技术企业做大做强。联合市统计局、市国税局、市地税局定期组织高新技术企业财税及统计业务培训，集中进行科技创新企业所得税等优惠政策宣传，现场解答和跟踪服务。深入实施中小微企业“小升高”（将科技型中小微企业升级为高新技术企业）计划，确定100家企业的培育计划，进一步储备高新技术企业后备力量，不断壮大高新技术企业队伍。以规范高新技术企业管理为关键点，推动高新技术产业链不断延伸。2017年新认定高新技术企业263家，分布于机械制造、电子信息、生物医药和新能源等多种领域，群体规模优势初步形成。全市实现高新技术产业产值4165.05亿元，占规模以上工业总产值比重达到34.35%，比年初提高1.22个百分点。

【科技创新平台建设】 依托雷沃重工、高新区生物园组建了智能农机装备创新中心、生物医药创新中心。确定了虚拟现实、氢燃料电池、水压传动等未来创新中心培育对象，制定了培育建设方案。市政府批复成立了市工业研究院，建立联席会议制度和储备项目库，对 11家行业研究院进行专项支持。成立了市工业技术研究发展服务中心，组建了3家行业研究分院。齐鲁创智园建成第一家市级科教创新园区。山东省雷沃智能农机装备技术创新中心（试点）成为全省首批5个技术创新中心之一，并进入省新旧动能转换重点项目库。全市新建省级“农科驿站”50家，居全省第一；新备案

9月26日，潍坊市生物医药创新中心成立暨揭牌仪式在潍坊生物医药科技产业园举行
（供稿：辛　艳）

省级院士工作站25家；新备案省级科技企业孵化器和省级众创空间各15家，分别居全省第一位和第三位。全市正式投入运行的市级以上科技孵化器达到74家，孵化总面积达221.6万平方米，其中，国家7家，省级20家。备案市级众创空间25家，全市众创空间总数达到72家，其中，国家级10家，省级20家，培育创客团队608个，均位于全省前列。全市已建成国家级工程技术研究中心2家、企业重点实验室1家；省级（示范）工程技术研究中心108家、重点实验室14家、院士工作站76家。新批复组建市级工程技术研究中心39家、市级重点实验室48家。着力打造十大产业创新中心，十大产业创新中心分别依托行业龙头企业或科技产业园建设，涉及智能装备、动力总成、光电器件、清洁能源、新材料、生物医药等技术领域，9月份全部挂牌运行。

12月5日，举办新旧动能转换科技创新合作院士潍坊行活动　（供稿：秦　伟）

【科技合作与交流】 全面深化与以中科院为重点的高校院所战略合作，高起点、高层次开展科技合作。聚焦现代产业领域，对企业技术需求和高校院所科技成果进行系统梳理，共征集发布73家龙头骨干企业技术需求205项，重点推介高校院所科技成果1930项。不断深化与国内重点高校院所的科技合作，先后组织了新旧动能转换科技创新合作院士潍坊行、潍坊市与东北大学、中科院沈阳分院科技合作洽谈会等8次对接活动，涵盖了现代农业、绿色化工、智能制造、节能环保、电子信息、生物医药等领域，邀请中科院理化所周远院士、北京林业大学尹伟伦院士、中科院化学所韩布兴院士、浙江工业大学郑裕国院士等158名专家参会洽谈，校企或校地签署“绿色制造生物助剂研发”项目等各类合作协议153项。招院引所工作取得显著成绩，北京大学现代农业研究院、潍坊激光雷达技术研究院等37家高校院所签署共建研发机构协议。新建吉青化工、豪迈科技、诸城外贸、富锐光学等25家山东省院士工作站。充分发挥潍坊市国际科技合作优势，积极融入全球创新网络，成功组织潍坊市电子信息、生物医药、先进制造及新材料等领域企业赴澳大利亚、新西兰开展国际科技合作专项对接活动，重点对接考察悉尼大学、澳中友好发展协会、昆士兰大学和有关外方高科技企业，利用国际科技创新资源，搭建高层次国际科技交流合作平台，同时洽谈促成了华特磁电选矿设备关键技术项目等一系列国际科技合作重点项目。潍坊硅谷孵化器在潍坊举办硅谷创业者潍坊行活动，对第七届北美创业大赛决赛选出的大数据、无人机和材料等行业16个高新技术项目进行路演，潍坊市60多家高新技术企业参加路演并进行洽谈合作。寿光蔬菜产业控股集团有限公司、潍坊市华以农业科技有限公司等3家企业入选山东省首批品牌国际科技合作基地的18家企业名单，占首批公布企业数的六分之一，并获得200万元经费支持。

【农业科技】 积极组织申报国家重点研发计划、省重大创新工程、省农业科技园区提升工程和省农业良种工程等计划项目，全年申报项目23项，4项列入国家重点研发计划、省重大创新工程和农业良种工程，争取经费2109万元。山东省与中科院合作的STS项目共设立支持7个项目，潍坊市“规模化畜禽养殖废弃物资源化成套技术与产业模式示范”“果蔬绿色保鲜关键技术产业化示范”2个项目3家企业获中科院STS计划支持。积极开展联合科研攻关，实现地方重大关键技术突破，引进中科院重大农业科技成果在潍坊市转移转化。新型农业科技服务平台建设取得新突破。潍坊市在原有6家“星创天地”基础上，科技部又增加备案3家。星创天地通过开展创业大赛、周末企业家沙龙等创业活动，发展带动家庭农场、农业合作社等100多家，指导先进的科学种植、养殖专业技术，形成规模化、产业化的品牌优势，配以网络电商平台销售渠道，大力发展当地经济，带动返乡农民工就业。2017年全省第一批“农科驿站”（“农科驿站”是指科技特派员开展服务工作的重要站点和新型农业科技服务平台）共批准建设363家，潍坊市获批建设“坊子区稷丰农科驿站”等50家“农科驿站”，在数量上居各市之首。

（宋　剑）

【科技成果】 广泛征集生物医药、先进制造、现代农业等领域科技创新成果，组织开展科技成果登记。全年登记科技成果183项，培育优秀科研成果450余项，评选出市级科技进步奖150项。2017年省奖获奖数量居全省第二位。建成市级技术创新公共信息服务平台，全年发布科技成果2304项，企业技术需求307项，完成技术合同交易3049项，交易额达50.28亿元。在县市开展“科技服务进千企”培训活动，培训科技专员、科技特派员800余人。

2017年潍坊市获省以上科技奖励项目目录

表3

序号	项目编号	项目名称	完成人	完成单位	奖项
1	J-211-2-05	两百种重要危害因子单克隆抗体制备及食品安全快速检测技术与应用	胥传来 匡华 刘丽强 郑乾坤 徐丽广 韩飞 马伟 骆鹏杰 吴晓玲 沈崇钰	江南大学，得利斯集团有限公司，国家食品安全风险评估中心，国家粮食局科学研究院，中华人民共和国江苏出入境检验检疫局	国家科技进步二等奖
2	JB2017-1-8	万吨级新溶剂法纤维素纤维关键技术研发及产业化	朱波 韩荣桓 李发学 李玉波 于宽 李永威 李晓东 郑世睿 宋俊 孙华鹏 孙永连 刘建伟	山东英利实业有限公司，东华大学，山东大学，天津工业大学，山东建筑大学	省科技进步一等奖
3	JB2017-1-10	高端子午线轮胎模具关键技术开发与应用	张伟 张恭运 魏修亭 刘志兰 单既强 张伟（小） 杜平 韩桂强 李志永 张任 孙日文 王钦峰	山东豪迈机械科技股份有限公司，山东理工大学	省科技进步一等奖
4	JB2017-2-2	设施专用番茄种质资源创新及新品种选育与应用	沈火林 国家进 陈福东 程琳 董甜 胡永军 赵志伟 王如芳 于彩云	山东寿光蔬菜种业集团有限公司，中国农业大学，山东省设施蔬菜分子育种省级重点实验室，山东省寿光蔬菜产业集团有限公司，山东省蔬菜工程技术研究中心	省科技进步二等奖
5	JB2017-2-7	肉鸡产品安全生产信息化和质量追溯系统集成、研究与示范	高迎春 赵宏坤 王春民 杨林 魏秀丽 都启晶 杨勇 薄永恒 章安源	诸城外贸有限责任公司，山东省畜产品质量检测中心，青岛农业大学，青岛中科软件股份有限公司	省科技进步二等奖
6	JB2017-2-30	食品中重要危害因子的安全快速检测关键技术及应用	胥传来 匡华 徐丽广 郑乾坤 刘丽强 孙文博 李敏 张焕海 刘东霞	得利斯集团有限公司，江南大学	省科技进步二等奖
7	JB2017-2-48	潍柴自主柴油机电控系统开发及产业化	佟德辉 李大明 王志坚 武迎迎 秦涛 刘兴义 金钊 张成国 王德成	潍柴动力股份有限公司	省科技进步二等奖
8	JB2017-3-3	动力换挡拖拉机智能化关键技术应用及产业化	王桂民 贝多斯提 张智刚 毛恩荣 肖茂华 沈杨	雷沃重工股份有限公司，华南农业大学，中国农业大学，南京农业大学	省科技进步三等奖
9	JB2017-3-27	万吨级盐酸二甲双胍绿色产业化与国际化的关键技术开发	宋伟国 方浩 崔鑫 李新建 李法辉 杨磊	寿光富康制药有限公司，潍坊医学院，悦康药业集团有限公司，山东大学，潍坊科技学院	省科技进步三等奖

（宋 剑 陈世德）

【海洋科技】 海洋领域承担市级以上各类科技研发项目16个，获无偿经费435万元，新备案院士工作站2家。有1家企业组建市级工程技术研究中心，2家企业组建市级企业重点实验室，认定高新技术企业2家。1个项目获得市科技进步二等奖、1个项目获得市科技进步三等奖。积极协助省科技厅开展2017年度山东省承担国家与地方项目（海洋领域）统计工作，深入开展海洋科技发展调研。

【科技计划】 2017年，全市承担省级以上各类科技计划项目146项，获得无偿扶持资金2.12亿元，其中国家级项目5项，国家级资金11869万元，省级项目141项，省级资金9349万元。其中重点项目有：潍柴动力、雷沃重工、威能环保等3家企业获得4项国家重点研发计划，资金6869万元；潍柴动力获得科技部科技改革与发展专项资金5000万元；山东豪迈机械科技股份有限公司的“微细深孔立式加工中心关键技术研究及示范应用”等18个项目列入省科技厅重大创新工程项目，资金5300万元；山东天瑞重工有限公司的“山东省凿岩机械工程技术研究中心”等7家科技创新平台获得省科技厅省创新公共服务平台专项支持，资金700万元。

【科技与金融融合】 研究制发《潍坊市科技成果转化贷款风险补偿管理办法》，在全省率先设立1000万元的风险补偿金，与潍坊银行、民生银行、农商行等6家银行签订了合作协议。利用省级直投基金、齐鲁银行等投资及金融机构对纳入“山东省科技型中小微企业信息库”的科技型企业进行重点支持，今年全市挂牌“科技板”企业74家，数量居全省第一位。

【政策法规与环境建设】 细化贯彻市委、市政府《关于深化科技体制改革加快创新发展的实施意见》等文件，优化提升创新创业的辅助指导环境。突出科技创新在经济社会发展中的支撑作用，严格考核评定标准，拓展考核内容，把高新技术产业发展、创新平台建设、企业研发投入等列入科学发展考核指标体系。扩展普惠政策，大力推行自主创新产品政府优先采购政策，对照标准，严格落实高新技术企业15%所得税率、研发经费税前加计扣除等优惠政策。2017年为高新技术企业减免税收8亿元。扎实推进创新型科技人才队伍建设，全市国家“万人计划”人选7人；科技部创新人才推进计划人选4人；泰山产业领军人才8人；引进“一事一议”顶尖人才1人；鸢都产业领军人才工程生物医药领域人才8人。紧扣“科技强市 创新圆梦”主题，以开展群众性科技活动为主，积极利用举办科技活动周、研发机构和科技创新平台免费开放、加强科普宣传等活动，营造大众创业、万众创新的良好氛围，为加快建设现代化强市提供强有力的科技支撑。

（宋　剑）

5月20日上午，潍坊市科技活动周在市科技馆胜利开幕　（供稿：刘永亮）

知识产权

【概况】 2017年，全市专利申请19086件，专利授权9914件，均居全省地级市首位。全市发明专利授权1278件，居全省地级市首位。全市PCT国际专利申请215件，同比增长45.27%，居全省地级

11月28日，市委书记、市人大常委会主任刘曙光（左二）赴国家知识产权局，与国家知识产权局副局长贺化（右二）就知识产权强市创建进行会谈　（供稿：孟祥仁）

市首位。全市有效发明专利拥有量5136件，同比增长20.34%。万人拥有有效发明专利5.54件。

【获批国家知识产权强市创建市】 根据国务院《关于新形势下加快知识产权强国建设的若干意见》和国家知识产权局《关于开展国家知识产权强市创建市评定工作的通知》精神，认真制定工作方案，积极开展申报工作。2017年12月，国家知识产权局正式批复潍坊市为首批14家（其中地级市6家）国家知识产权强市创建市之一。

【获批建设中国（潍坊）知识产权保护中心】 2017年12月，潍坊市获批建设中国（潍坊）知识产权保护中心。中心具备快速审查、快速确权、快速授权、快速维权功能，发明专利授权周期将由原来的平均周期22个月缩短为3至6个月，实用新型专利授权周期将由原来的7至8个月缩短为1个月，外观设计专利授权周期将缩短为5至7个工作日，为全市重点产业转型升级和创新发展提供重点支撑。

【知识产权区域布局成效明显】 2017年，按照《潍坊市知识产权区域布局试点工作推进方案》要求，突出重点，扎实推进，资源数据调查分析圆满完成、布局综合评价进展顺利、资源配置机制逐步完善、导向目录初步完成、大数据平台基本建成，共编制完成7项研究报告、2个指标体系、1个产业导向目录，共计15万字、800余页，区域布局“潍坊模式”初步显现。

【知识产权运用能力不断增强】 2017年，全市共办理专利质押登记47笔，融资近7亿元，有效缓解了创新型中小企业融资难题。高新区通过国家知识产权集群管理试点评审验收。完成一批国家级、省级专利导航、专利分析评议项目，引导推动产业和企业创新。7项专利项目荣获第十九届中国专利优秀奖，获奖数量创历届之最。完成第二届市政府专利奖评审，60项高价值专利获奖。潍柴动力佟德辉、盛瑞传动刘祥伍荣获省政府“山东省十大优秀发明家”称号。

【知识产权保护全面加强】 制定出台了年度执法专项行动方案，开展委托执法、专项执法、展会执法、电商执法等多种形式的执法行动，全市调处专利纠纷案件64件，查处假冒专利案件立案476件，营造了良好创新环境和市场环境，专利执法工作位居全省前列。

【知识产权管理服务能力进一步提升】 潍坊市知识产权局连续第4年被国家知识产权局评为“国家知识产权示范城市先进集体”。高新区获批国家知识产权示范园区。诸城市、高密市分别被确定为国家知识产权强县工程示范、试点县。高密第三中学获批潍坊市首个全国中小学知识产权试点学校。全市新增获得贯标认证企业70家，居全省第2位。成功引进中知认证有限公司在潍坊市设立办事处。全市引进培育中介服务机构达15家，进一步壮大了全市知识产权服务业队伍，提升了知识产权服务水平与质量。

【知识产权文化氛围更加浓厚】 以世界知识产权日和中国专利周为契机，创新宣传形式，丰富宣传内容，广泛开展“五进”活动，营造了全社会“尊重知识、崇尚创新、诚信守法”的浓厚氛围。认真组织开展专利执法、专利代理人考前培训、专利挖掘与实战、质押融资、企业贯标等培训班14期，培训达千余人次。

（刘振兴）

防震减灾

【概况】 2017年，全市防震减灾工作呈现出良好健康的发展局面。潍坊市创建国家防震减灾示范城市获中国地震局批准并全面启动，全国“市县防震减灾示范创建工作交流会”在潍坊市成功召开，省内首次以海域港口为背景的大型地震应急救援综合演练成功举办，“十三五”重点项目安丘－莒县活动断层综合探测项目有序推进，顺利完成华北科学台阵潍坊5个台站的勘选任务，潍坊防震减灾科普馆成功创建“国家防震减灾科普教育基地”。潍坊市地震局和诸城市地震局分别在全省市级和县级防震减灾工作目标责任考核中获得全省第一，同时，市局和诸城局分别被评为全国地市级和县级防震减灾工作先进单位。

【监测预报】 制定印发了切实可行的震情跟踪工作方案。加强观测资料的动态监视跟踪，实施异常零报告制度。对全省B类异常冯家坊子短水准进行了多次跟踪落实，对昌邑鲁02井水位骤降、保税区温泉街办房屋裂缝等10余次宏微观异常进行了现场调查。全市地震监测台网运行稳定。在五龙山测震台站增加分量应变项目，对6条流动水准测线观测环境进行改造，完成山东重力监测网扩建项目的台点勘选工作，行程3500公里，完成华北科学台阵潍坊5个台站的勘选任务。对监测台网实行分级分类管理办法，保障监测网络正常运行。2017年度潍坊地区共发生可定位地震3次（ML≥1.0），其中1.0～1.9级地震2次，2.0～2.9级地震1次，最大地震为1月1日临朐2.4级地震。

【震害防御】 潍坊市创建国家防震减灾示范城市全面启动，奎文区、昌邑市通过国家防震减灾示范区（市）验收。寿光圣城街道向阳社区、高密市朝阳街道罗家庄社区等6个社区被中国地震局认定为“国家地震安全示范社区”；山东开元电子有限公司（昌乐）、山东默锐科技有限公司（寿光）被命名为“山东省地震安全示范企业”，潍坊金宝防震减灾科普馆成功申报为“国家防震减灾科普教育基地”。截至12月底，全市共审批一般建设工程项目216件。积极做好重大建设工程地震安全性评估管理和协调服务保障，潍坊港中港区西作业区液化品泊位工程、潍日高速连接线工程按照规定完成地震安全性评价，并通过技术审查。成功举办全国“市县防震减灾示范创建工作交流会”。

【地震应急】 制定印发了《潍坊市2017年抗震救灾专项应对工作方案》。5月10日，在寿光举行了31支应急救援队伍、380余人、80余台应急车辆、10余艘船舶参加的以港口海域为背景的应急救援综合演练。参加山东省暨临沂市应急救援综合演练和中国地震局组织的全国地震应急响应演练，组织全市1300余所中小学校开展应急疏散演练，指导临朐等县市区开展桌面推演。积极推进潍坊市植物园、诸城潍河公园符合国家Ⅰ类标准的应急避难场所建设验收工作。迎接中国地震局和省政府地震应急工作检查，开展全市地震应急工作检查和应急区域协作联动，应急基础数据收集更新工作持续深化。

5月10日，在寿光举行潍坊市2017年地震应急救援综合演练　　（供稿：任清泉）

【防震减灾宣传】 印刷防震减灾宣传海报2万幅，发放到市内4区及寿光、昌邑、滨海3个重点监视防御区。开展驻潍坊高校秋季入学新生地震安全教育和记者走基层活动。潍坊电视台连续播放地震科普片、公益广告和电视片《断裂带上的守护》。在《潍坊日报》刊登防震减灾知识和宣传潍坊市地震局作风建设文章20余篇。寿光市在现代社区组织开展纪念唐山大地震41周年宣传活动。不断加强防震减灾宣传阵地建设，全市新增国家级科普教育基地1处（潍坊防震减灾科普馆），科普示范学校2所（诸城市明诚学校、诸城市密州路学校），省级科普教育基地9处、科普示范学校7所。

（刘中宁）

气象测报

【概况】 2017年，全市设有寒亭一个国家基本观测站，有青州、诸城、寿光、安丘、高密、昌邑、临朐、昌乐8个一般气候观测站。全市有155个区域气象自动观测站，10个单雨量站，6个设施小气候站，16个自动土壤水分观测站。潍坊标准化在役人工影响天气高炮58门，火箭发射器20门，地面燃烧炉4部。截至2017年底，潍坊市气象局已连续11年保持省级文明单位称号，全市气象部门在职职工131人，其中高级工程师28人，工程师56人。

【气象服务】 2017年潍坊市春季降水偏少，汛期降水频繁，全市年平均降水量较常年略偏多；降水分布不均，中部多、西部和东南部少。气象局圆满完成了全年气象服务以及气象保障工作。在全年的气象服务工作中，圆满完成中日韩产业博览会、全国农商互联启动会、风筝会、文展会、菜博会、昌乐宝石节、青州花博会等重大活动气象服务工作。完成“三夏”麦收期间气象服务工作以及春运、高考、中考等专项气象服务。做好元旦、春节、清明节、端午节、中秋节、国庆节等节假日气象服务工作。全年共发布重要天气预报16期、专项气象服务101期、雨情信息179份、预警信息85期，短期气候预测与农事建议3期，召开新闻发布会6次，与环保局共同发布重污染天气预警5期，上报应急响应期间工作动态5期，完成霾Ⅲ级和暴雨Ⅳ级应急响应气象服务总结，发布地质灾害气象风险预警预报1期，包括其他决策气象材料共计120余份。继续强化“潍坊气象”微信公众号和“潍坊气象”官方微博等新媒体服务功能，优化预警信息发布流程，彻底解决了公众预警信息推送迟缓痼疾，实现预警预报信息在本地新媒体公开传播。高清《天气预报》节目1月27日开始在潍坊电视台三个频道播出。昌乐、临朐、寒亭三套县级节目同步改为高清制作。以深化“不忘初心，风雨同行”党建品牌创建为抓手，推动电视、网络、手机、微博、微信等公众气象服务融合发展，促进公众气象服务产品接地气、有人气。7月19日，“潍坊气象”本地移动平台割接至省局气象短信平台。组织开展科普宣传进农村、防灾减灾知识普及、志愿者服务、“万人下基层”等活动。

【人工增雨防雹】 2017年共组织开展人工影响天气作业22场次，其中增雨（雪）作业16次，防雹6次，发射炮弹1453发，火箭弹80枚，燃烧焰条40根。作业受益面积7050平方公里，增加效益5617万元，防雹作业保护面积1650平方公里，减少经济损失4700万元。

【雷电气象灾害防御】 2017年，潍坊市气象灾害防御技术中心全力推进防雷体制改革，较好地完成了各项工作任务。

1月3日，山东省气象局批复了《潍坊市气象部门防雷机构编制和人员调整实施方案》（以下简称《方案》），潍坊市雷电防护技术中心（潍坊市防雷中心）更名为潍坊市气象灾害防御技术中心（潍坊市雷电防护技术中心、潍坊市防雷中心）。

根据防雷体制改革要求，防雷装置设计审核与竣工验收转为受理后委托服务，中心积极配合气象局行政审批窗口，及时做好图纸设计技术评价意见及出现场竣工验收工作，根据工作规程，积极协调行政审批相对人提交相关材料，不论技术审核合格与否，都及时出具审核意见，并按期送交大厅窗口，保证了行政审批工作的时效及严肃性。

按照省、市局防雷减灾体制改革方案及机构编制和人员调整方案，积极稳妥推进防雷体制改革的各项部署。协调各县（市、区）推进华云公司营业部的注册成立。到2017年6月1日，市局华云公司及各县（市、区）华云公司营业部均完成所有报备手续进入实质运行阶段，潍坊防雷改革取得阶段性成果。为了调动华云公司检测岗位人员的工作积极性，在副局长马劲松带领下，赴莱芜及泰安进行实地学习调研，根据潍坊实际，起草了《潍坊市华云信息发展中心检测岗位奖惩办法》，经7次征求意见与修改，最终由市局办公室批复该《办法》，自2017年6月1日起正式实施。经过半年运行，该《办法》基本达到预期目的。

以深化防雷改革为契机，优化防灾中心各项业务，重新梳理华云公司检测业务流程。6月19日，从行政服务中心撤回防雷技术服务窗口，在财务中心协助下完善了华云公司检测业务收入账流程。为适应新的市场运行模式，增强客户服务满意度及方便客户，在充分调研市场的基础上，与圆通快递公司达成合作协议，由圆通公司负责华云公司检测报告分发等的快递业务。该项工作的开展，取得良好的服务效果，增强了华云公司的市场竞争力。

6月27—28日，组织全市防雷工作会议及防雷培训班，邀请省局法规处领导及省防灾中心专家进行授课，对防雷工作中存在的热点、难点问题及最新颁布的标准规范进行讲解，提高了全市防雷从业人员的理论水平与整体素质。

【依法行政】 规范实施行政执法人员资格审查、培训考核和持证上岗制度，46人持有山东省行政执法证，8人完成执法证换证工作，1人新通过行政执法资格考试。清理、规范新建、改建、扩建建（构）筑物防雷装置行政审批事项相关业务服务流程，调整服务指南修订工作，修改网站公示内容。为服务机构出具“新建、改建、扩建建（构）筑物防雷装置检测”技术服务委托书。取消大气环境影响评价使用非气象主管部门提供的气象资料审批。推进气象政务公开，推行电子政务，实现网上行政审批。年内共办理行政审批事项323件。气象局窗口被潍坊市政务服务中心评为月度文明窗口一次，窗口服务人员一人次被评为月度文明服务标兵。市气象局开展易燃易爆、加油加气站、危险化学品等防雷安全检查230家单位，施放气球活动安全巡查43次。市气象局作为潍坊市政府安委会第16督查组成员单位，对坊子区60家单位进行安全生产督查。

（李树军）

水文

【概况】 潍坊市有国家基本水文站13处（河道站5处、水库站6处、潮位站2处），雨量站224处、报汛站55处、墒情监测站20处、蒸发观测站7处、河道泥沙监测站3处、水土保持监测站2处、地下水观测站128处、水质监测站111处、区域用水总量监测站43处。

【降水量及分布特征】 2017年，全市平均降水量为648.7毫米，比历年偏少0.5%，属降水正常年份。与历年比较，青州市偏少最大为16.9%，昌乐县偏多23.8%，其他县（市、区）一般在-14.2%～19.6%之间。

全市降水的主要特点是时空分布不均。时间分布上，降水量主要集中在汛期，6月至9月全市平均降水量521.8毫米，占年降水量的80.4%。其中7月、8月全市平均降水量423.8毫米，占年降水量的65.3%；枯季，1月至5月全市平均降水量103.1毫米，占年降水量的15.9%，10月至12月全市平均降水量仅23.8毫米，占年降水量的3.7%。空间分布上，降水量地区差异明显，各县（市、区）平均降水量昌乐县最大，为782.7毫米，寿光市最小，为490.5毫米，区域极值差为292.2毫米。

【河道水情】 2017年，汛前各主要河道水势平稳，无较大水情。受几场较强降雨影响，汛期潍河、弥河发生不同程度的中小洪水。弥河上游黄山水文站7月7日5:17实测最大流量373立方米/秒，相应水位139.93米，水位涨幅为1.28米；弥河谭家坊水文站8月14日12:00实测最大流量33.4立方米/秒，相应水位38.04米，水位涨幅为1.22米；渠河郭家屯水文站8月20日10:30实测洪峰流量70.1立方米/秒，相应水位40.46米，水位涨幅为1.37米；潍河诸城水文站（掘村拦河闸）8月3日11:00过闸洪峰流量85.9立方米/秒，相应水位闸上54.41米、闸下48.59米，水位涨幅为0.08 米；胶莱河流河水文站汛期未开闸，无过闸流量。汛后各主要河道水势平稳，处于断流或基流状态。2017年，全市河流入海径流量1.2769亿立方米。

【水库水情】 2017年年末，全市27座大中型水库总蓄水量5.4438亿立方米，比年初多蓄水1.8632亿立方米。其中，大型水库蓄水量3.7816亿立方米，比年初多蓄水1.5308亿立方米；中型水库蓄水量1.6622亿立方米，比年初多蓄水0.3324亿立方米。

【水文情报预报】 2017年，全市各类报汛站共向国家防总、省市防指拍发电报47232份，其发报率和正确率均为100%。提供大中型水库、主要河道水情表195期，雨情表194期，墒情简报25期，雨水情新闻稿件74篇，水情月报12期，雨水情综述3篇，洪水预报12次，向各级领导发送雨水情短信14万余条。

【地下水动态】 地下水位变化。根据地下水动态监测资料，2017年末全市平原区平均地下水位埋深为13.13米，较年初上升0.45米。年末与年初比较，高密市地下水位下降，下降幅度为0.39米；其他各县市区地下水位均不同程度上升，上升幅度一般为0.10～1.72米。

地下水漏斗区变化。2017年末全市平原区地下水漏斗区有寿光—昌邑、昌邑城区、昌乐朱刘店3处，年末漏斗区总面积1766平方千米，较年初缩小50平方千米，漏斗区地下水位负值区面积1258平方千米，较年初缩小11平方千米。其中，寿光—昌邑漏斗区年末面积1299平方千米，较年初缩小63平方千米，漏斗地下水位负值区面积968平方千米，较年初缩小20平方千米；昌邑城区漏斗区年末面积442平方千米，较年初扩大13平方千米，漏斗水位负值区面积256平方千米，较年初扩大9平方千米；昌乐朱刘店漏斗区面积及水位负值区面积仍为25平方千米。

浅层地下水蓄水量变化。2017年末全市平原区浅层地下水蓄水量较年初增加6553.3万立方米，其中高密市地下水蓄水量减少1024.7万立方米；其他各县市区地下水蓄水量均增加，一般增加为60.8万～2858.4万立方米。

【水质状况】 地表水水质状况。2017年全市共布设地表水水质监测站48处，其中河道站22处，水库站26处，全年共监测评价三次（5月、9月、11月各一次）。从监测评价结果看，水库水质总体较好，河道水质污染较严重，且以有机污染为主。与历年比较，水库水质相对稳定，河道水质比2016年向好。

22处监测河段中有4处河干，不参与评价。在评价的18处监测河段中，水质达标（以Ⅲ类为标准）的站点有6处，占监测河段总数的33.3%，与2016年持平。水质为III类的6处，占监测河段总数的33.3%；水质为IV类的6处，占监测河段总数的33.3%；水质为Ⅴ类的2处，占监测河段总数的11.1%；水质为劣Ⅴ类的4处，占监测河段总数的22.3%。

已开展水质监测的26座大中型水库（诸城市共青团水库未开展）中有3处库干，分别为王吴水库、郭家村水库和马旺水库，不参与评价。在评价的23座大中型水库中，水质为III类的17处，占监测总数的73.9%；水质为IV类的6处，占监测总数的26.1%。

地下水水质状况。2017年全市共布设地下水水质监测站46处，全年共监测评价2次（5月、11月各一次）。从监测评价结果看，大部分地下水监测井点水质较差，与去年比较，水质较为稳定。按地下水质量单项指标评价，在评价的46处地下水井点中，水质达标（以Ⅲ类为标准）的站点有13处，占评价总数的28.3%，与2016年持平。水质为II类的1处，占评价总数的2.2%；水质为Ⅲ类的12处，占评价总数的26.1%；水质为IV类的8处，占评价总数的17.4%；水质为V类的25处，占评价总数的54.3%。

主要水源地水质状况。2017年全市共布设水源地监测站17处，其中地表水水源地10处（其中1至8月份实测8处；其他月份实测9处），地下水水源地7处，全年共监测评价12次。从监测评价结果看，地表水水源地除1处全年库干外，其他9处水质均为III类；地下水水源地水质全部为III类。与历年比较，水源地水质均相对稳定。

（魏　瑰）

潍坊市农业科学院

【概况】全年共承担国家、省、市级重点科研项目39项，其中国家级科研项目8项、省部级项目15项、市级16项，所有科研项目按照项目任务书、合同指标和进度安排有序开展，筛选了一批表现突出的新品种和新技术，并进行了多点试验示范，为支撑现代农业产业发展储备了技术力量。新申报国家、省、市级项目20项，2项省重大应用技术创新课题获批立项，新增国家作物种质资源数据中心、国家土壤质量数据中心、国家植物保护数据中心、国家农产品质量与安全数据中心4个国家科学实验站，到位科研经费295万元。全院国家级创新平台总数量达到12个、省级创新平台9个、市级创新平台7个，在全省地市级科研单位名列前茅。获得山东省科学技术进步奖二等奖1项，潍坊市科学技术进步奖一等奖1项、二等奖3项，三等奖1项，潍坊市重大科技创新奖1项。先后育成小麦、玉米、花生、大豆、绿豆、芦笋、蔬菜等农作物新品种（系）、新组合48个，24个品系参加了全国新品种区试、山东省区试、省预试等各类试验，为新品种审定奠定了良好基础。育成的花生新品种“潍花19”、大豆新品种“潍豆138”通过省品种审定委员会审定，获得植物新品种权两个，新颁布省地方标准六项。

【专利申报及授权】全年共授权国家发明专利19项、国家实用新型专利2项，发明专利数量排名全省地市级农科院第一位、全省科研院所第十一位。

【助力城市建设】认真梳理支撑“四个城市”（产业强市、文化名市、活力城市、品质城市）建设的新思路、新方法、新途径，充分发挥自身优势，确立实施“四大提升工程”：一是潍县萝卜品质提升工程。二是科研基础平台建设工程。三是科技试验示范基地带动提升工程。四是科技创新团队和人才培养工程。

【拓宽服务渠道】坚持以多途径、全覆盖、求实效作为科技推广服务的目标，把优质、高端、高效作为科技推广服务的要求，不断创新服务思路，

10月，市农科院主持的“潍花系列花生新品种选育与应用”项目获潍坊市科技进步一等奖 （供稿：刘 英）

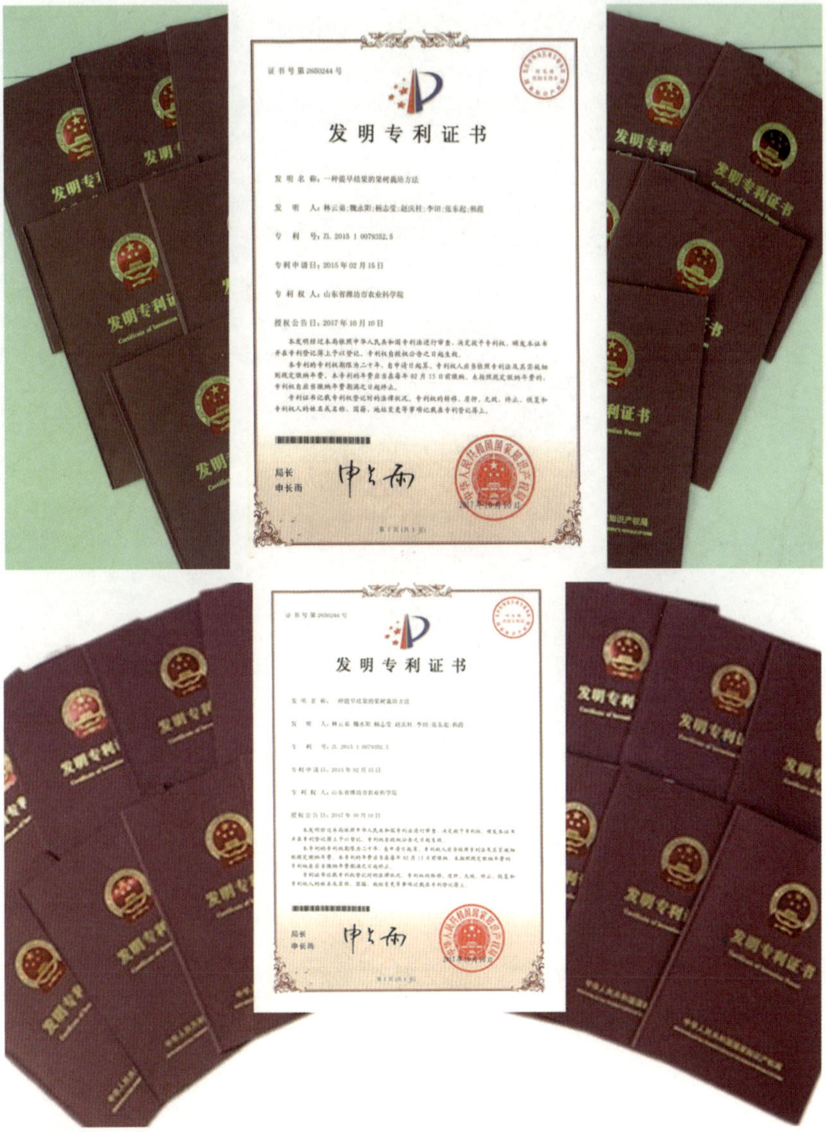

2017年，市农科院共获得国家发明专利19项，位列全省科研院所第十一位、全省地市级农科院第一位 （供稿：刘 英）

拓宽服务渠道，制定了线上线下“双轨”服务模式。线上以“互联网+”为基础，建立起热线电话、网络视频、微信、QQ群四个模块于一体的快速问题收集及反馈渠道。线下大力发展专家+农业主产区、农民合作社、农业龙头企业、示范基地、家庭农场的“五加”服务模式，形成区域特色明显、产业优势突出、辐射范围广泛的农业科技示范网络。“双轨”模式实施以来，建立微信群10个，产业指导QQ群4个，通过网络视频服务、微信、QQ解决农业关键技术问题300多件，利用微信及QQ发表农业关键技术及病虫害防治文章50多篇，受理电话咨询500多人次，深受农民群众欢迎。

（姜官恒）

文　化

Wenhua

社会文化和文化体制改革

【概况】 2017年，潍坊市委、市政府高度重视文化建设，积极推动文化的繁荣兴盛，特别是围绕市第十二次党代会提出的建设“文化名市”的战略部署，内强文化实力，外树文化美名，文化事业和文化产业改革发展取得更加丰硕的成果。

【公共文化服务】 2017年，全市公共文化设施提档升级，开展各级公共图书馆、文化馆、博物馆、镇（街道）综合文化站、村（社区）综合性文化服务中心达标建设，扶持提升村（社区）综合性文化服务中心、贫困村文化大院建设，90%的省定贫困村建成文化大院和标准化农家书屋，全市基层综合性文化服务中心建设达标率达到94%以上，顺利完成第六次全国公共图书馆评估定级。公共文化场馆免费开放服务，市图书馆、市博物馆实现午间、周末、法定节假日“三不休”，市图书馆年进馆人数突破120万人次，被评为“全国阅读示范基地”，各级文化馆举办公益性培训班8000多课时，各级博物馆举办展示展览活动200多个，服务群众300多万人次，市图书馆、文化馆、博物馆、美术馆、十笏园博物馆5个项目被评为市直事业单位优质服务项目。重大文化惠民工程更接地气，完成农村公益电影放映7.4万多场，“一村一年一场戏”演出6000多场，对1983个农家书屋进行图书更新，高密市冯家庄村农家书屋、寿光市三元朱村农家书屋被评为“全国优秀农家书屋”。安丘市京剧团、昌乐县文化市场综合执法局、高密市宝德书院3家单位被评为第七届全国服务为民、服务基层文化建设先进集体。

【文艺精品创作】 研究制定《中共潍坊市委关于繁荣发展社会主义文艺的实施意见》。组织推荐17部重点文艺作品参评省十二届文艺精品工程，电影《终极胜利》《王伯祥》、电视剧《天地苍茫》等3部作品入选省十二届精品工程奖，潍坊市委宣传部获得省十二届精品工程优秀组织工作奖。全面推进《潍坊通史》《潍坊美术全集》、长篇小说《画都》《潍坊历史文化名人》丛书的编辑（纂）出版、宣传推介工作。完成画都之歌《水墨》MV的制作和宣传发行，《水墨》MV通过爱奇艺视频、乐视视频、腾讯视频、优酷土豆等视频门户网站震撼上线，在十多家媒体刊载发布，引起强烈反响和广泛好评。吕剧《板桥县令》等4个项目入选2017年度国家艺术基金资助项目，入选数量居全省第二位。组织开展“薪火相传”京剧与地方戏优秀剧目展演30场，国家艺术基金项目诸城茂腔《失却的银婚》成功搬上舞台，在全市巡演50多场。相声《微微一信》、诸城民族器乐《诸城古琴》、临朐周姑戏《担当》等参加全国展演比赛并获奖。《编外媳妇李小双》等3部院线电影完成拍摄即将上映，40集大型电视连续剧《烟雨潍水》作为2018年潍坊建市70周年献礼片加紧筹拍。

【群众文化活动】 潍坊市继续打造“魅力潍坊•浓情四季”和“我们的中国梦‘文化进社区’”群众文化活动品牌。广泛调动全市各级各有关部门、单位，发动群众、社区居民广泛参与，本着“服务社区居民、丰富文化内涵”的理念，积极开展形式各样、丰富多彩、自娱自乐的文化活动。组织举办潍坊第二届市民文化节。5月—10月以“讲潍坊故事，赞美好家园”为主题，组织举办赛事、展演、展示三大类14项内容丰富、形式多样、影响广泛群众性文化活动，参与活动群众达50多万人次。以重要时间节点和重大主题活动为平台，组织潍县古城过大年、“春节、元宵”灯迷会、第六届“潍水之春”文艺汇演、第六届广场社区电影节、非遗文化进校园普及活动等一系列群众文化活动。以“风雅画都”为主题，组织举办中国画节、借喻——顾黎明艺术三十年巡展、庆七一•习近平用典选粹书法篆刻展、纪念毛泽东诞辰124周年——毛泽东书信墨宝展等文艺展览展示活动。全年累计组织群众性文化活动3万多场次，不断丰富和活跃全市人民群众的精神文化生活。

【文化产业发展】 2017年，全市文化产品出口45.5亿元，同比增长100.22%。全市拥有国家级文化产业示范基地4家，国家级文化出口重点企业2家，省级文化产业园区（基地）22家，省级重点文化企业11家，省级重点文化产业项目11个，市级文化产业示范园区（基地）59家。山东京广传媒股份有限公司、齐鲁酒地文化发展股份有限公司、歌尔股份有限公司三家企业，潍坊报业新媒体项目、华安•创意文化旅游产业园两个项目，潍坊文化创意产业园、中晨国际艺术小镇两个园区入选第五批山东省重点文化企业、项目和园区名单，入选总数位居全省前列。潍坊科苑数字科技有限责任公司等三家企业入选“2017—2018年度山东省重点文化产品和服务出口企业”。潍坊文化创意产业园获评“2017年省级服务贸易特色服务出口基地”。中晨国际艺术小镇入围2017年省级文化产业发展专项资金八大重点扶持项目。山东弘易传媒控股股份有限公司等16家文化企业挂牌上市。

优势产业迅猛发展。“潍水文化生态保护实验区”作为全国18个国家级文化生态保护实验区之一，带动风筝、年画、红木嵌银、剪纸、珠宝加工、奇石等工艺美术产业化发展。节会经济蓬勃发展，风筝会、中国画节、文展会、鲁台会、陈介祺艺术节、昌乐宝石节、诸城大舜文化节、高密红高粱文化节等特色节会品牌不断提档升级。以创意设计、影视动漫、虚拟现实为发展重点的新兴产业园区不断壮大，如潍坊广告创意产业园、潍坊文化创意产业园区、潍坊国际创意港、潍坊软件园等。

【文化产业融合】 “文化+金融”渐成品牌。以潍坊银行艺术品融资服务、艺术品仓储服务、艺术品投资咨询服务、中国艺术金融数据库和潍坊文化产权交易中心为代表推动文化金融融合探索实践，发布“中国艺术金融指数”，包括中国艺术金融价格性指数、中国艺术金融议价指数等。2017年7月26日在山东省文化产业现场会上潍坊市作了《强化创新、优化服务，打造文化艺术金融“潍坊模式”》的典型发言。“文化+旅游”相得益彰。推出青州古城、金宝民俗乐园、杨家埠民间艺术大观园、诸城恐龙文化旅游区、高密红高粱影视基地等一批特色文化旅游项目和精品旅游线路。“文化+科技”深度融合。积极培育打造文化领域科技服务平台，支持文化企业科技创新。全市市级以上孵化器中，在孵文化企业达到90家。先后有山东中动文化传媒有限公司、山东惠影科技传媒股份有限公司、潍坊市皓星视讯电子有限公司等35家文化领域最具代表性的企业被认定为高新技术企业。

【文化体制改革】 潍坊市出台《文化领域供给侧结构性改革实施方案》和《进一步深化文化市场综合执法改革的实施意见》和《潍坊市贯彻落实〈山东省关于加强文化领域行业组织建设的实施意见〉重要举措分工方案》。积极推动县级广播电视台改革工作，昌乐等10个县市区出台《深化广播电视事业体制机制改革的实施方案》，健全县级台运行和发展保障机制。推出昌乐和青州传媒事业体制机制改革典型，两地改革经验在《山东省文化体制改革和发展工作简报》专题刊发并在全省推广，昌乐改革经验入选中宣部出版的《坚持把社会效益放在首位、实现两个效益相统一典型经验选编》。完善国有文化资产管理体制机制，研究制定市属国有文化企业“双效”考核及企业负责人薪酬制度。持续深入开展国有文化企业“对标超越”活动，潍坊广播电视报社被确定为全省国有文化企业“对标超越”先进典型之一。

（张正晟）

精神文明建设

【概况】 潍坊市把文明城市创建作为全市精神文明建设的龙头工程，常抓不懈。举办创建文明城市、文明单位工作培训班，全市500多名创城工作业务骨干参加培训。坚持问题导向，聚焦城市顽疾，组织开展城市环境卫生、公用设施、校园周边、社会文化环境等集中整治行动。深入实施“文明出行”专项行动，组织开展“礼让斑马线”、交通环境专项整治、文明出行志愿服务、文明出行征文、文明出行主题车贴发放张贴等系列活动，改善城市出行环境。组织开展文明旅游、“我为‘四个城市’添光彩”演讲比赛等教育实践活动，带动市民文明素质持续提升。健全完善文明城市创建工作长效机制，坚持每周巡访、定期通报、半年测评。全年编发《工作专报》16期、《市民巡访简报》9期，下发督查单844个，委托第三方对县市区进行文明城市创建工作测评两次，潍坊市顺利通过全国文明城市复评，成功蝉联全国文明城市。寿光市被评为第五届全国文明城市，昌邑市、青州市、诸城市进入全国文明城市提名城市名单，潍坊市省级文明县市区数量达到11个。2017年11月17日，市领导刘曙光、初宝杰赴京参加全国精神文明建设表彰大会，受到习近平总书记亲切接见。

【基层文明创建体系日益完善】 潍坊市深化文明单位、文明村镇、文明社区创建，启动开展文明家庭、文明校园创建，形成了分类合理、规范有序的基层文明创建体系。修订完善《潍坊市文明单位考评标准》，改进精神文明动态管理系统，利用“互联网+”优化文明单位日常管理和考核评价。2017年，全市新增全国文明单位4个、文明村镇7个，省级文明单位44个、文明村镇54个、文明社区14个。有1户家庭被评为全国文明家庭，24户家庭被评为全省文明家庭，100户家庭被表彰为全市文明家庭。全市有2所学校入选第一届全国文明校园，25所学校入选第一届省级文明校园，表彰市级文明校园64个。基层文明创建工作活力迸发、效果良好，有力地夯实了精神文明建设基层基础。

【未成年人思想道德建设】 围绕重要时间节点，全市组织开展“清明祭英烈”“学习和争做美德少年”“童心向党”“向国旗敬礼”活动。表彰潍坊市美德少年107名。广泛开展“国学小名士”经典诵读电视大赛，全市70多所学校、2万余名中小学生参加海选，先后举行预赛50余场、复赛4场、决赛3场，潍坊市两名选手进入省“国学小名士”经典诵读电视大赛决赛并分获中学组、小学组二等奖，市文明办被省委宣传部等8部门授予优秀组织奖。加强乡村学校少年宫建设管理，年度新增中央彩票公益金扶持项目4个。积极组织参加省乡村学校少年宫书法、乒乓球才艺展示活动，并取得良好成绩。联合市教育局等部门开展“爱家”系列活动、“文明出行”征文、中小学生研学旅行等活动。市委宣传部被中央文明委表彰为“全国未成年人思想道德建设工作先进单位”；潍坊市被评为“全省未成年人思想道德建设工作先进城市”。

【乡村文明行动】 潍坊市以环卫一体化和移风易俗为重点，深入实施乡村文明行动，推进农村精神文明建设。全市各镇（街）、村（居）全部实现生活垃圾集中收集清运、无害化处置和常态化管理，城乡环卫一体化工作管理体系全面建立，城乡环境显著改善。在安丘市召开全市庆祝第23届山东省环卫工人节暨乡村文明行动城乡环卫一体化工作现场推进会议。大力开展移风易俗工作，着力推进建立红白理事会、村民议事会、道德评议会、禁赌禁毒会“四会制度”建设。联合市政、民政部门成立专项督查组，开展移风易俗工作专项督查，推动农村红白喜事实现简办、新办。

【弘扬优秀传统文化】 建立健全身边好人和道德模范市、县、镇、村四级评选宣传机制，全市有241人进入潍坊好人榜，42人进入山东好人榜，4人当选“山东好人之星”，11人进入中国好人榜，6人当选中国文明网“好人365”封面人物。组织开展第六届全市道德模范评选活动，举办全市道德模范、身边好人互动交流活动，表彰道德模范34名。举办“丹青颂美德，名家画好人”活动，免费为市级身边好人订阅报纸、健康体检以及开展救助帮扶，邀请好人典型出席春节晚会、风筝会、文展会等重大节庆活动；在风筝广场、十笏园街区、市博物馆等人流密集区建成一批好人主题广场（展馆），营造崇德向善的浓厚氛围。扎实做好“讲文明树新风”公益广告制作刊播工作，《潍坊日报》《潍坊晚报》全年刊载公益广告均超过130版，潍坊电台、潍坊电视台年播出公益广告4万条次；全市户外公益广告宣传设施达1.68万余处，公益广告在公交车体和城区主要交通路口、沿街门店等电子屏刊播占比超过20%。加强网络文明引导，潍坊文明网刊登稿件7600余篇，在中国文明网发表稿件140余篇，潍坊文明网新浪微博传播力指数位于全国文明网系统前列，“文明潍坊”微信公众订阅号关注人数达到16万余人。围绕春节、清明节、中秋节、重阳节等传统节日，广泛开展“我们的节日”主题活动，通过文化讲座、民俗表演展示、书画比赛等活动形式弘扬优秀传统文化。

【学雷锋志愿服务】 潍坊市持续推进学雷锋志愿服务制度化，截至2017年底，潍坊市在全国志愿服务信息系统注册登记志愿者42万多人。以关爱空巢老人、留守儿童、残疾人为重点，以“邻里守望”“精准扶贫”“文明引导”等为主要内容，精心组织大型志愿服务项目300多个。坚持打造“一地一品、一地多品”的品牌化战略，推进学雷锋志愿服务常态化开展。在全市推进社区志愿服务。全市有1人入围全国最美志愿者候选名单，1个社区入围全国最美志愿服务社区候选名单；8人入选省最美志愿者；8个志愿服务组织入选省最佳志愿服务组织；8个志愿服务项目入选省最佳志愿服务项目；10个社区入选省最美志愿服务社区。

（齐　帅）

新闻出版

【概况】 加强新闻出版管理。规范报刊、内资审读和记者证申领秩序，强化审批与执法监管，加强印刷与发行行业有效监管。加大企业服务支持力度，向省新闻出版广电局推荐10个具有代表性的重点项目，2017年为北大青鸟华光照排公司申获省宏观调控专项资金50万元，公司研发的“媒体协同工作系统（中央厨房暨山东党端服务平台）”项目通过国内专家鉴定评审，总裁徐志强荣获2017年“王选新闻科学技术奖”一等奖。

【版权工作】 2017年全市版权登记为3128件，比去年增长45%。为加大版权宣传力度，组织开展版权培训班、非遗宣传周及版权宣传月、走出去学即墨版权、与知识产权代理机构合作等活动。在县市区设立6个版权登记服务站，积极争创国家级、省级版权示范单位、园区（基地），深入实施市级版权示范单位、园区（基地）创建，山东省泰山教育创新研究院被评为国家版权示范单位，昌乐传媒集团等5个单位入选省版权示范单位（园区基地）。拥有国家级版权示范单位、园区基地4个，省级18个，市级23个。在第18个“世界知识版权日”来临之际，中央媒体采访团调研采访潍坊市版权产业发展的相关情况，并在《中国新闻出版广电报》、新华网、人民网等多家新闻媒体对潍坊市版权工作做法进行了宣传报道。

（柴德闯）

【潍坊日报社】 潍坊日报社牢牢把

潍坊日报社荣获“中国地市党报媒体融合十强”称号　　（供稿：王　乐）

握正确导向，忠实履行新闻宣传工作职责和使命，坚持围绕中心、服务大局，唱响主旋律、弘扬正能量，不断提高新闻宣传质量和水平，为全市改革发展提供强有力的舆论支持。荣获“中国地市党报媒体融合十强”称号，36件新闻作品在省级以上新闻评选中获奖，2部作品荣获第四届“风筝都文化奖”。

主题宣传广泛深入。以迎接宣传党的十九大为统领，围绕市十二次党代会提出的总目标，精心组织策划一系列主题宣传活动。重点围绕“学习贯彻党的十九大精神”“作风建设年”“四个城市”建设、供给侧结构性改革、新旧动能转换、“啄木鸟行动”等重大主题，全国全省全市“两会”、省十一次党代会、市十二次党代会等重要会议，风筝会、文展会、鲁台会、中日韩产业博览会等重大节会活动，组织策划系列报道，内容丰富，形式创新，特色鲜明，影响广泛，在全市上下起到了统一思想、凝心聚力的重要作用。党的十九大精神宣传，主题突出、广泛深入，刊发各类稿件600多篇，在全市掀起了学习宣传的热潮。“四个城市”建设宣传，刊发相关稿件1000多篇，“作风建设年”宣传，刊发相关稿件700多篇，形成舆论强势，在全市营造了良好舆论环境。

深度报道亮点突出。《潍坊日报》深度报道兼具理论高度、思想深度、新闻厚度，在读者中引起强烈共鸣，开设“精彩解读2016”“回眸2017”专栏，全面反映全市重大发展成就，组织策划13个专题深入解读市十二次党代会报告，围绕全市重大典型、重要工作经验推出一批有影响力、有分量的典型报道，进一步增强了党报的引导力和权威性。加大新闻评论力度，全年推出重点评论100多篇，编发重大主题理论专版20多个，以系列长篇评论形式对“四种精神”（担当进取、勇争一流；改革创新、敢为人先；开放包容、海纳百川；崇尚法治、规范理性）进行述评解读，取得良好宣传效果。

专刊特刊全面发展。《潍坊日报》承担14张专刊特刊的编排审校工作和12家分社7000多个版面的审读工作，出版过程严把政治关、技术关和文字关，加强与合作单位沟通交流，紧紧围绕地方党委政府中心工作，突出地域特色，不断提高报纸质量，推动持续规范发展，保证了新闻舆论安全。

民生报道鲜活生动。《潍坊晚报》主打社会民生报道，着力加强本土新闻、原创新闻、独家新闻，创新报道模式，打造精品栏目，品牌影响力进一步提升。围绕群众关心关注的教育、卫生、社会保障等问题及时组织重点报道，开设“直通12345”“潍坊好人365”“公益寻人平台”“风筝之爱”“爱人驿站”等重点栏目，内容有温度、接地气，深受广大读者喜爱，引起社会广泛关注。

新媒体平台稳步拓展。潍坊新闻网积极拓展传播渠道，开展网络直播，策划线上线下互动活动，日访问量35万人次、高峰时突破百万人次，微信公众号粉丝过30万人，品牌影响力持续提升，成为全市网络媒体宣传重要的内容源头。与新华社手机电视台合作的“今日潍坊”客户端，服务全市经济社会发展，成为重要移动舆论阵地和全市权威主流手机新闻媒体，荣获中国报协“新媒体项目创新奖”。

（许文海）

广播影视

【新闻宣传】 充分发挥广播电视主流媒体作用，深入开展“宣传质量提升年”活动，以学习宣传贯彻党的十九大精神为主线，紧紧围绕市委、市政府决策部署精心策划组织系列主题宣传，打造精品栏目，强化对上宣传和精品创优，宣传质量实现新的提升。

新闻宣传引导有力。主题宣传高密度、大力度，组织开展了党的十九大、省十一次党代会、市十二次党代会、“作风建设年”“两学一做”学习教育、新旧动能转换、“四个城市”建设、提升市区、文明创建、脱贫攻坚、市人大政协“两会”、风筝会、鲁台会、文展会、中日韩博览会的宣传。监督性报道力度加大，“啄木鸟行动”宣传成效明显。民生新闻的服务性进一步增强，电台《党风政风热线》、电视台《潍坊电视议事厅》、传媒网《直通12345》栏目成为媒体问政的高效平台，有效沟通了党委政府与社会群众的联系。开展“行进潍坊，情系百姓”“转作风，走基层”新闻采访活动，组织编辑记者深入生产生活一线，采制了大量来自基层的新闻报道。

对上宣传成绩显著。电台在省台发稿845条，在中央电台《中国之声》发稿41条；电视台在省台发稿580条，在中央电视台发稿120条，有效提升了潍坊城市形象和美誉度。

精品创优再创佳绩。集团2017年获得省级一等奖以上奖项35个。电视台参与制作的系列片《血铸河山》获得中国广播影视大奖；主持人谭稳获“金话筒”奖；集团在2016年度省优秀广播电视节目评选中有10件作品获得一等奖，一等奖获奖数量连续10年稳居全省地市级台第一位；广电报2件作品获中国广播电影电视报刊协会新闻作品一等奖；潍坊传媒网被评为“2017全国地市网络媒体十大最具影响力品牌”；艺术剧院新编历史吕剧《板桥县令》列入国家艺术基金2017年度舞台艺术创作资助项目并成功进行首演，得到专家和观众好评。

宣传管理得到加强。建立集团党委抓宣传工作机制，每月编发宣传提示，制定《关于进一步加强深度报道的意见》《关于进一步加强对上宣传工作的意见》和《关于加强“两微一端”管理的意见》，在宣传重点、质量标准、责任落实、新媒体管理等方面加强组织调度。严格落实节目三审和重播重审制度，确保正确舆论导向。

媒体融合成效明显。着眼于宣传、经营的提升和综合竞争力、传播力的增强，积极推进传统媒体与新媒体融合发展，形成媒体微信矩阵、新鲜APP与广播、电视、报纸、网站多屏覆盖、融合传播的新局面。

【产业经营】 面对严峻的经营形势，集团上下全方位开拓创新经营工作。全面实行多元化经营发展思路，全方

4月7日，举行青岛出版社潍坊分社成立揭牌仪式，市委常委、宣传部长，高新区党工委书记初宝杰（前排右一）出席仪式并为青岛出版社潍坊分社揭牌（供稿：李 放）

位建立新的经营平台，开拓新的经营业态和市场资源，加快推进经营转型升级，实现以品牌广告为主向大型活动、客户定制、百姓衣食住行服务的转变，呈现向好回升态势。集团总收入实现增长，圆满完成年度经营指标。

媒体经营不断创新。电台全年举办各类营销活动200多场，形成线上做节目、线下做活动的模式，新媒体成为新的创收平台。电视台创新发展思路，提出“提前介入、整合营销、全程服务”理念，抓大客户、做大营销，围绕合作、合办突出专题经营活动，搭建起由传统经营模式向多元经营模式转变的经营框架。广电报与青岛出版集团合作成立青岛出版社潍坊分社，填补了潍坊没有国家一级出版社入驻的空白，做强车展品牌，探索开展多元化经营，办报水平和效益在全国同行业领先，中国广播影视报刊

6月1日，中国广播电影电视报刊协会2017年年会在潍坊举行，中国广播电影电视社会组织联合会会长张海涛（右四）出席并讲话（供稿：李 放）

协会在潍坊召开年会推广其经验。传媒网积极开拓政务新媒体和网站开发业务，承接“潍坊发布”“高新发布”等政务新媒体，承建研发“灯塔”党建在线，业务模式有新的拓展。经营与宣传实现融合发展，电视台开办《经济30分》《健康潍坊》《金融潍坊》等专业化栏目，增强了经营承载能力。

产业结构得到优化，所有经营性公司全面实现盈利。星光少儿继续巩固少儿培训品牌，拓展君泰基地和精品课程中心业务，形成新的业务增长点。电影公司着力打造广场社区电影放映和特色化影城品牌，公司运营实现健康发展。中影影城着力提升放映质量和观影体验，取得良好经营业绩。艺术剧院积极面向社会开展经营性演出和艺术培训，经营效益实现新的增长。广电数码广场加大招商力度，拓宽经营范围，规模效益得到提高。当代艺术公司积极探索市场化办会路子，成功举办了中国青年实验艺术展。

【事业技术】 认真贯彻落实总局、省局关于广播电视安全播出的指示精神，加强组织领导，成立十九大安全播出工作领导小组，狠抓安全播出责任制和各项规章制度落实，与所属各单位签订《十九大召开期间宣传与安全保障责任书》，组织迎接省局安全播出大检查，加大安全播出检查力度，加强设备设施的升级改造和维护检修，强化值班纪律，圆满完成党的十九大、全国两会、2017金砖国家峰会等各个重要保障期的安全播出任务，实现全年零事故、零停播。加强制度化、规范化建设，进一步完善安全播出规章制度和应急预案，编制印发了《安全播出规章制度汇编》。电视台完成节目制播的全高清改造，四套频道全部实现高标清同播，提升了电视信号质量，在全省地市台中为首家，标志着潍坊电视跨入高清时代。参加全省广播电视技术能手比赛，获得个人一等奖。

潍坊电视台四套频道全部实现高标清同播 （供稿：李 放）

【队伍建设】 全面谋划和加强党建工作，深入开展“作风建设年”活动，扎实推进“两学一做”学习教育，认真开展“寻标对标提标达标”活动，强化作风转变、责任担当、进取奉献，形成强基固本、干事创业的良好局面。深入开展思想政治工作示范点创建、意识形态工作“四网一点五加强”、党员示范岗等活动，切实抓好党风廉政建设，全面提升员工队伍政治素质、业务水平和工作能力。2017年，集团被评为全省广播电视系统先进集体，集团党委被评为全市“建设学习型党组织示范点”，集团党建工作在市直机关年度84个部门单位考评中名列第二位，集团机关党支部被评为“市直机关示范支部”。天泽网络科技公司被评为“省级文明单位”，转播台被评为“市级文明单位”，集团总部、电台、电视台、广电报社继续保持“省级文明单位”，2名职工被评为“潍坊好人”。

（李 放）

文化执法

【概况】 潍坊市在全省率先开展“2017—忠诚卫士”行动，行动中突

8月2日，全市文化执法系统召开“忠诚卫士”行动动员会议 （供稿：王 林）

出“净源”“净网”“净屏”“净媒”“净环境”五个重点，精心组织，务求实效。全市各级文化执法机构共组织集中行动426次，发放各类宣传材料5万份，收缴各类非法出版物11万册（盘），没收非法卫星地面接收设施3000多套。“扫黄打非网”、人民网等各大网站，省《扫黄打非快报》《大众日报》《潍坊日报》等多家媒体报道潍坊市“忠诚卫士”行动268次，形成强大声势。11月29日，省新闻出版广电局在潍坊市召开全省卫星电视传播秩序现场会议；11月8日，省文化厅在潍坊市召开全省“忠诚卫士”行动总结表彰暨五省（区）文化市场综合执法交流会议，总结推广潍坊经验。市局被授予全省“扫黄打非”先进单位、全市妇女儿童工作先进集体。

【执法监管】 潍坊市文化市场综合执法局坚持“五严”并举，综合施治，全面落实严打、严管、严查、严防、严守措施，取得重大成果。2017年，全市共出动执法人员16763人次，检查文化企业7529家次，办结案件2263件，潍坊市执法办案数量、重大案件备案数量、新业态案件办理数量、卫星电视传播秩序综合整治考核成绩名列全省第一。1月30日，山东省文化厅下发《关于表扬2017年度全省文化市场执法办案先进单位等5项工作的通报》（鲁文市〔2018〕4号），市文化执法局被表彰为2017年度全省文化市场执法办案先进单位、互联网上网服务管理先进单位、中西部五省（市、区）文化执法“东西牵手、共同提升”行动计划先进单位、全省文化市场执法信息报送工作先进单位，成为全省唯一同时荣获五项荣誉的市级文化执法机构。

【“网格化”管理】 潍坊市文化市场综合执法局把文化执法、“扫黄打非”、卫星电视传播秩序任务目标等指标纳入县（市）区社会治安综合治理体系，逐一落实到“网格化”管理中。纵向在镇（街）、社区建立由党委、支部宣传委员为组长，综治办主任、治安主任为办公室主任的文化执法暨“扫黄打非”领导小组和办公室；横向落实市、县文化执法暨“扫黄打非”领导小组相关成员单位在镇（街）村（社区）的职责任务，实现重点工作联动、突出问题联治、基层平安联创。在镇（街）、村（社区）两级建立文化执法暨“扫黄打非”工作站，在全省“扫黄打非”进基层现场会议上，潍坊市“扫黄打非”办公室作了典型发言。

【制度建设】 健全完善目标激励机制。瞄准全国一流，全方位开展与上海、杭州等先进单位“寻标、对标”活动，建立文化执法和“扫黄打非”工作持续对标、双向交流、合作共赢新机制。健全完善执法联动机制。做到上下联动、部门联动。健全完善工作推进机制。建立市局领导包靠县市区、科室包靠行业制度，落实重大案件备案、挂牌督办制度和暗访督导制度，建立“周调度、旬分析、月推进”制度。健全完善考核评价机制。制定实施《“2017—忠诚卫士”行动考评细则》《潍坊市文化市场行政执法暨“扫黄打非”工作考评办法》；坚持通报制度，解决突出问题，推动执法工作走向制度化、规范化。

【执法交流】 全面展开与甘肃酒泉的对口交流协作，加强执法交流。在瓜州县举办了两地文化执法骨干培训班，进行了三个专题授课交流。加大保障支援。为酒泉市捐赠6台笔记本电脑和2台数码相机等执法装备。扩大交流层次。在深化市级层面交流同时，扩大交流领域和范围，推动潍坊市与酒泉市在县市区级层面对口交流工作扎实开展。

【文化执法改革】 2017年底，潍坊市制定出台全市《深化文化市场综合执法改革的意见》，县（市、区）文化执法机构保持独立、规格不降，青州市、临朐县等地在改革中增加职能、强化力量，深化改革在基层显现出强大的工作推动力和成效。

（王启福）

风筝文化

【第34届潍坊国际风筝会】 第34届潍坊国际风筝会于2017年4月15日在潍坊开幕。至4月22日，各项重点活动相继

万人风筝放飞表演　　（供稿：王　鹏）

安全、成功举办。2017年8月，经商务部研究院信用评级与认证中心认证、中国会展经济研究会诚信展览评审专家委员会评定，潍坊国际风筝会为“中国诚信展览”，潍坊国际风筝会办公室被国家体育总局授予全国群众体育先进单位。12月，第34届潍坊国际风筝会被评为“2017年度中国十佳品牌节庆”。

本届风筝会由国家体育总局、国际风筝联合会和潍坊市人民政府联合主办，以党的十八大、十八届三中、四中、五中、六中全会精神为指导，按照市第十二次党代会和今年《政府工作报告》部署要求，遵循办好风筝主体活动，打造城市品牌，搭建合作发展平台的理念，坚持“创新办会、务实办会、节俭办会”的原则，突出国际性、创新性、参与性和潍坊特色，着力抓好风筝、文化、经贸招商等17项重点活动，大力宣传推介潍坊，弘扬风筝文化，提升城市知名度和美誉度，促进文化产业和招商引资，取得良好的经济社会效益。中国奥委会副主席、国际风联主席冯建中，山东省委常委、常务副省长李群等领导，以及1500多名贵宾、重要客商应邀出席。开幕式以风筝文化为主题，突出国际性、民族性、参与性，并与万人风筝放飞和海上风筝冲浪表演相结合，宣传推介潍坊，收到良好效果。据统计，4月15日—17日参加开幕式和万人风筝放飞表演、第13届世界风筝锦标赛的嘉宾及市民、游客达到30多万人次。此届风筝会严格国际赛事规则，风筝赛事精彩纷呈。风筝会举办之前，在国内厦门、北川、万山、青岛四个分赛区，进行风筝会优秀队选拔赛。共选拔出国内32个省（市、自治区）66支优秀风筝代表队参会。邀请美国、澳大利亚、新西兰等40个国家和地区的56支优秀风筝代表队，共计500余名参赛队员参会。经过三天激烈角逐，本届风筝会第13届世界风筝锦标赛，决出了打斗风筝赛、团体双线运动风筝赛、团体双线运动风筝芭蕾赛、创新风筝赛、优秀传统风筝赛、最佳空中效果风筝赛、特色风筝表演赛的优胜者，潍坊市代表队荣获最佳空中效果风筝赛一等奖。“潍坊风筝大赛”筹备实现新突破，一大批特色风筝、创新风筝参加今年各项风筝赛事，报名参赛队伍达101支，其中县市区（开发区）组16支、市直部门组36支、企事业单位组（含群众放飞队）49支，参赛风筝达到1056只，参赛运动员、裁判员等共计1200余人，参赛风筝数量、种类和质量比往年有新提升。青州市等12个代表队荣获县市区（开发区）组一等奖；市商务局等15个代表队荣获市直部门单位组一等奖；海化集团等15个代表队荣获企事业组一等奖。此外，大学生风筝知识竞赛、风筝创意设计展、中国潍坊传统风筝扎制大赛、工艺美术节及风筝博览会、楹联大赛及作品展、“中国梦•劳动美全市职工庆五一”群众风筝放飞等活动，均达到预期效果。

【经贸招商】 风筝会期间，有关责任部门成功举办了外交使节潍坊行、“一带一路”政策宣讲暨跨国公司对接会、“潍坊在外知名人士”回乡创业对接会暨重点合作项目集中签约活动，全市共对接洽谈合作项目121个，总投资额540亿元。中科院激光雷达产业园、川崎机器人高性能机器人生产、年产45万套8AT自动变速器关键零部件等23个项目进行了现场签约，项目涵盖装备制造、新兴产业、节能环保、现代农业、现代服务业、创新创业等多个领域，总投资135.04亿元。其中，先进制造项目13个，现代服务业项目5个，新兴服务业项目5个，新兴产业项目4个，现代农业项目1个。

【宣传推介】 市委宣传部及时制订下发风筝会宣传报道计划，各级传统媒体与新媒体分别加大报道力度。3月23日，第34届潍坊国际风筝会新闻发布会在北京举行，新华社、《人民日报》、中央电视台等驻京50余家媒体记者出席发布会，会后各媒体相继刊发相关报道100多篇。《大众日报》作了风筝会专版介绍。潍坊报业集团、潍坊电视台等媒体拿出专版、开设专栏、利用多种宣传形式，重点宣传风筝会的办会理念、筹备进展等情况。4月15日，中央电视台播风筝会开幕新闻，新华社客户端、山东广播电视台网络视频、潍坊电台分别直播了风筝会开幕式盛况。国内各大媒体都对风筝会活动作了报道，据不完全统计，累计登载转载本届风筝会相关报道约30000余篇次，在国内外产生重大影响，有力宣传推介了潍坊，为风筝会营造了良好的社会舆论氛围。

（王　鹏）

文物博物

【概况】 2017年度争取中央、省财政文物保护专项经费总数达4119万元，超额完成任务目标。完成日本铁路工人住宅、寒亭杨家埠年画作坊等10余处省级以上文保单位保护修缮工作，齐长城、昌邑姜泊民居群、昌乐田家老庄明楼等10余处省级以上文保单位正在修缮施工。为提高社会公共服务能力，对已修缮完成并适合对外开放的德日建筑群、真教寺、清真寺、基督教建筑群、乐道院等文保单位全部免费向社会开放。实施潍日高速、G206威汕线、G309青兰线、S222央赣线等国省道改线、道路拓宽改造等10余项基本建设工程前的考古调查与勘探，确保地下文物安全。在上级资金支持的基础上，加大县、镇财政和社会资本注入，精心策划姜泊村史馆、红色马渠、齐西家风家训馆、王氏家庙、峻青故居、董书香故居等多个利用市、县两级文物保护单位作为载体的文旅融合项目。

【博物馆事业】 市博物馆获批国家一

级博物馆，潍坊市成为为数不多的同时拥有两家一级博物馆的地级市。全市新建成9家非国有博物馆，44家各级各类博物馆常设展览达180个，临时展览超过200个，开展各类社会教育活动500余次。积极引进“汉石遗韵——山东汉代石刻拓片展”“波兰哥白尼天文海报展”等精品展览，全年入馆观众人数突破300万人次。青州市博物馆获评2017年优秀全国科普教育基地，推出的海岱大课堂获评“全省博物馆优秀社会教育活动案例”。开发具有地域特色的文创产品千余种，组织参加北京国际文展会、济南国家文物装备博览会、广州文博会等全国性展会并获得组织奖、设计奖等奖项。举办“青州龙兴寺佛教造像展”“陈介祺特展”等精品文物展的巡展，完成《中国国家人文地理·潍坊》《山东省志·文物志》文物部分的撰写与校对工作。全市文博单位承担国家社科基金项目1项、省艺术科学重点课题5项，与山东大学、景德镇陶瓷大学以及中国孔子文化基金会等合作建成教学研究基地。全年在各级报刊上发表文博专业类论文或文章100余篇，并获得省考古学会、省博物馆学会优秀成果奖3项。

（柴德闯）

档案管理

【概况】 2017年，全市各级档案部门依法行政、科学管理，加强县级综合档案馆建设，推进档案安全体系、资源体系、利用体系和基础业务建设。潍坊市档案馆（局）成功创建为“潍坊市级文明单位”；潍坊市数字档案馆全省地市级首个通过测试，成为“全国示范数字档案馆”；全省档案信息化培训暨数字档案馆测试观摩会在潍坊市召开，潍坊市数字档案馆建设经验做法全省推广；市及12个县（市、区）档案馆（局），被评为“全省档案宣传工作先进集体”。

【档案馆库建设】 潍坊市档案局积极推进县级综合档案馆建设。组织赴济宁、淄博、威海、烟台进行档案馆建设等内容的学习考察；制发《关于切实贯彻落实市委领导重要批示精神的通知》并召开专题会议，督促有关县市区抓好贯彻落实；召开全市档案局馆长会和调度推进会，研究分析存在问题，提出推进落实措施；各县（市、区）档案局积极争取当地党委、政府和有关部门支持，推进县级综合档案馆建设任务的落实。2017年，临朐县、潍城区、青州市分别开工建设档案馆新馆，奎文区完成公建区域拆迁，昌邑市完成改扩建手续和设计方案；坊子区、寒亭区、安丘市、高密市、昌乐县均将档案馆建设写入政府工作报告并列入本级经济社会发展和城市建设总体规划，建设资金列入本级政府财政预算，确定了新馆建设面积和开工时间。

【档案资源体系建设】 市档案馆进一步丰富馆藏档案资源，跟踪拍摄风筝会、鲁台会、中日韩博览会及全市重要会议等，形成照片1000余幅；征集接收重大活动、重要会议和社会各界捐赠档案资料300余件，市委主要领导批示4500余件；继续与市电视台联合开展“口述档案”访谈活动，采访南下干部、老战士、老知青等45人，形成口述档案6000分钟，录制播出专题节目52期。临朐县开展“红色记忆口述档案”征集活动，采访老党员、老干部12人；同时，接收棚户区拆迁档案112卷、业务档案4901卷、书画档案171幅、地方史料92册进馆。寿光市开展新一轮档案移交进馆，接收76个单位1.7万卷档案进馆，拍摄形成重大活动照片1940幅。昌邑征集接收档案911卷，照片4700余张；接收王家斗捐赠《毛泽东书信墨宝集》等107册。诸城市征集中央电视台等单位拍摄的诸城影像资料原始数据437GB，拍摄形成城市记忆工程照片1298张。高密市征集中国书法协会会员参展书法作品51幅，退休老干部书法家罗相诗作品20幅。潍城区征集火车站南广场拆迁音像资料4500分钟，照片6万余张。安丘市征集地方特色档案资料310卷（册）。其他县（市、区）也加大档案资料征集力度，接收大量地方文献、名人档案、族谱档案和珍贵藏品等。

【档案利用体系建设】 加强档案文化资料编研。市档案局每月编印1期《潍坊大事记》，编辑出版《馆藏日本侵华史料选辑》，完成《山东档案年鉴（2017）》《齐鲁记忆·山东档案珍品丛书（第二辑）》《改革开放实录（潍坊卷）》《潍坊市志（1991—2012）》《潍坊年鉴（2017）》等7部书籍有关内容编写任务。各县（市、区）档案局也相继推出《大事记》《老潍县记忆》《老潍县教育》《寒亭老照片》《安丘记忆》《安丘老村记忆》《孙士良传》《龙城壮歌——诸城撤县建市三十周年档案史料选萃》《浩然与昌乐档案资料》《走进兰台——昌乐县档案宣传资料选编》等一批有影响的编研资料。积极开展档案文化和工作宣传。市档案局充实“记忆潍坊——大型档案史料展”，举办“日本侵华史料专题展”“毛泽东书信墨宝展”，组织学校开展主题教育实践活动8次，接待社会各界2500余人次参观。开通“潍坊档案”微信公众号，全年更新发布信息500余条。各县（市、区）通过举办档案展览或改造升级爱国主义教育基地，受到社会各界好评。全市各级档案部门在省级以上档案刊物和县级以上新闻媒体刊发理论文章、宣传稿件416篇，在市级以上档案网站登发信息187条。全市档案馆（局）连续两年被省档案局评为“全省档案宣传工作先进集体”。74项成果荣获“山东省档案学优秀成果奖”。继续开展档案馆开放日活动。“6·9”国际档案日，市县联动组织开展以“档案——我们共同的记忆”为主题的第9个档案馆开放日活动，全市共举办各类活动43项。加强服务窗口建设。各级档案部门规范服务流程、简化利用服务手续，采取函电代查、送档上门、邮寄证明、节假日预约查档等方式，面向社会提供方便快捷的档案查询利用服务。2017年，全市共接待利用者2万余人次，提供利用档案资料5万余卷（件）。

潍坊市“全国示范数字档案馆”测试会会场　（供稿：刘树平）

【档案安全体系建设】 市档案局积极开展档案安全风险隐患排查治理工作，在做好全省档案安全风险隐患排查治理迎查工作的基础上，组成4个检查组对各县（市、区）、各市属开发区和25个市直单位，档案安全风险隐患排查治理情况进行专项检查，有效防范档案各类安全风险隐患。加强档案实体安全。市档案馆制定《潍坊市档案馆档案开放鉴定实施办法》，完成45万件数字档案划控鉴定任务，面向社会公布开放档案28.7万件；对国家重点保护档案资料——日本侵华地图和画报进行系统修裱复制，采集和开放鉴定国家重点档案目录5000余条。积极开展电子档案容灾备份工作。市及潍城区、寒亭区、昌邑市、安丘市、高密市、临朐县等档案馆形成的20TB电子档案数据，备份于省电子文件（档案）容灾备份中心。认真落实档案库房安全责任制。市及坊子区、临朐县、高密市档案局邀请消防专家，讲解消防安全知识、开展消防演练，提高干部职工的实际操作技能；临朐县、高密市、寒亭区、寿光市、昌邑市、坊子区档案馆对设施设备积极投资，分别更新烟雾报警系统、增添空调灭火器具、新装高清监控摄像头、建立消防户籍化档案、报警系统连接手机和馆库防水处理等。

【档案业务建设】 扎实推进档案信息化建设。市档案馆积极做好全国示范数字档案馆迎测工作，以94.8分的优异成绩通过“全国示范数字档案馆”测试，成为全省首个通过测试的地市级综合档案馆。

期间，全省档案信息化培训暨潍坊市数字档案馆测试观摩会召开，潍坊市数字档案馆建设经验和做法在全省推广。诸城市、寿光市、昌乐县加大资金投入，完善数字档案馆软硬件建设，顺利通过“国家级数字档案馆”测试。其他县（市、区）积极争取资金支持，加快档案信息化进程。2017年，诸城市、青州市、高密市实现全部馆藏档案数字化；潍城完成1.5万幅照片档案数字化处理，寒亭完成3.5万卷文书档案数字化扫描。加强档案业务培训。市档案局组织举办文档人员培训班2期，培训人员400余人次。对10多个部门单位开展系统专题培训，培训人员300余人次。各县（市、区）采取不同方式，举办形式多样的档案业务培训，提高档案工作者的操作技能和业务水平。推进档案工作科学化管理测评。贯彻落实《山东省档案工作科学化管理规范》，继续开展档案工作科学化管理测评活动。2017年，全市有13个单位创建为“山东省档案工作科学化管理示范单位”，32个创建为先进单位，235个为合格单位。加强精准扶贫档案工作。市档案局会同市扶贫办联合制发《潍坊市精准扶贫档

12月10日—12日，2017年全省档案信息化培训暨数字档案馆测试观摩会在潍坊市召开　（供稿：刘树平）

案管理实施细则》，在安丘召开全市精准扶贫档案管理工作现场推进会，推广安丘先进经验和做法，有力推动精准扶贫档案工作顺利开展。与聊城市档案局结成帮扶对子，签订精准扶贫档案工作协议，定期开展交流研讨。

【档案法制建设】 市档案局积极开展档案法治宣传活动。利用法制纪念日举办展览、媒体宣传、上街宣传、印发宣传资料等形式，积极宣传档案法律法规，进一步增强社会档案法治意识。加强档案行政执法软件建设。积极组织参加全省行政执法培训和考试，全市新增15人取得山东省行政执法证件，档案行政执法队伍不断壮大；出台有关行政执法实施办法、细则等文件，进一步规范档案行政执法程序。认真办理档案依法行政和服务事项。全市档案馆（局）按照有关部门要求，完善责任清单和权力清单，编制政务信息资源目录、公共服务事项目录，制定档案工作服务指南，做好行政执法“零跑腿”和“只跑一次”事项清单编制工作，为开展档案依法行政工作奠定基础。

（刘树平）

非物质文化遗产保护

【概况】 潍水文化生态保护实验区建设深入推进，制定《潍水文化生态保护实验区管理办法》，评选公布第五批市级非遗代表性项目44个，有16人入选第五批省级非遗代表性传承人。大力推动传统工艺振兴，成功举办第二届中国潍坊传统工艺创意设计大赛和博览周活动。《非遗职业教育与现代学徒制创新模式》《“三位一体”乡村文化传统激活与传承创新实践》2个项目荣获第三届山东省政府文化创新奖。10个县（市区）镇14个项目入选第五批“山东省民间文化艺术之乡”，入选数量全省第一。在文化部开展的国家级文化生态保护实验区建设评估验收中，潍坊市获得优秀等次好成绩。全市建成县级展示工程项目49个、镇街级89个、村（社区）级294个，全年共举办主题展示1000余次，参观人次达50余万人次，超额完成省定年度任务。全面启动联合国手工艺与民间艺术之都创建，制定出台创建工作方案，主动做好与联合国教科文组织全国委员会沟通联系，获得肯定支持。

【文化合作交流】 实施“天工核雕˙匠心百年”潍坊核雕艺术全国巡展，组织全市近百位核雕传承人150件精湛作品分别赴深圳、上海、成都、北京进行交流展示，特别是在文化部恭王府博物馆的展出，创造了潍坊市传统工艺首次在国家级博物馆展出的记录。诸城派古琴代表山东省参加第二届中国民族器乐民间乐种组合展演，获得优秀奖。临朐县举办“北朝唐宋佛教与社会——山东临朐白龙寺遗址考古研讨会”，来自奥地利维也纳大学、香港理工大学等30余所大学、研究机构60余名专家学者出席会议。成功举办“台北书法˙临朐石刻拓片联展”，加深了临朐与台湾地区的文化交流。安丘市东路大鼓传承人等6位代表参加印尼艾拉乌国际民俗艺术节，孙膑拳传承人赴台湾参加全国武术锦标赛暨海峡两岸武术交流大会。寒亭区积极组织传承人赴德国、巴西等国家及全省非遗日、成都非遗博览会开展文化交流，宣传推介寒亭区非物质文化遗产。

（柴德闾）

文化艺术中心

【概况】 潍坊市文化艺术中心加快推进公共文化服务建设步伐，文化服务功能明显增强，运营和管理工作取得明显进展，党建统领作用充分发挥，精神文明建设成果丰硕，2017年继续保持了省级文明单位荣誉称号。

【公共空间运营】 根据“管办分开，整体运营，市场运作，科学管理，持续发展”的运营理念，以确保国有资产保值增值为重点，及时终止与中艺公司的运营合同，全面接管东西商业连廊入驻业户、重新签订运营协议。地下商业招商取得突破，引进山东奥米旅游文化公司，已进入合同谈判阶段，为文化艺术中心实现打造A级文化旅游景区奠定了基础。

【场馆管理】 积极开展寻标、对标、提标、达标行动，通过学习杭州重庆经验，结合各个场馆实际，统筹规划、整合资源，强化措施，力求落实，确保各入驻单位顺利开展工作，保证市民的美好体验。通过对入驻单位的和公共管理公司的协调整合，整个中心的文化艺术资源得到高效便捷的集中使用，市民文化生活的方方面面在这一个中心区域内得以实现。

【安全监管】 把安全工作作为重中之重，推行安全生产网格化管理，明确全过程安全生产管理场馆使用单位和公管单位责任人并上墙公示；加强对消防、用电、特种设备等关键部位的日常巡检和定期维保工作，2017年实现了全年安全运行零事故。

【人大会议会场保障工作】 通过积极协调保利剧院，全年保障7次市人大常委会议顺利召开。圆满完成市十七届人民代表大会第二次会议保障任务，获得市人大办公室书面表扬。

（张心宇）

卫生·计划生育·体育

Weisheng Jihuashengyu Tiyu

卫 生

【概况】 2017年，全市各级各类医疗卫生机构达到7231家，卫生技术人员64517人，床位56227张。万元以上设备4.16万台，房屋建筑面积550.2万平方米。门、急诊人次5642.27万人次，出院病人182.83万人。

【医药卫生体制改革】 潍坊市争创为全省唯一公立医院薪酬制度改革国家试点城市，市、县两级39家公立医院首次全部建立法人治理结构并按新机制运行。取消全市所有公立医院药品加成政策，实行“零差率”销售。完善药品供应保障制度，通过省平台集中招标采购药品44亿元，居全省第二位。以市政府办公室名义印发《潍坊市医疗联合体建设规划方案（2017年—2020年）》，建成医疗联合体30处，推动医疗资源下沉基层。做实家庭医生签约服务，全市常住人口和重点人群签约率分别达到53%和60%以上。获得医改国家考核奖励资金17万元，为全省最多。市政府印发《潍坊市医疗纠纷预防与处置办法》，组建市级医疗纠纷人民调解委员会，科学调处医患纠纷，促进医患和谐。推进卫生信息化建设，初步构建“1234”框架结构（1个基础平台、2个服务平台、3大业务系统、4类互联网应用），建成全民健康信息平台，实现省市县互联互通。

【医疗服务】 潍坊市加大招医引院工作力度。制定招医引院工作意见，抓住新旧动能转换和北京疏解非首都功能等机遇，积极走出去，与北京、上海等知名大医院、科研院所对接，签约63个，总投资45亿元。潍坊市人民医院外科中心大楼建成；潍坊市中医院东院区被纳入国家中医药传承创新工程项目。大力招才引智，引进博士以上高层次人才30余名；设立“国医大师”工作站、“名医工作室”4处，促进全市整体医疗水平提升。加强基层医疗卫生服务体系建设。出台《潍坊市基层医疗卫生机构标准化建设三年规划方案（2017—2019年）》，推动乡镇卫生院、村卫生室和城市社区卫生服务中心、社区卫生服务站4类机构在房屋建设、设备配置、人员配备、服务功能和运行管理5个方面实现标准化，年内4类机构基本设备配置标准化率达到100%，完成年度任务；推进新型农村社区卫生室建设，建成标准化农村社区卫生室227处；全市有16家乡镇卫生院被国家卫生计生委确认为“群众满意的乡镇卫生院”（累计已达35家），有3家社区卫生服务中心创建为“全国优质服务示范社区卫生服务中心”。着力改善医疗服务，增强群众看病就医满意度。首次召开全市医院管理大会，启动“医疗质量精细化管理年”“医疗质量安全核心制度落实年”“提升医疗服务质量集中行动”等活动；遴选确定首批6家市级区域医疗中心，为群众提供高水平、同质化医疗服务。全面开展纠正医药购销领域和医疗服务中不正之风暨医用耗材专项整治工作。深入推进健康扶贫，出台《潍坊市农村建档立卡贫困人口基本医疗保障暂行办法》，构筑基本医疗保险、大病保险、医疗救助、医疗商业补充保险、医疗优惠减免“五道防线”，基本实现贫困患者“免费基本医疗”；全市共分类救治贫困人口3317人，完成省下达任务。广泛开展向全市重大典型、“新时代的活雷锋”陶艳丽学习活动；潍医医院魏春华医生被授予全省唯一一个“第一届宋庆龄最美基层呼吸医生奖”（全国共10名）。市卫计委被国家卫计委办公厅表彰为“2017年重点积案化解工作表现突出单位”。2017年底，第三方调查群众满意度达到了97.34%，同比增加1.28个百分点，取得历史最好水平。潍坊市中医院荣获“全国卫生计生系统先进集体”，另有3人获评“全国卫生计生系统先进工作者”。

【公共卫生保障】 市卫计委提请市委、市政府召开了新世纪以来第一次高规格全市卫生与健康大会，全面建设“健康潍坊”。举办集中宣传活动和首届全市职工健骨操大赛，大力倡导“预防为主”方针，以实际行动引领全民健康生活方式。在全省首次发布“居民疾病与健康状况白皮书”。加强重点传染病防控，对发生的人感染H7N9禽流感、诺如病毒感染性腹泻、输入性登革热及疟疾等疫情进行了及时有效处置，控制了疫情扩散。会同市教育局、团市委等部门在全国率先启动实施了“学校防治艾滋病行动计划”，全市386所大中专院校及初

2017年12月1日，居民到国医堂就诊　　（供稿：潍坊市卫生和计划生育委员会）

高中的75.7万名学生参加了五项行动计划，学生防治艾滋病知识知晓率达95%以上，感染艾滋病人数呈现下降趋势。出台《潍坊市预防接种工作人员管理规定》，免疫规划疫苗全程及时接种率达到93.67%。完善全市心理健康服务体系，市精神卫生中心新院区建成启用；被确定为省级心理健康服务与精神障碍综合防治试点市；启动“精神障碍综合防治示范区”创建，数量居全省首位；完成229处心理咨询服务机构规范化建设，免费为3000余名群众提供心理健康咨询服务。组织为10万余名适龄儿童免费实施牙齿窝沟封闭，防止龋齿发生。安丘市新创建为“国家慢性病综合防控示范区”；坊子区、昌邑市新创建为“省级慢性病综合防控示范区”，全市累计创建国家慢性病综合防控示范区4个、省级示范区8个，实现12个县（市、区）国家、省级示范区全覆盖，建成数量居全省首位。加强卫生应急管理，及时有效处置各类突发公共事件，荣获全省卫生应急技能竞赛团体一等奖。潍坊市人民医院争创为首批“山东省紧急医学救援基地”，全省仅有4家综合医院获此命名。加强急救体系建设，举办潍坊市第二届院前急救技能大赛，加入山东半岛航空医疗救援联盟，接听120急救电话71.2万个；全市院前急救点达到60家，实现了城乡全覆盖。市政府印发《关于建设健康城市 健康村镇的实施意见》，启动健康城市（健康村镇）省级试点，统筹推进融健康环境、健康社会、健康服务、健康人群、健康文化“五位一体”的健康城市（健康村镇）创建活动。2017年12月29日，省爱卫会印发《关于公布山东省首批健康城市（县城）、健康村镇试点名单的通知》，在全省20个试点城市（县城）中潍坊市占4个（潍坊市、青州市、诸城市、昌乐县）；另有5个镇街、5个村（社区）被确定为试点村镇，试点单位数量居全省最多。加大监督执法力度。启动“卫生计生综合监督规范年”活动，推进监督体系、执法主体、执法行为、执业服务和示范区创建“五个规范化”。与市编办、财政局、人社局等部门联合印发《关于进一步加强卫生计生领域综合监督行政执法工作的实施意见》，推动形成卫生计生领域内一支队伍综合监督执法格局。深化“法治医院”创建，完成3轮监督巡查，下达监督意见书165份，提出整改意见214条，全部落实到位。全年共监督检查单位19767个，监督覆盖率100%。青州、高密创建为全省第二批综合监督示范区。全省卫生计生综合监督信息化工作推进会议在潍坊召开。“核医学诊断场所防护监督要点”被国家卫生计生委监督中心评为“2017年度卫生计生执法监督微课作品一等奖”，监督处荣获“卓越团队奖”。

【妇幼健康服务】 2017年，建立市、县两级急危重症孕产妇和新生儿救治中心48处，年内共接收急危重症孕产妇及新生儿转诊1300余人次，抢救成功率达98%以上。圆满完成乳腺癌检查国家级、省级、市级项目。住院分娩接受艾滋病病毒检测率达99.85%。孕产妇乙肝表面抗原检测率99.89%。全国“妇幼健康中医年”启动会在潍坊市召开，中国妇幼保健协会终身荣誉会长、卫生部原部长张文康，国家中医药管理局副局长马建中，中国妇幼保健协会会长陈资全等领导出席。潍坊市妇幼保健院荣获国家母婴阻断先进单位、产科规范化建设先进单位；安丘市妇幼保健院创建为“国家级儿童早期发展示范基地”；诸城市创建成为全省六个“国家级妇幼健康优质服务示范县（市、区）”之一。妇幼健康服务机构标准化建设取得新进展，安丘市妇幼保健院二期、昌邑市妇幼保健院新院、临朐县妇幼保健院新院、昌乐县妇幼保健院建成并投入使用；青州市妇幼保健院新院开工建设。

【中医药工作】 启动全市基层中医药服务能力提升“十三五”行动计划和“中医中药中国行——中医药健康文化推进行动”，开展中医药“进农村、进社区、进家庭”大型义诊宣传活动，促进慢性病患者中医健康管理服务。以潍坊市中医院为龙头，联合122家县以下中医、中西结合医院和部分综合医院、社区卫生服务中心（站）等机构，成立全市首家中医医疗集团。潍坊市中医院荣获“全国和谐医院”。与国药集团签署协议，规划建设潍坊市中医药健康产业园区。全面实施“三堂一室”（国医堂、名医堂、中医养生堂和名老中医工作室）建设，建成197处；中医药市县乡村“四级帮扶”工作实现全覆盖。举办全市基层中医药适宜技术和中医经典技能竞赛，17人被评为“省名老中医”“省名中医”和“省基层名中医”。2017年底，全市100%的社区卫生服务中心和乡镇卫生院、93.8%的社区卫生服务站、80.6%的村卫生室能够提供中医药服务，提前完成基层中医药服务能力提升省定目标。

（王　磊）

计划生育

【概况】 2017年，全市出生15.7万人，出生人口性别比为105.8，其中“二孩”占比达到70%以上，符合人口出生预期，完成省委、省政府下达的各项任务目标。狠抓出生人口性别比综合治理，性别比控制在合理水平。全面做好计生家庭奖扶、特扶工作，全市共178891人享受农村奖扶、6088人享受计生特别扶助。潍坊市计划生育工作引起国家关注，全国政协教科文卫体委员会副主任黄洁夫专题到潍坊调研“全面实施两孩政策后，医疗卫生服务面临的挑战与配套政策”；昌乐县创建为全省唯一一个“全国计划生育基层群众自治示范县”。

【计划生育服务管理改革】 坚持和完善计划生育目标管理责任制，市委、市政府印发《关于坚持和完善计划生育目标管理责任制的实施意见》，全面落实流动人口基本公共卫生计生均等化服务，融合基层计生和公共卫生服务网络，创新计划生育、基层卫生、妇幼保健、医养结合等综合服务，推动计划生育转型发展。

【流动人口卫生计生服务管理】 做好全国流动人口动态监测调查工作和全省流动人口信息管理系统维护及处理，共处理流动人口信息3.3万余条，“重点服务对象反馈率”和“生育服务登记通报接收率”等主要指标及时反馈率达到100%。

【出生缺陷防治】 加强出生缺陷三级防治，继续推进“六免”（免费婚检、免费增补叶酸、免费孕检、免费唐筛、免费新筛和免费供应PKU特殊食品）干预措施，全市出生缺陷发生率降至5.71‰，低于全省平均水平。

（王　磊）

体　育

【概况】 2017年，潍坊市体育局被山东省政府（鲁政字〔2017〕121号）通报表彰为奥运会有功单位，被国家体育总局评为“全国群众体育工作先进单位”。群众体育、竞技体育、体育产业等各项体育工作都有新突破，取得新成绩。

【全民健身服务体系日益完善】 2017年，投入各级体育彩票公益金2358万元，在全市建成全民健身工程1041处，其中，利用省级资金440万元，在潍城区、寿光市、诸城市、临朐县等地建成拼装游泳池6处、笼式足球场4处，潍坊市体育健身设施覆盖率已达88.2%。

全民健身组织建设不断完善。2017年新成立市、县级单项体育协会35个，县级体育总会12个、乡镇级体育总会125个、社区（街道）体育总会58个，市级单项体育协会达到36个、县级200多个，社团力量为开展全民健身活动奠定了坚实的组织基础，成为开展全民健身活动的重要力量。

国民体质监测取得新进步。2017年，组织举办多项体质达人赛事，数百人参赛，组织举办体质监测“进企业、进社区、进学校、进机关、进农村”活动，全年完成体质监测6000多人，发放科普读物、体质达标手册等4000余册，促进居民体质水平提升。

全民健身活动丰富多彩。2017年组织举办第七届全民健身运动会、第五届老年人运动会、“百千万”三大赛（潍坊赛），山东省沿海骑行大奖赛潍坊分站赛等800项赛事活动，极大丰富和活跃了市民业余文体生活，提升了市民健康水平。

【竞技体育水平不断提高】 全运会创历史最好成绩。8月份在天津举办的第十三届全国运动会，潍坊有81名运动员入选山东代表团并参加了排球（沙滩排球）、篮球、足球、国际式摔跤（自由跤、古典跤）、射击、橄榄球、皮划艇、击剑等20个大项、76个小项的决赛，获得9枚金牌（16人次）、6枚银牌（13人次）、9枚铜牌（16人次）的优异成绩，参加决赛人数、实得金牌和奖牌数均创历史新高，成绩位居全省前列，为山东体育代表团实现全运“三连冠”做出了重要贡献。为此，山东省体育局专门给市委、市政府发来贺信。

参加省锦标赛取得优异成绩。2017年，1062名运动员参加26个大项的2017年山东省锦标赛，取得117.5枚金牌、53枚银牌、76枚铜牌的优异成绩。

国际赛场传捷报。2017年，潍坊市体育局与国家体育总局手曲棒垒球运动管理中心共建的中国女子沙滩手球队获得第一届世界青少年沙滩手球锦标赛第7名并获得2018年布宜诺斯艾利斯青奥会参赛资格。

圆满完成21个项目的潍坊市级锦标赛。12个县（市区）、3个市属开发区的6000余名运动员参加了2017年的潍坊市级锦标赛，选拔和储备一批优秀体育后备人才。

七大联赛规模再创新高。2017年，组织举办了足球、篮球、排球、田径、游泳、乒乓球、羽毛球7个项目的体育联赛，来自全市326所学校428支代表队的3842人参赛，参赛队数和人数均创历史新高。

中小学生游泳普及培训工作基本实现“全市全覆盖”。2017年，12个县（市区）16个培训点共培训6500名学生和40多名教练员、救生员、管理人员。既扩大了潍坊市游泳健身人群的数量，使中小学在校生掌握了初步的游泳技能，又为全市的青少年游泳训练、选材打下基础。

中小学超体重健康夏令营活动圆满结束。2017年，组织举办了5期培训班，培训734名中小学生，37名管理人员，为夏令营活动的推广普及创造了条件。

【体育产业水平不断提高】 2017年，体育产业总规模达到150多亿元，争取省级体育产业扶持资金120万元，投入市级体育产业扶持资金100万元，全市体育经营服务业户900多家、体育健身俱乐部600余家，从业人员达到20多万人；2017年体育彩票发行总销量达15.4亿元，居全省第四位。

体育竞赛市场日趋活跃。成功举办2017中国足协潍坊国际青年女子足球锦标赛和“鲁能•潍坊杯”国际青年足球邀请赛。2017中国足协潍坊国际青年女子足球锦标赛7月12日至16日举行，美国、加拿大、日本和中国的4支U16女足国家队参赛，中国队以两胜一平的成绩获得冠军，美国、日本、加拿大分获2至4名；2017年“鲁能•潍坊杯”国际青年足球邀请赛7月23日至29日举行，德国沃尔夫斯堡、比利时布鲁日、巴西体育、墨西哥芝华士、纽卡斯尔•喷气机、日本FC东京、中国国青、山东鲁能等8支国际俱乐部队伍参赛。德国沃尔夫斯堡夺得2017“鲁能•潍坊杯”冠军，巴西体育、墨西哥瓜达拉拉哈拉芝华士获得亚军和季军。

体育产业基地建设实现新突破。在安丘市建成国际运动休闲小镇；中央集中彩票公益金支持300万元，在临朐县建成九山镇富氧体育健康小镇；在寿光市建成2017年山东省体育产业示范单位一处。

（燕景伦）

社会·民生保障

Shehui Minshengbaozhang

居民生活

【概况】 2017年，城乡居民收入不断提高，居民生活质量逐渐提升，消费重点逐步从吃饱、穿暖等基础性消费转移到文教娱乐等服务性消费支出。基础生活消费趋稳、发展型消费受到青睐、服务性消费占比突出、饮食结构明显改善、耐用品消费提档升级。

【居民收入】 工资性收入增长8.3%。全市居民人均工资性收入15653元，同比增长8.3%，占人均可支配收入的比重为56.3%，拉动全市居民人均可支配收入增长4.7个百分点，是居民收入的主要来源。

经营净收入增长9.8%。全市居民人均经营净收入6572元，同比增长9.8%，占人均可支配收入的比重为23.6%，拉动全市居民人均可支配收入增长2.3个百分点，是居民收入的重要来源。

财产净收入增长9.3%。全市居民人均财产净收入2215元，同比增长9.3%，占人均可支配收入的比重为8.0%拉动全市居民人均可支配收入增长0.7个百分点。

转移净收入增长11.8%。全市居民人均转移净收入3384元，同比增长11.8%，占可支配收入比重为12.2%，是居民增收的重要补充。

【居民消费】 2017年，潍坊城镇居民人均生活消费支出22582元，同比增长7.7%；农村居民人均生活消费支出11125元，同比增长10.9%。

基础生活消费支出趋稳。2017年，潍坊居民人均食品烟酒消费支出4266元，同比增长7.8%；人均衣着消费支出1226元，同比增长5.1%；人均交通通讯支出3262元，同比增长7.7%；三项支出增幅与上年相比分别下降了0.6、4.0和2.6个百分点。

发展型消费受到青睐。随着居民收入水平的提高，潍坊居民用于教育文化娱乐、医疗保健等方面的发展型消费规模持续增长。2017年潍坊居民人均医疗保健消费支出1571元，同比增长13.0%，增幅比居民生活消费支出增幅高3.3个百分点。人均教育支出1467元，同比增长14.5%。

服务型消费占比突出。在潍坊居民生活消费中，服务型消费成为新的消费热点。2017年潍坊居民人均服务性消费支出6504元，占生活消费支出的37.3%；人均饮食消费服务性支出575元，同比增长17.0%，占食品消费支出的18.5%；人均医疗保健服务支出达到1107元，同比增长9.9%；人均文教娱乐服务支出达到1736元。

居民饮食结构明显改善。从饮食结构看，2017年潍坊居民食品消费中肉类消费支出最多，人均消费支出达到607元；人均奶类消费支出225元，鱼虾等水产品消费支出220元，蛋类消费支出150元，以上四类合计1202元，占食品消费支出的比重达到38.7%。人均干鲜瓜果类消费支出408元，蔬菜和食用菌消费支出382元，两项合计占食品消费支出的比重超过四分之一，达到25.4%。随着居民收入的不断增长，城乡居民在肉、蛋、奶、蔬菜、水产品以及干鲜瓜果等“营养”类食品方面更舍得花钱。

耐用品消费提档升级。随着生活条件不断改善，城乡居民居住类和生活消费类费用迅速增长。2017年潍坊居民人均生活用品及服务支出1181元，同比增长17.0%。其中购买家具、家电等家用器具类消费最多，人均支出达到416元。从耐用品消费情况看，居民在空调、计算机和家用汽车等消费品方面保持较快增长，热水器、电冰箱、洗衣机和彩色电视机等保持小幅增长，摩托车、普通电话和移动电话呈现下降趋势。耐用消费品市场整体呈现出更新换代加快，消费提档升级的趋势。

（赵秀华）

劳动就业

【概况】 2017年，潍坊市面对持续加大的经济下行压力，把稳定就业作为刚性目标，积极实施就业优先战略，全力推进创业带动就业工作，城乡就业稳定增长，就业形势持续总体稳定。全市城镇新增就业11.2万人，完成年度计划的112%，新增参与创业活动10.8万人，完成年度计划的108%，城镇登记失业率控制在2.91%的较低水平，低于控制目标0.89个百分点。

【就业政策落实】 潍坊市科学编制《潍坊市创建创业型示范城市实施方

案》，召开全市创建创业型示范城市动员大会，通过完善政策、搭建平台、提升服务，全面激发社会创业活力，着力打造“潍坊创业、创业潍坊”城市品牌。在全省率先开展“证卡合一”试点，实现就业服务与社保经办“一卡通办”，通过社保卡为12.1万人提供就业服务，发放失业金、生育补助金、创业贷款贴息1.3亿多元，潍坊试点经验在全省推广。

【高校毕业生就业】 潍坊市全面推进高校毕业生就业促进计划，大学生创业工作取得新突破，大学生总体就业率达到94.7%，高校毕业生就业局势总体稳定。

【创业载体建设】 潍坊市按照政府主导、社会参与的原则，积极鼓励支持企业、高校等社会力量参与创业载体建设，新增省级创业示范平台3家，全市创业平台总量达到172家，其中省级示范平台17家、市级68家，均居全省前列。完善创业培训体系，创业大学分校建设实现县市区全覆盖，形成“总部+分校+辅导站+教学点”的教学网络体系，推动了创业大学集团化规模化发展，累计带动全市组织职业培训8.7 万人，其中创业培训2.1万人。在国务院第四次大督查中，潍坊创业大学作为全省唯一代表接受了国务院督导组的现场督查。

【创业就业培训】 2017年，潍坊市人力资源和社会保障局努力提升创业师资水平，分层次、分群体、分阶段梯次培养。举办2017潍坊创业大学培训师资评审及业务水平提升培训、首届创业引领者专项活动暨创业培训讲师大赛，组织创业讲师参加省级创业培训讲师大赛决赛。进一步完善省级示范创业大学建设要求，规范创业培训课程体系，全面提升现有创业培训师资水平，打造一支过硬的创业培训师资队伍。继续举办大学生双训制创业培训班，为大学生提供“创业特训+实训+孵化”服务。依托创业大学高校教学点，在潍坊学院、潍坊职业学院、山东畜牧兽医职业学院、山东科技职业学、山东经贸职业学院和潍坊医学院开展“创业先锋特训营”“互联网+”大学生创新创业大赛、“创新创业工作室”等特色活动，共培训在校大学生8600多人。深度研发“潍坊创业大学APP”。创新调整培训模式。利用移动互联和大数据，为学员提供政策宣传、师资介绍、课程通知、线上指导、学员互动、项目推广、成果对接、商业路演等全场景的一体化创业服务。积极调整课程设置，做到“请进来、送下去、听得懂、能操作、可推广”。

【公共就业服务】 潍坊市积极推动农村创业工作，实施“培训下乡”“田间课堂”等特色培训项目，结合特色产业建立农村电商、农村创业合作社等新型农村创业特色平台92处，“农村创业套餐服务返乡创业”的做法被省政府省长专报信息专题刊发。全市共举办招聘洽谈会567场，累计提供就业岗位21.4万个次。成功举办“中国大学生精准就业服务暨返乡创业大会”“潍坊市大学生创新创业大赛”“2017大学生双创服务发展论坛”和“新型农民创业大赛”等系列活动，表彰奖励了一批创业典型，进一步营造全民创业的良好氛围。在首届全国创业就业服务展示交流活动中，潍坊市23个项目全部获得“优秀项目奖”，居全省首位。

（刘先谨）

社会保险体系建设

【养老保险】 全市机关事业单位养老保险制度改革顺利推进，将编外人员纳入新制度范围，有效解决了改革遗留问题。企业和机关事业单位退休人员基本养老金同步提高，平均增幅达到6.1%，惠及全市48万余名退休人员。落实被征地农民社会保障补贴资金20.6亿元，超额完成省下达的任务目标。

【失业保险】 潍坊市深入落实援企稳岗政策，稳步推进扩大失业金支出范围试点，进一步降低养老保险和失业保险缴费费率，为1.4万家企业减征养老保险费3.4亿元，减征失业保险费5200万元，切实减轻企业负担，发挥失业保险促进就业、预防失业、提高就业质量的作用。

【医疗保险】 潍坊市全面建立职工大病保险制度，把18种抗肿瘤特效药品纳入报销范围，有效减轻大病患者负担。异地就医直接结算工作走在全省前列，全市29家医院接入国家异地结算系统，报销异地医疗费用4435万元。在国务院第四次大督查中，潍坊市异地就医直接结算工作得到督查组的充分肯定。

【工伤保险】 建筑业参加工伤保险实现全覆盖，截至5月底，全市参保建设项目937个，其中，新建项目550个，在建项目387个，新建、在建项目参保率均为100%。扎实推进补充工伤保险全省试点工作，初步建立以工伤保险为主体、商业保险为补充的多层次工伤保险体系。

【社会保险经办】 潍坊市人力资源和社会保障局开发“业务内控、缴费稽核、分析监控、电子病历”四个业务系统，开通“人脸识别认证、网上证明查询打印、受理地办结”三项便民服务，建立“参保实名制、责任终身制、社会征信制”三项管理制度，形成具有潍坊特色的智能化经办服务体系，初步建立了“一体化”经办业务链条。全市830万人实现实名参保，开通社保卡应用122项，累计发放社保卡776万张。潍坊市在全国电子社保建设现场会上作典型发言。

【社保基金安全】 潍坊市职工养老坚持“无声有情”理念，抓好待遇领取资格认证工作，对新退休人员进行指纹建档认证，对异地居住退休人员利用部级退管系统进行认证，对退休人员利用民政网络系统每季度比对亡故情况进行认证，对离退休人员遗属进行亲属签订担保协议认证。居民养老保险在加强认证的基础上，狠抓冒领追缴，确保基金完整。继续深入开展医保监管工作，协议医疗机构交叉检查，上半年以普通门诊管理、住院管理、药品耗材使用为重点进行检查。积极推动医疗服务监控系统和医疗费用智能审核系统建设，努力实现医保监管智能化。做好控管理，“数据分析、精准定向、量化细化、融合警示教育”贯穿于内控检查，对全市内控检查中发现的违规问题进行分解，明确责任科室、整改要求和时限。

（刘先谨）

老龄工作

【概况】 2017年，老龄工作在推动涉老民生、基层老龄组织建设、维护老年人合法权益、老年教育事业、构建养老孝老敬老社会环境等方面实现创新发展。8月，市老龄办被人力资源和社会保障部、全国老龄委表彰为“全国老龄系统先进集体”。

【维权服务】 全市涉老维权单位和相关社会组织，坚持把维护老年人合法权益与提高自身依法维权服务能力相结合，加强涉老法规宣传，依法协调解决老年人反映的有关问题，努力化解涉老纠纷，维护老年人的合法权益。积极争创“山东省老年人公益维权服务示范站”，2017年创建17个，全市总量达到42个。

【“银龄安康”工程】 各级老龄工作部门认真贯彻落实全国和省老龄办等四部门《关于开展老年人意外伤害保险工作的指导意见》，主动作为，勇担责任，及时协调中国人寿保险潍坊分公司在全省率先出台了增加住院津贴和实行“0”起付线的理赔政策，推动实施“银龄安康”工程成为惠老民生工程。2017年，市县两级政府为老年人赠送“老年人意外伤害组合险”共计1105万元，比2016年增加33%，市级财政从专项彩票公益金中拨出专款230余万元，为全市80周岁以上老年人每人赠送一份“老年人意外伤害组合险”，实现全市80周岁以上老年人参保市级财政赠送全覆盖。全市180余万老年人参保意外伤害组合险，保费总额4413万元，16288人因意外伤害得到赔付金额2500余万元，提高了老年人及其家庭抵御风险能力，有效缓解了社会保障压力。此项工作在全省综合考核中，荣获一等奖第一名。

【银龄教育】 市老龄办创新教育理念，不断适应老年人生理、心理特点需求，把电视课程、面授辅导、实体办学等形式结合起来，积极协调济南出版有限责任公司依托潍坊市银龄家庭传媒大学注册成立潍坊银龄老年大学，9月20日，潍坊银龄老年大学举行开学仪式，近600名老年人步入课堂，实现了潍坊银龄家庭传媒大学与银龄老年大学线上线下相融合的教育模式，满足了不同层次老年人学习需求。

【银龄之声】 “银龄之声”节目由市老龄办与潍坊人民广播电台联合开设，自2017年4月1日起，每周一到周六13:10—13:50在潍坊新闻广播（FM100.2 AM1161）播出。“银龄之声”秉承“有问必答、有求必应、有需必帮”的服务理念，接受法律咨询、精神关爱、生活帮扶、养生保健、心灵互动等关爱服务，开通了党和政府与广大老年人之间的直通车。

【基层老年协会建设】 市老龄办印发《关于开展城乡社区老年协会示范点创建活动的通知》，在全市开展示范性城乡社区老年协会创建活动，通过严把典型关，精选示范点，重点强帮扶等方法，建成100个规范化老年协会示范点，充分发挥示范点的引领、辐射作用，促进全市基层老年协会有序、健康发展。

4月1日，市老龄办与潍坊人民广播电台联合开设的“银龄之声”节目举行首播仪式
（供稿：魏伟才）

【老年文化艺术节】 市老龄办创新活动形式、丰富活动内容，联合市委宣传部、市文化广播电视新闻出版局，在全市范围内举办了以“关爱老年人•欢庆十九大”为主题的“2017潍坊市老年文化艺术节”。老年人广场舞大赛，经层层选拔的12支队伍、300多名老年人参加了广场舞决赛；银龄鹊桥会，为单身老年人提供了优质、便捷的牵线搭桥服务，300多位老年人参与相亲，其中年龄最大的84岁；“文化潍坊•活力银龄”书画展，共展出书法、绘画作品220多件，体现了全市老年人的活力风采；“喜庆十九大”老年文艺会演，潍坊市鸢都银龄艺术团的10支代表队、近300名老年人参与市人民广场演出。同时，奎文、潍城、坊子、寒亭等中心城区的老年文艺团体分别进行了专场演出，展示了全市老年文化发展的可喜成果和广大老年人蓬勃向上的精神风貌。“老年文化艺术节”期间，全市各级各部门（单位）组织老年文艺会演700余场次、老年人运动会120余场次，参加活动的老年人达25万人次。

【“敬老月”和庆祝老年节】 2017年“敬老月”和庆祝老年节期间，市委、市政府主要领导发表《致全市老年人和老龄工作者的慰问信》，走访慰问养老机构和老年人。市委办公室、市政府办公室印发《关于开展“敬老月”和庆祝老年节活动的通知》，市政府新闻办公室召开新闻发布会，全市庆祝老年节大会对100名“敬老爱老助老模范人物”、100名“潍坊市模范老人”、第五届潍坊市十大孝星进行表彰，充分体现了市委、市政府对老年民生的重视和对老年人的关心关怀。市直各部门单位以党的十九大精神为指引，面向基层，突出重点，广泛开展“孝行潍坊——我先行”为老志愿服务活动，带动和激励社会更多力量参与到为老志愿服务当中，营造了浓厚的敬老养老助老社会氛围。

（穆长海）

9月27日，市政府新闻办公室召开新闻发布会，介绍开展“敬老月”和庆祝老年节活动安排情况 （供稿：魏伟才）

民政事务

【概况】 2017年，全市发放城乡低保资金35078.4万元，特困供养资金7321.4万元，医疗救助资金4296.6万元，临时救助资金3361万元。下拨各类养老项目扶持资金1130万余元，新建城市社区日间照料中心60处、农村幸福院98处，全市培训养老护理员和养老服务人员738人，培训老年人及失能老年人家庭护理员10100余人。全市7070个村和城市社区顺利完成换届工作，培训社工人才2100余人次。创建各级综合减灾示范社区51个，发放国家和省冬春救助资金740万元。新增社会组织203家，撤销126家。完成13条行政区界线联检任务，收集整理地名信息6.33万条，修饰地名条幅122幅。救助流浪乞讨人员1500余人次，122名长期滞站人员得到安置。市民政局被市委、市政府表彰为先进单位并记集体二等功，荣获2017年度全省民政工作综合评估和全市科学发展综合考核“优秀等次”。各县市区民政部门也分别被各级党委、政府表彰为先进集体、记三等功或嘉奖。

【脱贫攻坚】 出台了《潍坊市农村低保制度与扶贫开发政策有效衔接的实施方案》，将16700名建档立卡贫困人口全部纳入低保。与市扶贫办联合下发通知，对建档立卡的67620人进行了贫困家庭经济状况信息核对。进一步提高城乡低保标准，各县市区农村低保标准均高于省定扶贫标准线。确定316家县级医院为医疗救助定点机构，医疗救助建档立卡贫困群众63959人次。在全省领先实施建档立卡贫困人员医疗救助和商业补充保险工作。社会组织扶贫项目58个，资金388.93万元，市社会组织管理办公室被评为“山东省脱贫攻坚先进集体”。

【社会救助】 提请市政府出台了《关于进一步健全完善特困人员救助供养工作的实施意见》，建起城乡统筹的特困人员救助供养制度。提高特困人员供养标准，按照不能自理每人每月360元、半自理每人每月250元、自理每人每月150元确定，创新设立照料护理制度。市级下拨资金400万元，争取省级支持1200万元，实施敬老院升级改造，服务质量得到大幅提升。推动建设了区域性中心敬老院，实施敬老院法人登记、设立养老许可和公办敬老院社会化改革。三次启动保障标准和物价上涨联动机制，发放一次性物价补贴584万元。市级列支1000万元开展“救急难”工作。医疗救助“一站式”结算服务实现全覆盖。提请市政府印发《潍坊市城乡居民家庭经济状况核对办法》，实现与30个市级部门54项数据的共享交换，列全省第一。核对系统整体迁移至电子政务外网，实现部、省、市、县四级核对系统对接，实现救助家庭经济状况在全省、全国范围的信息核对。在全国率先实施电子签章应用于居民家庭经济状况核对系统，荣获全国首届核对知识网络竞赛二等奖，列全省第一。

8月29日—9月1日，在潍坊举办全国基层社会治理示范培训班，市委书记刘曙光（右一）代表潍坊作典型发言（供稿：李　琳）

【福利慈善事业】 免费培训失能老年人家庭护理员1.56万人次。为2.94万困难残疾人和6.84万重度残疾人及时足额发放生活补贴和护理补贴。将重度听力、言语和多重残疾人新纳入重度残疾人护理补贴发放范围。2017年全市销售福利彩票15亿元，稳居全省第二位。全市社会捐赠总额达到3.6亿元，其中“慈心一日捐”活动接收捐款5586万元，新设企业冠名慈善专项基金48760万元，微基金1281.77万元，居民互助基金8780.63万元，定点选项冠名基金12733.56万元。实施“牵手关爱行动”“夕阳温暖工程”等慈善项目。发放慈善救助资金1.4亿元，救助30多万人次。市、县慈善总会均建立了慈善公开平台。全市镇街慈善分会实现全覆盖，成立社区（村居）慈善工作站5293个，52.7%的镇街建具有独立法人资格的社会公益组织。

【城乡社区治理】 安丘市被确定为省村委会换届选举试点。在奎文区、昌乐县开展“一窗受理、全科服务”试点，新增50个农村社区开展“四社（社区、社会组织、社会工作者、社区志愿者）联动”试点。建立社区协商市级示范点61个，县级示范点118个。改造提升社区服务设施100处。培育城乡社区社会组织4026个，培训社区工作人员4513人次。全市新增持证社工及具备同等能力素质的社会工作者609人，注册社区志愿者19.6万余人。评选50名潍坊和谐使者。安丘市被推荐为全国农村社区建设示范市。在潍坊市成功举办全国宣传贯彻《社区社会工作服务指南》现场会暨社区社会工作服务标准化专题论坛。举办全国基层社会治理示范培训班，现场观摩潍坊市4个典型示范单位，市委主要领导作典型发言，部、省领导和与会代表对潍坊市城乡社区治理和乡镇政府服务能力建设给予高度评价。

【综合防灾减灾】 召开市减灾委全体会议，修订完善市县两级自然灾害救助应急预案体系。成立潍坊市防灾救灾协会，引领社会力量积极参与防灾减灾。招标采购260万元救灾应急物资，奖励34个全国综合减灾示范社区。选定青州、安丘、高密、临朐作为市级救灾物资代储基地，健全市县镇村四级救灾物资储备体系。培训各级灾害信息员3012人次。分别创建全国、全省、全市综合减灾示范社区8个、16个和27个。优化细化民生综合保险实施方案，保障责任新增5类，人身伤害和房屋财产损失赔付限额同比增加100%，累计赔付受灾群众3046万元。

【社会组织管理】 全市登记注册社会组织4502家，全部持有加载社会组织统一社会信用代码的新证书，赋码率、换证率达100%，居全省第二位。市管社会组织年检率、审计率均达100%。70家市管社会组织列入具备承接政府职能转移和购买服务资格的社会组织名录。市管行业协会商会人员、财务、住所完成脱钩。市县两级全部设立社会组织综合服务平台，入驻社会组织151家。全市建立社会组织党组织2193个，党组织应建尽建率和工作覆盖率达100%。市社会组织培育中心被评为全省创新示范点、省委组织部的党建联系点、市委组织部的党建示范点，为全省“两新”组织党建会提供了现场。

【优抚安置】 按照省、市党委政府的统一部署，为1978年以来符合政府安排工作条件且符合省11条政策条件的退役士兵落实相关政策，为当年未领取待安置期间生活补助费和自谋职业一次性补助金未达到标准的退役士兵，分别补发待安置期间生活补助费和一次性自谋职业金补差，诸多历史遗留问题得到有效解决，做好军队退役人员的政策落实、思想教育、帮扶解困和退役士兵矛盾纠纷排查化解工作，按时为8.3万多名优抚对象足额发放抚恤补助金4亿多元，为7882个义务兵家庭发放优待金1.4亿余元，组织630名优抚对象修养疗养。为117名符合政府安排工作条件的退役士兵全部提供事业单位和国有企业岗位，其中安置到事业单位的53人，占45%，比去年提高30个百分点。为2998名自主就业退役士兵及时足额发放一次性经济补助金。7处省级以上烈士纪念设施保护单位设立了门户网站，组织清明节、烈士公祭日等重要节日的烈士纪念活动。优选退役士兵教育培训基地，大力推进“订单式”“定岗式”“定向式”技能培训，政策知晓率、培训就业率分别达到100%和95.8%。

【养老服务】 全市共建成养老机构191家，新增养老床位6600余张，其中护理型床位3400余张。启动城乡社区日间照料中心建设三年行动，建成城市社区日间照料中心328处、农村幸福院689处。推进公办养老机构改革，12处公办养老机构实现公建民营。推动医养结合发展，全市建成医养结合综合体24处。积极开展养老院服务质量建设专项行动，整治合格93家，关停70家，28家正在集中整治。构建养老服务信息平台14处，签约服务老年人11.6万人。免费培训养老管理服务人员5000余人次。组织举办全市第五届养老护理员职业技能竞赛。

【民政公共服务】 实现潍坊市常住人口基本殡葬服务费用政府承担，为6.2万户丧户减免费用5300万元。组织首次海葬服务活动，41名逝者骨灰实行海葬。全市建成城镇公益性公墓37处，覆盖率达80%以上。救助管理机构实现市县全部覆盖，集中开展救助管理机构规范化建设和站外托养整治行动。全市有AAA级婚姻登记机关7个，全国三级救助管理机构4家。做好行政区划调整，深化平安边界建设，深入推进地名公共服务工程，第二次全国地名普查工作规范有序开展。维护未成年人合法权益，把全市1228名孤儿和327名困境儿童全部纳入保障范围。对全市排查出的农村留守儿童526人，全部签订《委托监护责任确认书》，帮助失学辍学学龄儿童实现复学，协调无户籍儿童落户。

【双拥共建】 支持成立潍坊市拥军优属促进会，开展系列丰富多彩的拥军优属活动。组织“同庆建军伟业 共叙鱼水深情”军地领导座谈会暨“军事日”活动，召开“军地协作喜迎盛会”平安创建军地协作专题座谈会。帮助部队办实事解难题12件次。会同军分区做好驻潍坊部队停止有偿服务的相关工作。以关爱基层连队、关爱困难官兵、关爱“小散远”单位、关爱功臣为主要内容，开展“慈善进军营”和特困官兵救助活动，发放救助金26.1万元。为553名未就业随军家属发放生活补助金196万元。开展“双拥宣传月”“双拥法规宣传月”和“国防教育月”等系列活动。

（樊东辉）

【双拥模范城考评】 下发《关于做好省双拥模范城（县）年度考评工作的通知》，明确考评标准要求。10月10日召开创建省级双拥模范城（县）调度会议，迎检市区军地领导参会并作了表态发言。对迎检市区跟踪指导，组织市区互相检查观摩、交流学习，迎检的奎文区、潍城区、寿光市、昌邑市四个市（区）均取得较好成绩。

（孙林朴）

民族宗教工作

【民族工作】 2017年，潍坊市民族宗教事务局按照人文化、大众化、实体化要求，深入开展民族团结进步教育和创建工作，精心组织第17个民族团结进步宣传月活动，召开全市民族团结进步创建现场推进会，在市县中小学实践基地启动教育基地建设，努力实现民族团结进步教育全覆盖，青州云门山回中、奎文区中学街社区、白浪河清真寺被省委宣传部、省委统战部、省民委命名为全省民族团结进步创建活动示范单位。举办全市民族村居负责人培训班，争取省级少数民族发展资金帮扶少数民族村（居）改善背街小巷、古城旅游等基础设施项目4个，高效农业示范园1个，助推民族村居发展。为民品企业争取流动资金贷款贴息，为穆斯林农户和城市穆斯林低保户发放牛羊肉价格补贴。完成省、市级民族宗教事业发展资金立项、审核等工作。做好少数民族文化传承保护工作，编排反映少数民族基层干部赵忠琴事迹的大型现代吕剧《情满人间》。开展少数民族流动人口服务管理调研，召开“全市少数民族流动人口服务管理”专题研讨会。联合市司法局制定下发《关于加强少数民族法律援助工作的通知》，依托市县法律援助中心，成立“少数民族法律援助工作站”，建立健全少数民族法律服务体制机制。

【宗教工作】 中共潍坊市委、潍坊市人民政府召开全市宗教工作会议，出台《关于加强和改进新形势下宗教工作的实施意见》，成立民族宗教工作领导小组。组织开展“宗教政策法规学习月”活动，编印学习读本2万余册，分3期举办县市区和镇街基层宗教干部培训班，分4期举办宗教界人士学习研讨班。以“规范、和谐、文明、生态、安全”为主题，深入开展和谐宗教活动场所创建工作。建立场所季度安全巡查制度，确保场所安全。完成省、市宗教事务发展资金的分配和困难教职人员生活补助费的发放工作。加强宗教界代表人士培养使用，全省性宗教团体换届中，潍坊市3名教职人员被推荐担任领导班子成员；市、县两级政协换届中，共推荐50余名宗教界人士担任政协委员。在宗教界开展“爱国爱教、守法守规、服务社会，为建设现代化强市做贡献”教育活动。开展“宗教公益慈善周”活动，全市宗教界筹集款物125万元用于扶贫济困等公益慈善活动。

（程　南）

县（市、区）概况

Xian（Shi Qu）gaikuang

奎文区

【国民经济和社会发展概况】 **政区 人口** 奎文区于1994年5月组建，9月施政。2011年1月奎文行政区划调整，现总面积187.8平方公里，人口67.27万，辖大虞、廿里堡、梨园、东关、潍州路、北苑、广文、北海路、新城、清池10个街道办事处，其中新城、清池2个街道办事处面积130.22平方公里、人口18.93万，由高新技术产业开发区管理。2017年，奎文区直接管理面积57.58平方公里，设8处街道办事处、2个经济发展区，67个行政社区居委会，总人口44.34万人（第六次人口普查数据），全区共出生人口5755人，比上年增长5.0%；人口自然增长率为6.37‰。

国民经济。2017年，全区实现地区生产总值266.29亿元，按可比价格计算，比上年增长8.3%。其中，第一产业增加值完成0.09亿元，下降76.9%；第二产业增加值完成24.76亿元，增长7.8%；第三产业增加值完成241.44亿元，增长8.5%。三次产业构成由上年的0.17：8.93：90.90调整为0.03：9.30：90.67。非公有制经济较快发展，全区非公有（民营）经济单位58054户。

农业经济 全区粮食直补18.2万元，农机跨区作业实现收入50万元，小麦、玉米机收率均达100%。国家、省、市级龙头重点涉农企业达到6家。林业生态建设进展顺利。2017年，全区郊区绿化完成更新造林200亩，退化林修复200亩，植树10万株，累计投入资金12万元，配备防控设备药品，采取综合防治措施预防悬铃木方翅网蝽、美国白蛾等林业有害生物的大面积爆发。2017年，全区水貂、狐狸特种动物饲养量2.2万只。全区肉蛋奶总产量738.4吨，全年生猪出栏4691头、存栏726头，家禽存栏3.1万只。

国内外贸易。国内消费市场健康平稳发展。全区社会消费品零售总额完成183.3亿元，比上年增长8.9%。分行业看，批发零售业零售额158.1亿元，增长8.6%；住宿餐饮业零售额25.2亿元，增长10.9%。75家限额以上消费品企业实现零售额70.5亿元，增长2.1%。2017年，对外贸易增势平稳。全区进出口总额40.4亿元，增长4.5%。境外实际投资3234万美元，下降35.2%。

交通运输。现代交通运输体系继续改善，全区共拥有客货营运车辆5350部，增长9.1%。全年共完成货运量1317万吨，完成客运量258.1万人。对全区出租、长途客运和危险品车辆全部安装GPS卫星定位系统，实现全时跟踪监控。全面推进绿色交通建设，对全部出租车进行油改气。2017年，全区完成公路建设工作量87万元（县乡村公路），公路通车里程86.6公里（县乡村公路），公路密度达每百平方公里151.9公里（县乡村公路）。公路养护质量不断提高，扩建、改造、修复城市道路面积0.18万平方米（县乡村），里程碑、百米桩等沿线附属设施均完整、标准。综合好路率国道、省道均达到100%，县乡公路达到97.9%。

科技和品牌建设。齐鲁创智园建设进展顺利，潍坊市科技孵化中心建设日臻完善，众创空间建设水平不断提高，各项科技事业不断发展。全区共安排和承担各类科技计划项目44项，其中市级以上项目26项，安排区科技计划项目18项。获市级以上科技进步奖4项。全区申请专利1230件。通过市级认定的工程技术研究中心2家，市级重点实验室2家。2017年，全区以通用设备、新材料等为主导产品的高新技术产业企业6家，比上年增加2家。全区累计获得中国名牌1个，山东名牌6个，山东服务名牌20个，山东省省长质量奖1个，潍坊市市长质量奖1个。标准化良好行为AAAA级企业2家，标准化良好行为AA级企业8家，计量合格确认企业14家。开展安全防护类和环境保护类计量器具专项检查；推进标准化工作水平，全区共有162家企业在"潍坊标准信息公共服务平台"发布企业标准834项。

城市建设。2017年，全区开工建设玉苑路、蓝翔街西段、龙甲路等6条背街小巷改造。改造旧小区10个，改造楼房401栋，改造面积125万平方米。完成棚户区改造项目19个，3205户，开工率100%。完成"征迁清零"专项行动计划57个，搬迁滞留户1299户，拆除房屋建筑面积27.6万平方米，腾空土地1553.6亩。完成"汽改水"管网建设39.1公里，完成率112%，改造换热站129个，置换供热面积560万平方米。

2017年，全区投资3600万元，栽植乔灌木265万株，新增绿化面积10万平方米，主要道路、背街小巷和游园绿地共补栽各类乔灌木65万多株，新建居住小区、单位庭院共栽植各类乔灌木200多万株，绿化带边沿裸露地种植麦冬草30吨，城区绿化覆盖率达到41.8%，人均占有公共绿地面积18.1平方米。牵头开展铁路沿线综合治理，7月份通过省级验收；深度保洁工作取得成效，东风街、胜利街等五条市级深度保洁示范路通过省级道路深度保洁道路验收。5座公厕和5座转运站分别被评为星级公厕和星级转运站；881家餐饮单位餐厨废弃物纳入统一回收和处置，比上年增加215家；新增生活垃圾直运单位56家，直运率达90%以上，生活垃圾收运量达18万吨。2017年，田家村、西河西村等12个城中村开工面积55万平方米，竣工面积16万平方米。

生态环境保护。2017年，全区环境保护总投资2.0亿元。工业废水处理率、燃料燃烧中废气处理率、工业废气消烟除尘率、烟尘控制区覆盖率均达到100%，工业固体废物综合利用率达到99%，区域环境噪声达标区覆盖率达到84.6%，PM2.5平均浓度下降9%。严格建设项目环境影响评价审批，建设项目环评执行率达到100%。

教育事业。2017年，全区共有普通小学23所（不含分校），在校生30835人；普通中学8所，在校生8227人；特殊教育学校1所，在校生94人。各类学校共拥有在职教职工2746人，其中专任教师2596人。共有幼儿园74所，在园儿童14770人，3至6周岁儿童入园率达到99%。适龄儿童入学率100%，在校生巩固率小学、初中均为100%。全区市级以上规范化学校27所，占中小学总数的87.1%。社会力量办学发展到103家，在校生达到12058人。

文化旅游。2017年，全区新设区图书馆分馆10处、区文化馆分馆8处，被表彰为省第二届全民阅读示范区；引进市级以上非物质文化遗产项目17个，被评为山东省民间文化艺术之乡。全区市级以上文化产业示范基地5家。旅游品牌渐成规模，白浪绿洲湿地公园晋升为国家“AAAA”级景区。文化市场综合执法工作加强，开展“扫黄打非”行动，整治图书市场和印刷市场，依法取缔无证出版物经营摊点26个，查处出版物经营单位29家。

卫生服务。2017年，全区拥有医疗卫生机构293处，床位2612张，卫生技术人员3878人；社区卫生服务中心5处，社区卫生服务站21处。开展家庭医生签约服务，已签约居民25.5万人；为辖区老年人提供免费体检、健康评价和健康指导达3.2万人。全区儿童免疫规划“八苗”接种率达90.5%以上。全区2017年无甲类传染病及死亡传染病病例发生；乙类传染病报告发病率117.65/10万，发病率较2016年下降17.74%；丙类传染病5种1433例，报告发病率411.19/10万。全区共出生人口5755人，比上年增加275人，增长5.0%；出生人口性别比103.7%，比上年回落1.5个百分点；人口出生率为16.05‰，比上年提高0.62个千分点；人口自然增长率为6.37‰。

体育事业。2017年，全区共参加市级以上比赛项目8个，获金牌44枚，银牌31枚，铜牌37枚。全年举办群众性健身活动30余项次，参加人数达2万余人。加强体育健身设施建设，新建健身工程6处，总价值6万元。

人民生活与社会保障。2017年，全区城镇居民人均可支配收入40687元，比上年增长7.7%。城市低保标准由每人每月520元提高到530元，发放城市低保金732万元，为782户、1438名贫困居民提供生活保障，为349户患大病的城市低保户报销医药费70.2万元。集中供养五保老人26人，集中供养率达68%，集中供养标准每人每年12000元。组织“慈心一日捐”捐助活动，共募集捐款80.6万元。全面实施“银铃安康工程”，免费为48783名老人进行投保；为20名孤儿发放生活费35.5万元，为40名城市“三无”（市区内无家可归、无依无靠、无生活来源的孤寡老人、残疾人、未成年人、精神病人）人员发放生活费44.3万元。全区新增企业养老保险参保职工4326人，共有1560家企业单位的48518名在职职工参加养老保险，收缴企业养老保险费42646万元。为13400名企业离退休人员发放离退休费34728万元，社会化发放率始终保持100%。机关事业单位收缴养老保险金12351万元，收缴率达97.75%，为2960名离退休人员发放养老金16243万元，全部按时足额发放。城镇居民社会养老保险当年收缴保险费3386万元，为14208名达到领取年龄的参保居民发放养老金2850万元。失业保险当年收缴1999万元，发放失业金9212人次，发放失业保险金932万元。就业再就业工作全面提升。全年举办专题招聘会8次，组织参加市招聘会17次，提供就业岗位25000个，城镇新增就业5285人，城镇登记失业率为2.25%。全区共开发公益性岗位680个，省级“四型就业社区”达到6家，市级以上充分就业和谐社区达到37家，市级以上创业孵化示范载体达到4处、市级以上创业型街道、社区达到10家。

【奎文区超额完成“双50”重点工程】 2017年，奎文区突出抓好全区50个重点项目建设，全力突破50个征收拆迁项目。全区50个重点项目总投资343.8亿元，2017年计划投资63亿元，1—12月份完成投资83.6亿元，完成年计划的132.9%，超额完成年度任务目标。奎文区“征迁清零”专项行动计划完成清零项目50个，实际完成57个，完成年度任务的114%，共搬迁滞留户1299户，拆除房屋建筑面积27.6万平方米，腾空土地1553.6亩。

【奎文区通过国家防震减灾示范区考评验收】 11月29号，国家防震减灾示范县（市、区）考评验收工作会议在奎文区召开，奎文区通过国家防震减灾示范区考评验收。奎文区建立地震台网中心，实现全省地震台网数据共享；完善应急救援体系，共组织35个部门近600余人参与地震应急疏散演练；打造250人的地震救援队和1250名地震志愿者队伍，强化救援队伍建设；建成50处应急避难场所；启动实施10个老旧小区改造工程，55个城中村搬到安全适用的居民楼；建成全国面积最大的地震科普专项展馆——潍坊防震减灾科普馆，参观群众350余万。2010—2017年连续被评为“全省县级防震减灾工作先进单位”、2012年被评为“全省防震减灾基层基础工作示范区”和“全国县级防震减灾工作先进单位”。

【建设现代化教育强区三年行动计划结硕果】 2017年，奎文区出台《建设现代化教育强区三年行动计划》，优化中小学布局，扩大优质资源。投资约3亿元新建明德学校、虞园实验学校、潍坊十中小学部，新增建筑面积10万余平方米，新增学位6000余个。新华中学—潍坊日向友好学校片区调整完成；起始年级100%消除大班额。在校午餐计划，逐步实现全覆盖。构建“中央厨房”，首批11所试点学校运行良好，在校午餐计划已惠及4000余名学生“课外活动+”服务，延时看管新升级，以“课外活动+”的方式化解“四点半难题”。奎文区新增2处高标准幼儿园，提供700个优质学位，新招聘幼儿教师占比超15%。奎文区新进教师94名。2017年，1人成为山东省特级教师，2人成为潍坊市特级教师，3人被认定为潍坊市特级校长。集团化办学，均衡教育优质发展。奎文区卧龙学校作为新华中学北分校纳人新华教育集团实行一体化办学，明德学校纳入中新双语教育集团实施普惠性办学，民生街学校纳入潍坊实验教育集团。2017年，区管校聘改革取得成效，实现全区统一调配管理。按照地理位置相对就近原则，成立九大学区理事会，实现片区内资源共享、片区学校优势互补。奎文区与美国克莱尔蒙特市开展国际教育交流活动，创办具有中国传统文化特色的国际教育学校；成立新华教育集团国际部，选派潍坊新华中学优秀教师与美国蓝带学校联盟学术中心专家共同执教，开设国际第二课堂和国学课堂。

2017年，奎文教育在全国、山东省中小学电脑制作活动中获奖71项，在第23届全国青少年信息学奥赛中获奖18项，150人在全国中小学生作文大赛中获奖，14人在潍坊市作文书画比赛中获奖。刘济畅同学的车载多功能便捷式垃圾桶获得国家实用新型专利证书，谭绍庭同学在2017年中国城际机器人挑战赛全国总决赛上，获Cospace搜救项目冠军。

【奎文区新的社会阶层人士联谊会成立大会召开】 11月23日，奎文区新的社会阶层人士联谊会成立大会在潍坊1532文化产业园举行，这是全市第一个新的社会阶层人士联谊会成立。会议第一阶段审议并通过区新的社会阶层人士联谊会《章程》《选举办法》《会员管理办法》以及计票人、监票人名单，选举赵振玺为区新联会会长。第二阶段，有关领导向区新的社会阶层人士联谊会会员单位代表授牌。

【经济开发区（廿里堡街道）】 街道位于奎文区南部，面积25.7平方公里，辖10个社区，1.47万户，年末常住人口5.06万人，耕地面积152公顷。2017年，全街道完成规模以上工业总产值22.6亿元，比上年增长1.4%；实现地方财政收入2.27亿元，比上年增长14%；实现规模以上工业销售收入32.5亿元，增长10.8%；限额以上批发零售业和住宿餐饮业销售收入达到77.8亿元，增长3.7%；居民人均可支配收入1.33万元，增长6.4%；荣获“山东省卫生乡镇”等荣誉称号。

街道集中规划齐鲁创智、虞河文创、南苑生态科创3个特色小镇和1532文化产业园、汽车产业园2个产业园区，推动招商引资和项目建设，56家科技型、创新型企业落户辖区，虞园学校建成使用，“汽改水”主管道铺设完毕，完成固定资产投资11.5亿元，完成招商引资到位资金13亿元。完成仉家、检疃、田家、南家北、郭家涧头院5村整体拆迁，拆迁居民720余户，腾空土地1900亩。开展违法建设治理试点，全年拆除违法建设222处、12.5万平方米，占全区拆违总量85%以上。广潍非公党建经验得到山东省委组织部门推广。在奎文区观摩点评中荣获第一名。

【大虞街道】 位于潍坊市奎文区东北部，面积7.88平方公里，辖9个社区居委会，居民36554户，年末常住人口8.2万人。年全年完成公共财政收入19326万元；完成固定资产投资10.36亿元，同比增长15.6%；限额以上批零住宿餐饮业销售额8.19亿元，同比增长6%；规模以上服务业企业营业收入1.02亿元，同比增长21%。招商引资到位资金13.14亿元，同比增长27.6%。

街道经济运行稳中趋好，新引进临商银行、和睦家医院等优质项目，玫瑰熙园、盛世香榭里、德润兰庭等资金投量和建设进度实现双突破，新增商住面积35万平方米。历经8年改造的刘家实现整村拆迁，卧龙街、乐川街完成拆迁排障；田家项目征迁清零，安置楼加快建设，240户居民住有所居；北虞路西开发正式启动；陈家时隔20年启动二次改造；大虞貂场问题得以化解，上半年完成搬迁；开展信访积案排查化解活动，7起积案全部清仓见底。全年共拆违32处，约1.2万平方米。回请、下派谭绪生等4名同志担任合作社书记，软弱涣散班子实现“由乱到治”。创新社会治理，孙家为全国两个现场会提供观摩现场。零失误、零信访完成社区“两委”换届。

【梨园街道】 位于奎文区东南部，面积5.6平方公里，辖10个社区，9个合作社，1个经济组织，3.5万户，年末常住人口10.3万人。2017年，街道完成公共财政收入13854万元，完成全年任务的109.5%；实现固定资产投资14.8亿元；实现招商引资13.9亿元。

街道在征迁清零方面，10个征迁项目全部完成，共拆迁12户，1.2万平方米，腾出土地278亩。依托辖区内生态景观优势，打造品质项目，共确定重点项目16个，唐宁国际、樱前公馆等7个续建项目全部完成，龙庭.首玺、华安、御尚苑等项目实现全面开工，新开工面积达35万平方米。建成、在建、拟建商务楼宇达26栋70万平方米。以唐宁国际楼宇、世博商务大厦、银泉大厦为代表的商务楼宇，为产业转型升级提供强力支撑。打造10个标准化社区服务中心，借助“品质城市”综合治理背街“四乱”。建立安全生产网格实名管理体系，对生产经营单位实现全覆盖、无缝隙管理。打造“最美梨园”品牌，举办第四届“最美梨园”评选活动。

【潍州路街道】 位于奎文区中西部，面积6.1平方公里，辖10个大社区，24960户，年末常住人口7.8万人，全年街道完成公共财政收入1.5823亿元，同比增长16.7%；完成固定资产投资12.8244亿元，同比增长11%；实现贸易企业消费品零售额1.8078亿元，同比增长10.5%；实现贸易企业消费品销售额3.7838亿元，同比增长5.8%；完成规模以上工业总产值11796万元，同比增长7.2%；完成商品房销售面积11.9131万平方米，和同期持平。

街道重点片区开发取得新突破。完成土地房屋调查摸底，4个合作社全部成立，“三王一马”片区改造顺利实施。项目建设取得新进展。突出抓好“双50”项目建设。完成金御皇廷、水岸公馆、翠湖美墅、鸢飞路南段拓宽改造、恒易紫园5个项目征迁清零，实现眼科医院、富强片区、荔枝公馆等5个新项目开工建设，兴源国际城（一期）、伯爵庄园、郡王府等5个项目完工。产业转型发展取得新成效。优势电商电商产业园挂牌运营，引进支付宝口碑网、蚂蚁快跑等30余家各类优质电商企业入驻办公；中国（潍坊）纺织服装电商产业园新招引阿里UC浏览器鲁中区域总部、山东网商集团等多家知名企业入驻，传统纺织品批发交易与互联网深度融合。打造潍坊智慧产业园区，引进华为（潍坊）物联网创新中心、微医互联网医院、赛伯乐产业公司、美的等知名企业90余家。打造澳大利亚博士沙龙顾问委员会潍坊工作站，依托海内外人才优势助推园区繁荣。推进浩信永拓金融中介产业园及潍坊市汽车总站旅游集散中心。城市品质得到新提高。道口老旧小区改造工程全面收尾，潍棉老旧小区改造工程地上工程收尾。投入资金100余万元，清运垃圾600余车，拆除违建1100平方米，完成铁路沿线绿化美化及集中整治任务；开展背街小巷整治、拆违征迁、露天烧烤整治、卫生死角整治、城市“亮化”、518生态环境综合整治、深化“美丽家园”建设专项整治行动，改善辖区生态环境，城市品质明显提升。民生事业得到新发展。推进“由民做主”“四社联动”落实，确定幸福街、潍柴、星河社区服务品牌；进行低保家庭核查，严格发放低保金及各类救助、补贴资金，民生保障水平不断提高。打造“幸福潍州”文明创评系列活动、年度最美潍州人评选和潍州路街道群众文化艺术节等一批特色品牌及“幸福潍州”说唱舞动秀系列文化活动，宣传和表彰先进事迹。平安建设持续推进，推进综治中心、微型消防站等服务站点打造。获得山东省安全生产工作先进乡镇（街道）、潍坊市做好“一带一路”国际合作高峰论坛暨省十一次党代会维稳安保工作先进集体、中国青年创业社区、中国（潍坊）纺织服装电商产业园（国家级）等荣誉称号。重点打造的鸢都湖康养小镇项目纳入全区“产业小镇”建设，潍坊智慧产业园为全市观摩点评提供现场。

【东关街道】 位于奎文区中部，面积5平方公里，辖9个社区，3.6万户，年末常住人口12.2万人，辖区内无耕地。2017年，全街道实现地方财政收入2.46亿元，比上年增长17%；实现工业销售收入2419万元、利税305万元。

老市府片区顺利启动，发展空间持续拓展。成立潍坊国际金融中心管委会，抽调精干力量120余人，下设19个征收工作组，已完成入户调查登记、房屋测绘、公示《补偿方案》（征求意见稿）、预评估、分发补偿明细表、公示《补偿方案》征求意见和修改情况的说明等工作，前期准备工作已全部就绪。产业园区不断繁荣，发展动能持续增强。打造梦想产业园、全影婚嫁产业园等特色园区。泰华城商务园区被评为“山东省现代服务业集聚示范区”“山东省服务业重点园区”，全影网被评为“山东省服务业重点企业”，12月1日正式挂牌“新三板”，成为中国摄影行业、婚嫁产业平台第一股。社会事业亮点纷呈，发展福祉持续增进。为全国基层社会治理示范培训班、全省两新组织党建工作推进会提供观摩点。工福街社区被评为“全国社会工作服务标准化示范社区”，苇湾、中和园、李家街社区创建为省级“四型就业社区”。马丽丽荣获“全国专业社会工作领军人才”。6个城市基层党建示范点全年共接待各级党建考察团135个、1894人。

【北苑街道】 位于奎文区的西北部，辖区面积6.13平方公里，有居民2.18万户，户籍人口6.0万人。辖5个社区（则尔庄社区、丁家社区、沙窝社区、卧龙社区、金都社区）。2017年，街道实现地方财政收入9033万元，比上年增长4.8%，实现工业利润3254万元、利税3530万元，分别增长-6.1%和-4.7%，完成固定资产投资18.6亿元，同比增长47.3%。

2017年，街道加快恒信•阳光假日、虞河生活城、盛世•御景苑等17个重点项目建设进度，总投资160亿元，总建筑面积320万平方米。确定丁家城中村、则尔庄城中村、北苑实验学校、鸢飞路海化宿舍、乐川街小学5个“征迁清零”项目，累计征迁99户，签约99户，拆除障碍物2.66万平方米，清空土地6万平方米。提速产业发展，君泰商城等8大专业市场累计入驻商户870余家，出租面积9万平方米，年交易额超2亿元，歌德产业园已入驻各类企业127家。协同发展民生事业，投入520万元，完成丁家、则尔庄2处社区服务中心提升改造，投入1200万元，对华光精工西、则尔庄片区等12个小区、1780户居民进行老旧小区提升改造，顺利完成丁家馨园天然气及则尔庄南、华光精工西等一户一表共计1208户居民的改造，惠及居民8800余人。

【广文街道】 位于奎文区中心地带，面积4.22平方公里，辖李家、东上虞、中上虞、西上虞、文化路、松鹤园6个社区，总人口8.6万人。2017年，街道完成固定资产投资12.5亿元，同比增长18.5%；实现一般公共预算收入1.66亿元，年均增长11%，位居全区各街道之首。

建成和在建商务楼宇22栋，引进楼宇企业1922家；启用保险峰汇产业园，拉开打造全区首个单体税收过亿元楼宇的序幕。率先完成4个“征迁清零”专项行动项目，拆除13栋居民楼、4栋办公楼、5栋厂房。大有公馆三期、潍坊国际创意港等7个项目建设全部赶超时间进度，在全区组织的两次重点项目观摩点评中均取得第二名。全面保障改善民生。开展“百姓畅谈中国梦”宣传教育活动，在文化路社区试点“微治理”幸福提升工程，完成西上虞集体资产经营管理体制改革，启动东上虞沿民生东街7000平方米商业建设，举办各类主题文化活动100余场次。开展棚户区、老旧小区改造提升，改善2640户居民生活条件；清理卫生死角90处，清运垃圾1200余立方米。开展邻里纠纷化解、安全生产隐患排查、食品药品安全监管，维护辖区的安全稳定。打造700平方米的创新创业活力商圈党群服务中心，为山东省、潍坊市党建工作推进会提供现场。

【北海路街道（北海路商贸经济发展区）】 位于奎文区东北部，面积3.1平方公里，辖7个社区（6个村改居社区，1个城市社区），2.8万户，年末常住人口6.78万人。2017年，全街道实现地方财政收入8809万元。资质内建筑业总产值25167万元，环比增长128.5%；限额以上批发零售业和住宿餐饮业销售额61705万元，环比增长17.9%；商品房销售面积164371万元，增长49.9%；出口总额64544万元，增长5.4%；固定资产投资61660万元，增长-13.6%。

街道项目建设加快提速。书林苑等3个新开工项目落地开工。双“50”重点项目进展顺利。浙鑫广场等13个续建项目超计划完成。招商证券等8家市级以上总部分支落户辖区。“征迁清零”实现突破。10个区级（含4个市级）“征迁清零”项目全部完成，累计拆迁面积13420平方米。经济模式迈出坚实步伐。街道青少年法治教育基地、原职工大学改扩建两个项目，利用PPP模式确定社会资本。推进惠民工作落实。十里堡学校、胡西幼儿园改扩建顺利完成。创新举办“文化大集”艺术节活动。在环保清洁型煤推动普及中第一个超额完成任务。

（孙 涛 谭绪刚 张红娟）

潍城区

【国民经济和社会发展概况】 潍城区是潍坊市中心区之一，总面积269.5平方公里，辖6个街道、2个管理区、1个省级开发区，共169个行政村、85个社区。全区户籍总人口35.98万人、常住总人口42.9万人。2017年，实现生产总值283.96亿元，比上年增长7.6%。其中，第一产业增加值10.28亿元，第二产业增加值98.88亿元，第三产业增加值174.8亿元。地方一般公共预算收入20.45亿元，地方一般公共预算支出17.97亿元，社会消费品零售总额177.9亿元，进出口总额29.6亿元。全区银行存贷款余额分别达到402亿元和308亿元。城镇居民人均可支配收入37610元，农村居民人均纯收入18233元。

*重点项目建设成效显著。*完善重点项目调度推进和问题会商解决机制，成立区重点项目推进办公室，开工千万元以上投资项目210个，中远重工等68个项目竣工投入运营。引进激光雷达产业园、火石创投基金等投资过千万元项目48个，合同投资额148.5亿元，项目落户个数和合同投资额同比增长16%和20%。

*转型升级步伐加快。*三次产业比例进一步优化，一、二、三产业比例达到3.6：34.8：61.6。市级军民融合科技创新产业园授牌落户，潍坊一立精密铸造有限公司被列入国家2017年“民参军”企业推荐目录。投资3.5亿元的节能环保科技园区研发楼及车间主体封顶，新签约落户颐养星健康新风设备、博肽未名生物医药等9个项目。实施工业技改项目60个，完成投资42亿元，瑞福油脂标准芝麻酱等24个项目竣工投产。鑫达鲁鑫防水材料有限公司列入全省首批中小企业“隐形冠军”企业。激光雷达产业园实现当年签约、当年建设、当年运营。新成立区物流业发展促进中心，发展总部物流、电子商务、城市配送、快递快运四大物流业态，鲁东电商产业园等项目加快推进，新增物流设施面积24万平方米，物流业完成投资增长48%，电子商务交易额增长36%。潍城新金融产业园集聚功能初步显现，新引进落户北京银行、都邦财险等金融机构16家，全区独立纳税金融机构达到52家，全年实现税收1.7亿元。潍坊国家广告产业园成功列入首批国家级广告业创新创业示范基地，广告创意产业园总部区创意大厦主体竣工。十笏园文化小镇获批省级服务业特色小镇试点。成功举办2017陈介祺金石文化周系列活动，由全国政协常委、中国书协主席苏士澍亲笔题名的“金石之都”

宝鼎落成。鲁台会、中日韩产业博览会影响力和承载力进一步增强，鲁台产业办公室落户潍城区。新申请商标注册1255件，同比增长1倍。新增省级重点农业龙头企业2家，新创省、市级农产品质量安全示范园区各1家，新创“三品一标”（无公害农产品、绿色食品、有机农产品和农产品地理标志）农畜产品3个，市级以上重点农业龙头企业达到12家，开通国内首条对流铁路冷链班列。瑞福油脂崔字牌小磨香油被商务部赋予全国农商互联电商第一试验码，并为“2017全国农商互联大会”提供观摩现场，全区赋码产品达到8种120个品类。实施潍县萝卜品牌提升战略，建成仲起萝卜示范园，全区萝卜种植合作社达到23家。投资1120万元的农业综合开发333公顷土地治理及产业化发展项目全面完成。现代农业示范园区发展到8家，铁皮石斛科技文化产业园种植面积达到33公顷，实现从种植、保健产品深加工到网上销售的全产业链条；乐埠山体验式休闲农庄一期完成30余套建设，皂角文化产业园、菊花产业园等特色农业产业园规模不断扩大、承载力持续增强，全区休闲观光农业面积达到867公顷，星级农家乐发展到36家。

城乡建设全面推进。火车站南广场片区，完成一期核心区4.3平方公里内30个棚户区、800余家企业、2000余户经营业户的征迁工作，征迁建筑面积108万平方米；齐鲁台湾城片区，枫叶国际学校、海上明珠游乐城建成投入运营，圣菲漫步等10个续建项目加快推进；利昌片区，公园道1号、巴黎一号等高品质住宅项目开工建设；“两山一湖”（浮烟山、乐埠山、福源湖）片区，姜家等5个村美丽乡村建设竣工验收。开展重点道路集中清障，影响道路建设的110处障碍全部拆除，卧龙西街、宏伟路等市政道路基本建成，供水、排污、供热等管网配套同步展开，完成福寿西街等9个路段供热管网“汽改水”工程。建成宝通街避险车道。投资2.06亿元，高标准建设县乡村道路171条、105.5公里。完成棚户区改造5257户。完成36个老旧小区、21条背街小巷改造和31处摊点群规范提升。建成五岳热力北部热源厂二期等两处热源，新增集中供热面积300万平方米。新建、改造的10座公厕和1座垃圾转运站投入使用。成立区城市精细化管理办公室，城市精细化管理机制逐步完善，数字化城市管理实现全覆盖，受理处置各类城市管理问题4.2万件，完成拆违拆临25万平方米和59处夜景亮化提升工程。成立潍坊火车站广场综合治理办公室，投资500余万元，对火车站广场实施高标准绿化亮化；坚持市区联动，实行全天候实时执法巡控，火车站广场区域市容环境秩序明显提升，树立潍坊城市窗口新形象。创新环卫保洁模式，全面提升中心城区绿化标准，城乡面貌显著改善。

生态环境持续改善。成立区环境综合整治办公室，开展环境保护突出问题整治，完成49台10吨以下燃煤小锅炉“清零”，关闭搬迁禁养区内畜禽养殖场户120处，关停环境污染铸造企业37家、化工企业18家。推进“散乱污”企业整治，引导33家成长型企业入园聚集发展。加强涉水工业污染源监管，严控白浪河水库、符山水库等重点流域，确保饮用水源地安全，水质达标率实现两个“百分百”（饮用水水源地水质达到地表水三类标准，河流出境断面水质达到地表水五类标准，达标率均为100%）。推进建筑工程施工扬尘治理，全区建筑工地基本实现六个“百分百”（施工工地周边100%围挡，物料堆放100%覆盖，出入车辆100%冲洗，施工现场地面100%硬化，拆迁工地100%湿法作业，渣土车辆100%密闭运输）。推进散煤清洁化治理和煤炭高效利用，投入633万元，清理散煤销售点74个，型煤推广到户2.7万吨，推广节能炉具3000台。全年空气质量主要指标改善率提高8.7%。投资300余万元，建立区、街、村三级河长制组织体系，聘请“民间（义务）河长”124名，排查整改堵塞、侵占河道等“八乱”（乱占乱建、乱围乱堵、乱采乱挖、乱倒乱排）问题206项。完成1个省级森林镇、2个省级森林村、2个市级森林村建设，完成造林1300亩。

改革创新不断深化。实施省级服务业综合改革等5项省级以上改革试点，被确定为组织实施就业创业证与社会保障卡“证卡合一”（取消纸质就业创业证，将其功能融合到社会保障卡中）试点区，在全市率先完成综合行政执法体制改革。推进企业登记全程电子化，在全市首创工位注册，实行托管登记，工位和托管登记企业1000余户，全区新增市场主体7802户。成立区双创工作办公室，探索特色双创模式，双创体系建设全面推进。创建潍坊创业大学潍城学院。累计发放各类创业就业扶持资金和小额担保贷款2315万元，新增参与创业活动5100人，新获评市级创业示范园区5家，新建成省级“四型”就业社区5个、市级特色创业小镇2个、创业型示范镇街1个、特色创业街区4个、创业型示范社区2个，全区16处创业示范园区带动就业2.6万人，潍坊市大学生创业产业园被评为2017年全省唯一一家省级大学生创业示范园。完成专利申请1007件，专利授权429件；建成院士工作站1家，新增科研平台6家；5个项目列入省创新项目计划，2家企业被认定为省级新经济示范单位，大洋泊车被新认定为省级企业技术中心，15个项目列入市级以上科技计划项目，完成科技成果转化29项，6家企业入选市首批“两化”融合（是信息化和工业化的高层次的深度结合，是指以信息化带动工业化、以工业化促进信息化，走新型工业化道路）重点培育企业。新创省名牌产品2个、服务名牌1个。3个项目被确定为省级标准化试点，实现省级标准化试点零突破。引进“两院”院士4名、国家“千人计划”专家等高端人才16名。发挥金融助推实体经济发展功能，与潍坊农商银行合作成立规模10亿元的创新创业金融服务中心。新成立潍州投资控股等7家国有公司，参与招商、基础设施、公共服务及金融等领域发展，为区域经济发展注入活力、增强后劲。与2家“千人计划”专家企业合作设立1亿元的火石创投基金、与市金控集团合作设立2亿元的招商直投基金，为新兴高端产业发展提供支持。成立区企业帮扶办公室，服务实体经济，为27家成长型企业提供风险缓释和融资担保服务2.22亿元。加强金融风险防范化解工作，化解银行不良贷款10.07亿元，不良贷款率降至全省平均水平以下。全年完成规范化公司制改制25家，上市挂牌企业达到50家，10家企业获得省直投基金股权投资2600万元，凯特智能控制技术有限公司成为全区首家新三板挂牌企业。

民生质量稳步提高。坚持把新增财力主要用于改善民生，完成民生领域支出13.9亿元，占一般公共预算支出的77.4%。城镇居民、农村居民人均可支配收入分别达到37610元和18233元。累计投资6.68亿元，完成潍州麓台学校、湖景小学等4处品牌学校和潍坊光正幼儿园等5处幼儿园建设；实施教育资源优化组合，公开招考中小学、幼儿园教师80名，全区中小学基本化解大班额。潍坊市人民医院潍城院区开工建设。建成6处规范化社区卫生室和2处国医堂。对全区养老机构进行整合规范，全面提升养老机构安全管理水平。扶持总投资2.8亿元的颐盛德养老服务中心，打造高端医养结合综合体。建成2处综合性社区居家养老服务中心。精准扶贫成效全面提升，整合资金400余万元用于扶贫开发，2个省定贫困村和全部建档立卡户已实现脱贫。投入财政保障资金2179万元，救助城乡低保、五保等困难群众7916名。募集社会慈善资金418.2万元，救助困难群众7902人次。投资100余万元，为51个村安装健身器材，全区城市社区和农村健身器材普及率达到100%。改造提升50个村（社区）综合文化服务中心，放映公益电影2028场。专项安置退役士兵460人，新增城镇就业4635人。

社会治理成效显著。被山东省委、山东省政府评为“山东省社会治安综合治理先进区”。顺利完成年度普法依法治理任务目标，区、街、村（社区）三级公共法律服务体系进一步健全，被评为全省法治创建先进区。完成党的十九大安保维稳任务，被评为“全省十九大安保维稳工作先进集体”。投资900余万元，完成区级和9个街道（开发区、管理区）及178个村居综治中心建设，建成区、街、村三级视频系统。扩大“天网工程”覆盖范围，健全“警民联调”“警民联防”“平安指数”“三级巡防”及家事纠纷人民调解等工作机制，推行城市社区“1+2+N”和农村社区“一村一警务助理”警务工作模式，“西关警情纠纷人民调解委员会”被授予“全国模范调委会”荣誉称号；开展“破案会战”专项行动，开展三年禁毒人民战争，全区破案数上升28%，110总警情下降10.5%。于河街道三安子村、潍城实验小学获评全国文明村、文明校园，全区有16人入选省市好人榜，3人获评市级道德模范。研究出台《关于进一步加强安全生产的意见》和《安全生产行政责任制规定》等制度办法，进一步落实街道属地管理责任、部门行业监管责任和企业主体责任；创新开展安全生产观摩点评，现场揭短亮丑、一线整改落实；持续推进安全生产“大快严”集中行动、安全生产标准化、“两个体系”（安全风险分级管控与隐患排查治理体系）创建和重点行业领域专项整治，防范和遏制安全生产事故，全年未发生亡人事故，安全生产事故率下降12.5%。成立市场发展服务中心。“明厨亮灶”餐饮单位达到280家，全区150家小饭桌全部纳入监管，被表彰为创建“国家食品安全示范城市”通过省级验收特殊贡献单位。

【第二届“陈介祺奖”万印楼篆刻艺术大展暨2017陈介祺金石文化周】 9月2日—7日，第二届“陈介祺奖”万印楼篆刻艺术大展暨2017陈介祺金石文化周在潍城区举办。2日上午，在十笏园文化街区举行开幕式，全国政协常委、中国书法家协会主席苏士澍等出席开幕式。主会场设在十笏园文化街区，分会场设在潍坊三中和郭味蕖美术馆。活动以打造“金石之都”品牌、推动“文化名市”建设为主题。举办“金石之都”宝鼎揭牌仪式，第二届“陈介祺奖”万印楼篆刻艺术大展暨2017陈介祺金石文化周开幕式，第七届中国书协篆刻委员会工作会议，“打造‘金石之都’、推动‘文化名市’、唱响‘一带一路’金石文化新篇章”学术研讨会，中国书协篆刻委走进潍坊三中、中国书法篆刻进课堂学术讲座等系列活动。同时，举办一系列金石文化大展：第二届“陈介祺奖”万印楼篆刻艺术大展、中国书协篆刻委员会成员精品展暨当代篆刻名家邀请展、潍坊市青年学术双年展、“入古出新”当代著名篆刻家印章临创展、日本当代篆刻展中国展、“寻道万印楼”——韩国当代篆刻名家作品中国展、潍坊市《十钟山房印举》临摹展、千唐志金石馆藏历代金石碑拓展等。

【“金石之都”宝鼎落户潍城】 9月2日上午，“金石之都”宝鼎落户潍城，在十笏园文化街区举行揭牌仪式。该宝鼎设立于十笏园文化街区，以国宝毛公鼎为原型，放大铜铸而成，整个雕塑高4.05米，其中宝鼎高3.2米、直径2.8米。“金石之都”由全国政协常委、中国书法家协会主席苏士澍亲笔题写。

【潍坊火车站南广场片区一期核心区征迁】 潍坊火车站南广场片区征迁是潍城区2017年“一号工程”。一期核心区征迁工作顺利完成。一期核心区总面积4.3平方公里，范围东起白浪河、西至清平路、南到高家街、北至胶济铁路，涉及30个棚户区、800余家企业、2000余户经营业户，征迁建筑面积108万平方米。

【潍城区实验小学获“第一届全国文明校园”称号】 潍城区实验小学秉承“天天向上”办学理念，聚焦“立德树人”根本任务，以“育人为本、全面发展”为中心，开展文明校园创建活动。学校创新管理机制，提高师德素养与管理水平，加强教师队伍建设；优化育人环境，夯实育人成效，深化教育教学创新，突出德育建设；注重和谐融洽，创新课堂教育，深化“睿哲善教”的教风，强化“敏而好学”的学风；注重校园文化多元化，校园文化阵地建设内容不断丰富、外延不断拓展。11月，潍城区实验小学获“第一届全国文明校园”称号。

【十笏园文化观光夜市】 5月18日晚，十笏园文化观光夜市正式开市，是潍坊市首个文化观光类夜市。观光夜市位于十笏园文化街区（东风西街与向阳路交汇处东北角），以“意无限•创未来，享生活•乐自由”为主题，分为文化体验区、创意生活区、舞台演艺区、旅游推介区、精品百货区、动态表演区六个区域。设200余个摊位，分布于十笏园文化街区主通道两侧。

【于河街道】 位于潍城区西北部，辖35个行政村，人口3.15万人。2017年，实现一般公共预算收入3657万元，实际利用区外资金3.53亿元，限额以上批发零售住宿餐饮业实现销售额2934万元。规模以上工业企业6家，实现销售收入3.51亿元，利税1451万元，利润940万元。

青银高速公路横贯境域东西。辖区内都家村是被国务院授予“全国老艺人”称号的核雕艺人都兰桂故里，流饭桥村是地方名吃“杠子头”火烧的起源地。

经济转型升级取得新突破。15个新建、续建项目全部开工建设，完成投资2.2亿元。依托省级农业科技园，重点打造总投资1.4亿元的铁皮石斛文化科技产业园，带动天美益、鸿成农业科技投资建成生态观光大棚74个，发展专业合作社62家。城市功能品质实现新提升。五岳热力北部热源厂二期工程投资2400万元，新上100吨/小时锅炉1台，铺设供热管网6000米。港华燃气投资1300万元，铺设管道1.5万米。搭建精细管理微平台，投入100余万元，对辖区35个行政村的连村路、出村路、背街小巷，以及潍高路、恒盛路、杏乐路、西二环进行全方位清理。开展“散乱污”企业综合整治，摸排企业268家，关停176家，整改复工42家。开展“清河行动”，疏通大于河、小于河、白杨河河道15.3公里，清理垃圾6700余立方米，关停搬迁养殖场、养殖户45家。开展散煤清洁化治理，取缔散煤摊点7处，推广型煤3900吨、节能炉具450台。开展植树造林活动，栽植树木1万余株、造林5.56公顷。民本民生持续改善。实施文化惠民工程，投入97万元，改建、新建村级文化服务中心3处，争取体育器材30件，村级文化服务中心达标率达72%。建设三安子综合文化服务中心1处，为全市基层综合性文化中心现场会提供现场。发展喜盈门、冠欣俱乐部等特色文化演出队伍48支，组织开展群众性文化活动64场。争取专项资金70万元对于河敬老院进行改造提升，新建老年人助浴中心和低温太阳能供热系统，配备高中初级护理人员6人。投资251万元建成实验中学图书楼1处，新建民办幼儿园3处。组织就业技能培训260人次，发放就业失业证98个，鸢都创业证140个，开发公益性岗位3个。为参战、伤残军人、烈属等发放优抚金51万元，为386户低保家庭发放低保金104万元，为71名老人发放高龄补贴50.64万元。创新网格化治理，划分网格108个、选聘信息员216名、安全监管员187名。

【望留街道】 位于潍城区中南部，望留街道办事处与潍坊鸢都湖——浮烟山综合开发区管委会合署办公，实行街区合一体制。辖59个行政村、1个社区，人口5.05万人。2017年，实现一般公共预算收入4978万元，实际利用区外资金3.76亿元，限额以上批发零售住宿餐饮业实现销售额3.56亿元。规模以上工业企业10家，实现销售收入3.8亿元，利税1056万元，利润260万元。

境内浮烟山休闲旅游度假区环境优美，融自然风光与人文景观于一体，是潍坊市郊的旅游胜地。中国风筝放飞基地（潍坊国际风筝会放飞场）位于浮烟山麓。

参与火车站南广场征迁工作，在全区9个街道（开发区、管理区）中率先完成15个小区、197户征迁任务，被区委、区政府授予“集体三等功”。重点项目建设稳步推进。浮烟山中泰城项目完成股权转让，一期交付使用，二期260套别墅正在建设。孙家棚户区改造项目公开招标确定新的开发商。潍城区车管所、交通事故处理中心项目和华都•颐康城项目完成征迁，万潍热力联产项目开始厂区建设和供热管网铺设，潍州麓台学校项目完成并投入使用，9月份正式开学，利民路大修改造项目完成征迁。郑家片区农业综合开发项目竣工验收，姜家、陈家、于家、河湾、官家庄5个村美丽乡村建设竣工验收，望留片区333公顷基本农田改造（提质）项目完成招投标。民生事业全面发展。争取区财政支持，槐行、麓台等24个村完成道路硬化16.5公里；对大新路、河玄路等15条乡道进行大修改造，总里程40余公里；完成生产路、村内道路整修10多公里，栽植绿化树木1.5万余株，铺设自来水管道4000余米，安装高清摄像头800余个。完成60个村党群服务站改造提升，高标准建设“三务”（党务、村务、财务）公开栏，建立农家书屋32个、老年文化中心8个、文化广场6个，配备健身器材20套。开展省级森林城市创建，获潍坊市森林镇荣誉称号。实施文化惠民工程，组织开展群众性文化活动100余场次。落实精准扶贫，742户1700多贫困人口全部实现脱贫。社会治理不断加强。建立194个网格，确定969名安全网格员，排查化解不稳定因素和矛盾纠纷76起，妥善处理历史遗留问题3个。取缔“散乱污”企业120余家，妥善处置3起中央环保督办件、6起山东省环保督办件。落实“河长制”，大于河、小于河流域31个村全部设置河段长。开展“清河行动”，取缔禁养区和河道内畜禽养殖户14家、养殖棚30余个，整治河道问题68个。取缔燃煤锅炉64个，关停散煤销售点14个，推广型煤5200吨、节能炉具571台。

【北关街道】 位于潍城区东北部，辖31个社区，人口6.14万人。2017年，实现一般公共预算收入1.74亿元，实际利用区外资金13.23亿元，限额以上批发零售住宿餐饮业实现销售额4.37亿元。规模以上工业企业5家，实现销售收入19.29亿元，利税1.97亿元，利润1.37亿元。

著名的潍县萝卜原产地位于辖区内。潍县萝卜已有300多年的栽培历史，东夏庄周围100公顷土地是潍县萝卜原产地保护区。2017年，建成仲起萝卜示范园，帮助仲起萝卜合作社贷款140万元，并从街道筹集20元协助指导合作社建设1.33公顷的现代化冬暖式大棚。

项目建设进展顺利。全街道开发建设项目33个，其中续建项目17个，新建项目9个，储备项目7个，开工面积176万平方米，累计完成投资20多亿元。潍坊广告创意小镇一期摄影棚等公共服务平台项目竣工，二期十里春风街区综合体项目7栋多层商业楼组主体完工。海上明珠娱乐园水上乐园项目闭园完善，陆地乐园项目10月份试营业，儿童游乐城、国标游泳池等项目基本完成。美国小镇、华坤城市综合体等项目进展顺利。征迁工作成效明显。在火车站南广场征迁工作中完成264户征迁任务，被区委、区政府授予“集体三等功”。完成圣菲漫步二期赫家工业园5.3公顷土地、玉清西街东七工业园9.3公顷土地及卧龙西街征迁任务。卧龙桥棚户区改造征迁、怡园路片区工业园征迁顺利开展。老旧小区进一步改造提升。投资1585万余元，完成对槐香小区、桐荫小区、福寿园小区68栋2636户、17.8万平方米居民楼的提升改造工程。环保治理卓有成效，对辖区35个建筑施工项目裸土覆盖5万余平米，依法拆除7处燃煤锅炉、窑炉，对白浪河、小于河清污2次，转型升级“散乱污”企业97家，取缔“散乱污”企业30家。开展散煤清洁化治理，清理劣质散煤1600余吨，推广环保型煤3000吨、节能炉具330台。投入13万余元重点提升冬夏、弯头、尧里王等5个村环卫一体化水平，提升24条背街小巷市场化保洁水平。

【西关街道】 位于潍城区中部，辖19个社区，人口6.23万人。2017年，实现一般公共预算收入2.18亿元，实际利用区外资金19.14亿元，限额以上批发零售住宿餐饮业实现销售额4.25亿元。规模以上工业2家，实现销售收入7421万元，利税384万元，利润43万元。

项目建设实现新跨越。街道重点项目共51个，全年完成投资32.37亿元，开工面积216.02万平方米。新建项目11个，开工面积50.4万平方米。北小于河城中村改造——万特公馆项目，总投资20亿元，总建筑面积75万平方米，一期6栋楼宇开工挖槽；壹里阳光住宅项目，占地8.87公顷，总投资6亿元，规划建筑面积13.8万平方米，已建至5层。三里庄路上街特色商业街建设项目、恒大•翡翠华庭、圣菲漫步等29个续建项目，开工面积163.22万平方米。城市功能品质实现新提升。投资1300万元改造提升西园社区，设立文化长廊。对胜利西安顺东区进行全方位修整，正在完善基础设施。深化“四通一治”（畅通人行道、盲道、自行车绿道、消防车通道，治理停车难）便民工程，对西园街进行翻修。月河南路、胥山街、潍昌路建成通车。参与火车站南广场征迁工作，完成2.3平方公里内4个“城中村”、1个城市社区征迁工作，征迁376户。民生事业全面发展。月河社区投资240万元建设860平方米的云天使医养服务平台；高家东社区新建5500平方米的养老综合服务中心。投资186万元对月河、西关大街等老旧社区实施安全防范工程；投资120万元为所有社区建立安全防范电子监控室，安装照明设备1200套，红外线摄像头680个。城乡环卫一体化深入推进。对长松路、潍昌路进行综合治理，清理陈旧广告、牌匾、横幅50余处，沿路垃圾100余处，整治占道经营15处、私搭乱扯20余处，清运垃圾10余吨。环保整治力度加大。开展“散乱污”企业综合整治，对352家企业进行整治，停业整改、搬迁企业共26家。对32个在建工地强化扬尘治理。开展散煤清洁化治理，取缔散煤销售摊点8处。

【南关街道】 位于潍城区东部，辖22个社区，人口4.34万。2017年，实现一般公共预算收入1.74亿元，实际利用区外资金10.78亿元，限额以上批发零售住宿餐饮业实现销售额3.93亿元。规模以上工业企业3家，实现销售收入3.63亿元，利税1636万元，利润515万元。

南关街道交通便利，潍坊火车站位于境内，胶济铁路横贯东西。辖区内“状元胡同”闻名遐迩，清末状元曹鸿勋和王寿彭诞生于此。

楼宇总部经济发展突出。金沙购物广场、五道庙商业步行街等6处商业综合体建设进一步推进，辐射效应初显；元顺商贸城10月份正式开业，已有100多家业户入驻。文化旅游产业持续发展。挖掘五道庙博物馆等一系列人文资源，中华茶博城三期已开工建设，形成传统文化和现代产业融合发展的文化旅游产业。特色街区产业持续发展。辖区内有7条特色街区，其中茶文化特色街、五道庙商业步行街、青年路IT特色街、广丰古玩文化特色街和婚庆一条街等5条特色街是全区重点打造的特色街。茶文化特色街入驻3600家商户，青年路IT科技街从事电脑销售业户700多家，广丰古玩文化特色街入驻商户400多家。迁建工作成效显著。在火车站南广场征迁工作中，街道负责的139家企业、1269家经营户全部按规定时间完成征迁，征迁面积45万平方米，被潍城区委、区政府授予“集体三等功”；完成其他项目征迁及扫尾66户，玉兰花园、香颂湾开工建设，月河南路通车；推进高家、花家、华家3个村棚户区集中迁建工作。重点项目建设加快，交运贸易广场二期、巴塞小镇二期至六期、圣基天水苑二期等5个新建项目开工，面积162万平方米。民生事业持续发展。推进城乡环卫一体化建设，投资300余万元彻底清除9个村居“三大堆”（草堆、粪堆、垃圾堆）“三边三底三界”（三边：村边、路边、田边。三底：河底、湾底、沟底。三界：县界、镇界、村界）及铁路沿线的卫生死角，南关街道获“省级卫生城镇”称号。实施违建“清零”行动，三支城管执法队伍全时巡逻，拆除52处违章建筑，南关街道获潍坊市“国土资源执法模范街道”。教育卫生蓬勃发展，湖景小学投入使用，9月1日正式开学；为410人次育龄妇女提供免费唐氏筛查服务，孕前优生检查79人次。人民商城社区“新家庭计划——家庭发展能力建设”项目被推选为国家级项目示范点，7月份通过“省级健康促进示范区”评审组中期评审。社会保障体系逐步完善，组织就业技能培训160人次，新增就业410人，发放优抚金243.6万元、低保金234.9万元，为701名低保户办理医疗补助10.6万元，为23名贫困学生申请助学金3万元，为27户困难居民能办理经适房、公租房。公共服务体系不断完善，累计投资500余万元建设“四全一特”社区，西市场社区引进山东中民万家居家养老服务有限公司，建成320平方米的居家养老驿站；火车站社区新建1000平方米的社区服务中心，10月份投入使用；西南关社区新配备一辆消防车，打造规范化社区消防站。投资862万元对向阳南、向阳北小区等老旧小区进行综合提升。开展环境治理。加强大气污染防治，取缔67个露天烧烤炉及13个散煤零售点，共推广清洁型煤2302吨、节能炉具263台。

【城关街道】 位于潍城区东部，辖10个社区，人口3.25万。2017年，实现一般公共预算收入8392万元，实际利用区外资金5.7亿元，限额以上批发零售住宿餐饮业实现销售额3.92亿元。

城关街道地处老潍县城里，历史文化璀璨悠久，人文资源积淀厚重。历史上潍州、潍县治所设于辖区内。境内有国家级重点文物保护单位十笏园。

城市商贸聚集区、文化产业核心区、现代金融引领区和民生服务示范区建设有序推进。城市商贸聚集区日益繁华。推进和平广场、月河路金融文化街、城隍庙“金银仓”等项目建设，百大商务中心、潍美国际中心、V1广场等在建项目建立会商机制，推动百货大楼、中百大厦、苏宁电器、泛海、君豪国际等传统批发零售和住宿餐饮业转型升级。文化产业核心区建设卓有成效。十笏园文化街区业态聚集，有618家商铺入驻，其中美食街有8家商铺开业。举办第二届“陈介祺奖”万印楼篆刻艺术大展暨2017陈介祺金石文化周活动。完成松园子前期抢救性保护工作。投资20余万元开展“城市梦想•文化力量”“情系潍城•爱我城关”“大抓作风•提升活力•共享幸福”等一批文化惠民活动，丰富居民文化生活。现代金融引领区建设步伐加快。规划山东潍城新金融产业园，新引进德和嘉、人泰保险、黑石典当等金融机构总部，全面提升辖区税源增长力，辖区已聚集银行、保险、证券及新型金融机构60余家。建成潍坊市大学生创业孵化基地，注册各类公司和个体170余家，入驻企业70余家，创业带动就业人员400余人，引入创业导师、大咖60多名。争取资金80余万元和各类扶持创业政策，为创业大学生搭建平台。民生服务示范区健康发展。改扩建长胜、芙蓉、十笏园和曹家巷等为民服务中心4处，启动城隍庙、增福堂翠竹园等为民服务中心3处。改造提升颐养家苑居家养老服务中心1处，建成养老互助组91个、社区日间照料中心10处、老年活动中心30余处。依托辖区19处中小学和幼儿园，扶持建成四点半学校10处、小餐桌36处。开发公益性岗位11个，落实低保救助家庭420户，培训职业技能160人，安置各类劳动力160人。提升改造十笏园片区和翠竹园片区等老旧小区，城隍庙等7个老旧片区正在施工中。提升整治太平街等3个摊点群，探索背街小巷市场化管理模式，将辖区21条背街小巷管理权交由专业物业公司管理。

【潍城经济开发区】 位于潍城区中西部，辖24个行政村、2个社区，人口2.5万人。2017年，实现一般公共预算收入2.14亿元，实际利用区外资金11.87亿元，限额以上批发零售住宿餐饮业实现销售额30.24亿元；规模以上工业企业22家，实现销售收入20.77亿元，利税1.39亿元，利润1.01亿元。

招商引资取得新突破。洽谈军民融合产业园、宏科源生物制药、博肽未名生物制药等37个项目；签约激光雷达产业园、科达电子等12个项目，合同投资额约35亿元；引进阿里电商零售通、伊利集团配送业务，帮助富特空调、民盛包装等企业出租厂房3.8万平方米；落实城区企业退城进园政策，新入驻张弛活塞、金宝龙化工等企业15家。项目建设取得新成效。投资类重点项目共67个，其中续建项目15个，新建项目24个，储备项目28个。鲁东电商物流园、德科农机等9个项目投产运营，续建项目全部复工，新开工节能环保产业园孵化器、云企龙乡等23个项目，新建项目开工率达95.8%。服务企业取得新进展。为雷诺特动力、潍坊钢联、亚通玻璃等企业融资约2.2亿元；投资近100万元对节能环保产业园内6个车间改造升级。管委会与远成集团联合设立基金管理公司，成立智能化物流产业基金。帮助鲁东电商物流园迁移线路，租赁厂区南侧土地0.67公顷。落实人才强区战略，聘请中国科学院半导体研究所研究员、雷达部部长张小富担任开发区科级副主任。军民融合产业园申报成功，潍坊激光雷达技术研究中心挂牌成立。城区形象取得新提升。投资2000余万元，对辖区胜利西街等5条道路进行翻建、新建，建设农村道路38条；完成一期亮化工程，更换路灯300余盏；交通信号灯、标志线完成安装和标识；道路绿化补植1.2万平方米；对辖区280家小微企业进行改造、规范、提升，依法拆除小型燃煤锅炉8座。社会管理取得新成就。建立“一村一警务助理”机制，辖区26个村居完成综治中心标准化建设；在辖区7个市场、5个村居、3个企业建立微型消防站，30家企业通过国家安全标准化三级认证，2家企业通过国家二级认证；推进“两违”（违法、违规）综合整治，依法对卫片中11宗违章建筑进行拆除。

【乐埠山生态经济发展区】 位于潍城区西南部，辖19个行政村，人口2.06万。2017年，实现一般公共预算收入7161万元，实际利用区外资金9.14亿元，限额以上批发零售住宿餐饮业实现销售额2.34亿元。规模以上工业企业21家，实现销售收入15.36亿元，利税1.53亿元，利润1.25亿元。

城市工业发展势头良好。全年共确定15个重点工业项目，总投资35亿元，其中续建项目4个，新建项目11个，涵盖高端装备制造、新型建材、高新技术材料等高成长性行业，华博农业装备、超新新材料、亚峰化工仪表等11个项目开工建设，欧迪重工、屹和自动化、金彤门业等4个项目正在办理前期手续。抓住站南广场迁建和“散乱污”企业治理机遇，对接企业251家，腾挪闲置厂房面积约10万平方米，潍坊钢管厂、金动力机械、强威工贸等6个项目落户。乐埠山创新科技产业园共有65家企业，总投资超过100亿元，总建筑面积达160多万平方米，带动4000余人就业，智能泊车、农机装备、新能源新材料三大产业链条日趋完善。发展环境进一步优化。创新科技产业园累计投资4.5亿元，实现给水、排水、用电、燃气、通信、网络和场地整平“六通一平”，搭建“四纵五横”的路网框架，在园区安装路灯140余盏，种植花卉苗木1.8万株。新修仓南街、殷大路共1200米；实施“引水上山”“送电入园”“送气入院”等系列工程，架设输电线路、铺设各类管道5000多米，解决企业用水、用电、用气等各类需求。宜居新环境更加完善。实施美丽乡村建设，在6个村建设“绿化一条街”工程，19个村主干道硬化率达到100%，绿化率超过60%；19个村均实现环卫保洁全覆盖管理。整改“散乱污”企业58家，取缔2家，拆除设备、下架停售13家，有15家企业办理环评手续。取缔9处散煤点，推广型煤2751吨、节能炉具566套。以“两山一湖”优势资源为依托，引进山东生态农业发展有限公司建设集高效种植、休闲旅游、餐饮娱乐为一体的生态农业观光旅游项目，已在新二甲村投资500万元建成26.7公顷冬暖大棚2座及1000米紫藤长廊。争取10个村县乡道路、大中型水库移民资金500多万元，改造提升道路建设和文化设施。

【军埠口综合项目区】 位于潍城区东南部，辖32个行政村，人口2.97万。2017年，实现一般公共预算收入5135万元，实际利用区外资金3.03亿元，限额以上批发零售住宿餐饮业实现销售额1.6亿元。规模以上工业企业16家，实现销售收入8.43亿元，利税5477万元，利润3348万元。

民营经济转型发展。全年民营企业完成销售收入25.2亿元，同比增长5%；实现利润2.8亿元，同比增长5%；外贸出口交货值3.5亿元，增长12.4%。荷美尔食品公司实施技术改造，扩建花生酱烤炉车间1000平方米，新上自动化包装生产线1条。绿特空调系统有限公司建立省级企业研发中心1处，在省产权交易中心挂牌。山东裕腾商业设备投资1.2亿元的新项目竣工投产，鼎晟电气科技公司被授予高新技术企业。重点项目建设进展顺利。全年开工建设重点项目 28个，其中新建项目24个、续建项目4个，完成投资7.63亿元。山东星河房车露营地项目二期工程竣工，总投资9700万元，房车营位、木屋营位、影视基地、快乐大北营、餐饮中心全面投入运营。新天地家庭农场项目一期日光温室大棚、高档联动大棚、无菌组培室和展厅建成。荷美尔食品扩资项目年内完成投资4000万元，新增产能1100吨。组织实施军埠口、小李家、赵家文庄、王家文庄、朱家文庄五个村的棚户区改造项目，军埠口村、小李家村已完成棚改意见征求。加强环境保护，推广型煤2300吨、节能炉具260套。推进惠民实事工程建设。新建姚官庄村级场所、军埠口文体广场、东北董光伏发电、张家官庄纯净水等项目。90%以上的行政村建设村级综合性文化服务中心，配套建设文体广场、健身路径、图书阅览室等文体活动功能场所。投入15万元对军埠口中学供暖进行改造。申购120救护车1辆，建设中医国医堂，医疗卫生条件进一步改善。道路建设扎实推进，硬化改造河玄路、赵望路、望张路、利民路、霞小路5条县乡道路和南季、杨家庄子等村5条村道。

（曲福刚　于　菲　张明升）

坊子区

【国民经济和社会发展概况】 全区实现地区生产总值（GDP）165.73亿元，按可比价格计算增长7.9%，增幅高于全市平均水平0.9个百分点，列12县市区第3位、四区第3位。其中，一、二、三产分别实现增加值9.39亿元、82.08亿元和74.26亿元，分别较去年同期可比增长4.0%、7.6%和8.7%。三次产业结构调整为5.7:49.5:44.8。新增“四上”企业51家，实缴税金过千万元企业由32家发展到36家，实缴税金过500万元企业由49家发展到76家。

经济健康快速发展，质量效益不断提升。2017年，共实施恒安智能一体化、谷合电液提升器等91个重点项目，总投资278亿元。引进新松机器人、航创无人机、豪迈研究院、金融服务交付基地、奥精健康科技等66个高端项目，引进落户上海普道、北京图谱、飞猪科技、鉴川科技等44家总部型企业，数量质量均创历史新高。雷沃重工入选工信部第一批单项冠军示范企业，品牌价值达到506.7亿元，蝉联中国农机行业首位；恒安纸业品牌价值达到367.5亿元，位列中国品牌价值500强第114位，成为中国最大的生活用纸生产基地；谷合传动、富源增压器、裕川机械、中粮肉食、华美精陶等企业巩固细分行业引领地位。在全市观摩点评中，坊子区获得十二县市区第四名的历史最好成绩。

园区布局全面铺开，转型发展步伐加快。山东测绘地理信息产业园加快建设，总投资74.2亿元的74个项目落户园区。新建智能装备产业园，一期利用董家庄子村棚改腾空的320亩土地，落户开工5个平台、7个项目，实现当年拆迁、当年招商、当年建园。新建潍坊市军民融合智能装备产业园，与中科院、北京信息科技大学、东华大学合作，成立2个联合实验室，激光快反镜、自修复材料、新型环保材料等4个项目落户园区。推动豪迈集团与荣泰科技重组合作，引进豪迈研发管理团队，打造豪迈（潍坊）产业园。利用耐火材料厂片区棚改腾空的625亩土地，启动新能源汽车产业园规划建设。健康科技产业园启动实施。机械装备制造园建设顺利，6个新项目落地开工。华安汽车文化产业园、炭矿遗址文化园等服务业园区加快建设，现代农业示范园区由53家发展到63家。

“棚改+小镇”联动开发，城市品质显著提升。2017年，实施建区以来规模最大、13个片区棚户区改造，整体搬迁17个村居、7712户居民，拓展空间6200余亩，所有安置区全部开工，高家、沙埠居民顺利回迁，拆迁完成率和安置区开工率均列全市第一。规划打造地理信息小镇、1898坊茨小镇、鲁能足球小镇、潍水风筝小镇、凤凰生态休闲商务小镇、九龙涧生态产业小镇等特色小镇，1898坊茨小镇和地理信息小镇入选省级特色小镇。房地产市场健康运行，新建商品房开工面积和销售面积分别增长58.8%和45.7%，建设理想小镇、茉莉公馆、观澜府等一批高品质小区，签约泰华城商业综合体项目，全国房地产龙头碧桂园、骨干国企鲁商置业高起点进驻坊子。实施总投资33亿元的29项重点工程，高标准建设提升宝通街、潍安路、潍县南路，修建龙泉街、崇文街等11条城区道路，新建农村公路105公里，铺设雨污分流管道46公里，是基础设施投资最大的一年。

“科技+人才”双轮驱动，创新能力不断增强。实施创新驱动发展战略和人才强区战略，集聚创新资源要素，设立1000万元创新基金，常态化表彰奖励科技创新先进企业，雷沃重工被评为国家技术创新示范企业，获批全市首家国家级工业设计中心，新视听电子列入国家强基计划，帅克机械入选国家“两化”融合贯标试点，全区新增市级以上研发平台14家。高度重视人才引进培养，新引进院士6人、千人计划专家3人、泰山产业领军人才2人，聘请北京理工大学段星光教授等9名专家担任科技人才副区长、副主任；潍坊四中韩忠玉荣获“中国好校长”荣誉称号，坊子区学子袁强在第44届世界技能大赛中斩获金奖。开展招院引所和产学研合作，对接洽谈10余家研究院，新松机器人研究院、哈工大潍坊冷弯技术研究院、山东大学地热研究院等5家签约落户。加强创新成果申报争取，雷沃精量播种装备、谷合电液提升器2个项目列入国家扶持计划，智能农业装备产业聚集区、帅克机器人减速器等8个项目入选省新旧动能转换重大工程，富源微型燃气轮机等31个项目入选省技术创新项目，获得市级以上创新类奖项17项，雷沃阿波斯拖拉机荣获全球工业设计大奖“红点奖”。

改革开放全面深化，发展活力持续迸发。深化“放管服”改革，压减权力事项81项，取消涉企收费项目35项，清理证明材料21个，审批服务事项全部进驻政务大厅，实施“三十一证合一”改革，上海普道公司95分钟完成注册，新型环保材料项目50分钟领取营业执照，全区新登记各类市场主体6828户；持续开展降成本“711”专项行动，帮助企业协调解决问题62个、降低成本4亿元。深化投融资改革，组建5个实体化国有公司，引入实力产业资本重组共达电声，设立潍坊高精尖股权投资基金，通过股权、基金等方式开展招商和产业运作，保障重点园区、重点工程投资建设。建立风险缓释机制，与市再担保公司达成战略合作，助推实体经济发展。50家规模企业完成公司制改制，58家企业在齐鲁股权交易中心挂牌。深化社会领域改革，重点推进城市供水体制改革、教育学区制建设、公立医院改革、基层医疗卫生管理体制调整等事项，创新社会治理“四步工作法”，全区非访量下降79%。深化农业供给侧结构性改革，新增农业新型经营主体144家。深化对外开放，实际到账外资4.1亿元，超额完成年度任务。

环保治理扎实推进，生态环境明显改善。实施大气污染防治行动，拆除小型燃煤锅炉136台，取缔“散乱污”企业106家、整治提升370余家，完成市里下达的散煤清洁化治理任务，“蓝天白云、繁星闪烁”天数达到277天，PM2.5、PM10分别改善7.8%和15%。全面推行河长制，开展“清河行动”，清理整治河道管理范围内违法建筑、非法养殖、违法排污和沿河垃圾，禁养区及主河道内畜禽养殖场全部搬迁。

社会事业全面发展，民生质量稳步提高。推进精准扶贫，脱贫攻坚成果巩固。新增城镇就业3937人，城镇登记失业率控制在2.8%以内。改扩建3所中小学，新增17所普惠性幼儿园，四中迁建工程基本竣工，区实验幼儿园建成开园。新建改造187处农村文化广场，新增全民健身设施38处，建成中共潍南县委旧址、小镇红船、玉泉洼党性教育展馆等一批重点文化项目。组建凤凰街道卫生院，投资2000万元对7个街道卫生院进行标准化改造提升，建成14处社区卫生服务站室和5处中医馆堂，卫生计生惠民项目全面落实，成功创建省级慢性病综合防控示范区、省级医养结合示范区。改造城市老旧小区和农村危房4005户，完成35个美丽乡村示范村建设任务。争取市级投资建设地方粮食储备库。建成区、街道、村三级公共法律服务平台，“一村一警务助理”实现全覆盖。退役士兵安置和权益保障政策全面落实。安全生产事故起数和死亡人数分别下降83%和50%。

【坊子区创新“1+3+4”棚改新模式】“1”即成立区棚户区改造工作协调推进办公室，由区政府办公室牵头，从区司法、财政、住建、国土资源、规划、房管、房屋征收与补偿办等部门抽调14名精干力量，实行集中办公，充分发挥组织协调、对外宣传、督查落实职能作用，为棚户区改造提供优质高效服务。“3”即健全3项综合服务机制：一是建立手续联办机制。对街道需要办理的手续，只需准备基础材料，由区棚改办做好协调部门、逐级审批、对外公告等后续工作，同时承诺限时办结，最大限度为街道节约人力、物力、时间成本。二是建立包靠服务机制。区棚改办每人包靠1个街道，定期深入一线指导工作、调度情况，遇到问题时，责任人全程负责协调联系、催办督办，直至问题解决。三是建立督查落实机制。由区棚改办牵头，根据年度工作任务，制作项目工期表，坚持一天一调度、一周一总结、一月一考核，每周现场督查3次以上，及时汇总进展、编发简报、推广经验，随时发现问题、研究措施、加快解决。“4”即成立司法保障、涉企拆迁、手续办理、金融保障工作小组。发挥业务部门专业作用，4个专项工作组分别由区委政法委、城管执法、政务服务办、财政部门牵头，做好依法强制拆迁、安置区手续办理、项目建设融资贷款等相关保障工作。

【坊子区推进招商工作四个转变】一是推进职能部门招商向全员招商转变。组建区招商工作委员会，统筹协调推进全区招商引资工作，出台加强招商引资工作实施意见，明确各级各部门招商任务。对年度招商考核成绩优秀的单位，授予“全区招商引资工作先进单位”称号。二是推进粗放型招商向精细化招商转变。引进投资3亿元的国家绿色数据中心试点单位银澎云计算、投资3.6亿元的丹香产业物联网全国总部基地等好项目。雷沃重工将农机总部落户坊子，致力打造中国现代农机城；中国最大外资财险公司安盛天平将潍坊总部落户坊子，助力打造互联网保险领军品牌。三是推进传统招商向现代招商转变。引进远东传动轴、谷合传动等项目，形成以机械装备制造园为核心载体的装备制造产业集群。引进浪潮云计算、银澎云计算等项目，形成以测绘地理信息产业园为核心载体的电子信息产业集群。四是推进政策优惠型招商向环境优化型招商转变。雷沃重工2个项目获国家专项资金6096万元，谷合传动大马力拖拉机电液提升器项目列入国家发改委“增强制造业核心竞争力三年行动计划”，坊茨小镇、测绘地理信息小镇被评为省级特色小镇，雷沃智能农业装备产业链聚集区等6个项目列入省、市新旧动能转换重点项目篮子。建设创业孵化中心、青年创业园、盈丰创业园等6家创业孵化器，为小微企业发展壮大提供优良孵化环境。投资7亿元实施四中迁建项目，新建改建中小学、幼儿园18所。

【坊子区深化“放管服”改革】一是编制政务“一张网”。围绕解决基层群众“环节多、效率低、办事难”问题，将52个区直部门和8个市级垂管部门纳入“零跑腿”和“只跑一次”事项清单编制范围，共梳理汇总181项，打造全区政府服务“一张网”。二是优化流程“提效率”。深化“放管服”和“三十一证合一”改革。对31个部门的181项事项进行流程优化，压减权力事项81项，取消涉企收费项目35项，清理证明材料21个，方便群众和企业办事。三是精准服务“解难题”。开展“精准服务企业年”活动，搭建企业家联合会、创新孵化、智库培训、智慧节能4个平台，打出部门包靠服务、问题直报解决、联席会议协商等组合拳，对企业实施保姆式服务。上海普道公司95分钟完成注册，新型环保材料项目50分钟领取营业执照，全区新登记各类市场主体6828户。开展降成本专项行动，帮助企业协调解决问题62个、降低成本4亿元。

【坊子区签约豪迈研究院】11月7日，坊子区政府及豪迈签订豪迈研究院及高端装备项目投资协议，成为坊子区“产业强市”建设中的推动力量。豪迈研究院及高端装备项目总投资6.1亿元，占地20公顷，主要购置及引进卧式镗铣加工中心、测试平台、五轴加工中心等设备256台套，用于感应电炉上下游产品研发及生产、空压机和电动机等高端装备产品的研发及生产等。项目全部建成后年可实现销售收入9.1亿元以上，实现税收5500万元以上。建设预期周期2年，计划分两期建设，一期到2019年7月建设完成，二期到2020年7月建设完成。

【**雷沃重工阿波斯拖拉机荣获国内农机行业首个“红点奖”**】 4月，2017年度红点奖获奖名单在德国发布。由雷沃重工阿波斯欧洲研发的阿波斯拖拉机，获得红点奖，成为国内农业装备领域中首个也是唯一一个荣获“红点奖”的产品。创立于1955年的红点设计奖是全球范围内最重要的设计奖项之一，与德国“iF奖”、美国“IDEA奖”并称为世界三大设计大奖，被称为工业设计界的“奥斯卡”。红点奖是对产品创新的极大认可，获奖产品都具备功能性、艺术性与创新性的统一。雷沃重工长期以来坚持“创新驱动•结构调整•全球化”的战略方针，探索落实“欧洲研发，全球制造，全球分销”的特色发展模式密不可分。雷沃重工通过战略布局全球资源，整合国际高端人力、技术资源，构筑全球研发体系，海外并购阿波斯、马特马克、高登尼等境外高端优质资源，形成完善的企业全球研发创新平台，开辟出一条国内农机企业独有的创新路径。

【**凤凰山高新技术产业园区（凤凰街道）**】 位于坊子区西北部，是坊子区政府所在地，与凤凰街道合署办公，面积32平方公里，辖23个行政村（居），10个城市社区，2.5万户，2017年末常住人口8.8万人，耕地面积592公顷。2017年，全街道实现地方财政收入1.869亿元，比上年增长18.17%；实现工业销售收入143.1亿元，同比增长4.41%。

经济发展质量稳步提升。推进智能产业园区建设，银澎云计算和浪潮云计算合作，建成潍坊市云计算中心。机器人行业龙头新松公司落户，规划建设机器人产业“一平台四基地”。引进航创无人机项目，与北京航空航天大学合作，打造辐射山东乃至全国的无人机研发生产基地。规划建设智能装备产业园，总投资15亿元的5大科技创新平台、国家级风洞实验室和7个项目签约落户并全面开工建设，实现当年拆迁、当年招商、当年建园。荣泰感应科技公司与豪迈集团开展战略性合作，规划建设豪迈研究院及高端装备制造区。山东测绘地理信息产业园获批省级“地理信息小镇”。加快推进现代服务业发展，围绕“一街一路”，加快引进金融保险、商务酒店、现代物流等现代服务业态，发展楼宇经济、总部经济。2017年，引进泰华城、人保财险、煎饼投资管理、图谱医疗技术、人寿财险、海尔海创汇、中逸信诚等20家服务业项目，尤其是利用产业园孵化器对外招商，引进多家企业总部入驻，成为坊子第一家税收过亿元的大楼。

城乡发展进一步协调。强力推进棚改，改善人居环境，仅用5个半月的时间完成营子、沟西、郭家3大片区、8个村居、4450户、11291人的拆迁改造任务，腾空土地4300余亩。培育特色小镇，促进产城融合，郭家片区纳入省级地理信息小镇规划建设，营子片区结合赵家联合打造凤凰生态休闲商务小镇。

中心城区形象不断提升。实行数字化城市管理模式，搭建城市管理数字化平台。推进总投资1187万元，涉及3900户、35个小区的老旧小区改造工程，完成欧美佳苑西规划路、龙泉街新建、崇文街新建、凤山路南延等道路工程，开发水榭春天、茉莉公馆、恒信理想小镇等14处重点房地产项目。强抓环境保护工作，落实网格化管理，开展环境保护问题专项整治行动，完成106家禁养区养殖场关闭及涨沔河、虞河段2处河道清理工作，取缔小散乱污企业4家及10吨以下燃煤锅炉31家，清理散煤点4处，推广使用型煤2300吨、购买节能炉具550台。

【**经济发展区**】 位于坊子区西南部，面积35平方公里，辖33个行政村，6381户，2017年末常住人口2.6万人，耕地面积2067公顷。2017年，全区实现地方财政收入2338万元，比上年增长22%；实现规模以上工业销售收入34082万元、利税690.3万元，分别增长16%和13%；规模以上服务业营业收入3400万元，同比增长21%；限额以上贸易企业销售额4.1亿元，同比增长23%。

【**工业发展区**】 位于坊子区东北部，面积37平方公里，辖25个行政村，7630户，2017年末常住人口2.7万人，耕地面积1467公顷。2017年，全区完成地区生产总值21.8亿元，比上年增长5.1%；实现地方财政收入2785万元，比上年增长11.4%；实现工业销售收入200057万元、利税36328万元，分别增长4.6%和5%；第三产业增加值达到5399万元，增长4.7%；农民人均可支配收入16000元，增长7%。

“四步”工作法提升矛盾纠纷化解效能。第一步：分析研判。准确把握发展区成立时间短、历史遗留问题多、信访量位居全区首位等现实情况，每周由党工委书记召开综治维稳联席会议，建立“发展区、社区、村、调解员”四级信访网格化预警体系，每村成立“法律顾问、调解员、警务助理”三支骨干队伍，实行日排查、周报告制度，确保“小事不出村、大事不出社区、难事不出发展区”。第二步：多元化解。发展区主要领导带头包靠、班子成员落实“一对一”包案，所有案件限期办结。各社区包案干部坚持换位思考，协调、化解信访矛盾纠纷。2017年，共调解矛盾纠纷182起、调解成功率达95%以上，实现到京“零”上访、“零”非访，维护社会大局和谐稳定。第三步：依法打击。坚持正面教育与依法打击相结合，形成“打击一个、教育一片、震慑一方”的良好社会效应。第四步：真情回访。严格按照“属地管理”原则和包靠分工，对结案人员落实“一对一”结对帮扶。通过每月见面走访、社情民意调查等真情回访活动，帮扶解决原信访人在生产、生活等困难，实现调解的社会矛盾、化解的信访案件满意率达100%。

【坊城街道】 位于坊子区西南部，面积65.67平方公里，辖51个行政村（社区），20702户，2017年末常住人口7.5万，耕地面积1757.9公顷。2017年，全街道完成地区生产总值53.6亿元，比上年增长 8.1%；实现地方财政收入11000万元，比上年增长20.5%；实现工业销售收入 41.04亿元、利税3.5亿元，分别增长7.9 %和12.9 %；第三产业增加值达到23.9亿元，增长 9.1 %。

棚户区改造实现新突破。完成高家、夹河套、西王等3个村和耐火材料厂片区房屋征迁，共拆除房屋1524处，腾空土地1568亩。其中，高家村完成406户房屋拆除，安置区一期12栋安置楼全面竣工交付使用，成为全区年内首个回迁安置的棚改村；夹河套村提前4天完成159户房屋拆迁任务，安置区开工建设；西王村完成658户房屋拆除任务，实现“一个月清零”任务目标，安置区已开槽；耐火材料厂片区完成301户住宅和企业征迁，为规划建设新能源汽车产业园创造条件。

产业园区规划建设实现新跨越。投资1950万元，完成永宁路排污管道铺设、青年路南延和翠坊街西段修建3项工程，增强机械装备制造园产业承载和聚集能力，已落户先进制造业项目28个，总投资27.65亿元，远东传动轴等19个项目已投产，新联恒食品科技等9个项目正在建设。新规划总投资10亿元、占地312亩的军民融合智能装备产业园，引进建设激光快反镜、自修复材料、新型低能耗环保砂、微波光子雷达等项目4个，其中激光快反镜和自修复防腐新材料两个项目分别与中科院、北京信息科技大学建立“快反镜”和“自修复”两个联合实验室，引进34位博士及其人才团队，实现产学研一体化发展。

【坊安街道】 位于坊子区东南部，面积90.65 平方公里，辖7个社区，59个行政村，16912户，2017年末常住人口52908人，耕地面积5466.7公顷。2017年，全街道（发展区）实现地方财政收入2091万元，比上年增长71.1%；实现工业规模以上销售收入30758万元、利税2080.1万元，分别增长8.04%和6.64%。

发展现代农业，开创“农业+旅游”“农业+文化”“农业+扶贫”品牌和集群化、规模化、特色化种植模式。以农业园区为依托，按照“一园一特色、多园区聚合”发展思路，做好“农业+”结合文章，促进了一二三产融合。2017年，新流转土地1400亩，引进农业园区3个，扩建农业园区3个，发展种植基地5个。以玉泉洼生态观光园、乐高农场、金润农业等农业园区为带动，形成乡村旅游产业带和高产高效农业产业带。

加快新旧动能转换，推动企业转型升级。落实鑫顺节能环保、金顺翔研发扩展等14个技改项目。创新招商引资体制机制，拓宽招商引资渠道模式，提高招商质量和效果，引进阿旺食品项目，特丽洁精诺、上菱伟业、瑞扬文化等15个项目已签约落地，古方红糖、华中行冷链云仓、北海电子结算中心等7个项目签订框架协议，华银保险、高能电子束辐照加工中心等30余个项目正在洽谈。完成健康科技产业园整体园区规划，配套工程开始实施。盘活闲置资源，引进富有活力的新产业、新项目，利用闲置厂房引进企业。凯沃农装利用金鹏钢构闲置厂房主要从事进行大、中型拖拉机研发和组装；特丽洁精诺利用林源木业闲置厂房进行扩建，生产高档生活用纸。实施沙埠棚改工作，完成当年拆迁、当年回迁的工作目标，腾空土地277.4亩。

【九龙街道】 位于坊子区东部，面积87平方公里，辖51个行政村，13490户，人口4.5万人，耕地面积4044.4公顷。2017年，全街道实现地方财政收入3125万元，其中国税收入2217万元，地税收入908万元，同比分别增长17.4%、15.3%、22.9%；15家规模以上企业实现工业总产值86683.4万元、主营业务收入88242万元、利润3217.4万元，利税4973万元，同比分别增长17.02%、12.45%、20.07%、9.67%。

顺利完成清河行动。7月20日开始，对行动涉及的潍水、穆村等4个社区、10个村庄进行广泛宣传，通过入户发放清河通告、一封信，悬挂横幅，推送微信等方式，营造良好氛围。强化作风保障，党工委书记、办事处主任挂靠重点村庄，街道、社区及村干部主动担当，对潍汶河乱占乱建、乱围乱堵等“八乱”问题进行清理，清理养鱼网箱1500多个、养殖户232户，拆除养殖棚204处、9.6万平方米，民房及看护房241处、1.6万平方米。

加快打造“四全一特”社区。重点打造潍水社区，推进政务服务、公共服务向基层延伸。社区服务中心总投资1200万元，建筑面积3200平方米，配套建设社区卫生室及1万平方米的文体广场。其中，一楼便民服务大厅设有社保、三资管理、司法调解、计划生育、社区服务、民政残联6个窗口，全部配备工作人员及办公设施；二楼、三楼功能室按照“四全一特”标准要求高规格打造。社区卫生室设有药房、针灸室、康复室、心理咨询室等多个功能室，提升医疗服务水平。同时，在社区对面启动建设占地3000亩的潍水现代农业示范园，发展乡村旅游、休闲观光等产业，建成休闲木屋、采摘大棚、垂钓场等。

【黄旗堡街道】 位于坊子区东南部，面积70平方公里，辖50个行政村，1.72万户，2017年末常住人口5.4万，耕地面积3866.7公顷。2017年，全街道实现地方财政收入1070万元，比上年增长63.36%；实现规模以上工业销售收入87385万元，利税1058.7万元。

（张洪茂　王志伟　张梦阁）

寒亭区

【国民经济和社会发展概况】 寒亭区位于山东半岛中部，渤海莱州湾南岸，东界昌邑，西接寿光，紧临坊子、奎文、潍城三区和潍坊高新技术开发区。 全区共辖8个街道2个开发区，总面积623平方公里，年末常住总人口41.48万人（不含潍坊滨海经济开发区）。

2017年，全区实现地区生产总值233.36亿元，按可比价格计算，同比增长9%，其中，第一产业增加值12.55亿元，同比增长3.8%；第二产业增加值114.92亿元，增长8.7%；第三产业增加值105.89亿元，增长10.1%。三次产业结构比例为5.4:49.2:45.4，第二产业比重下降1个百分点，第三产业提高1.2个百分点。

全区101家规模以上工业企业工业增加值同比增长8.6%，主营业务收入299.8亿元，同比增长7.6%；实现利润10.1亿元，同比增长28.6%；实现利税16.6亿元，同比增长14.6%；工业产品销售率97.8%。固定资产投资累计197.8亿元，同比增长11.9%；其中第二产业投资57.2亿元，同比下降27.4%；第三产业完成投资140.6亿元，同比增长43.4%。按项目建设地汇总，房地产投资30.2亿元，同比增长41.2%；商品房销售面积76.6万平方米，同比增长54.8%。全区实现社会消费品零售总额94.47亿元，同比增长9。6%，其中限额以上社会消费品零售额19.51亿元，同比增长2.5%。城镇消费品零售额19.42亿元，同比增长2.5%；乡村消费品零售额0.09亿元，同比增长2.3%。批发业实现零售额0.55亿元，同比增长22.8%；零售业实现零售额18.15亿元，同比增长2.1%；餐饮业实现零售额0.81亿元，同比下降1.8%。完成进出口总额52.55亿元，同比增长19.6%，其中出口33.82亿元，同比增长20.1%；进口18.73亿元，同比增长18.7%。合同利用外资3.79亿元，同比下降39.2%，实际到账外资3.7亿元，同比增长2.2%。2017年，全区累计完成财政总收入28.5亿元，同比增长14.1%；公共财政预算收入18.7亿元，增长10.1%，税收收入15.9亿元，同比增长21.6%；公共财政预算支出24.7亿元，增长16.1%。到2017年末，全区存款余额257.88亿元，同比增长19.5%，其中城乡居民储蓄存款余额155.02亿元，同比增长7.6%，贷款余额198.5亿元，同比增长36.4%，其中中长期贷款余额129.45亿元，同比增长42.8%。

创新发展，新旧动能加快转换，产业转型迈上新台阶。三次产业比例优化为5.3:49.7:45，生物基新材料产业园等6个项目被纳入全省新旧动能转换项目库。现代服务业加速崛起，中基华夏医药产业园、食品谷农商互联体验中心等一批新平台建成运营，潍坊总部基地入驻企业资本总额60亿元，全区高端商贸、金融保险等企业总部发展到118家，总部经济聚集区效应显现。先进制造业稳步增长，规模以上工业增加值增长8.2%，利润、利税分别增长18.7%、14.5%，工业用电量增长20.3%。特色园区蓬勃发展，嘉实科技孵化产业园创新模式在全市推广，北海工业园创建为市级循环经济示范园区，高端食品产业园、生物医药产业园等园区加快建设。化工产业安全生产转型升级，关停转产企业40家。现代农业成功获批创建国家现代农业产业园，新增家庭农场28家、农民专业合作社115家。创建农产品质量安全示范园2个，新增“三品一标”农产品4个。完成农业综合开发项目6个，粮食连续12年实现丰收。新增高新技术企业18家，高新技术产业产值占比提高1.35个百分点。建立知识产权奖励机制，实施技术创新186项，完成技改投资128.5亿元。百德生物、亿斯特管业设立山东省院士工作站，新建齐鲁工业大学造纸助剂研究院等重点产学研合作机构3家，市级以上产业创新平台发展到117家。

协调发展，城乡建设统筹推进，城市面貌发生新变化。启动高铁新片区5.3平方公里核心区开发，站场站房、站前广场、地下管廊、交通路网等设施建设全面铺开。潍日高速北段建成通车，济青高铁、济青高速改扩建工程顺利推进；潍莱高铁开工建设。完成68个重点项目土地征迁任务，拆迁面积850万平方米，腾出土地1.4万亩。处置违法建设40万平方米。实施棚户区改造项目20个，改造老旧小区14个，6000多户群众居住条件得到改善。新建改造城区道路34.8公里，铺设各类市政管道82公里。新建智慧社区10个。探索实施“路长制”。完成杨家埠大集搬迁，建成投用建筑垃圾消纳场，城市工作考核位居四区第一。建成功能配套齐全、生活服务周全、基础设施安全、治理机制健全和特色优势鲜明的城乡社区8个，完成“乡村连片”治理片区3个，创建省级美丽乡村4个。顺利通过全国文明城市复查，西杨家埠村荣获“全国文明村”称号。

绿色发展，生态环境持续改善，美丽家园开创新局面。开展生态环境综合整治“百日行动”，超额完成全年节能减排任务；实施扬尘污染源管控、燃煤综合治理、工业污染治理、机动车油气污染整治、禁烧限放、重污染天气预警、网格化智慧环保监管、强化监管督查问责八项措施；秋冬季大气污染综合整治行动，建设街道空气质量自动监测站点2处，投资2.2亿元完成5个超低排放改造项目，依法关停取缔“散乱污”企业72家，拆除燃煤小锅炉280台，PM2.5、SO_2浓度分别下降10.6%、24.3%。在全市率先推行河长制，启动20条河渠“清河行动”，开展虞河等重点河流专项治理，街道污水处理设施实现全覆盖，河流断面COD、氨氮浓度分别改善11.5%、33.6%，河流水质保持稳定达标。禁养区畜禽养殖场完成搬迁，测土配方施肥覆盖率达到95%。开通环保投诉热线，对破坏生态建设行为举报人实行定额奖励制度。全年查处曝光环保违法违规问题78个。在全市率先推广200辆新能源共享汽车。禹王、浞河湿地公园分别创建为国家、省级湿地公园，新增省级森林村居4个，提升绿地30万平方米，城市建成区绿化覆盖率达到43.9%。

开放发展，深化重点领域改革，经济社会增添新活力。坚持“走出去”与“引进来”相结合，扶持企业融入国际市场，12家企业实现首次出口，进出口总额增长22%。潍坊国际贸易中心建成运营，实现进出口1亿美元。东亚畜牧交易所与800余家企业建立合作关系。签约落户喜来登酒店、中房爱悦城等过亿元项目46个，总投资额242亿元。加快推进“放管服”改革。降低制度性交易、税费、融资、用工、电力、物流和用地七大领域成本，发挥企业自身在降成本中的能动作用，对历史原因造成的企业资产证照办理遗留问题的专项治理，为企业减负4.3亿元。审批服务实行简单事项由1人审核完成，复杂事项由1人审查、1人核准制度。在“五证合一”基础上，把11个部门26项涉企证照事项整合到营业执照上，实现“三十一证合一”，取消和承接权力事项264项，新增各类市场主体4460家。3家公立医院建立法人治理结构。推进投融资体制改革，国有融资担保公司投入运营，棚改、城市发展、股权投资等基金有力带动投资增长。新完成规模以上企业规范化公司制改制28家，2家企业在“新三板”挂牌上市，实现融资领域新突破。完成农民专业合作社信用互助省级试点任务，新增农业适度规模经营土地1.2万亩，齐鲁农村产权交易中心交易额累计30亿元。

共享发展，着力保障改善民生，群众生活水平得到新提高。全年民生支出占一般公共预算支出比重达到80%，新建、改造农村小学食堂等7件惠民实事。坚持精准扶贫，实施产业扶贫项目4个，为全区建档立卡贫困人口购买特惠保险。2个社区创建为全省首批充分就业、积极创业、智慧就业、标准服务为一体的“四型就业社区”；建成市级众创空间、创业孵化基地14处，新增城镇就业3400人，转移农村劳动力3500人。新改（扩）建中小学、幼儿园14处。全区中小学校普及空调、燃气取暖。区人民医院开启“区办市管”模式，成立丰华居家养老服务中心，新建标准化社区日间照料中心和农村幸福院10处。建成农村综合文化服务中心79处。荣获第五批“山东省民间文化艺术之乡”称号。实现全区村级健身工程全覆盖，并举办第四届全民运动会暨第七届全民健身运动会。建立安全生产、环境保护、社会治安和国土资源监管“四位一体”网格化监管体系，实现一村（社区）一警务助理、一法律顾问。推进“天网”平安工程建设，荣获“全省十九大安保维稳先进区”称号。

务实发展，强化政府自身建设，行政效能实现新提升。2017年，办理人大代表议案建议30件、政协委员提案69件。组建区政务服务热线办公室，实现一个号码管服务，群众投诉求助办结率100%。

实现随机选派执法检查人员、抽查情况和查处结果及时向社会公开的“双随机、一公开”监管全覆盖。推行政府法律顾问制度和行政综合执法体制改革。整治“四风”，查处侵害群众利益的腐败问题问题82件，党纪政纪处分93人。

【“惠民套餐”提升幸福指数】 2017年，全区社会保障实现从“制度全覆盖”向“人群全覆盖”转变，服务人群由职工向居民，由城镇向农村拓展，形成城乡一体化社保保障体系，基金征缴稳步提升。发挥社会保险对企业发展推进作用，到6月底，全区企业养老保险参保人数55347人，工伤保险参保人数39786人。为18001名职工支付企业养老保险待遇109.2万元，全部实现社会化发放。推进职工长期护理制度试点工作，610人享受职工长期护理待遇。做就业工作的服务员。为掌握企业用工需求，全区47家企业进行用工摸底，对7家企业实行用工跟踪监测，及时掌握企业经济及就业岗位状况，有针对性提供就业服务。开展“春风行动”、送岗位下乡等招聘会3场，参会企业50家，提供就业岗位2000个，达成就业意向200人。针对零就业家庭、就业困难人员、大中专毕业生等特殊群体，实行优先推荐就业岗位。做劳动维权的“监察员”。建立劳动用工信息数据库，实现对劳动合同签订、履行、解除、终止情况动态管理，各类企业劳动合同签订率98%以上。转变执法理念，通过实施送法进企业、推行“柔性执法”“一体执法”措施，为企业排查劳资纠纷，化解劳资矛盾，上半年处理职工投诉案件58件。做人才工作的“联络员”。针对全区企业转型升级需要，加强高层人才交流，紧缺人才以及基础性、专业性技术人才培养，助推人才强区，做好专家引进，对85项中的13项科研项目赂圆友重工、亚康药业等企业进行推介，同时将24个企业所需人才在“潍坊海内外高层次人才服务网”上发布，并与专家进行对接。经统计，全区有人才需要322人，其中：博士3人、硕士15人、高级专业技术人员10人、本科294人。

【乡村公共文化服务体系】 2017年，全区建成覆盖乡村、便捷高效、保基本、促公平基层文化服务体系，搭建乡村文化“文化+新兴媒体”传播平台，“文化+群众演艺”活动平台和“文化+电子商务”服务平台。通过微视、微电影等传播方式，讲好寒亭美丽乡村故事；实施“民间文艺回归乡土计划”，把舞台搭在田野乡间。鼓励引导民间工艺品店铺开设网店。全区重点发展示范网店30家，文化销售网站300家。提升乡村形象美、生活美、和产业美，以“垃圾处理、污水处理、绿化美化”为重点，推进“城乡环卫一体化”加强环境整治和生态保护。实施“乡村记忆工程”，推进传统文化村庄建设，整理挖掘人文典故、民间习俗、历史遗迹等文化底蕴，让群众“记住乡愁，留住乡情”。加强农村法制宣传，引导群众学礼守礼行礼明礼，学法知法守法信法，加快优秀传统文化的产业开发，拓展乡村休闲度假旅游模式。健全乡村文化服务阵地。以农村社区群众文化驿站为抓手，统筹建设集宣传文化、党员教育、科技普及、普法教育、体育健身等多功能于一体的公共文化服务中心。农村社区综合性文化中心实现全覆盖全达标；村级综合性文化服务中心达标率80%以上，群众自创自办文艺团体演艺水平和影响扩大，通过政府购买公共文化服务和社会捐助等多种形式，为群众文艺队伍装备一定数量装备，利用传统民俗节日开展群众喜闻乐见，符合群众口味的文化活动。建立公共文化服务管理制度，促进公共文化服务管理工作的制度化、规范化。

【潍坊北部新城】 2017年，寒亭区依托中国食品谷、高铁新片区、总部基地“三大平台”的载体优势，打造“全市总部经济聚集区和全国高铁物流创新发展试验区”，加快总部经济载体建设，构建以潍坊总部基地为中心，北海路、通亭街和白浪河三条总部经济带为依托的“一心三带”总部经济发展格局。截至2017年底，总部基地已有170家总部企业签订进驻协议，其中：中国铁塔、天津建工等83家企业完成注册资本总额50亿元，14家企业1—7月份纳税4349万元。培育壮大战略性新兴产业，生物基新材料、新医药、新信息、节能环保、新能源等战略性新兴产业领域，重点培育中孚药业、瑞力精工、昊威环保、富迪新能源等一批龙头企业，以生物基新材料产业园、北海工业园、先进制造工业园、高端食品产业园等为载体，推动传统产业转型升级。实施全国农村产业融合发展“百县千乡万村”试点示范工程，重点建设3～5个“吃、住、行、游、购、娱”配套齐全的乡村旅游示范点。品牌农业发展，加快潍坊市康汇源生态农业示范园区、高端食品展销中心、公益性农产品批发市场等项目建设。把建设宜居宜业城市放在重要位置，通过杨家埠文旅小镇、博物馆群、锦绣潍坊三个重大项目，优化文化产业布局。培育“风筝故里•画乡寒亭”品牌，举办中国年画传承发展研讨会，成立中国年画民俗文化传播发展中心，推动知名高等院校与杨家埠木版年画社共建美育教研基地。以杨家埠民间艺术大观园、杨家埠文化创意梦想小镇为依托，形成集文化旅游、影视创作、会展商贸于一体的民俗文化特色小镇。对大气污染防控、城市异味、扬尘管控、“散乱污”企业排查取缔、养殖区关闭搬迁工作。全区教育质量水平全面提升，并实施中小学建设提升计划，推进义务教育“改薄”工作，解决大班额问题；引进培育高端教育，提升寒亭对外吸引力。

【寒亭街道】 寒亭街道是寒亭区政府驻地，街道位于城区中部偏南，面积60.3平方千米，辖36个行政村，4.2万户，常住人口10.5万人，耕地面积3031公顷。2017年，全街道实现地方财政收入21890万元，比上年增长12.5%；实现主营业务收入508367万元、利税21529万元，分别增长3.9%和4%。

南部新城建设，即运河街以南的区域，以服务业为核，推进产业强市建设。中港城一期124亩土地已完成拆迁；中房集团旗下健康养老、文化旅游小镇项目已完成拆迁倒地352亩；新引进中基华夏医药服务产业园，打造整个山东及京津冀地区的医药服务平台；迪卡侬品牌店已建成开业；奔驰4S店项目主体已建设完成。整合辖区资源，助力文化名市建设。保障博物馆群、美术馆群、名人馆群等文化设施和文化创意产业园的开发建设；加大对街道历史名人、名胜、名品、名典挖掘和分类梳理，对于家大院改造提升，打造历史文化小镇。坚持创新引领，加快推动活力城市建设。以金砖城、中港城为隆起带，打造金融产业带动的现代服务业聚集区，中港城已与万豪集团旗下喜来登酒店签约，与万达集团合作建设8万平方米购物广场；东辰中学落户南部城区。滨城健康社区11个楼座已开槽；舜和花苑项目6栋多层、6栋高层已建至地上6层；祥和名城项目一期3栋多层住宅楼及3栋沿街楼主体已建成；天安•慧馨园二期3万平方米3栋高层主体已建设完成；邦盛二期4栋高层、1栋多层已封顶；学府嘉苑项目二期10栋多层主体建设完成，正进行内部装修。今年全街道城乡建设完成投资7亿元。

高铁北站建设，即运河街以北区域，以济青高铁潍坊北站建设为核心，项目起步、科学布局、配套服务，打造成寒亭区最具活力、最吸附人气的新型商务区。2017年，完成高铁核心区高压线路迁改、潍坊北站南广场一期拆迁、南北出站口拆迁、高铁片区道路拓宽项目涉及禹王北街、幸福路、丰华路三条道路拆迁，配合高铁新片区建设完成拆迁倒地2300余亩，涉及村民670户。以新旧动能转换为引领，坚持产城站城融合一体发展思路，配合市、区做好占地500余亩的博物馆群、锦绣潍坊片区项目建设，打造新旧动能转换的新引擎；在距高铁站1～2公里范围内布局高端专业物流园区和全国高铁物流试验发展区。

加快基础设施配套，投入1200余万元对邢家东庄、南庄、陈埠等11个村开展乡村连片治理工作；总投资1000万元完成11个老旧小区改造项目。落实违建整治三级网格化管理，坚持每日巡查，确保违法建设第一时间发现、制止、上报。抓好环保工作，将全街道秸秆禁烧任务划分成36个网格；对辖区39台10吨位及以下燃煤锅炉开展清零“回头看”；完成3518吨清洁型煤及2773台节能环保炉具推广工作；对辖区11家“小散乱污”企业进行整治；与禁养区内186家养殖场签订自愿搬迁协议，抛洒净水酵素290公斤。开展193家企业的安全生产隐患排查与监管。

组织64个党组织开展各类集中学习、培训等近800次；重点打造叶家庄子村、万春园社区等党建示范点；协调资金60余万元对箕子埠、南庄、大埠3个村级组织活动场所进行整修；投资200余万元建设1000平方米万春园社区服务中心和1500平方米文体娱乐广场；完成36个村、10个城市社区的换届任务。

【开元街道】 开元街道位于寒亭区城区西部，面积48平方公里，辖29个行政村，3个城市社区15186户，常住人口4.8万人，耕地面积1649公顷。2017年，街道规模以上工业企业实现总产值57.2亿元，同比增长44.8%，完成固定资产投资78.7亿元，同比增长27.6%，实现公共财政预算收入8945万元，同比增长24.4%。

总部经济片区，潍坊总部基地一期投入使用，已有200家总部企业签约入驻，154家企业完成注册，注册资本总额达56亿元。食品谷——高铁城片区，食品谷总部基地、东亚畜牧交易所农商互联展示体验中心等项目投入使用，五大检验检测机构完成入驻，罗杰•比奇院士工作站、印遇龙院士工作站等高端智力完成入驻，新开工国际农业智能高科技孵化培训中心项目。金三角片区，恒信学府、和佳翠园、辰隆阳光城等一批品质小区开工建设，鑫堡御苑、胡家二期等村改棚改安置小区建设进入扫尾阶段。现代农业产业园片区，投资近3000万元对北部农业片区的孙家杨孟、大辛庄等17个村实施乡村连片治理一期、二期美丽乡村和农业综合开发项目。完成欣泰世纪城三期、瀛馨园等棚改小区。投入260余万元对3个老旧小区进行改造；对3所小学校舍改造，并购置教学设备，投资9000万元的恒信双语学校投入使用；完成区第三实验小学项目拆迁倒地任务。投资300余万元改造提升通亭街、辛庄等3个社区。开展安全生产月、积案化解、矛盾纠纷大排查活动。落实人口与计划生育目标管理责任制和流动人口管理，计生率达到100%。举办文艺演出30余场。加强河道环境综合整治，推进畜禽养殖专项整治，加强城乡环卫一体化。

【固堤街道】 固堤街道位于寒亭区北部，面积164平方公里，辖5处农村社区，1处城市社区，74个行政村，17801户，常住人口6.8万人，耕地面积7133公顷。2017年，全街道实现地方财政收入3021万元，比上年增长41.6%；实现工业销售收入245632万元、利税32569万元，同比增长17.5%和15.2%；第三产业增加值达到2525万元，增长16%。

启动实施高端食品产业园、基础设施和医养结合养老服务中心等3个“PPP”项目，总投资43亿元；盘活贺家窑厂、金益建材闲置土地200亩，规划建设2个新型园区，招商引进在谈产业项目18个。新引进高端食品产业园、军民融合科技创新产业园、潍坊生态科技产业园、粉煤灰综合利用、固堤工业园二期等10个项目，引进中国城市发展联盟驻潍坊市办事处、中科院老专家技术中心——寒亭功能食品产业园和固堤医院颈肩腰腿疼痛诊疗专科3个发展平台。围绕重点项目建设，自主完成2400亩土地、15万平方米的拆迁倒地。做好国家级现代农业产业园创建工作，打造“四区一体”；完成植树造林428亩、24万株；为农户免费深耕52677亩；成功举办首届固堤西瓜文化节；郭牌农业投资560万元建成全区首个规模化立体式种植示范基地；农产品质量安全、树木病虫害防治、重大动物疫病防控和畜产品检制工作成效明显。认证优质农产品基地2.4万亩，认证产品12个，郭牌、志军、小乐、清泉等农业品牌30余个。福地世家、总部基地板块建成商住楼宇20栋，沿街商铺148套；投资300万元，对潍县路、固高路、泊南路进行提升改造；投入600万元，对潍县北路实施绿化、亮化和地下管网建设等工程，沿街商铺统一更换牌匾，并集中整治乱停乱放、占道经营等现象；落实“河长制”，开展“清河行动”；对辖区所有企业进行分类管理，对环保不达标的企业严格落实整改，辖区内64个燃煤小锅炉全部停用并拆除。街道党群服务中心新设置12处功能室；投入300万元，新建村级文化广场41个，实现全街道村级文化广场全覆盖；蔡家栏子社区100套新建住房入住；投资210余万元为官庄小学、常疃小学新建教室和生态厕所，新建及改造蔡家栏子小学等9处学校食堂、餐厅，为11处小学和幼儿园进行线路改造，为高庄小学和大湾口小学新建15间教室；完成固堤敬老院和泊子敬老院的合并。

【高里街道】 高里街道位于寒亭区西北部，面积145.1平方公里，辖83个行政村，18742户，常住人口6.39万人，耕地面积9733.3公顷。2017年，全街道完成财政税收1685万元，占总预算的105.4%。其中，国税完成367万元，完成全年任务数的230.8%；地税完成1318万元，完成全年任务数的91.5%。

推进重点项目建设，淘汰落后产能，加快引进茂林生物科技、广恒建材等项目。川海机械、佳盛纺织新上生产线，生产技术更新换代，逐步淘汰落后产能。推进公共服务体系和小城镇建设，华玲锦苑项目一期完善及南孙社区华玲锦苑项目；总投资1000万元连片治理和“美丽乡村”工程；总投资800万元的南孙社区连片治理项目，推动禹王湿地通过国家验收。以实施潍九路改造为契机，对镇域及村级道路进行全面整修。推动康乐怡家养老中心二期项目建设。开展精准扶贫工程，坚持扶贫开发与新农村建设相结合。做好道德先模人物评选，开展“五星级文明户”评选活动。鼓励各村建设文化广场、成立文艺队伍，提高群众文化活动参与度，与区委宣传部对接，开展文化“三下乡”等活动；推动禹王湿地保护开发，挖掘辖区内的文化古迹资源，丰富发展内涵。加强安全生产和食品安全管理工作，贯彻执行领导干部包靠企业制度，不定期开展安全生产大检查、隐患排查，发现问题限期整改到位；做好蔬菜安检防线，严厉打击销售假冒伪劣和使用高毒农药、私屠乱宰等行为；对影响环境保护的问题和行为“零容忍”，环境保护建设长效化、常态化、制度化运行。

【朱里街道】 朱里街道位于寒亭区东南部，面积112平方公里，辖88个行政村，2.1万户，人口6.4万人，耕地面积6866公顷。2017年，全街道完成地区生产总值42.5亿元，比上年增长8.47%；实现地方财政收入2932万元，比上年增长20.9%；实现工业销售收入99.1亿元、利税5.5亿元，分别增长11.2%和8.1%；第三产业增加值达到17.71万元，增长12.1%；农民人均可支配收入14832元，增长22.3%。8月份区划调整，将河滩村、南曹埠村、北曹埠村等31个村划入杨家埠旅游开发区管委会管辖。调整后，朱里街道面积80平方公里，辖前朱里村、朱里一村、朱里二村等57个行政村，1.29万户，人口4.57万人，耕地面积4639.3公顷。

区划调整前，引进总投资10亿元的可森木业高端家具产业园项目，落户先进制造工业园，并自筹资金完成与之配套的130亩土地的拆迁倒地；六和饲料项目一期于3月正式投产，二期续建项目6000平方米外销饲料生产车间开工建设；引进山东恒润丰生物科技有限公司，投资1500万元建设“生物质废料回收再加工项目”；柳毅山景区被列为潍坊市“文化名市1030100”项目库的重要支撑项目，2017年重点实施庙宇群内后续工程，及庙宇前小广场改造、景区道路硬化绿化提升工程，以柳毅山为题材的玄幻微电影《柳毅山寻宝》已拍摄完毕；围绕潍河开发，实施总投资400余万元、全长9.2公里的堤顶路绿化工程；在杨东村建成“寒亭区建筑垃圾消纳场”，是潍坊市区内第一家投入使用的建筑垃圾消纳场。制定街道抓基层党建工作任务清单、责任清单和问题清单，明确党工委书记“第一责任人”职责和班子其他成员“一岗双责”，街道书记班子成员每人联系3～4个工作片党总支，对各村分别派驻一名党建工作指导员；累计投资40余万元新建、整修村级办公场所，建立5个新型农村社区，各村设立党群服务站，实行村干部轮流值班制度，开通村务公开数字化电视平台。组织农村党员大培训、村“两委”党员干部集中轮训等，累计培训村级主职干部100余人次。实行网格员管理体系，加大安全生产执法检查和隐患整改力度，2017年累计检查企业682家（次），发现隐患2218个，完成整改2120条，整改率93%；强化矛盾排查，完善工作台账，先后排查出新发的矛盾纠纷35起，全部予以化解；投资220万元对朱里、河滩两个派出所进行改造；开展“打霸治痞”专项整治行动，辖区内57个村全部配备警务助理，辖区内治安状况明显改善；投资150多万元，对街道医院、村卫生室实施升级改造；精准扶贫取得成效，省定贫困村交界村和1352个贫困户全部脱贫。区划调整前，规划河滩卫生院门诊楼项目和河滩派出所搬迁改造项目；推进城乡环卫一体化，制定日常保洁和垃圾清运作业标准，规范运作、长效推进；落实“河长制”，开展“清河行动”，累计关停、取缔河道内养殖户16个，清理河道养鱼网箱40个，拆除各类违建23处，加强对潍河水源地的保护，先后设置水源地标识牌20块，关停取缔禁养区内的养殖场和养殖户67家；8月10日至9月10日中央环保督察期间，山东省委书记刘家义对官桥村一处养鸭棚拆迁实地视察指导；探索推行农作物秸秆回收再利用机制；推广清洁型煤和节能炉具，开展10吨以下燃煤锅炉“清零”行动。

【北城街道】 北城街道隶属潍坊经济开发区，位于寒亭区西部、潍坊经济开发区中部，面积30.2平方公里。辖29个行政村，划分为4个农村社区和1个城市社区居委会，总户数8494户。常住人口2.8万人，耕地面积1114.5公顷。居民可支配收入1.8万余元，比上年增长10.1%。

北城街道地处经济区行政商务中心板块和高新技术产业发展板块，是推动农村城镇化发展的中心和主战场。2017年，街道重点突破基层党建、棚户区改造、项目进地、农民增收四项工作，抓牢安全稳定、文化建设、招商引资、民生保障和社会管理五个基础，街道经济和社会各项事业取得显著成绩。实施“片区规划”战略，规划古亭、永康、清源三大集中居住区，腾退土地3000亩，创造3天完成拆迁清零的“辛正效率”“支部+党员”破解拆迁难的“茅埠模式”；推行网格化服务棚改躲迁群众新模式，达到拆迁不拆心、人心更凝聚的目的。完成龙润制线、申通物流、医养健康城、文冠果二期、国药控股等项目进地工作，腾退土地2100余亩。北城志愿服务队以“1+N”党员志愿服务工程为载体，开展主题志愿服务活动，5月份荣获“潍坊市青年志愿者先进集体”荣誉称号。在村“两委”换届期间，对重点村、难点村分类梳理，逐村制定工作方案，严肃换届纪律、规范换届程序，完成29个村的换届选举工作。

【双杨街道】 双杨街道隶属潍坊经济开发区，位于寒亭区西北部，北外环以北，白浪河以西，面积45.2平方公里，辖36个行政村，8419户，常住人口3.16万人，耕地面积2948公顷。2017年，农民人均纯收入1.22万元。

2017年，街道完成36个村“两委”换届选举工作；推进后小河村、后阙庄村和碑子村棚户区改造；对辖区白浪河、大圩河等6条河流河道地治理；完成200户禁养区养殖场关闭搬迁复垦；推广清洁型燃煤808吨，停产整顿铸造企业11家，取缔小散乱污企业2家；完成孙家村、三埠子村光伏发电扶贫项目及12户贫困户危房改造工作；配备84名保洁员，500个垃圾桶，对36个村开展3次环境卫生综合整治；对750余名低保五保、伤残军人实施帮扶救助；建立信访工作信息网络，化解省级以上信访积案6起；落实安全生产监管，对辖区102家企业、480多家“九小”场所进行安全生产检查复查，排查农村300余户沼气池；对重点行业进行专项整治，责令相关企业停产整顿，排除隐患720余条。

【张氏街道】 张氏街道隶属潍坊经济开发区，位于寒亭区西部，面积24平方公里，辖18个行政村和南部4平方公里城区，3万户，2017年末常住人口9.5万。

街道完成南张氏一、三、四、五4个村809户的棚改拆迁工作，累计拆迁倒地900余亩；杏家子村安置区开工建设，友谊村在建项目进度加快；全街道共完成拆迁倒地638亩。重新划分城市社区，成立锦绣、友谊、万和、新海和玄武社区5个城市社区居委会，投资500余万元，建设社区为民服务中心；抓好惠民政策落实，为11人发放大病医疗救助金37110元，为10名家庭困难人员发放临时救助金44000元；143户贫困户、248人全部实现脱贫；建立完善退役士兵服务体系。完成227家养殖场关闭搬迁工作，关停"散乱污"企业30家，落实"河长制"，推广清洁型燃煤和节能炉灶；拆除130余处违法建设；进行17次安全生产大检查和消防应急演练8次；办结市长热线1000余件。举办党员集中培训班，每周五下午组织集中学习，落实党员轮训制度，开展"戴党徽 亮身份 亮承诺 比奉献"等主题实践教育活动；所辖支部坚持每月25日为"阳光议事日"支部生活日活动。

（孙朋波）

青州市

【国民经济和社会发展概况】 青州市总面积1569平方公里，辖4个街道、8个镇、1个经济开发区，共1060个行政村（居），全市总人口94.04万人。实现全市地区生产总值658.44亿元，增长6.8%，社会消费品零售总额256.6亿元，增长8.8%，固定资产投资完成年度任务。实现一般公共预算收入46.5亿元，可比增长5.3%。城镇居民人均可支配收入达到35151元，农村居民人均可支配收入达到17598元。

*新旧动能加快转换。*建立新旧动能转换项目库，筛选储备重点项目90个，总投资885亿元。新增潍坊市级以上技术创新联盟3家、各类研发平台24处，新设立院士工作站3处。授权发明专利82件，25个项目列入省技术创新计划。15家企业被认定为潍坊市级以上企业技术中心。高新技术企业发展到57家，产值占规模工业总产值的比重达到22.7%。创新人才、项目、园区、产业"四位一体"的招才引才模式，"千人计划"创业园、院士生物产业园初具规模，柔性引进"两院院士""千人计划"等高端人才40人，引进高端项目5个。耐威智能航电、北超伺服、昶润电缆等项目顺利投产。承担的2个国家863计划项目通过科技部验收，新落户总部经济项目2个。设立人才服务办公室，建立海内外人才工作站9处，自主培育国家"万人计划"2人，鸢都产业领军人才4人。新登记市场主体12425家。

*转型升级步伐加快。*三次产业结构进一步优化。中化弘润年产值突破397亿元，投资40亿元的高端精细化工项目顺利推进。卡特彼勒效益同比增长84%，对工程产业集群的带动作用进一步增强。江淮新能源汽车项目实现量产。汇强重工军民融合项目顺利推进。生物基增塑剂项目试生产，生物材料产业规模化步伐加快。完成13家企业智能化改造。盘活闲置厂房52.7万平方米，新上项目46个。华盛农业获批全国"育繁推"一体化种子企业，新申报蔬菜新品种权30个。新注册马德里国际商标7件，新认定中国驰名商标1件。新认证"三品一标"品牌45个、畜产品品牌6个。新建潍坊市级以上现代农业示范园区18处、畜牧标准化示范场9家。贝隆杜仲列入国家林业重点龙头企业名录。花卉创业园入选全国农村创业创新园区（基地），研发花卉新品种3个，花博会被确定为全国盆栽花卉领域的专业展会。青州古城旅游区成功创建为国家AAAAA级旅游景区。旅游市场持续火爆，荣获中国旅游总评榜国内目的地人气奖。海关监管场站开通运营。国际陆港被评为省级多式联运示范工程，泓德物流园争创为全国优秀物流园区。省内首家智能化健康养老养生机构东篱居投入运营。本土电商品牌快速发展，电子商务交易额预计完成370亿元。

*城镇建设快速推进。*成立古城管理委员会，古城保护建设、管理运营持续提升。东城片区企业总部大厦、顺天福集贸市场建成使用，新档案馆、市民活动中心开工建设。海绵城市试点、铁路沿线环境整治通过省级评估验收。完成桓公路、景公路等17条道路绿化，改造提升13处街头公园。数字化城管系统投入使用，全域精细化管理深入推进。青州市被评为省建筑业10强县，华邦建设集团获得建筑工程施工总承包特级资质。7个安置区交付使用，1300户群众喜迁新居。提升改造城区老旧小区87处，完成棚户区改造8027套。改造提升范公亭路、花都大道、仰天山路、牡丹路、前史路等7条道路，省道102改线工程、济青高铁北站建设、20条城乡道路建设改造快速推进。小城镇建成区达到42.1平方公里，2个镇入选省特色小镇、历史文化名镇，2个村入选省传统村落。城市环境更加宜居，获评中国人居环境奖。

*改革开放不断深化。*19家事业单位完成分类改革，4家公立医院、1家科研院所全面建立法人治理结构。完成综合行政执法体制改革，旅游体制改革取得阶段性成果，管理服务体制更加理顺。社会信用体系不断完善，在全国县级市综合信用指数排名中列第6位。规范控制政府债务，加大政府存量债务置换力度，争取债券置换额度22.3亿元。运作PPP项目5个，总投资46.3亿元。成立6支产业基金，规模达到30亿元。101家规模企业完成规范化公司制改制。家家富在澳大利亚挂牌

上市，各类资本市场上市挂牌企业达到87家。对外开放水平不断提升，完成进出口总额50.1亿元，增长37.6%，实际到账外资4亿元。对外承包工程和设立境外企业实现新发展，与加拿大高贵林港市缔结友好城市。成立7支市级专业招商小分队，签约项目47个。

生态环保全面加强。开展“散乱污”企业清理整治，拆除改造10吨及以下燃煤锅炉1365台，铺设燃气管网95公里，散煤治理工作扎实推进。全面实施河长制，境内水生态不断改善，阳河成功入选国家级水利风景区。完成中央、省环保督察迎察保障任务，关闭搬迁禁养区内98家养殖场（户），通过省级生态市验收。对122个行政村实施村容村貌综合整治，完成农村无害化卫生厕所改造1.6万户。创新国土资源节约集约用地模式，实施土地整理项目市场化运作。完成年度绿色建筑评价标识项目创建任务，获评省级可再生能源建筑应用推广市。新增公共自行车1400辆、站点33处，公共自行车项目获潍坊市市长质量奖和标准应用奖。仰天山省级自然保护区总体规划获得批复，成功入选全国森林康养基地试点。在全省率先实施“飞播造林”工程，新增造林面积2万亩、植树360万株，新增省森林乡镇1处、森林村居6处。

民生事业持续改善。民生支出占公共财政预算支出比重达到83%，承诺为民办理的实事全部完成。教师队伍管理体制和招生制度改革深入推进，新建、改建中小学校和幼儿园20处，新增优质学位4570个，被确定为全国“跨区域同步教学应用”试点市。建立五老志愿者之家，关心下一代工作获评全省先进。全面启动1988年以来市志编修工作，开展年鉴和镇村志修编。公立医院改革持续深化，中医院新病房楼投入使用，妇保院新院启动建设，通过全国基层中医药工作先进单位复审。开展思想道德建设，蝉联省“四德工程建设示范市”。全市动员、全面部署，实施“十大综合提升行动”，抓好八项群众性精神文明创建活动，被推荐为全国文明城市提名城市。开展文化惠民演出，举办第十届全民读书节，非遗传习坊投入运行，更新提升120个村（社区）综合性文化服务中心和农家书屋。举办国际文化艺术品博览会和翰墨青州•中国书画年会，被评为2017中国文化竞争力十强县。群众体育工作有声有色，被评为全国老年气排球之乡。为全市居民统一购买民生综合保险，为65岁以上老人购买“银龄安康”保险，基本实现全民医保，覆盖城乡居民的社会保障体系基本建立。促进就业创业成效突出，发放免息创业担保贷款223笔、3349万元，潍坊市级以上创业服务平台达到25个。公务员职务与职级并行、工资职称制度改革、新型劳动关系构建顺利推进。发放各类民政救助资金1.1亿元，建成城乡养老机构10处，每千名老人拥有床位达到36张。推进安全生产标准化，规模以上企业全部达到三级及以上水平。推进食品安全标准化建设，通过省食品安全先进市验收。开展矛盾纠纷排查调处、信访积案化解、防范“四类风险”等专项行动，被评为全省党的十九大安保维稳工作先进市、全省信访工作先进集体。推进三级综治中心标准化和公共法律服务平台建设，视频监控二期工程建成使用，“一村一警务助理”“一村（社区）一法律顾问”全面推行。

【第17届中国（青州）花卉博览交易会暨第11届山东省花卉交易会】 9月29日至10月7日在中国青州花卉苗木交易中心举行，继续采用市场化办会模式，通过面向全国公开招标，确定专业公司市场化运作，主题为“花彩青州”。

展会主展厅规划布展面积达42000平米，规划设计16个主题景观和兰花、组合盆栽、家庭园艺、多肉植物新品种展示、花卉科普等6个专题展。设有景观区、专题展区、特装展区、标准展区、优惠购销区及休闲区，其中设有标准展位500个，特装展位50个，室内布展面积及招商展位数量为历届青州花博会之最。在观赏区的设置上围绕“中国梦”设置九州芳华景观区、“一带一路”设置丝路花雨景观区、“让花卉走进千家万户”设置花卉科普展和家庭园艺展。展会期间共举办中国花卉电子商务峰会、东亚多肉植物产业发展论坛、中国租摆产业高峰论坛等十余项活动。参展企业除上海种业、天津大顺等诸多国内花卉行业巨头外，还吸引比利时德鲁仕、荷兰康贸等20多个国家和地区的国外企业参展。本届花博会共接纳专业观众和游客41.7万人次，实现交易额1.79亿元。

【青州古城旅游区获评国家AAAAA级旅游景区】 2月27日，2017年全国旅

2月27日，青州古城旅游区被国家旅游局授牌AAAAA级旅游景区

青州古城民俗展演

游规划发展工作会议召开，青州古城旅游区被国家旅游局授牌AAAAA级旅游景区。青州古城旅游区总揽青州古城景区、云门山景区、青州博物馆三大板块，是国家级风景名胜区、国家地质公园、全国重点文物保护单位。有北门大街、东门大街、偶园街、昭德街等古街巷100多条，偶园、天主教堂、阜财门等数十处景点，全面展示青州丰厚历史文化和传统市井民俗风情。明代摩崖石刻“寿”字全国最大，云门山被誉为“中华古寿文化第一山”；青州博物馆馆藏文物四万余件，其中国家一级文物142件，是全国首家县级综合性国家一级博物馆。

【青州市国际陆港监管场站正式启用】 8月18日，青州市国际陆港监管场站正式启用，是济南海关首个监管铁路场站。启用当日发行的鲁新欧•青州号国际班列成为可以在本地实现通关报关的第一辆班列。青州国际陆港监管场站以AAAAA级物流企业港天物流公司为依托，由山东港天物流有限公司投资3860万元建设，规划用地2.4公顷，总建筑面积6310平方米，拥有7条铁路专用线和年货物吞吐量2000万吨的铁路场站。主要购置海关监管区围网、卡口、查验平台、电子设备等设施，安装检验检疫相关设备，构建海关、商检“联合查验、一站式作业”的通关平台，方便潍坊、淄博、东营等地外贸企业报关、通关，全面提升青州国际班列货物通行效率和便利化水平。青州国际陆港监管场站的成功运行将成为对接国家“一带一路”战略对外贸易的重要公共服务平台，东向通过港口对接“海上丝绸之路”，西向经新疆口岸对接“丝绸之路经济带”，是潍坊市融入“一带一路”战略的货运通道，建设山东半岛去往欧洲、中亚的重要节点。

【青州市井塘村列入2018年拟中央财政支持范围的中国传统村落名单】 5月，住建部等7个部门联合发文，公布《2018年拟列入中央财政支持范围的中国传统村落名单》，青州市井塘村列入名单，潍坊市仅此一家。中国传统村落是指村落形成较早，拥有较丰富的文化与自然资源，具有一定历史文化、经济社会价值，应予以保护的村落，是我国乡村历史、文化、自然遗产的“活化石”和“博物馆”。此次全国共444个中国传统村落拟列入2018年中央财政支持范围，入围村落将获专项补助资金300万元，主要用于传统建筑和历史遗迹保护性修缮、建筑防灾减灾、环境综合整治，以及污水垃圾等基础设施和公用设施建设，整体保护和改善传统村落的历史遗存和人居环境。青州井塘古村景区，盛产山楂、蜜桃、柿子、核桃等土特产品，是全国著名的山楂片加工基地。共接待游客40万人次，门票收入350多万元，村民出售农副产品及服务业收入880万元，井塘村作为电视剧《红高粱》拍摄地，影响持续扩大。

【青州市获中国人居环境综合奖】 1月，住建部对2016年中国人居环境奖申报项目进行评审，青州市获得2016年中国人居环境综合奖。全国仅有江苏省徐州市、浙江省诸暨市、山东省青州市3市入选。中国人居环境奖的设立旨在鼓励和推动城市高度重视人居环境的改造与建设，以适应城市居民由小康向更高层面迈进的需要，是全国人居环境建设领域的最高荣誉奖项。

【青州市阳河水利风景区入选第十七批国家水利风景区名单】 9月8日，水利部公布第十七批国家级水利风景区名单，决定批准青州市阳河水利风景区等54家景区为“国家水利风景区”。此次入选名单的省内景区仅有3家，潍坊市仅此一家入选。青州市国家级水利风景区共有仁河、弥河、阳河3家，占潍坊市总量19%，为潍坊市内县级国家级水利风景区数量之最。

【王府街道】 位于青州市城区中西部，辖区面积143.5平方公里，辖102个村（居），人口11.8万人，耕地面积2723.2公顷。2017年，全街道完成地区生产总值260亿元，比上年增长6.9%；实现地方财政收入1.0038亿元，比上年增长8.9%；实现工业销售收入110

亿元、利税8.8亿元，分别增长6.5%和6.9%；第三产业增加值达到81.3亿元，增长6.7%；农民人均可支配收入18639元，增长9.6%。街道地处北阳河生态景观带、南阳河历史文化带和城市旅游发展轴“两带一轴”交汇处，辖区区位优越、交通便捷，历史文化底蕴深厚，是广县城、东阳城、南阳城和明衡王府遗址所在地；人文旅游资源丰富，青州宋城、古城古街、范公亭、井塘古村、玲珑山等景点分布境内。辖区内拥有坦博尔服饰、北联集团、泰丰城建、力王电力等规模以上工业企业40多家，莲花盆工业园、民营科技创业园等镇级工业园3家，国家和省级高新技术企业2家，形成机械制造、纺织服装、生物制药、电子设备四大主导产业。

【益都街道】 位于青州市西北部，面积58.1平方公里，辖17个城市社区，39个行政村，人口8.9万人，耕地面积2666.67公顷。2017年，全街道完成地区生产总值93.6亿元，比上年增长6.4%；实现地方财政收入1.15亿元，比上年增长12.7%；实现工业销售收入80.35亿元、利税49.05亿元，分别增长7.3%和8.5%。引进东虹工贸高强度石膏板等项目19个，新开工项目9个。建成省级企业技术中心3家，形成以龙马重工为代表的机械装备制造业集群，以金青云新材料、合力新材料为龙头的新型环保材料产业链和以禄禧新能源、四海透平为代表的新能源研发产业平台。潍坊市认定招商引资额3亿元。城市建设与管理全面深化。旗城西路益都段、仰天山路改造提升工程完成业户征收并进展顺利；衡王府路跨铁立交建设顺利。加快棚户区改造，龙山片区丈量评估165户，康屯片区征收居民48户，中晨片区征收居民470户，叶家、卞万两处棚改片区550户居民征迁完毕。深化背街小巷改造提升，改造提升北城西一街、北城西二街等背街小巷12条，新修农村道路11.5公里。民生事业不断进步。规范提升11处文体中心和56处村级活动室、图书室，常态运行街道图书馆、农民画创业中心。打造夹涧舞龙、三教舞狮等文化品牌；新建试验区和辛庄2处学校教学楼、加固改造夏庄和车站等4处小学校舍、新建东高小学报告厅；西店高档集贸市场完成主体，石家便民市场一期钢架大棚工程竣工并投入运营。

【云门山街道】 位于青州市中心城区，面积67.8平方公里，辖63个行政村，3.1万户，人口10.8万人。2017年，全街道实现公共财政预算收入12364.2万元，比上年增长13.1%；实现主营业务收入607324.4万元，利润31496.3万元，利税57456.5万元，分别增长4.7%、22%和48%。街道工业基础良好，形成以卡特彼勒山工为龙头，以卡特彼勒工业区为载体的高端工程机械制造产业聚集区。科技创新园区初具规模，山东师范大学历山学院、潍坊工程职业学院、潍坊护理职业学院三所高校入驻园区，总投资30亿元，打造养生养老主题公园。东部新城迅速崛起，以泰华城、中央商务区、中国书画艺术城、亿丰时代广场、图书馆为代表，服务生产、生活，实现“衣食住行游乐购”全覆盖。中心城区宜商宜居功能日臻完善，探索完善“1+6网格化”社区管理，城市社区管理服务水平不断提升，形成大润发、中百佳乐家、泰丰购物广场为代表的现代商贸综合体，打造以海天干鲜货、瓜市副食品、传信楼服饰鞋帽为代表的专业市场物流群。生态旅游区建设初见成效，云门山、驼山、广福寺、元代真教寺、昭德古街等名胜古迹享誉中外，森林公园二期建设完成，郭桥农家乐初具规模，十字、寨子、李宝峪、前后寺原生态的旅游资源被逐步开发。

【黄楼街道】 位于青州市城区东部，面积90平方公里，辖96个行政村，2.2万户，人口8.7万人，耕地面积5867公顷。2017年，全街道完成地区生产总值58.4亿元，比上年增长7.5%；实现地方财政收入6819万元；实现工业销售收入85.6亿元、利税6.8亿元，利税增长9.3%；第三产业增加值达到22.1亿元，增长7.3%；农民人均可支配收入17869元，增长14.6%。先后获得国家级生态乡镇、国家农业科技园区、山东省最具竞争力旅游强镇等荣誉称号，是第七届中国花卉博览会举办地。投资30亿元筹建的中国（青州）书画艺术城被列为山东省和潍坊市重点文化产业项目；投资20亿元、占地1680亩的中国（青州）花卉苗木交易中心是江北最大的现代化花卉苗木交易市场。全街道花卉种植面积6万亩，花卉专业村54个，卢李、辛庄等花卉园区21个，铭园、世纪金塬等花卉企业120多家，从业人员5.8万人，种植业户1.1万多户，年产盆花2.6亿盆，花卉品种300多个系列，1000多个品种，花卉专业运输车1780多辆，花卉年产值50亿元、年交易额70亿元，是全国最大的草花和盆栽花生产基地，全国闻名的南花北运、北花南移中转站。

【弥河镇】 位于青州市南部，面积110平方公里，辖77个行政村，14114户，人口5.08万人，耕地面积3493.3公顷。2017年，实现地方财政收入5346.4万元，比上年增长15.5%；实现工业销售收入771000万元、利税12100万元，分别增长6.2%和5.1%。弥河镇群众满意度位居全市第一名。开展“散乱污”企业清理整治，实施河长制，全面提升村庄绿化、亮化、美化、净化水平；整合各村闲散地块，建设公共绿地、村民文化活动广场，满足群众休闲需求；高标准建设村级生活污水处理系统，试点开展“农村改厕与生活污水一体化处理”工作；开展56家企业安全生产标准化创建工作，规范企业安全生产行为。坚持项目引领，强化核心支撑，将全镇工作细化归类分解量化为60个具体项目，制定完善产业发展规划，形成“三产并进，互动互融”的产业发展格局。

【王坟镇】 位于青州市西南部，面积229.6平方公里，辖100个行政村，1.4万户，人口5.1万人，耕地面积3000公顷。2017年，全镇完成地区生产总值14.12亿元，比上年增长11.1%；实现地方财政收入774.5万元；实现工业销售收入80.1亿元、利税5.6亿元，分别增长8.2%和4.8%；第三产业增加值达到5.85亿元，增长9.3%；农民人均可支配收入15439元，增长7.8%。王坟镇建成14个现代农业园区，发展绿色无公害农产品1.2万亩，争创“三品一标”品牌113个；打造孝美侯王、山里老家柿子沟、大黑山风景区、胡林古红色旅游4处乡村旅游示范点；植树造林1400亩14.5万株；开展取缔10吨以下燃煤锅炉、大气污染防治等多个专项行动；新建“王坟印象”农特产品综合体、镇级消防警务综治中心；农村无害化卫生厕所改造1400户；集中整治7处农村集市，新建5处停车场、15处文体小广场，村级综合性文化服务中心、农家书屋达到全覆盖；完成100个村、60个党支部换届。获评山东省森林乡镇、山东省民间文化艺术之乡、潍坊市农产品质量安全示范镇、潍坊市城乡环卫一体化工作示范镇。

【庙子镇】 位于青州市西南部，面积195.3平方公里，辖68个行政村，11968户，人口3.88万人，耕地面积2173.3公顷。2017年，全镇完成地区生产总值22.21亿元，比上年增长6.7%；实现地方财政收入3701.6万元；实现工业销售收入15.9709亿元、利税1.7828亿元；第三产业增加值达到1.1764亿元，增长13%；农民人均可支配收入14997元，增长8%。获得山东省文明镇、山东省旅游强镇、山东省生态宜居新型重点城镇、山东省特色景观旅游名镇、山东省宜居小镇、山东省第二批特色小镇和全国特色景观旅游名镇荣誉称号。

工业新旧动能转换方面，关停20多家小散乱污的企业，取缔洗沙厂、砖瓦窑厂十余家，腾龙换鸟，青川建材等企业实现浴火重生；宇信钙业与日本“白石”公司合作，完成与世界一流技术接轨；拆除兴旺店村19处鸡棚、鸭棚，共整理出150亩项目建设储备用地，用于顺鑫达二期工程等工业项目。特色农业方面，建成姚家台杜仲研发中心，探索研发作为国家战略军用物资的杜仲胶提取专利技术，实现一二三产业的融合发展，贝隆杜仲公司获评国家级林业龙头企业；培育打造集循环农业、创意农业、农事体验于一体的七庄田园综合体项目。生态旅游方面，泰和旅游公司“黄花溪风景区”持续火爆，列入高校旅游专业教材经典案例；发展特色乡村游，打造黄鹿井的古村游、北李的红叶观光、孙家岭的果蔬采摘、长秋红色教育基地等景点，打响 “山水庙子” 品牌。小镇规划建设方面，保护青山绿水和田园风光，抓好封山禁牧和护林防火工作，最大限度看住山、留住水，坚持做活“水”的文章；克服交通地理限制，与华润燃气公司对接，投资2000余万元，将燃气管网通到镇区，逐步进村入户，实现清洁能源全覆盖。以“零碳”概念引入及生态保护实绩获评山东省第二批特色小镇。

【邵庄镇】 位于青州市西部，东接青州市区，西与淄博市临淄区毗邻，面积164.8平方公里，辖92个行政村，2.03万户，人口6.9万人，耕地面积5254公顷。2017年全镇实现地方财政收入10050万元。全镇企业308家，规模以上企业48家，实现规模以上企业主营业务收入127.8亿元、利税12.5亿元，分别增长4.5%和3.6%。第三产业增加值达到2100万元，增长13%。农民人均可支配收入17849元。获全国重点镇、国家级生态乡镇、全国综合实力千强镇、山东省示范镇、山东省历史文化名镇等荣誉称号。新旧动能加快转换。强化项目招商和新征地项目落户，中科嘉亿、凯诺工贸在齐鲁股权挂牌，英科医疗在创业板上市。城镇品质明显提升。高标准建成普通安置区明德学校，猫山经济发展区创业服务中心、镇区警务服务中心、综治中心建成使用。新安装路灯1300余盏，设立公共自行车站点19个。全域旅游深入推进。23万字的《齐鲁名镇 风物邵庄》历史文化书籍已成稿付印，东峪、刁庄被列入省级传统村落。民生民本持续改善。出台奖补政策，实施村庄绿化、街巷硬化、自来水改造、旱厕改造、文明墙体画绘制等惠民工程，评选表彰“文明家庭”112户。开展“七一”文艺会演、乡村旅游文化节等系列活动。健全社会治理体系，村村配备法律顾问、警务助理和网格员，建设“平安邵庄”。

【高柳镇】 位于青州市北部，面积96.6平方公里，辖71个行政村，16819户，人口5.8万人，耕地面积6320公顷。2017年，全镇完成地区生产总值53.7亿元，比上年增长8.2%；地方财政收入2720万元，比上年增长30%；工业实现销售收入33.58亿元，利税3.74亿元，分别增长16.3%和15.8%；第三产业增加值达到20.5亿元，增长5.8%；农民人均可支配收入17816元，增长11.7%。高柳镇现代农业发展迅速，形成有机蔬菜、畜牧养殖、粮食生产为主的高产高效农业格局；工业发展初具规模，依托阳河工业园、南部高新技术产业园，搭建招商引资新平台，形成机械制造、钢结构加工、塑料农膜、精细化工等产业体系；社会事业稳步发展，教育、就医、道路、居住等民生改造工程全方位推进。

【何官镇】 位于青州市东北部，面积115平方公里，辖74个行政村，19700多户，人口7.2万人，耕地面积8500公顷。2017年，全镇实现地方财政收入2111万元，比上年增长14.6%；实现工业销售收入26.5109亿元、利税2.3002亿元，分别增长8.8%和9.2%；第三产业增加值达到5.8540亿元，增长10%；农民人均可支配收入16435元，增长5.1%。全镇工业经济发展迅速，推动口埠工业园、南张机械工业园、何官工业园扩容提升，园区内吉青化工、京青科技等高新技术企业不断壮大。现代农业持续上档升级，成立农民专业合作社220家，家庭农场16家，注册有“京青”牌、“地力生”牌等21个国家级绿色食品商标和“京青”牌辣椒等9个国家级有机食品商标。获得全国科普惠农兴村先进单位、省卫生镇、山东省一村一品示范镇、省农机安全“十百千万”示范单位、省人口普查先进集体、省幸福进万家活动先进单位等荣誉称号。

【东夏镇】 位于青州市东北部，面积91.2平方公里，辖72个行政村，1.3万户，人口4.9万人，耕地面积4827公顷。2017年，全镇实现地方财政收入5547万元，比上年增长18%；实现工业销售收入25.3亿元、利税2.5亿元，分别增长10.9%和13.2%。

2017年，建成并运行国际陆港监管站，国际陆港公铁水集装箱多式联运示范工程成为潍坊市唯一入选山东省多式联运示范工程项目。建成并运营鲁东瓜子干果物流产业园一期仓储物流交易区，入住商户80家，年市场交易额超过15亿元。东篱居养老养生项目一期开园运营，成立东篱居养老基金会，每年为镇上90岁以上长寿长者发放200元爱心津贴。实施工业园二期工程，新调整土地80亩，园区面积达300亩。建设春满洲农业示范园，园区种植面积达到400亩，百合干、百合粉和百合营养粥等深加工产品上市。投资6300万元对王木匠村实行整体搬迁，完成290户棚改任务，开工建设王小安置区10栋住宅楼，建筑面积共11万平方米。完成1500户旱厕改造任务，完成26个村2.3万亩农田的小农水项目，落实河长制，清理疏浚王钦河河道。

【谭坊镇】 位于青州市东部，面积162平方公里，辖114个行政村，24286户，人口9.9万人，耕地面积1万公顷。2017年完成工业总产值、主营业务收入、利润、利税分别是80.7亿元、69亿元、5亿元、6.3亿元，分别同比增长7%、4.3%、8%、11%。实现地方财政收入3107.1万元，比上年增长20.9%。谭坊镇是传统农业乡镇，现有优质瓜菜生产面积13.5万亩，高档花卉、苗木、果品面积1.5万亩，素有“瓜菜之乡、状元故里”的美誉，是全国一村一品示范乡镇、国家级生态乡镇、全国科普惠农兴村先进单位。工业经济发展迅速，形成东山工业园、309国道工业项目区两大工业隆起带，聚集生物技术、机械制造、高新技术等产业集群。小城镇建设日新月异，李家小区、诺诚雅苑二期等项目顺利推进，形成以七大社区服务中心为框架的镇域发展新格局。境内旅游资源丰富，宜子孙玉璧、赵秉忠状元卷、龙山文化、香山汉俑，“南山观林、香山看海、弥河泛舟”农业生态旅游每年都吸引大批游客前来观光。

【经济开发区】 位于青州市区北部，面积70.2平方公里，辖69个行政村，1.6万户，人口5.9万人，耕地面积5066.7公顷。2017年，开发区规模以上工业企业完成工业总产值499.59亿元，实现主营业务收入496.86亿元，同比分别增长12.1%、12.8%；实现利税34.54亿元，利润19.66亿元，同比分别增长17.9%和17.2%；实现一般公共预算收入2.39亿元，同比增长20.1%。青州经济开发区突出工业重点，实施新旧动能转换重大工程，推进转型升级、园区建设、产城融合、社会民生等各项工作。在全省131家省级开发区发展综合评价中，青州经济开发区列第18位，首次进入前20强。依托新松机器人工程技术中心等平台，以高端数控机床、工业机器人、智能化生产等高端设备和技术运用为重点，推动传统产业向高端制造转变，年内有16家企业完成智能化升级改造；高标准打造“千人计划产业园”“院士生物产业园”“超同步智能制造产业园”等具有重要支撑作用的平台，瞄准产业高端，引进千人计划专家、行业领军人物等高层次人才，建立产学研一体化的科技创新体系，集中突破智能装备、节能环保、生物科技等战略性新兴产业。

（刘洪昌　蔡相东）

诸城市

【国民经济和社会发展概况】 2017年，诸城市总面积2151.4平方公里，辖10个镇、3个街道、1个省级经济开发区；全市共有235个社区，其中农村社区208个；年末常住人口110.9万人。全年实现生产总值824.69亿元，比上年增长6.5%。其中，第一产业增加值66.01亿元，第二产业增加值403.71亿元，第三产业增加值354.97亿元。公共财政预算收入71.2亿元，公共财政预算支出74.7亿元，社会消费品零售总额277.6亿元，进出口总额103.8亿元。城镇居民人均可支配收入36998元，农村居民人均可支配收入18670元。

经济发展提质增效，工业加快转型升级。全年规模以上工业企业完成主营业务收入1860亿元、利税150亿元。完成工业用电量23.5亿千瓦时，同比增长11.2%。加大技改力度，实施技改项目137个，完成投资171亿元。新增国家级、省级“两化”融合贯标试点企业各2家。优化产业布局，启动汽车及零部件产业园、新材料产业园、千人计划科创园规划建设。加强骨干企业培育，北汽福田诸城汽车厂、诸城外贸入围2017年省制造业百强，得利斯、诸城外贸进入省民营企业百强。5家企业认定为省首批中小企业“隐形冠军”。省科技型中小微入库企业达到109家，高新技术企业达到37家。现代服务业繁荣发展。实现社会消费品零售总额278亿元，增长8%。引进企事业总部（分支机构）47个。电子商务线上销售额突破300亿元。骨干物流企业发展到80家。启动恐龙大世界、南湖市民公园、金查理小镇等11个文旅项目，实施乡村旅游重点项目20个。

被评为全国休闲农业与乡村旅游示范县、省服务业综合改革试点县。农业现代化水平不断提升。调整农业结构，新增流转土地面积15.1万亩，种植高效作物11.4万亩。新创省知名农产品品牌3个，认证“三品一标”39个。推进农村产业融合发展，开工500亩以上现代农业园区97个、“新六产”项目44个。昌城健康食品小镇融合发展示范园被确定为首批国家级农村产业融合发展示范园。承办全省农村产业融合发展规划编制暨现场观摩会，在全国农村产业融合发展现场会上作典型发言，被评为国家农村产业融合发展示范县。提高为农服务水平，新增省农科驿站9家，农林孵化器获批国家级“星创天地”。主要农作物综合机械化水平达到95%，被评为全国主要农作物生产全程机械化示范县。创新农业废弃物综合利用模式，改造提升养殖场65家，建设种养结合基地62处，在全国畜禽养殖废弃物资源化利用会议上作典型发言，被确定为全国畜牧养殖大县种养结合整县推进试点、全国首批畜牧业绿色发展示范县。项目建设成果丰硕。实施过千万元项目411个，其中过亿元项目192个，新开工、竣工和过亿元项目分别比去年多30个、56个和54个。有44个项目列入潍坊四个城市“10•30•100”支撑项目。

创新创业活力迸发，科技创新能力不断增强。全社会研发经费支出达到27.8亿元，同比增长16.5%。引进科研院所分支机构11家，新增院士（专家）工作站4家、国家级技能大师工作室1家，获批省级工程技术研究中心1家、企业技术中心5家。成立全省首家县级市人才发展促进会，1人入选“山东省外专双百计划”、3人获评“泰山产业领军人才”、11人入选鸢都产业领军人才。完成专利申请1941件、专利授权783件，9家企业通过国家知识产权贯标认证。得利斯荣获国家科技进步二等奖，美晨科技荣获国家知识产权示范企业、中国专利优秀奖。被评为国家知识产权强县工程示范县市。质量品牌建设扎实推进。组建产业技术创新战略联盟3家，参与制修订国家标准2项、行业标准1项。新注册商标620件，新创驰名商标1件，新申报山东名牌12件、马德里国际商标5件。荣获中国质量魅力城市。创建“食安山东”品牌90个，通过省食品安全先进市创建验收。重点领域改革加快突破。实施国家新型城镇化、省农村集体产权制度改革等省级以上改革试点15项。创新耕地管理机制，在全省率先实施“田长制”。盘活闲置低效用地1400亩，“零增地”发展模式得到国土资源部和省政府主要领导批示肯定，被列为全国国土资源节约集约“四个创新”示范点。深化商事制度改革，新增市场主体19000多家，其中企业3700多家。启用市公共信用信息平台，归集信用信息230多万条。对外开放全面扩大。加大招商引资力度，洽谈引进项目195个，利用市外资金403.6亿元。在全省率先启动原产地签证服务“县县通”工程。诸城保税物流中心封关运营，引进进出口企业26家。外贸转型升级示范区（基地）发展到12个。进出口总额突破100亿元，引进外资超过1亿美元。被评为国家外贸转型升级专业型示范基地。

财税金融支撑有力，财政保障能力不断增强。实现财政总收入93亿元，一般公共预算收入71.2亿元（按同口径计算），增长3.5%。发行企业债15亿元，争取地方政府置换债券62.9亿元。全面降低企业成本。兑付产业发展引导基金5.5亿元，减免中小企业税费6.4亿元，办理出口退免税9.3亿元。金融市场更加活跃。惠发食品、大业股份在上交所上市，成为全省唯一一年内两家企业主板上市的县市。新增区域性股权交易市场挂牌企业22家，规范化公司制改制企业达到388家。引进商业银行2家，贷款余额较年初增加40多亿元，增量居潍坊县市第1位。金融风险有效防控。为中小企业提供过桥资金155笔、27.6亿元，为146家企业提供贷款担保8.5亿元，化解银行不良债权12.8亿元。

城乡区域协调发展，新一轮城市总体规划修编形成初步成果。城市改造取得新进展。以开展国家新型城镇化综合试点为契机，实施10大组团开发，建设30个棚户区项目，完成拆迁6189户，腾空土地8325亩，开工安置楼107万平方米，超额完成年度棚户区改造任务。城市管理再上新层次。健全网格化精细化管理机制，整治硬化背街小巷80条、20万平方米，拆除违法建设47.4万平方米，重点控制区域违建拆除率达到100%，改造老旧小区126个，许多“老大难”问题得到彻底治理，通过国家卫生城市复审。开展城市夜景亮化，实施亮化项目197个，更换、调亮路灯4280多盏。美丽乡村建设展现新形象。城乡环卫保洁实现一家公司一个标准全域覆盖。完成农村改厕1.2万多套。732个村庄达到美丽乡村B类以上标准。改造提升农村社区服务中心30个。昌城健康食品小镇入选第一批省级特色小镇创建名单。基础设施得到新提升。改建平日路绕城段27.1公里，实施206国道、薛馆路大中修，新修改造城市道路25条、73公里，贯通潍河滨河路网，新建改建农村公路198公里。开工卧龙湖水库、西见屯拦河闸等8个水源工程，被评为省小型水库管理标准化县、农村饮水安全示范县。铺设供热排水管道83公里，新接“汽改水”小区43.8万平方米。城乡电网农村户均容量比年初提升28.8%。

生态环境更加优化，建立落实“河长制”。调整城区饮用水源地区划，全面开展清河行动，境内水质达标率100%。实施“增绿提质”工程。绿化城区裸露土地10万多平方米，完成成片造林3.9万亩，林木覆盖率、城市建成区绿化覆盖率分别达到39.8%和44.6%。大源农业生态园被评为国家水土保持科技示范园区。全省林木种苗产业转型升级工作现场会、特色经济林转型发展现场会在诸城市召开。通过国家园林城市复审。加大环境治理力度。散煤治理和化工企业转型升级取得阶段性成果，取缔“散乱污”企业和10吨以下燃煤锅炉305个，关闭搬迁禁养区养殖场（户）1064家。全市“蓝繁”天数达到300天。

民本民生持续改善，民生支出占财政支出的比重提高到85.7%。社保体系不断完善。转移农村劳动力1.2万人，新增城镇就业1.5万人，城镇登记失业率控制在1.54%以内，城镇职工户籍人员参保率达到98%以上。做好兜底保障，发放各类救助资金7700多万元，受益群众3.5万人次。建设农村幸福院94处，改造城市日间照料中心27处。教育事业均衡发展。完成教育建设项目21个，新开工27个，建筑面积99.6万平方米，新招聘教师620名，“大班额”问题得到缓解。高考文理重本过线1919人，比去年增加71人；本科过线5275人，占毕业生总数的68%。通过国家三类城市语言文字工作评估、责任督学挂牌督导创新县验收。承办全国职业院校中职组“现代模具制造技术”大赛。文体事业更加繁荣。实施图书馆改扩建工程，建成国家级数字档案馆，举办山东省（诸城）首届茂腔文化艺术节，排演《失却的银婚》《星火》等一批文艺精品。举办群众性体育赛事活动30多场次，被评为2013—2016年度全国群众体育先进单位。蝉联第五届省级文明城市、全省四德工程建设示范市，获得全国文明城市评审提名资格。卫生计生服务能力不断提升。开工建设中医医院门诊医技综合楼、人民医院康复医养中心。公立医院法人治理结构不断完善。全面二孩政策稳妥实施。创建为国家妇幼健康优质服务示范市和省医养结合示范市、健康促进试点市、健康城市试点市。社会治理创新持续深化。新增安全生产标准化企业150家，事故起数、死亡人数保持双下降。实施“雪亮工程”“平安建设进万家”工程，可防性案件同比下降10.7%。荣获全国平安建设先进市、全国法治县创建活动先进单位、全省社会治安综合治理先进市等称号。

【农村新型示范社区超越计划得到上级肯定推广】 实施“五化”农村新型示范社区超越计划，成立82家社区农业发展公司，年增加集体收入1100多万元；招聘社区专职工作人员348人，实现社区工作人员职业化；选派46名律师和81名基层法律服务工作者担任社区法律顾问，实现一社区一法律顾问；以城乡党组织联建为平台，推进机关党建一线化、项目化，年内完成重点项目1626个；在“两新组织”推行“三上”工作法，构建起党建带产业、产业党旗红新格局；创新抓镇强区机制，培育起枳沟尽美红色小镇、南湖党建示范区。被中央党校列为重点课题专题调研，《中国组织人事报》《大众日报》分别对相关典型做法进行专题报道。

【农村产业融合发展取得新成效】 以融合发展理念为指引，建立以农业产业为基础、以新型经营主体为骨干、以模式创新为动力的现代农业“新六产”，创出产业融合发展新路子，在全国农村产业融合发展现场会上作典型发言；被确定为国家农村产业融合综合发展示范县、全国休闲农业与乡村旅游示范县。

【“零增地”发展模式在全省推广】 创新节约集约用地模式，鼓励和引导企业在原有土地上实施技术改造、增资扩产、发展转型，由政府利用存量资源开展招商引资，形成“零增地”挖潜模式，盘活闲置低效用地1400亩。

【荣获中国质量魅力城市】 创建驰名商标27件，山东名牌34个，申报马德里国际商标注册12件，新注册商标620件，完成专利申请1941件、专利授权783件，参与制修订国标行标72项。创建为国家知识产权强县工程示范县，全省唯一荣获中国质量魅力城市。

【荣获全国首批畜牧业绿色发展示范县】 创新农业废弃物资源化利用模式，改造提升养殖场65家，在494家养殖场试点畜禽体内除臭产品，建设种养结合基地62处，被列为全国畜禽养殖大县种养结合整县推进试点，荣获全国首批畜牧业绿色发展示范县。

【蝉联全国平安建设先进市】 健全立体化治安防控体系，推进网格化管理，调处矛盾纠纷3805起，成功率99%，全市可防性案件同比下降10.7%。被授予全省社会治安综合治理先进市，被推荐为全国法治创建先进市，蝉联全国平安建设先进市。

【密州街道】 位于诸城市城区东部，面积105平方公里，辖19个社区，5.3万户，人口15.9万人，耕地面积3133公顷。2017年，全街道完成地区生产总值532亿元，比上年增长8.1%；地方财政收入12.45亿元，比上年增长10.04%；限额以上工业实现销售收入207亿元，利税24.7亿元，分别增长17%和7.3%；农民人均纯收入21187元。

城市经济。启动臧家庄子、龙王庙子、五里堡一期、北关、南关路、十里等重点片区棚改拆迁，完成拆迁3300户、土地4500亩。新开工枫香小镇东区、润东家园、华诚悦府、龙海文苑、华宇府等大项目8个，建设楼宇141栋，建筑面积135万平方米。推进紫檀文苑、奥韵花园东区、东鲁学府、繁荣尊府等16个续建项目建设，新封顶楼宇96栋，建筑面积78万平方米。重点打造鑫城购物广场电子商务一条街，加快建设省级电子商务产业服务基地和电子商务全产业链综合服务园区。清理整治老旧小区81个，建筑面积49万平方米，拆除各类违章建设5200多处，面积14.2万平方米。

工业经济。新开工瑞普顿高档皮具制造、晨立克除醛植物蛋白和中坛再生资源回收加工基地及双向物流园等投资过亿元项目5个，贝特尔大型环保设备、高强核电及军工高端紧固件、松日自动化食品加工设备等项目投入试生产。强化与日钢精深加工、华一奥熠卓环保装备、美川食品机械、金正机械等6个在谈项目对接。实施总投资13.6亿元的义和专用车等21个技改项目。

乡村振兴。流转土地3700亩，开工建设万源丰蔬菜生产基地、绿园板栗生态休闲园、匠心谷等500亩以上现代农业园区5处。完善提升裘皮创业园，推进水貂养殖产业向产业链上游延伸。

民生保障。调整和清障土地1520亩，保障平日路绕城段、人民东路东延段、纵二路南延段、纵三路南延段、气象局、工商职业学院公寓楼、新经济学校等重点基础设施项目。投资600万元，对铁沟河进行综合整治。结合城区片区改造，搬迁养殖户630户。

【龙都街道】 位于诸城市城区西部，面积88.65平方公里，辖20个社区，36898户，人口12.75万人，耕地面积3989公顷。2017年，全街道完成地区生产总值251.34亿元，比上年增长5.7%；地方财政收入4.66亿元，比上年增长6.6%；工业实现销售收入287.71亿元、利税9.74亿元；第三产业增加值达15.8亿元；农民人均纯收入21954元。

产业结构调整。开工建设总投资7.8亿元的伊甸缘婚庆服装高端定制工业4.0、福田汽车诸城车辆厂涂装环保升级及总装车间技术改造、元康食品5万吨马铃薯速冻薯条加工、尚清环保装备等大项目。建设运营电商创业园二期企业电商运营中心。新建龙都现代农业示范园、春夏秋冬•樨园、亿樱农庄等500亩以上农业园区7处。年内，全街道新建规模化农业园区8个，占地面积 5966 亩，完成种植面积3716亩。

城市品质提升。实施人民医院西片区、兴华西路片区、栗元片区、龙都新苑二期等7个片区拆迁。依托恐龙小镇、三河湿地建设，带动品质城市建设。建设万亩恐龙花海和花朝水乡城市公园，打造市民休闲娱乐度假基地。建设卧龙湖水库，完成584户1600多亩土地的清障工作，推进见屯闸建设。建设龙昌南路、恐龙涧路、龙祥路西延、臧克家路西延、环湖南路西延、产业园纵二路等重点道路。

发展动力增强。整治提升明诚市场、新天地龙城广场等6处市场，拆违治违2.8万多平方米。在农村社区开展“四清”专项行动，全街道60%以上的村庄达到美丽乡村建设B级以上标准。新建龙都中心小学沙戈庄小学、七吉小学4栋教学楼，改造提升中心幼儿园、社区学院分院，新增教学面积2万多平方米。实施医养结合试点，打造500多平方米的大源社区医养结合示范点。

【舜王街道】 位于诸城市城区北部，面积178平方公里，辖18个社区，2.1万户，人口7.2万人，耕地面积10500公顷。2017年，地方财政收入1.21亿元，比上年增长12.2%；工业实现销售收入132亿元、利税18亿元，分别增长3.68%和15.4%；农民人均纯收入22473元。

工业经济。规划建设机器人小镇、舜王智能装备工业园两大园区。迈赫智能化产品升级扩建、昌泰包装装备等14个新建续建项目快速推进。完成重点技改项目8个，更新改造先进设备21台套，培育创新中心2家，完成现代企业制度改革14家，永创材料等6家企业成功挂牌。处置僵尸企业3家，关停整改化工企业35家。

第三产业。搭建海关数据化服务平台、青建奉凰供应链平台和外贸综合服务平台等三大产业功能平台，招引海程邦达、青建优迈等60余家国际物流、跨境电商、总部经济类企业入驻开展业务，形成链条较为完整的保税产业体系。建设机器人特色小镇，迈赫机器人大世界已成为全国知名的科普教育基地和工业旅游示范景点，年内接待游客量达到3.6万人次。

现代农业。新拓展瓜菜、果茶种植面积3800亩，冬暖式大棚种植面积达到2100亩，农业基础设施建设累计投入800万元，申请农业贴息贷款1600万元。新引进佳博天益、田园绿禾等农字号企业5家、新发展专业合作社15家、家庭农场6家。引进映双红桃、烟富10号苹果等农业新品种15个，培育舜农果蔬、新蜜甜瓜等农产品品牌12个，“三品一标”农产品认证34个。

新型城镇建设。建设箭口教育中心、大辛庄子社区服务中心、舜王聚合馨苑安置区、舜王新卫生院、无忌小学搬迁改造等民生事业项目。启动驻地舜华路、下辛路改造工程，改造完成连村路及村内道路20余条，硬化面积12.3万平方米。投入1500万元，开展农村环境综合整治行动，街道102个自然村全部一次性通过验收并完成交接。拆除违法建筑300多处、面积1万多平方米。

【枳沟镇】 位于诸城市西南部，面积85.2平方公里，辖9个社区，13276户，5.1万口人，耕地面积3866.67公顷。2017年，地方财政收入12449万元，比上年增长199.7%；工业实现销售收入23.1亿元，利税 2.2 亿元，分别增长0.1%和 19.7%。农民人均纯收入12503元。年内获得中国最美生态文化旅游名镇荣誉称号。

产业发展。建设投资9000万元的舜沃农业科技规模化大型沼气项目、投资6200万元的汤润食品加工、投资5800万元的普韵食品加工等项目，在建的潍源塑业大型液体集装袋项目、德美利源年产15万吨清真食品加工项目进展迅速。赴京津冀江浙沪等地招商10余次，引进、洽谈项目24个。48兆瓦大型垂直轴风力发电项目已获省发改委核准立项并进行施工前地质勘探。

特色农业。发展东部环庙山5000亩特色农林经济林带、中部潍河两侧循环农业经济带、南部1500亩优质干鲜杂果基地、西部北杏千亩高效设施农业园区、北部中草药种植和三产融合示范区，打造“五大特色农业板块”。投资9000万元的舜沃农业大型沼气项目和投资6600万元的种兔繁育基地及为农服务中心项目。投资1750万元，实施7000亩高标准良田灌溉项目。投资2600万元，建设枳沟橡胶坝。投资4000万元，改善贫水区灌溉条件，惠及4个社区13个自然村，受益人口达2.1万人。

服务业。调整土地210亩，建设投资1.2亿元的双欧专用汽车制造及物流中心项目。搬迁原集贸市场，实施枳沟商贸城改造提升工程，投资5000万元，建设六合城镇商住综合体，发展农村电商、光伏发电项目等。

特色文旅小镇。实施王尽美故居、王尽美广场、北杏村史馆、知青记忆馆、党史展馆建设等工程，接待“菜单式”培训及参观2万余人次。以新建2500平方米镇驻地综合文化中心为龙头，建设农耕文明史展馆、百家姓展馆、自行车展馆、军史展馆、昆阳馆等社区文化展馆群，大力发展庙山民俗文化旅游度假区。

小城镇建设。投资2000万元，实施镇驻地“五化”工程。投入400万元，修建3处特色主题公园。投资1000余万元，安装路灯、景观灯5700余套。投资100万元实施43个村庄的围村绿化，栽植苗木75000株。

【贾悦镇】 位于诸城市西部，面积288平方公里，辖27个社区，2.8万户，人口10.9万人，耕地面积17333公顷。2017年，全镇完成地区生产总值40.15亿元，比上年增长6.4%；地方财政收入1.6亿元，比上年增长17%；工业实现销售收入61.43亿元、利税6.79亿元，分别增长9.4%和10.3%；第三产业增加值达15.5亿元；农民人均纯收入17975元。年内，获得省级文明村镇称号。

工业园区建设。重新规划界定园区范围，总区域达到16平方公里。投资1500万元，新建园区横一路、横二路、纵二路三条道路，总里程4.8公里。利用泰盛化工蒸汽供热，铺设供热管道7公里，为园区企业提供热能。配套建设排污管道，接入市排污管网系统，实现污水集中处理。集聚资源，重点抓好投资过千万元项目10个，其中新建4个，续建4个，洽谈2个。

农业结构调整。完成种植业调整1.8万亩，培育500亩以上现代农业园区7个、100亩以上农业园区32个。投资20万元，完成北方园林、康盛源供电供水等基础设施建设。发展“互联网+”营销模式，已有50家合作社建立网上营销平台。

小城镇建设。建成占地12500平方米的文体活动中心，为居民提供健身休闲场所。对贾悦文化广场进行红色文化改造提升，新建1条文化长廊、1座浮雕，19面红色足迹文化墙。建设占地60亩的湿地公园。投资500万元新修滨河道路2公里，投资700多万元完成槐荫路、兴贾路西扩工程，新修道路3公里，将阎家庄等村庄纳入小城镇发展空间。

民生事业发展。投资7700多万元，在贾悦、马庄、孟疃新建教学办公楼4栋、公寓楼3栋、学生餐厅1栋。举办社区文化节、儒家讲堂、一村一场戏等活动100余次。深化乡村文明行动，弘扬新民风民俗。

【石桥子镇】 位于诸城市西北部，面积169平方公里，辖18个社区，1.7万户，人口6.5万人，耕地面积10000公顷。2017年，实现农村经济总收入60.84亿元；实现财政总收入4779.27万元，比上年增长7.1%，其中地方财政收入3030.48万元，比上年增长1.9%；工业实现销售收入26.74亿元、利税3.98亿元，分别同比增长7.4%和12.5%；农民人均纯收入17223元。

工业转型升级。投资5000万元的隆晔FD食品深加工项目车间主体已完成。正新食品8000吨肉制品扩产项目完成安评、环评等手续。顺达木业儿童桌椅、舒尔家具60万套衣帽架投产见效，松源木业研发设计中心建成使用。松源、顺达、舒尔等木器龙头企业面向欧美市场研发智能家居、儿童家居等系列10余个新产品。2017年木器产业网上销售额突破5000万元。

现代农业。发展100亩以上现代农业园区19个，其中500亩以上现代农业园区7个。全年新增农业合作社12个，家庭农场20个。重点建设500亩的石桥子镇现代农业创业园、300亩的清源农科生态链项目和200亩的西臧家庄社区设施农业产业园等高标准设施项目。山东牧族建成两栋15万羽蛋鸡养殖车间。占地300多亩的龙乡雁地葡萄园融合泷匏葫芦画非物质文化遗产元素，发展风情民俗游，创办果品采摘节和游园会。

小城镇建设。建成电力联动服务中心、农商行便民营业厅和卫生院医疗门诊楼。投资400万元实施驻地绿化改造工程，栽植锦带、玉簪等6000余平方米，海棠、樱花等7000余棵，总绿化面积1.7万平方米。投资360万元，改造雨污管网2.5公里。抓好“厕所革命”，完成农村旱厕改造2293户。开工建设刘家庄抗战纪念馆，打造党性教育基地。

【相州镇】 位于诸城市北部，总面积120平方公里，辖12个社区，2万户，人口6.9万人，耕地面积7200公顷。2017年，全镇完成地区生产总值54亿元，比上年增长12.5%；地方财政收入3766.72万元，比上年增长15.1%；工业实现销售收入128亿元，利税12亿元，分别增长2.5%和9.1%；第三产业增加值达21.8亿元；农民人均纯收入19080元。年内获得全国农村优秀学习型乡镇等荣誉称号。

工业经济。山东龙强汽配公司投入资金1500万元，与中国重汽集团卡车公司合资建设中国重汽SMC塑料部件生产项目。恒信基塑业公司拓展与北汽福田、雷沃重工的合作领域，投资研发汽车塑料油箱，年产能力达到6万个。泰诺药业公司投资2800万元新上固体发酵项目，并作为主要研发机构参与国家重点研发计划，研发生产新型高效生物杀菌剂。

现代农业。规划驿丰生态庄园、惠丰果园、海尔兄弟乐园、百果采摘园等20个农业园区，其中驿丰生态庄园举办“诸城市第一届葡萄采摘文化节”。华宝食品“鑫鲜”商标被评为中国驰名商标。全镇共成立农业专业合作社213家，家庭农场97家，示范合作社17家，其中永丰盛专业合作社荣获全国示范合作社称号。

村镇建设。实施潍河生态屏障建设，完成水系造林1200亩、栽植经济林和绿化苗木6.8万棵。完成全长6.5公里的潍河滨河左路胶王路以北路段工程建设，对潍河堤顶路进行高标准绿化。对已通车的镇北外环路进行人行道铺设和绿化，共栽植各类绿化苗木2.5万株。改造、新增变压器35台、新架设10千伏农村线路8.4公里、0.4千伏农村线路17.8公里。

民生事业。全镇已脱贫996户、2306人，全面完成脱贫任务。投资1160万元的双庙小学新学年投入使用，共设计12个教学班，可容纳540名在校学生。推进封家岭土地增减挂钩项目，8栋5层住宅楼及配套设施、246个农机房全部完成建设，240户搬迁入住新楼房，老村落已拆除350户，完成拆迁复垦验收后，节约土地289亩。建设包括中共党史、根深叶茂的相州文化等10多个宣传版块的文化体验长廊。规划建设锦祥、瑞祥、富祥、襄阳、祥福园和教师公寓等6个住宅小区，多层住宅楼22栋、集中居住880户、3600人。

【昌城镇】 位于诸城市东北部，面积118.4平方公里，辖15个社区，1.6万户，人口6.7万人，耕地面积7186.67公顷。2017年，全镇地方财政收入1.5亿元，比上年增长15%；工业实现销售收入217.4亿元、利税12.8亿元，分别增长12.63%和1.49%，农民人均纯收入24880元，实现镇域经济平稳健康发展。

大项目建设。建设投资7亿元的得利斯智能制造牛肉制品、投资1亿元的食尔康食品加工、投资1.2亿元的得利斯肉制品加工“三品工程”项目。荣膺山东省健康食品小镇，入围国家级农村产业融合发展示范园。投资8000万元的丰源汽车板簧生产加工、投资5000万元的洋晨机械“零增地”技改项目投产，投资1亿元的恒业科技项目开工。投资1.5亿元开工建设海龙元生物科技项目，投资3亿元续建新建华昌、金祥、金威力3个光伏发电项目投入运营。

现代农业。高标准打造马家双塘300亩设施农业园区、官沟1000亩现代农业园区、大地绿丰200亩农业生态园、得利斯富硒梨种植基地等7个现代种植园区。投资1.2亿元开工建设得利斯310亩智能标准化现代生猪繁育示范基地。建成投用华昌农牧500亩田园综合体项目。

小城镇建设。投资3480多万元对驻地、平日路道口社区段、为民服务中心进行改造提升，投资4000万元打造占地面积8700平方米的商业综合体。投资1.35亿元开工建设芝灵家园二期、圣荣一品二期、水岸府邸二期等重点聚合区，总建筑面积达6.7万平方米。投资3200万元完善镇区路网建设，投资600万元实施昌舜路潍河大桥改造工程，投资7500万元实施农村社区“煤改气”户户通惠民一期工程。

社会事业。投资1200万元，建成投用建筑面积1万平方米的树一中学综合教学楼和学生公寓楼；投资2600万元实施巴山小学、大宋小学合并到芝灵小学，打造昌城第二教育中心。保护性开发刘墉板栗园、巴山旧址，打造有昌城特色的栗园文化和巴山文化。投资300万元高标准建成投用康乐居养老中心，被中国老年协会授予中国老年宜居名镇。

【百尺河镇】 位于诸城市东北部，面积126平方公里，辖13个社区，14540户，人口5.21万人，耕地面积7466.67公顷。2017年，全镇地方财政收入3372万元，比上年增长20.7%；工业实现销售收入776265.4万元、利税49733.4万元，分别增长8.12%和7.96%；农民人均纯收入16768元。

工业。做好园区改造、项目建设、公司改制“三篇文章”，叫响“青潍铸锻城”品牌。投资2200多万元对园区道路进行提升，拉起“五纵六横”的道路框架，同步完善弱电、雨污等地下管网，增强园区承载能力。新开工建设建华年产12万吨水务工程装备及制品等过千万项目4个；推进奕辰食品、东方华泰童装加工等3个续建项目实现投产达效。

农业。建设天德•芳利园循环农业示范园、后于庄农业科技示范园等一批现代农业园区，其中500亩以上园区6个。集中在龙泉、清济庵等社区，规划建设占地200亩的霜红蜜桃种植园、占地150亩的西洋参种植区、占地200亩的樱桃采摘园、占地300亩的雪藕种植区和占地200亩的泥鳅养殖区。投资260万元，拓宽改造五龙河流域农业园区道路。

小城镇建设。投资30多万元，改造提升驻地商贸市场。推进美丽乡村建设，完成50个自然村达到A类、B类标准。投资180多万元，推进谢家庄、后桃元等7个示范村建设，共硬化道路11万平方米、新建排水沟5000米、栽植绿化树5600棵。治理畜禽养殖“三区”，拆除违章建筑40余处、近2万平方米，搬迁禁养区养殖场5个、专业户87户，限养区、适养区粪污改造提升320户。

社会事业。投资4200万元，开工建设中心初中、中心小学综合楼和大于庄小学教学楼，同步完成塑胶操场改造。组织开展社区文化节、日记节、茂腔戏剧进社区等30多场特色文化活动，受众达2万多人次。完成旱厕改造2398户，提升社区服务中心3个，推进天然气管道延伸至镇敬老院，新增社区幸福院4处。

【辛兴镇】 位于诸城市东部，面积73平方公里，辖11个社区，1万户，3.5万人口，耕地面积4533公顷。2017年，全镇完成地区生产总值189亿元，比上年增长2.4%；地方财政收入1.84亿元，比上年增长2.9%；工业实现销售收入186亿元、利税13.5亿元，分别增长4.4%和3.8%；第三产业增加值达68亿元；农民人均纯收入17880元。

工业。完成投资18.3亿元，实施过千万元项目12个，其中过亿元项目7个。大业2万吨胎圈钢丝和3万吨钢帘线扩产、浩天5000吨甜菊糖精加工、东晓中水回用等7个项目已建成投产。规划建设东晓生物与青岛海洋大学产学研平台，引进“泰山领军人物”1名、“鸢都人才”1名。完成园区管廊提升工程，铺设热力管道20公里、燃气管道16公里。

现代农业。规划建设高效冬暖式大棚蔬菜、甜叶菊育苗、优质黄烟三大农业版块，各规划占地5000亩。流转土地5300亩，建成齐沟社区高效农业示范基地1000亩、甜叶菊育苗示范园区1500亩、优质黄烟基地4500亩。按照“一社区一特色”的要求，建成捎铺社区大樱桃、米沟社区矮化砧苹果等5个社区特色农业园区。

小城镇建设。完成滨河仁居二期、滨河花园二期建设工程，建成居民楼6栋、1.6万平方米。投资720万元，开工建设镇中心幼儿园。投资260万元，实施商贸城改造提升工程，硬化路面1.5万平方米，粉刷墙面7500平方米。拨付专项资金400余万元，组织专项考核20余次，全镇42个B类以上村庄全部达标，美丽乡村覆盖率达到70%。

社会事业。高标准改造提升镇文化站、图书馆，开展各类文化活动50余场次，更新健身器材120台套。投资20万元，完成敬老院提升工程。全镇建档立卡贫困户698户、1481人全部脱贫。

【林家村镇】 位于诸城市东南部，面积325平方公里，辖27个社区，26973户，人口9.8万人，耕地面积12333.3公顷。2017年，完成工业总产值98.9亿元，同比增长7.5%；完成固定资产投资55.9亿元，同比增长21.3%；实现财政总收入7379.1万元，其中地方财政收入4769.8万元；农民人均纯收入19396元。年内获得山东省法治维安年活动先进镇、山东省健康村镇试点乡镇等称号。

工业项目建设。围绕培育壮大机械制造、食品加工、工艺品服装加工三大传统产业和先进装备制造、海洋性功能食品、新能源三大新兴产业，重点加快软控二期等10个新开工项目建设进度，山东环保成套设备制造、欧拜尔智能家居、布垒赛特工艺品等项目车间主体已完成。同步加快5个续建、扩建项目，其中国华风力发电和和顺源智能家居项目已全面投产。

种植业结构调。打造青岛西部的“菜园子”“果篮子”和生活服务基地。完成土地流转1.3万亩，确定投资主体43个，办理贴息贷款770万元。新建润竹山农业生态园等7个占地500亩以上的规模园区。加快林科院杂交构树繁育推广基地等5个续建项目，打造生态农业观光圈。完成成片造林5500亩，围村绿化、“四旁”植树100万棵。建设1000亩的草莓种植基地，发展绿色有机蔬菜1500亩。

打造生态旅游新“名片”。发挥竹山、障日山资源优势，与中科院植物研究所合作，共同开发竹山生态谷、竹山润山泉水、汽车宿营地等高档服务业项目，开工建设白鹭园生态湿地，打造生态旅游观光圈。

新型城镇化。沿国道薛馆路，打造10公里城镇聚集带，构建特色城镇、新型社区、美丽乡村协同发展的新型城镇化体系。规划建设连接城镇聚集带的七条纵向县乡路。完善域内县乡路的路网体系，增强对沿线20个社区的辐射带动功能。新修方崮路至竹山生态谷连接线、林杨路、牛台山旅游观光路。完成更换、安装3条道路路灯。实施三个社区2.9万亩土地整理项目，推进3个增减挂钩项目的进度。完成5个教育工程。

【桃林镇】 位于诸城市南部，面积142平方公里，辖11个社区，1.03万户，人口3.19万人，耕地面积4148公顷。2017年，全镇完成地区生产总值43.2亿元，比上年增长5.8%；地方财政收入1082.8万元，比上年增长26.3%；工业实现销售收入30.08亿元、利税3.69亿元，分别增长5.5%和9.1%；第三产业增加值达3.2亿元；农民人均纯收入11761元。年内，石屋子沟村获全省美丽乡村标准化示范点称号。

经济发展。制定《桃林镇关于实行干部企业包靠责任制的意见》，为企业提供“全托式”“保姆式”服务。完善临港高端产业示范区，建成总投资8181万元的110千伏输变电站和总投资1560万元、日处理污水5000立方米的园区内标准化污水处理厂。发展壮大新兴产业，建成总投资4.3亿元的天融风力发电项目并入网发电；建成江北唯一一家抹茶加工企业——鸿雨抹茶加工项目，并实现产品量产。推进以总投资1.6亿元的锦山秀谷生态旅游度假区、总投资1.2亿元的诸城农林谷、总投资1亿元的奥扬新能源、总投资9000万元的外贸大型智能孵化车间等新能源、新技术项目建设。引进青岛的项目、资金、技术和人才等，重点打造沿开城路青岛万亩休闲农业产业带项目，引入原本山居农业园区等3个青岛籍项目。成立茶叶管理办公室，指导企业规范使用“诸城绿茶”国家地理标志商标，新推出3个高端品牌。全年新发展茶园3000亩，总面积达到2.5万亩。规划建设茶文化综合体1处。新发展矮化樱桃等特色果品5000亩，打造8个500亩以上的特色农业园区。举办桃林镇首届春茶樱桃采摘节，吸引潍坊、青岛、日照等地5万余名游客。推进7个生态旅游项目建设，建设龙山文化遗址、大山林场青岛知青点等历史名胜旅游线路。

村镇建设。采取天际线以山形水势为线条，黑、白、灰为色调，以原木为镶嵌的独特建筑风格对驻地进行改造；同时对沿街绿化进行规范提升。推进篱园风情小镇、山东头茶旅小镇和康体养生小镇3个特色小镇的规划建设进程，建设完成桃林茶文化博物馆1处。实施5个社区基础设施项目。成立美丽乡村建设办公室，对首批确定的40个美丽乡村示范村按标准进行整治。石屋子沟自然村被山东省质量技术监督局评为全省美丽乡村标准化示范点。

社会事业。扶贫工作，桃林镇作为诸城市唯一代表参与2017年全省脱贫攻坚先进集体评选；对5所中小学进行标准化学校改造；完成3个社区卫生室改造；打造山东头社区“医养结合”示范点。

【皇华镇】 位于诸城市南部，面积192平方公里，辖14个社区，1.8万户，人口5.9万人，耕地面积9759.68公顷。2017年，全镇实现财政总收入4896万元，比上年增长35%；地方财政收入3253.14万元，比上年增长26%；限额以上工业企业实现销售收入85.78亿元、利税9.39亿元，分别增长0.84%和6.13%；农民人均纯收入1.4万元。

工业。建成总投资5000万元的万德福高档熟食品加工项目。投资3亿元的国电二期实现投运。东宝重工完成芬兰塔沃有限公司85%的股权收购，观光潜艇成功打入欧洲市场。开工建设投资6300万元的云成高端食品加工项目。投资2000万元，建设潍坊凯姆特精密凸轮分割器研发中心。投资6000万元，开工建设三羊榛缘精深加工项目。

服务业。内蒙古交运物流总部经济项目落地皇华。培育马耳山景区等11处精品旅游景点。举办第十一届桃花节、首届浦兰捕鱼节。投资8700万元，建设全长36.1公里的观山旅游大道。扩建华山农林万亩平欧榛子示范基地，建设榛缘欢乐谷田园综合体项目。

农业。新建1000亩农业园区6个、500亩农业园区8个。重点发展特色果品1.1万亩。规划建设农副产品交易中心和集散中心。成功为平欧榛子、盛泰润苹果；绿达樱桃、蜜桃、梨；浦兰葡萄；柏戈庄韭菜、土豆等农产品申请“三品一标”绿色农产品认证。

生态建设。对7条重点河流实施河道综合整治。完成农村无害化卫生厕所改造446户，完成55个美丽乡村示范村（A级32个，B级23个）建设，完成绿化造林4407亩。

小城镇建设。完成新的城镇整体规划修编。投入1200万元，实施镇驻地改造提升工程。贯通倒漾河大桥，将新奥燃气管线延伸至驻地。对龙华街两侧实施亮化、绿化、净化工程，建筑立面采用清明上河图亭台楼阁风格进行改造。筹资600万元新修平郝路等12条农村道路。

社会事业。为建档立卡贫困户发放扶贫资金70.21万元。争取各级帮扶资金720多万元，完成6个省定贫困村高标准农田项目。投资400万元，为5所学校修建塑胶跑道；投资100万元为1所学校新修门前道路。皇华卫生院在全市首创家庭医生签约服务模式，提供上门服务。

【经济开发区】 位于诸城市城区北部，面积56平方公里，辖6个社区，11327户，人口4.7万人，耕地面积1567公顷。2017年，全区完成地方财政收入5.08亿元；限额以上工业实现销售收入121.2亿元，利税12.5亿元，分别增长1%和14%；限额以上服务业实现销售收入31亿元；农民人均纯收入17465元。在全省131个省级开发区发展综合评价排名中上升至第9位，区内大舜苑被山东省老龄委评为山东省敬老文化教育基地。

产业发展。全年共实施过千万元重点项目50个，总投资超过210亿元；其中，“零增地”技改项目11个，节约集约利用土地1000多亩。福田奥铃投资9亿元，实施工艺优化升级改造项目，新上喷涂、焊接机器人53台。桑莎集团实施智能改造，新上9000台套先进自动化设备。同时，在美国设立营销公司的基础上，将其嫁接转化到国内，打造全球网络营销平台。惠发食品将线上、线下双渠道经销商体系进一步完善，构建起集中优势资源的云市场。委托浙江招商引资在线、上海东方龙商务作为招商代理。全年完成台湾天洋、大信集团、北京天普等项目签约，合同利用资金7.35亿元。推进投资10亿元的千人计划科创园项目建设。惠发食品在沪市主板成功上市，盛康科技和裕兴针织、五洲化工分别在齐鲁和青岛蓝海股权交易中心挂牌，全年完成规范公司制改制企业25家。

片区开发。全年共实施红星家园D区二期等片区改造项目12个，总投资超过100亿元，总建筑面积270多万平方米。完成拆迁1360户，回迁安置670户。红星老年社区、诸城农商银行营业大楼等城市配套项目按计划快速推进。

民生保障。巩固脱贫成效，实现497户、1274人全部脱贫。投入1950万元对诸冯学校等学校进行整体改造提升，投入54万元更新电子化教学设备，投入132万元强化安全设施、配备安保人员等。对区内206国道等主要干道进行改造提升。投入1350万元对18个“创卫村”进行整治，全部达到标准。22个村达到美丽乡村建设B类以上标准。

【高新技术产业园】 位于诸城市城区东部，面积40平方公里，辖6个社区，6029户，人口2.27万人，耕地面积1577公顷。2017年，园区完成地区生产总值65.2亿元，比上年增长8.3%；地方财政收入1.075亿元，比上年增长147%；工业实现销售收入58亿元、利税6241万元，分别增长15.3%和10.2%；第三产业增加值达2.1亿元；农民人均纯收入21335元。

工业项目建设。依托北汽福田汽车产业链优势，建设占地8300亩、总投资200亿元的诸城汽车及零部件产业园，青特高端轻卡车桥等10余家汽车零部件企业入驻园区。2017年新招引7个域外项目落户园区，其中5个项目已开工建设。依托美晨科技在减震橡胶领域的领军优势，开工建设占地467亩、总投资10亿元的美晨科技产业园项目。大业金属实施总投资10亿元的大业研发中心项目。年内，实施过千万元项目15个，完成投资18.6亿元。2个项目列入潍坊四个城市“10/30/100”支撑项目。美晨、大业

2家企业被认定为全省首批中小企业“隐形冠军”。年内，高新园区内共有投资过亿元企业40家，已认定高新技术企业9家。美晨科技获得国家知识产权示范企业称号和中国专利优秀奖。

新型城镇化建设。新建道路8条，建成路网80公里。新铺设排水管道和污水管道各15千米、燃气中压管道3700米、热力管道4900米。拆除违法建设56处、3.5万平方米，整治硬化背街小巷26条。沿密州东路和工业大道安装“中国结”LED路灯266盏。

生态环境建设。加强芦河、栗行河水污染治理与生态保护，整治河道3200米。绿化园区裸露土地2.22万平方米，园区林木覆盖率达到45.6%。

民生建设。新建改建农村道路9.8公里，粉刷墙面30多万平方米。新建敬老院1处。发放各类救助资金200万余元。高标准建设总投资7800万元、占地100亩的诸城高新技术产业园学校，新建校舍2.6万平方米；高起点规划总投资2.2亿元、占地100亩的诸城文德外国语学校。

【南湖生态经济发展区】 位于诸城市南部，面积62.5平方公里，辖9个社区，1.2万户，人口4.2万人，耕地面积2333公顷。2017年，全区实现财政总收入2.46亿元，同比增长58.3%，地方财政收入1.53亿元，同比增长49.8%，其中税收收入1.45亿元，同比增长49.9%。农民人均纯收入18000元，年内小郝家村获全国文明村庄、范家庄子社区获全省文明村镇称号。

项目建设。共开工、续建投资过千万元项目40个。棚改项目，全年拆迁800余户。枫香小镇一期、繁华新城北区已进入主体封顶阶段，枫香小镇二期、繁华新城南区、盛元名府等地产项目开始建设，全年棚改新开工面积超过270万平方米。全面启动“南湖生态城”建设。生态城，规划总占地面积2.3万亩。2017年共拆迁居民户和经营业户6800户，完成拆迁倒地1万亩。分三个组团建设15个项目，总投资350亿元。推进工业项目建设，续建投资过千万元工业项目12个，总投资9.2亿元。实施土墙工业园“腾笼换鸟”，园内企业新上过500万元的技改项目10个。规划建设占地1200亩的高科工业园、占地1800亩的中欧工业园。

生态农业。投资15亿元划建设占地20平方公里、涵盖23个自然村、12500口人的泛常山农村产业融合发展示范区，争创省级农业科技园；同时以旅游路为轴线，打造文旅产业带。建成国家级农林科技孵化器、东方园艺苗木孵化器、半岛花卉孵化器等农业科技项目；与科研机构和高校院所的交流合作，年底高档育苗温室达到10万平方米，孵化基地2000亩，年培育种苗1500万株。并以此为带动，重点推动常山万亩果品生态产业园建设，栽植矮化苹果8000亩、桃2000亩、大樱桃1000亩，打造过500亩的现代产业园11个，全区完成土地流转14000亩。加快建设万兴苹果乐园、东方田园综合体、邦发蓝莓基地、永辉农场等项目。

社会事业。龙源学校迁建等4个项目全部完成并投入使用，北师大实验学校和幼儿园等5个项目开工建设。全年投资718万元，共有13个村居硬化村内道路10万平方米。投资6279万元，竣工通车环湖南路西延等道路工程，总里程达到17.1公里。投资600多万元，对常山进行全面绿化、美化，对山内道路全部进行硬化。免费开放常山文博苑和碧霞祠，对停车场和游客服务中心进行维修，全面提升常山景区形象。

（孙铭杰　刘　云）

寿光市

【国民经济和社会发展概况】 寿光市总面积1990平方公里，辖14处镇街道，1处生态经济园区，975个行政村，人口110万。全年完成地区生产总值866.7亿元以上、固定资产投资546.7亿元；实现财政总收入133.8亿元，其中一般公共预算收入90.3亿元；社会消费品零售额318.6亿元，进出口总额283.6亿元。规模以上工业企业完成总产值1408.6亿元。金融机构存贷款余额分别达到925亿元、733.6亿元，成为全省第一个存款过900亿元的县（市）。获“全国文明城市”“国家生态园林城市”“国家农产品质量安全市”等国家级称号，是江北地区唯一拥有“中国人居环境奖”“联合国人居环境奖”两项殊荣的县级市，是中央确定的改革开放30周年全国18个重大典型之一。

产业强市在新常态下迈出坚实步伐。项目建设成效明显。开展“项目建设突破年”活动，全年新开工过亿元项目122个，16个潍坊市级重点项目全部开工，年初确定的58个重点项目开工率达到85%。晨鸣51万吨高档文化纸、地表水净水厂等重点项目加快建设，鲁清油品升级改造、博康制药原料药生产基地等10个重点产业项目建成投产，12个项目初选进入省新旧动能转换项目库，37个项目入选潍坊“四个城市”建设支撑项目。工业经济加速转型。全市纳税5000万元以上的企业达到26家，比上年增加10家，其中过10亿元企业1家，过5亿元企业3家，实现历史性突破。“四园三区两基地”建设加快推进，工业“两改”稳步实施，新旧动能转换开局良好，完成工业技改投入234.6亿元，新认定高新技术企业38家。钢铁行业化解过剩产能通过国务院验收组验收。停产整治安全、环保问题企业573家，危化品企业从160家减少到43家，全省化工产业安全生产转型升级现场会在我市召开。八个百亿级产业加快发展，主营业务收入增幅高于全市规模以上工业平均水平10个百分点。规模以上工业企业利税、利润增幅预计分别达到16%、20%。现代农业层次提升。实施大棚“两改”3.2万亩、6200个，4个蔬菜品种获得农业部新品种权保护。编制完成“寿光蔬菜”区域公用品牌整体策划方案。全面落实市镇两级蔬菜抽样检测和农资实名销售制度，研

发投用农业智慧监管公共服务平台，试点应用农产品生鲜溯源平台，被命名为国家农产品质量安全县。服务业量质并进。万达广场等重点项目顺利推进，全福元商业集团荣获“山东服务名牌”，实现社会消费品零售总额320亿元。上海“物流汇”、传化公路港、卡力互联落户寿光，2家企业被评为AAAA级物流企业，成为中国农产品物流与采购示范基地。网络门店突破1万家，实现电商交易额220.8亿元，其中跨境电商交易额121.1亿元，被评为全省电子商务示范县。建设运营新型医养结合项目3个，城投•太阳城通过民政部养老服务质量全A认证，公办养老机构改革模式入选全国养老服务业发展典型案例。服务业实现税收占全部税收的比重达到47.7%。

城市文化软实力更加彰显。文明创建喜结硕果。实施市容市貌综合治理，整治公共交通秩序，开展拆临治违专项行动，加快老旧小区和基础设施提升，文明城市创建群众满意度、支持率明显提高。经过15年不懈努力，寿光市以县级第5名的好成绩跻身全国文明城市行列。文化产业蓬勃发展。“文化建设三年行动计划”顺利起步，实施城市书房、极地海洋世界等32个文化项目，举办第十八届菜博会和第五届文博会。软件园落户文化创意企业100多家。新增省级休闲农业旅游示范点1处，洰淀湖湿地成为国家首批湿地旅游示范基地和省级内陆休闲渔业公园。文化事业日益繁荣。开展“文化下基层、价值观进万家”等文化惠民活动，配套完善100处村级文体广场，100处农家书屋实现数字化改造升级。开展首届市民文化艺术节和“文艺四季”系列群众文化活动，电影《王伯祥》入选全省精神文明建设“文艺精品工程”。弘扬传统文化和移风易俗做法在全省推广，寿光市被评为全省未成年人思想道德建设工作先进市。

城市品质让群众生活更加美好。城乡环境更加宜居。编制弥河保护与空间利用、地下管廊等7个专项规划，完成弥水电商小镇、中心商务区等重点片区城市设计，中心城区实现控制性规划全覆盖。铁路公园建成开放。新增17条公交线路，通过省城乡公交一体化建设示范市验收。完成棚户区改造5512套。启动361个村“五化”（硬化、亮化、绿化、净化、美化）建设，73%以上的村达到美丽乡村省定B级以上标准。侯镇成为全省第二批特色小镇，上口镇进入全省特色产业镇动能转换20强。集中开展大气污染防治等专项行动，空气优良天数同比增加19天。在19条主要河流和1处湖泊推行“河（湖）长制”，重点河流断面全部达到五类水质标准。加快工业固废综合处理设施建设，全市固体废弃物实现有效规范处置。服务设施更趋完善。益羊铁路排水、北环路亮化等59项市政工程顺利实施，新南环路、羊临路、莱都路等27条道路竣工通车，新建改造城乡道路172公里，完善农村公路安全生命防护工程226公里，荣获省城乡交通运输一体化建设工程示范市。建成运行北部水系联网灌溉等10项水利工程，新增有效灌溉面积3.2万亩。城区10个小区完成供热计量智能化改造，7个老旧小区实现集中供暖。铺设“镇村通”天然气管网142公里，开通居民用户1万余户。社会事业全面进步。新建改建中小学、幼儿园29处，建成投用寿光二中新校，完成“全面改薄”任务，“大班额”问题初步解决。潍坊科技学院被确定为硕士学位授予立项（培育）建设单位，潍坊海洋科技职业学院列入省政府高等学校设置“十三五”规划，从幼儿园到研究生的全链条人才培养体系正在加速形成。人民医院东城分院投入使用，中医院病房大楼即将竣工，羊口中心卫生院升格为二级综合医院，建成高标准村级卫生室106处，通过国家卫生城市复审，成为全民健康生活方式行动项目试点县（市）。促进以创业带动就业，全年新增城镇就业1.14万人。社会保障持续增强。2016年人代会确定的15件民生实事全部达到预期目标。城镇低保标准提高到每人每月500元，农村低保标准提高到每人每年3900元。取消城乡低保、农村五保等重点群体医疗救助起付线，基本医疗保险实现跨省异地就医结算，建筑领域工伤保险实现全覆盖。为贫困白内障患者实施免费复明手术，为重度残疾人、困难残疾人发放护理补贴和生活补贴。企业离退休人员待遇实现“十三连增”。脱贫工作得到巩固提升。开展安全生产“固本强基年”活动，集中攻坚52项重点任务。

城市发展活力加快释放。创新驱动加力提速。科技进步对经济增长的贡献率达到58%，全社会研发经费投入占GDP比重达到2.89%。实施“双百计划”，成立2亿元人才创业投资基金，新增国家“千人计划”2人、泰山产业领军人才7人，“桑梓人才计划”荣获全国人才工作创新最佳案例。巨能金玉米、联盟集团分别与中科院天津工业生物技术研究所、大连化学物理研究所开展战略合作，新增省级以上创新平台10个，4个项目入选省重大科技创新工程，1个项目列入国家重点研发计划。全年申请发明专利350项。要素支撑更加有力。实施“降成本”专项行动，为企业减负12.4亿元。新引进金融机构4家，新增规范化公司制改制企业126家、上市挂牌企业49家，实现资本市场直接融资216亿元，居全省县域首位。金投集团获得基金管理牌照，金宏集团与北京易华录合作成立100亿元的城市基础设施PPP基金。全市运作实施19个PPP项目，吸引社会资本125亿元。临港项目区被列入国家增量配电业务改革试点。新增直供电企业18家。改革开放不断深化。集中突破49项重点改革事项，新组建4家国有企业集团。健全完善国资监管体系和国企监管制度，国有企业发展进一步规范。举办北京、上海、珠三角等10多场招商洽谈活动，实现招商引资额186亿元。新注册马德里国际商标7件，总数达到25件。完成外贸进出口总额273

亿元，其中出口145亿元，出口过亿元企业发展到27家。寿光经济开发区经省政府批复更名为潍坊（寿光）高新技术产业开发区，创建国家级高新区的申请省政府已上报国务院。军民融合取得突破，与中国航天科工集团等大型央企实现深度合作。服务效能提档升级。推进依法行政，重大事项全部经过合法性审查。75件人大代表议案、意见建议和136件政协委员提案全部按时办结。推出三联合审批、代办服务等制度，在全省率先推开电子营业执照改革试点，全面推行“三十一证合一”登记制度改革，推进相对集中行政许可权和综合行政执法改革，公布“零跑腿”和“只跑一次”事项777项，重点投资项目审批时间明显缩短。推进政务公开，加强公共资源交易和国有资产管理，完成50个政府投资项目和59个经济责任项目审计。

【第18届中国（寿光）国际蔬菜科技博览会】 中国（寿光）国际蔬菜科技博览会（简称菜博会）主会场位于山东省寿光市蔬菜高科技示范园。有来自50多个国家、地区和31个省、市、自治区的2400多万人次参展参会，实现各类贸易额2080亿元，被认定为国家AAAAA级农业专业展会，成为我国农业科技成果示范推广的重要平台和国际农业合作交流的重要窗口。

第十八届菜博会由农业部、商务部、中国贸促会、山东省人民政府、中国农业科学院、国家标准化管理委员会、中国农业大学等单位主办；由美国、荷兰、墨西哥、俄罗斯、德国、英国、日本、意大利、乌克兰、保加利亚、比利时等驻华使馆，联合国粮农组织驻华代表处、联合国亚太农业工程与机械中心、太平洋岛国贸易与投资专员署、中国丹麦商会、英中贸易协会、日本贸易振兴机构（JETRO）上海代表处、中国哥伦比亚商会、中国意大利商会等国际商协会组织，中国蔬菜协会等单位协办；由山东省农业厅、商务厅、质量技术监督局、贸促会、农业科学院、潍坊市人民政府、寿光市人民政府共同承办。

第十八届菜博会坚持“创新、协调、绿色、开放、共享”的发展理念，按照突出特色、全面创新、注重实效的总体要求，以“绿色•科技•未来”为主题，围绕服务“三农”，全面汇集展示和交流共享国内外蔬菜产业领域的新品种、新技术、新设备，提升国际化、专业化、市场化水平。展会总展览面积45万平方米，采取展位展示、实地种植与蔬菜文化相结合的展览模式，其中室内16.5万平方米，设十二个展馆、蔬菜博物馆、大棚优质高效示范区及广场展区，展出蔬菜品种2000多个，新技术100多项，栽培模式80多种，蔬菜文化景观200多个，新增热带雨林与沙漠植物、高档花艺等。期间举办荷兰现代设施园艺暨精品农产品展、2017中国（寿光）节水农业暨水肥一体化技术材料设备展、2017中荷现代设施园艺国际合作论坛等多个会中会、高层学术论坛和文化活动等。

【寿光喜获全国文明城市荣誉称号】 11月14日，中央文明办公布了第五届全国文明城市名单，寿光市成功入选，跻身全国文明城市行列。全国文明城市是城市品牌中含金量最高、创建难度最大的一个，是全面反映城市整体文明水平的综合性荣誉称号，是目前国内城市综合类评比中的最高荣誉，也是最具价值的城市品牌。8月，中央文明办组织开展第五届全国文明城市评选工作，对包括寿光市在内的166个参评城市进行测评，最终有89个城市入选第五届全国文明城市，其中县级市有50个。

【中央及省级媒体聚焦寿光市蔬菜产业发展】 上半年《人民日报》刊发《一把手，出题更要答题》《农民日报》头版稿件《18年倾心种好一棵菜》和央视《朝闻天下》报道寿光种业创新发展“三部曲”。10月13日晚九点，山东卫视“献礼十九大”重点栏目——十六集系列专题片《奋力走在前列》播出第八集《阳光下的绿色》。该片用5分钟的篇幅对寿光农业进行重点报道，系统介绍寿光市按照山东省委书记刘家义指示，抓好蔬菜质量安全，探索建立蔬菜生产寿光标准的生动实践。片中以高温火焰、秸秆还田、可追溯体系等蔬菜生产环节运用的前沿技术和先进模式为案例，展示改革开放以来寿光作为传统农业大县，在蔬菜产业发展中不断创新突破，运用生态化新理念、工业化新模式、精准化新技术、数字化新方法，提升蔬菜产业新境界的典型做法。10月18日晚八点，中央电视台献礼十九大大型系列纪录片《超级工程Ⅲ》播出第一集《食物供应》。《超级工程》是央视继《舌尖上的中国》之后推出的又一部纪录片。该片以探寻全球人口最多的国家如何解决自己的吃饭问题为主题，用近3分钟的时间，重点介绍寿光双王城生态经济园区南木桥村无土栽培技术、山东寿光蔬菜产业集团工厂化种植、荷兰模式智能温室、熊蜂授粉等农业种植新技术、新模式，全景展示寿光“冬暖式蔬菜大棚”的巧妙构造及宏大景观。

【寿光市农高区在6个“创新驱动、运行良好型”省级农高区中列第一名】 12月，山东省科技厅委托中国科学院、中国农业科学院、中国农业大学等机构组成第三方评估专家组，经实地考察、听取各省级农高区建设发展情况汇报、质询答辩等评价程序，对2016年之前经省政府批准成立的12家省级农业高新技术产业示范区进行综合评估。其中，寿光市农高区在6个“创新驱动、运行良好型”省级农高区中列第一名。评估专家组认为，寿光农高区突出种业优势，打造种业特色园区，集聚12家“育繁推”一体化种业企业，建有国家科技孵化基地1家，培育推广的新品种科技含量高，国产蔬菜品种市场占有率达66%，在发展蔬菜产业方面掌握话语权、定价权。

【寿光市百亿元基础设施（PPP）基金在京签约】 11月13日，寿光市百亿元基础设施（PPP）基金签约仪式在北京举行，寿光市金宏集团与北京易华录投资管理有限公司签订战略合作协议，共同发起设立100亿元的寿光市PPP基金。金宏集团与易华录合作成立寿光市百亿元PPP基金采用母子基金架构，期限10至15年，总规模100亿元，其中母基金20亿元、子基金80亿元。母基金由金宏集团、易华录共同出资设立，分期到位；子基金由母基金出资20%，易华录负责向金融机构或社会资本募集剩余的80%优先级资金。资金到位后，主要投向寿光市新开工建设且纳入两库的PPP项目、基础设施存量资产通过反推入库的PPP项目以及政府出资SPV公司的资本金部分。

【圣城街道】 地处寿光市区，总面积65.16平方公里，辖70个行政村，14个城市社区，总人口30万人。全年实现地方财政收入5.5亿元，农民人均纯收入达1.9万元。获“全国千强乡镇”“中国乡镇投资潜力500强”“山东省和谐示范街道”“山东省文明街道”“山东省社会文化先进街道”“山东省旅游强乡镇”“潍坊市先进基层党组织”等称号。

重点项目建设快速推进。2017年规划中央商务片区、弥水互联网小镇、新兴业态集聚区、市场物流片区、高端制造业片区、学院路改造提升“六大片区”，推进总投资297亿元的工业、服务业、城中村改造、民生四大类68个重大项目。新开工40万吨高档木浆、高档文化纸、万达广场等总投资135亿元的项目20个。

城中村改造破难攻坚。街道成立城中村改造办公室，出台“五统一”（统一改造方案、拆迁标准、工作流程、资金管理、制度规范）的城中村改造政策，制定工地管理、资金管理、质量监督等12项城中村改造管理制度，把原来各自为政的操作模式高度统一起来。梳理城中村改造问题，抽调精干力量组成工作组，分别进驻桑仕、赵仕、前朴、仁和、李家等村，制定切实可行的安置、拆迁方案，桑仕156户用两天时间、前朴226户用仅五天时间一户不剩地完成拆迁和回迁。铺开新的改造项目，成立刘旺、后朴、大仓、父子侯、金马寨5个工作组，由班子主要成员带队入村开展工作，截至年底，5个村全部完成整体拆迁。2017年，圣城街道共融资19亿元，铺开10个城中村改造项目，拆迁村民3200余户。到2017年底，全街道已有半数村搬入公寓楼或别墅楼。

城区环境面貌大幅提升。2017年，掀起“全民创城”的高潮。在城市社区，120名社工在72个小区开展“四清”行动，共拆除私封阳台露台、私封地下车库等违建386处、清运垃圾973车、清除小广告1722个单元，受益居民7.3万余人。在农村，开展环境综合整治，街村两级累计投入超过8300万元，上阵机械达到15000多台次、劳力12.2万人次，清理生产生活垃圾6.2万立方米、建筑垃圾7.5万多立方米；四大农贸市场投入700多万元，进行高标准改造升级。

美丽乡村建设全面铺开。实施“企业帮扶+街道补助+村民自筹”的方式，全街道合计投入4000万元，28个村实施“美丽乡村”建设工程，硬化大街小巷总长度 40.5 公里，修建排水沟 18公里，新建文化广场10处，新上健身器材107套，新建文化墙126处，安装路灯1399 盏，绿化面积 11万平方米。实施拆违集中行动，共拆除村内违建1131处、5万平方米，完成91%，70个村中已有51个村的违建全部拆除。

社会治理能力不断提高。以最高标准推进环境保护，100家工业企业全部分类整治到位，13家“散乱污”企业全部实行“两断三清”彻底取缔，锅炉“清零”拆除91台，禁养区、限养区内132家养殖户全部取缔或整改到位，5600米的张增河疏通全力推进；推进安全生产，对辖区内8622家生产经营单位每月进行一次拉网式隐患排查整治，共关停整改生产经营单位455家，排查隐患17010条，立案处理26起。

民生事业不断改善。建设潍坊科技学院东校区、徐家学校、文博小学等8大民生项目，使城区的教育、医疗资源更均衡；开设“百姓影院”，每周五、周六市民免费观影；开展“我爱我家、我爱圣城”征文大赛、“七一”大合唱比赛、“文化下乡”演出30场、广场舞大赛等；评选出“圣城十佳好人”10名、“先进基层党组织”10个、“优秀共产党员”200名、“好婆婆、好媳妇、好丈夫、好女婿、好家庭”421个；“七一”对60岁以上党员，春节、重阳节走访慰问80岁以上老人。

【文家街道】 位于寿光市城区西部，面积69平方公里，辖56个行政村，14100户，人口5.7万人，耕地面积3000公顷。2017年，全街道完成固定资产投资30多亿元，同比增长40%；地方财政收入2.4亿元，比上年增长47.8%；实现工业销售收入23亿元、利税9800万元；第三产业增加值284120万元，增长12%；农民人均纯收入16900元。

破立更迭，城市面貌焕新。大尧、文家、北潘村，5000多人，1600口房屋，拆迁协议签订率达98%以上，已拆迁房屋1100余口，并提前谋划文家、朱桥及工业园内5村共计2500多户的棚户区改造工程；对文家镇区内仉家村、前游村等丑旧地块、闲置场院进行摸底调查。

新旧转换，实体经济提效。引进落地新项目31个，其中阳光王子、天力药业、圣大管业、玉马遮阳、汇源木业等项目均是行业领先的先进制造业大项目；盘活闲置土地和厂房450亩，落实投资过亿元项目4个，过3000万元的成长型绿色环保的实体项目12个，总投资额达8.7亿元。物流板块进一步激活，半岛物流城吸纳寿光智慧物流、卡力互联区域结算中心等大型物流平台入驻，并带动240家中小型物流公司入园发展，车间、厂房利用率从年初的20%达到目前的90%，营业总额突破8亿元。

【洛城街道】 位于寿光市东部，总面积136平方公里，辖118个行政村，居民3万户，2017年末常住人口11.6万人，耕地面积8300公顷。2017年，全街道完成地区生产总值116亿元，比上年增长5.72%；实现地方财政收入42939万元，比上年增长16.3%；实现工业销售收入858276万元、利税56393万元，分别增长-23%和-51.3%；第三产业增加值383732万元，增长6.5%；农民人均可支配收入19249元，增长9.0%。

洛城街道是中国（寿光）国际蔬菜科技博览会举办地。境内国道文石线越边境而过，省道潍高路、寿济路横穿东西，羊田路、大沂路纵贯南北，永乐路、尧河路、金光街等道路框架拓展城市空间。街道获“省级文明单位、省级卫生镇、省级旅游强镇、潍坊市十佳魅力城镇”等称号，是潍坊市产城融合示范区、潍坊国家级高新区寿光园区。

【古城街道】 位于寿光市区北郊，与寿光经济开发区实行“区街合一”建制，总面积85.8平方公里，辖61个行政村、1.7万户、6.1万人。2017年，全街道完成地方财政收入4.8亿元。获国家级生态镇，山东省先进省级开发区、新型工业化产业示范基地、高端石油装备制造产业园区，潍坊市先进省级开发区、信息化与工业化融合试验园区、创先争优先进基层党组织，农产品质量安全示范镇等称号。

工业方面，启动建设大型项目7个，总投资近70亿元，分别为投资25亿元的联盟煤炭清洁高效利用、投资25.2亿元的金玉米生物科技产业园一期、投资2.1亿元的康佑环保废气净化装置、投资2.2亿元的三洋100万套钢木制品、投资1.8亿元的巨能原料场封闭项目、投资0.85亿元的巨能再生水回用项目、投资0.7亿元的泰昌生物秸秆综合利用项目。金玉米与中科院天津所共建“生物基产业技术创新中心”、联盟化工与中科院大连化物所共建的“山东省寿光市新材料基地”均已签订三方协议。通过公开拍卖、车间租赁、改建公益事业项目、招商引进项目等多种方式，推动低效用地项目“腾笼换鸟”。完成美斯宠物食品、三洋木业等14家企业的公司制改制工作。

农业方面，实施大棚“两改”（大田改大棚、旧棚改新棚）工作。2017年新开工100亩以上的农业园区7个，完成“两改”面积3005亩，其中新建大棚410个、翻建大棚460个。开展蔬菜质量安全检测工作。2017年完成速测任务样品2800个，确保每月完成230个以上，检测合格率100%。完成国家、省、潍坊市、寿光市安排的抽检任务，共检测样品255个。严格农业执法。街道农业综合执法中队与市场建管所联合对全街道170家农资门店、156家蔬菜市场进行多次执法检查，共下达整改通知书400余份，依法行政处罚30余万元。

城乡一体化方面。对已建成的怡馨苑、弥景苑、弥清苑等7个社区，投资2000余万元，完善围墙、绿化、雨污管道、游园广场等配套设施；总投资5亿元的怡泽苑社区工程，一期38栋公寓楼中35栋已封顶，二期工程18栋公寓楼开始基础施工。打通交通“大动脉”。对辖区内的道路进行重新规划，确定安顺街、南辛路、兴安路等13条道路的打通、拓宽、改造计划。投资4100万元完成安阳街、兴尚路的改造工程。南辛路改造、三兴路改造、府前街东伸已进入招标程序，即将开工。投资40余万元，在各主要交通路口、村庄进出口安装爆闪灯160盏、道路划线2000平方米、设置安全警示牌52处。

美丽乡村建设方面。街道托底50%奖励扶持美丽乡村建设，聚力硬化、绿化、亮化、美化、净化提升，曹家、杨家、野虎等35个村共计投资4000余万元，硬化大街小巷180条共计420公里，维修排水沟37公里，栽植樱花、法桐、冬青等各类苗木5万株。

村级综合治理方面。投资30万元，对弥清苑社区党群服务中心进行全新打造，配套服务大厅、社区教育学校、图书室、文体活动室等“一厅一校十室”建设。争取市财政支持，投资450余万元，对太平、更新、金旺等14个经济薄弱村建设光伏发电项目，每年每村可增收约3万元。其中，市财政扶持8个村，古城街道扶持6个村。

“两城”同创方面。投入资金5300多万元，铺设彩砖1.2万平方米，粉刷墙面5万平方米，铺设大理石8000平方米，修整道路95公里，道路划线13000米，拆除乱搭乱建500多处，取缔违章建设、摊点355处。共计新增、补充、修缮公益广告200处，打造社会主义核心价值观主题公园6处、主题景观53处，雕塑10处，设置文明城市宣传栏240余处。

民生事业方面。总投资1.5亿元，容纳学生2000余人的开发区实验学校动工建设；投资60多万元，更新电教设备50台，安装LED动态显示屏2台。启动投资1.65亿元的开发区医院及投资8500万元的古城卫生院的项目建设。精神卫生中心投资56.2万元购置便携式B超机、电痉挛治疗仪等5种新式医疗设备；为6500名65周岁以上的老年人进行了免费查体。完成建档立卡贫困户的清退及纳入工作；配套200万元，利用市财政光伏发电项目解决金旺、罗家等14个集体收入5万元以下村。招聘专职安全管理人员11名，配备安监专用车2辆、专用电脑5台、执法记录仪4台；投资150万元，聘请上海守安5名专家进行各领域安全环保专项检查。贯彻燃煤小锅炉“清零”行动，拆除各类锅炉87台。按照《寿光市环境安全隐患大排查行动实施方案》的要求，对企业进行分类处置，关停企业38家，停产整治134家，限期整改48家企业中已完成42家，其余6家正在进行环评验收程序；关停双佳木业、文彩印刷厂等小散乱污企业36家；袁官窑厂、垒村河滩复垦区等7处工业固废点已全部清运、覆土、绿化；严格落实散煤治理工作方案，完成型煤推广任务6497吨。

【孙家集街道】 位于寿光市西南部，总面积78平方公里，辖78个行政村，16257户，6.1万人，耕地面积5466.7公顷。是“中国蔬菜大棚第一镇”“中国最佳生态文化旅游观光镇”“山东省旅游强乡镇”“山东省文明单位”。2017年，全街道实现地方财政收入7631万元，完成固定资产投资25.9亿元，同比增长5%。

工业方面。投资12000万元的潍坊鹏泰生物科技有限公司优质蛋白肽项目，投资1亿元的爱能森三元朱热力有限公司50万平方米多能互补清洁能源冷暖站项目，总投资5000万元的山东齐郡食品股份有限公司6000吨果蔬冻品、水果罐头、天然休闲VF/FD果蔬脆片项目。农业方面。新建过100亩的区3个，新建、改建大棚520个，共1900亩。街道建立统一的蔬菜交易大数据平台，实行质量检测、农资销售、全程植保互联共享，农业投入品监管系统已完成注册及安装147家，完成率达96%，广泛运用于各蔬菜市场。全年开展农资打假专项治理行动8次，共检查整顿农资店56家，取缔无证经营23家，整顿超范围经营11家。民生事业。2017年制定下发《红白理事会推进移风易俗工作的指导性意见》，78个村全部推选成立红白理事会，理事会成员挂牌上岗，有效解决红白事大操大办、互相攀比的不良风气；在全街道开展儒学文化教育、开展“道德模范”“菜乡孝贤”等选树表彰活动。《孙家集街道志》《孙家集古今人物志》《孙家集村略志》《寿光乡村记忆——孙集卷》编纂工作顺利完成，已出版印刷。

【稻田镇】 位于寿光市东部，面积137平方公里，辖112个行政村，9.88万人口，耕地面积9533.3公顷，丹河、桂河穿境北流，济青高铁、潍日高速、济青高速、308国道等多条交通干线在此交会，是省级“中心镇”。2017年，全年地区生产总值36.8亿元，同比增长7.5%；财政收入7035万元，超额完成年初任务数的13%；人均纯收入2.6万元，同比增长8.2%。

2017年，稻田镇全年共新建、改建大棚1400个，面积7000亩，新建张营、宋一、刘埠、崔西等百亩以上现代农业园区8个。以崔西、潘家稻庄等新建园区为试点，以点带面，在全镇推广自动卷帘机、水肥一体机、智能放风机、生长补光灯等现代化智能设备。推进“健康食品小镇”建设，娜瑟觅尔糕点、富氏老酱园等3个项目建成投产。开工建设西丹、北屯等10个村的美丽乡村建设工程，同时，对梁武赵、官路等35个美丽乡村进行硬化、绿化、亮化再升级，形成以潘家稻庄等村为代表的绿化美化示范村，以西刘营等村为代表的楼房村，以官路为代表的别墅村，以崔西为代表的农业产业特色村的美丽乡村建设格局。

【侯镇】 位于寿光市东北部，面积218平方公里，辖86个行政村、1个居委会，3万户，人口10万人，耕地面积9750公顷。获“全国重点镇”“全国环境优美乡镇”“省级中心镇”“山东省历史文化名镇”“省级文明镇”“山东盐化工产业第一镇”等称号，并被确定为全省首批“百镇建设示范行动”示范镇。9月份，成功入选山东省特色小镇。2017年，全镇完成地方财政收入8.7亿元，同比增长24.79%；实现工业总产值423.81亿元，同比增长50.07%。

2017年，大项目建设推进有力。落地过亿元重点项目22个。招商引资成效明显。引进增瑞2000吨医药中间体、山东阿莫斯高分子新材料、清大国华20万吨废弃物资源化利用等新兴产业项目。规划建设占地1500亩的镇东南片区。全镇完成大棚两改3200亩，开工建设200亩以上的大棚园区5个，动工新建高标准大棚512个。党的建设新提升。公共服务不断加强。投入780万元对87个村（居）党群服务站进行全面提升。推进两新组织党建工作。打造侯镇海洋化工园区党群服务中心和昊华轮胎等4个非公企业党建示范点。完成村“两委”换届选举工作。逐村对村“两委”换届工作进行分析研判，完成87个村（居）“两委”换届选举工作，共当选村“两委”成员364名，其中68名支部书记连选连任，新当选5名女支部书记，支部书记、村主任一人兼及村“两委”交叉任职比例均达到上级要求。

【纪台镇】 位于寿光市南部，弥河东岸，济青高速186号出口处，与昌乐县、青州市接壤，是寿光的南大门。纪台镇总面积90平方公里，辖72个行政村，1.56万户，总人口5.65万人，耕地面积4933.3公顷。2017年，实现地区生产总值27.22亿元，同比增长4.6%；实现规模以上工业主营业务收入2.1467亿元、利税1559万元；地方财政收入3499.8万元，同比增长34.7%。

农业方面。全镇粮食种植面积13100亩，主要种植品种有小麦、玉米等。全年粮食总产量6220吨，其中小麦产量2925吨、玉米产量3295吨。推动农业设施现代化，持续推进大棚“两改”，全年共完成868个、3910亩“两改”任务。加快现代标准化农业园区建设，投资6500多万元，分期建成了玉皇、方东、李家3大智慧农业园区，新建高标准蔬菜大棚200个。发展特色品牌农业，先后创出“亮腾”果蔬、“孟家高欣”果蔬、“弥金”“寿光黄桃”“纪润食品”“纪润蔬菜”等农产品知名品牌。2017年，令欣合作社新注册“纪润”农业品牌，做大做强做精农业、果蔬业。盛产于纪台镇的“寿光茄子”，是国家地理标志产品。2017年，全镇长茄种植面积达到4万亩。全镇共有农民专业合作社237家。其中，2017年新建合作社5家，村“两委”创办、领办农民专业合作社达56家，令欣合作社、亮腾合作社先后被评为省级示范社。

工业方面。全镇共有规模以上工业企业9家，实现工业总产值21820万元，主营业务收入21467万元，利润1346万元，利税1558万元。2017年，落户纪台镇区的工业项目有4个，分别是中创碳纤维、罗博头智能科技、宏达农业科技、华耕农业科技，年内新增工业总产值6000万元。加强安全执法，对企业立案查处21件，累计处罚金额52000元。依托纪台交通和区位优势，先后引进万友观赏鱼、沼翠环境科技等2家服务型企业，实现主营收入2000万元以上。2017年，刘军物流、金阳光糖醇2家企业先后在齐鲁股交中心完成股改挂牌，为企业快速发展提供了保障。引进寿光市实友石化有限公司，实现营业收入1亿元以上，新增规模以上贸易业企业1家。

镇村建设方面。建设并配套完善宋家、李家、东埠等3个农村社区，借助土地增点挂钩项目，完善前曹、玉皇、堠坡、东刘、李家等5个农村社区。投资450万元，对镇区进行全面改造提升。完成济青高速互通立交及绿化带、G308改线、1000千伏超高压、弥河东坝、便民服务中心等5大拆迁工作，共涉及10个村，拆迁210余户，拆除各类大棚300多个、楼房6栋。全镇累计投资4300多万元，启动实施28个村的美丽乡村建设，共硬化道路61公里，栽种绿化苗木9.8万株，安装路灯472盏，新修排水沟41公里，新建社会主义核心价值观主题公园16处，绘制文化墙356幅，拆除乱搭乱建2465处。关停“散乱污”企业45家，整治畜禽养殖场338家，清理弥河、丹河、尧河等河道共31.2公里，拆除燃煤小锅炉73台。创新设立镇域道路“路长制”，设立4名“路长”和72名“分路长”，建立路域巡查值班表。投资46万元，租赁土地310亩，设立54处秸秆暂存点，基本解决了农业面源污染难题。

社会事业。2017年，投资780万元，新建中心小学综合教学楼；投资155万元，新建10处、改建1处高标准卫生室；投资30万元，升级完善镇综治维稳中心和综合文化服务中心，全镇教育医疗文化条件改善。

【化龙镇】 位于寿光市西部，面积75平方公里，辖53个行政村，15100户，年末常住人口5.3万人，耕地面积5700公顷。2017年，全镇完成地区生产总值31.24亿元，比上年增长4.3%；实现地方财政收入4588万元；实现工业销售收入348643万元、利税362106万元，分别增长16.67%和16.51%；第三产业增加值110601万元，增长6.8%。

2017年，化龙镇实体项目建设不断增强。化龙镇把实体工业项目作为品质化龙建设的主要抓手，挖潜盘活闲置低效建设用地，通过招商、腾退、扩产、嫁接等措施，膨胀企业总量。共盘活闲置低效建设用地11宗、249亩，新建或开工工业实体项目13个，总投资3.3亿元。“大棚两改”不断深入。流转土地1500亩，规划建设丰城园区、辛店园区、钦西园区和蔺家园区等8个大棚园区，建成高标准蔬菜大棚138个。小城镇建设不断加强。实施人民广场、南洋路改造提升、柴辛路新修等7个城镇建设项目。南洋路改造提升成效明显，新建3层以上沿街86间；跨路10千伏高压线完成下地；拆除高炮广告16基。丰城商贸街路面拓宽2米，新建排水沟7.2公里。启动龙盛家园B区续建、金隆家园等商住小区建设工程。作为全市首例将两村安置区同时整建制落户在所在镇镇区的土地增减挂钩试点项目，裴西、前张两村村民开启品质生活新时代。美丽乡村建设成效显著。作为全市唯一一个连续两年被纳入省级“乡村连片治理”试点范围的乡镇，重点实施省级乡村连片治理和市级贷款两个项目，涉及22个村，新增街巷硬化面积5.5万平米、绿化面积6万平米、排水沟30 公里、花岗岩路沿石26公里。

【上口镇】 位于寿光市中部，面积80.7平方公里，辖65个行政村，18868户，人口6.99万人，耕地面积4634.8公顷。2017年，全镇完成地区生产总值35亿元，比上年增长7.03%；实现地方财政收入13171万元，比上年增长0%；实现工业销售收入573181万元、利税11910万元，分别增长72.5%和0%。

窗帘窗饰产业是上口镇的支柱产业，起步于20世纪80年代，现窗帘窗饰加工企业发展到80多家，年产值20亿元，已形成集生产、加工、组配、销售、安装于一体的完整产业链，成为江北重要的窗帘窗饰集散地，产品有30多个门类，1000多个品种，涵盖家居、办公、厂房、车饰、养殖遮阳等多个领域，行业内有“大江南北窗，上口窗帘装”的共识，是“省级特色产业镇”“中国窗饰之乡”。2017年，上口镇投资1.2亿元的天成铝百叶项目、投资7000万元的孚盛纺织项目先后投产达效，注册“中国窗饰之乡——朗朗上口”地理标识，21家企业注册国内、国际商标，承办“2017走进山东特色产业镇巡礼”活动，获评“潍坊市窗帘窗饰产业集群”“2017山东特色产业镇动能转换20强镇”称号。

【田柳镇】 位于寿光市中北部，面积108平方公里，辖68个行政村，1.9万户，人口6.5万人，耕地面积6866.7公顷。2017年完成地方财政收入9658.3万元，同比增长5.6%，完成工业产值26亿元，实现利税2.5亿元，固定资产投入20.6亿元。

工业方面。工业园区承载力再提升。采用“指挥部+平台+运营公司”的运作模式，投资2000万元，对园区所有道路进行高标准硬化，升级改造雨污分流管道5公里，建设全自动雨水、污水泵站，解决园区排水问题；强化安全监管，投资90万元聘请第三方机构——上海守安公司对全镇化工企业进行全天候监管，实现安全监管全覆盖。项目支撑再强化。坚持把项目作为推动园区转型的核心支撑，2017年，全镇新建续建祥生CPVC、新龙科技氯化亚砜、力拓锂电池、晨峰橡胶等过千万项目13个，完成固定资产投资15亿元。科技驱动再发力。发挥企业创新主体作用，引进科研中心3个——新龙集团与中科创新园合作成立的新龙产业技术研究院、与山东高端科技工程研究院合作成立的新龙分院，祥生科技与北京化工大学合作成立的新材料联合研究中心，促进产学研深度融合。2017年，全镇规模以上企业完成主营业务收入25.7亿元；利润1.7亿元，同比增长0.36%；产值25.9亿元；实现利税2.5亿元；完成固定资产投入20.6亿元。

农业方面。推动土地流转，引导进行农业结构调整，2017年，共流转土地5243亩。引进社会力量建设苗木基地，开展成片造林。2017年，流转土地1450亩，栽植苗木13万余株。正向激励推动大棚“两改”工作。在市级补贴基础上，镇里再对过100亩、200亩的园区分别补贴5万元、8万元用于园区内基础设施建设，2017年5个过百亩大棚园区基本完成建设，全镇流转土地2090亩，新建、改建大棚200多个。不断培育特色种植。引导农民进行规模化、品牌化种植，2017年，流转土地1703亩，建设种苗培育基地一处，集蔬菜种植、加工、销售于一体的标准化蔬菜生产基地2处。

村镇建设方面。开展美丽乡村建设。投资3600多万元对张前、张后等25个村进行高标准美丽乡村建设，共计硬化罩油路面25万平方米，铺设彩砖9万平方米，修建排水沟11.4千米，栽植绿化苗木7500余株，安装路灯240盏。强化监管力度。共拆除违章建筑200余处，共计2万余平方米。加强基础设施建设。投资6500万元建成投用全市首个烟气余热集中供暖项目，惠及11个农村社区及企事业单位、沿街商铺共计约30万平方米；投资2000多万元对田柳镇区和老王高镇区进行改造提升；投资700万元对常王路等8条道路进行硬化，全力打造宜居城镇。

民生事业方面。提升教育质量。借助寿光二中搬迁，合理整合教育资源，投资400余万元对植庭小学、王高小学、镇教育学区进行硬件设施改造；盘活计生站闲置办公楼，投资1600万元建设的晨旭幼儿园已投入使用。优化医疗服务。投资100万元在王高分院新建300平方米康复大厅，打造集基础医疗、理疗康复于一体的中医特色诊疗场所；投资200万元新建改建常家、邢姚、秀河等11处高标准卫生室，为群众提供优质医疗卫生服务。强化移风易俗工作。入村入户下发《红白喜事简办制度一封信》19000余份；投资300万元建设镇区、崔家、福泰庄园等9处社会主义价值观主题公园。

【营里镇】 位于寿光市中北部，面积303平方公里，辖50个行政村，18893户，人口5.9万人，耕地面积7896公顷。2017年，全镇完成地区生产总值23.3亿元，比上年增长0.4%；实现地方财政收入9430.5万元；实现工业销售收入13.47亿元、利税1.08亿元；第三产业增加值达到108151万元。是“省级文明镇”“潍坊市理论大众化示范点”“潍坊市森林镇”“十九大安保维稳先进单位”“创建全国文明城市突出贡献先进单位”。

资源蕴藏丰富。拥有滩涂5万亩，海岸线11.6公里，宜盐面积30万公亩，年产原盐100多万吨，溴素1万多吨，是国内重要的原盐及盐化工生产基地。镇域实力显著增强。招商引资5.6亿元，在建过亿元项目5个，5家企业在齐鲁股权中心挂牌，推进1000亩的寿北综合物流园建设，园区内物流企业51家，年新增利税4000多万元，形成新型能源、海洋化工、盐化工、现代物流、畜禽产品养殖深加工为主导的新型工业、服务业体系。城镇建设日新月异。对两个镇区进行高标准改造提升，续建15栋社区公寓楼，对营里镇区南环路、道口镇区东环路、北环路以及北道口、西道口、孙河南等镇村道路进行改造提升，对南大路进行高标准绿化、亮化，建设集中供暖厂1处，制定美丽乡村建设三年规划，筹集资金5000万元，统一启动18个村的美丽乡村建设工程。现代农业成效显著。大棚“两改”实现突破，规划建设两个千亩大棚示范园区，新建蔬菜大棚203个。新建7处农业园区，新增3家专业合作社、8家家庭农场，新增工厂化水产养殖210亩，200亩以上苗木园区达到6家。12月，寿光和宸绿多牧业有限公司被评为2017年山东省级畜禽养殖标准化示范场，寿光市鸿德畜牧业有限公司被评为全省性畜牧示范品牌引领企业。

【台头镇】 位于寿光市西北部，面积100平方公里，辖41个行政村，1.4万户，人口5.4万人，耕地面积6586.7公顷。2017年，全镇地方财政收入1.65亿元，同比增长8%，规模以上企业主营业务收入84.5亿元，利税5亿元，利润3.8亿元，同比增长10%以上。

台头镇境内凤凰台有“凤凰一栖成台”的优美传说，山东省第一个农村党支部诞生于此，张玉山故居是寿光市革命传统教育基地。

台头镇现有规模以上工业企业62家，形成防水材料、橡胶轮胎两大特色产业。其中，防水材料年产6亿平方米，产销量占全国三分之一，山东省85%以上，是全国最大的新型防水材料生产基地，涌现出宏源防水、宇虹防水等一批行业龙头企业。橡胶轮胎年产3000多万套，全钢载重子午轮胎年产400万套，是潍坊市最大的全钢载重子午轮胎生产基地。全镇先后创成高新技术企业6家，创成中国驰名商标9个，山东省著名商标、山东名牌54个，先后获得中国建筑防水之乡、中国建筑防水产业基地、国家火炬计划特色产业基地、山东省互联网+产业强镇、山东特色产业镇创新发展20强等称号。

【羊口镇】 位于寿光市最北部，地处国家级战略蓝、黄两区开发的叠加位置，面积352平方公里，耕地面积6666.7公顷。实行区镇合一模式，与寿光滨海（羊口）经济开发区合署办公，辖22个村，7个居委，总人口10万人。2017年，全镇实现规模以上工业总产值3142636万元，比上年增长24.1%；实现地方财政收入121758.9万元，比上年增长19.95%；实现工业销售收入3608568万元、利税208377万元，分别增长10.7%和68.3%。已获得全国重点镇、山东省首批经济发达镇改革试点镇、山东省百镇建设示范行动示范镇、首批中国特色镇、山东省新生小城市试点、山东省农村地区供暖试点镇等称号，12月，被山东省林业厅评为山东省“森林乡镇”。

工业发展方面。三大园区共有规模以上工业企业47家，其中，新建成规模以上工业企业2家，新开工过亿元新型工业项目17个，完成二次招商项目5个。

城镇建设方面。完成3520户的棚改一期工程，开工建设1100户的清河社区棚改二期工程，对羊口镇区剩余平房和清河油田、莱央子村进行拆迁改造。投资3000万元对圣海路进行绿化、亮化、供暖、雨污分流和人行道综合提升改造，投资2.2亿元的水德园湿地公园和顺河公园9月份全部建成投用；投资1.2亿元建设8.32万平方米的人民森林公园；新修道路20公里，新增绿化面积60万平方米。投资5000万元铺设一级管网40公里、二级管网9公里，建设新型换热站16个，取缔小锅炉18个，改造小区13个，实现镇区160万平米集中供暖全覆盖。

现代农业方面。全镇粮棉种植面积9.4万亩，全年粮食总产量32739吨。其中，小麦产量9759325公斤，玉米产量21479600公斤，棉花产量3836850公斤。首批建成的201个冬暖式水肥一体化无土蔬菜大棚全部承包出去；投资完善大棚园区的水、电、路等基础配套，4个村村两委领办成立合作社4个，建设蔬菜交易市场3个，正在进行桑葚和无土栽培西红柿农产品品牌注册，引导菜农走高端经营路线。

现代物流方面。寿光港顺利完成由龙口港管理变为由烟台港直接管理的审计交接；4-7#液化品泊位全部完成安全验收，4#码头已取得港口经营许可证。全年港口实现吞吐量1274万吨，寿光港完成866万吨，羊口港完成408万吨；寿光港2×3.5万吨级多用途泊位及2×3万吨级液化品泊位工程项目已完成可行性研究报告。园区共有港化油品、冀东胜潍、申兴钙业等10余家企业入住。

民生建设方面。筹建渤海实验学校初中部，渤海实验学校与中国科学院大学合作，成为其基础教育研究院的实验学校；率先在全市实现教育均等化；职教中心在2017年全国职业院校技能大赛中获得六枚金牌，金牌总数列全省（青岛单列市除外）总数第一名。羊口中心卫生院由寿光市人民医院全面托管，并正式升格为二级医院。投资1亿元的羊口文化中心、体育中心建成投入使用。

【双王城生态经济园区】 位于寿光市西北部，面积193平方公里，辖15个行政村，9200户，人口2.6万人，耕地面积12551.8公顷。

双王城生态经济园区管委会，行政编制19人，事业编制38人，实有行政编制10人，事业编制30人。2017年，全区完成地区生产总值6.88亿元，比上年增长1.2%；实现工业主营业务收入19676万元、利税3669万元，分别增长24.9%和-4.2%；第三产业增加值达到34164万元，增长5.88%；农民人均可支配收入23012元，增长7.8%。

生态农业。推进农业结构调整。2017年，牛头镇村、寇家坞社区和卧铺村实现蔬菜大棚建设破题，共流转土地1980亩，新建蔬菜大棚园区7个。推进乡村旅游综合体和田园综合体建设，诗意田园生态农场开工建设，水上王城田园综合体规划文本基本完成。特色旅游。生态旅游产业发展迅速。9月，巨淀湖景区成功入选首批国家湿地旅游示范基地，全国共10家，成为山东省唯一入选景区，16家中央级媒体走进双王城进行专门的报道。2017年巨淀湖接待游客突破30万人次。山东（寿光）农村干部学院落户双王城，开工建设牛头镇抗日武装起义纪念馆。举办中国（寿光）“水上王城”湿地文化旅游节、发行长篇纪实文学《巨淀湖》、巨淀湖风景区免费对寿光市民开放、摄影大赛、京剧表演、中秋月•洰淀情文艺大联欢等活动。新型工业。2017年，园区利用闲置土地引进年产12000吨水刺无纺布项目（简称兴林非织布项目）。该项目一期占地52亩，投资1.88亿元，2017年底累计投资0.6亿元。主要生产高端湿巾、面膜等产品。截至年底，该项目生产设备都已订购，车间、办公楼和两个仓库土建施工完成。扶贫攻坚。园区精准扶贫建档立卡贫困户529户，12月贫困户已全部脱贫。8月，牛头镇村引进千榕家纺服务代加工点、草编车间、华昱拖鞋加工车间等劳动密集型企业，帮助村贫困户、低保户、残疾人、老年人、留守妇女等弱势群体家门口实现就业。民生事业。新建李家坞卫生室。城乡视频监控实现全覆盖，共安装高清监控探头430个，实现村庄主干道、景区、生产企业的全方位监控。完成全长12公里的村内道路维修改造。

（李　鹏　杨　娟）

安丘市

【国民经济和社会发展概况】 2017年，全市地区生产总值增长7%，社会消费品零售总额增长10.5%，城乡居民人均可支配收入增长8%。一般公共预算收入22.5亿元，增长11.4%。

产业转型迈出新步伐。三次产业比例调整为16：40.5：43.5。工业“创、改、培”协同推进。实施新希望六和禽肉深加工、歌尔精密制造二期等投资过亿元工业项目80个，完成投资96.5亿元。新增院士工作站和省级、潍坊市级企业技术中心、工程研究中心等科研平台18家；44个项目列入省技术创新项目计划，18家企业被确定为潍坊市两化融合培育重点企业。完成规模企业规范化公司制改制52家，34家企业在四板市场挂牌。恒安牌汽车散热总成、蓝想牌环保冷却塔被认定为山东名牌产品，海龙博莱特、景芝酒业赵德义荣获潍坊市市长质量奖，景芝酒业“一品景芝芝香”获潍坊市“市长杯”工业设计大赛一等奖。全市规模以上工业主营业务收入、实缴税金分别增长7%和14%左右。被评为中国食品工业强市。农业供给侧结构性改革成效突出。新发展标准化种植园区15个、标准化养殖场10个、农民专业合作社示范社17个、家庭农场102家。投资8090万元，实施农田水利工程5处，新增高效节水灌溉面积2万亩、高标准农田5.1万亩。投资2.2亿元，新建为农服务中心18处、农业科技示范园20个，引进推广新技术102项、新品种90个。深化“安丘模式”，投资3000多万元，对市检验检测中心进行改造，建成社区固定检测站102个、畜产品检测站20个，食用农产品产地准出品种扩大到42种，连续7年被确定为全国出口食品农产品质量安全示范区。新发展融合园区20个、休闲农庄30个，“安丘农谷”被确定为首批国家农村产业融合发展示范园创建单位。实施“安丘农耕”区域公用品牌，包装运营特色农产品68种；新增“三品一标”农产品20个，安丘大姜、安丘大葱纳入欧盟地理标志产品保护范围。争创为全国果菜茶有机肥替代化肥示范县、全国畜禽粪污资源化利用试点县、省级畜牧业绿色发展示范县。现代服务业量质齐升。佳乐家中央商务区、东方桃海等重点项目顺利推进，齐鲁酒地被评为首批国家运动休闲特色小镇，留山栖居小镇入选全省首批服务业特色小镇试点。电子商务公共服务中心和技能实训中心建成投用，电商交易额达到140亿元。完成房地产开发投资45亿元，新建商品房销售面积132万平方米，分别增长9.9%和19.1%。金融机构各项贷款余额352.6亿元，比年初增加35.3亿元。新引进金融机构20家，金融业实现税收4.2亿元，增长41%。

城乡面貌发生新变化。主动融入潍坊“七城一体”发展新格局，加快城市“北联东扩”，建成区东扩面积2.3平方公里，入选全省中等城市试点。开展城市重点片区控制性详细规划、“泛青云山”概念性规划修编，完成生态水系等专项规划和10个镇的小城镇总体规划修编。投资12.3亿元，新建改造城市道路19条41.3公里，青云大桥、青龙湖路汶河大桥建成通车。投资2.3亿元，铺设改造城市管网221公里；完成汶河两岸及23条90.8公里城市道路亮化，新增青云湖大闸等景观亮化工程13处；实施裸土复绿工程，城区新增绿地面积98.5万平方米，绿化覆盖率达到40.7%，成功创建为国家园林城市。狠抓城市精细管理，新建便民市场3个，新上标准化流动餐车97辆，施划停车位1.2万个。改造老旧小区5个，拆除违法建设16.8万平方米。投资9.1亿元，新修改造县乡道路、旅游道路97.8公里，完成农村公路生命安全防护工程240公里。投资3.2亿元，建成110千伏郚山输变电工程及35千伏配出工程，8408眼机井实现通电。投资2.8亿元，新建提升农村社区服务中心31个，建设农村社区安置楼46.1万平方米，改造农村危房297户，改厕9763个，建成美丽乡村示范村26个，创建为全国农村幸福社区建设示范市。景芝镇、辉渠镇被评为省级历史文化名镇，柘山镇被评为省级美丽宜居小镇，景芝镇红旗村被评为全国文明村，柘山镇闫家河村、郚山镇鲁家哨村被评为省级美丽宜居村庄。

生态建设取得新突破。聘任环境监督员866名，实现“网格化”环境监管全覆盖。开展生态环境综合整治，完成8台10吨以上锅炉的超低排放改造，拆除燃煤小锅炉371台，关停“散乱污”企业83家，关闭搬迁畜禽养殖场1013家。狠抓散煤治理，取缔非法散煤销售点76处，配送清洁型煤12.3万吨，配备节能炉具1.4万台。全年空气质量优良天数达到224天，PM、PM平均浓度分别下降8.1%和7%。全面实行“河长制”，开展“清河行动”，整治关闭排污口127处，清理养鱼网箱2495个。开展矿产资源开发秩序集中整治，依法查处非法采矿行为36起，移交公安机关8起。投资2.4亿元，治理水土流失面积26.6平方公里，完成旅游道路绿化彩化211公里、成片造林4.3万亩。拥翠湖景区创建为国家湿地公园，大汶河湿地修复项目获中国人居环境范例奖，郚山镇被评为省级森林乡镇，凌河镇创建为省级生态绿色示范镇。

改革开放呈现新气象。推进“放管服”改革，取消行政权力事项151项、行政事业性收费10项；在全省率先推行“最多跑一次”改革，梳理公布事项1011项。深化商事制度改革，全面实施“多证合一、一照一码”，新注册企业3063户，增长26.6%。统筹推进综合行政执法体制改革，成立市综合行政执法局。开展全国县级公立医院综合改革试点，3家公立医院全部完成法人治理结构改革。推进大葱目标价格保险试点，签保面积13.3万亩。获批建设用地3053亩，盘活闲置低效用地2016亩。设立规模5亿元的城市基础设施发展基金，成功发行专项企业债10亿元。出台加快建设创新创业人才高地的意见，引进硕士以上高层次人才186人，其中院士2人、“千人计划”专家2人。加快国家级自贸协定出口实施示范区建设，完成进出口总额61亿元，实际到账外资6000万美元，分别增长9.3%和9.5%。

社会事业实现新发展。民生支出占财政支出的比重达到83.9%。投资8.8亿元，新建、改扩建新安丘一中、明德学校等学校12处，新增校舍25.5万平方米、学位9413个，新招考教师269名，基本完成破解“大班额”和“全面改薄”任务。新建改造普惠性标准化幼儿园11处，13处幼儿园通过省级示范性幼儿园验收。高考成绩取得历史性突破，本科进线率位居全省前列，9名学子考入清华、北大。投资4.1亿元，开工建设人民医院新院二期，规划新建镇级医养结合型医院5处、镇级卫生院6处，新建改造社区卫生室90处。投资1500万元，对汉墓、庵上石坊等重点文物单位进行修缮保护，改造提升基层综合性文化服务中心146个。安丘市被评为省民间文化艺术之乡（武术），市京剧团被评为全国服务农民、服务基层文化建设先进集体。新建全民健身工程140处、健身广场20个。开发政府公益性岗位2012个，发放创业担保贷款3.6亿元，财政贴息3064万元，扶持创业3200人，景芝镇被评为省级创业型乡镇。城镇新增就业、失业人员再就业10174人。提高城乡低保和农村特困人员集中供养标准；募集发放慈善救助金1305万元，救助弱势群体2.6万人。投资22亿元，完成棚户区改造7378户，拆迁改造面积88.5万平方米。投资12.5亿元，建成140兆瓦光伏扶贫项目，每年为5150个贫困户提供兜底性扶贫补助。各级财政投入扶贫资金6283万元，潍坊和安丘市驻村“第一书记”投入帮扶资金6800万元，实现省定贫困人口全部脱贫。推进“平安安丘”建设，加大安全生产和食品药品安全监管力度，被省委、省政府表彰为全省社会治安综合治理先进市、信访工作先进集体，通过全省食品安全先进市验收，创建为省级文明城市。

自身建设取得新成效。开展“作风建设年”活动，主动寻标对标、提速提效。重新修订《安丘市人民政府工作规则》，全面推行政务公开。执行市人大及其常委会决议决定，自觉把民主政治协商纳入决策程序，办理人大代表建议48件、政协委员提案156件。强化法治政府建设，聘请市政府第二届法律顾问，依法审查检查合同1008件。开展“为官不为”“吃空饷”“私车公养”等专项整治，查处一批违法违纪案件。畅通群众诉求渠道，受理群众反映事项3.2万件，办结率98.5%，群众满意率97.2%。

【国家农村产业融合发展试点项目顺利实施】 推行食用农产品产地准出“二维码”追溯制度。争创为全国果菜茶有机肥替代化肥示范县、全国畜禽粪污资源化利用试点县。建设“安丘农谷”，创建为国家农村产业融合发展示范园。策划“安丘农耕”区域农产品公用品牌，依托颐高电商产业园加快农产品上行。

【成功创建为国家园林城市】 投资12.3亿元，新修青云大街和青龙湖路2座汶河大桥，新建改造城市道路19条、41.3公里。投资1.8亿元，实施大汶河上下游绿化、人民公园改造、青云湖亮化等绿化亮化项目27个，整治绿化裸露地113万平方米，人均绿地面积23.99平方米，成功创建为国家园林城市，大汶河湿地修复项目获中国人居环境范例奖。

【重点民生项目建设取得新成效】 投资8.8亿元，新建、改扩建12处学校，新增校舍25.5万平方米、学位9413个。投资30亿元，建设安丘市医养综合服务园区。投资22亿元，完成6571户棚改任务。投资12.5亿元，建成140兆瓦光伏扶贫项目，年可发电1.7亿千瓦时，20年运行期内将为5150个贫困户每户每年提供3000元扶贫补助。

【安丘经济开发区】 位于安丘市北部，面积55平方公里，辖18个行政村，9278户，年末常住人口4.8万，耕地面积2334公顷。2017年，全区完成地区生产总值78.2亿元，比上年增长22.9%；实现地方财政收入6647万元，比上年增长9%；工业实现主营业务收入56亿元、利税1.7亿元，分别增长4.5%和24.1%；第三产业增加值226万元，增长5.6%；农民人均纯收入13226元，增长6.3%。

园区配套日益完善。完成18个项目、2892户、3200亩土地、982个散落坟头的拆迁清障任务。新规划建设闰成科技园、潍坊国林家居科技园、歌尔创智谷产业园等产业园区。完成闰成东路与东湖路连接工程、闰成东路北延、澎湖路北延和闰成北路4条、7800米园区道路硬化。组织齐鲁酒地文化创意产业园区和绿化公司，合作共建花海游憩区，栽植绿化苗木1000余亩，新修景观道路7.6公里。

城市建设日新月异。完成寨上和永乐官庄2个村的棚户区改造，加快4个居住小区建设。配合完成青云大街改造工程、锦湖路提升工程、青龙湖路汶河大桥和青云大桥建设，加快汶河下游左岸滨河路工程建设。完成齐鲁酒地花海绿地、牛七埠西路和26个自然村的增绿提质任务，推进城乡环境综合整治，新建市场2处。开展较大规模违法建设集中整治行动28次，清理拆除存量违章建筑168处、41376平方米。

【新安街道】 位于安丘市北新区，面积74.78平方公里，辖25个行政村，60个自然村，11307户，人口4.2万人，耕地面积3223公顷。2017年，全街道完成地区生产总值26.5亿元，比上年增长6.9%；地方财政收入1.47亿元，比上年增长33.7%；工业实现主营业务收入101.2亿元，利税5.2亿元，分别增长6.3%和8.6%；第三产业增加值达7.2亿元，增长7.8%；农民人均纯收入17588.6元，增长10%。

工业内生动力持续迸发。2017年，街道新落户项目6个，引进4家总部经济、2家科研院所，山东蓝想环境科技有限公司与山东大学教授合作研究“大自然”空气净化技术，实现招才引智。7家企业进行扩产，14家企业新上技改项目23个，14家企业与青岛蓝海股权交易中心签订挂牌协议。

城乡发展活力更加强劲。开工建设总规划面积10000亩的华夏庄园田园综合体；提升城乡统筹水平，搞好央赣路脏乱差治理，对安丘北出入口206国道段进行改造提升；启动汶中片区征迁，已征迁土地1548亩，全年街道共征地拆迁5250亩；完成畜禽养殖禁养区关闭搬迁、“河长制”等一系列生态环境综合整治工程。

基层战斗力不断提升。在全市率先完成村“两委”换届选举工作任务；完成软弱涣散村党组织整顿转化。落实“阳光议事日”，每村至少1名机关干部包靠，建立常态化巡查、通报机制，全年各村整体出勤率达到89.6%。

【兴安街道】 位于安丘市中北部，总面积150平方公里，辖59个行政村、147个自然村，人口24万人，耕地面积6400公顷。2017年，街道实现国税、地税收入2.58亿元，较去年增长7.84%；实现镇级财政收入1.54亿元，同比增长5.5%。街道荣获“潍坊市出口农产品特色乡镇”“潍坊市农产品质量安全示范街道”“潍坊市建设学习型党组织示范点”“省级文明单位”等荣誉称号。

产业发展提速增效。完成招商引资项目6个，总投资10.8亿元，到位外资5.1亿元。埃尔派粉体项目实现扩产；洪腾食品、鑫昊电力项目开工建设。规划占地6509亩的高端装备产业园和占地10296亩的安丘农谷。新建大棚示范区3个，流转土地4400余亩。新规划休闲农庄12处，已开工建设7处。城乡面貌显著提升。实施辛庄子、三里店子、大城埠等7个村、673户棚户区改造。新开工城市道路8条，新安路南延等6条道路竣工通车。完成和平路东延、歌尔路北延拆迁清障。民生民本持续改善。投资1052万元完成城关小学改造；投资110万元实施西南庄设施农业产业扶贫。创新实施“听证+调解+司法确认”模式，化解各类信访矛盾150余起。

【大汶河旅游开发区】 位于安丘市东北部，面积97平方公里，辖58个行政村，1.7万户，人口7.2万人，耕地面积4867公顷。2017年，完成地区生产总值24.33亿元，比上年增长9.8%；地方财政收入7150万元，比上年增长10.4%；工业实现主营业务收入11.03亿元，利税1.12亿元，分别增长8.8%和10.9%；第三产业增加值24365万元；农民人均纯收入1.5万元。

2017年，大汶河旅游开发区全年引进汽车散热器项目等3个过亿元项目。完成青云大街东延、世贸大街东延等7条市政道路及青云双语学校的拆迁清障工作，拆迁土地1850亩，保障项目建设进度。完成前后担山等村棚改781户，超额完成568户的任务数。切实转变工作作风，在群众满意度测评中，列安丘市第一名。

【景芝镇】 位于安丘市东南部，面积217平方公里，辖135个行政村，3.5万户，年末常驻人口13.5万人，耕地面积1.33万公顷。2017年，全镇完成地区生产总值53.7亿元，比上年增长7.2%；实现地方财政收入5663万元，比上年增长11.23%；工业实现主营业务收入43.86亿元，利税9800万元，分别增长9.6%和9.2%；第三产业增加值24亿元，增长9.9%。年内被确定为山东省重点示范镇，获得全省历史文化名镇、创业型乡镇、信访工作先进集体等荣誉称号，红旗村被授予全国文明村。

抓招商、上项目。完成招商引资8.7亿元，总部经济4个，共引进项目5个。开工过亿元项目1个，签约项目4个，实施增资扩产项目7个。抓征迁、拓空间。五一前后完成西杨庄搬迁，6月底完成伏戈庄搬迁，9月底完成东杨庄搬迁，10月底完成临甘泉搬迁，共完成整体搬迁村4个，实际拆迁846户，腾出土地743亩，棚改认定1095户，超额完成任务560户。完成项目征迁倒地300多亩。完成涉206国道景芝段改线1000亩的清障任务和景酒大道西延拆迁清障工作，累计完成拆迁倒地2000余亩。抓整治、提品质。投资2000多万元，实施镇区仿古改造、道路硬化、公园提升、燃气和雨污管网、“十条街巷十项整治”和镇区重点部位亮化等六大提升工程。

【凌河镇】 位于安丘市西部，面积180平方公里，辖145个行政村，2.6万户，年末人口12万人，耕地面积7800公顷。2017年，全镇完成地区生产总值48.26亿元，比上年增长7.2%；实现地方财政收入5370万元；规模以上工业实现主营业务收入45.2亿元，同比增长9.6%，利税1.3亿元；第三产业增加值96558万元，增长9.9%；农民人均纯收入18337元，增长14.6%。

新希望六和禽肉熟食项目、亚华生物制药项目、三涛熟食项目建成投产。新发展现代农业示范园1350亩、优质林果基地1000亩，完成植树造林3211亩。村“两委”换届选举圆满完成，42个村集体经济年收入达到5万元，凌河中学扩建项目快速推进，郑家河等7个村实施棚改拆迁，扶贫投入770余万元，安全生产、环境保护纳入制度化、常态化管理，当年新增省级、潍坊市级“美丽乡村示范村”各1个，获“山东省绿色生态示范城镇”称号。

【石埠子镇】 位于安丘市南部，面积156平方公里，辖67个行政村，17325户，年末常住人口62638万人，耕地面积6134公顷。全镇完成地方财政收入4795万元，比上年增长75.9%；完成固定资产投资20亿元，同比增长79.7%；工业实现主营业务收入8.2亿元，利税1.13亿元，分别增长10%和20.1%；居民储蓄余额12亿元。

石埠子镇招商引资实现重要突破。潍坊市招商局认定招商引资数额1.88亿元，安丘市招商局认定9420万元。引进园区项目4个，台湾翼农农产品深加工项目落户市农谷园区，潍坊博通柴油机发电机项目、青岛集装箱软包装项目落户市先进制造业产业园，樱花谷旅游度假村项目落户市国学产业园。已预审项目8个，分别是国家一、二类型新兽药项目、火锅料熟食深加工项目、樱花谷旅游度假村项目、航天科技体验馆项目、上海昕宁环保设备项目、台湾翼农农产品深加工项目、青岛熟食精深加工项目、盛邦科技物流项目，其中签约项目2个，分别为航天科技体验馆项目、台湾翼农农产品深加工项目。镇域经济方面，新引进60兆瓦光伏电站项目、恒泰新能源100兆瓦风电场工程项目、雨旺食品项目和樱花谷旅游度假村项目。

【大盛镇】 位于安丘市西南部，面积76平方公里，辖62个行政村，10425户，年末人口3.5357万人，耕地面积2954公顷。2017年，全镇完成地区生产总值18.25亿元，比上年增长21%；实现地方财政收入2704万元；工业实现主营业务收入11.75万元，利税5162万元，分别增长11.45%和18.1%；第三产业产值4亿元；农民人均可支配收入14500元，增长12%。

招商引资成果显著。利用外资6200万元；认定总部经济2个，企业挂牌已签约2家。落户市北区工业园区的IPG光伏电站技术改造项目已签约，华锐环保设备项目已建至地面一层；落户镇区的12000平方米农资超市项目、11000平方米的商贸综合体项目、牛家沟农业生态园项目均已开工建设；共创富硒产业园项目种植板块已完工。农业产业融合成效初显。坚持农业规模化、品牌化、融合化“三化”发展，发展高效设施农业和休闲农庄；实施“一社一品”工程，建立“大盛优品”。生态建设扎实推进。被授予潍坊市森林镇称号。推进骨干道路绿化、鲤龙河水系绿化、蟠龙山荒山绿化，完成清河行动和禁养区关停。精准扶贫特色鲜明。全镇129户、260口贫困人口已经完成脱贫。城镇建设日新月异。启动七大建设工程：鲤龙河生态湿地公园建设工程、综合农贸市场改造工程、金湖公园扩建工程、商贸综合体建设工程、农资超市建设工程、医养结合建设工程、金湖大街绿化、美化工程。完成前大盛村局部搬迁。乡村环境日益改善。西田庄村被评为省级美丽乡村，东田庄村被评为潍坊市级美丽乡村。基层组织建设扎实有效。完成村“两委”换届工作，“两委”成员交叉任职比例89.06%，“一人兼”比例85.48%，研判准确率98.28%。

【辉渠镇】 位于安丘市西南部，面积206平方公里，辖40个行政村，1.9万户，人口6.7万人，耕地面积5870公顷。2017年，全镇完成地区生产总值24亿元，比上年增长7%，实现地方财政收入2631万元，比上年增长22.2%；工业实现主营业务收入76164万元，同比增长38.4%；利税1107万元；农民人均可支配收入14369 元。年内获得山东省第四批历史文化名镇、潍坊市森林镇等荣誉称号；留山栖居小镇被评为山东省服务业特色小镇试点单位。

项目建设实现新突破。共引进歌尔精密制造三期等项目4个，总投资12.3亿元。新建光伏发电51兆瓦，全镇达到101兆瓦。城镇建设成效显著。新建安置楼22栋，总建筑面积10.8万平方米。雹泉西南村等5个村、1038户棚改全部结束。歌尔庄园项目区内20处遗留房屋全部完成拆迁。新打造落鸦石村、赵家沟村2个“五彩村庄”。农业结构持续优化。获鹿山谷峰山文化园等休闲农庄初具规模，全镇完成土地流转6000多亩。“东方桃海”项目全面开工建设。在杏山等流域完成成方连片植树9600多亩。乡村旅游提档升级。留山景区完成党史教育馆等项目建设；歌尔庄园新建生活区投入使用。落鸦石村建成高标准的游客接待中心。成功举办第九届辉渠桃花节。社会事业全面进步。新修、拓宽柏油道路7条、63.6公里。新建夏坡小学、夏坡幼儿园教学楼及学生餐厅、辉渠中学教学楼。开工建设雹泉中心卫生院和夏坡、温泉社区卫生分院。全面关停矿点34处。完成尚庄11个高标准冬暖式大棚等7个扶贫产业项目建设和202户贫困户危房和自来水改造，全镇1616贫困户全部脱贫。实施农业综合开发、小流域治理和农田水利治理项目3个，总投资1981万元。

【郚山镇】 位于安丘市西南部，面积113平方公里，辖54个行政村，10896户，年末人口3.7万人，耕地面积3787公顷。2017年，全镇完成地区生产总值16.9亿元，比上年增长7.6%；实现地方财政收入2170万元；工业实现主营业务收入77000万元，利税8200万元，分别增长3.2%和3.6%；第三产业增加值47000万元，增长8.5%；农民人均纯收入15468元，增长8.2%。

现代农业实现新提升。2017年新发展大桃、核桃等经济林7500余亩，高标准瓜菜大棚400余亩。合力牧业新建设3518平米高端智能温室大棚1个、850平方米冬暖式立体栽培草莓大棚3个。工业强镇迈出新步伐。新引进项目9个，金鸿扩产项目、凯丰鞋业项目、黄皿山风电项目、潍坊优牧农牧科技有限公司均已开工投产。乡村旅游实现新突破。支持合力牧业改造提升旅游观光餐厅、奶牛参观厅；投资300余万元，完成南官庄垂钓中心、窑洞木屋等景点建设，评为省传统村落，鲁家哨村建成三星级七彩贝壳房8座，打造“七色年华•童趣”主题村庄，被评为省美丽宜居村庄。

【石堆镇】 位于安丘市东部，面积67平方公里，辖47个行政村，1.06万户，人口3.9万人，耕地面积4267公顷。2017年，实现财政收入1597万元，同比增长22.7%，固定资产投资10.9亿元，同比增长8.1%；工业总产值52919万元，同比增长17.8%，规模以上企业主营业务收入5.8亿元，同比增长11.3%；规模以上工业利税5230万元，同比增长33.2%；储蓄余额6.6亿元，同比增长3.2%，农民人均出收入17786元，同比增长10%。

经济持续快速健康发展。建设富东、宿家埠、步云岭、南环4个工业园，引进过亿元的项目2个，过8000万元项目2个。引进总部经济1个。全镇工业企业发展到65家，其中规模以上9家，形成机械制造、环保设备、电子电器、木器加工、食品加工等主导产业。特色农业取得新成效。流转土地5270亩，已发展休闲农庄15个。硬化步云岭休闲生态园道路5900米，安装围栏2170米。实施万亩土地深翻项目，落实农产品产地准出二维码质量追溯体系，“鑫亭”甜瓜绿色食品认证通过环评。城镇化建设水平明显提升。投资800万元，对镇区及甘泉、中心、河洼社区进行提升改造，建设文体广场。实施石堆、梯门两个部分村改造，西河洼、东河洼和阿洛三个村整体搬迁，拆除房屋689处，腾出土地593.3亩。重点民生工程成效显著。石堆中学、石堆小学、大亭子小学教学楼和坡庄幼儿园建成投入使用。开展“送医上门”活动，为65岁以上老人免费查体。开展精准扶贫，脱贫127户、260人。社会治理全面加强。通过在“阳光议事日”开展系列典型评选，评选各类典型1300多名。完成村“两委”换届选举工作，换届信访同比下降93.5%。开展打“盗抢骗”“黑霸痞”行动和街头巷尾平安工程，社会和谐稳定。

【柘山镇】 位于安丘市西南部，面积156平方公里，辖41个行政村，9998户，年末人口2.9万人，耕地面积7087.1公顷。2017年，全镇完成地方财政收入3975万元，比上年增长23%；固定资产投资11.1亿元，同比增长42.1%；工业实现主营业务收入8936万元，利税944万元；限额以上服务业营业收入5217万元，增长18%。年内被评为山东省第四批“美丽宜居小镇”“潍坊市森林镇”，辖区内阎家河村、磨山河村被评为“美丽宜居村庄”“潍坊市森林村”荣誉称号。全年累计引进项目11个，招商引资额达5亿元以上，并被安丘市委、市政府评为2017年招商引资先进单位。加快产业结构调整，发展以大桃、核桃为主的家庭农场4个，秋峪林果、夏家沟牡丹园等示范园区4个，完成造林面积1.7万亩，完成农业品质化转型，柘山板栗通过“中国地理标志产品”认证。新建卫生院综合楼、派出所办公楼、车庄小学综合楼，现已投入使用；完成老子村101户棚户区拆迁，腾空储备用地47.6亩，对李家沟村进行整村搬迁安置于薛家庄村。柘乡人家农家乐提档升级，新发展高端农家乐5家，建成游客接待中心1处，旅游厕所1处；以老子文化养生谷、柘山乡情等为支撑的“寿比南山”乡村旅游综合体被评定为潍坊乡村旅游标杆项目，其中，柘山乡情旅游开发项目被水利部确定为水土保持科技示范园区。提高基层党组织战斗力，设立100万村集体发展基金用于壮大村集体经济；投资500余万元，新建成秋峪社区、提升改造古庙社区等2处服务中心，并建成安丘市第一家村史展馆——西古庙村史馆；完成村“两委”换届试点工作，“一人兼”和交叉任职率均达90%以上，位列安丘市第一位。

【官庄镇】 地处安丘市南部，镇域面积121平方公里，辖59个行政村，101个自然村，1.4万户，人口5.6万人。2017年，全镇财政收入实现2266万元，同比增长97.7%；固定资产投资13.2亿元，同比增长16%；规模以上企业主营业务收入14.7亿元，同比增长10.7%。

工业经济快速发展。全镇规模以上企业达18家。在潍日高速出入口和服务区周围规划占地2000亩的西岭工业（产业）园和占地800亩的临港物流园2个工业（产业）园区。引进过亿元项目3个。聚兴食品公司成为新增规模以上企业，强安铁塔、昊圣木业2家企业增资扩产。

现代农业高效融合发展。实施农业综合整治项目7个，受益农田面积11万亩。调整农业产业结构面积1万亩，规模流转土地4900亩，新栽植大桃3000亩，栽植榛子1200亩，发展大棚2700亩，成片造林绿化3300亩，新认证“三品一标”农产品2个，总数达到15个，检测农产品1.2万次，打印二维码3455个。发展万芳果蔬基地、长生源生态农场地等一二三产业融合项目11个。

服务业繁荣发展。设立金融、通信、保险、邮政、物流等服务机构16家，发展餐饮、超市、农资等经营门店318家，发展农村淘宝电商12家。规划永昌社区商业街南延项目，加快镇区商贸服务业发展。高标准建设别家屯村宜居兴业项目，发展休闲采摘、农家乐、休闲垂钓等乡村旅游项目。做好“东方桃海”项目规划，开发十字路大桃基地、大桃冷链仓储交易市场、凤舞山孔雀养殖基地等农旅融合项目，形成安丘南部乡村旅游的集散地。

城镇化建设日新月异。完成《官庄镇2016—2030年总体规划》，建成官庄、管公、寨庄、河洼、坡庄、朱家庄6处农村社区服务中心，面积均达到1000平方米以上。启动小管公、小洼、卞家洼、西挑河、刘家营、河南管公、官庄、别家屯等12个村的整体搬迁改造，建成安置楼49栋，安置居民1960户。成立20人镇区管理队伍，常态化开展镇区环境综合整治，打造城乡环卫一体化示范村9个。建成AB类美丽乡村20个。投资300万元对央赣路、安孔路、律南路进行集中整治。投资480多万元完成民主街2.1公里西延拓宽工程。完成商业街南延和步行街东延。完成潍日高速公路、140兆瓦光伏项目、500千伏特高压、央赣路、安孔路、旅游路等国家、省、市重点工程的拆迁清障、民事协调工作。落实生态环境网格化监管制度，配备101名网格化监管员，常态化开展生态环境综合整治。全面落实河长制，对渠河、挥金河、洪沟河3条河流进行生态综合整治。落实畜禽养殖三区划分制度，完成禁养区养殖户关闭搬迁。全面推广清洁型煤，取缔散煤经营，设2处型煤配送点。

社会民生事业持续改善。投资1500万元规划建设医养结合楼，设置就医床位48个，养老床位50个。改造提升社区医疗卫生室5个。推进2244户建档立卡贫困户的精准扶贫，争取上级资金80万元，建设6个扶贫大棚开展产业扶贫。完成29户贫困户危房改造和自来水“户户通”等帮扶工作。做好农村居民养老、医疗、银龄安康、农作物等政策性保险工作。对低保户动态监管，实现阳光低保。农村柏油通村率和自来水通村率均达到100%。镇、社区综治结构全部设立。全镇59个行政村全部设立警务室，每村聘任1名警务助理，101个自然村设立1名网格化监管员。完成平安村居视频覆盖工程，在各村主要街道和重要交通路口安装监控探头503个，全覆盖联网市公安局“天网工程”系统，实现社会治安数字化。

党的建设全面加强。全镇6处社区服务中心全部设立党群服务中心，实行“一门式”办公、“一站式”服务，按照“最多跑一次”要求，落实“三清单”服务事项63项。59个村全部设立党群服务站。

【金冢子镇】 位于安丘市东南部，面积82.5平方公里，辖56个行政村，11836户，年末人口4.22万人，耕地面积5436公顷。2017年，全镇实现地方财政收入1302万元，比上年增长-4.1%；工业实现主营业务收入60947万元，利税5172万元，分别增长0.1%和-3.9%。

依托金安产业园和东城工业园两个园区，新签约落户宏正体育用品、宏鑫畜牧机械等7个项目，总投资5.6亿元。加快农业产业结构调整步伐，流转土地5200亩，发展设施农业810亩，实施金南田园综合体项目和千亩无花果基地，建设尧沟村和班家官庄村优质蔬菜种植基地。启动金冢子村片区和小沟河、黑石埠子、泉二头整体搬迁，共完成643户搬迁工作，棚户区改造任务完成率338.4%。结合金临路拓宽和金福园小区建设，实施镇区“三改四化”提升工程。

（林卫成　辛立兴）

高密市

【国民经济和社会发展概况】 高密市位于潍坊市东端，东与青岛市接壤，全市总面积1526.63平方千米，年末户籍总人口为89.42万人。全年实现地区生产总值643.22亿元，比上年增长5.6%。其中，第一产业增加值52.42亿元，增长2.5%；第二产业增加值313.87亿元，增长5.9%；第三产业增加值276.93亿元，增长5.7%。固定资产投资529.30亿元，完成地方一般公共预算收入49.14亿元，民生支出42.80亿元，占财政总支出比重达到82.0%。社会消费品零售总额 223.19亿元，进出口总额162.94亿元。城镇居民人均可支配收入35943元，农村居民人均可支配收入16885元。年内，豪迈科技获评中国机械工业科技一等奖、全国首批绿色制造体系建设示范企业，中科智谷科技创业园被评为国家级众创空间，“综合柜员制”集成服务模式成为全省典型，全国大学生精准就业服务暨返乡创业大会在高密市成功召开，经济开发区成为潍坊首个“中国淘宝镇”。教育工作群众满意度居全省县市区第一位，成功创建省级食品安全先进县，入选2018年度全国非遗保护传承观察点名单，获评全国青少年普法教育示范区、国家高水平体育后备人才基地、中国诗歌之乡等称号。在第十七届全国县域经济基本竞争力百强排行榜中居第59位，比上一届提升3个位次。

农业。2017年，全市粮食播种面积196.63万亩，增长0.7%；全年粮食总产量85.90万吨，增长3.1%。油料作物播种面积8.26万亩，下降7.5%，总产量2.98万吨，增长4.6%；蔬菜面积25.95万亩，增长3.8%，总产量104.75万吨，增长4.9%。全市林业增加值0.34亿元，比上年增长1.5%；牧业增加值16.35亿元，比上年增长2.3%。猪牛肉禽等肉类总产量21.91万吨，增长5.1%；禽蛋产量2.26万吨，比上年有所下降。连续11年获“全国生猪调出大县”称号。年末全市农业机械总动力达150.88万千瓦，比上年增长2.8%。联合收割机5424台，增长1.9%；拖拉机机引农具75486台（套），机具配套比达1：2.24。全年完成机耕、机播、机收作业面积分别为103.21万亩、226.56万亩、221.46万亩。实施抗旱应急调水工程，调引客水3460万立方米（引黄河水、长江水1940万立方米，引峡山水库水1520万立方米），打井298眼，城乡供水安全得到有效保障。全年有效灌溉面积达103万亩，占总耕地面积的72.0%；完成水利建设投资5.40亿元，组织实施孟家沟水库工程、王吴水库除险加固工程、小（二）型水库除险加固工程、利用亚行贷款地下水漏斗区域综合治理示范二期工程等水源工程建设。

工业、建筑业。2017年，全市495家规模以上工业企业实现工业总产值1539.90亿元，同比增长5.0%；工业增加值可比价增长4.2%；实现主营业务收入1548亿元，增长6.4%；产品销售率为99.0%；实现利税142.50亿元，增长3.9%，其中，利润总额93.90亿元，增长6.1%。孚日、豪迈、星宇等企业入选国家级、省级制造业单项冠军企业。金永和精工、恒涛节能等企业上市步伐加快，海宇股份有限公司、高密润达机油泵有限公司、山东恒涛节能环保有限公司等6家企业入选全省首批中小企业“隐形冠军”，在中国工业百强县（市）评比中位列72位，比上一届提升13个位次。年末，全社会用电量达到41.14亿千瓦时，其中工业用电30.70亿千瓦时，同比增长6.2%。今年新增纳税过千万元企业18家，其中工业企业6家。支柱产业规模持续壮大，产业集群效应更加明显。纺织服装、机械电子、制鞋劳保、食品加工、化工建材等五大产业集群企业发展迅猛，共411家，完成工业总产值1310.38亿元，占规模以上工业总产值的84.7%，对工业经济的贡献率为67.4%，拉动工业经济增长4.32个百分点，是拉动工业经济增长的主要力量。42家三级资质以上建筑施工企业期末从业人员9388人，全年房屋建筑施工面积353.94万平方米，竣工88.80万平方米，实现总产值42.67亿元，增长2.7%。建筑业实现增加值19.46亿元。

固定资产投资。全市完成固定资产投资总额529.30亿元，增长3.1%。一、二、三产业分别完成投资额7.43亿元、343.00亿元和178.87亿元，分别增长1.4%、3.3%和2.7%，三次产业投资比重由2016年的2.33：57.46：40.21调整为1.4：64.8：33.8，三产投资比重下降，二产投资对全市固定资产投资的拉动作用持续增强。

国内外贸易。全市实现社会消费品零售总额 223.19亿元，增长6.8%。其中，乡村市场实现零售额50.20亿元，增长7.4%；城镇市场实现零售额172.98亿元，增长6.6%。分行业看，批发和零售业实现零售额212.71亿元，增长7.1%；住宿和餐饮业实现零售额10.48亿元，增长1.2%。完成进出口总额162.94亿元，增长21.9%。其中，出口107.31亿元，增长13.6%；进口55.63亿元，增长42.1%。全市实际利用外资1.31亿美元，增长24.4%。

交通运输、邮政电信。全年完成交通基础建设投资8.05亿元。年末全市公路通车里程达4320.62公里，其中省道125.65公里，县道336.30公里，乡道283.68公里，村道3575.00公里，公路密度达283.02公里/百平方公里，公路养护里程4320.62公里。青银高速扩建并在高密增设出入口1处，全市达到2处，济青高铁设立高密北站。全市营业性机动车辆7711辆，其中客车225辆，货车7486辆。全年完成客运量610.23万人次，客运周转量46547万人公里，增长0.5%；完成货运量2945万吨，货运周转量622498万吨公里，增长8.7%。年末，新增私家车1.23万辆，保有量达到21.21万辆。全年完成邮政业务（含邮政速递包裹业务）总量7889.10万元，比上年增长43.3%。全市年末各类电话总计103.15万部，其中，移动电话91.35万部，固定电话11.80万部。互联网用户达到23.46万户。

金融。年末，全市金融机构各项存款余额达到530.21亿元，较年初增加44.60亿元。其中，住户储蓄存款余额达到348.82亿元，较年初增加32.35亿元；非金融企业存款余额149.38亿元，较年初增加10.02亿元。全市银行业金融机构本外币各项贷款余额404.33亿元，较年初增加43.38亿元。其中，住户贷款137.02亿元，较年初增加18.32亿元；非金融企业及机关团体贷款267.31亿元，较年初增加25.06亿元。全年完成规范化公司制改制企业85家，落实改制挂牌财政补助资金2523.44万元，新增齐鲁股权交易中心、蓝海股权交易中心等挂牌企业15家。引导企业通过私募债、短期融资券等方式全年实现直接融资32.00亿元。全市各类金融机构（组织）76家，其中银行机构14家，保险业金融机构38家，证券业金融机构1家，地方金融组织发展到23家，年末全市银行业金融机构不良贷款率1.05%，比年初减少0.08%。

科技、知识产权和质量监督。2017年，高新技术产业企业产值占规上工业比重比上年提高0.22个百分点。全市新上科技计划项目60项，其中省级1项，潍坊市级18项，本市41项，争取项目无偿资金和科技奖励资金1363万元。获得省科技进步一等奖1项，潍坊市科技进步奖14项，其中潍坊市科学技术最高奖1项，技术发明奖1项，科技进步一等奖1项，二等奖9项，三等奖2项。新审批潍坊市级以上企业研发机构23家，其中省级企业研发机构5家；新认定潍坊市级科技企业孵化器1家，新备案省级产业技术创新战略联盟1家，新组建潍坊市级产业技术创新战略联盟2家，产业技术创新战略联盟达到15家；新认定高新技术企业7家。全市新增省级及以上重点人才工程人选31人。全市共申请国内专利1020件，专利授权总量942件。其中发明专利申请199件，发明专利授权104件。全市新增国内商标注册972个；新增新创山东名牌产品3个，总量达到17个；山东省服务名牌3个，行政认定驰名商标11件，山东省著名商标31件；国家级“守合同重信用”企业达到5家，省级41家，市级32家。

教育。全市共有各类学校152处，在校学生120572人。其中普通中学35处，在校学生45778人；职业中学3处，在校学生10859人。小学段义务教育巩固率达到100%，初中段义务教育巩固率达到98.3%，教育事业费用支出15.71亿元，财政性教育经费支出16.43亿元。新一轮校舍改造工程基本完成。高密一中等58所新建、改扩建中小学（幼儿园）竣工并投入使用，新增校舍44.02万平方米，全市教学环境进一步改善。2017年高密市教育工作群众满意度居全省137个县（市、区）第一位。

文化。举办第八届中国（高密）红高粱文化节，建成市非遗博物馆，综合性文化服务中心基本实现全覆盖，基础文化设施日益完善。全年举办大型文化活动120次，送演出下乡1600场，放映公益电影9095场，拍摄完成茂腔戏曲电影《红高粱》。继续保持文化部命名的“中国民间文化艺术之乡”称号，新增潍坊市级非遗项目5项。高密茂腔传承人夏美华入选第五批国家级非遗代表性传承人。以茂腔、扑灰年画为申报项目，被命名为山东省民间文化艺术之乡，被文化部列入2018年度全省唯一非遗保护传承观察点。红高粱影视城被授予“山东省新闻出版广播影视产业重点基地”。

旅游。红高粱影视城、莫言旧居乡村体验区等成为国内知名、独具特色的文化旅游景观带，东北乡文化旅游区被授予“省研究教育实践基地、齐鲁美丽田园和省畜牧旅游示范区”称号。2017年底，全市共有旅游景区5家，其中AAA级2家、AA级3家。

卫生。全市年末拥有各类卫生机构249处，病床4137张，卫生技术人员5624人，乡村卫生室497处。投入资金3.62亿元推进社区卫生机构标准化建设，改造提升镇级卫生院，城乡医疗环境持续改善；5家公立医院完成法人治理结构改革，市镇分级诊疗稳步实施。高密创建为“全国健康促进示范市”“省级卫生计生综合监督示范区”。

体育。举办“红高粱影视城杯”“高粱红了”高密半程马拉松赛，举办群众体育活动160场次，承办潍坊市级以上高端体育赛事20场次，群众体育、竞技体育和体育产业全面发展。全市运动员在国家级及以上比赛中荣获金牌13枚，银牌10枚，铜牌8枚；在省级比赛中获金牌83枚，银牌18枚，铜牌22枚；在潍坊市年度锦标赛获金牌329枚，银牌125枚，铜牌132枚。同时，向上级体校、运动队输送优秀体育后备人才149人，其中国家级训练单位1人，省级1人，潍坊市147人。

人民生活和社会保障。2017年全市居民人均可支配收入27772元，比上年增加2219元，增长8.7%。其中城镇居民人均可支配收入35943元，比上年增加2681元，增长8.1%；农村居民人均可支配收入16885元，比上年增加1296元，增长8.3%。年末，全市领取养老保险金离退休人员达到4.12万人，其中企业离退休人员3.17万人。全市参加职工养老保险单位达到1199个，全年征缴保费12.89亿元，其中企业参保929家，参保人数11.76万人；机关事业单位270家，参保人数1.79万人。城乡居民养老保险参保人数54.30万人，全年征缴保费1.14亿元。征缴失业保险费3452.90万元。职工医疗保险参保单位达到1584家，参保人员13.79万人，全年征缴保费4.13亿元。居民医疗保险参保人员67.05万人，全年征缴保费2.73亿元（含财政补贴1.52亿元）。职工生育保险参保人数达到6.78万人。职工工伤保险参保人数达11.16万人。2017年全市城乡低保对象16379人，其中城镇低保838人，年人均补助3606元；农村低保15541人，年人均补助2295元；全年低保金及电费补助支出4066.98万元。年末，全市各类收养性社会福利单位拥有床位5899张，累计供养五保老人1789人，其中分散供养1115人、集中供养674人。全年发放助残致富资金17.30万元、助学金55.26万元、残疾人托养资金21.53万元；发放残疾儿童补助134万元，其中上级补助61.20万元；发放精准康复配套辅具2641件，免费接受康复服务2461人次。

城市建设和环境保护。开工老旧小区改造项目40个；查处违法建设161处，共计26.93万平方米，拆除面积11.12万平方米；改造农村无害化卫生厕所64525户。全年新建改建农村公路400多公里，全市62%的村庄达到省级美丽乡村建设标准，被评为“省级四德工程建设示范市”。小城镇建设全面提升，全市常住人口城镇化率达到60.1%，较上年提高0.79个百分点。实施重点环保工作214项，全市主要污染物化学需氧量、氨氮、二氧化硫、氮氧化物排放量比上年分别削减2.4%、3.7%、6.1%和7.2%，区域环境空气中PM2.5、PM10、SO_2和NO_2年平均浓度比上年分别改善12.9%、14.5%、17.6%、5.1%。淘汰燃煤小锅炉1269台，取缔“散乱污”企业246家，停产整治82家，关闭搬迁禁养区内畜禽养殖场474家。实施污水处理厂提标、污水管道改造、河流综合治理工程，全面实施“河长制”，开展“清河行动”，全民共治的环保大格局正在形成。全年降水量达584.30毫米，年平均气温14.3℃，日照时数2489.0小时。

【中国·海宇SATRA（莎楚尔）国际检测中心启动】 1月5日，中国•海宇SATRA（莎楚尔）国际检测中心启动仪式在海宇产业园举行，英国莎楚尔认证中心主任连恩•唐纳利，省皮革行业协会会长高鲁光及高密市市委副书记、代市长王文琦等领导出席仪式。SATRA（莎楚尔）认证中心是英国一家组建于1919年的世界鞋类产品最权威的认证研究机构，拥有180多名世界顶级的鞋类科研、服务和开发人员，致力于全球鞋业、安全防护用品，以及皮革辅料等领域的检测认证服务。目前，SATRA（莎楚尔）认证中心在全球70多个国家和地区，筛选出1600多家制鞋相关企业加入创新联盟，现在中国有4家检测中心，其中海宇SATRA（莎楚尔）国际检测中心是中国江北唯一一家具备对外出具检测公共数据，并以第三方地位为广大制鞋企业提供社会化服务的鞋类产品检测机构。中国•海宇SATRA（莎楚尔）国际检测中心投资600万元，是高密市落实国家增品种、提品质、创品牌“三品”发展战略的具体体现，是创建中国安全防护用品产业名城的重要举措，对增强高密市鞋类产品自主开发能力，推动劳保制鞋产业加快与国际标准接轨，促进劳保制鞋产业迈向中高端水平具有重要意义，是高密市传统产业实施创新驱动发展战略的重要成果。

【京东集团山东首家校园实训中心落户高密】 7月12日，“潍坊市高密中等专业学校京东校园实训中心”签约暨揭牌仪式在高密中专举行。京东集团在山东设立的首家中职校园实训中心正式落户高密中专。京东大学校长李庆欣，高密市市委书记杨建华等领导出席仪式。签约暨揭牌仪式上，双方郑重签署合作协议，杨建华和李庆欣共同为校园实训中心揭牌。成立京东校园实训中心，有利于结合企业人才培养及引进和学校实习实训、专业建设、教学科研等需求，真正做到企业与学校资源共享，获得"产学研"相结合的多赢途径，形成校企合一、商学一体的电商技能人才培养新机制。

【全省首个“交通绿波城”】 高密市公安局通过实施创新战略，共投资400余万元对城区主干道交通信号进行绿波带协调控制，城区主干道“面控绿波”基本完成，机动车交通高峰以40～45公里/小时、交通平峰45～50公里/小时的“绿波速度”行驶，各处路口基本为绿灯，路口停车次数平均下降78%、车辆行程时间缩短55%、通行效率提高50%以上，初步打造起全省首个县级“交通绿波城”。

【豪迈科技“系列化高端子午线轮胎模具”获“中国好设计”银奖】 11月24日，2017中国创新设计大会暨中国好设计颁奖典礼在深圳举行，“中国天眼”“复兴号”动车组、超级计算机等10个项目荣获金奖，豪迈科技“系列化高端子午线轮胎模具”及其他19个项目荣获银奖。中国好设计评选活动，由国家制造强国建设战略咨询委员会主任、两院院士路甬祥发起，中国工程院院士潘云鹤领衔评审，中国创新设计产业战略联盟和中国工程科技知识中心组织评选主办，旨在推动“中国制造2025”更好落地，为社会挖掘创新设计典型案例，引导和推动中国制造向中国创造转变。此次获奖的豪迈科技“系列化高端子午线轮胎模具”，针对轮胎模具排气、花纹块铸造精度、超大尺寸子午线模具三大问题进行绿色创新设计，赢得专家评委的认可。

【高密市经济开发区被认定为“中国淘宝镇”】 12月6日至8日，在第五届中国淘宝村高峰论坛上，高密市经济开发区被阿里研究院认定为“中国淘宝镇”（潍坊地区首个），张鲁寺村、张鲁集四村、后张鲁沟西村、枣行村4个村庄被认定为“中国淘宝村”。其中张鲁寺村是第二次被认定为淘宝村，全国共有2000多个，潍坊地区共有5个。在阿里研究院最新发布的中国县域电商发展数据中，高密县域电商发展指数为7.032，在山东省排第20位。

【入选2018年度全国非遗保护传承观察点名单】 12月20日，文化部非遗司印发《关于公布2018年度非遗保护传承观察点名单的通知》（非遗函〔2017〕174号），公布的2018年度全国32个非遗保护传承观察点名单，高密市名列其中，成为山东省唯一入选的观察点。高密市有国家级非遗项目4项、省级8项、潍坊市级23项、高密市级105项，有国家级非遗代表性传承人3名，省级12名，潍坊市级34名，高密市级88名，从事传统美术和传统技艺制作的业户达到1300多家，形成完整的非遗整体性保护传承体系。

【经济开发区】 位于高密市东部，面积95平方公里，辖62个行政村，1.5万户，人口4.9万人，耕地面积约1万公顷。2017年，全区完成地区生产总值67.2亿元，比上年增长8.5%；实现地方财政收入21380万元，比上年增长59%；实现工业销售收入709088.6万元、利税79347.1万元，分别增长9%和8.5%；第三产业增加值达到34947万元，增长10.3%；农民人均可支配收入16490.7元，增长7.6%。

2017年，生态保护力度加大，对辖区内30家“小乱散污”企业、16家禁养区内养殖场（户）、24家水源地保护区内违法项目进行依法取缔；对全区范围内205个小型燃煤锅炉进行全部清零。路网提升工程全面开展，投资5000多万元对姚前路、纵四路、产业园区道路等进行改造。打造科技创新平台，新增山东豪迈院士工作站1家，省级工程技术研究中心2家，潍坊市级工程研究中心2处；加快产学研步伐，先后与青科大、华北电力大学合作建设研发中心3所，成立山东技师学院豪迈分院。社区建设加快，按照“一厅一校十室”标准，投资800多万元新建芝兰、胶东和张鲁3个社区党群服务中心，总面积达3700多平方米，配备社区党校、日间照料中心、老干部活动室、电子阅览室等服务场所。义务教育进一步提升，投资7000多万元新建开发区、毛家屯、芝兰3所小学和开发区、张鲁、东牟3所幼儿园。2017年，经济开发区荣获“十佳最具投资营商价值园区”和“中国淘宝镇”等荣誉称号。

【密水街道】 位于高密市中南部，面积130平方公里，辖86个村（居），4.8万户，人口14.58万人，耕地面积7220公顷。2017年，全街道完成地区生产总值52.5亿元，比上年增长8%；实现地方财政收入36200万元，比上年增长9.5%；实现工业销售收入1521698万元、利税268907万元，分别增长11%和12%；第三产业增加值达到212625万元，增长12.5%；农民人均可支配收入18139元，增长9.1%。

2017年，推动品质城市建设，实施凤城小区片区、南湖西片区和五金建材市场片区的棚户区改造，搬迁居民620户，搬迁建筑面积10.7万平方米，拆出净地271亩；8月份回迁安置烟草公司西片区、康成大街西拓大胡C区共230户居民，建成回迁使用梓童庙3万平方米的家具市场。加快推进新旧动能转换，豪迈集团投资7亿元新建科技E区；凤墩皮革、美登鞋业等10家出口型制鞋企业，新上电脑自动切割机、德士玛自动圆盘注塑机等40余套先进设备；成立3家技术研发中心，“机器换人”提质增效，年出口额突破10亿元。加快发展“互联网+”等新业态，100多家制鞋、服装企业开展电子商务业务，枣行村被评为“中国淘宝村”。校舍改造破解大班额问题，投资2亿元，改造立新中学、向阳中学、东关小学、崇实小学、密水小学、刘戈庄小学等9处校舍8.5万平方米。美丽乡村建设再上新水平，投资1600余万元，建设完善36个美丽乡村，投资7000余万元，新建6处现代农业园区，投资400万元，带动农民新调整种植业结构6600亩。

【醴泉街道】 位于高密市城区西北部，8月份镇街区划调整后，原康庄镇划归醴泉街道，调整后总面积134平方公里，辖76个行政村居，44218户，人口11.6万人，耕地面积10625公顷。2017年，全街道完成地区生产总值126.8亿元，比上年增长8.1%；实现地方财政收入19233.8万元，比上年增长9.2%；实现工业销售收入212286万元、利税194717万元，分别增长1.3%和0.3%；

第三产业的增加值达到19.2亿元，增长20%；农民人均可支配收入16911元，增长7.8%。

2017年，实施组团式征收搬迁，组织实施气象局片区二期、桃园片区、经信局宿舍片区、北大王庄片区和火车站片区等五大片区的棚户区改造项目，搬迁居民1247户，搬迁建筑面积12.3万平方米。坚持强基础、补弱项、兴产业，为补齐醴泉工业园基础设施配套滞后等方面的短板，筹集资金8000多万元，接续实施盛泉街、富泉街、富华路等“三街六路”铺油罩面工程，通车总里程21公里。元丰橡胶科技不断深化与三角集团、双星集团、青岛软控等行业领军企业的强强联合，购进巨胎硫化机等先进生产设备150万套，12月份完成安装调试，达到年产100万套全钢载重子午胎生产能力，另100万套生产设备已进厂；由全球新能源企业500强之一的协鑫集团一期投资14亿元的天燃气蒸汽热电联产项目，装机容量1×400兆瓦，用地面积120亩；投资9.7亿元的颐悦健康养老产业园项目，用地面积9.3万平方米，建筑面积16万平方米，正在规划设计；日高木业四轴五轴联动加工中心项目已实现量产。推动城乡教育资源均衡发展，投资1.2亿元，实施古城中学、北关小学等10所中小学校、幼儿园校舍综合改造，缓解城区大班额难题；按照省级规范化学校标准建设的高密市实验学校等9所中小学校、幼儿园9月份已建成启用。推进环境综合治理，共搬迁养殖场72处、拆除燃煤锅炉108台、清理河道干渠9条，铁路沿线环境综合整治22公里，打造铁路沿线靓丽风景线。8000亩国家级土地综合开发项目、农田“井井通”等项目竣工验收，为农业结构调整创造先决条件。2017年，街道荣获省级组织建设等荣誉称号。在高密市2017年经济社会事业观摩点评会议上，荣获第三名。

【朝阳街道】 位于高密市东部，面积30平方公里，辖30个行政村，1.5万户，人口5.6万人，耕地面积188.67公顷。2017年，全街道实现地方财政收入3.02亿元，比上年增长17.5%；实现工业销售收入303.96亿元、利税21.63亿元，分别增长5%和4%；规模以上服务业商品销售总额36.7亿元，同比增长11%左右；农民人均可支配收入16911元，增长7.8%。

2017年，发展现代服务业，突出抓好总部经济、现代物流、现代金融、电子商务、社会中介、社区服务、健康养生七大现代服务业，青岛银行、汉庭连锁酒店、居然之家等一批现代服务业项目投入运营。开展“重点企业提升工程”，推动企业跨越式发展，孚日、海宇、奥龙、思美尔等一批传统企业通过机器换人、股权激励、客户精选实现提质增效，纳税同比增长25.3-87.7%，奥龙鞋业跨入千万元俱乐部。打造高密市中科智谷科技创业园等创新平台，引进曹长勇、于淼等千人计划专家2名，王昶、张俊明等海河学者、泰山产业领军人才7名；签约青岛大学元信纺织研究所、天津科技大学高密协同创新研究院、武汉纺织大学高密研究院等科研院所。推动朝阳特色教育发展，投资7800余万元，全面完成朝阳小学教学楼、东栾小学综合楼、朝阳第二小学新校区、朝阳中学学生2号公寓和埠口幼儿园建设，建筑总面积约34244平方米。推进棚户区改造及回迁安置区建设工作，陆续启动葛家庄西片区、田家村王家响疃片区、高家岭小木田片区和卣坊南片区改造工作，涉及7个居委会、981套房屋、26家企业，腾出土地1430亩。2017年，罗家庄社区被省文明委评为山东省文明社区，被中国图书馆学会评为“2017全国书香社区”。中科智谷科技创业园被省科技厅评为山东省科技企业孵化器、山东省众创空间，被国家科技局评为国家级众创空间。

【夏庄镇】 位于高密市东北部，面积67.6平方公里，辖58个行政村，1.37万户，人口4.89万人，耕地面积4133公顷。2017年，全镇完成地区生产总值237.32亿元，比上年增长1.54%；实现地方财政收入29772.4万元，比上年增长9.58%；实现工业销售收入236.56亿元、利税21.2亿元，分别增长1.52%和4.45%；第三产业销售额达到49.431亿元，增长4.5%；农民人均可支配收入18966元，增长14.14%。

2017年，完成十里堡片区、管家苓芝棚户区的搬迁任务。实施道路改修建工程、断头路畅通工程、排水工程、基础设施落后村综合改造工程、社区改造提升工程、教学硬件提升工程、夏庄镇老年活动中心改造提升工程等七大民生工程。改造提升传统产业，推进新旧动能转换，孚日集团新增投资6亿元，新建6号车间、新上智能纱线项目。依法处置问题企业，盘活原西恩西、明冠二期工程等闲置土地200余亩，盘活原金利新能源、恒宇建业等闲置厂房10余万平方米，至年底均落户实质项目。以青岛为主攻方向，加大“三招三引”力度，2017年新落户青岛客商8家，青岛招商呈现新局面。加大高端人才创业园、国际贸易中心、科技企业孵化器推介招商力度，新入驻项目12个，年可新增税收2000万元，零地招商实现新突破。加快发展现代服务业，晟绮港储国际物流园区的通关业务量占潍坊市40%以上。启动高新区商住服务体建设，新增投入1.5亿元完善基础设施，加快品质城市建设进程。实施创新驱动战略，新建院士工作站1家，总数达到5家；新引进国家“千人计划”专家2人，申报引进潍坊市级以上各类人才20人以上；高新区生物医药孵化器成功获批省级科技企业孵化器，新增专利180件，依靠科技激发活力。提升高端人才创业园、大学生创业基地等6大服务平台功能。2017年，夏庄镇官庄社区获省级“绿色社区”称号，夏庄镇文化站荣获“山东省体育总会组织建设先进单位”“全国乡镇综合文化站一级文化站”称号。高新技术产业开发区荣获“潍坊市节能环保产业示范基地”“潍坊市劳动关系和谐园区”称号。

【柏城镇】 位于高密市东南部，面积54.39平方公里。辖35个行政村，12599户，总人口33993人，耕地面积2605.67公顷。2017年，全镇实现地方财政收入11299.71万元，比上年增长16.9%；实现工业销售收入1060656万元、利税109542万元，分别增长4.5%和18.6%；农民人均可支配收入16885元，增长8.3%。

2017年，柏城镇立足建设“生态柏城、智慧柏城、诚信柏城、魅力柏城”特色品牌发展导向，加快建设特色小镇。深入“绿化、亮化和美化”工程，共投资1570余万元，硬化街巷道路3.2万平方米，栽植绿化苗木23万株，新配备路灯280盏，喷涂墙面18万平方米，共建成村级文化广场0.2万平方米，建设生态柏城。以电子商务产业园为载体，实施两化融合战略，建设智慧柏城，重点打造纺织、服装、机械、劳保用品、玻璃制品5大电商营销平台，以“互联网+”带动传统产业转型升级；推动农产品与“互联网+”相融合，为胶白大白菜、胶河土豆、巨峰葡萄等标志性农产品搭建网上销售平台，带动农业品牌化建设。加强“百诚柏城”品牌的打造、提升，推进“四德”工程建设，建立"善行义举四德榜"。打造特色旅游景点，建设魅力柏城，重点抓好天香牡丹园、青檀植物园、半岛花卉苗木示范园等12个代表性花卉苗木园区的上档升级工作，打造园区绿化、游览、采摘、观光于一体的现代特色农业园区。2017年，柏城镇被评为“科协系统2017年度先进工作单位”“基层财政工作综合奖一等奖”。中国（柏城）电子商务创业园被评为“潍坊市示范园”“山东省创客之家”“省（致远）众创空间”。

【姜庄镇】 位于高密市区北部5公里处，面积123.75平方公里，辖67个村居，23296户，常驻人口5.56万人，流动人口2.5万人，耕地面积7000公顷。2017年，全镇实现财政总收入18421.6万元，比上年增长6.36%；地方财政收入达到12547.14万元，比上年增长11.61%。全镇44家规模以上企业实现主营业务收入138.1亿元、利税12.7亿元，分别增长8.2%和4.6%。

2017年，姜庄镇实施“产业强镇、文化名镇、生态美镇、高铁小镇”战略。坚持“工业立镇、工业强镇”，引进项目、促进发展，投资8000万元的振泰轮胎400万套半钢子午胎扩能项目、投资1.5亿元的三金精密铸造项目以及投资6000万元的金佑星水环境二期工程进展顺利；总投资额16亿元的宝润科技、金丰新材料、贝加尔食品等4个在建项目稳步推进；总投资7.2亿元的厦门集顺燃气液化气、济南海洋恒昌渔业宠物饲料等6个项目实现落地开工。实施农业种植业结构调整战略，建成总投资6500万元的子成果蔬园、总投资486.5万元的顺安蔬菜专业合作社高科技示范园、占地100亩的潘家村高档“蔬菜+蘑菇”阴阳连体大棚蔬菜基地、占地300亩的前屯逸龙湾锦锈黄桃采摘基地等一批现代农业园区，以孙家长村为代表的温氏养鸡等一批现代农业和畜牧业项目。实施文化名镇发展战略，启动民艺民俗村建设扫尾工作，进一步整合壮大聂家庄省级非物质文化遗产保护基地建设；与北京电子科技职业学院共建非遗实践基地，与山东科技职业学院共建美育科研教学基地，在孙家长村建立树花扑灰年画艺术馆，中国扑灰年画保护基地创研中心揭牌落户。推动新型城镇化和美丽乡村建设双轮驱动，开工建设总长度9.5公里、投资3.06亿元的平日路拓宽改造工程和总长度804米、投资430万元的惠和路东延工程，加快城镇化建设步伐；完成投资200万元的张家长村省级美丽乡村项建设任务，建成伊家长村等17个高密市级美丽乡村；投资4000多万元，启动诺贝尔文苑小区二期工程；投资500多万元对连心路、平安路、老屯路进行硬化、绿化、亮化改造提升。坚持教育、卫生优先发展，投资4300多万元建成高水平、高标准、有特色、现代化的新姜庄小学；投资500多万元，实施崔家小学、瑞发学校改扩建工程；投资800多万元，对仁和卫生院进行改造，投资300多万元对20多个村级卫生室进行改造，对社区卫生室进行完善。2017年，姜庄镇荣获“全国重点镇”“潍坊市理论大众化示范点”“潍坊市学习型党组织建设示范点”“高密市教育工作先进镇（街、区）”“高密市环境保护工作先进单位”等荣誉称号。

【阚家镇】 位于高密市西部，面积150平方公里，辖93个行政村，1个居委会，2.1万户，人口7.9万人，耕地面积9万公顷。2017年，全镇完成地区生产总值58.5亿元，比上年增长9.1%；实现地方财政收入4653.1万元，比上年增长22%；实现工业销售收入54.5亿元、利税4.47亿元，分别增长15%和13%；第三产业增加值达到18.1亿元，增长13%；农民人均可支配收入17010元，增长9.5%。

2017年，阚家镇抓招商、引资金、上项目，新洽谈引进项目11个，计划投资15.6亿元。新引进的南洋有机肥、上海别也门窗项目完成车间建设；中国北控集团清洁热力、环保配件、玻璃纤维新材料等项目签订投资合同。服务骨干企业增资扩产，安泰动车投资3000万元新建5000平方米车间，引进20多台（套）先进智能设备；望乡食品100吨挂面扩能、中央厨房冷链项目竣工投产，年可增加产值3亿元；瑞丰食品竣工投产万吨冷链物流项目后，又开工建设2万吨速冻果蔬加工项目，进入全国前列；伟丽纺织在高戈庄分厂投资5000万元开工建设3万纱锭喷气纺项目。着力抓好高端高效农业园区建设，举办第三届葡萄文化节；江苏协鑫集团投资2.65亿元、占地770亩的农光互补现代农业项目并网发电；投资8000万元的松兴屯高效农业示范区项目全面完成，松兴屯村被农业部授予全国一村一品示范村；丹海生物新建16个温室大棚和第二条菇酱生产线，年内全部达产达效；龙业农业科技投资1000万元对108个五代阳光温室大棚进行升级改造。以鲜食葡萄、火龙果等特色园区为带动，引导各园区发展休闲采摘和生态观光农业。其中，玉玲珑庄园投资3000万元打造集循环农业、创意农业、农事体验于一体的田园综合体。投资1500多万元，对阚兴大道镇驻地段和凤凰大街双羊社区段、初家社区驻地段进行人行道改造、绿化提升。官河湿地公园全面建成竣工，成为全镇一处集文化礼教、生态景观、休闲健身、展销展览等功能于一体的开放式、公益性游园。2017年，阚家镇获得“2017年度市级文明镇”“2017年潍坊市农产品质量安全示范镇（街道）”“潍坊市级森林镇街”“山东省体育总会组织建设先进单位”等荣誉称号。

【柴沟镇】 位于高密市西南部，面积125.5平方公里，辖79个行政村，12698户，人口50081人，耕地面积7667公顷。2017年，全镇实现地方财政收入7388.1万元，比上年增长8.6%；实现工业销售收入67.3亿元、利税5.3万元，分别增长0.9%和3%。农民人均可支配收入17004元，增长10%。

2017年，以创建省级示范镇为目标，聚焦建设“四个城市”，打造“四个城镇”（工业强镇、物流重镇、农业大镇、生态美镇）。实体经济取得新进展，新签约投资13.2亿元元的晶申渔光互补光伏发电、投资1.2亿元昆山五月光伏发电和投资1亿元的和能环保汽车地毯项目；突出人才重要地位，落户山东省院士工作站1家，主要由艾德环保公司与中国工程院院士任振海合作成立。扶持优势产业做优做强，培育壮大落户20多家物流企业的盛德物流园，物流园全年实现税收400多万元。推进农业供给侧结构性改革，规划建设占地1万亩的农业高科园，完善农业园区水电路网等基础设施，培育壮大园区内盛德牧业和格瑞生态项目，签约引进华西新希望高端种养项目，开工建设投资3亿元的藟鑫农业科技项目，已投入使用冬暖式大棚18栋，在建智能大棚1栋。树立“绿水青山就是金山银山”的发展理念，实施总投资16亿元的五龙河湿地公园项目，新开工投资2000多万元的湿地公园二期工程，成功创建省级湿地公园。开展美丽乡村建设，实施总投资2000多万元的成方连片治理工程。坚持教育优先发展，投资1800多万元建成新柴沟小学，投资500多万元建成新柴沟中心幼儿园，投资300多万元建成新土庄幼儿园。2017年，柴沟镇获得山东省文明镇、山东省体育总会组织建设先进单位和潍坊市普及学前教育先进镇街等荣誉称号。

【井沟镇】 位于高密市西南部，面积133.81平方公里，辖98个行政村，14947户，人口6.84万人，耕地面积14346公顷。2017年，全镇完成地区生产总值75亿元，比上年增长25%；实现地方财政收入4310.2万元，比上年增长15.8%；实现工业销售收入634373万元、利税46912万元，分别增长13.3%和0.8%；第三产业增加值达到3193万元，增长33.3%；农民人均可支配收入16500元，增长5.7%。

2017年，井沟镇工业发展迈上新台阶，共有装饰材料产业园、生物质发电热电联产、弘泰散热器与南车集团合作等新建、续建项目12个，总投资29亿元。其中，装饰材料产业园项目被高密市委市政府列入2017年PPP项目，总投资15亿元，规划面积1600亩，计划5年时间建成；中聚环（北京）科技有限公司生物质发电热电联产项目，总投资8.1亿元，规划占地200亩，建设2*50兆瓦抽凝热电联产机组，分两期建设。现代农业实现新发展，完成投资1000多万元，新修生产路2.7万米，开挖渠道3300米，新建扬水站5座，打深水井150多个，使2万亩土地提高浇灌能力；总投资6亿元引进田园综合体项目，规划土地5000亩；投资6000万元，引进大信杜仲种植园、维纳斯黄金苹果科技园、五龙河荷花观光园；推出“映霜红”蜜桃项目，现已种植500亩。美丽乡村建设取得新突破，投资6600多万元，硬化道路55万平方米，粉刷墙面50万平方米，栽植绿化苗木1600多万棵，新装路灯600多盏。民生事业得到新改善，投资3000多万元，新建院头小学、井沟幼儿园、田庄幼儿园、田庄小学、金城幼儿园；全面建设社区卫生室，配置完善各类医疗设施、病床、被褥、桌椅等物品。社区建设有新提升，投资1600万元，新建井沟社区、红绣河社区、吴家庄社区、福盛屯社区、田庄社区；投资500万元，新建村级活动场所20个，文体广场32个。2017年，井沟镇荣获“山东省森林镇”“潍坊市环卫一体化工作示范镇街”“高密市教育工作先进镇”等荣誉称号。

【大牟家镇】 位于市区西北部，面积172.14平方公里，辖84个行政村，1.2万户，人口5.2万人，耕地面积11000公顷。2017年，全镇完成地区生产总值28.2亿元，比上年增长6.5%；实现地方财政收入3494万元，比上年增长16.5%；实现工业销售收入146222.76万元、利税9630.3万元，分别增长6%和5.6%；第三产业增加值达到4353万元，增长12%；农民人均可支配收入14111元，增长0.6%。

2017年，大牟家镇按照“三镇三家”整体工作思路，推进经济社会事业平稳健康发展。在全市率先完成产权制度改革，推进重点农业项目建设，招引山东元瑞农业科技有限公司，在8个村流转土地10000余亩，推进保底托管模式，在全镇8个社区13个村进行试点，已调出土地3000多亩；投资1680万元，打造万亩高标准农田创新模式试点项目，建成2个智能化高标准育苗大棚；投资1500万元，打造银杏观光园项目，育苗200余万棵；以5.4万亩国家级土地综合整治项目区为林网建设重点，实施14.5万亩全镇绿化提升工程；在米高为农服务中心设立博士站，与深圳诺普新技术院合作研究水肥一体化项目；投资3000余万元建设小农水工程，新建小型泵站6座，惠及16个村庄，覆盖面积2万余亩；建成总投资8000万元的大牟家镇农业综合服务中心，同步建设牟家社区党群服务中心，打造为农服务综合平台，解决服务农民“最后一公里”问题。投资4000余万元，建设4.6公里的环镇路，投资2000余万元，对北平路镇区段2.2公里进行重新修整。加快普及管道天然气，已铺设6公里，惠及镇区企业；投资4000余万元对周戈庄小学等8所学校进行校舍改造，改造面积2万平方米。实施土地增减挂钩项目，在车辋、徐家屯等7个村进行试点，制定整村搬迁指导意见，加快集中居住区建设，徐家屯已完成搬迁，黄家庙子有序推进。发挥宝洋物流、七彩庄园的作用，招引物流项目落户，打造高效物流小镇；投资6500万元建设德福工贸差别化纤维项目，主要建设生产车间、办公楼等设施，购置粗纱机、细纱机等设备，生产差别化纤维纱产品，已投产使用；思美尔服饰更新流水线20条，效率整体提升，成功进入欧美市场；米高公司在内销稳定增长的情况下，增加出口10800吨，创汇2700多万元。以“三月三”为主题，由畅通集团主办，投入20万元，举办北海三月三系列文化活动，挖掘旅游资源，打造精品线路；建设基层文化广场，打造连心湖，为群众休闲娱乐提供场所；整合山会、庙会、大迟家钢铁联防、魏官寨花石桥及茂腔、秧歌、农家乐等文化资源，助推旅游文化发展。2017年，大牟家镇荣获“省级文明村镇”“农村产权制度改革省级试点镇”等荣誉称号。

【咸家工业区】 位于高密市北部，面积43.82平方公里，辖24个行政村，5430户，人口1.4422万人，耕地面积4836公顷。2017年，全区完成财政总收入7976万元，比去年同期增长5.3%；实现地方财政收入5595.8万元，比去年同期增长20.3%；实现工业销售收入95.3904亿元、利税7.3581亿元，分别增长 12.16%和 9.7%；第三产业增加值达到3300万元，增长16%；农民人均可支配收入16800元，增长9%。

2017年，咸家工业区坚持“合理布局、集群发展”的思路，引导工业项目在北部新项目集中区抱团发展，重点引进高端设备制造、生物医药、节能环保等项目落产，新招引京运物流、精达农业科技、盛德食品、熠瑞现代农业、泽康生物、同力宝现代农牧生态产业园、环山现代农业等7个项目。引导企业进行设备更新、增资扩产，区内纺织企业累计投资1.3亿元，新上喷气织机400台、高端涡流纺纱机6套，淘汰七五织机2300台。开展徐辛路、咸家大街两侧综合整治行动，全面打击乱搭乱建、乱圈乱占、乱摆乱放等行为，共清理违法建筑70余处，面积7000余平方米。推进集中居住区建设工作，新立屯村集中居住区已开工建设，焦屋村集中居住区已具备开工条件，两个集中居住区可节余土地流量指标201亩。投资30万元建设的咸家工业区中心幼儿园分园已投入使用。加快“一村一健身广场”建设，已建成健身广场12处。2017年，咸家工业区被潍坊市委市政府评为“潍坊市党的十九大安保维稳工作先进集体”。

【东北乡文化发展区】 位于高密市东北部，面积114.6平方公里，辖53个行政村，1.5万户，4.59万人，耕地面积6666.67公顷。2017年，全区完成地区生产总值212921万元，比上年增长13.61%；实现地方财政收入3678.7万元，比上年增长28%；实现工业销售收入184688万元、利税17269万元，同比增长0.2%和减少0.5%；第三产业增加值达到25000万元，同比减少0.74%；农民人均可支配收入15200元，同比增长3.3%。

2017年，发展区突出文化旅游、临空经济、现代高效农业三大主导产业。新流转景区周边土地1000余亩，占地2700亩的红高粱影视城实现历史性围合，新建南大门、西大门、生态停车场、凤凰岭、大禹庙、抗日情景剧体验区等景点。举办高密首届油菜花风铃节、首届国际小丑节、新春庙会和“红高粱之约爱情盛典”等大型节会活动，红高粱影视城在中国（潍坊）文化艺术展示交易会上获得“最佳展演活动奖”。2017年，共接待游客142多万人次，实现门票收入360多万元，文化旅游总收入4600多万元。与胶东街道缔结为友好街区，实现与青岛的信息对接，交通对接，产业对接。分别与中城银信集团签订红高粱特色小镇建设项目、与天尊集团签订王老吉大健康产业园项目等框架性战略合作协议6个，新增自主创办市场主体309个。实施5300亩的高标准基本农田项目和11200亩的中低产田改造项目；实施新棚换旧棚、大棚换小棚、机器换人，完成大棚改造560亩，新增蔬菜大棚685个，面积2360亩，新增蔬菜种植面积4800多亩，推进农业结构优化升级。推报大栏蜜桃、毛家屋子小米、红高粱3个“国家级生态原产地保护产品”。投资1000多万元，新修新河路、一干路等骨干道路8.6万平米，铺设人行道5000多平米，配套管网3000米，安装路灯165盏。新铺设天然气主管道6公里，新增用户1000多户。实施河崖大街综合提升工程，安装护栏2300多米。实施胶河疏浚工程，投资9000多万元，全长7.5公里的胶河实现全线疏通，防洪能力达到百年一遇的标准。2017年，东北乡文化发展区被评为“潍坊市特色产业镇”“山东省敬老文化教育基地”“2017年度征兵工作先进单位”“2017年山东特色产业镇动能转换20强”。大栏社区被评为“潍坊市绿色社区”。东北乡文化旅游区被评为“潍坊市文明旅游先进单位”。

【胶河生态发展区】 位于高密市南部，面积95平方公里，辖57个行政村，14935户，人口3.9万人，耕地面积5266.67公顷。2017年，全区完成地区生产总值23.66亿元，比上年增长8.2%；实现地方财政收入1707.1万元，比上年增长30.2%；实现工业销售收入2434739千元、利税197998千元，分别增长11.6%和9.3%；第三产业增加值达到 12435万元，增长16%；农民人均可支配收入15314元，增长7.3%。

2017年，全区围绕生态立区、旅游兴区、产业强区的发展思路，统筹做好改革发展各项工作。筹资4000多万元，对34个村进行村庄整体统筹规划，在各村内及连接路栽植各类乔灌木18.6万株，新建4大片林方450亩。采取路面硬化、墙体立面改造、粉刷文化墙、建设活动广场等措施，把村街生态环境、建筑特征、风俗习惯进行有机结合。按照“一路一景”“移步易景”的标准和原则，对银鹰路、徐辛路、胶王路、秀水河、健康路等共计60余公里的主辅道路进行整体的提升改造。为实现与胶州、青岛的路网的全面对接，投资3900多万元，对生态区东部贯通南北的秀水河路进行拓宽改造，路面由原来的5米拓宽到16米，铺设沥青油面7米，两侧各规划3米的绿化带和1.5米的排水沟，构建滨河为主题的绿色长廊。坚持治污先行、科学谋划、综合整治的河道治理思路，通过整治滥养、打击滥采、治理滥种、水岸同治同管四措并举，协同推进“清河行动”。借助“南山酥梨”国家地理农产品标志的金字招牌和品牌优势，实施“2017群福南山梨花节”和“秋梨文化节暨南山啤酒节”，累计接待游客近20万人次。2017年，在高密市镇街区观摩点评中位列外围乡镇第二名。

【注沟现代农业发展区】 位于高密市西南部，面积84.3平方公里，辖45个行政村，人口3.6万人，耕地面积5800公顷。2017年，全区完成地区总产值18.2亿元，比上年增长7%；实现地方财政收入860.5万元；全区完成工业销售收入12.7亿元，增长5%，实现利税5246万元；第三产业增加值达到7亿元，增长8.5%；农民人均可支配收入16836元，增长8%。

2017年，全区秉承“创新强农、协调惠农、绿色兴农、开放助农、共享富农”的发展理念，打造“高质高效、绿色生态、宜居宜业、功能完善”的现代农业和文化旅游新区。西部区域，发展潍河滨河大道特色农业景观带，发挥李家埠现代设施农业示范园的龙头带动作用，引进资金1.42亿元，提升潍水龙珠葡萄庄园、有机芦笋科研推广示范园、前沙沟莲藕休闲观光园等项目13个，总占地面积4700亩。中部区域，发展高效农业示范带，发展大田无公害蔬菜等，种植订单绿色蔬菜1500亩、有机粮食8000亩、高效农业示范方600亩。东部和南部区域，发挥传统产业优势，以黄烟农场为依托，巩固后方市、杨家岭、建设等15个村黄烟生产传统基础，稳定发展黄烟3500亩。围绕解决全域灌溉问题，整修3座潍河扬水站，新打机井100多眼，开挖方塘38座，方塘清淤46座，建设管道、水渠、电缆等配套设施3300余米。举办“第二届李家埠大樱桃采摘节暨注沟潍河文化旅游节”和“首届石泉古村李家埠民俗山会”，辐射带动周边10多个村的商贸、餐饮等，助推现代农业和创意农业发展进程。借助刘墉文化，投资400万元，打造德廉教育基地•清爱文化园，建筑面积600平方米，致力传承古代家风政德教育。投资4000万元，实施注沟中学楼和小学楼新建、改建，教学楼主体工程已全部完成。

（李晓宁　槐晓燕　李　瑜　钟　璐）

昌邑市

【国民经济和社会发展概况】 昌邑地处山东半岛西北部，渤海莱州湾南岸，市域面积1627.5平方公里，辖6个镇、3处街道，691个行政村（社区），总人口58万，是中国“丝绸之乡”“苗木之乡”“溴•盐之乡”“华侨之乡”，连续7年迈进“中国中小城市综合实力百强”“中国最具投资潜力中小城市百强”，连续2年入选“中国中小城市创新创业百强”，被推荐参评第五届全国文明城市。荣获“中国纺织产业基地市”“中国北方绿化苗木基地”“国家级苗木交易市场”“中国最佳绿色生态旅游城市”“首批国家智慧城市试点市”“全国生态文明先进市”“中国美丽乡村建设典范市”“全国双拥模范城”“全国科技进步先进市”等称号。

全年地区生产总值442.9亿元，同比增长7.2%。实现财政总收入50.5亿元、一般公共预算收入30.8亿元，分别增长5.2%和5.8%。完成固定资产投资389.6亿元，增长5.5%。规模以上工业实现主营业务收入1019.7亿元、利税88.5亿元、利润62.4亿元，分别增长6.2%、7.8%和9.3%。实现社会消费品零售总额199.8亿元，增长10.4%。完成进出口总额66.8亿元，增长20.6%，其中出口46.4亿元、增长15.9%，进口20.4亿元、增长32.7%。实际到账外资2.6亿元，增长38.5%；完成境外投资1298万美元，增长965%。城镇登记失业率控制在2.19%。全年完成民生支出34.3亿元，占一般公共预算支出的84.4%。居民人均可支配收入增长8.9%。金融机构实现各项本外币贷款余额252.3亿元，贷款增量35.4亿元，增量增长16.3%；各项存款余额433.2亿元，存款增量28.7亿元，增长7.1%；当年新增存贷比达到123.4%。全社会用电量达到43.7亿千瓦时，其中工业用电量达到34.5亿千瓦时，分别增长11.2%和13%。

推进产业强市建设，加快构建现代产业体系

工业主导地位更加突出。以新旧动能转换为统领，全年实施投资过亿元项目140个，筛选形成总投资1181.7亿元、82个项目的新旧动能转换重大项目库，25个项目纳入潍坊“10•30•100”

支撑。抢抓省里把“国家级高端石化基地”列入“10+2”重大项目的机遇，在昌邑滨海预留34平方公里土地，与新加坡盛裕集团签订高端石化基地规划服务协议，规划建设1000万吨炼油、100万吨乙烯、150万吨芳烃炼化一体化石化项目。发挥浩信集团等企业的龙头带动作用，开工建设总投资50亿元、一期占地面积2000亩的智能装备制造产业园，引进潍柴集团、宁夏共享集团等产业龙头进行战略合作，潍柴高端智能制造、国家智能铸造产业创新（潍坊）中心、宁夏共享智能化示范工厂等项目已经开工建设，玉柴集团潍坊产业基地项目正在对接洽谈，百亿级高端装备制造产业集群已初具规模。围绕推动纺织服装产业由生产加工型向品牌经营型转变，突出技术改造、产品升级和品牌打造，研究针对性强的技术改造扶持政策，抓好华晨彩装、凯泰2000万米涤纶超纤等项目，推动文化创意、商业模式创新，重振昌邑纺织品牌。推动食品加工产业延伸链条，抓好总投资42亿元的雅拉生态食品产业园建设，规划20万头进口澳大利亚活牛、200万只新疆肉羊、200万头生猪、1.2亿只肉鸡屠宰深加工和澳洲海鲜深加工“五大板块”，打造多领域覆盖、全产业链布局“雅拉模式”。目前，活牛和生猪屠宰及深加工“两大板块”已建成投产，实现当年引进、当年开工、当年投产，千亿级生态食品产业城初具规模。新能源、新材料、节能环保等战略性新兴产业快速发展壮大，三峡新能源海上风电项目成为全省首个海上风电试点示范项目，生物医药中间体产业集群获评省级产业集群。

现代农业发展态势良好。抓住潍坊市承担全省新旧动能转换重大项目——国家农业开放发展综合试验区的机遇，加快发展农业“新六产”。总面积200平方公里的潍河绿色发展长廊示范区规划基本完成，打造以产业融合为核心的绿色发展带。争取到全省唯一省级田园综合体试点——潍水田园综合体项目，总投资50亿元，规划总面积20平方公里，获得上级财政资金支持1.46亿元。规划建设“一带一廊两翼三组团”（“一带”是潍水滨河景观带，“一廊”是田园休闲体验廊，“两翼”是皇姜小镇和潍水童乡，“三组团”是康养教育组团、加工物流组团和现代农业组团），打造生产生活生态“三生同步”，一二三产业“三产融合”，农业文化旅游“三位一体”，在全省乃至全国具有代表性的田园综合体发展模式。全市农业标准化基地发展到36万亩，拥有龙头企业124家，家庭农场464家，农民专业合作社1293家，宏大大姜、圣达农机、绿乡苗木等15家农民合作社成为国家和省级示范社。规划建设海水育苗、海水池塘养殖、浅海滩涂养殖、工厂化养殖等4大优势水产品养殖产业带和海参生态养殖、浅海筏式扇贝养殖、工厂化养殖、滩涂贝类养殖、海水育苗等5大特色渔业产业基地。建成现代示范园26处，总面积达到2.1万亩，辐射带动面积13万亩，示范园内农民人均纯收入达到3.6万元。全市已创建农产品品牌133个，其中无公害农产品品牌75个、绿色食品品牌24个、有机食品品牌4个、农产品地理标志14个、地理标志证明商标16个。“昌邑大姜”入选省第二批知名农产品区域公用品牌，昌邑市列入首批全国特色农产品优势区、全国农村一二三产业融合发展项目试点县、全国秸秆综合利用试点县。新建改造标准化苗木基地1.3万亩，连续举办15届绿博会和12届中国园林花木信息交流会，成为全国林业系统市场化办会最成功的节会。

现代服务业迅速壮大。培强壮大电子商务、环卫、文化旅游等产业。设立山东首家淘宝大学培训基地，中国棉纺城电商产业园等园区平台带动作用进一步增强，年实现电商交易额180亿元，获评省电子商务示范市。加快推动环卫保洁“产学研用”一体、全产业链发展，投资5.2亿元的康洁环卫产业园被列为省重点项目，建成后将成为全国最大的环卫设备展示交易市场；投资5亿元建设环卫装备生产基地，打造智能环卫研发中心，延伸新能源环卫设备产业链条，全市百亿级环卫产业集群初具规模。实施“走出去”战略，开拓国内、国际两个市场，康洁环卫集团相继承接国内25个省（自治区）、120个县市的600多个保洁项目，合同额达到143亿元，同时，深度融入“一带一路”“中巴经济走廊”等国家战略，把保洁业务拓展到巴基斯坦、卡塔尔等多个“一带一路”沿线国家，开创“昌邑标准”引领“中国服务”走向国际市场的先河。山阳梨花节、龙乡文化节等节会影响力不断扩大，博陆山、青山秀水、绿博园、奎聚花海等景点连点成线，全市拥有36个潍坊市级以上旅游品牌、4个省级旅游强镇。

突破滨海成效显著。昌邑滨海（下营）经济开发区基础设施累计完成投资18.5亿元，路、水、电、热、气等设施配套健全，达到“九通一平”标准。重新编制完成下营工业园、龙池工业园发展规划，龙池工业园北扩发展空间1900亩，建成鹏昊净水等配套工程，总投资7.6亿元的循环经济能源岛、供水管道等工程加快建设。累计落户项目171个、总投资616亿元，金典化工、三力本诺等121个项目建成投产，总投资10.5亿元的成泰化工10.4万吨甲基丙烯酸甲酯项目快速推进，从德国奎恩集团购买的MMA设备及技术填补国内有关领域空白。以成泰化工、金典化工为主导的石油天然气产业园，以灶户盐化、海天生物为主导的盐及盐化工产业园，以瑞其能风电、渔光互补光伏电项目为主导的新能源产业园，以雅拉生态食品为代表的生态食品产业园已经形成规模。

推进文化名市建设，促进文化繁荣发展

实施文化传承创新工程。昌邑拥有不可移动文物数量居全省第三位；国有馆藏可移动文物数量居全省前

列。昌邑是革命老区，拥有丰富的红色文物资源，总量居潍坊市第1位。龙池镇齐西村列入第四批中国传统村落名录，饮马镇山阳村列入全国第二批“宜居村庄”示范名单，龙池镇成为省民间文化艺术之乡，卜庄镇夏店街村、姜泊村列入省第四批传统村落和历史文化名村。乡村文化传统激活与传承创新实践项目荣获省政府文化创新奖。

实施文化服务提升工程。推进“五大文化惠民工程”建设，6个镇、20个农村社区完成图书馆、文化馆总分馆建设试点，实现市、镇、村三级图书馆联网服务。全市村（社区）综合性文化服务中心建设达标率达到91.02%。截至目前，成功创建全国文明村镇2个、省级文明村镇20个、文明社区8个。其中，柳疃镇被评为“全国文明镇”，卜庄镇大陆村被评为“全国文明村”。

实施文化交流传播工程。全市村（社区）“四德榜”覆盖率达到100%；构建市、镇、村（社区）三级党员义工服务体系，4万名昌邑义工常年奋战在志愿服务一线，打响“昌邑义工”品牌。在中央电视台梅地亚电视中心举办第二届乡村旅游节暨第二届龙乡文化节新闻发布会。围绕昌邑作为“近代海上丝绸之路”起点、“昌邑茧绸”发源地做好文章，开展文山潍水系列文化旅游活动。

推进活力城市建设，深化改革创新扩大对外开放

释放改革活力。落实供给侧结构性改革“三去一降一补”重点任务。去产能方面。把稳妥处置“僵尸企业”作为化解过剩产能的重要举措，成功处置“僵尸企业”21家，盘活土地3270亩。“僵尸企业”处置做法被省深改办作为全省17个地方改革案例之一向中央改革办推荐。去库存方面。改善商品房供应结构，推进棚改货币化安置。2017年，全市在建项目29个，预销售商品房4995套、建筑面积67.79万多平方米，现有库存商品房面积83.35万平方米，消化周期约为10个月左右，商品房存销比合理。去杠杆方面。完成54家规模企业规范化公司制改制，16家企业在齐鲁股权交易中心集中挂牌；组建城投集团、金控集团，成立1亿元过桥基金，融资性担保公司增资2亿元。强化担保圈等金融风险防控，清收处置部分企业不良贷款9.5亿元。降成本方面。落实好潍坊市2017年降低实体经济企业成本46条，降低企业成本8亿元。深化“放管服”改革，编制公布“零跑腿”“只跑一次”事项清单322项，在潍坊市率先推行基本建设工程“多图联审”、不动产登记“一窗受理、集成服务”和民办幼儿园设立全链条优化，审批服务提速80%以上。推进农村产权制度改革，基本完成农村土地承包经营权确权登记颁证，在全省率先开展土地承包经营权抵押贷款业务。推进环卫、园林、教育三大领域改革。康洁环卫集团2015年7月完成股份制改造后，成长为具备国家一级资质的大型环卫服务企业，目前全面启动IPO。主持制定的521项环卫服务标准通过国家标准委验收，《城乡环卫一体化服务规范》等4项标准被列为山东省地方标准，承办全国服务业标准化现场会。组建昌邑教育集团和市妇幼保健集团，启动广电事业体制机制改革。组建绿美园林公司，构建“政府管理、社会监督、市场化作业”的城市园林绿化养护管理体制。

释放创新活力。金晶生物“863计划”通过科技部验收，中科院西北生态环境资源研究院签约建设昌邑研究中心。新增1处省级科技企业孵化器，实现“零”的突破。同大海岛新材料荣获潍坊市重大科技创新奖。柔性引进“两院”院士、国家“千人计划”专家等国家级高端人才13人，建立上海人才工作站和6处海外人才工作站，选聘1名科技副市长和10名科技副镇长（副主任）。2处院士工作站同时获批山东省2017年第二批院士工作站，总数达到5家。品牌影响力加快提升，拥有中国驰名商标8个、山东省著名商标27个、山东名牌产品6个，立项申报马德里国际商标5件，同大集团列入省百年品牌企业培育工程。

释放创业活力。打造好华海云商创新创业孵化基地、东方创业谷创业孵化基地、大学生创业园等创业载体，强化各类高端创业资源要素集成融合。山东柳疃棉纺城企业创业基地被列入第三批国家小型微型企业创业创新示范基地，成为潍坊市唯一一家；纺织产业创业园被评定为潍坊市级创业示范园区；市中小企业公共服务综合平台列入省级示范平台。成立潍坊创业大学昌邑学院，备案潍坊市级众创空间6家，发放创业担保贷款5390万元。全年新增各类市场主体5606家，各类市场主体达到4万余户，市场活力不断增强。

释放开放活力。招商引资超过120亿元，引进世界500强及行业领军外资企业2家；加强对外经济技术合作，加快“走出去”步伐，着力发挥外贸综合服务平台的作用，30多家企业实现进出口“零”的突破。

推进品质城市建设，搞好城乡统筹强化民生保障

完善新型城镇化格局。提升市区战略加快实施，编制完成昌邑市城市总体规划，5平方公里高铁新城片区正在建设。总投资3.6亿元的74项市政基础设施工程建成投入使用，雨污分流比例提高到87%以上，建成海绵城市2.1平方公里，城市面貌持续改善。推进棚户区改造和老旧小区改造，5100户棚户区改造全部开工，成功申请农发行12亿元信贷支持。整体改造占地75公顷的文山片区，建设文昌阁、博物馆新馆、花海营地、高端居住片区等重点工程。开展智慧社区、智慧幼儿园试点，数字城管平台等项目建成投用，城市管理智能化、精细化水平显著提升。特色小镇承载带动能力不断提升，完成小城镇建设投资30.2亿元，

丝绸小镇、梨花小镇等特色小镇加快建设，柳疃镇列入省重点示范镇试点。加快美丽乡村建设，全市农村环卫托管率保持100%，累计清理“三大堆”（柴堆、粪堆、土堆）40万个，新建改造农村公路1517.2公里，美丽乡村示范村B级标准以上村庄达到66%。建成济青高铁、宝通街东延、堤顶路二期等工程，潍莱高铁等工程快速推进，农村公路安全生命防护工程通过省级验收，110千伏南逄输变电工程建成投入使用。

提高民生保障水平。新增城镇就业6467人，农村劳动力转移就业7805人。发放各项社保待遇18.5亿元，各类保险扩面1.2万人。农村、城市低保分别提高到每人每年4100元、6120元。完成教育投入12.1亿元，实验中学新校、凤鸣学校等建成投入使用，在潍坊市率先完成破解省定大班额任务，超额完成第二期学前教育三年行动计划建设任务，全市省级规范化学校达到12所，潍坊市级规范化学校达到20所，获评全国责任督学挂牌督导创新县。完成医疗计生投入7.4亿元，市妇幼保健院新院、市人民医院门诊病房综合楼建成运营，市妇幼保健院成为全国关爱女性健康工程公益援助定点医院，省级慢性病综合防控示范区通过验收，全面两孩政策稳步推进，济贤养老中心一期投入使用。4个省定贫困村、416户贫困户全部脱贫。农民健身工程覆盖率超过90%，人均体育用地远超省定标准。昌邑义工发展到近4万人，构建起覆盖城乡的党群义工服务网络。开展“三严三评”集中行动，风险分级管控与隐患排查治理“两个体系”建设稳步推进，安全生产形势持续稳定。创新开发“互联网+”食品安全检验检测服务平台，90%的食品生产企业实现赋码追溯。市公共法律服务中心建成投入使用，司法行政工作室和调解组织规范化建设实现社区全覆盖。民生服务热线综合满意度和按时办结率均居潍坊县市区首位。创新社会事务决策事前公开听证，退役军人安置和权益保障政策落实、社区网格化建设经验在潍坊总结推广。

生态文明开创新局面。推进扬尘治理、散煤清洁化治理、秸秆禁烧等重点工作，小型燃煤锅炉全部清零，建筑工地实现湿法作业全覆盖，完成主要污染物总量减排目标任务，全年空气优良天数达到222天。投资2.5亿元建设城北污水处理厂中水回用项目，年可生产中水1100万吨，为柳疃、龙池工业园企业提供用水支持；城镇污水处理厂实现全覆盖。投资4亿元建设工业固体废物资源化利用及无害化处置项目。潍河、北胶莱河等25条河流（省级河流1条、潍坊市级河流2条、县级河流10条、镇级河流12条）全部实行河长制管理，建立市镇村三级河长组织体系，推进“清河行动”，累计查处河道管理范围内违章建筑202处，查处违法活动386处，整治面积524.2万平方米，市控以上重点河流全面消除劣五类水体；丰泉水库、龙源水库、地表水净化水厂等工程稳步推进，建成潍河抗旱应急调水补源工程，调引客水资源1800多万立方米，全市水生态不断改善，生态质量持续向好。推广测土配方施肥、“一防双减”技术90万亩。科学划分适养区、限养区、禁养区，完成禁养区养殖场关闭搬迁。建立国土资源执法监管共同责任机制。新增成片造林1.2万亩，新建完善林网3万亩。推动绿色发展的经验做法得到省委常委、副省长李群的充分肯定。

【中国棉纺城获评“2017中国纺织服装行业十大产业园区”】 昌邑市中国棉纺城获评“2017中国纺织服装行业十大产业园区”，是山东省唯一入选单位。该奖项由《纺织服装周刊》与中国纺织工业结合会产业转移工作办公室共同评比。中国棉纺城以促进创业带动就业为主线，以完善创业服务为重点，立足区位优势、产业优势，不断完善园区功能，丰富园区内涵，跟进服务，政策落实，创业环境进一步优化，促进园区创业就业工作的开展。形成“引进一家，带来一批”的联动效应，完善建设集研发设计、教育培训、文化挖掘为一体的产学研体系，集纺织原料交易、加工、产品销售为一体的产销体系的“两大体系”。

【18个重点招商项目在京集中签约】 11月29日，在北京举行2017山东昌邑（北京）项目对接洽谈会，邀请中国科学院西北生态环境资源研究院、中国林业科学研究院、中国三峡新能源有限公司等60余家企业、协会、商会负责人参加。会议推介昌邑18个重点项目和人才激励政策。三峡新能源昌邑莱州湾海上风电项目、中国北方抗逆植物种质资源研发培育及种植推广项目、雅拉生态食品产业园项目二期项目、成立中国科学院西北生态环境资源研究院昌邑研究所等18个重点项目进行集中签约，计划总投资183.2亿元。

【建设雅拉生态食品科技园】 昌邑市积极推进资源整合，将宝迪食品公司、硕昌食品公司整体纳入，建设雅拉生态食品科技园项目，重点打造百亿级生态食品产业。该项目总投资10亿元，共分两期进行，一期工程投资5.5亿元，占地150亩，3月份开工建设，8月份建成。新建屠宰车间、无害化车间、冷库等建筑面积共2.2万平方米，新建3万平方米的万头隔离养殖场，购置生产设备245台（套），年可屠宰进口澳大利亚肉牛20万头、加工高档牛肉制品10万吨。二期工程投资4.5亿元，占地150亩，计划2018年5月份开工建设，12月份建成。新建加工车间1.5万平方米，年可加工高档熟牛肉制品3万吨、高档皮革原料20万张。

【姜泊村入选第四批省级历史文化名村】 昌邑市卜庄镇姜泊村入选山东省历史文化名村。姜泊村拥有49处“清末民初”民居建筑，是国内罕有的昌邑丝绸老字号建筑群，也是清末民初山东民居的典型代表。该民居群对研究当时该地区的历史、传统建筑及风土人情具有十分重要的意义。昌邑市在上级文物主管部门和文物保护专家的指导下，本着尊重历史复原陈列的原则，科学保护并合理规划利用。通过深度挖掘姜泊村历史文化，打造姜泊五大功复原陈列暨姜泊村史馆，打造西海军分区后方医院、胶北特委旧址暨卜庄抗战纪念馆。

【奎聚街道】 位于昌邑市中心，面积67.8平方公里，辖59个行政村，31990户，年末常住人口8.8813万人，耕地面积2579.5公顷。2017年，全街道完成地区生产总值 8.9亿元，比上年增长6.9%；实现地方财政收入10301.3万元，比上年增长32.2%；实现工业销售收入246127万元，利税21942万元，分别增长8.2%和7.1%；第三产业增加值达到 30765.8万元，增长10.2%；农民人均可支配收入 26000元，增长 8.5 %。

2017年，街道依托辖区内潍河生态风光、绿色文化、民俗风情等优势资源，突出“绿、水、花”三大主题，规划打造墨尔本风情特色康生小镇花海项目，总占地面积3000亩。一期工程已经完成花卉种植1200亩，280万株，其中精品种植区200亩，栽植硫华菊、地被菊、月季花、马鞭草、格桑花等各类花卉20余种，建设居家研发木屋8座。

街道投资建设总面积12000平方米的总部经济基地和产业技术研究院，共能吸引容纳8家研究院所、15个专业个平台，60余家企业，凡是能够纳税达到200万元以上的企业，为其免费提供办公场所及配套设施。吸引科技主导型、技术密集型等“高精尖”企业前来落户，旨在通过“一部一院”的深度融合，培植新兴产业，引入新型人才。

【都昌街道】 位于昌邑市中西部，面积191.4平方公里，辖82个行政村，2.8万户，年末常住人口8.8万人，耕地面积1.1867万公顷。2017年，街道完成地区生产总值65.3亿元，比上年增长7.6%；地方财政收入9509万元，比上年增长23.7%；实现工业销售收入53.9亿元，利税5.8亿元，分别比上年增长12.7%和13.2%；第三产业增加值达17.76亿元，增长8.5%；农民人均纯收入1.8万元，增长7.9%。

街道盛产大姜，宏大市场注册的“鲁昌宏大”牌大姜成为昌邑市第一个山东省知名农产品区域公用品牌和企业产品品牌。注册“昌邑草莓”“昌邑鲫鱼”等国家地理标志保护产品。街道西北部有昌邑市第二大湿地群落，现有原生态芦苇地466.7公顷，鱼塘666.7公顷，藕塘80余公顷。涉及都昌8个村居、2500多户、近7000名群众的街道棚户区改造项目作为昌邑规模最大的民生工程，被列为潍坊市2017年度棚户区改造计划。街道现有规模以上工业企业21家，有昌邑石化、同大集团、华晨集团、岱盟德、康迈信等大型企业入驻。华海互联网+项目作为省重点项目，引入华海食安流通智慧城项目。

【围子街道】 位于潍河以东，是昌邑市东城新区，面积161.88平方公里，辖127个行政村，28504户，年末常住人口10.18万人，耕地面积9780公顷。2017年，全镇完成地区生产总值88.6亿元，比上年增长7.4%；实现地方财政收入14315万元，比上年增长64.7%；实现工业销售收入251.4亿元、利税18.3亿元，分别增长17.5%和15.1%；第三产业增加值达到35.8亿元，增长9.1%；农民人均可支配收入18236元，增长8.5%。

街道是著名的铸造之乡，主导产业是机械制造业。被授予“山东省机械铸造业基地”“潍坊市机械制造产业集群”“潍坊市首批新型工业化产业示范基地”称号，拥有国内最大的汽车轮毂、制动鼓、刹车盘、洗衣机用弹簧及散热器生产基地。街道是江北最大绿化苗木种植、交易基地、大姜种植基地，优质大姜种植面积4万多亩。街道交通便利，下小路、206国道纵贯南北，潍莱高铁昌邑南站落户辖区，是连接东西的重要交通枢纽。

街道推进康洁环卫产业园建设，国家智能铸造创新（潍坊）中心、昌邑市智能装备制造产业园、永富弹簧产业园等一批大园区、大项目集中开工建设。城市建设日新月异，以下小路、206国道、滨河东路、院校街为框架的新城建设步伐不断加快，基础设施和公共服务设施日趋完善。以苗木业为主的现代农业发展迅猛，全街道苗木种植面积2400公顷，共有600多个绿化树种。2011年被授予“AAAA国家级旅游景区”的绿博园，连续举办十五届中国（昌邑）北方绿化苗木博览会和十二届中国园林花木信息交流会。

【龙池镇】 位于昌邑市西北部，面积182平方公里，辖27个行政村，7988户，年末常住人口2.46万人，耕地面积4000公顷。2017年，全镇完成地区生产总值28.07亿元，比上年增长8.9%，实现地方财政收入7261.4万元，比上年增长15.69%；实现工业销售收入904396.1万元、利税78026.3万元，分别增长8.1%和3.5%；第三产业增加值430.4万元，增长19.4%；农民人均可支配收入19956万元，增长10.8%。

龙池的优势在滨海。以海能化学18万吨离子膜烧碱项目为基础，规划建设了15.08平方公里的龙池工业园区，是加快滨海开发的重要载体。已落户海能化学、三力本诺等项目22个，总投资60多亿元。龙池镇推进园区北拓工程，计划调储土地5000余亩，建设四纵六横道路10条、2.6万米，配套建设供水、供电、生活污水管道等基础设施。

龙池属革命老区，历史文化厚重，旅游资源丰富。北白塔烈士祠、孙膑庙、陈干墓、齐西故居群等6处历史文化遗迹被评为省级文物保护单位。齐西村是国家级传统村落、首批山东省传统村落、山东省历史文化名村、第一批山东省乡村记忆工程、山东省重点文物保护单位。抗日战争纪念馆是全国首家由乡镇承建的抗战纪念馆。龙池镇整合全镇旅游文化资源，启动梦幻花海生态观光园、红色马渠、齐氏家庙等建设工程，并继续将孙膑庙、鄑邑故城、北部盐田等旅游景点串点成线，形成新兴的观光、休闲、旅游全域旅游产业带。

【柳疃镇】 位于昌邑市北部，面积324.7平方公里，辖72个行政村，13889户，年末常住人口7.2万人，耕地面积1600公顷。2017年，全镇完成地区生产总值101.9亿元，比上年增长10.5%；实现地方财政收入9473.5万元，比上年增长26.1%；实现工业销售收入435.9亿元、利税33.5亿元，分别增长9.8%和10.2%；第三产业增加值达到41.3亿元，增长9.2%；农民人均可支配收入25974元，增长9.0%。被评为“全国文明镇”“全国重点镇”“全国生态镇”“山东省中心镇”“山东省首批‘百镇建设示范行动’示范镇”“山东省特色产业镇”“山东纺织印染产业第一镇”“山东省产业化驱动城镇化十强镇”“潍坊市第一批扩权强镇改革试点镇”等称号。

以“丝绸文化”为主题打造丝绸文化博物馆，将一二三产业与历史、文化融合打造、同步提升，以实现旅游、文化、创意、实业多元升级。以潍河、小龙河为两条主线，建设以桑蚕体验为主题的“万亩桑园”，重现柳疃丝绸交易盛况为主题建设“丝绸古街”。打造千亿级雅拉生态食品产业园，用优质、高效、合理的园区服务，吸引更多客商到柳疃投资，形成“落地一个、壮大一群，引进一家、带来一串”的联动效应。

【下营镇】 位于昌邑市北部，面积220平方公里，辖35个行政村，8601户，年末常住人口2.4万，耕地面积3721.9公顷。2017年，完成地区生产总值18 亿元，比上年增长7.8%；实现地方财政收入2.61亿元，比上年增长8.5%，实现规模以上工业销售收入54.43 亿元、利税9.3亿元、利润5.88亿元，分别增长24.87%、14.24%和 14.22%；第三产业增加值4.32万元，增长9.5%；农民人均可支配收入1.8万元，增长5.9%。

高点定位，动能转换。新引进项目10个，投资37.4亿元，共落户项目113个，总投资432.57亿元。化工园区认定申请报告已送达省化转办。与新加坡盛裕集团签订《高端石化基地规划服务协议书》。成立滨海产业研究院，68位资深专家教授与园区企业建立稳定合作关系。盘活镇区，建设新城。镇区房地产项目已促成原开发商与第三方签署整体转让协议，并陆续入驻商铺。投资7000万元、占地150亩的下营增殖站顺利推进。夯实农业，发展农村。投资500万元的五干六干串联工程完工。鼎立薄壳核桃获评省级经济林标准化示范园，带头人李治国被评为“齐鲁乡村之星”。毅硕丹参种植专业合作社已发展丹参种植2000余亩，并与上市公司签订收购合同。军营村被评为山东省敬老文化教育基地。下营镇卫生院被评为全国年度“群众满意乡镇卫生院”。

【卜庄镇】 位于昌邑市东北部，面积115平方公里，辖95个行政村，16183户，年末常住人口5.2万人，耕地面积7866.71公顷。2017年，全镇完成地区生产总值30.07亿元，比上年增长12.1%；实现地方财政收入3154.80万元；实现限额以上企业销售收入330794万元、利税43858万元，分别增长12%和10.9%；第三产业增加值104154万元，增长8.9%；农民人均可支配收入17662元，增长8.3%。

卜庄镇是青岛、烟台、潍坊三市交汇镇，位于胶莱河、潍河两河之间，境内有滨河东路、下小路、厥卜路、大寨路四纵和206国道、夏卜路、东卜路、大莱龙铁路、荣乌高速公路、新海公路六横道路，交通便利；辖区内有潍河、胶莱河、漩河和蒲河4条河流。卜庄镇历史文化悠久，自然风光优美，文化底蕴深厚，文物古迹众多。红色文化、海丝文化、侨乡文化、陶艺文化、草编文化、商贸文化是卜庄历史文化的主要特色。2017年，卜庄镇获评潍坊市城乡环卫一体化工作示范镇、农产品质量安全示范镇、侨务工作先进单位，被市委、市政府授予“党的十九大安保维稳工作先进单位”，连续两年被市政府授予“城乡环卫一体化工作先进镇街区”。姜泊村获评山东省历史文化名村、省文明村、潍坊市乡村旅游标杆示范村荣誉称号。夏店街村获评山东省传统村落。

【石埠经济发展区】 位于昌邑市中部，面积100.5平方公里，辖67个行政村，14026户，年末常住人口4.98万人，耕地面积5466.7公顷。2017 年，全区完成地区生产总值43.2亿元，比上年增长10.8%；实现地方财政收入995.1万元，比上年增长-32.7%；实现工业销售收入279542万元、利税33545万元，分别增长11.2%和12.4%；第三产业增加值30152万元，增长15.4%；农民人均可支配收入18635元，增长9.6%。

石埠潍水田园综合体成为山东省唯一的省级试点项目，并被列入潍坊市、昌邑市重点项目。以立辉重工为代表的军民融合产业，以华玉塑机、鲁宏塑机为代表的塑机产业，以爱菲特机械为代表的高端装备制造业，以万洋食品为代表的绿色食品加工业及山东城矿嘉利集团为代表的环保和新材料产业等新兴工业迅猛崛起。全区形成3万亩土豆、2万亩大姜、1万亩高档苗木、1000亩果蔬花卉大棚等特色农业种植基地，培育“西郭”牌土豆、“青山红岫”牌果蔬等一批绿色品牌。打造副食品、服装、建材、农机、家具、农产品、竹木和汽车交易等八大专业市场，全区商贸市场总建筑面积58.5万平方米，年交易额26.6亿元。以青山秀水旅游度假区为核心，以蓝梦庄园、青山采摘园相依托，建成占地5000亩的青山风景区，青山秀水旅游度假区被评为国家AAA景区、“山东省休闲农业和乡村旅游示范点”，青山采摘园被评为“山东省精品采摘园”“山东省生态休闲农业示范园”。城镇建设日新月异，镇区面积5.1平方公里，构建12纵10横路网格局，总建筑面积1.2万平方米的隆达创业大厦，成为石埠的新地标。

【饮马镇】 位于昌邑市中南部，面积71平方公里，辖6个社区，34个行政村，年末常住人口人口3.6万人，耕地面积4053.3公顷。2017年，全镇完成地区生产总值76亿元，比上年增长8.5%；实现地方财政收入5364万元，比上年增长13.5%；实现工业销售收入74.04亿元、利税4.58亿元，分别增长7.9%和11.5%；第三产业增加值达到2.16亿元，增长7.1%；农民人均可支配收入17800元，增长7.8%。年内获得山东省省级文明镇、潍坊市级森林镇等称号。

饮马镇地理位置优越，区位优势明显，东濒胶莱河，西临潍河，省道下小路纵贯南北，济青高速横穿东西，是全国重点镇、省级文明镇、山东省“百镇建设示范行动”示范镇。2017年随着宝通街全线贯通，不少外地投资商慕名前来对接考察，推动全镇经济社会发展踏上新一轮“提速之旅”。打造的特色梨花小镇以梨花为主题，集梨文化体验、旅游观光、采摘娱乐、乡村度假于一体，其核心景观博陆山风景区距潍坊东外环仅需20分钟车程，非常适合家庭式的周末游、假日游。饮马镇特色旅游品牌“山阳梨花节”已成功举办八届，接纳潍坊及周边地区游客30余万人次，旅游收入过千万元。镇域工业园区发展前景良好，产业多元，其中以中云机器、派康管业为代表的管材制造业，以瑞其能为代表的风电产业，以金浩面业为代表的绿色有机食品产业发展势头迅猛，工业经济欣欣向荣。

【北孟镇】 位于昌邑市最南部，面积178平方公里，辖92个行政村，21963户，年末常住人口71622人，耕地面积10520公顷。2017年，全镇完成地区生产总值35亿元，比上年增长9.4%；地方财政总收入2123.9万元，比上年减少9.6%；工业实现主营业务收入383807万元、利税27369万元，分别增长9.7%和9.6%；第三产业增加值11300万元，增长20.2%；农民人均可支配收入15776元，增长8.2%。

北孟镇生态环境优美，地理位置优越，商贸物流发达。济青高速、309国道（潍胶路）、221省道（下小路）、济青高铁等交通要道穿境而过，属青岛1小时、潍坊30分钟经济圈和黄河三角洲高效生态经济区范畴，是昌邑、高密、峡山三县市区交汇中心镇。民营企业达到300余家，形成以机械制造、纺纱织造、纸箱包装、家居用品加工、农产品加工等“五大产业”为主，其他产业齐头并进的格局。规划建设占地3000亩的集农机装备、电子商务、冷链物流为一体的昌南工业园区。具有丰富的农业资源，培育大棚西红柿、小乐西瓜、花生、大蒜、半夏、梨枣、黄金梨、苹果、核桃、草莓、大姜、葡萄、西瓜、猕猴桃等多个特色农产品品牌。小城镇建设日新月异，昌南农资批发园区、中百佳乐家北孟店已落成，各种基础设施配套完善。

（于希群　刘伟刚）

临朐县

【国民经济和社会发展概况】 临朐县位于潍坊市西南部，总面积1831平方公里，其中山区、丘陵面积占87.3%，辖13个镇（街、园、区），350个村（社区），年末户籍总人口91万人。2017年，全县实现地区生产总值280亿元，同比增长8%；一般公共预算收入16.3亿元，增长11.8%；社会消费品零售总额173亿元，增长9.3%；外贸进出口总额30.3亿元，增长24.7%；金融机构本外币存款余额438亿元、贷款余额264亿元，分别增长15.4%、13.4%；城乡居民人均可支配收入分别达到31822元、15978元，分别增长8.4%、8.7%。被授予“中国节能门窗产业基地”“中国铝模板产业基地”和“中国大棚樱桃第一县”等称号。

大项目建设实现新突破。开展“大项目建设突破年”活动，开工建设大项目89个，完成投资75.6亿元。34个项目被列入市“四个城市”建设重要支撑项目，抽水蓄能电站项目列入省重大项目库；高铁轨道大板二期、伊利高端液态奶二期等46个项目投产或试产。招商引资成效显著，新引进落户过亿元项目29个。大项目和骨干企业支撑带动作用进一步凸显。华建集团上缴税金突破2亿元，伊利乳业、山水水泥、高速轨道设备材料、蓝帆新材料等企业实现税收过亿元，5家工业企业实现税收占全县税收的28.8%。

园区建设取得重大进展。抢抓北京疏解非首都功能机遇，发挥主导产业优势和龙头企业引领作用，创新“园区+招商主体”的模块化、组合化招商模式，推进中欧节能门窗产业园和铝模板产业园建设，引进落户产业链高端企业26家。实施“突破龙山”战略，“一区四园”基础设施更趋完善，载体平台功能持续增强，产业聚集度显著提高，园区成为转型发展的主阵地和经济发展的增长极。

棚户区改造加速推进。紧抓棚户区改造重大机遇，全面完成11个片区、5000户年度棚改任务，安置楼开工率100%，棚改工作综合评价位居全市前列。调整棚改体制机制，实行“县里主导、街道实施、社区（村）自改”的棚改新模式，提前启动2018年棚改任务，粟山、齐家庙等1524户完成搬迁，为打赢棚改“三年会战”奠定基础。新开发房地产面积97.6万平方米。

发展动能加快转换。构建现代产业体系，三次产业比重调整为13.5∶40∶46.5。“工业强县”战略深入实施，完成工业技改及新上项目固定资产投资130亿元，新增改制企业76家、挂牌企业6家，40家重点骨干企业主营业务收入、利润、利税分别增长26%、45%、50%。铝型材产业集群入选全省先进制造业集群转型升级示范项目，磁电产业集群被评为省级产业集群。科技创新能力持续增强，达成产学研合作20项，新增省、市创新平台和海外研发中心17家，泰山产业领军人才引进实现突破，4人入选鸢都产业领军人才。县检验检测中心、山东华铝实验室通过国家认可委员会认证。现代农业加快发展，新流转土地1.8万亩，新增农民专业合作社180家、农业示范园区和家庭农场49个，新认证“三品一标”农产品品牌6个，创建为“国家级出口食品农产品质量安全示范区”。现代服务业提质发展，北江•鲁中农副产品交易市场一期、隆达商业广场和兴隆大厦基本建成，举办第五届、第六届中国（临朐）家居门窗博览会。新设立电子商务镇村服务站65处，被评为“国家电子商务进农村综合示范县”。“旅游富县”战略深入推进，“国家全域旅游示范区”创建有效，环西南部旅游专线、宋香园生态世界等重点旅游项目进展顺利，举办第四届山东省乡村旅游节，被评为“山东省千万市民游乡村重点县”和“全国暑期避暑度假类旅游目的地”。

城乡统筹一体发展。完成南环路、营龙路、龙高路续建工程，新增城区绿化29.7万平方米，拆除违法建设7.4万平方米，新建城市公厕10处，新施划停车位1.2万个。开展省级文明县、省级卫生县城“双城同创”，创卫工作通过省级暗访，城区环境面貌大为改观。建成新型农村社区13个，改造提升社区服务中心26个。新建美丽乡村60个、生态文明村180个，完成农村改厕4.8万户，城乡环卫一体化成果不断巩固。九山薰衣草小镇入选省级“特色小镇”，蒋峪镇入选省级“美丽宜居小镇”，牛寨村被评为国家级“宜居村庄”，花园河村被评为“全国文明村”。大沂路、东红路中修工程全面完成，滨九路、仲临路大中修工程基本完工。新改建农村公路296公里，县乡公路生命安全防护工程全部完成。在全国率先运营城市共享新能源汽车，群众出行更加方便快捷。

生态环境明显改善。实施“生态立县”战略，抓好中央和省环保督察问题整改，完成10吨及以下燃煤锅炉“清零”，西城热电、绿能供热、蓝帆新材料等5家企业燃煤锅炉完成超低排放改造，取缔“散乱污”企业187家，立案查处环保违法案件960起。空气质量优良天数达到249天，较上年增加26天。加强森林防火体系建设，护林防火能力进一步提高。实施饮用水水源地保护行动。全面实行“河长制”，强力推进畜牧禁养区关闭搬迁，开展“清河行动”，“八乱”治理取得阶段性成效。

民生福祉持续增进。加大民生投入，民生支出占公共财政支出的比重达到83.7%。脱贫攻坚成效显著，44个扶贫项目全部建成，1280户、2584名贫困人口在现行标准下全部实现脱贫。加快教育事业发展，新改建龙泉中学等中小学幼儿园29处，以公办普惠为主体的学前教育办园体制基本形成，10名学生被清华、北大录取。县妇幼保健院投入使用，县中医院门诊病房综合楼建成主体。建成村（社区）综合文化服务中心、文体广场339处，县全民健身中心主体完工，举办群众文化艺术节、沂山文化节等系列活动，被命名为第五批“山东省民间文化艺术之乡”。华艺雕塑作品荣获“第十三届中国民间文艺山花奖”。社会保险扩面征缴，新增参保人员4219人。养老服务机构“公建民营”“医养结合”试点工作扎实推进，县社会福利服务中心投入运营。完成年度征兵任务，军民融合深度发展，被评为“军民融合产业先行示范区”。

【潍坊抽水蓄能电站项目】 该项目是临朐县引进的大项目之一，由国网新源控股有限公司投资，依托嵩山水库建设，装机容量120万千瓦，项目概算总投资76.09亿元，建设周期为78个月。项目建成后，年可实现发电销售收入15亿元，上缴税金过亿元，可有效解决电网调峰能力严重不足问题，有利于优化电网电源结构，改善电网供电质量，提高电网运行的经济性、安全性和稳定性，具有良好的经济效益、社会效益和环境效益。项目的预可研、选址、工程勘察等前期工作已完成。3月，举行潍坊抽水蓄能电站可研工作启动仪式。

【全国暑期避暑度假类旅游目的地】 临朐县以国家级全域旅游示范区创建为主线，按照“全景、全域、全业、全民”的总体要求，实施“旅游富县”战略，围绕做大做强乡村旅游，实施“旅游+”行动计划，加强旅游与农业、工业等行业融合，发展休闲游、工业游、养生养老游等特色旅游，形成多点支撑、融合发展大旅游格局，推动旅游业健康快速发展。全县重点旅游景区已发展到30余处，国家AAAAA级景区1处（沂山），AAAA级景区1处（揽翠湖温泉度假村），AAA级景区6处（老龙湾、石门坊、山旺国家地质公园、龙韵文化艺术城、朐山滨河公园、五井北方石林），AA级景区6处（嵩山、神牛谷、黑松林、圣水湖公园、宋香园生态世界、伊利乳业）。国家级特色景观旅游名镇1个（冶源镇），国家级水利风景区2处（淌水崖水库、东镇湖），省级农业旅游示范点1处（月庄村），省旅游强镇4个（冶源镇、沂山镇、城关街道、五井镇），省级旅游特色村3个（大关村、谭马村、牛寨村），省级精品采摘园2个（寺头相亮山楂园、九山牛寨山乡采摘园），山东省自驾游基地1处（神牛谷）。7月，被国家旅游局确定为“全国暑期避暑度假类旅游目的地”。

【中国大棚樱桃第一县】 临朐大樱桃栽培始于20世纪90年代，全县大樱桃种植面积已发展到10万余亩，其中大棚樱桃4万亩，大棚建设标准高、规模大、区域集中、管理技术成熟、机械化水平高，在全国处于领先水平，主要分布在城关、山旺、辛寨、五井、冶源、柳山等镇街，为全国最大的设施大樱桃生产基地。2016年6月，在烟台福山召开的2016年中国樱桃年会及大樱桃产业发展研讨会上，临朐县种植户选送的布鲁克斯大樱桃，荣获全国优质大樱桃品评一等奖。2017年全县大樱桃总产值超过20亿元。5月，被中国园艺学会樱桃分会授予“中国大棚樱桃第一县”称号。

【国家级出口食品农产品质量安全示范区】 临朐县突出抓好出口食品农产品质量安全，健全组织保障、质量安全标准化、农业化学投入品控制、疫情疫病监测控制、农产品质量安全追溯、预警通报与应急管理、宣传培训和诚信管理等七大体系建设，按照“国际、国内两个市场、一个标准，由出口保障转为全民共享”的具体要求，建立和完善“政府主导、部门联动、企业主体、市场运作”的工作机制，全县农产品质量安全保持总体平稳、逐步向好的发展态势，基本达到投入无违禁、管理无盲区、产品无公害的要求，全县农产品抽验合格率达99.8%以上。9月，被国家质量监督检验检疫总局批准为“国家级出口食品农产品质量安全示范区”。

【国家电子商务进农村综合示范县】 临朐县根据农村人口分布、道路交通、通信设施和物流配送等实际情况，以淘宝、京东、供销、农商行“智e购”、邮政“买卖惠”及各类网络销售网站、网店为平台，按照“互联网+”模式，实施“电子商务进百村”工程。2017年，新设立电子商务镇村服务站65处。2017年7月，经山东省专家组评审，财政部、商务部、国务院扶贫办等三部门评定，临朐县被确定为全国第四批、山东省首批“国家电子商务进农村综合示范县”，获得国家专项扶持资金2000万元。

【城关街道】 地处临朐县中心城区，总面积90平方公里，辖32个中心村（社区）。年末常住人口14.9万人，其中农村人口8.4万人，耕地面积 2100公顷。2017年，全街道完成地方财政收入2.52亿元，同比增长15.4%；57家规模以上企业实现工业总产值88.15亿元，同比增长8.8%，实现利税3.77亿元，同比增长11.9%。街道被评为省级文明镇、卫生镇、旅游强镇、生态示范乡镇。

实施“工业强街”和“大项目带动”战略，加快工业经济发展。以潍坊伊利、鑫珂海洋生物、华特磁电等为重点，加快新旧动能转换，促进企业转型升级，做大做强食品加工、磁电装备、高端机械制造、节能环保、文化创意等十大产业集群。以创建“山水园林宜居城市”为目标，推进城中村棚户区改造，完成魏家庄、王家楼、粟山等1844户的搬迁任务；隆达商业广场、兴隆大厦积极招商，后楼综合商贸楼、粟山商厦等项目加快建设，形成以北江市场、全福元、佳乐家、隆达商业广场为核心的商贸服务区；改造提升石门坊景区，推进中华文化雕塑园和红叶小镇建设，文化旅游产业欣欣向荣；发展大棚樱桃等特色农业，素有“中国江北大棚樱桃第一镇”之美誉。

【东城街道】 位于临朐县城以东，面积144平方公里，辖43个中心村（社区），3.6万户。2017年末常住人口12万人，耕地面积3536公顷。2017年，全街道完成地区生产总值199.6亿元，比上年增长4.1%；实现地方财政收入4.2亿元，比上年增长20%；实现工业销售收入197.6亿元、利税11.07亿元，分别增长4.6%和11.3%；农民人均可支配收入17322元，比上年增长11%。

东城街道工业园区建成面积达33平方公里，园区内落户企业600余家，涵盖铝型材、机械、电子、化工、纺织、商贸物流等十多个门类。2017年，街道各类生产加工铝型材企业近60家，生产线388条，年产能126万吨。铝材装备制造、全铝家居、门窗幕墙加工、硅酮胶生产、粉末涂料等铝材关联配套企业发展到300多家，整个集群年实现产值200多亿元。工业园区已经由专业铝型材市场逐步发展为全国闻名的产业集群，发展起中欧节能门窗产业园、东兴跨境电商产业园、江北建材城等专业市场7个，是中国江北铝型材集散地，临朐县被评为“中国铝型材产业基地”“中国铝模板产业基地”“中国（江北）铝型材第一县”“县域经济十大产业集聚园区”，铝型材产业被评为“山东省十大特色产业集群”。

【五井镇】 位于临朐县西南部，面积102平方公里，辖20个中心村，1.7万户。年末常住人口5.2万人，耕地面积2340公顷。2017年，全镇完成地区生产总值21.17亿元；实现地方财政收入1.08亿元，比上年增长155.7%；实现主营业务收入17.5亿元，利税3.7亿元。

大项目建设实现突破。全镇纳税过亿元企业达到两家。共引进投资过亿元项目7个，其中过10亿元项目2个。重视服务企业“经理人”工作，实行“双包靠、双服务”，成立10个大项目建设指挥部，对项目建设全方位包靠、全方位服务，7个大项目全部按计划开工。

乡村旅游持续加力。以全域旅游思维，围绕“逛石林、赏红叶、游隐士、登八岐山、品全羊”打造旅游品牌，乡村旅游发展成效显著。隐士生态旅游度假村初具规模。投资2000万元，对隐士村进行全方位精细化打造。建成完工4处景观节点、7处停车场、2个公园、1处餐饮大厅、5处民宿群，新建占地2.2万平方米的江北柿子晾晒基地，度假村整体旅游风貌得到极大改善。

【冶源镇】 位于临朐县南部，面积153.2平方公里，辖39个中心村，3.5万户，人口10.7万人，耕地面积4393公顷。2017年，全镇实现地方财政收入5016.1万元，比上年增长18.2%；实现工业销售收入31.95亿元、利税7955万元，分别增长6.1%和5.9%。

工业经济提质增效，抓好三和纸板、微生物添加剂、纸制品包装等大项目，总投资达11亿元。三农发展成果丰硕，新发展省级示范园1处、省级农业龙头企业3家，高标准、特色化打造红新、冶西、北杨善、吕家楼、谭家小崔5个美丽乡村。底蕴优势加速彰显，建成全县首个黑陶瓦盆展览馆，黑陶手工技艺成功申请市级非物质文化遗产；吕家楼年画博物馆、年画特色商业街、北杨善剪纸艺术传习中心和傅家李召村史馆加紧建设，一批特色文化的名片和样板初步树立。城镇品质不断提升，实施傅家李召片区棚户区改造工程，涉及被搬迁户795户、2500多口人，总建筑面积14.5万平方米，是全县一次性铺开户数多、建设体量大的棚改工程。开展生态环境综合整治，生态环境质量大幅改善。做好脱贫攻坚，全镇20个扶贫项目、合作社共实现扶贫收益30万元，直接受益贫困户320户，全镇建档立卡贫困人口1801人实现稳定脱贫。

【寺头镇】 位于临朐县西南部，面积276平方公里，辖34个中心村，2.2万户，7.4万人，耕地面积5735公顷。2017年，全镇完成地区生产总值22亿元，比上年增长6.9%；实现地方财政收入2041万元，比上年增长8.4%；实现工业销售收入8.5亿元，利税4443万元，分别增长12.54%和20.3%；第三产业增加值达9.37亿元，比上年增长12.1%。

全镇围绕建设“德风绿韵，幸福寺头”目标，被评为市级森林镇街。圣水湖湿地公园被评为市级湿地公园，圈门山花溪谷项目入选“千企千镇”工程项目库。工业经济稳步增长，传统铸造产业转型升级，正大铸造厂已试运行；锌钢护栏产业迅猛发展，上缴利税达到1000多万元，吕匣村被阿里集团评为临朐县唯一的“中国淘宝村”；金晔食品二期车间建成投产，引进最先进的全自动包装机；山河食品与临沂青果集团建立合作关系，新上最先进的速冻生产线。乡村旅游实现新突破，统筹福泉五福民俗文化村、花溪谷、中国睡谷、红椿谷、火红谷，构建“五福四谷”的全域旅游发展新格局，举办中国（寺头）首届红香椿文化旅游节、寺头镇首届山楂文化艺术节暨第一届金晔山楂采摘节。民本民生有效改善。镇养老服务中心投入使用；实施寺头片区棚户区改造工程；新建包括小学、幼儿园在内的教育园区；完成潍九路石佛段、寺头段大修工程，打通环西南部旅游专线寺头段；开创“党支部+龙头企业+合作社 +农户+贫困户”的“五位一体”扶贫模式，实现多赢局面。

【九山镇】 位于临朐县境南部，沂山西麓、弥河源头，距县城52公里，为潍坊市临朐县、临沂市沂水县、淄博市沂源县三县交界处。镇域总面积254平方公里，山地丘陵面积占85%，有林面积1.6万公顷，森林覆盖率高达70%。全镇辖26个中心村，1.7万户，5.3万口人，耕地面积3046.8公顷。2017年，全镇完成地区生产总值11.17亿元，比上年增长6.5%；地方财政收入1060.5万元；工业实现销售收入2.09亿元，利税1881万元；第三产业增加值达1253万元，比上年增长5.8%；农民人均可支配收入11287元，比上年增长7.2%。境内峰峦叠翠、风光旖旎，宋香园、黑松林、神牛谷、林海大道、淌水崖水库、齐长城、铜陵关等各具特色的旅游景观点缀其中。先后获得省级文明镇、省级生态镇、省级宜居小镇、省级特色小镇、省级森林乡镇等荣誉称号。牛寨村被评为中国最美休闲乡村、中国乡村旅游模范村、全国生态文化村、全国美丽宜居村庄。

培强壮大林果，产业优势明显。果品种植面积达10万亩，其中苹果3万亩，葡萄、桃各1万亩，板栗5万亩，是江北干鲜果生产基地和果品集散地之一。2017年，青杨峪板栗基地通过国家有机农业（板栗）示范基地复评。“九山苹果”和“九山板栗”取得国家地理标志产品证明商标。

改善民本民生，打造特色小镇。建成九山初中、九山小学、幼儿园、养老院、康复楼、弥河源省级湿地公园、群众文化活动广场等基础和服务设施，高标准实施美丽乡村建设。立足生态优势，以薰衣草产业为依托，形成集薰衣草种植、加工、销售、特色旅游观光为一体的完整产业链和增值链。2017年，完成薰衣草育苗1000万株，新植2000亩，实现发展空间、区位交通、种植面积三大突破。

【辛寨镇】 位于临朐县中部，总面积230平方公里，辖49个中心村，3.71万户，12.8万人，耕地面积6953.3公顷。2017年，全社会固定资产投资32.23亿元，增幅35.49%。规模工业实现产值26.18亿元，实现主营业务收入26.91亿元、利润3077.7万元、利税9840.1万元，同比分别增长4.8%、4.6%、5.1%、5.2%；全年完成地方财政收入6444万元，同比增长9.5%。

坚持“产业强镇”战略，推动镇域经济发展。投资3200万元，完善辛寨、卧龙、凤凰山等“三大工业园区”基础配套建设，园区承载力不断提升。大项目建设卓有成效，投资1.05亿元、一期2条生产线的杰高非织新材料项目正式投产运行；5个投资过千万元的大项目加紧建设，其中多晶硅生产项目两个车间主体建设完成，大力汽车工具项目完成车间主体建设。全镇工业企业发展到420家，其中规模以上企业36家，形成橡胶、童车、硬质合金、汽车配件等九大优势产业。农业现代化水平不断提升，全镇新流转土地2万余亩，推进农业规模化种植。创新推进田园综合体建设，打造建设王老五农场、乐丰农场、玫海庄园、富华园林、凤凰谷优质桃、下河葡萄、高家庄丹参基地等八大田园综合体。大高家庄丹参通过“临朐丹参”国家地理标志资格认证。生态旅游业发展成效显著，投资2000万元，新修、拓宽道路6条，总长36.5公里，新砌筑河道4000米。依托凤凰谷森林公园，建设一期投资6700万元的伊松、投资1.2亿元的峪林方、投资1.5亿元的松泉湖、唐泉湖垂钓中心、祺月山庄等6个度假村，祺月山庄和凤凰谷度假村开业运营，松泉湖度假村达到开业运营条件。投资3000万元，完成唐立、大峪、柞家庄子村、裴家河、红庙子、下河等6个村庄的美丽乡村建设。推进河长制落实，砍伐河道内树木13万余棵，清除垃圾1.2万立方米，移除各类障碍100多处，拆除养殖大棚47处，砌筑大峪河、辛寨河等河坝22公里，全镇11条河流的“清河行动”取得显著成效。学校建设开创新局面，投资1.5亿元，开工建设辛寨小学。健康养老事业焕发新容颜，投资1.62亿元的景福养老护理院项目，已完成建筑面积1.9万平方米的6栋楼建设，并投入使用。做好精准扶贫工作，全镇2016年的1147户、2882人和2017年的128户、300人已全部脱贫；孟家、大高家庄等9个省定贫困村全部脱贫。

【蒋峪镇】 地处临朐县东南部，面积178平方公里，辖8个农村社区，29个中心村，1.7万户，6.2万人，共有耕地面积4380公顷。2017年，全镇实现财政总收入1940万元，其中，地方财政收入1271万元，同比分别增长5%和11%，固定资产投资13.8亿元，工业总产值3.5亿元，同比分别增长10.9%和9.1%。

按照“进位争先、加快崛起”的目标要求，开展“大项目建设突破年”活动，“产业强镇、商贸活镇、文化名镇、生态立镇”建设不断加快。新引进电力金具、宏恩太阳能光伏发电、莲花湾文化旅游开发等过亿元项目3个。加大对吉祥板材、盛安食品、荣雅木业、华一服饰等重点企业的包靠、服务力度，企业实现健康平稳发展。抓好蒋峪大集项目建设，力促蒋峪大集与“中国食品谷”、全福元商业集团签署战略合作协议，打造食品谷源头市场、商贸中心。举办“出彩蒋峪”首届群众文化艺术节。实施“镇区东扩、跨河发展”战略，实施蒋蒲路改造提升工程，将“两河”拉入镇区，推进左家庄子片区棚户区搬迁改造，加快湖光山色集中居住区项目建设，抓好美丽乡村建设，打造吉利沟、向阳、郝赵铺等4个美丽乡村。坚持教育优先投入、优先发展，镇中心幼儿园11月份正式投入使用，4月份启动蒋峪初中建设，项目总投资1.3亿元，新增标准教学班72个，新增学位3600个。自主创建“党委搭平台、群众下订单、社会搞服务”理论模型，依托“信息化网络、手机APP、有线电视、微信、服务热线”“一网四智能”组织架构，创新打造民生▪党建e客服，并依托上述架构，搭建社会治理信息化综合服务平台，构建起“网格化管理、信息化支撑、立体化防控、社会化服务”社会治理四化联动机制。开展“四诺履职”和过硬支部创建，刘家营村、田峪村等一批支部达到过硬标准。

【柳山镇】 位于临朐县东部，面积97.1平方公里，辖21个中心村，1.2万户，4.2万人，耕地面积4831公顷。2017年，全镇实现地方财政收入1227万元，同比增长9.3%；实现工业销售收入5.5亿元，利税8734万元，分别增长 10.1%和3.2%。

推进农业供给侧结构性改革，创新推行“434”土地流转模式，多形式吸引社会工商资本投资，流转土地近13000亩，签订开发合同56项，推动传统农业向现代农业转型升级。该镇以创新土地流转模式加速培育农业转型发展新动能的做法，被新华社、《大众日报》《潍坊日报》等众多媒体报道。推行“农旅”发展新模式，立足柳山特色，高起点、高质量编制柳山国家农业公园规划，开工建设台湾幸福村农业创意园、柳山智慧农业田园综合体等项目，搭建“一核两轴四片区”的旅游发展框架，致力于打造集吃、住、行、游、购、娱为一体的大型休闲观光农业旅游中心。开工建设孟津河流域生态治理、柳城路道路改造提升、柳山小学改造提升等重点民生工程。

【山旺镇】 位于临朐县东北部，面积108平方公里，辖16个中心村，0.95万户，3.6万口人，耕地面积3600公顷。2017年，全镇实现财政总收入3022万元，地方财政收入1604万元，分别同比增长36%、13.3%。

大项目建设快速推进。向上级争取土地指标215.7亩。新落户投资过亿元项目7个，完成总投资3.2亿元的贝能迪艺术栅栏和昊达防火保温建材项目建设并投产达效。现代农业服务创新发展。开工建设占地48亩的山旺镇为农服务中心，完成新大樱桃交易市场、农资超市和大樱桃研究所主体建设。规划建设大樱桃科技示范基地。硬化区间路7.9公里，建设民宿7栋、3600平方米的生态餐厅一处，加快发展“新六产”。民本民生持续改善。完成总投资4000万元的桲林教育次中心及镇卫生院主体建设。投资2700万元，完成14个扶贫项目，139户、265人全部达到脱贫条件。完成东、西上林和小山旺3个村、358户棚户区改造搬迁任务。强力推进“河长制”工作，清理河道64公里。创新“三三三”党群服务模式，率先研发推行“党群服务e点通”APP，新打造凰山、解家河、杭山等党建示范点5个，凰山村党支部和上林初中党支部被县委评为过硬党支部。

【沂山风景区】 位于临朐县南部，面积148平方公里，辖14个中心村，8329户。年末常住人口2.6万人，耕地面积1719公顷。2017年，全区实现地方财政收入887万元，比上年增长17%。

景区基础设施。规划建设长14公里的东镇湖环湖漫道，启动下起神龙大峡谷入口处、上至玉皇顶电视台南侧，全长2060米、落差370米的沂山观光索道建设工程。大关水库增容工程已完成总进度的60%。滨湖养生苑项目总投资3亿元、占地约83亩，总建筑面积61350平方米，共建设高层楼房23栋，项目主体正在施工中。社会事业。泛海希望小学异地新建项目的教学楼、综合楼以及餐厅主体建成，大关初中扩建项目完成招投标，多功能餐厅已动工建设。投入近4万元对养老院前院实施改造提升，前唐家河至沂泉、东红路至上常家沟两条乡道已建成通车。民本民生。永硕生态农业产业园已整平土地1100亩，栽植果树、五谷杂粮470亩，并配套安装水肥一体化滴灌设备。把“党支部+合作社+贫困户”作为扶贫开发主要途径和模式，依托光伏发电、伏峪蚂蚱养殖、沂泉五谷杂粮加工等产业项目分红，帮助贫困户解决具体困难，全区剩余的45户、80人全部达到脱贫条件。加快推进美丽乡村建设，北草山亭等4个美丽乡村建设示范村已具雏形，5个生态文明村、20个环境整洁村同步推进。旅游宣传营销。做大做强沂山文化节、沂山民俗庙会、槐花节、采摘节等特色节会活动。林场建设。调整13名职工充实到林场，增强一线防火力量。成立50人组成的森林消防专业队。在林区周边村按照墓地分布情况，投资近30万元，建设51处纸草焚烧池；投资900多万元完善引水上山工程，在回头林区、桃园林区及古松群、歪头崮等重点区域修建8处蓄水池、蓄水坝，铺设灭火管网8公里。抓住雨季雨量充沛的有利时机，在石人山一带造林3500亩，栽植黑松、麻栎近39万棵。

【龙山高新技术产业园】 位于临朐县城北部，面积 67平方公里，辖16个中心村，9490户。 年末常住人口3.5万人，耕地面积3086公顷。2017 年，实现地方财政收入2719万元，比上年增长57.6%；实现工业销售收入12亿元、利税4113万元，分别增长10.5%和25.1%。

长深高速公路纵贯南北，北端紧邻309国道，与青州接壤，南端紧邻省道仲临公路，交通便捷。基础设施完善，完成总体发展规划和园区区域环评，形成营龙路、龙高路等“四纵四横”道路框架，总长度近40公里，项目区达到“七通一平”标准。鲁龙天然气、龙山110千伏变电站、第三污水处理厂、绿源热力等基础配套工程已投入使用。全区已落户铝模板产业园、客乐思、志特、宝龙达、东临、昌泰高分子、三义等项目，总投资近100亿元，荣获“中国铝模板产业基地”“中国有机硅密封胶产业基地”两个国家级产业基地称号。龙山产业园是“全省花卉苗木百强镇”，建成以花卉苗木、瓜菜、果品、核桃为主的现代农业示范基地。

【嵩山生态旅游区】 位于临朐县西南部，总面积89平方公里，辖11个中心村，6000余户。年末常住人口1.5万人，耕地面积800公顷。2017年，全区实现地方财政收入 712 万元，比上年增长74 %。

大项目建设。总投资76亿元的潍坊抽水蓄能电站项目，3月份启动可研，全省同类项目中进展最快；投资1.2亿元的揽月岛旅游度假区、1亿元的龙潭湖露营公园、1亿元的嵩阳书院、2500万元的鲁中果品冷储交易市场等项目加快推进；投资1亿元的净心谷高端旅游度假项目、5000万元的周家山顶高端民宿等旅游项目进展顺利。镇区建设。投资3000万元、建筑面积2万平方米的商业街于8月23日交房回迁；投资1100万元的龙潭路、暖水路、嵩山路、和谐路等镇区路网加快建设；投资2亿元、占地80亩的湖光假日公馆项目已正式开工建设；投资1829万元、占地45亩的嵩山小学主体已完成，即将竣工。全域旅游。抓好全域旅游示范乡镇创建，实施“嵩山人家”农家乐提升工程，打造北黄谷、淹子岭等乡村旅游村，发展乡村旅游和农家乐，发展农家乐49家，住宿床位达到600张。加强对外宣传推介，举办齐鲁嵩山•2017国际露营季“杏花节”“桃花节”及山东第四届乡村旅游节系列活动，电影《编外媳妇李小双》在嵩山完成拍摄。社区和合作社建设。全区11个中心村全部成立社区和合作社，配备专职社会代办员，把邮政快递、票务订购、水电费缴纳、农资购销、农产品销售等业务搬进社区。全区合作社发展蜜桃1万亩、高山樱桃、猕猴桃各1000亩，建成加工车间3处、农家乐2处、冷库11个。中心村集体收入全部超过3万元。生态建设和美丽乡村建设。开展荒山绿化，重点抓好投资1200万元的欧投项目（欧洲投资银行贷款山东沿海防护林工程建设项目）、200万元的防护林项目、700万元的防火体系建设，年内完成造林1万亩。全区已安装路灯2010盏、户景观灯5120盏，改厕1163户，美化4万平方米，绿化5.2万平方米。全域实施禁牧禁养，539户养殖户无偿关停拆除各类养殖棚圈900余处，在全县率先全面完成禁牧禁养任务。

（刘冠伟　程国栋）

昌乐县

【国民经济和社会发展概况】 昌乐县位于山东半岛中部，面积1101平方公里，年末户籍总人口63.52万人，辖4个镇、4个街道、1个省级经济开发区、1个省级旅游度假区和1处水库管理区，共有53个城乡社区。全年实现地区生产总值307.95亿元，比上年增长7.3%。其中，第一产业增加值39.32亿元；第二产业增加值127.47亿元；第三产业增加值141.16亿元。地方一般公共预算收入24亿元，地方一般公共预算支出31.78亿元。社会消费品零售总额149.57亿元。进出口总额90.51亿元。城镇居民人均可支配收入32895元，农村居民人均可支配收入16710元。是“中国蓝宝石之都”，境内有古火山

84座，蓝宝石有矿面积450平方公里，储量数十亿克拉，占全国蓝宝石总储量的90%以上，是世界四大蓝宝石产地之一。是“中国西瓜之乡”，西瓜种植面积超过15万亩，年产6亿公斤，被确定为中国地理标志农产品。先后被评为“国家卫生县城”“国家知识产权强县工程示范县”“第四批全国计生基层群众自治示范县”“国家级出口食品农产品质量安全示范区”“全省十九大安保维稳工作先进县”“全省城乡环卫一体化工作先进县”“全省城乡交通运输一体化建设工程示范县”“2016-2017年度全省‘平安农机’示范县”“山东省第四批社会科学普及示范县”。

工业发展迈上新台阶。实施“产业兴县、工业强县”战略，把工业强基作为经济发展第一位的任务，制定实施工业强基23条、产业投资19条、企业挂牌上市17条等一系列政策措施，规模以上工业主营业务收入、利润、利税分别增长9.1%、24%和21%。把做强做大现有企业放在突出位置，实施“343”培育工程，壮大行业龙头企业群、“隐形冠军”企业群，百亿级、50亿级企业分别达到3家和6家，4家企业入选中国民营企业制造业500强，6家企业列入全省中小企业“隐形冠军”和“专精特新”企业，2家企业被确定为省“两化”融合管理体系贯标试点。持续增强创新能力，新增市级以上科创平台24家，新获市级以上科技成果奖11项，高新技术产业产值占比达到28%；新获中国专利优秀奖1项，新增专利授权510件，被评为国家知识产权强县工程示范县。强化质量品牌建设，新获“市长质量奖”1项、“市长杯”工业设计大赛奖项2项，新创省级以上名牌名标21件，2家企业列为全省百年品牌重点培育企业。实施企业家素质提升工程，成立企业家协会，开展高层次培训，推动在全社会形成尊重、理解、支持企业家的良好氛围。创新人才引进培养机制，聘任县政府科技顾问2名、科技副县长1名、科技副镇长10名，建立海外工作站5处，聘请海外引才大使4名，引进专家学者17名，新引进“千人计划”“万人计划”泰山学者等高层次专家教授23名，省级以上重点人才工程人选达到41人。

城市建设打开新局面。全面推进县城提升，开展城市总体规划修编，完成土地利用总体规划调整、水资源保障规划编制，城市空间格局优化拓展。加快推动城市南拓东进、对接潍坊中心城区，“一山两河一轴两片区”规划编制实施，首阳山区域生态修复扎实推进，九龙湖片区村庄全部完成棚改搬迁，南寨水库扩建工程基本建成，潍坊西部生态新城正在加速崛起。决战决胜封山禁采、棚改、拆违“三大攻坚”。封山禁采全面实现，关停拆除所有370处矿产资源非法开采加工点。棚改全面破局，从难度最大的北关片区入手，4天半时间完成全部904户居民搬迁。以此为示范引领，整建制完成8个片区、13个村、4401户棚户区居民搬迁，开工安置房源4010套。拆违强力推进，全县拆除违建1210处、52万平方米。统筹推进平安城市、健康城市、低碳城市、智慧城市、海绵城市“五城同建”，推行社会治理网格化管理，编制实施地下综合管廊、海绵城市等专项规划，改造老旧小区8.6万平方米，完成5个小区供热管网更新，新修4条市政道路，建成智慧管线等智慧城市系统，开展市容市貌、铁路沿线环境专项治理，顺利通过全国文明县城复审，成功创建国家卫生县城，荣获中国智慧城市最具潜力城市奖。建立房地产业全流程监管制度，引进绿城集团等高端企业参与城市开发建设。配合做好济青高速改扩建、潍日高速等重大基础设施建设，建成投用榆横—潍坊特高压变电站和5条特高压输电线，潍昌路改线工程顺利完成。繁荣发展城市经济，出台现代物流业发展扶持政策，申易物流公司被认定为国家AAAA级物流企业，物流业税收实现翻番。金融机构达到 47家。火山国家地质公园揭碑开园，宝石博览会和春季黄金珠宝展成功举办，“中国蓝宝石之都”品牌影响力进一步提升。

镇域发展迈出新步伐。发展高质高效农业，出台一系列现代农业发展扶持政策，土地流转面积达到31.6万亩，新增设施农业面积1.5万亩，新认证“三品一标”41个，建成全省首家西瓜院士工作站。启动新型农业经营主体培育计划，新发展合作社、家庭农场155家。发展“新六产”，建成田园综合体9处。推进畜牧业标准化建设，被评为山东省现代畜牧业示范县。改善农业生产条件，建设高标准农田2.2万亩，实施45个水利基础设施项目，治理水土流失面积8.6平方公里，被确定为全国农田水利项目县。完善小城镇基础设施，完成投资25亿元。提升农村人居环境，新修改造农村公路57条，实施农村无害化厕所改造3.5万户，完成125个村电网升级改造，红河镇被评为中国美丽乡村建设示范镇，180个村达到省级美丽乡村标准。推进乡村旅游提档升级，新建标准旅游厕所22座，新增旅游点5处。培育发展特色小镇，方山蓝宝石小镇入选省级特色小镇创建名单，吉他小镇等带动区域发展作用初显。提升社区服务中心11处，建成新型社区4个。基层治理“四治”模式得到民政部肯定。

生态建设实现新突破。推进超低排放改造，强化挥发性有机物治理，严格落实错峰生产、清洁型煤推广、扬尘污染防控等大气污染综合治理措施，狠抓“散乱污”企业清理取缔，大气环境质量四项指标全面改善，空气质量优良天数达到248天。实施雨污管网分流改造和重点河流综合治理工程，加强饮用水水源地保护，完成城北、城东和城西污水处理厂一期新一轮提标改造，重点河流COD、氨氮平均浓度分别改善18.7%和21.1%。全面推行“河长制”，开展“清河行动”，完成河道违法事项清理。实施全域绿化，新增成片造林7880亩，修复退化林分3450亩。推进城乡环境综合整治，建成县生活垃圾无害化处理厂。开展农业废弃物资源化利用试点，新建三益新能源等农业废弃物循环利用项目，建成20处农业废弃物处置点。科学划定畜禽养殖“三区”，禁养区养殖场全部搬迁。加强耕地保护，完成全域永久基本农田划定。推进城乡建设用地增减挂钩等节地挖潜试点，盘活低效闲置用地，新增建设用地3984亩。严查环境违法案件，做好中央、省环保督察迎查工作，同步抓好问题整改。

改革开放取得新进展。推进“三去一降一补”，降低企业成本超过6亿元。全面加强农村集体“三资”管理，农村集体资产股份权能改革试点通过国家验收，经验做法得到中央深改办、农业部和山东省委、省政府肯定。改革县镇财税体制，镇级发展活力逐步增强。规范政府债务管理，争取地方债置换债券8.8亿元。深化事业单位分类改革，清理“僵尸”事业单位6个。稳步推进综合行政执法体制改革。加快企业改制步伐，完成55家企业规范化公司制改制，47家企业在“新三板”或区域性股权交易市场挂牌，实现直接融资7.2亿元。扩大对外开放，实现进出口总额88亿元；利用外资3.1亿元，增幅居全市首位。经济开发区综合实力跻身全省30强。成功创建为国家级出口食品农产品质量安全示范区，被确定为全省首批原产地证书第三方发证机构下放试点、全省生猪产品“撤点并厂、定点配送”试点县。

民生保障达到新水平。城镇和农村居民人均可支配收入分别增长8%和8.2%。推进脱贫攻坚，15个省扶贫工作重点村全部“摘帽”，农村建档立卡贫困人口基本实现脱贫，3处扶贫基地被评为全国就业扶贫基地。促进创业就业，新增城镇就业7641人，登记市场主体达到5.3万户，被确定为全国第二批返乡农民工创业试点县、全省创业型城市。持续扩大社保覆盖面，社保卡持卡人数达到52.2万人。发展教育事业，新招录302名教师全部充实到教学一线，高考各项指标实现历史性突破，新改建21所农村中小学全面封顶，18处撤并整合后的农村小学校舍全部改造为公办幼儿园。顺利通过国家三类城市语言文字工作达标验收。现代职业教育快速发展，宝石中专跻身山东省百强示范校。强化卫生计生服务，推进家庭医生签约，基层医疗卫生机构基本设备配置标准化率达到100%，被确定为全国计划生育基层群众自治示范县、全省医养结合示范县、全省健康促进示范县试点。完善社会救助体系，低保、五保供养标准进一步提高。退役士兵安置和权益保障政策得到有效落实。发展文化事业，建成投用334个村（社区）文化服务中心，图书馆、文化馆免费开放，36项文化资源列入全市“九名”，1件作品获泰山文艺奖，被评为全国服务农民、服务基层文化建设先进集体。昌乐广播电视台新闻综合频道实现高标清同步播出。昌乐县体育健儿参加第十三届全运会取得2金1银的好成绩。突出以文化人，培育市级以上道德典型20余名。推进信访积案和矛盾纠纷化解，全面建立“一村（社区）一法律顾问、一警务助理”工作制度，开展“破案会战”和“打黑除恶、打霸治痞”专项行动，社会保持和谐稳定，被省委、省政府授予全省十九大安保维稳工作先进县。狠抓安全生产责任落实、隐患排查治理和基层基础建设，本质安全水平逐步提升。持续加强食品药品监管，通过省级食品安全先进县验收。政府自身建设取得新成效。深化“放管服”改革，推行“零跑腿”“只跑一次”改革事项340项。推进“四减一降”，实现“三十一证合一、一照一码”。在全省率先实行“一窗受理，全科服务”。规范政府投资、财政支出、公共资源交易等程序，资源配置效率效益提高。严格执行县人大及其常委会决议决定，自觉在人大、政协监督下开展工作，办理人大代表建议105件、政协提案165件。开展普法依法治理，推行重大决策合法性审查、政府法律顾问等制度，预防化解行政争议，营造良好的法治环境。保持反腐败高压态势，查处一批违法违纪案件。加强审计监督，实现县级预算执行审计全覆盖。强化公务员队伍建设，落实容错纠错机制。落实中央八项规定精神，整治“四风”。

【2017中国（昌乐）国际宝石博览会隆重开幕】 10月13日至16日在昌乐中国宝石城隆重举行。本届博览会以“创新•发展•合作•共享”为主题，遵循“蓝宝石为媒、宝博会搭台、扩大交流、发展共赢”的办会宗旨，传承和弘扬珠宝文化，推动昌乐黄金珠宝加工交易产业转型升级，提升“中国蓝宝石之都”的品牌影响力。来自美国、俄罗斯、意大利、斯里兰卡等20个国家和地区的300多家珠宝企业参展，参会人数2.57万人次；现场交易额及达成意向交易额1.6亿元；签约项目28个，总投资128.8亿元。

【三大攻坚造福于民】 决战决胜封山禁采、棚户区改造、拆出违法建设“三大攻坚”。2017年，昌乐县封山禁采全面实现，关停拆除所有370处矿产资源非法开采加工点。棚改全面破局，整建制完成8个片区、13个村、4401户棚户区居民搬迁，开工安置房源4010套，创历年之最。拆违强力推进，全县拆除违建1210处、52万平方米，实现还山于民、还绿于民。

【田园综合体】 2017年，昌乐县推进三产融合发展，加快县镇土地流转平台、农业综合服务平台、电子商务平台建设，壮大乡村旅游、农村电商等“新产业”，打造五图街道庵上湖田园综合体、高崖水库库区窝铺田园综合体、红河镇城市园丁园艺综合体、凤凰岭田园综合体和鄌郚伟圣田园综合体等“新业态”，建成田园综合体9处。农村电商销售额和乡村旅游综合收入分别增长50%、60%以上，实现农村增美、农业增效、农民增收。

【乡村振兴的庵上湖模式】 庵上湖田园综合体，以产业兴旺、生态宜居、乡风文明、治理有效、生活富裕为目标，实行“党支部+合作社+新六产”模式，从2007年起步，历经十多年时间，带领群众“抱团”发展田园综合体，本着食品安全大于天的理念，以种良心菜、放心菜为目标，把食品安全作为生命线，所有产品均为绿色无公害。打造乡村振兴的庵上湖模式。

【昌乐经济开发区（宝城街道）】 位于昌乐县北部，面积43.4平方公里，辖8个行政村，37个自然村，12365户，2017年末常住人口3.59万人，耕地面积1397公顷。2017年，全镇（街、区）完成地区生产总值55.93亿元，比上年增长6.0%；实现地方财政收入4.29亿元，比上年增长34%；实现工业销售收入282亿元，利税1.57亿元，分别增长8.2%和63.5%；第三产业增加值达到195769万元，增长6.7%；居民人均可支配收入20786元，增长6.1%。

昌乐经济开发区作为昌乐县工业发展的主阵地、高端产业的聚集区、开放发展的引领区，建区25年来，始终秉承“工业强区”理念，把发展工业作为立区之本。先后引进各类企业300多家，并规划蓝色经济产业园、黄金珠宝加工产业园、智能制造产业园、绿色房屋建材产业园等专业园区，实现装备制造、黄金珠宝首饰加工、造纸包装印刷等优势产业集群发展、集成创新、集中突破。其中，智能制造产业园为首批国家火炬特色产业基地，潍坊市仅此1家。辖区现有规模以上企业54家，主板上市企业4家，新三板挂牌企业2家，高新技术企业14家，高新技术企业产值占规模以上工业总产值达到40%以上。拥有中国驰名商标7件，山东省著名商标9件，建有省级工程技术研究中心4家、省级企业技术中心2家，市级工程技术研究中心13家，市级企业技术中心11家，市级重点实验室3家，市级工程实验室（工程研究中心）7家，并先后荣获“山东最佳投资园区”“山东省低碳经济示范园区”“山东省生态工业和循环经济示范园区”等荣誉称号。2017年被评为潍坊市循环经济示范园区、产城融合示范园区、劳动关系和谐园区、安保维稳工作先进集体，山东省文明村镇。

【首阳山旅游度假区】 位于昌乐县东南部，面积31.5平方公里，辖11个行政村，4006户，年末常住人口1.3万人，耕地面积677公顷。2017年，居民人均可支配收入22642元，增长6%。

首阳山旅游度假区2013年被山东省人民政府批准为省级旅游度假区，是潍坊市境内唯一集秀美的山——首阳山、清澈的水——桂河、深厚的历史文化——夷齐文化于一体的区域，被喻为潍坊市的“天然氧吧”，地理位置优越，是潍坊市委、市政府打造“半小时经济生活圈”的重点开发区域。2017，昌乐县委、县政府提出加快与潍坊中心城区对接融合思路，度假区全面对接“一山两河一轴两片区”的整体布局，立足资源和区位优势，加快区域内“一山一河一轴”的规划建设，打好生态牌、落实新理念、组合新要素，全力打造生态宜居、山水相依、功能完备的潍坊西部生态新城。

【朱刘街道】 位于昌乐县城区东部，总面积40.07平方公里，辖19个行政村，35个自然村，9760户，总人口2.88万，耕地面积1725公顷。2017年，街道完成地区生产总值66.8亿元，比上年增长7.2%；实现地方财政收入3.83亿元，比上年增长94.76%；规模以上工业企业完成主营业务收入291.89亿元，同比增长2.87%；实现工业产值292.37亿元，同比增长3.3%，实现利润12.6亿元，同比增长9.28%；实现利税18.3亿元，同比增长2.26%；第三产业增加值14.79亿元，同比增长14.1%。街道荣获“中国产业园区创新力百强”“山东省新能源特色产业镇”“潍坊市新型化工产业示范基地”“市级创业园区”等荣誉称号。

围绕“产业强市”，加速动能转换。中国比德文新能源汽车产业基地纳入全市“四区四基地一通道”重点项目，基地配套产业园、科创产业园完成拆迁；比德文龙头效应凸显，全国每6辆低速电动车就有一辆产自这里；投资30亿元的汉唐中能项目落户开工。传统化工加速转型，潍焦、万山分别进入中国民营企业500强。厚植“文化名市”，实现润内养德。对朱刘历史文化深度挖掘，编制《昌乐古今•朱刘辑》，建成比德文现代美术馆、潍坊世代古典汽车博物馆等，朱刘百年历史文化展览馆正在建设。聚焦“活力城市”，鼓励创业创新。搭建“众创”平台，新建新能源汽车创业辅导基地、菩提文创中心。强化招商引资，全年落地项目16个，总投资37亿元，加大人才引进，新引进国家千人计划等高层次人才5人。打造“品质城市”，实现宜居宜业。开展桂河生态湿地修复、进行雨污管网改造，持而不息抓牢安全环保，611家企业和院落实现“网格化、实名制”监管，365天持续进行安环夜查，深入开展农村环境整治，城乡面貌明显改善。

【宝都街道】 位于昌乐县中心城区，面积75.97平方公里，设有9个城市社区、3个农村社区，共有49个行政村、77个自然村，总人口15.38万人（其中农村户籍人口13470户、48602人）。耕地面积2535.67公顷。2017年，全街道完成地区生产总值72.3亿元，比上年增长7.5%；实现一般公共预算收入3.25亿元，比上年增长35.28%；实现规模以上工业主营业务收入101.98亿元，利税17.03亿元，分别增长15.99%和18.25%；农民人均可支配收入26285元，增长10.2%。

辖区柠檬酸产量占全球的30%，是“中国柠檬酸特色产业基地”；电子散热器产量占全国的60%，是“中国电子器件散热器产业基地”。建成的宝都医药电子特色产业园，是国家、省两级中小企业公共服务示范平台。建有电子散热器、柠檬酸2个省级产业技术创新战略联盟，拥有昌乐西瓜、高家河苦菊、昌乐小南瓜三个国家地理标志证明商标，建成院士科研工作站1处、院士专家工作站1处、博士后科研工作站1处。

【五图街道】 位于昌乐县城南部，面积104平方公里，辖41个行政村，1.4万户，人口5.3万人，耕地面积4620公顷。2017年，全街道完成地区生产总值222092万元，同比增长9.6%；实现地方财政收入5429.8万元，比上年增长11.2%；规模以上企业实现销售收入630702万元，利税59936万元，分别增长7.6%和11.2%；第三产业增加值达6.43亿元；农民人均可支配收入16710元，增长8.2%。

境内蓝宝石总储量居全国第一，也是世界上储量最大的蓝宝石矿床之一，方山钟灵毓秀，是全国唯一一座蓝宝石原生矿山。南寨水库碧波荡漾，桂河、圩河、丹河等河流纵横交错，山灵水秀，人杰地灵。工业经济转型发展。提升、引进、储备、破局34个项目。其中，突出新旧动能转换，提升中慧食品、金垦国际贸易等4家企业的市场竞争能力。加快光电科技特色产业园、塑料蓝色产业园等园区建设，实现塑料、光电、商砼、饲料四个行业大发展。农业区域化发展。根据全街道实际规划三大片区，其中，东部片区，以庵上湖村为中心，打造万亩田园综合体。中部片区，以美丽响水崖子、怡情九龙湖为中心，发展乡村旅游业。西部片区，以丹河、韩信2社区为中心，借鉴寿光大棚种植经验，推进先进种棚技术推广，改造提升老旧大棚，实现农业设施的新突破。美丽乡村融合发展。建成任家庄方山书院、福山百果园、响水崖子美丽乡村、庵上湖观光采摘园、大解召千亩桃园“五子连珠”生态文明走廊，农村乡风淳朴，美丽宜居。完成了九龙湖片区河南、下楼、东刘、杨徐、周家庄、边下6个村共计906户，778亩土地的棚户区改造工作，提升居民生活环境，加快与县城融合发展。

【乔官镇】 位于昌乐县中部，面积195平方公里，辖73个行政村，26703户，2017年末常住人口9.0796万人，耕地面积0.99万公顷。2017年，全镇完成地区生产总值18.36亿元，比上年增长15.62%，实现地方财政收入3333万元，比上年增长79.7%；实现工业销售收入383393万元，利税13623万元，分别增长27.15%和28.7%；第三产业增加值达到5.12亿元，增长18.8 %；农民人均可支配收入16979元，增长 9.98 %。

乔官镇蓝宝石、膨润土、玄武岩、木鱼石等矿产资源储量丰富；境内隋姑山、乔山、莲花山等处风景秀丽；远古火山群入选国家自然遗产，山东昌乐火山地质公园被评为国家地质公园；“荆山悠腔”“大葛狮子舞”等11个项目入选市县非物质文化遗产；“昌乐火山小米”成功注册国家地理标志证明商标；拥有板材、塑料、化工、织带等多个特色产业，规模以上企业17家。2017年，乔官镇以新项目、新园区、新机制为依托，构建经济发展的新平台，规划建设1000亩德润科技产业园、500亩龙海新材料产业园和400亩北岩织带产业园。全力提升镇区形象，先后投入资金800余万元，安装路灯300余盏，铺设人行道2900米，新修辅道2500米。加快农旅建设，投资新建过100万农业项目20多个，新建现代农业园区11处，重点建设五棵松田园综合体和莲花山农庄小镇。全面加强文化阵地建设，先后投入资金80余万元，组建文艺演出队伍20支，新建文化广场20余处，开展文艺活动90余场。

【营丘镇】 位于昌乐县东南部，面积218平方公里，辖64个行政村，28413户，年末常住人口9.7万人，耕地面积12000公顷。2017年，全镇完成地区生产总值27.4亿元，比上年增长7.5%；实现地方财政收入4722万元，比上年增长127.57%；实现工业销售收入61.2亿元，利税22234万元，分别增长15.1%和14.7%；第三产业增加值达到97000万元，增长7.3%；农民人均可支配收入19113元，增长7.2%。

工业综合实力迈上新台阶。暖阳新能源、鹏洲塑业等项目投产达效，经欣粉体粉碎机、英皇10万吨啤酒等新上项目开工建设。营丘镇创新创业基地建成投入使用，实现直接经济效益过千万元。现代农业发展取得新成效。完成两万亩国家级现代农业示范园区的概念性规划并开工建设，全镇新建成单体过百亩的设施农业园区5个。脱贫攻坚取得阶段性胜利。镇村服务功能实现新提升。新建成3处社区服务中心和37处村级为民服务场所，新消防站投入使用，两处派出所和法庭完成升级改造。胶王路、206国道市政配套工程基本结束，顺利完成镇区雨污管网分离工程及9778套农村旱厕改造任务，被评为全市环卫一体化工作示范镇。积极推进河长制工作落实，矿产资源整治和违法建设治理取得决定性胜利。

【红河镇】 位于昌乐县南部，面积194.5平方公里，辖62个行政村，29636户，年末常住人口11.6万人，耕地面积1.07万公顷。2017年，实现地方财政收入6309.5万元，比上年增长28.14%；实现工业销售收入69.17亿元，增长6.1%；农民人均可支配收入17060元，增长1.54%。

2017年，红河镇荣获全国重点镇、国家卫生乡镇、中国美丽乡村建设示范镇等荣誉称号。现代农业提标扩面。“双百工程”深入推进，打造了沿朱红路北起白浪河、南到汶河的“两基地、三中心”现代农业走廊，累计建设现代农业园区58个，为群众提供低息贷款4000多万元，建立唯一一个在乡镇设立的农学博士工作站，红河花生已完成国家地理标志证明商标申报，发展凤凰岭田园综合体、山东城市园丁园艺综合体等农业新业态、新模式。产城融合深度推进。加快骨干企业转型升级，乐港公司食品包装项目开始试生产；乐化集团水性环保涂料技术获省科学技术进步二等奖，10万吨水性防腐涂料项目开始生产；德福纸业在美国注册商标，新上高档生活用纸生产线6条。引进了沙特NST纸制品加工、经典粮食物流园等一批项目。人民医院二院病房楼门诊楼、镇消防站，红河中学、镇中心幼儿园新园等6处学校新扩建工程等民生项目基本完成。社会治理稳步提升。“小散乱污”企业和不达标化工企业全部取缔。以“四类风险”排查为重点，共整改安全隐患595起。创新实施了主动服务、依法服务、精准服务、便捷服务，让人民群众满意的“四服务一满意”工作模式，镇便民服务中心、宅科社区服务中心为全国基层社会治理现场会提供现场。社会和谐稳定，党的十九大期间，全镇无一人到省进京上访，被潍坊市委、市政府记集体三等功。党的建设全面过硬。围绕“支部引领、党员带头、党小组在行动、双百双育双增收”工作思路，村党组织书记带头成立协会、合作社62个，增加村集体收入300余万元。深入开展“作风建设年”活动，打赢“违法建设治理”“矿产资源集中整治”“土地增减挂钩项目整村搬迁”三大战役，推行党员干部“三考核一公示”制度，搭建“作风建设大讲堂”“社区论坛”等平台，累计培训党员干部1万余人次。

【鄌郚镇】 位于昌乐县西南部，面积166.3平方公里，辖26个行政村，2.5万户，年末常住人口8.3万人，耕地面积7500公顷。2017年，全镇完成地区生产总值20.34亿元，比上年增长9.1%；实现地方财政收入8725万元，比上年增长10.3%；实现工业销售收入347361万元，利税19169万元，分别增长10.4%和19.1%；第三产业增加值达到66659万元，增长12.6%；农民人均可支配收入17217元，增长3.5%。

2017年，鄌郚镇入选“全国综合实力千强镇”，荣获山东省卫生先进单位等荣誉称号。乐器产业发展中心被认定为全国就业扶贫基地。打造乐器产业发展中心综合党委等5个党建示范点，开创“一三四五”特色产业党建新模式。践行“作风建设年”要求，决战决胜矿产资源整治、拆除违建、棚户区改造三大攻坚任务，完成村“两委”换届工作。举办吉他产学研峰会、音乐节、全国电吉他大赛等活动，“吉他小镇”的影响力全面提升。大力发展现代农业，新打造千亩园区5处，完成造林绿化4500亩。教育教学成绩持续名列前茅，完成镇中心中学等4所学校的校舍改造任务。严格落实河长制，整理河道48公里。不断完善“大调解”“干部下访”“班子成员接访”等制度，社会秩序持续稳定。

【高崖水库库区】 位于昌乐县南部，面积57.6平方公里，辖17个行政村，6764户，人口2.34万人，耕地面积1826.67公顷。2017年，高崖水库库区完成地区生产总值63533万元，比上年增长12%；地方财政收入234.3万元；工业实现销售收入117803.95万元，利税12455.42万元，分别增长18%和20%；第三产业增加值达24922万元；农民人均纯收入11996元，增长8%。

高崖水库库区是山东省一级水源保护地，被评为国家级水利风景区、国家AAA级旅游景区、省级文明村镇、省级湿地公园、潍坊市森林镇等，正积极申报国家AAAA级旅游景区。生态建设，坚持生态、景观、产业“三位一体”造林绿化思路，系统推进“两带一区”（即“白杨礼赞”生态防护林带、“烟柳水岸”生态涵养林带、“桃花故里”生态富民林区）绿拥白塔工程，完成造林面积2800亩。文旅、农旅融合发展，研究和挖掘当地文化，打造完成“白马庙内有白塔”等白塔古景、高崖水库纪念馆，助力生态旅游。高崖水库纪念馆被评为山东省党史教育基地、潍坊市思想政治工作示范点和政治关爱之家；提升南山农场、汶水庄园等项目，新建窝铺田园综合体、白塔原乡农庄等文化产业项目；培植和开发白塔芋头、地瓜和小米等特色产业。白塔芋头历史悠久，主产地是白塔、窝铺等20多个村，是高崖库区的传统主导产业，已有千年栽培历史，它个大、体圆、皮薄、肉嫩，滑中带面，香味醇厚，营养价值高，享誉海内外，是江北地区上市最早、口感最好的有机芋头。培育和推广“白芋1号”等优良品种，实施标准化生产，芋头种植面积已达1万亩，年产鲜芋头2万吨，全年供应，畅销全国，出口美国、日本、韩国及东南亚国家和地区。“白塔”牌被评为“中国特产知名品牌”，正在申报中国地理标志证明商标；高崖水库库区被评为“中国芋头之乡”。白塔地瓜，亦有千年栽培历史，现有种植面积6000多亩，气候温润、砂质性土壤、饮用水源，个头均匀、色泽好、糖度高、纤维少、口感软甜，营养丰富，主产地是卧牛石、窝铺等十多个村。白塔小米，种植历史悠久，现种植面积5000多亩，主要种植在水库周边的岭地，籽粒饱满、颜色金黄、含糖量高，小米汤，汤汁浓稠、口感香醇，营养价值高，有“代参汤”之美誉，主产地是张家楼、东后韩等10多个村。山水田园生态小镇和美丽乡村建设，东篱湖畔社区东前韩村完成搬迁入住和旧村复垦，白塔社区服务中心建成投用，赵庄村安置楼完成建设，建新村安置楼完成主体，“桃花源里”安置点开工建设；完成窝铺等8个美丽乡村建设，窝铺村被评为“潍坊市乡村旅游标杆示范村”。社会民生事业，中心幼儿园、白塔卫生院新病房楼建成投用。

（刘培利　刘国强　刘　静）

开发区概况

Kaifaqu gaikuang

潍坊高新技术产业开发区

【国民经济和社会发展概况】 潍坊高新区成立于1991年，1992年获批国家级，现辖2个街道、2个发展区，面积110平方公里，截至2017年年末，全区户籍人口17.1万人。潍坊高新区在2017年度全国147家国家高新区综合排名中位于第22位，在地级市国家高新区中排名第2位。

2017年，全区实现地区生产总值（GDP）451.2亿元，按可比价计算增长13.5%，增速居全市第一位，高于全市平均6.5个百分点。二、三产业对GDP增长的贡献率分别为58.65%、41.35%，分别拉动GDP增长7.92、5.58个百分点，服务业对经济的拉动作用持续增强。全区规模以上工业企业完成工业总产值958.4亿元、增长35.0%；实现高新技术产值723.6亿元、增长45.6%。全区完成财政总收入96.28亿元、增长22.0%；完成一般公共预算收入49.63亿元、增长15.7%。一般公共预算支出24.72亿元、增长12.1%。全区完成全社会固定资产投资170.1亿元、增长12.4%，增幅居全市第一位。实现社会消费品零售总额377.07亿元、增长10.4%。完成国税收入62.01亿元、增长26.0%，总量居全市第二位；地税收入32.79亿元、增长64.9%，增幅高于全市55.7个百分点，增速居全市第一位。

科技创新。科技事业硕果累累。2017年，全区大力实施创新驱动发展战略，新获批市级以上科技项目125个，获批资金1.4亿元，“潍坊高端动力装备产业集群”成功列入2017年度创新型产业集群试点（培育）名单；高端创新创业资源不断集聚，新获批国家级众创空间1个、省级众创空间4个、国家级孵化器1个、省级孵化器4个，新增院士工作站1家，市级产业技术创新战略联盟1家、工程技术研究中心3家、企业重点实验室3家；高新技术企业集群发展壮大，新申报高新技术企业80家，通过公示71家，高企申报数量和公示通过率均创历年新高，全区高新技术企业已达135家；全区荣获中国专利优秀奖2项、市专利奖13项、市科学技术奖7项；全区国内专利申请量、授权量分别达到3347件、2035件。招才引智工作成绩突出。荣获省人才工作先进单位，6人新入选国家“千人计划”“万人计划”和省“一事一议”引进顶尖人才、“齐鲁之约”海外引才泰山系列人才工程重点支持人选、居全市第一。截至2017年12月，全区集聚国家“千人计划”“万人计划”专家34人、科技部“创新人才推进计划”8人，省“泰山学者”“泰山产业领军人才”52人、市“双创人才”“鸢都产业领军人才”61人，海外高层次人才400多人。

产业发展。聚焦重点项目建设，做大做强龙头企业和“隐形冠军”企业群，着力打造国际动力城、光电城、生命健康城和VR科技城，引领“产业强市”建设。2017年，全区工业发展紧扣供给侧结构性改革主线，动能转换加速发力，高技术产业快速发展，产业结构持续优化，工业经济质量效益明显提升。加大拆迁清表力度，为产业发展腾出空间。2017年，全区共拆迁24874户，拆迁面积1130万平方米，分13批拆除2622处30.7万平方米违章建筑。对投资1200亿元的329个重点项目，严格落实包靠责任。潍柴、歌尔、盛瑞、特钢、福田、沃华医药、华滋自动化、天瑞重工等一批骨干企业，纷纷跨入发展快车道。2017年，全区骨干企业迎来了一个蓬勃发展的“爆发期”，潍柴集团汇总营业收入实现2208亿元、增长65%，歌尔176.5亿元、增长42.9%，特钢122.8亿元、增长17.9%，福田36.9亿元、增长14.4%，盛瑞14.5亿元、增长14.1%，华滋自动化、天瑞重工等中小企业，也都连年实现两位数以上增长。华丰动力、凯信机械、汇胜公司等“隐形冠军”企业，虽然现在规模不大，都是未来的重要增长点。

金融服务。金融资源聚集初见成效，资本市场加速扩张。2017年，全区共有银行21家，证券公司10家，保险公司12家，全区金融服务能力迅速提升，打造全市金融资源聚集区初见成效。利用资本市场的能力不断加强，2017年，全区拥有6家上市公司、7只股票，11家新三板挂牌企业，76家齐鲁股权交易中心挂牌企业，进入资本市场企业总数达到93家，形成多层次资本市场“潍坊高新区”板块，资本市场服务实体经济发展的作用日益明显。补齐科技金融短板，增强金融支撑力和产融结合能力，为科技创新、企业发展、产业提升、城市更新插上金融的翅膀。基金体系进一步完善。设立3亿元的产业发展母基金、1.8亿元的自动变速器产业基金，与金沙江联合资本设立26亿元的智能制造产业基金，与全球领先的凯鹏华盈合作设立10亿元的创投基金，与盛景网联合作，整合紫牛基金、真格基金等一线天使投资人，设立3亿元的天使投资母基金，构建种子期天使基金、成长期风险投资基金、成熟期产业发展基金等完整的闭环基金群，实现资本招商、资本培育，打造资金洼地。分A、B、C（鼓励、支持、观察）三类支持高成长性中小企业发展，帮助19家轻资产企业融资10.3亿元。投资30亿元建设潍坊金融小镇，由金沙江创投主导建设金沙江创意产业园，全力打造蓝领小镇、创客小镇。资本市场建设进一步加强。29家企业完成规范化公司制改制，17家企业进入多层次资本市场，全区登陆资本市场的企业总数达到49家。歌尔集团发行20亿元可交换公司债券，高创集团发行境外债5亿元。PPP项目运作规范化和成熟度不断提升，基础设施建设、城市更新、河道治理等项目全面铺开，拉动社会投资53亿元。

城乡建设。城市面貌日新月异，棚户区改造成绩斐然，环境质量持续改善。2017年，深刻把握高新区城市发展态势，全面引领高新区成为“全域国际化”示范区。沿北海路向东实施城市更新工程，积极推进雨污混排整治、建筑外立面改造、城市美化亮化、海绵城市建设、拆旧改丑等321个重点工程，改造人行道、打通“断头路”、建设城市支路，构建城市交通“微循环”。2017年，建成19条市政道路、2座桥梁、3个水源连接工程，建成9条城市支路，打通13条“断头路”，市民出行条件改善。新建3个城市公园、35个口袋公园，组织全域国际化城市雕塑创意大赛，让高新区成为口袋公园和城市雕塑的博物馆，全力打造水绿交织的生态城，全面引领“品质城市”建设。实施道路亮化工程，打造智慧化城市，对全区照度不够的路灯光源进行提升改造并加装超级Wi－Fi设施，现已完成东方路、东风街等18条道路路灯改造工程，更换光源2300余盏，在东方路、北宫街等安装Wi－Fi灯具86套。发展绿色建筑，打造歌尔绿城等4个省级二星级绿色建筑示范项目，建筑面积35万平方米；太阳能光热一体化建筑面积达47万平方米，新建建筑全部达到绿色建筑星级标准要求。打造良好的城市景观，完成桐荫街、东方路等8条道路绿化工程，共栽植乔木4100余株，灌木16.6万余株，地被4万平方米，绿化面积5.2万平方米。棚户区改造成绩斐然。高新区紧紧围绕市委、市政府“高新区率先消灭城中村”的决策部署，举全区之力推进棚改拆迁、开工、回迁安置工作。2017年，全区共拆迁14308户，占全年计划任务的271%；开工13321套，占全年计划任务的112%；安置11717套，占全年计划任务的125%。棚户区改造工作继续走在全市前列。环境治理力度加大，环境质量持续改善。2017年，围绕“绿色发展”理念，深入开展工业点源治理等“十大工程”。推广清洁型煤任务550吨，完成全区17家加油站三次油气回收改造，拆除20蒸吨/时及以下燃煤锅炉79台，取缔“散乱污”企业153家，在全市率先完成全部超低排放改造任务，实现空气自动监测站点全覆盖，2017年全年“蓝天白云，繁星闪烁”天数277天，同比改善24天。累计新建污水管道11.4公里，整治雨污混排点14处，关停取缔畜禽养殖场（户）261家，全面推行落实河长制，封堵整治入河排污口12处，浞河流域实现稳定达到V类水体标准，全年河流出境断面水质达标率100%。辖区环境质量稳步提升。

民生建设。社会救助体系全面建立，社会保障进一步健全。建立健全社会救助体系，以困难群众需求为导向，及时实施精准救助。投入607.4万元提高低保救助、残疾人生活补贴、重度残疾人护理补贴、困难失能老人护理补贴、特困人员供养等救助和补贴标准，累计发放临时救助、医疗救助资金76.34万元。及时落实惠民优待福利政策，投入98万余元实施“银龄安康”工程、白内障复明工程、“阳光家园”托养计划、精准康复、残疾人技能培训等惠老助残措施，15760名老年人和970余名残疾人受益。为3077名80岁以上老年人发放老年人高龄津贴737.69万元，为重度残疾人代缴社会保险23.52万元。居民收入不断增加，生活水平继续改善。2017年，全区城镇居民人均可支配收入43462元，增长9.3%，增幅高出全市平均1.3个百分点；农村居民人均可支配收入21649元，增长9.8%，增幅高出全市平均1.5个百分点。人口计生工作再上新台阶，就业规模持续扩大。截至2017年末，全区户籍人口数171495人，全年新出生3186人，出生人口性别比101.8，人口出生率19.28‰，人口自然增长率15.78‰，各项指标均控制在责任书指标范围内。城镇新增就业15184人，新增参与创业活动3291人，失业保险参保人数74510人，城镇登记失业率控制在2.34%以内。深入落实援企稳岗政策，发放补贴732.28万元，稳定固化就业岗位46000个。教育投入持续加大，满意度全市领先。2017年，全区共有义务教育阶段中小学校16所，教职工1346人，在校生21349人；共有各类幼儿园49所，在园幼儿11695人。2017年投入9.2亿元，建成潍坊高新区东方学校、大观小学、潍坊瀚声学校和欣诚幼儿园，新增中小学学位7940个，学前教育学位360个，有效满足区内适龄儿童入学、入园需求；投资1200万元，完成东风学校、清平小学、浞景学校、凤凰学校、志远小学、钢城现代学校6所学校绿化提升。引进教师175人，主动创新教师招聘机制，从现有幼儿园在职在岗园聘教师中选聘聘任制教师15人，打通园聘教师成长渠道。在全市率先实现公办中小学外籍教师100%全覆盖，全区中小学自主办学实现全覆盖。区内3所学校获评潍坊市创新教育示范校。设立100万元的名校长、名园长奖励基金、500万元优秀教师奖励资金和2000万元歌尔教育基金。教师节期间，共发放奖励资金721.4万元。提高中小学生均经费标准，中小学生均经费分别达到1510元、1210元，分别提高500元和400元，经费保障水平全市最高。在2017年度潍坊县市区（开发区）教育工作满意度测评中为99.23%。在2017年全市教育综合督导中，高新区以裸分891.51分，满意度99.23%的成绩连续四年位居市区、市属开发区第一名。城市文化内涵进一步丰富。实施18项行动计划、3个战略平台和36项任务，歌尔VR文化产业园、高新国际艺术节、浞河文化景观带等列入全市重点支撑项目，为“文化名市”建设注入高新特色。管委会成功创建全国文明单位，北海学校入选全国首批文明校园，文明创建成果持续巩固。医改工作不断深化，医疗卫生服务水平稳步提升。全区各级各类医疗卫生机构131家，各类卫生技术人员2814人，其中医生1178人、注册护士1238人。年度医改目标顺利完成，基层医疗机构标准化建设年度任务顺利完成，全区基层医疗机构设备配备达标率100%。

【山东乡村治理十佳案例】 潍坊高新区“自改委”（居民自主改造工作委员会）模式荣获山东乡村治理十佳案例。2017年4月13日—14日，在济南举行的首届乡村治理论坛上，高新区《“自改委”破解棚户区改造难题》一例荣获社会类十佳案例奖，为破解全国棚户区改造有关难题提供经验。

棚改搬迁中，潍坊高新区新钢经济发展区率先探索实施“自改委”模式，取得良好效果。街道制定了发动广大居民参与，让群众自主决策、自我治理的拆迁改造思路。新钢经济发展区按照“上级指导、社区党支部领导、居民自治”的原则，在谷家石门、中官庄、高铁官庄等8个社区率先成立居民自主改造工作委员会，专门负责棚户区改造旧房拆迁等事宜，成员包括社区党支部、居委会班子成员，党员代表、群众代表，还有威望高的老干部、老党员。“自改委”的主要工作是深入各家各户调查研究，拟写棚户区改造初步方案，根据群众提出的一系列问题，修改完善方案，再张榜公示方案，然后入户宣传方案和有关政策，耐心解答群众提出的问题，引导居民积极参与拆迁工作。采用“自改委”模式，居民热情高涨，参与度高，自愿拆迁、自主改造、自我治理成为潮流，社区旧房拆迁进度快。街道中官庄社区仅用8天时间就完成所有107户的拆迁任务，没有因拆迁发生一起纠纷和上访事件。

【全国首创公共服务事项“整链条”办理】 2017年，潍坊高新区解决基层群众“办证多、办事难”问题，从群众实际办事需求出发，选取新生儿事项、餐饮业设立作为试点，将原来分散在多个部门、单位分别办理的关联事项，整合实行“整链条”办理，实现群众“跑一次腿、办多个事”。创新审批机制，在政务服务大厅设置专门综合窗口，一窗受理出件。实行限时办结制度，有关单位同步审批，全程网上办公，减少交叉作业环节，办理时限分别压减93%、84%。削减申请要件，把原来到公安、卫计、社保等部门分别办理的出生落户、落地参保、疾病筛查报销等新生儿事项需要提交的21个申请要件压减至7个，15份申请材料复印件变为“零提交”；原分散在公安、市场监管、城管执法等部门分别实施的名称预先核准、个体工商户注册登记、食品经营许可等餐饮业设立事项需要提交的42个要件精简为9个。减少群众往返跑腿次数，餐饮业设立登记事项往返申请次数由7至8次，压减到2至3次。公共服务事项“整链条”办理得到群众充分认可，全年办理相关业务2118项。12月18日，省工商局原文转发了潍坊高新区“餐饮业整链条”办理实施方案，省职能办将潍坊高新区“整链条”办理模式提升为工作指导标准，作为学习借鉴和可复制的经验做法，在全省范围内进行推广。

11月24日，办事群众在潍坊高新区新生儿事项综合受理窗口现场办理业务，真正享受到了整链条办理模式带来的方便和快捷

（供稿：高新区组织部）

【新城街道】 新城街道位于高新区西部，西至北海路，东至惠贤路，北至青银高速，南到胶济铁路，与奎文区、经济区、寒亭区、坊子区交界。辖区面积31.3平方公里，辖23个社区党委，2017年末，户籍人口11.3万人，有经济活动单位8828家，其中纳税企业4320家。2017年，街道实现一般公共预算收入4.3亿元，增幅26.3%；规模以上工业企业总产值247亿元，同比增长29.3%；完成固定资产投资8.1亿元。

经济社会发展。街道坚持把重点项目和棚改作为经济和社会发展的主抓手，2017年，街道共完成棚改拆迁2580户、43.9万平方米，开工安置楼5562套，安置2268套。2017年，街道共完成歌尔、柒星国际、文化产业总部基地、电网检测中心、宝通街412亩地块、瀚声国际学校、贾伍线、阳光融和医院二期等101个重点项目民事工作，打通东方路、玉清街、志远路、永惠路、桃园街、梨园街、东金支路、珠光街等13条道路，清表累计腾地4474亩。

党建和社会治理。整合62名专业社工、119家社会组织、223支志愿者团队和2.1万名志愿者的服务优势，成立全市第一支“聚能”专业社工服务队，创办“群众文化艺术节”等2个常态性文化节日，全年累计开展文化活动630多场。培育15个社区服务品牌，打造15个特色示范社区，“一社一品”格局基本形成。开通23个社区微信公众号，打造“新城微阵地”，设立排忧信箱、楼道温馨提示栏等，通过多种创新渠道为社区居民提供更加方便快捷的服务。将辖区23个社区大网格优化为93个小网格，网格长、网格员向居民亮明身份，结合包居联户，开展“敲门行动”，建立覆盖全部6.9万户、20万居民的“新城数据库”，为居民协调解决难题5100多件，实现“小事不出网格、大事不出社区、难事不出街道”。民政部主管，全国三大专门报道城市社区建设的国家级权威媒体——《社区》杂志、中国社会工作联合会官网和《中国社区报》，先后多次专题报道街道在社会治理创新方面的经验做法。

安全生产。街道常态化开展安全生产“大快严”整治，签订各类安全生产责任书6万多份，印发《安监警示》12期，下达督办令49期，通报企业75家，出动检查人员3600多人次，检查生产经营业户5400多家，排查整改安全隐患280多处，对辖区内30家企业、15家汽修厂开展安全生产双体系建设，在全区率先建立6处“微型消防站”。

【清池街道】 清池街道位于高新区东部，济青高速公路以南、胶济铁路以北，面积39平方公里，辖34个村改居社区，8656户，2017年末，户籍人口3.5万人，耕地面积650.4公顷。2017年，全街道完成地区生产总值329.8亿元，同比增长7.2%；实现地方财政收入6584万元，同比增长15%；实现工业销售收入773.8亿元，利税106亿元，分别增长26%和32%；第三产业增加值达49.6万元；居民人均可支配收入18375元，增长6%。获得“山东省首批健康村镇试点”“潍坊市市级文明单位”等荣誉称号，顺利通过国家卫生街道初审，丁家社区被评为“山东省卫生村”，韩家侯孟社区被评为“省级文明村镇”。

2017年，清池街道共完成重点项目清障114个，创造了平均每1.5天完成一个项目清障的“清池加速度”。在棚改拆迁方面，街道紧紧扭住“三年完成棚改任务”不放松，全年共完成南潘、韩侯、北潘、二甲李、吕家张营、黄家街、南埠口、西宋、王油一9个社区的棚改清零，累计完成拆迁5897户，开工4133套，安置5825户，分别完成年度任务的334%、107%、110%，提前两个多月超额完成年度棚改任务。全年共组织联合执法行动97次，完成违建拆除682处、约21万平方米，完成年度任务640处的107%。

【新钢经济发展区】 新钢经济发展区位于潍坊高新区东南部，面积25.6平方公里，辖20个村改居社区，2017年末，户籍人口1.5万人，耕地面积813.92公顷。2017年，完成固定资产投资19222万元，实现地方财政收入3.7亿元，辖区规模以上企业9家，累计完成工业产值170亿元。

新钢经济发展区是一座产城融合的现代化新市镇。2017年，新材料产业集聚发展，年产值近200亿元，其中，潍坊特钢集团加快转型升级，新上矿渣岩棉、蒸压加气板、胎圈钢丝钢绞线等项目，在创造经济价值同时，实现原料及生产废物“吃干榨净”、变废为宝；昌大建科装配式建筑发展迅速，成为全国装配式建筑示范基地。棚户区改造走在前列，2017年，一次性完成10个社区3700余户居民搬迁，在全市率先消灭“城中村”，“自改委”棚改模式荣获山东省基层治理十佳案列荣誉称号。农业现代化发展迅速，金润农业产品远销俄罗斯等国，年销售额达2000多万元，恒益生态农业开工建设，在农旅融合发展上迈出坚实一步。

【新昌经济发展区】 新昌经济发展区位于潍坊高新区东北部，面积12.6平方公里，辖13个行政村，3095户，2017年末，户籍人口0.86万人，耕地面积495.13公顷。2017年，全区完成实现一般公共预算收入1676万元，增长20.1%；完成固定资产投资4.7亿元，增长120%；实现工业总产值20.2亿元；农民人均可支配收入8956元，增长8.1%。

2017年，发展区深入开展“作风建设年”活动，全力加快推进重点任务落实。马宿、北冯等9个村居全部完成整村拆迁，并在全区率先完成开工及安置任务。项目建设成效明显。全年腾地清表1200亩，开工建设重点产业项目2个，完成11条道路总长8公里的465户民事工作，5条道路建成通车；加快完善水电气暖排污等市政配套设施，有力保障三个安置区居民的生产生活和重点产业项目的建设进度。高压整治环境污染，被评为“潍坊市城乡环卫一体化工作示范镇街”。持续加大社会保障和社会救助力度，分配被征地农民社会保障补贴基金7000万元。持续开展安全生产大检查，消除整改隐患5000余处。

（李国强）

潍坊滨海经济技术开发区

【国民经济和社会发展概况】 潍坊滨海经济技术开发区位于潍坊市区北部，渤海莱州湾南畔，海域面积510平方公里、海岸线长69公里，土地总面积678平方公里，辖央子、大家洼两个街道。东临昌邑下营，西部、南部与寿光接壤，南与寒亭区毗邻，北临莱州湾，南距潍坊市区28公里，北到森达美港17公里，东距青岛178公里、西距省会济南200公里。是全国最大的生态海洋化工生产和出口创汇基地，先后被确定为国家科技兴贸创新基地、国家生态工业示范园区、国家职业教育创新发展试验区、国家级园区循环化改造示范试点园区和国家产城融合示范区。

2017年，滨海区全年实现GDP321.76亿元、可比增长7.7%，规模以上工业主营业务收入864.77亿元、同比增长15.6%，公共财政预算收入34.94亿元、同比增长9%，主要经济指标增幅均居全市前列。

新旧动能转换。初步构建起以高端装备制造、海洋精细化工、高端石化、生物医药等产业为主的现代海洋产业体系。着力培育新动能，突出抓好新和成北方基地、中化弘润国际原油超市等总投资1954亿元的122个重点项目建设，特别是对投资过50亿元项目实行一线指挥部推进，在建项目投产率达50%以上。组建招商集团推行市场化招商，先后出台《推动蓝色跨越22条》《总部经济发展激励政策》等8大招商优惠政策，新签约项目36个、总投资1936亿元。抢抓“互联网+”“中国制造2025”等国家战略机遇，全力推动数字小镇、华芯集成电路产业园等项目建设，加快打造“数字滨海”。改造提升传统动能。加快产业链重整、价值链提升、供应链重塑，完成规范化公司制改制38家、培植挂牌企业39家，新认定国家高新技术企业38家。同步实施低效用地和僵尸项目两年清理行动，采取二次招商、股份合作、兼并重组等方式有效处置115个。积极吸引外来动能。大力发展“飞地经济”，成功举办京鲁（潍坊滨海）跨区域协作新旧动能转换对接会，签约总投资997亿元的大基医疗、中铁轨道、国华北理科技园等12个项目，北京海科建、保利产业园、山水合作园等“飞地园区”建设加快推进，创建滨海区国家级“飞地经济”试验区，列入省新旧动能转换总体规划。抓好中以海水处理等“区中园”建设，打造中外合作产业园。全年完成进出口总额110亿元、实际利用外资7.6亿元，同比分别增长28%和10.4%。

产城融合。围绕国家级产城融合示范区建设，推动产城人融合互动、良性发展，擦亮“海滨城市”品牌。集中突破中央城区。围绕打造80平方公里现代海洋城市核心区，开展“集中拆迁月”“百日会战”“项目突击月”三大战役，新和成小镇、月亮湾片区、神州健康医养城等总投资523亿元的32个城建重点项目加快建设，资本管理中心、城市生活广场等13个项目建成投用。完善基础设施配套。潍坊港4个5万吨级泊位和2个2万吨级泊位投入运营，7个5万吨级泊位启动建设，客货滚装码头建成投用，5万吨级航道获批建设，全年完成货物吞吐量4200万吨、集装箱35万标箱。潍日高速滨海段建成通车，白浪河大桥及摩天轮建成投用，通用航空机场、京沪高铁东线、环渤海大通道、轨道交通旅游示范线等工程加快推进。抓好生态环境保护。开展全区三年大绿化行动，3条沿海防护林带、弥河入海口生态带和白浪河生态示范带二期建设全面启动，重点抓好滩涂湿地和海域生态保护修复，新增绿化面积2000公顷。健全安全环保网格化监管体制，突出抓好异味、水体、固废和扬尘治理，3月份成功获批国家生态工业园区。全面加强社会治理。深入实施免费教育、免费公交、免费直饮水等惠民政策，免费农村有线电视实现2.2万户家庭全覆盖。健全城乡统筹社会保障体

滨海区“潍营号”货船停靠山东高速潍坊港 （供稿：潍坊滨海经济技术开发区）

系，推进分级诊疗试点和家庭医生签约服务，全面完成2159户棚户区改造任务，北师大滨海北校区、潍坊（上海）新纪元学校三期建成投用，基础教育现代化水平不断提升。

深化改革创新。坚持用改革破难题、以创新补短板，最大限度地激发发展活力和内生动力。深化行政管理体制改革。实行机构“大部制”、人员“双轨制”、全员KPI绩效考核和分配制度改革，将全区48个部门单位整合为19个“大部门”，同步完成1174个岗位双向聘任工作。改革前实行重大工程和重点工作指挥部推进机制，整合全区重点工作，分别成立八大指挥部并赋予充分事项决策权，倒排工期、挂图作战，形成整体推进合力。深化“放管服”改革。实行行政审批和行政执法“一口制”，设立行政审批局和综合执法局，实现一枚印章管审批、一个部门管执法。全面实行“模拟+模块化”审批，探索容缺预审、限时审批和化工项目预审批，试行“负面清单”以外工业投资项目不再审批，行政审批效率提升30%以上。创新开发运营机制。将9个产业园区和功能区优化整合为6个，实行“法定机构+运营公司+招商公司”开发模式，成立园区开发公司或由区属国有企业设立子公司，加速园区转型升级。新组建滨海国投集团和金融控股集团、招商发展集团等3个企业集团，谋划民生、基础设施类项目19个、总投资156亿元，有力带动吸引社会资本参与滨海改革发展。

文化建设。积极探索文化建设新模式，完善现代公共文化服务体系，实现文化产业创造性转化、创新性发展。加快文旅融合发展。深入挖掘地方历史文化，大力发展“旅游+节会+体育”新业态，总投资近150亿元的华谊兄弟星剧场、民俗文化园、科莫水上飞机等6个项目签约落地，游艇码头、温泉度假酒店等项目加快建设，成功举办潍坊国际风筝会、风筝冲浪世界锦标赛等大型国际赛事和国际马术文化节、渔盐文化节等特色节会活动，年吸引游客260万人次。健全公共文化服务体系。扎实推进意识形态工作，大力弘扬社会主义核心价值观，扎实开展文化惠民工程，完成海港社区、太平社区等6个社区文化服务中心改造提升，先后组织群众文化活动570场次，基层公共文化服务水平显著提升。优化人才支撑。以海洋科技大学园建设为引领，加大招院引校力度，先后与沈阳航空、洛阳理工等5所院校院所签订办校协议，与中国石油大学等10多家院校院所达成合作意向，山东海洋科技大学一期建成、山东化工职业学院正式入驻，依托山东（潍坊）公共实训基地建设的全国首个虚拟现实公共实训科技研发平台获省发改委立项批复，15所院校院所入驻、在校师生达8万人。

干部队伍建设。坚持把选人用人作为落实党委主体责任的首要之责，严格干部选拔任用制度，真正选好人、用好人、管好人，打造政治坚定、素质过硬、作风优良的干部队伍。研究出台一线考察干部实施办法，严格执行干部任前档案审核制度。结合全区系统性、全域性体制机制改革，拿出34个管理岗位，面向全国公开招聘优秀人才。引进山东财经大学教授挂职管委会副主任、11名清华大学博士后挂职街道园区科技副职，设立130余名统战工作联络员和民族宗教信息员。严格执行民主集中制，坚持集体研究、讨论决定，确保决策的民主科学。扎实做好离退休干部社团兼职情况自查，完成离任经济责任审计6人次。坚持全面从严治党与推动滨海改革发展同部署、同谋划，先后开展基层调研36次，组织召开30余次党工委会议和专题会议，研究推动党建和作风建设等工作，制定《2017年滨海区基层党建工作实施方案》等文件20余个，出台《滨海区党工委工作规则》《滨海区党工委议事决策规则》等党内制度。

（胡大水　毛金鹏）

【体制机制改革】 2017年，滨海区在全市率先实行全领域、系统性全区48个部门优化整合为19个大部门、4个专业化单位，园区和国企实行“法定机构+市场主体”制度改革，机关1174人实行双向聘任。

【“海上党旗红”项目】 2017年，滨海区成立党建推进指挥部，建设“红港”“红船”党支部和“红柳”党性教育基地，评选“海上红船”8条，开展廉政警示教育1550人次。该做法在全省边防系统推广。

【组建滨海招商发展集团】 滨海区组建滨海招商发展集团，在全市首创市场化招商新模式。新签约项目46个、总投资1332亿元，在谈111个、计划总投资3524亿元，新签约院校6家、落地2家。年度到位资金额、合同投资额居全市第一。

【“两群”企业建设走在全省前列】 滨海区“两群”（潍坊市行业龙头群、潍坊市隐形冠军群）企业建设走在全省前列新和成、祥维斯获评全国制造业单项冠军企业，全市仅此2家；鼎成新材料、强胜新能源等3家企业获评全省“隐形冠军”企业。新认定省级以上双创平台16家，新引进、落地科研院所10家，居全市第一。

【建成全省首个国家“南红北柳”战略示范区】 开展三年大绿化行动，实施了山东首个“南红北柳”生态示范林项目，鲁柽1号获国家发明专利，在沿海防护林推广种植盐松63.3公顷、31万株。

（刘其鹏　毛金鹏）

【大家洼街道】 大家洼街道地处潍坊北部沿海，渤海莱州湾南畔，东与滨海开发区央子街道毗邻，西与寿光市营里镇相连，南与寿光市侯镇接壤，辖区面积340平方公里，辖12个社区和21个行政村，共有52个基层党支部，

2280名党员，街道总人口4.3万余人，耕地面积1686.7公顷，浅海滩涂面积9000公顷。

2017年，街道规模以上企业产值112.73亿元，累计同比增长11%，实现利税13.55亿元。街道农村集体经济总收入1.2亿元，城镇居民人均纯收入2.2万余元，同比分别增长15%和10.4%。全街道政治稳定、社会安定、经济发展、事业进步，呈现出稳定、健康发展的良好势头。先后荣获全省"科学关爱和谐"四星级示范街道、全市十九大安保维稳先进集体、全区政务信息先进单位等荣誉称号。

（高　浩）

【央子街道】 央子街道地处潍坊北部沿海，西与滨海区大家洼街道毗连，南与寒亭区固堤街道毗连，陆域面积338平方公里，海岸线20公里，辖17个行政村，5548户村民，户籍人口1.6万人，常住人口1.8万人，耕地面积1153.3公顷。

2017年，街道农村集体经济总收入1.48亿元（以承包收入、补偿收入为主）。实现工业销售收入52亿元、工业利税5.6亿元，分别增长13.1%和14.3%。街道重点发展盐化工、水产养殖、盐温泉和盐文化旅游等产业，总投资50余亿元的弘润迪士尼温泉小镇、聚宝盆盐温泉养生度假项目、渤海国际水产市场、潍坊石榴岛温泉酒店等项目正在快速推进。

（李新林）

潍坊综合保税区

【国民经济和社会发展概况】 潍坊综合保税区于2011年1月25日获国务院批准设立，是全国第14个综合保税区。总规划面积30平方公里，其中网内保税区5.17平方公里，网外配套区24.83平方公里。分为南区、北区两部分，南区主要依托青岛机场和青岛港，为潍坊及周边地市企业服务；北区主要依托潍坊港、面向东北亚，为北部沿海2700平方公里地区服务，两区各有服务重点，又相互补充、相互融合，使潍坊综合保税区的功能政策覆盖全市、辐射全省，形成"一区两片"发展格局。

潍坊综合保税区具有"保税加工、保税物流、货物贸易、服务贸易、虚拟口岸"五大功能和"进境保税、入区退税、免增值税、区港直通、集中申报、快速中转"等优惠政策，具有"承东启西"的辐射带动作用，服务辐射半径达300公里，向东承接青岛、烟台、威海等沿海城市，向西服务淄博、滨州、东营等内陆城市，对全市、全省的经济发展有重要的政策服务、项目聚集和国际化平台作用。

2017年，潍坊综合保税区实现进出口额91.4亿元，增长21%，列全市各县市区第6名、全省9个保税区第3名、全国150个保税区前50名。公共财政预算收入1.73亿元，增长27.8%，增幅列全市第一位。规模以上工业主营业务收入81.4亿元，增长23%，其中高新技术产业占比达到89%，位列全市第一。

国家级平台申报。 2017年7月1日，潍坊综合保税区北区获国务院批准设立，成为全国首个转型升级后获批"一区两片"的综合保税区。同时，国家进口肉类指定口岸、进口冰鲜水产品指定口岸、进口澳大利亚活体肉牛口岸等3个国家级平台也分别在过去两年获国家批复设立，国家肉类口岸已经通过国家质检总局验收组验收。

重点项目建设。 认真落实全市"项目建设年"活动，全力以赴抓项目。加快电子信息、冷链物流、新能源、棉花加工、新材料、国际贸易和进口商品"六大产业园区"建设，推进产业聚集发展。全区筛选确定了80多个重点项目，总投资200多亿元，项目建设取得有力突破。占地666.7公顷的歌尔智能硬件产业园确定落户保税区，并列入省新旧动能转换项目库，中俄冷链国际物流项目、华奇棉花物流加工项目、佩特来百万台发电机项目、年产7万辆陆地方舟新能源汽车项目、天津力神动力电池项目、雷士景泰园项目等一批重点项目进展顺利，为推动新旧动能转换和保税区跨越发展提供了强大动力。

功能政策创新。 按照"大开放、大便利、大服务"的原则，积极发挥综合保税区政策试点功能，主动对接国家部委，对接自贸区功能政策，服务全省开发发展，改革创新各项工作加快推进。大力推行通关便利化改

正在建设中的国家进口肉类口岸　　（供稿：张　灏）

革，在济南关区首个实现区域一体化通关，共复制推广13项自贸区新政策，已有1500多家社会企业来区开展业务，报关单票数占全市的40%。在全省率先推行企业集群注册新模式，2017年全区新注册企业720家，同比增长134%，其中集群注册登记企业640家，占新增企业的89%。

全域环境提升。按照“品质城市”建设要求，对标学习东莞松山湖，聘请参与雄安新区规划的清华大学规划院，对保税区20～30平方公里进行整体规划、全面提升，着力打造生态智慧、国际开放、世界水平的高端产城融合区。编制完成全域环境提升概念性规划，宝通街、樱前街、高七路、桃园街、梨园街、杨瓦路等7条道路建设加速推进。规划歌尔绿城国际商业配套、雷士景泰园商业配套、德润绿城商住片区、汶泉国际城商业片区等一批配套项目，全区基础设施和生态环境逐步改善。

民生社会事业。持续加大社会事业投入，全力办好民生实事。

保税区实验学校配齐配强师资力量，潍坊行知高中完成搬迁，普惠制幼儿园完成选址规划。北徐家庄、西南段、大李家、蔡家集等8个村棚改工作顺利推进。三个社区实现实体化运行，为每个社区配备10名以上工作人员和警务人员，配齐必备的办公设施，累计为群众办理业务2000余项。投资1600多万元，分两批实施了16个村的乡村连片治理工程，全面整修12条农村道路，修建5处文化广场，村庄治理率达到70%。广泛开展文明村、文明户创评活动，投入400多万元，建设可视党建系统，免费为文明户提供手机、网络、有线电视，群众文明程度显著提高。

社会综合治理。社会稳定、环境保护、安全生产等工作成效显著。深入开展矛盾纠纷排查化解、“万人下基层”等活动。扎实抓好环境保护，建立长效机制，全区环保工作有了较大提升。全力抓好安全生产，大力推进安全隐患整改，没有发生较大以上安全事故。

党建和作风建设。认真学习宣传贯彻党的十九大精神，扎实推进“两学一做”学习教育常态化制度化，深入开展“作风建设年”活动，26项年度党建任务和5项重点突破项目全部完成，全区党的建设明显提升。切实抓好党风廉政建设，严肃查处群众身边的不正之风和腐败问题，促进干部作风转变，推动工作质效提升。

【潍坊综合保税区北区获国务院批复设立】 设立潍坊综合保税区北区是市委、市政府着眼潍坊未来发展作出的重大战略决策，对于扩大北部沿海对外开放具有重要意义。潍坊综合保税区北区自2013年12月启动申报，历经3年多的努力争取，2017年7月1日，国务院正式批复设立潍坊综合保税区北区，成为全国首个转型升级后获批“一区两片”的综合保税区。保税北区获批后，市委主要领导高度评价了保税区“变不可能为可能”的奋斗精神，市委、市政府为保税区记集体二等功。

【进口肉类和冰鲜水产品口岸建设】 2015年7月，经国家质检总局批准，设立进口肉类和冰鲜水产品口岸。该平台与中俄冷链物流项目一体化建设，2017年全面达到验收条件，申请国家验收。口岸运营后，潍坊及周边地区肉类和冰鲜水产品可以直接从保税区进口，能够大幅降低物流成本，打造现代化国际冷链物流体系，建成山东半岛进口鲜活类产品交易中心。

【在全省率先推行企业集群注册模式】 为加强商事制度改革，有效解决小微企业注册登记难问题，2017年，潍坊综合保税区在全省率先推行企业集群注册新模式，全区新注册企业720家，同比增长134%，其中集群注册登记企业640家，占新增企业的89%。

【实施全域环境整体提升】 按照学习松山湖、高于松山湖的理念，聘请参与雄安新区规划的国内顶尖设计单位，对保税区周边20～30平方公里进行整体规划，实施全域环境整体提升工程，主要推进7条重点道路建设、8个村棚户区改造、3个片区商业开发及全域生态绿化，着力打造生态一流、设施一流、交通一流、文化一流、科技一流的高端产城融合区，建成潍坊生态产业新城区。

【汶泉发展区】 汶泉发展区位于青银高速以南、潍胶路以北，面积20平方公里，辖23个村，4023户，2017年末常住人口约1.2万人，耕地面积840.07公顷。2017年汶泉发展区大力实施乡村连片治理，总投资1600万元，累计硬化道路10公里，绿化工程4.8万平方米，修建排水管道1公里、危桥2座，项目惠及总人口4200余人。免费为辖区常年缺水的新庄、东单家埠等4个村打井6眼，初步解决村民饮水难的问题，惠及群众2200余人。为3个社区各配备10名以上工作人员和警务人员，配齐必备的办公设施，累计为群众办理业务2000余项。累计发放各项惠民资金227余万元。广泛开展文明村、文明户创评活动，投入400多万元，建设可视党建系统，免费为文明户提供手机、网络、有线电视，群众文明程度显著提高。

（孙建达）

潍坊峡山生态经济开发区

【国民经济和社会发展概况】 峡山生态经济开发区（以下简称峡山区）于2008年1月1日正式组建运行，面积491平方公里，辖4个街道，277个行政村，2017年常住人口20.8万人，耕地面积20400公顷。拥有山东省最大的水库——峡山水库，水面面积144平方公里，总库容14.65亿立方米，兴利库容6.1亿立方米，是潍坊市的主要水源地和“蓝黄”两区的战略水源地。建区以来，先后荣获国家可持续发展实验区、国家有机产品认证示范区、国家出口食品农产品质量安全示范区、国家生态原产地产品保护示范区、国家级水利风景区、国家湿地公园、国家级潍水文化生态保护实验区的核心区等“国”字号称号。

2017年，峡山区认真贯彻落实中央和省市一系列决策部署，经济社会呈现稳中有进、稳中向好的态势。全年实现地区生产总值28.57亿元，增长7.5%；完成公共财政预算收入1.9亿元，可比增长27%；完成全社会固定资产投资38.4亿元，增长12.1%。

坚持生态立区，全域生态质量加速提升。启动了全域生态提升三年行动，计划3年内完成造林10万亩，开工建设峡山湖国家湿地公园等一批生态提升项目。峡山水库水质稳定保持在地表水Ⅲ类以上标准，“清河行动”任务全面完成，空气质量综合排名稳居全市前列。扎实做好迎接中央环保督察工作，受理环境信访件全市第三少。

坚持产业引领，现代产业体系初具雏形。初步构建起现代农业、文化旅游教育、生命健康与养老、绿色工业四大产业为主导的现代产业体系，北京大学现代农业研究院、迪梦温泉小镇等重大支撑项目进展顺利，萌族部落项目正式运行，韩华国际、源宜医学、荆卫生物等生命健康项目相继落地，峡山灯会、有机产业发展国际论坛、国际乡野马拉松赛、金风筝国际微电影大赛等节会先后举办。正在规划建设峡山现代产业园、军民融合高科技产业园，奥维通信、北京国能、珠海银隆、中科华联等高端产业项目确定入驻。

坚持创新驱动，金融科技活力竞相迸发。金融方面，以金融创新引领经济社会发展的新路子越走越宽，现代金融体系初步构建，具体可总结为“一二三四”：“一”，就是以潍坊水务集团为支点进行融资。“二”，就是填补了全区金融空白、产业空白，目前已有50家金融机构入驻，纳税过百万元的企业从2016年的14家增加到2017年的32家。“三”，就是实现了“三步走”。第一步，构建资金池，推动潍坊水务集团获得AA信用评级，实现融资100多亿元，总资产规模达到200亿元；第二步，搭建运营平台，组建了注册资本40亿元的峡山金控公司，在上海成立华潍融资租赁，发起运行国内首家汇友建工相互保险，积极构建资本运营体系；第三步，建设资本聚集区，成立金融创新小镇，集聚金融要素资源，打造内拉外拓、生财聚税、要素富集的区域资本聚集区。“四”，就是政府主导、市场运作、专业管理、产融一体四个特点。科技方面，以资本撬动“三招三引”（招商引资、招才引智、招院引所），建成峡山生命科学产业园，举办了峡山（北京）资本与科技产业对接恳谈会、国家“千人计划”前沿论坛等系列活动，一批高科技项目和人才加速聚集。以北京大学现代农业研究院为核心的现代农业高科技园区，春节后开工建设，生命科学产业园已有9家企业入驻，开展国内最前沿的基因检测、基因编辑、高端健康查体等生命科学研究。

4月28日，迪梦温泉小镇奠基仪式在迪梦温泉小镇园区内隆重举行（供稿：谭　昕）

坚持民生优先，库区百姓福祉持续改善。启动了“五位一体”（以失能人群等特困群体托管救助、畅通群众诉求渠道构建公平正义、增加农民收入、减轻农民负担、提升全民健康水平为重点的“五位一体”改善民生系列工程）系列民生工程，集中推出11项民生政策套餐，以红皮书形式发放到每家每户，举全区之力解决库区群众的所盼所需。初步形成了以特困群体、失能人员和老人救助为主体，覆盖全区、惠及千家万户的网络体系，探索形成了“1126”模式，即10家企业共同出资1亿元成立了一支基金，建成全省唯一的智慧养老平台，连接绿康源、福乐源2家医养结合养老机构和6家市场化日间照料公司，目前已有600余名老人签约。黑木耳种植、全民艾灸等工作也已全面推开，其中黑木耳既可以直接销售，也可进行深加工并出口到国外，发展前景非常好，未来将成为支撑全区农民增收的大产业。扎实打好脱贫攻坚战，完成了剩余的12个省定贫困村退出、1238名贫困人口脱贫任务。

坚持强基固本，发展内生动力不断增强。着力筑牢基层基础，16个软弱涣散党组织全部转化，43个集体经济薄弱村全部消除，村“两委”（村中国共产党员支部委员会和村民自治委员会的简称）换届选举工作积极稳妥推进。扎实开展“作风建设年”活动，通过拆迁治违、环保整治、脱贫攻坚等急难险重任务锤炼干部作风，推出了“感动峡山”十大人物等先进典型，忘我奉献的工作氛围加快形成。严守安全稳定底线，全区安全生产形势持续稳定，社会保持安定和谐。

【金融创新小镇启用】 6月28日，峡山区金融创新小镇建成运行。该平台采用政府引导与市场化运作相结合的模式，集聚金融元素、科技要素、产业要素，构建金融创新平台、科技创新平台、体制创新平台。截至12月份，已入驻金融机构近50家，主导成立基金19支，引进中化集团精准产业基金等基金22支，为区内企业注资30亿元，打造内拉外拓、生财聚税、要素富集的区域性金融资本聚集区。

【北京大学现代农业研究院落户峡山】 8月18日，山东省政府和北京大学在济南签署协议，潍坊市北京大学现代农业研究院落户峡山。截至12月30日，已完成动迁清障、规划设计，正在进行施工设计单位招标和项目立项审批，预计2018年3月开工建设。

【国家“千人计划”现代农业与食品创新创业服务中心落户峡山】 6月23日至26日，国家“千人计划”专家联谊会“农业现代化与全面小康”前沿论坛在峡山召开，国家部委领导及40余位国家“千人计划”专家参会，为峡山区现代农业发展集聚了智慧资源。2017年底，国家“千人计划”现代农业与食品创新创业服务中心落户峡山。

【峡山区实施全域生态提升三年行动】 从2017年开始，峡山区实施全域生态提升三年行动，投资30亿元增绿10万亩。抓好环城、环湖绿化，推动城市林木覆盖率显著提升；抓好河流边、铁（公）路边绿化，打造绿色生态廊道；抓好丘岭、村庄片区绿化，计划2020年美丽村庄B级达90%、A级达55%，森林镇村24个；建设峡山湖国家湿地公园等重大生态提升项目，打造生态发展示范区。

【民生工作会议召开】 9月21日，峡山区召开民生工作会议。启动了以失能人群等特困群体托管救助、畅通群众诉求渠道构建公平正义、增加农民收入、减轻农民负担、提升全民健康水平为重点的“五位一体”改善民生系列工程，并推出11项民生政策套餐，每年财政投入不少于1亿元，举全区之力解决库区群众的所盼所需。

9月21日，峡山区召开民生工作会议　　（供稿：谭　昕）

【系列文化活动引起广泛关注】 2017年，举办了第二届中国潍坊（峡山）金风筝国际微电影大赛颁奖典礼暨第四届全国微电影春晚，吸引国内外1500余人参加，央视新闻频道、央广网、大众日报等10余家主流媒体宣传报道，引起广泛关注。组织了第二届峡山迎春灯会，接待省内外游客40万人次，实现了经济效益、品牌效益、社会效益的多赢。举办了2017“大华木业杯”潍坊（峡山）国际乡野马拉松赛，共有来自21个国家和地区的马拉松爱好者参加4个项目的比赛，提高了峡山的知名度和美誉度。

【王家庄街道】 位于潍坊峡山生态经济开发区西南部，总面积148平方公里，辖107个行政村，25619户，2017年末常住人口7.99万人，耕地面积6067.27公顷。2017年，全街道完成地区生产总值4.2亿元，比上年增长8%；实现地方财政收入1293.54万元，比上年增长52.19%；实现工业销售收入2.1亿元，利税1800万元，分别增长23%和15%；第三产业增加值达到4600万元，增长11%；农民人均可支配收入17075元，增长13%。

王家庄街道陆路畅通、交通便捷。北距峡山市区1公里，距潍坊机场28公里，东距青岛港100公里，省道下小公路、县际景黄公路穿境而过，王宿路横贯东西，峡山湖环湖路环绕南北，组成了四通八达的公路交通网。

王家庄街道物产丰富、资源充足。境内矿产资源有铁矿、石墨、建筑石材等。主要农产品有大姜、圆葱、红冠蜜桃、红富士苹果、樱桃、葡萄、猕猴桃等。其中，有机农业是该街道发展特色，韭菜、芹菜、白菜等13种蔬菜、水果获得北京中绿华夏有机食品认证中心有机产品和有机转换产品认证。

王家庄街道历史悠久、人文荟萃。名人古迹较多，战国时期的黄公庙，秦朝的古战场、孙猛冢，秦汉时期的盖公祠，有汉代的古城堡、邓袭墓，北宋时期的青公庙，朱熹祠等遗址。

王家庄街道环境优美，旅游兴旺。北依秀美峡山，东频万顷碧水，已建成的30公里环湖柳堤、十里荷花长廊、山东最美乡村—潍泉、龙湖庄园、千亩苗圃式环湖绿化基地、石头崖省级示范采摘园和正在建设中的万亩生态净水湿地公园，成为峡山生态旅游线路上的一道亮丽景观。

【太保庄街道】 地处潍坊峡山生态经济开发区主城区，面积152.4平方公里，辖80个行政村，19454户，2017年末常住人口59995人，耕地面积7086.6公顷。2017年，全街道完成地区生产总值7.48亿元，比上年增长9%；实现地方财政收入1174万元，比上年增长11%；实现工业销售收入52000万元，利税600万元，分别增长-13.7%%和-27.5%；农民人均可支配收入17942元，增长14%。

2017年，太保庄街道各项事业取得新成绩。主城区建设实现新突破。完成邵家庄等7个村2300余户棚改任务；为兴峡路等6条道路调地清障277户；为北京大学现代农业研究院等8个项目调地清障406户1020亩；拆除主城区规划建设范围外410户12万平方米的违法建设。全民艾灸呈现新态势。与江西中医药大学开展战略合作，引进国家科技进步奖——热敏灸技术，全面提高全民艾灸科学性、可指导性；邀请热敏灸创始人陈日新教授及其博士研究生进行专题授课，开展为期两个月的“热敏灸走进千家万户”活动，先后举办健康大讲堂86期，赠送群众艾灸礼盒1.7万套，赠送热敏灸知识读本28700本，全面普及全民热敏灸；参加世界艾灸学术大会，并以《热敏灸走进千家万户——引领民生发展，促进基层和谐》为题做会议交流，与江西中医药大学签订共建热敏灸小镇协议，建立“热敏灸小镇”并成功揭牌；高标准打造艾灸体验馆、全民艾灸展厅、艾灸影音教学室及社区艾灸便民服务站，积极转变各村妇女主任工作职能，制定全民艾灸推广考核办法，加大全民艾灸推广考核工作力度，实现全民艾灸有人抓、抓得牢。

【峠山街道】 位于潍坊峡山生态经济开发区北部，面积75.6平方公里，辖48个行政村，1.5万户，常住人口45700人，耕地面积4222.6公顷。2017 年，全街道完成地区生产总值17.5 亿元，比上年增长15%；实现地方财政收入1819万元，比上年增长35%；实现工业销售收入197710万元，利税1140 万元，分别增长15.3%和12%；第三产业增加值达到5250万元，增长7.4%；农民人均可支配收18954元，增长13%。

峠山街道区位优越，交通便利，青银高速公路、潍胶公路、胶济铁路横穿东西，兴峡公路、潍峡公路纵贯南北，省道下小公路贯穿于整个街道。旅游资源得天独厚，境内峠山山、惺惺山与潍河和太祖河相依相偎，景色秀丽。经济基础较好，食品加工、机械制造、木制工艺品、纺织、新材料等已经发展成为主导产业。木制工艺品蜚声海外，以大华为龙头的木制工艺品企业共有20多家，年生产能力超过2亿件，产品远销欧、美、日、韩等国家和香港地区；新和盛二期食品加工及冷链物流项目主体建设已完成，主要建设肉鸡加工车间、冷库，新上屠宰流水线、进口自动分割线、冷藏设备等；永通建材项目一期工程建成，商混生产线、制砂生产线投产运行；新引进以色列高科技项目哈力克道路新材料项目。现代农业蓬勃发展，建成了华以、神州姜窨等一批高端农业企业和润苑、万通30余个农业园区，其中华以农业引进以色列先进水培技术，集工厂化订单生产、超市化自助采摘、产品旅游化营销三产联动于一体，开启了设施农业发展的新时代。文化旅游产业初具规模，引进花海四季等休闲观光项目落户，规划建设生态露营、休闲娱乐、户外拓展训练及农耕体验为一体的现代旅游综合体；迪梦温泉小镇开工建设，绿康源养老康复中心与市立医院合作，开辟了医养结合的生命健康产业发展新路径。先后获得全省消防安全“法治维稳年”活动先进单位、文明村镇、潍坊市劳动监察先进集体、油区和管道监管工作先进单位、小城镇建设示范乡镇、社会治安综合治理模范乡镇、生态文明镇街、“森林镇”等多项荣誉称号。

【郑公街道】 位于潍坊峡山生态经济开发区东南部，面积101平方公里，辖42个行政村，11619户，2017年末常住人口39916人，耕地面积3520.27公顷。2017年，全街道完成地区生产总值16.09亿元，比上年增长19.36%；实现地方财政收入153万元，比上年增长51.5%；实现工业销售收入11763万元、利税1079万元，分别增长8.9%和5.9%；第三产业增加值达到491万元，增长15.26%；农民人均可支配收入15585元，增长17.87%。

郑公街道历史文化底蕴深厚，历史遗迹分布众多，其中以郑公祠为主线，星罗分布着龙且冢、韩信坝、张良沟、袁绍墓凉台遗址等历史遗迹；郑公街道有天然的自然资源，西临峡山湖，拥有狭长的湖岸线，自然风光优美，气候温和，街道加大对砺阜花廊的改造力度，环湖路沿岸风景优美、景色宜人，是游人休闲度假的好地方。

近年来，郑公街道以打造“全市文化旅游重街”为目标，旅游业成绩显著，街道获批“山东省最美旅游风情小镇”，郑公祠获批“国家AA级景区”，凉台遗址、龙且冢获批“山东省重点文物保护单位”。郑公街道以深入发掘历史资源，着力打造生态旅游为主题，以使有机农业提水平、上档次为目标，全面打造宜居、宜业、宜游、和谐、幸福的小城镇。

（于宗涛）

人　物

Renwu

全国五一劳动奖章获得者

（3名）

袁景亮　寿光市人民医院院长、党委副书记
马海兰（女）潍坊市中级人民法院民二庭庭长
孙秀平　山东美晨科技股份有限公司模具设备工

全国工人先锋号获得集体

（2个）

青州市地方税务局纳税服务中心
盛瑞传动股份有限公司工程技术研究院

山东省富民兴鲁劳动奖状获得单位

（7个）

潍坊市奎文国家税务局
潍坊市寒亭区国家税务局
诸城市地方税务局
山东潍坊烟草有限公司高密分公司
潍坊国药医疗器械有限公司
潍坊市地方税务局综合保税区分局
潍坊市图书馆

山东省富民兴鲁劳动奖章获得者

（25名）

刘明涛　潍坊神舟重工机械有限公司维修组长
王华恩　潍坊市潍城区环境卫生管理处公厕管理队队长
朱晓岩（女）雷沃重工股份有限公司水稻机技术中心副主任
杜纪涛　潍坊市寒亭区实验小学校长
孙祎昉（女）潍坊市三建集团工会主席
赵本明　山东华邦建设集团有限公司董事长
王海朋　北汽福田汽车股份有限公司诸城汽车厂技术员
周　剑　诸城中康农业开发有限公司生产部副部长
董　霞（女）寿光世纪教育集团教师
李冠兴　山东凯马汽车制造有限公司检验员
曹英英（女）潍坊雷克兰劳保用品有限公司一车间缝纫班班长
芦明池　高密市第三实验小学校长
孙日强　山东晟绮港储国际物流有限公司董事长
张　扬　国网山东省电力公司昌邑市供电公司总经理
刘序林　山东雷奥新能源有限公司工会主席
鞠福霞（女）山东省昌乐特师附属小学课程与教学科研中心主任
刘丽萍（女）歌尔股份有限公司作业岗
魏鲁东　山东省潍坊第一中学艺体部主任
张爱元　潍坊市人民医院心内科主任
刘明山　潍坊市荣复军人医院病区主任
谭　稳（女）潍坊电视台主持人
薛　华（女）潍柴控股集团有限公司新加坡分公司业务经理
方　勇　山东海化集团有限公司董事、总经理、党委书记
刘国艳（女）潍坊医学院附属医院皮肤科主任
李　宏（女）潍坊护理职业学院附属医院副院长

山东省工人先锋号获得集体

（12个）

潍坊市地方税务局潍城分局征管和科技发展科
潍坊市地方税务局坊子分局直属征收局
国网山东省电力公司诸城市供电公司营销部营业一班
山东昌邑石化有限公司运营维护中心
山东建美铝业有限公司模具车间
山东昌乐农村商业银行股份有限公司乔官支行
潍坊市公共交通总公司56路线
山东潍坊百货集团股份有限公司佳乐家超市新华店
潍坊市地方税务局国际税务分局
中国人民共和国潍坊出入境检验检疫局检验检疫技术中心
国网山东省电力公司潍坊供电公司输

电带电作业班
中国移动通信集团山东有限公司潍坊高新技术开发区分公司东方路营业厅

潍坊市富民兴潍劳动奖状获得单位

（15个）

潍坊天泰能源集团有限公司
潍坊市潍城区国家税务局
潍坊佳兴织业有限公司
山东亚康药业股份有限公司
青州市亚泰农业科技有限公司
诸城市国家税务局
寿光富康制药有限公司
安丘市地方税务局
高密市豪沃机械科技有限公司
山东昌邑农村商业银行股份有限公司
山东鑫珂海洋生物技术股份有限公司
潍坊龙海民爆有限公司
光大环保能源（潍坊）有限公司
潍坊市城市管理监督指挥中心
潍坊新富华大酒店管理有限公司

潍坊市富民兴潍劳动奖章获得者

（65名）

潘新明　山东丽波日化股份有限公司喷粉车间主任
李倩倩（女）潍坊市奎文区潍州路街道幸福街社区党委书记
刘文军　山东万邦国际物流有限公司总经理
姜海清（女）潍坊市潍城区北关街办中心小学教师
章中华　山东耶莉娅服装集团总公司办公室主任
韩　波　潍坊宝润机械有限公司技术员
叶倩倩（女）潍坊富华纺织有限公司车间主任
崔浩杰（女）潍坊市寒亭区妇幼保健院院长
葛金忠　中国农业发展银行潍坊市寒亭区支行行长
石福军　青州爱心包子铺店主
袁晓伟（女）山东省华盛农业股份有限公司实验室主任
武文斌　潍坊市益都中心医院肾内科主任
张云杰　青州云门书院双语学校副校长
李全富　山东青州农村商业银行股份有限公司董事长、党委书记
刘瑞珍（女）山东得利斯食品股份有限公司速冻调理事业部班长
王大为　诸城市百盛超市有限公司生鲜部主管
韩培义　诸城市义和车桥有限公司售后维修工
玄洪旺　诸城市人民医院神经外科副主任
徐　洁（女）诸城市府前街小学校长、党支部书记
肖龙武　山东寿光建设集团有限公司第二项目部瓦工班班长
王晓岚　康跃科技股份有限公司职员
李　康（女）山东晨鸣纸业集团股份有限公司采购经理
李广连　寿光市人民医院肿瘤一科主任
程文学　山东默锐科技股份有限公司技术研发中心主任
杨大伟　寿光园林建设集团有限公司董事长、党委书记
栾光强　山东润东建设集团有限公司技术员
孙仞美（女）安丘市教育局学府街幼儿园园长
张成娟（女）安丘市人民医院临床药学室主任
高华兴　山东星宇手套有限公司车间主任
尉迟衍玲（女）高密市国家税务局纳税服务科副科长
谈万秋（女）山东元丰橡胶科技有限公司班长
王守峰　高密市广播电视中心录制技术部主任
夏连之　中国农业银行股份有限公司高密市支行工会主席
姜鹏涛　昌邑市地方税务局纳税服务中心负责人
刘　平（女）昌邑市文华学校校长
潘兆科　山东兴昌建设工程有限公司董事长、总经理
冯克波　山东恒远利废技术股份有限公司技师
刘　华（女）临朐县中医院院党委委员、针推康复科主任
叶永青　山东广电网络有限公司临朐分公司经理
薛光芳（女）昌乐县高崖水库库区中学教师
张福涛　山东省昌乐第一中学副校长
陈　伟　国网山东省电力公司昌乐县供电公司总经理
刘卫东　山东高创建设投资集团有限公司项目经理
臧秀霞（女）潍坊高新技术产业开发区钢城现代学校校长
辛　鹏　山东海王化工股份有限公司技术中心主任
张文胜　潍坊滨海中学副校长
马军伟　潍坊市峡山水库管理局方家屯供水管理所所长
贾俊峰　潍坊广文中学教师发展部主任
孙丽萍（女）潍坊交运汽车运输有限公司营销员
李金勇　潍坊市皮肤防治所所长
李　斌　山东新兴建筑规划设计院院长
张　慧（女）潍坊百货大楼股份有限公司坊子店店长
沈国华　潍坊市农产品质量检测中心定量分析室主任
张永敏（女）潍坊市儿童福利院护理员
马成杰　潍坊市机关事务管理局职工
徐永健　中共潍坊市委办公室综合室主任
张爱莲（女）潍坊市人民广播电台私家车频率总监
蒋　坤　潍柴动力股份有限公司一号工厂班组长
王伟臣　山东海化集团石化盐化一体化项目组工程部经理
王　涛　华电潍坊发电有限公司总经理
乔鹏云（女）潍坊医学院附属医院生殖医学科副主任

高永梅（女）潍坊银行股份有限公司青州管辖行行长
路　滔　中国邮政储蓄银行潍坊市分行行长
范美林　山东恒联投资有限公司工会主席
杨志丽（女）潍坊护理职业学院护理系副主任

潍坊市工人先锋号获得集体
（60个）

奎文区东关街道办事处工福街社区服务中心
潍坊日向友好学校教工之家中心
潍坊盛瑞铸造有限公司HWS线车间造型班
山东潍坊百货集团股份有限公司中百配送中心物流中心理货部食品区主管组
山东恒安纸业有限公司造纸生技部自动化室
潍坊市坊子区财政局预算科
潍坊凯利步森测控技术有限公司化学室
山东圆友重工科技有限公司砂浆车间主结构班
中化弘润石油化工有限公司油品二车间原油卸车班
山东汇强重工科技有限公司环卫事业部生产二组
青州市旅游局游客接待服务中心
山东鑫昊精密机械股份有限公司精密加工中心东车间
迈赫机器人自动化股份有限公司教育机器人研发团队
潍坊银行股份有限公司诸城龙城支行营业部
国网山东省电力公司寿光市供电公司纪台供电所
山东新龙集团有限公司乙炔Y车间启航班
东宇鸿翔新材料科技有限公司家具厂
山东省安丘市国家税务局办税服务厅
安丘市鲁安药业有限责任公司大输液车间
高密市职工服务中心
潍坊密恩化工有限公司工艺二大班
海宇股份有限公司制鞋五车间
山东金典化工有限公司二硫化碳生产车间
昌邑市人力资源和社会保障局综合服务中心社保窗口
国网山东省电力公司临朐县供电公司电力调度控制分中心
潍坊市临朐燃气热力集团城区供热公司管网维修班
潍坊立阳新材料有限公司业务部
昌乐县审计局法制科
北汽福田汽车股份有限公司山东多功能汽车厂总装部综合三班
汇胜集团股份有限公司绝缘件车间
山东新和成药业有限公司606分厂二工段D班李文正班组
潍坊联兴新材料科技股份有限公司一车间锅炉班
山东长城建材科技有限公司塑钢门窗生产车间
潍坊综合保税区国家税务局办税服务厅
潍坊市公路管理局省道潍胶路坊子收费站
潍坊市公交通达驾驶员培训有限公司公交驾训班组
中国中铁航空港建设集团有限公司济青高铁项目部
潍坊行知学校学生发展中心
潍坊市第六人民医院内一科
山东省潍坊市中级人民法院诉讼服务大厅
潍坊市政务服务中心管理办公室咨询服务总台
潍坊市公安局直工处
潍坊市公安局市级机关保卫处
潍坊市大中专毕业生就业指导中心
潍坊市住房和城乡建设局城镇化工作办公室
山东潍坊百货集团股份有限公司超市事业部生鲜部（中百大厨房）
潍坊百货大楼股份有限公司百货事业部服装卖区
潍坊市公共自行车管理中心工程技术科
潍坊港华燃气有限公司客户维修部安检中心
潍坊学院总务处
潍坊医学院公共卫生与管理实验教学中心
潍坊职业学院通识教育中心公共体育教学部
中国联合网络通信有限公司潍坊市分公司网络维护中心
中国移动通信集团山东有限公司潍坊分公司网络维护中心核心网班组
中国邮政集团公司山东省昌乐县分公司尧沟支局
潍柴动力（潍坊）装备技术服务有限公司首席技师工作站
山东海化集团有限公司石油化工分公司运行七部运行丁班
国网山东省电力公司潍坊供电公司配电抢修班
华电潍坊发电有限公司锅炉队送粉班
山东世纪泰华集团有限公司潍坊鸢飞大酒店鸢都斋餐厅正餐组

（崔　放）

逝世人物

刘华民（1921.1—2017.4），男，原籍山东省掖县，1921年1月出生，1938年8月参加工作，1938年8月加入中国共产党。历任掖县九区区委书记、莱阳县武委会副主任、平度县武装部部长、潍县县委宣传部部长，潍县县委副书记、书记，临朐县委书记，昌潍地革委常委、秘书处长，昌潍师专党委书记，昌潍地委宣传部部长，昌潍地区行署副专员等职，1983年10月至1984年2月任潍坊市人大常委会副主任。1984年2月至1986年5月任潍坊市第十届人大常委会党组副书记、副主任。1986年5月离休。享受副省级医疗待遇。2017年4月3日逝世。享年97岁。

（郭凤孝）

谷宗藩（1924—2017），男，安徽宿县人，1924年3月出生，1950年7月参加工作，1956年加入九三学社。历任湖南长沙湘雅医学院寄生虫学教研室助教，青岛医学院寄生虫学教研室讲师，昌潍医学院寄生虫学教研室讲师、副教授、教授，潍坊医学院寄生虫学教研室主任、教授。1993年3月—1998年2月任政协第八届潍坊市委员会副主席，1984年3月任九三学社潍坊支社主委，1988年3月—1997年5月任九三学社潍坊市委第一届、第二届主委。1998年3月退休。2017年5月31日逝世，享年93岁。

（陈 堃）

附　录

Fulu

2017年中共潍坊市委“潍发”重要文件一览表

表4

序号	文件标题
潍发1号	中共潍坊市委潍坊市人民政府关于实施“十大专项行动”进一步加强和改进城市工作的意见
潍发3号	中共潍坊市委潍坊市人民政府关于印发“2017年全市党风廉政建设和反腐的工作实施意见”的通知
潍发4号	中共潍坊市委潍坊市人民政府印发《关于加快推进生态文明建设的实施方案》的通知
潍发5号	中共潍坊市委关于印发《2016年度市委常委班子民主生活会整改工作方案》的通知
潍发6号	中共潍坊市委印发《关于在全市开展“作风建设年”活动的实施方案》的通知
潍发8号	中共潍坊市委潍坊市人民政府关于促进全市旅游业创新发展的意见
潍发9号	中共潍坊市委关于印发《中共潍坊市委常委会开展“作风建设年”活动实施方案》的通知
潍发10号	中共潍坊市委潍坊市人民政府关于深化农业供给侧结构性改革加快推进农业现代化的意见
潍发12号	中共潍坊市委关于印发《十二届潍坊市委巡察工作规划（2017—2021年）》的通知
潍发13号	中共潍坊市委潍坊市人民政府关于开展向潍坊市公安局刑事科学技术研究所学习活动的决定
潍发15号	中共潍坊市委关于繁荣发展社会主义文艺的实施意见
潍发16号	中共潍坊市委关于印发《中共潍坊市委常委会寻标对标提标达标工作方案》的通知
潍发17号	中共潍坊市委潍坊市人民政府关于进一步完善招商工作体制机制的意见
潍发19号	中共潍坊市委潍坊市人民政府关于进一步加强政务服务热线建设完善群众诉求反映处理机制的意见
潍发20号	中共潍坊市委关于认真学习宣传贯彻习近平总书记在省部级主要领导干部专题研讨班上重要讲话精神的通知
潍发21号	中共潍坊市委潍坊市人民政府关于成立潍坊市环境保护督查工作领导小组的通知
潍发22号	中共潍坊市委潍坊市人民政府关于印发潍坊市“四个城市“建设五年规划和三年行动计划的通知
潍发25号	中共潍坊市委关于转发《潍坊市人大常委会2017年—2021年地方立法规划》的通知
潍发27号	中共潍坊市委关于深入学习宣传贯彻党的十九大精神的决议
潍发30号	中共潍坊市委潍坊市人民政府关于发展壮大村级集体经济带动农民增收致富的意见
潍发32号	中共潍坊市委潍坊市人民政府关于促进潍坊滨海经济技术开发区创新发展领先发展的实施意见
潍发34号	中共潍坊市委潍坊市人民政府关于加快推动国有企业改革发展的实施意见

续表

序号	文件标题
潍发35号	中共潍坊市委潍坊市人民政府关于印发《潍坊市深化城市管理执法体制改革实施方案》的通知
潍发37号	中共潍坊市委潍坊市人民政府关于积极稳妥推进农村集体产权制度改革的实施意见

2017年潍坊市人民政府“潍政发”重要文件一览表

表5

机关代字	序号	文件标题
潍政发	1	关于印发2017年《政府工作报告》的通知
潍政发	2	关于下达潍坊市2017年国民经济和社会发展计划的通知（有附件）
潍政发	3	关于印发《潍坊市医疗纠纷预防与处置办法》的通知
潍政发	4	关于公布市政府领导同志工作分工的通知
潍政发	5	关于印发《潍坊市人民政府工作规则》的通知
潍政发	6	关于印发《潍坊市河道管理办法》的通知
潍政发	7	关于印发潍坊市行政应诉办法的通知
潍政发	8	关于印发潍坊市人民防空工程管理办法的通知
潍政发	9	关于进一步健全特困人员救助供养制度的实施意见
潍政发	10	关于公布市政府规章规范性文件清理结果的决定（有附件）
潍政发	11	关于重新公布《潍坊市道路交通事故社会救助基金管理暂行办法》等八个文件的通知
潍政发	12	关于推进市以下财政事权和支出责任划分改革的意见（有附件）
潍政发	13	关于做好当前和今后一段时期就业创业工作的实施意见

2017年潍坊市人民政府“潍政字”重要文件一览表

表6

机关代字	序号	文件标题
潍政字	1	关于促进全市融资担保行业健康发展的实施意见
潍政字	2	关于胶济客专线胶济线铁路线路安全保护区划定的公告
潍政字	4	关于命名表彰第十六届潍坊市优秀民营企业家的通报
潍政字	6	关于表彰潍坊市创建国家森林城市工作先进集体和先进个人的通报
潍政字	7	关于印发潍坊市综合行政执法体制改革方案的通知
潍政字	11	关于调整市级政府部门行政权力事项的通知
潍政字	12	关于印发《潍坊市人民政府党组开展“作风建设年”活动实施方案》的通知

续表

机关代字	序号	文件标题
潍政字	13	关于进一步加强新时期爱国卫生工作的实施意见
潍政字	15	关于印发《潍坊市2017年降低实体经济企业成本实施方案》的通知
潍政字	20	关于印发在市场体系建设中建立公平竞争审查制度实施方案的通知
潍政字	21	关于发布2017年企业工资指导线的通知
潍政字	22	关于深化改革推进出租汽车行业转型升级健康发展的实施意见
潍政字	25	关于印发《2017年立法工作计划》《2017年规范性文件制定计划》的通知
潍政字	26	关于公布第二届市政府法律顾问和法律顾问专家库成员名单的通知
潍政字	28	关于调整部分市级行政权力事项和中介服务项目的通知
潍政字	29	关于表彰第七届潍坊市市长质量奖获奖单位和个人的通报
潍政字	30	关于表彰2017年潍坊市标准创新应用奖的通报
潍政字	31	关于印发潍坊市生态环境保护十三五规划的通知
潍政字	32	关于表彰潍坊市大学生创新创业工作先进集体先进个人和大学生十大创业之星优秀大学生创业者的通报
潍政字	33	关于2017年潍坊市专利奖励的通报
潍政字	34	关于公布第五批市级非物质文化遗产代表性项目名录的通知
潍政字	35	关于印发《潍坊市国家产融合作试点工作实施方案》的通知
潍政字	36	关于印发潍坊市推进普惠金融发展实施方案的通知

索 引

Suoyin

说明：

1.本索引为主题索引。特载、大事记、附录这三部分内容未列入索引。

2.本索引按汉语拼音音序排列。同音字按声调，首字相同者按第二个字的音序排列，以此类推。

3.索引主题词后面的数字表示索引内容所在的页码，拉丁字母a表示该主题词在页面的左栏，b表示在中栏，c表示在右栏。

D

H

J

K

Q

R

S

T

W

X

Y

Z